I0042466

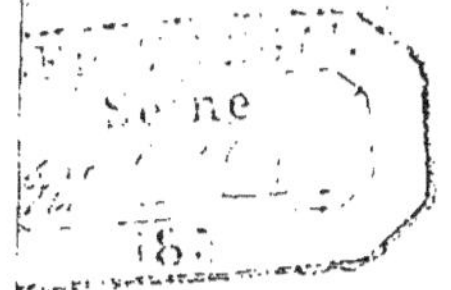

Imprimerie et Librairie Administratives de PAUL DUPONT,

45, rue de Grenelle-Saint-Honoré, à Paris.

DICTIONNAIRE

DES FORMULES

OU

MAIRIE PRATIQUE

2 forts volumes in-8° contenant 1400 Modèles ou Formules,

accompagnés de Notes rappelant les lois et instructions qui s'y rapportent,

PAR PAUL DUPONT,

DÉPUTÉ AU CORPS LÉGISLATIF.

NOUVELLE ÉDITION.

Prix : broché, 15 francs, et franco, 18 francs.

(Ajouter 2 francs pour la reliure.)

L'usage et les formes administratives ou judiciaires ont consacré, pour la rédaction des actes de l'autorité municipale, certaines phrases et locutions qui sont les seules reçues et pratiquées, et souvent même les seules au moyen desquelles on peut éviter des erreurs.

C'est ainsi qu'il y a une rédaction arrêtée pour les actes de l'état civil; qu'il existe des formules rédigées dans les divers ministères pour tous les actes du *maire* considéré comme délégué du Gouvernement; qu'il y a une certaine manière de dresser tel ou tel procès-verbal, de rédiger tel ou tel certificat, etc.

Rien n'est plus simple que la connaissance et la pratique de ces formules, et pourtant c'est faute de les connaître que souvent MM. les maires, adjoints et autres fonctionnaires municipaux se trouvent embarrassés dans l'exercice de leurs fonctions. S'agit-il de dresser un *acte d'adjudication*, de donner un *certificat de résidence, de bonne vie et mœurs;* de résumer une *enquête*, de rédiger un *arrêté*, une *délibération*, un *procès-verbal*, beaucoup ignorent dans quels termes ils doivent formuler ces actes; la plupart les présenteraient sans doute fort bien à leur manière, mais ils savent qu'il

1856

faut se conformer à certaines tournures, à certaines phrases habituelles et de protocole, et ne les ayant point sous la main, ils diffèrent, remettent au lendemain, ou accusent leurs fonctions de difficultés et de tracas. Souvent aussi la rédaction des actes les plus simples en apparence demande beaucoup de temps et de travail aux administrateurs même les plus expérimentés, parce qu'il faut consulter préalablement les instructions qui s'y rapportent et remplir toutes les formalités qu'elles ont prescrites; et malgré toutes les précautions qu'on a eu soin de prendre, on n'est pas toujours bien sûr de n'avoir pas commis quelque grave erreur.

Le *Dictionnaire des Formules* est destiné à tirer MM. les Maires de ces embarras de rédaction en leur offrant, pour tous les cas, des modèles bien faits, circonstanciés, et où il n'y a plus ordinairement que les dates et les noms à changer. A l'aide de cet ouvrage, ils pourront dresser à l'instant et sans hésitation les actes les plus difficiles et les plus compliqués; s'il est nécessaire d'apporter quelques modifications au récit ou à l'enregistrement des faits, elles se présenteront d'elles-mêmes à leur esprit: un peu d'attention leur suffira toujours pour faire un acte à l'abri de toute censure, et qui ne pourra jamais être attaqué pour vice de forme, pour cause d'erreur ou pour oubli d'une clause essentielle.

Les changements nombreux apportés depuis 1848 à notre système municipal avaient rendu nécessaire une révision complète et approfondie de cet ouvrage; il y a été pourvu du moment où la loi du 5 mai 1855 sur l'organisation communale eût fixé la législation et permis de faire un travail définitif et durable. L'accomplissement de cette tâche n'était pas sans difficulté; on en jugera par le fait suivant : sur 1,100 formules environ dont se composaient les deux parties des anciennes éditions, près de moitié ont dû être réformées, et les autres plus ou moins modifiées, tandis que 800 formules nouvelles venaient prendre place dans l'ouvrage. Tel qu'il est aujourd'hui, le *Dictionnaire des formules* peut être regardé comme un ouvrage entièrement neuf, et répondant sur tous les points aux besoins de l'époque, à l'état de la législation actuelle.

Chaque formule est accompagnée de notes rappelant la jurisprudence et les lois et instructions qui s'y rapportent.

Les formules sont classées dans l'ordre alphabétique et portent un numéro d'ordre qui facilite les recherches et permet de conférer entre eux les nombreux modèles du *Dictionnaire*.

Un seul ouvrage traite les mêmes matières, le *Formulaire municipal de Miroir*. Il coûte actuellement 48 francs; le *Dictionnaire des Formules* en coûte *dix-huit*. — Ce premier ouvrage contient 537 formules, tandis que celui-ci en donne 1,400. Au point de vue économique comme sous celui de l'utilité, le *Dictionnaire des Formules* offre donc des avantages incontestables.

Imprimerie Paul DUPONT.

DÉPARTEMENT

D

ARRONDISSEMENT

D

CANTON

d

Session de mai 1856.

EXTRAIT DU REGISTRE DES DÉLIBÉRATIONS

DU CONSEIL MUNICIPAL

de la commune d

L'an mil huit cent cinquante-six, le du mois de mai, le Conseil municipal de la commune d , réuni en session ordinaire, sous la présidence de M. le Maire, dans le lieu ordinaire de ses séances, et les membres présents étant au nombre voulu pour délibérer;

Considérant que *le Dictionnaire des Formules ou Mairie pratique* peut être d'une utilité réelle à l'Administration municipale,

Vote une somme de DIX-HUIT francs, pour l'acquisition de cet ouvrage.

Fait à la Mairie d , les an, mois et jour que dessus.

Ont signé au registre : MM.

Pour extrait :

LE MAIRE,

La présente délibération doit être renvoyée avec les autres pièces de la session, à M. le Sous-Préfet de l'arrondissement.

Imp. Paul Dupont.

La Rochelle, le 5 Avril 1858.

Monsieur le Maire,

J'ai l'honneur de vous proposer de faire faire l'acquisition par le conseil municipal du **Dictionnaire des formules ou mairie pratique** qui est d'une très-grande utilité pour les mairies.

Cet ouvrage, qui forme deux volumes in-8° et contient le modèle de tous les actes et procès-verbaux que doit dresser l'autorité municipale, coûte 18 francs, *rendu franc de port.*

Le Ministre de l'intérieur a appelé l'attention de MM. les Maires sur le *Dictionnaire des formules* qu'il verrait avec plaisir placé dans toutes les bibliothèques administratives.

Le prix susindiqué pourrait être porté, soit au budget supplémentaire de 1858, soit au budget primitif de 1859.

Veuillez agréer, je vous prie, Monsieur le Maire, l'assurance de mon respect.

E. Dérélo,

Chef de division à la Préfecture,
Correspondant de la Maison Paul Dupont pour le département
de La Rochelle.

P. S. Je vous serais obligé, le cas échéant, de m'adresser directement à mon domicile, rue Saint-Yon, 8, les communications que vous auriez à me faire.

Paris, Paul Dupont.

DICTIONNAIRE DES FORMULES

OU

MAIRIE PRATIQUE.

2 *volumes in*-8°, **nouvelle édition.** — Prix *franco* : 18 *francs*.

BULLETIN DE SOUSCRIPTION :

Je, soussigné, Maire de la commune d arrondissement d Bureau de poste d département d déclare souscrire au Dictionnaire des Formules, **nouvelle édition**, dont je recevrai UN exemplaire, *franc de port*, *moyennant la somme de* dix-huit francs, que je (1)

A ce 185 .

Le Maire.

Cachet de la Mairie.

(1) Indiquer si l'on joint la valeur, et dans le cas contraire quelle époque on désigne pour le paiement.

A Monsieur

Monsieur PAUL DUPONT, *Directeur de la Librairie administrative*,

45, rue de Grenelle-Saint-Honoré.

PARIS.

DICTIONNAIRE

DES FORMULES.

IMPRIMERIE ET LIBRAIRIE ADMINISTRATIVES DE PAUL DUPONT
RUE DE GRENELLE-SAINT-HONORÉ, N° 45.

C.

DICTIONNAIRE
DES FORMULES

OU

MAIRIE PRATIQUE

CONTENANT

LES MODÈLES DE TOUS LES ACTES D'ADMINISTRATION MUNICIPALE,
AVEC DES NOTES ET CITATIONS INDIQUANT LES LOIS, RÈGLEMENTS ET INSTRUCTIONS
AUXQUELS ILS SE RAPPORTENT,

PAR PAUL DUPONT,

DÉPUTÉ AU CORPS LÉGISLATIF,

CHEVALIER DE LA LÉGION D'HONNEUR, ET DES ORDRES DE WASA, DE LA COURONNE DE CHÊNE,
DU MÉRITE DE DANEMARK, DE SAINT-MAURICE ET SAINT-LAZARE, DU SAUVEUR, ETC.

ONZIÈME ÉDITION,
ENTIÈREMENT REFONDUE ET AUGMENTÉE DE QUATRE CENTS FORMULES.

PARIS,
IMPRIMERIE ET LIBRAIRIE ADMINISTRATIVES
DE PAUL DUPONT,
RUE DE GRENELLE-SAINT-HONORÉ, N° 45.

1858

PRÉFACE.

L'utilité des Formulaires administratifs ne peut plus faire l'objet d'aucun doute ; toutes les administrations publiques ont aujourd'hui leurs Formulaires, et c'est dans ces ouvrages essentiellement pratiques que les fonctionnaires trouvent la forme et la substance des actes qu'ils ont à faire, des écritures qu'ils doivent tenir, des comptes à rendre, des pièces à produire, etc. Uniformité et régularité des actes, des écritures et des pièces administratives, facilité et célérité dans l'expédition des affaires, tels sont les avantages qu'offrent ces sortes de publications. On sait combien l'administration des communes, par exemple, est devenue difficile, compliquée, par suite de la multiplicité des attributions que les lois ont conférées aux maires; et cependant, il n'est pas rare de voir des hommes, sans aucune expérience administrative, suffire dès leur entrée en fonctions à tous les travaux des mairies, grâce aux Formulaires municipaux qui leur donnent, pour tous les cas, des modèles bien faits, circonstanciés, et où il n'y a plus en quelque sorte que les dates et les noms à changer.

La rédaction des actes les plus simples en apparence demande souvent beaucoup de temps et de travail aux administrateurs même les plus expérimentés, parce qu'il faut consulter préalablement la législation qui s'y rapporte, et remplir les nombreuses formalités qu'elle a prescrites; malgré toutes les précautions qu'on a soin de prendre, on commet encore quelquefois de graves erreurs. Toutes ces lenteurs, ces difficultés disparaissent à l'aide d'un bon Formulaire; on peut dresser à l'instant et sans hésitation un traité, une délibération, un arrêté, un procès-verbal, une pièce comptable ou tout autre acte d'administration; les modifications qu'il est nécessaire d'apporter au récit ou à l'enregistrement des faits se présentent d'elles-mêmes à l'esprit; un peu d'attention suffira toujours pour faire un acte à l'abri de toute censure et qui ne pourra jamais être infirmé pour vice de forme, pour cause d'erreur, ou pour oubli d'une clause essentielle.

Parmi les nombreux Formulaires publiés jusqu'à ce jour, il n'en est aucun peut-être qui ait rendu à l'administration d'aussi importants services que celui dont nous donnons ici une nouvelle édition. Publié en 1835, sous les auspices de l'Association municipale, dans le but de faciliter aux Maires et aux Conseillers municipaux l'exercice de leurs fonctions, le *Dictionnaire des formules* se trouva bientôt dans la plupart des mairies. Vingt mille exemplaires placés en quelques années seulement témoignent assez du besoin réel qu'on avait de cet ouvrage. Un supplément, publié en 1843 pour combler les lacunes que les progrès de la législation et les instructions ministérielles y avaient apportées, n'eut pas moins de succès. Enfin, après plusieurs réimpressions successives, nous étions occupé, d'après le vœu qui nous en avait été exprimé par un grand nombre de fonctionnaires, à refondre en un seul corps les deux parties de l'ouvrage, lorsque la révolution de février vint suspendre notre travail et mettre à néant tout ce qui en était déjà composé.

Les changements nombreux apportés depuis cette époque à notre système municipal avaient rendu nécessaire une révision nouvelle et approfondie de nos formules; il y a été pourvu du moment où la loi du 5 mai 1855 sur l'organisation communale eut fixé la législation et permis de faire un travail définitif et durable. L'accomplissement de cette tâche n'était pas sans difficulté; on en jugera par le fait suivant : sur 1,100 formules environ dont se composaient les deux parties des anciennes éditions, près de moitié ont dû être réformées, et les autres plus ou moins modifiées, tandis que 800 formules nouvelles venaient prendre place dans l'ouvrage. Tel qu'il est aujourd'hui, le *Dictionnaire des formules* répond sur tous les points aux besoins de l'époque, à l'état de la législation actuelle. Il peut être regardé comme un ouvrage entièrement nouveau et complet, puisqu'il contient, sans exception, tous les modèles d'actes prescrits jusqu'à ce jour par les lois, règlements et instructions, et qui rentrent dans les attributions des autorités municipales.

Le plan de l'ouvrage est le même que pour les premières éditions. Nous avons suivi l'ordre alphabétique si favorable aux recherches et si commode pour le Maire qui, pris à l'improviste pour rédiger un acte quelconque, a besoin de trouver sur-le-champ le modèle qu'il doit suivre. Les formules sont précédées de numéros d'ordre au moyen desquels les renvois nécessaires ont pu être marqués avec exactitude, et accompagnées de notes ou de citations qui expliquent les motifs, le sens réel, la portée des divers actes, et rappellent les principes législatifs ou réglementaires en vertu desquels ils sont passés.

Cet ordre général nous a paru répondre au but de l'ouvrage, qui est de faciliter les travaux administratifs de MM. les Maires.

XIe ÉDITION.

Un an à peine s'est écoulé depuis la mise en vente de la xe édition de ce *Dictionnaire*, et nous nous voyons obligé de le remettre sous presse pour satisfaire aux demandes que nous adressent de toutes parts MM. les Maires. Six mille exemplaires ont été placés dans ce court espace de temps, sans qu'un seul reproche, une seule observation défavorable nous ait été adressée sur notre travail, au sujet duquel nous avons reçu, au contraire, de nombreuses lettres de félicitation.

Nous sommes heureux de constater ici ces faits, qui témoignent hautement de l'utilité du *Dictionnaire des formules*, et du soin que nous avons mis à sa révision, heureux surtout de la certitude qu'ils nous donnent d'avoir, en publiant ce livre, contribué à la bonne administration des communes, et facilité à MM. les Maires l'accomplissement de leurs honorables fonctions.

L'état de la législation municipale n'ayant pas varié depuis la précédente édition, nous n'avons eu à faire à celle-ci que des changements peu importants. Quelques formules remplacées ou modifiées, quelques légères inexactitudes rectifiées, telles sont les seules améliorations qu'il nous a paru possible d'y apporter, après un examen pourtant très-attentif de toutes nos formules.

PAUL DUPONT.

DICTIONNAIRE

DES FORMULES.

ABA

N° 1.

ABANDON *de propriété* (*Déclaration d'*) (1).

L'an mil huit cent....., le....., est comparu par-devant nous, maire de la commune de....., le sieur....., propriétaire en ladite commune, demeurant à....., lequel nous a déclaré que, conformément à l'article 66 de la loi du 3 frimaire an VII (23 novembre 1798), il renonce à perpétuité à la propriété de (*indiquer par tenants et aboutissants la nature et la superficie des fonds abandonnés*), aux fins d'obtenir la décharge de la contribution foncière dont ledit fonds est grevé. De laquelle déclaration, il a requis acte que nous lui avons octroyé, et a signé avec nous (2).

Fait à....., les jour, mois et an susdits

(*Signature du comparant.*) (*Signature du maire.*)

N° 2.

ABANDON *d'enfant.—Procès-verbal pour constater l'abandon d'un enfant âgé de moins de sept ans, dans un lieu non solitaire* (3).

L'an mil huit cent..... le....., à..... heures du...... par-devant nous, maire de la commune d....., est comparu le sieur....., propriétaire en cette commune, y demeurant, rue....., n°....., lequel nous a présenté un enfant du sexe masculin, âgé d'environ cinq ans, étranger à la localité, et qu'il nous

(1) « Les particuliers ne pourront s'affranchir de la contribution à laquelle les fonds désignés en l'article précédent (les terres vaines et vagues, les landes et bruyères, les terrains habituellement inondés ou dévastés par les eaux) devraient être soumis, qu'en renonçant à ces propriétés au profit de la commune dans laquelle elles sont situées. — La déclaration détaillée de cet abandon perpétuel sera faite par écrit au secrétariat de l'administration municipale par le propriétaire ou par un fondé de pouvoir spécial. — Les cotisations des objets ainsi abandonnés, dans les rôles faits antérieurement à l'abandon, resteront à la charge de l'ancien propriétaire. » (*Loi du 3 frimaire an* VII, *art.* 66.)

(2) Si le propriétaire ne sait signer, le maire doit requérir l'assistance de deux témoins propriétaires dans la commune, qui signeront comme ayant été présents à la déclaration.

(3) Ceux qui auront exposé ou délaissé en un lieu non solitaire un enfant au-dessous de l'âge de sept ans accomplis, seront punis d'un emprisonnement de trois mois à un an, et d'une amende de seize francs à cent francs. (*Code pénal, art.* 352.) Le délit prévu par le précédent article sera puni d'un emprisonnement de six mois à deux ans, et d'une amende de vingt-cinq francs à deux cents francs, s'il a été commis par les tuteurs ou tutrices, instituteurs ou institutrices de l'enfant. (*Code pénal, art.* 353.)

a dit avoir rencontré peu d'instants auparavant devant son domicile, où il semblait égaré. Nous avons questionné cet enfant, et il nous a dit se nommer Joseph T... ., être fils de T....., marchand ambulant, avec lequel il est arrivé dans la commune pendant la nuit dernière pour assister au marché de ce jour. L'enfant n'ayant pu nous donner aucune indication quant au domicile habituel de ses parents, nous l'avons placé à l'hospice de la commune, où il restera jusqu'à ce qu'il en soit autrement ordonné, et nous étant livré immédiatement aux recherches les plus actives pour découvrir le sieur T....., père de l'enfant, nous avons recueilli sur son compte les renseignements suivants : ..... (*Inscrire ici avec détails tous les renseignements recueillis sur le père de l'enfant, tels que l'heure de son arrivée dans la commune, ce qu'il y a fait, l'heure de son départ, la route qu'il a prise, etc.*)

Ces faits nous paraissant établir suffisamment que le sieur T..... s'est rendu coupable du délaissement volontaire de son enfant, délit prévu par l'article 352 du Code pénal, nous avons rédigé contre lui le présent procès-verbal, qui sera transmis de suite à M. le procureur impérial près le tribunal civil de l'arrondissement.

Fait à....., les jour, mois et an que dessus. (*Signature.*)

N° 3.

Abandon *d'enfant.—Procès-verbal pour constater l'abandon d'un enfant nouveau-né dans un lieu solitaire* (1).

L'an mil huit cent....., le..... à..... heures d..... nous, maire de la commune de....., ayant été prévenu qu'un enfant nouveau-né venait d'être découvert dans le bois d....., dépendant de notre commune, nous y sommes rendu sur-le-champ et avons en effet trouvé un enfant du sexe féminin, vivant et paraissant âgé d'un ou deux jours seulement, enveloppé dans... (*Désigner, aussi exactement que possible, les langes qui enveloppaient l'enfant, leur marque, s'il y en a une, la nature de l'étoffe, la couleur, le dessin, etc.*) Après avoir confié l'enfant à la garde et aux soins de la femme N....., demeurant à....., nous nous sommes livré immédiatement aux recherches les plus actives pour découvrir l'auteur de ce délaissement, sur lequel nous avons recueilli les renseignements suivants..... (*Rapporter dans tous leurs détails les renseignements obtenus.*)

Et attendu qu'il s'agit d'un délit prévu par l'article 349 du Code pénal, nous avons dressé le présent procès-verbal pour être transmis à M. le procureur impérial près le tribunal civil de l'arrondissement.

Fait à....., les jour, mois et an ci-dessus. (*Signature.*)

N° 4.

Abattoir *public (Délibération du conseil municipal pour l'établissement d'un).*

L'an mil huit cent...., le...., le conseil municipal de la ville d...., réuni, etc. (Voy. Délibération.)

M. le maire a exposé qu'il résulte de grands inconvénients des abattoirs que

(1) Ceux qui auront exposé et délaissé en un lieu solitaire un enfant au-dessous de l'âge de sept ans accomplis, ceux qui auront donné l'ordre de l'exposer ainsi, si cet ordre a été exécuté, seront, pour ce seul fait, condamnés à un emprisonnement de six mois à deux ans, et à une amende de seize francs à deux cents francs. (*Code pénal, art.* 349.)

La peine portée au précédent article sera de deux ans à cinq ans, et l'amende de cinquante francs à quatre cents francs, contre les tuteurs ou tutrices, instituteurs ou institutrices de l'enfant délaissé et exposé par eux ou par leur ordre. (*Code pénal, art.* 350.)

Si, par suite de l'exposition ou du délaissement, l'enfant est demeuré mutilé ou estropié, l'action sera considérée comme blessures volontaires à lui faites par la personne

les bouchers et charcutiers ont dans leurs habitations; que les tueries sont mises au nombre des ateliers insalubres et incommodes par les lois, et notamment par les décrets et ordonnances des 15 octobre 1810, 14 janvier 1815, 25 juin, 2 avril 1823, 20 août 1824, 20 juillet 1828 et 15 avril 1838; et que ces tueries ne peuvent être établies dans les villes sans autorisation;

Que l'établissement d'un abattoir public hors de la ville *ou* dans *tel* quartier, lieu éloigné de la ville, obvierait à ces inconvénients ;

Que d'ailleurs les produits compenseraient et au delà les frais de premier établissement et les dépenses à faire pour son entretien.

Vu les décrets et ordonnances précités;

Vu la circulaire ministérielle du 25 juin 1838;

Vu la loi du 18 juillet 1837, art. 19;

Le conseil municipal, après avoir délibéré sur l'exposé ci-dessus,

Considérant : 1° que la population de la commune est de..... âmes, que les bouchers et charcutiers y sont au nombre de....., qu'il y existe (*nombre*) tueries ou échaudoirs particuliers, que les bestiaux de toute espèce qui y sont abattus annuellement sont au nombre de..... savoir (*désigner le nombre des bestiaux de chaque espèce*);

2° Qu'il y a en effet des inconvénients à laisser subsister des tueries particulières dans l'intérieur de la ville;

3° Que la loi autorise l'administration à défendre ces sortes d'établissements, et à établir des abattoirs publics dans un lieu écarté, de manière à éviter tous accidents et à procurer toute sûreté et salubrité;

4° Qu'un abattoir public établi au lieu indiqué par le maire sera commode, et que les dépenses à faire pour l'établir ne peuvent être considérables; qu'elles peuvent être d'ailleurs facilement couvertes par le produit;

Est d'avis, à la majorité *ou* à l'unanimité des voix :

1° Que tous les abattoirs particuliers existant dans la ville soient supprimés; 2° qu'un seul abattoir public soit construit dans le quartier d....., 3° que les dépenses à faire pour son établissement soient avancées par la ville; 4° qu'il soit établi un tarif pour la rétribution que les bouchers et les charcutiers devront payer pour l'usage de l'abattoir; 5° que M. le maire soit autorisé à faire dresser les plans et devis des travaux de cette construction, et à faire près de l'administration supérieure toutes les démarches nécessaires, afin d'obtenir l'autorisation d'établir ledit abattoir, et d'acquérir, aux meilleures clauses et conditions qu'il sera possible, le terrain qui devra servir à son emplacement.

Fait et délibéré les jour, mois et an susdits. (*Signatures.*)

N° 5.

ABATTOIR *public* (2e *Délibération relative à la construction d'un*).

L'an mil huit cent....., le....., le conseil municipal de la ville de..... réuni, etc. (Voy. DÉLIBÉRATION.)

Vu la délibération en date du....., par laquelle le conseil a donné son adhésion au choix fait par le maire d'un terrain situé (*indiquer l'endroit*), pour servir à la construction d'un abattoir communal et a autorisé le maire à faire dresser les plans et devis des travaux de cette construction (V. *modèle n° 4*);

Vu le procès-verbal de l'enquête faite le..... par M....., désigné à cet effet par (*M. le préfet* ou *M. le sous-préfet*), suivant arrêté du....., sur la question d'insalubrité;

Vu l'avis du commissaire enquêteur;

Vu la promesse de vente consentie le..... par M..... propriétaire;

Vu le procès-verbal estimatif du terrain dont il s'agit, dressé le..... par M..... architecte désigné par (*M. le préfet* ou *M. le sous-préfet*), suivant arrêté du....., pour procéder à cette opération;

---

qui l'aura exposé et délaissé; et si la mort s'en est suivie, l'action sera considérée comme meurtre : au premier cas, les coupables subiront la peine applicable aux blessures volontaires; et au second cas, celle du meurtre. (*Code pénal, art.* 351.)

Vu les plans et devis de l'abattoir projeté, évaluant la dépense des travaux à la somme de.....;
Vu la loi du 18 juillet 1837;
Vu les circulaires ministérielles des 5 mai 1852 et 22 juin 1853;
Considérant que le projet de construction de l'abattoir projeté paraît remplir toutes les conditions de salubrité exigées par ces sortes d'établissements;
Que l'enquête à laquelle il a été procédé le..... n'a donné lieu à aucune opposition contre le projet (*ou combattre les oppositions s'il y en a eu*);
Que la commune peut subvenir au payement de la dépense au moyen du produit des taxes d'abatage et des droits d'étable et d'écurie;
Délibère :
Il y a lieu d'autoriser la commune à acquérir à l'amiable, moyennant la somme de..... prix d'estimation, un terrain d'une contenance de....., situé au lieu dit ....., et appartenant à M....., conformément à sa promesse de vente en date du......, ci-dessus visée, pour y établir un abattoir public;
Le conseil adopte les plans et devis dressés le..... par M...... et vote l'exécution des travaux évalués à..... pour le payement avoir lieu au moyen des produits à percevoir dans ledit abattoir.
Il sera ultérieurement délibéré sur le tarif des droits à payer dans ledit établissement.
Fait et délibéré à..... les jour, mois et an susdits. (*Signatures.*)

N° 6.

Abattoir *public.—Délibération relative au tarif des taxes d'abatage et droits d'étable et d'écurie à établir dans les abattoirs publics.*

L'an mil huit cent....., le....., le conseil municipal de la ville de....., réuni etc. (Voy. Délibération.)
Vu la délibération en date du....., par laquelle le conseil a donné son adhésion au choix fait par le maire d'un emplacement pour la construction d'un abattoir communal (Voy. n° 4);
Vu une autre délibération en date du....., contenant vote de l'acquisition du terrain et d'exécution des travaux de construction de cet établissement, ainsi que des ressources applicables au payement de la dépense totale, montant à..... (Voy. n° 5);
Vu le tarif proposé par le maire pour la perception des droits d'abatage, d'étable et d'écurie, au mètre superficiel occupé;
Vu l'état du relevé de la consommation de la commune pendant les trois dernières années, duquel il résulte :
1° Que les droits proposés produiront par an, environ......... ....
2° Que les frais d'agence et d'entretien sont évalués à........ ....
3° Que le produit net des taxes pourra s'élever par an, à environ.... ....
Vu le tarif et l'état du produit des droits d'octroi établis sur la viande et présentant, d'après les comptes des trois dernières années, une moyenne de.....;
Vu la loi du 18 juillet 1837, art. 31;
Vu les circulaires ministérielles des 22 décembre 1825, 11 mai 1846, 5 mai 1852 et 22 juin 1853;
Considérant qu'en principe les abattoirs ne doivent pas être établis en vue de procurer des revenus aux communes, mais qu'ils ont pour unique objet de pourvoir à la sûreté et à la salubrité publiques; qu'il est juste, toutefois, que lesdites communes trouvent dans la perception des taxes d'abatage et des droits d'étable et d'écurie, une ressource suffisante pour subvenir au payement de la dépense de ces établissements, et les indemniser des frais annuels d'agence et d'entretien;
Considérant que le tarif proposé est établi conformément aux instructions ministérielles;
Considérant que la quotité des taxes dont il s'agit, combinée avec le tarif des

droits d'octroi sur la viande, n'est pas de nature à restreindre la consommation ni à nuire à la production;

Considérant enfin, que la perception desdites taxes, pendant une durée de..... ans, produira net une somme de....., suffisante pour subvenir à la dépense d'établissement de l'abattoir projeté;

Délibère :

Il y a lieu d'autoriser la commune à percevoir, pendant ..... années, des droits d'abatage, d'étable et d'écurie, conformément au tarif ci-dessus visé, pour le produit être affecté spécialement au payement de la dépense de construction d'un abattoir communal et des frais annuels d'agence et d'entretien.

Fait et délibéré à..... les jour, mois et an susdits. (*Signatures.*)

N° 7.

Abattoir *public.—Tarif des droits d'abatage, d'étable et d'écurie* (1).

Tableau indiquant, d'après le relevé de la consommation dans la commune, pendant les trois dernières années, le nombre moyen des animaux de chaque espèce qui ont été abattus, le produit présumé des droits à percevoir, et le tarif d'octroi établi sur les bestiaux.

ESPÈCE D'ANIMAUX.	MOYENNE DE CHAQUE ESPÈCE abattue dans la commune pendant les trois dernières années.	ESPACE censé occupé par chaque animal debout ou couché		TAXE PROPOSÉE par mètre.	PRODUIT présumé.		TOTAL DES PRODUITS.	TARIF DE L'OCTROI — MOYENNE des trois années.				OBSERVATIONS.
		pour l'abatage.	dans l'étable ou l'écurie.		des droits d'abatage.	des droits d'étable et d'écurie.		Quantités soumises aux droits.	Taxes.	Produit brut.	Produit net.	
Bœufs												
Vaches.....												
Veaux......												
Moutons....												
Chèvres....												
Porcs......												

ÉTAT DES FRAIS ANNUELS D'AGENCE, D'ENTRETIEN, D'ASSURANCE CONTRE L'INCENDIE, ETC.

Personnel............ {

Matériel............ {

Total.............

Le produit brut étant évalué à.......

Le produit net sera de.............

Dressé par le Maire de la commune d......, conformément aux instructions ministérielles.

A. ..... le........ 18 .

Le Maire.

(1) Voy. *Circulaire du ministre de l'intérieur du 5 mai 1852.*

N° 8.

Abattoir *public (Règlement de police intérieure et extérieure d'un)* (1).

Le maire de la ville *ou* commune de....

Vu les lois des 14-22 décembre 1789, 16-24 août 1790, 19-22 juillet 1791 et 18 juillet 1837, art. 11;

Vu (*indiquer la nature de l'acte*), en date du....., autorisant l'ouverture d'un abattoir public dans la commune;

Vu la délibération du conseil municipal, en date du....., qui fixe le tarif des droits à percevoir dans l'abattoir;

Vu l'arrêté de M. le préfet du département, par lequel il a approuvé le tarif voté par le conseil municipal;

Considérant qu'il est dans l'intérêt des bouchers, charcutiers et fondeurs de cette ville, de connaître à l'avance les mesures d'ordre et de police qui doivent être observées à l'abattoir, pour qu'ils aient à prendre les mesures de précaution convenables;

Arrête :

Art. 1er. L'abattoir des bœufs, vaches, veaux, moutons et porcs aura lieu exclusivement dans l'abattoir public, situé à (*indiquer le lieu*), et toutes les tueries particulières seront interdites et fermées.

Toutefois, les propriétaires et les habitants qui élèvent des porcs pour la consommation de leur maison conservent la faculté de les abattre chez eux, pourvu que ce soit dans un lieu clos et séparé de la voie publique.

2. Les bouchers et charcutiers se pourvoiront de seaux, baquets, brouettes et de tous les instruments et ustensiles nécessaires à leurs travaux, et les entretiendront en bon état de service et de propreté.

3. Il est défendu d'entrer la nuit dans l'abattoir autrement qu'avec des lanternes fermées.

4. Les bouchers et charcutiers seront tenus de nettoyer tous les deux jours l'intérieur de l'abattoir, de le laver et de tenir constamment en état de propreté les divers ustensiles de service.

5. Il est expressément défendu de laisser ouvertes les portes de l'abattoir pendant l'abatage des bœufs et vaches.

6. Les bouchers et charcutiers pourront pratiquer l'abatage à toute heure du jour; mais ils ne pourront le faire pendant la nuit sans une autorisation de l'autorité municipale.

7. Les bœufs, vaches ou taureaux, avant d'être abattus, doivent être fortement attachés à l'anneau scellé à cet effet dans l'abattoir.

8. Les bœufs et taureaux ne pourront être conduits à l'abattoir qu'avec des entraves ou accouplés.

9. Il est défendu aux bouchers et charcutiers de laisser dans l'abattoir des suifs, pannes, boyaux, cuirs et peaux, etc.

10. Il leur est enjoint de mettre le soin et la propreté convenables dans le transport des viandes de l'abattoir à leurs ateliers; ils devront les transporter enveloppées, en évitant bien de répandre du sang sur la voie publique.

11. Le droit d'abatage, d'étable et d'écurie à payer par les bouchers et charcutiers, sera perçu, aux barrières de l'octroi, simultanément avec le droit d'entrée, et conformément au tarif arrêté par le conseil municipal le....., et approuvé par M. le préfet le..... Les receveurs de l'octroi tiendront des registres spéciaux de cette perception, de manière à prévenir toute confusion des droits d'octroi et des droits d'abatage.

Ou bien : Le droit d'abatage, d'étable et d'écurie sera perçu par le préposé à

---

(1) « Les maires, pour prévenir les accidents que pourraient causer les bestiaux échappés, ont le droit, dans les communes où il n'y a pas d'abattoir, de prendre des arrêtés par lesquels ils ordonnent aux bouchers de tuer les bœufs, vaches, etc., dans l'intérieur de leur maison, et de tenir les portes fermées pendant l'abatage. Les tribunaux de police sont compétents pour connaître des contraventions à de tels arrêtés, qu'ils ne peuvent cependant ni interpréter ni modifier. » (*Cass.*, 5 *juin* 1823.)

la garde et à la surveillance de l'abattoir, qui en délivrera quittance détachée d'un registre à souche, lequel registre aura été préalablement coté et parafé par nous.

Art. 12. Les contraventions au présent arrêté seront constatées et poursuivies conformément aux lois.

Fait à....., le...... mil huit cent.....

(*Signature.*)

N° 9.

Abattoir *public.*— *Autre modèle de règlement pour la police intérieure et extérieure d'un abattoir* (1).

Le maire de la ville de.....

Vu les lois, etc. (*le préambule comme au modèle précédent*);

Arrête :

Titre Ier. — *Ouverture de l'abattoir général.*

Art. 1er. L'abattoir sera ouvert et livré aux bouchers, charcutiers et fondeurs de la commune de....., le.....

2. Les (*nombre*) échaudoirs, les bergeries et greniers numérotés de 1 à....., destinés à la boucherie, seront répartis par la voie du sort entre les bouchers qui se seront fait inscrire les premiers au secrétariat de la mairie avant le.....

Les (*nombre*) échaudoirs et toits à porcs, numérotés de 1 à....., destinés à la porcherie, seront répartis par la voie du sort entre les charcutiers qui se seront fait inscrire les premiers au secrétariat de la mairie, avant l'époque ci-dessus fixée du..... prochain.

Les (*nombre*) fondoirs numérotés de 1 à....., destinés à la fonte des suifs, seront répartis par la voie du sort entre les bouchers et les fondeurs qui se seront fait inscrire les premiers au secrétariat de la mairie, avant la même époque du..... prochain.

3. Ce tirage au sort sera fait publiquement par le commissaire de police, en présence de l'inspecteur de l'abattoir.

4. Dans le cas d'insuffisance des échaudoirs ou fondoirs pour le nombre des bouchers, charcutiers ou fondeurs inscrits, un échaudoir ou un fondoir sera déclaré commun à deux bouchers, charcutiers ou fondeurs.

En conséquence, il sera dressé, avant le tirage prescrit par l'article précédent et par les personnes y désignées, des listes de ceux des bouchers, charcutiers ou fondeurs qui seront reconnus pouvoir occuper un échaudoir ou un fondoir à deux.

Les bouchers, charcutiers ou fondeurs ainsi désignés s'entendront entre eux pour l'occupation d'un échaudoir ou d'un fondoir en commun; s'il ne peuvent s'entendre, le sort en décidera.

5. Le commissaire de police dressera procès-verbal des opérations du tirage au sort prescrites par les articles précédents.

Le procès-verbal nous sera transmis.

Il en sera remis une ampliation au directeur de l'abattoir.

6. Dans le cas où, tous les échaudoirs et fondoirs étant occupés, il surviendrait un ou plusieurs bouchers, charcutiers ou fondeurs, qui demanderaient place dans l'abattoir, il serait procédé à leur égard comme il est prescrit en l'article 4, en leur donnant place dans un échaudoir ou un fondoir qui deviendrait commun à deux, c'est-à-dire en donnant place au nouveau venu avec le dernier inscrit sur la liste énoncée audit article 4.

(1) Nous croyons devoir donner, en entier, ce second modèle de règlement qui contient toutes les dispositions de police applicables aux abattoirs publics, même dans les plus grandes villes.

7. Les bouchers, charcutiers et fondeurs auront la faculté de permuter et d'échanger entre eux, d'un commun accord, les échaudoirs ou fondoirs qui leur seront échus par le sort.

Pareille faculté est accordée aux bouchers, charcutiers et fondeurs désignés pour occuper un échaudoir ou un fondoir en commun.

Ils devront remettre au directeur la déclaration des permutations signée de chacun d'eux.

Le directeur nous transmettra immédiatement une copie de cette déclaration.

TITRE II. — *Des bouchers.*

8. A compter du..... prochain, tous les bestiaux, sans exception, destinés à la boucherie de....., ne pourront être abattus ni habillés que dans l'abattoir général à ce affecté; en conséquence, les tueries et échaudoirs particuliers devront être fermés.

9. Le boucher ou le charcutier qui sera prévenu d'avoir abattu ou égorgé un animal dans l'intérieur de la commune de....., ailleurs que dans l'abattoir général, sera traduit devant le tribunal compétent pour être statué sur cette contravention.

10. Les bouchers et charcutiers pourvoiront, ainsi qu'ils le jugeront convenable, à la nourriture de leurs bestiaux.

Ils leur donneront tous les soins nécessaires.

11. Ils se pourvoiront de tinettes, étaux, baquets, seaux, brouettes et de tous les instruments et ustensiles nécessaires à leur travail, et les entretiendront en bon état de service et de propreté.

12. Les bestiaux admis à l'abattoir et y ayant séjourné pourront en être retirés par les propriétaires sans être abattus; mais il n'y aura point lieu à la restitution des droits de place qui demeureront acquis à la commune.

13. Les bouchers et charcutiers auront la faculté de confier le soin de leurs bestiaux aux hommes de peine de l'abattoir, moyennant une rétribution journalière de..... centimes pour chaque taureau, bœuf ou vache; de..... centimes pour chaque porc; de..... centimes pour chaque veau, mouton ou agneau.

TITRE III. — *Des charcutiers, tueurs de porcs.*

14. Une partie de l'abattoir, divisée en (*nombre*) échaudoirs et autant de toits à porcs, sera spécialement affectée à l'abatage et à l'échaudage des porcs.

Toutefois, les propriétaires et les habitants de....., qui élèvent des porcs pour la consommation de leur maison, conserveront la faculté de les abattre chez eux, pourvu que ce soit dans un lieu clos et séparé de la voie publique.

Ils devront faire la déclaration préalable, au secrétariat de la mairie, de leur intention d'élever des porcs pour leur consommation, afin que des mesures d'ordre et de salubrité leur soient prescrites par l'administration municipale.

15. L'abatage et le grillage des porcs ne pourra se faire que de.... heures du matin à..... heures du soir, pendant les mois de novembre, décembre et janvier;

De... heures du matin à... heures du soir, pendant les mois de février, mars et octobre; de... heures du matin à... heures du soir, pendant les mois d'avril et septembre;

De... heures du matin à... heures du soir, pendant les mois de mai, juin, juillet et août.

16. La paille pour le grillage des porcs sera fournie par les charcutiers.

17. Le grillage sera fait dans les grilloirs communs, d'après l'ordre d'inscription que les charcutiers auront fait dresser par l'inspecteur de l'abattoir.

18. Les charcutiers devront faire nettoyer leurs échaudoirs immédiatement après chaque abatage.

Ils devront faire relever tous les samedis, et porter par les hommes de peine, dans les cours à ce destinées, les cendres et ordures provenant des grilloirs.

TITRE IV. — *De la conduite des bestiaux.*

19. Les bestiaux qui, en entrant à....., seront conduits directement à l'abattoir, suivront l'itinéraire ci-après :

....

Tout autre passage est interdit sous peine de droit.

Toutefois, sont dispensés de suivre l'itinéraire ci-dessus désigné, les bestiaux de passage.

20. L'introduction des bestiaux aura lieu, savoir :

Depuis... heures du matin jusqu'à... heures du soir, pendant les mois d'avril, mai, juin, juillet, août et septembre, et depuis... heures du matin jusqu'à... heures du soir, pendant les mois d'octobre, novembre, décembre, janvier, février et mars.

TITRE V. — *Entrée des bestiaux à l'abattoir.*

21. Les bestiaux ne seront admis à l'abattoir qu'après le dépôt aux mains du contrôleur aux entrées, soit des quittances des droits d'octroi et d'abatage, et des droits dus pour les issues, perçus simultanément à l'entrée des bestiaux, soit des bordereaux d'entrée délivrés par les employés de l'octroi.

22. A l'instant où les bestiaux seront admis à l'abattoir, le contrôleur aux entrées inscrira sur un registre à souche le nombre et l'espèce de ces bestiaux, le nom du boucher ou du charcutier auquel ils appartiennent, et le numéro de son échaudoir..

Il inscrira aussi sur ce registre la date et le numéro des quittances des droits d'octroi et d'abatage, ou le permis d'entrée, ainsi que la designation des bureaux où ces droits auront été payés, et le montant des droits acquittés.

Ce registre portera une série de numéros d'ordre.

Les enregistrements auront lieu sans rature ni surcharge.

Des colonnes de ce registre seront destinées à recevoir les indications nécessaires, afin de servir au besoin de contrôle au service de l'octroi.

Il sera coté et parafé par nous.

23. Les certificats d'admission des bestiaux seront détachés du registre à souche et remis aux bouchers et charcutiers.

Ils seront délivrés sans frais.

24. Les conducteurs, en arrivant à l'abattoir, conduiront les bestiaux dans les parcs de triage, et après la visite dont il va être parlé en l'article 27, ils dirigeront ceux de chaque boucher à la bouverie qui lui est affectée.

25. Les bœufs et vaches des bouchers occuperont dans les bouveries les places correspondantes aux bergeries portant le numéro de leur échaudoir.

26. L'article 24 n'est point applicable aux charcutiers, auxquels il est enjoint de conduire immédiatement leurs porcs dans les étables qui leur sont destinées.

27. Les bestiaux amenés à l'abattoir pour y être abattus ne pourront être admis dans les bouveries et étables qu'après avoir été visités par l'inspecteur, ou, en son absence, par le surveillant.

Celui qui aura fait l'inspection s'assurera si chaque animal est sain et peut être livré à la consommation; alors seulement les bestiaux pourront entrer dans les bouveries ou étables.

Cette inspection sera faite tous les jours; elle sera renouvelée après que l'animal aura été abattu et dépouillé.

28. Le surveillant fera la visite des porcs, conformément à l'article précédent.

29. Tout animal reconnu malsain ne sera pas admis à l'abattoir, et sera remis immédiatement au propriétaire.

Dans le cas où, malgré la visite, les chairs d'un animal, après avoir été abattu, seraient reconnues gâtées, corrompues ou nuisibles, elles seront, ainsi que les issues en provenant, saisies et enterrées aux frais du propriétaire, à moins que celui-ci ne justifie qu'il peut en tirer parti pour tout autre usage que l'alimentation humaine; dans tous les cas, les peaux, cornes et suifs seront remis au propriétaire.

Procès-verbal de la saisie et de l'enfouissement de ces chairs et issues, si elles ne sont pas réclamées par le propriétaire, sera dressé par l'inspecteur ou par le surveillant, en présence du propriétaire.

30. Il est défendu aux inspecteur et surveillant d'admettre, pour être abattues, des vaches envoyées par les nourrisseurs de....., si le conducteur n'est porteur d'un certificat d'experts vétérinaires constatant qu'elles ne sont atteintes d'aucune maladie et qu'on pout les livrer à la consommation.

Après l'habillage, la vérification des viandes en provenant sera faite en présence du nourrisseur; si elles sont jugées en état d'entrer dans la consommation, le nourrisseur pourra les enlever; dans le cas contraire, et si elles sont reconnues gâtées, corrompues ou nuisibles, il sera procédé à leur égard comme en l'article 29.

Les peaux, cornes et suifs seront remis au propriétaire sur récépissé.

31. Pour l'exécution de l'article précédent, le directeur désignera l'échaudoir dans lequel se feront l'abatage et l'habillage des animaux désignés audit article.

32. Si des bestiaux venaient à périr dans les bouveries ou étables, par cas fortuit, le droit de place serait restitué au propriétaire; s'il était reconnu que les viandes fussent gâtées, corrompues ou nuisibles, il serait procédé à leur égard comme en l'article 29; les peaux, cornes et suifs seraient remis au propriétaire sur récépissé.

33. Les conducteurs de veaux seront tenus de laisser sous les veaux, aux abattoirs, les deux tiers au moins de la paille sur laquelle ils auront été apportés.

TITRE VI. — *Des issues des bestiaux.*

34. Les issues rouges des bestiaux se composent du cœur, du foie, de la rate et des poumons de bœuf, vache ou mouton.

Les issues blanches se composent :

1° Celles de bœuf ou vache, des quatre pieds avec leurs patins, de la panse, de la franche-mulle, des feuillets avec l'herbière des mufles, palais et mamelles;

2° Celles de mouton, de la tête avec la langue et les cervelles, des quatre pieds, de la panse et de la caillette.

35. Il est défendu aux bouchers de faire entrer aucune partie quelconque des issues rouges ou blanches dans leur pesée de viandes de débit, même sous la dénomination de réjouissance.

36. Les bouchers pourront disposer, et faire, comme et à qui ils le jugeront convenable, la vente des pieds et patins, des mufles, palais et mamelles de bœuf et vache, des têtes, langues et cervelles de mouton.

37. Les panses, franches-mulles et feuillets de bœuf ou de vache, les panses, caillettes et pieds de mouton ne pourront être mis dans le commerce et la consommation qu'après avoir été lavés et nettoyés.

Ces lavages et nettoyages seront faits dans les ateliers de triperie établis à cet effet dans l'abattoir.

38. Il est défendu aux bouchers, charcutiers, tripiers et à tous autres de faire aucun lavage et nettoyage des parties d'issues désignées en l'article 37 ci-dessus, ailleurs que dans la triperie de l'abattoir.

39. Les issues dont il est ci-dessus parlé pourront être préparées et cuites dans les ateliers de la triperie.

40. Il est enjoint aux bouchers, charcutiers, tripiers et à tous autres de prendre toutes les précautions nécessaires pour ne laisser couler aucune matière animale avec leurs eaux de lavage, dont ils devront faciliter l'écoulement jusqu'aux égouts.

41. Ils devront faire enlever par des hommes de peine, au moins trois fois par semaine, les vidanges provenant de leurs travaux.

42. La répartition des locaux destinés aux opérations de la triperie et des heures de travail sera faite entre les bouchers, charcutiers et tripiers, en raison de l'importance de l'exploitation de chacun d'eux.

Ils devront s'entendre, à cet égard, avec l'inspecteur, huit jours au moins avant la mise en activité de l'établissement.

43. Les bouchers, charcutiers et tripiers se pourvoiront à leurs frais des brouettes, baquets, seaux et autres ustensiles manuels nécessaires à leur manutention.

44. Ils devront tenir dans le plus grand état de propreté les locaux par eux occupés, les chaudières et les ustensiles de toute espèce qu'ils emploieront.

45. Le surveillant de l'abattoir aura le droit de faire des visites aussi fréquentes qu'il sera nécessaire pour s'assurer de l'exécution des articles précédents.

46. Les bouchers, charcutiers, tripiers, leurs servants, garçons ou aides sont soumis, d'ailleurs, aux règles établies par le présent règlement, concernant l'ordre, la sûreté, la propreté et la salubrité de l'établissement.

TITRE VII. — *Du transport des viandes.*

47. Le transport des animaux abattus à l'abattoir ne pourra avoir lieu qu'aux heures ci-après :

Pendant les mois d'avril, mai, juin, juillet, août et septembre, de..... à..... heures du matin et de..... à..... heures du soir, et pendant les six autres mois, depuis...... heures du matin jusqu'à..... heures du soir; néanmoins, si, par extraordinaire, l'on avait besoin de transporter, de l'abattoir aux étaux, de la viande, hors des heures ci-dessus fixées, le transport pourrait en avoir lieu sur une autorisation spéciale du maire.

48. Les bouchers et charcutiers sont les maîtres de faire transporter leurs viandes par qui bon leur semblera, mais en se conformant aux règles ci-après.

49. Ils ne pourront, à l'intérieur de la commune, transporter les viandes que couvertes, quel que soit d'ailleurs le moyen de transport.

Ils aviseront à ce que le sang ne se répande pas sur le pavé et ne laisse aucune trace sur la voie publique.

50. Les voitures ou fourgons servant au transport des viandes seront numérotés et assujettis aux mêmes règlements que les voitures et charrettes qui circulent dans la commune; ils devront être clos.

51. Les taureaux, bœufs et vaches pourront être transportés par quartiers; les porcs et les veaux par moitié, et les moutons et agneaux en entier.

TITRE VIII. — *De la police de l'abattoir.*

52. Pour reconnaître leurs bestiaux, les bouchers seront libres de les séparer par des stalles dans les places qui leur seront attribuées dans les bouveries, ou de les marquer de leur marque particulière.

53. Aucune voiture de fourrage, bois, etc., ne sera reçue dans l'abattoir, si son chargement ne peut être rentré et resserré avant la nuit tombante.

54. L'entrée et la circulation dans les greniers à fourrages sont interdites pendant la nuit.

55. Il est défendu d'entrer la nuit dans les bouveries avec de la lumière, si elle n'est renfermée dans des lanternes closes et à réseau métallique.

56. Il est défendu d'appliquer des chandelles allumées aux murs et portes, intérieurement ou extérieurement, en quelque lieu que ce soit.

57. Les bouchers et le surveillant de l'abattoir veilleront à ce que les corridors des greniers à fourrages et leurs escaliers soient nettoyés tous les deux jours.

58. Les bouchers pourront abattre à toute heure de jour et de nuit, selon les besoins.

Les bouchers qui abattront pendant la nuit seront tenus d'en faire la déclaration à l'inspecteur.

59. Les bouchers ou charcutiers d'un même échaudoir abattront leurs bestiaux tour à tour.

La clef de l'échaudoir sera remise au premier d'entre eux qui se présentera pour la demander au dépositaire des clefs.

Le boucher ou le charcutier ne pourra occuper l'anneau que durant une heure et le treuil que durant six heures, après lequel temps il devra les céder à l'autre boucher ou charcutier.

60. Il est expressément défendu de laisser ouvertes les portes des échaudoirs au moment de l'abatage des taureaux, bœufs, vaches et porcs.

61. Il est enjoint aux bouchers et charcutiers de laver ou faire laver exactement les échaudoirs après l'abatage et l'habillage.

Si un échaudoir commun a été occupé par deux bouchers ou charcutiers pendant un même jour, le lavage sera fait par le dernier occupant.

62. Il leur est enjoint de tenir en état constant de propreté les étaux, baquets, seaux, brouettes et autres ustensiles de service.

63. Il est défendu de laisser séjourner, en quelque lieu que ce soit de l'abattoir, aucuns suifs, graisses, dégras, rates, panses et boyaux, cuirs et peaux en vert ou en manchons, salés ou non salés.

64. Les bouchers qui voudront conserver le sang des bestiaux pour le commerce, feront mâter les futailles destinées à le contenir, et les feront enlever, au plus tard, tous les trois jours pendant les mois de novembre, décembre, janvier et février, et tous les jours pendant les autres mois de l'année.

65. Les entrailles et toutes autres issues des animaux abandonnées par les bouchers et charcutiers seront enlevées par ceux-ci exactement après chaque abatage, et déposées dans les cours de la voirie, pour de là être transportées hors des barrières de l'octroi, où elles ne puissent nuire à la salubrité.

Ce transport aura lieu deux fois par semaine, par les soins de l'administration municipale, pendant les mois de novembre, décembre, janvier et février, et tous les jours pendant les autres mois de l'année.

66. Aucuns chevaux et voitures autres que ceux appartenant à la commune ne seront logés dans l'abattoir.'

67. Il est défendu de laisser s'introduire dans l'abattoir aucune personne étrangère à son service sans une permission signée du maire.

68. Il est défendu d'y amener des chiens autres que ceux des conducteurs de bestiaux.

Ces chiens devront être muselés lorsqu'ils seront dans l'abattoir.

Il sera pris des mesures pour détruire ceux de ces animaux qui seraient trouvés errants dans ledit local et sans maître.

69. Il est défendu d'y traire les vaches sans la permission des bouchers auxquels elles appartiennent.

70. Aucune voiture ne pourra être introduite dans les bouveries, si ce n'est pour charger des animaux morts naturellement.

71. Il est défendu d'élever et entretenir dans l'abattoir aucuns veaux, porcs, chèvres, moutons, pigeons, lapins et volailles, sous quelque prétexte que ce soit.

72. Il est défendu d'attacher les chevaux partout ailleurs qu'aux anneaux à ce destinés, et de placer des chevaux, porcs, bœufs ou vaches, même momentanément, dans les parquets à veaux et à moutons.

73. Les bouchers, charcutiers et fondeurs ne pourront, sous aucun prétexte, laisser en dépôt, dans l'intérieur de l'abattoir, des cabriolets, charrettes ou autres voitures; des étaux, baquets, brouettes et autres ustensiles hors de service; ceux en état de servir seront constamment renfermés dans l'intérieur des échaudoirs.

74. Les voitures qui serviront au transport des marchandises seront closes et couvertes.

Les conducteurs se tiendront à pied, à la tête de leur voiture, et ne pourront conduire qu'au pas.

Il leur est expressément défendu d'atteler des chiens à leurs voitures, de quelque manière que ce soit.

75. Tout amas, dans l'établissement, de bourres, caboches, pieds, onglets et os, est défendu.

76. Aussitôt que les bouchers ou charcutiers auront terminé l'abatage et l'habillage de leurs bestiaux, ils auront soin de vider, nettoyer et laver, aux endroits destinés à cette opération, les intestins et viscères, et d'enlever les vidanges et issues.

Ils remettront ensuite la place bien nette, lavée et brossée, et dans le plus grand état de propreté pour toutes les parties et même pour les murs, à l'effet de pouvoir servir à l'opération suivante.

77. Les jours d'arrivage, les garçons bouchers ne pourront conduire à l'échaudoir aucun bœuf ou vache, veau ou mouton, qu'après le triage et l'entrée dans les bouveries de tous les bestiaux arrivés.

78. Les taureaux, bœufs ou vaches, avant d'être abattus, doivent être fortement attachés à l'anneau scellé dans chaque échaudoir.

Les bouchers sont responsables des effets de toute négligence à cet égard.

79. Les taureaux et les bœufs dont l'espèce est connue pour dangereuse ne pourront être conduits des bouveries aux échaudoirs qu'avec des entraves.

80. Les bouchers et charcutiers devront fréquemment, et quand ils en seront

requis par le directeur, faire gratter et laver les murs intérieurs et extérieurs des échaudoirs, ainsi que les portes.

81. Le surveillant veillera à ce que les réservoirs soient toujours pleins d'eau.

82. Il est défendu à toutes personnes logées dans l'abattoir :

1° De jeter ou déposer devant leur habitation aucuns fumiers, immondices et eaux ménagères, qui devront être transportés dans les lieux à ce destinés;

2° D'étendre et faire sécher leur linge dans les rues, cours, préaux, chemins et autres endroits quelconques de l'abattoir;

3° De placer des baquets ou autres ustensiles de blanchissage, sous les robinets disposés dans les cours et autres lieux de l'abattoir, pour le service général, et d'y faire des savonnages ou préparation de lavage quelconque;

4° De placer des caisses ou des pots à fleurs sur les fenêtres de leur logement.

TITRE IX. — *De la police des garçons.*

83. Il ne sera admis dans l'abattoir que des fils de boucher ou de charcutier et des garçons bouchers ou charcutiers pourvus de leurs livrets.

84. Les garçons bouchers et charcutiers devront se munir chacun d'un permis de travailler à l'abattoir, qui leur sera délivré par le commissaire de police, sur le vu de leurs livrets.

85. Les apprentis devront justifier de leur inscription au bureau de police, sur le vu de laquelle il leur sera délivré, par le commissaire de police, un certificat en vertu duquel ils seront admis dans l'abattoir.

86. Aucun boucher ou charcutier ne pourra prendre à son service un garçon, s'il ne justifie de son livret revêtu du congé d'acquit de son dernier maître.

87. Il est défendu aux garçons bouchers et charcutiers de se coaliser pour faire cesser d'une manière quelconque, tout ou partie des travaux et du service des abattoirs.

88. Il leur est aussi défendu de détruire ou dégrader aucun objet de l'abattoir, de rien écrire, tracer ou crayonner sur les portes ou murs, comme aussi de laisser ouvert, sans nécessité, aucun robinet des conduites d'eau.

Les maîtres bouchers ou charcutiers sont responsables des dégâts faits par leurs ouvriers ou garçons.

89. Tout espèce de jeux de hasard et autres est expressément interdite dans l'abattoir.

90. Il est défendu à tous bouchers, charcutiers, garçons ou autres, de fumer dans les bouveries, étables et greniers à fourrages.

91. En cas de contravention à cette défense expresse, il en sera dressé procès-verbal.

92. Toutes querelles ou disputes, provocations ou voies de fait entre les personnes désignées aux articles précédents, ou de leur part contre les personnes et agents de l'abattoir, ou tous autres actes troublant l'ordre public, seront sévèrement réprimés, et entraîneront, au besoin, l'expulsion de l'abattoir, sans préjudice, le cas échéant, des poursuites devant les tribunaux.

93. Il est expressément défendu aux garçons bouchers et charcutiers de coucher dans les échaudoirs, bouveries et greniers.

Le surveillant retirera tous les soirs les clefs des greniers et des échaudoirs et les déposera entre les mains du contrôleur aux entrées, pour les y reprendre le lendemain matin.

94. Les personnes employées à l'enlèvement du sang devront se tenir constamment au dehors des échaudoirs pendant l'abatage des bestiaux.

95. Il leur est défendu d'embarrasser les passages et les préaux ou galeries, avec des futailles vides ou pleines.

Elles devront les placer dans les lieux qui leur seront indiqués par le directeur.

Tous les jours, après le travail, elles devront rouler les futailles pleines aux places à ce affectées.

Les futailles pleines ne pourront séjourner dans l'abattoir que le temps prescrit par l'article 64.

TITRE X. — *Du service des hommes de peine.*

96. Les cantons seront divisés dans l'abattoir par le directeur, sur l'avis de

l'inspecteur, et partagés entre des hommes de peine payés par l'administration, et dont le service reste facultatif pour chaque boucher.

97. Le 1er de chaque mois, les hommes de peine changeront de canton, afin que, s'il en est un plus pénible à entretenir dans un constant état de propreté, chacun en ait la charge à son tour.

98. Les passages et préaux et l'entrée extérieure de l'abattoir seront balayés et nettoyés tous les soirs après le fort du travail : les pailles seront déposées dans les bouveries ; les ordures ménagères et autres seront portées dans les lieux qui leur sont destinés.

Il est expressément défendu aux hommes de peine de les déposer ou de les laisser séjourner dans quelque lieu que ce soit de l'abattoir.

99. Les lieux d'aisance seront balayés et lavés tous les jours.

100. Les auges seront grattées et lavées tous les matins.

101. Les têtes de bœuf sanguinolentes (dites canardes) qui seront trouvées hors des échaudoirs et gisantes dans les rues, passages, cours et autres lieux de l'abattoir, seront enlevées par les hommes de peine et déposées dans les cours de la voirie.

102. Chaque jour, à deux heures après midi, un homme de peine parcourra les préaux pour dégarnir les grilles des égouts des ordures qui les obstrueraient, afin de faciliter l'écoulement des eaux.

Ce service sera réglé par tour entre les hommes de peine.

103. Indépendamment de ces travaux journaliers, les hommes de peine seront tenus :

1° Les lundi, mercredi et samedi de chaque semaine, de balayer les passages des bouveries, les couloirs des greniers à fourrages et leurs escaliers;

2° Les jeudis, de balayer les parcs destinés à recevoir les bestiaux qui arrivent du marché, après leur sortie desdits parcs;

3° Ils seront tenus, les 1er et 15 de chaque mois, de visiter les couloirs des greniers à fourrages et leurs escaliers, les bouveries et les bergeries, les remises, passages et préaux, les brûloirs et les lieux d'aisance, afin d'enlever les toiles d'araignées, la poussière et les autres ordures qui pourraient se trouver sur les murs ou plafonds de ces localités ;

4° Ils devront arracher, deux fois par mois en été et une fois par mois en hiver, les herbes qui croissent dans les cours et rues de l'abattoir, ainsi que celles qui croissent sur les parties pavées.

104. Les hommes de peine qui contreviendront aux dispositions ci-dessus subiront, pour la première contravention, une retenue d'un jour de leur traitement; la retenue sera double pour la seconde contravention; enfin, la troisième entraînera la destitution.

TITRE XI. — *De la fonte des suifs.*

105. Les fondoirs établis dans l'abattoir seront livrés, le..... prochain, à ceux des bouchers et fondeurs qui se seront fait inscrire au secrétariat de la mairie et auxquels ils auront été attribués, conformément aux articles 2, 3 et 4 du présent règlement.

106. La fonte des suifs en branche ne pourra s'opérer qu'au bain-marie, à la vapeur ou à l'eau bouillante.

107. Dans le cas où des bouchers voudraient opérer, dans les fondoirs de l'abattoir, la fonte des suifs en branche provenant des bestiaux abattus par eux, ils auront à en faire la déclaration, au secrétariat de la mairie, avant le....... prochain, afin de pouvoir concourir au tirage prescrit par l'article 2

108. Il ne pourra être établi de poêle d'une contenance moindre de.......... kilogrammes.

109. Les fondeurs sont tenus d'activer la fonte de manière à ne conserver que le moins de temps possible, dans les fondoirs, le suif en branche, après son extraction de l'animal, et livrer le plus tôt possible le fondoir au fondeur avec lequel il leur sera commun.

110. La fonte des suifs peut avoir lieu de nuit comme de jour.

111. Le droit de fonte des suifs et graisses sera payé au moment de leur sortie de l'établissement.

112. Il est expressément défendu aux fondeurs de faire usage de lumière autrement qu'avec des lanternes parfaitement closes et à réseau métallique.

L'usage des chandeliers, bougeoirs, martinets, lampes à main, est absolument interdit dans les fondoirs.

Il est enjoint à l'inspecteur de les saisir partout où il en sera trouvé et d'en faire dresser procès-verbal par le commissaire de police.

113. Le bois apporté pour le service des fondoirs sera déposé dans les lieux convenables et où l'on ne pourra circuler avec de la lumière.

114. Les cheminées des fondoirs seront ramonées, aux frais des fondeurs, une fois par mois, et plus souvent s'il est nécessaire.

L'exécution de cet article est spécialement recommandée à la surveillance du directeur.

115. Les fondeurs sont tenus de faire ratisser et nettoyer, une fois au moins par semaine, le carreau des fondoirs.

Les rampes et les marches des escaliers qui y conduisent seront ratissées par les hommes de peine, aussi une fois par semaine.

116. Il sera établi dans l'abattoir un bureau de pesage pour le service des suifs.

Si le service du poids était réclamé pour peser toute autre marchandise que des suifs, il serait perçu un droit de....., pour chaque kilogramme de la matière pesée.

Le service du poids n'est obligatoire que pour régler les droits que les suifs auront à payer; hors de cette condition, nul ne sera contraint de s'en servir pour les suifs et pour toute autre marchandise que dans le cas de contestation.

117. Pour éviter les fraudes, les contrôleurs aux entrées et le portier ne laisseront sortir aucune quantité de suifs ou graisses fondus que sur la représentation de la quittance des droits de fonte.

118. Les suifs en pain seront immédiatement enlevés des fondoirs; ils seront, avant leur sortie de l'abattoir, présentés au peseur pour l'acquit des droits.

119. Le peseur tiendra un registre à souche, portant une série de numéros d'ordre sur lequel seront inscrits les suifs et graisses fondus présentés au pesage, leurs poids, le nom du fondeur, le numéro de son fondoir et le montant des droits acquittés.

Au moment de l'acquit des droits aux mains du peseur, il sera remis par celui-ci au fondeur, et sans frais, la quittance desdits droits extraite du livre à souche et indiquant tous les renseignements ci-dessus.

120. Les dégradations faites aux chaudières, fourneaux, etc., seront à la charge des fondeurs, soit qu'elles proviennent de leur fait ou de celui de leurs ouvriers ou agents.

121. Les fondeurs et leurs garçons ne pourront, sous aucun prétexte, laisser du bois devant l'ouverture du foyer des fourneaux.

122. Quand une fonte sera commencée, les garçons ne pourront quitter le fondoir.

123. Après la fonte, ils devront s'assurer de l'extinction complète du feu et de la clôture de l'étouffoir.

124. Il leur est défendu de sortir du fondoir le bois en partie consumé pour l'éteindre au dehors.

125. Il ne pourra être déposé aucun ustensile ni marchandise dans les passages des fondoirs, qui devront toujours rester libres.

126. Lorsqu'un fondoir sera vacant, sa vacance sera, à la diligence du directeur, annoncée par affiches, tant dans la commune que dans l'abattoir.

127. Dans le mois de la publication, les bouchers qui voudront en obtenir la concession adresseront leurs demandes au directeur, qui nous les transmettra avec son avis.

Ce délai passé, et à défaut de demandes, le fondoir sera accordé au fondeur dont la demande sera inscrite la première au secrétariat de la mairie.

128. Les dispositions du titre IX du présent règlement relatives aux garçons bouchers, charcutiers, sont déclarées communes aux garçons fondeurs.

129. Celles relatives à la responsabilité des bouchers et charcutiers, pour la dégradation des bâtiments et la perte des objets, sont applicables aux fondeurs.

TITRE XII. — *Des droits dus à la ville.*

130. Conformément au tarif voté, le......., par le conseil municipal, et ap-

prouvé, par M. le préfet, le......., le droit d'abatage à payer par les bouchers et par les charcutiers, est fixé à.......... par mètre de superficie d'occupation présumée.

Un taureau, bœuf ou vache, est censé devoir occuper cinq mètres de superficie, et doit, par conséquent, payer......., ci................ » fr. » c.

Un veau, un mètre cinquante centimètres, ci.............. » »

Un mouton ou agneau, un demi-mètre, ci................ » »

Un porc ou sanglier, deux mètres, ci..................... » »

Le droit pour les issues de bœuf, taureau ou vache est fixé à........, ci.. » » c.

Celui pour les issues de veau, mouton ou agneau, porc ou sanglier, est fixé à......, ci.................................. » » c.

Le droit pour la fonte des suifs ou de la graisse est fixé à...... pour cent kilogrammes de suif ou graisse fondu, ci.... » » c.

131. Conformément à la décision de M. le ministre de l'intérieur, en date du 27 mai 1837, la perception des droits sera faite, savoir :

1° Ceux d'abatage et d'issues aux barrières de l'octroi, simultanément avec le droit d'entrée, ainsi qu'il est dit en l'article 21, sauf aux receveurs de l'octroi à tenir pour la perception des registres spéciaux, de manière à prévenir toute confusion des droits d'octroi et des droits d'abatage ;

2° Ceux de la fonte des suifs et graisses, aux mains du préposé au pesage des suifs, conformément à l'article 119.

132. En conséquence, les taureaux, bœufs ou vaches, introduits vivants, payeront à l'entrée.. » fr. » c.

Chaque veau.. » »

Chaque mouton ou agneau.............................. » »

Chaque porc ou sanglier................................ » »

Les bouchers forains qui ne font entrer pour l'approvisionnement de la commune que de la viande morte, par quartier ou à la main, et qui payent le droit d'octroi sur la viande dépecée, au prorata du droit par tête, ne seront pas soumis à l'entrée au droit relatif à l'abattoir dont ils ne font pas usage. (Même décision du ministre de l'intérieur, du 27 mai 1837.)

133. En payant le droit d'abatage, chaque boucher ou charcutier recevra un bulletin numéroté contenant le nombre d'animaux qu'il aura à abattre et leur espèce.

Ce bulletin portera, en outre, le même numéro que celui de son échaudoir.

Il sera extrait d'un registre à souche, spécialement tenu à cet effet dans chacun des bureaux de l'octroi désignés en l'article 19.

Ces registres seront parafés par nous.

134. Le registre tenu par le préposé au pesage des suifs, conformément à l'article 119, sera aussi parafé par nous.

135. Ce préposé versera ses recettes à la caisse municipale, le samedi de chaque semaine, à deux heures du soir.

136. Les contestations qui pourront s'élever sur l'application du tarif, ou sur la quotité des droits exigés par les receveurs d'octroi, ou le receveur au pesage, seront portées devant le juge de paix dans l'arrondissement duquel siége l'administration municipale, à quelques sommes que le droit contesté puisse s'élever, pour être par lui jugées sommairement, soit en dernier ressort, soit à la charge de l'appel, suivant la quotité du droit réclamé. (Loi du 27 frimaire an 8, art. 13.)

137. En cas de contestation sur l'application du tarif ou sur la quotité du droit, tout conducteur d'objets compris au tarif sera tenu de consigner entre les mains du receveur le droit exigé ; il ne pourra être entendu qu'en rapportant au juge qui devra en connaître la quittance de ladite consignation (Même loi, art. 14.)

TITRE XIII. — *Entretien des abattoirs et fondoirs.*

138. Les bouchers, charcutiers et fondeurs sont tenus des réparations locatives et d'entretien des bouveries, greniers à fourrages, échaudoirs, triperies, grilloirs, fondoirs, fourneaux, étables, caves, mobiliers et ustensiles fournis par la ville, chacun pour ce qui le concerne. (Code civil, art. 1754.)

Ils ne pourront, sous quelque prétexte et motif que ce soit, se soustraire à la rigueur de cet article.

139. Les bouchers, charcutiers et tripiers auxquels seront livrés les échaudoirs et triperies dans lesquels la commune a fait établir des instruments, ustensiles et autres moyens d'exploitation et de manipulation, et les bouchers et fondeurs auxquels seront livrés les fondoirs dans lesquels il a été établi par la commune des fourneaux, poêles, instruments et autres moyens de fonte, seront tenus de les prendre et conserver dans l'état où ils sont, suivant l'inventaire qui en sera fait contradictoirement entre eux et le directeur.

TITRE XIV. — *Dispositions générales.*

140. Les fumiers des bouveries, bergeries, étables et toits à porcs appartiennent aux bouchers et charcutiers, qui sont tenus de les enlever le dernier jour de chaque mois et de les faire sortir immédiatement de l'abattoir, sans pouvoir les déposer, même momentanément, dans les cours à fumier.

Ils seront même tenus de les faire enlever plus souvent, et dans les trois jours qui suivront la réquisition qui leur en aura été faite par l'inspecteur.

Après ces délais, les fumiers seront considérés comme ayant été abandonnés par les bouchers et charcutiers, et ces résidus seront enlevés le lendemain par les soins, aux frais et au profit de la commune.

141. Dans le cas où les bouchers, charcutiers, tripiers ou fondeurs trouveraient insuffisants les instruments et ustensiles que la commune a fait établir dans les échaudoirs, triperies et fondoirs, ils pourront y faire établir, sous la direction de l'architecte chargé de la conservation de l'abattoir, tous autres instruments, ustensiles et travaux qu'ils jugeront nécessaires à leur manutention, après en avoir prévenu le directeur.

142. Dans le cas où les personnes ci-devant dénommées cesseraient de se servir des locaux de l'abattoir, elles pourraient faire enlever les instruments et ustensiles à elles appartenant, ou en traiter de gré à gré, soit avec leurs successeurs, soit avec la commune.

En cas d'enlèvement d'objets scellés, les locaux seront remis au même et semblable état qu'auparavant.

143. Il est défendu de colporter de la viande, soit dans les rues, soit dans les maisons, et d'en vendre sur aucune partie de la voie publique, autre que les lieux spécialement autorisés à cet effet, sans préjudice du droit qu'ont les bouchers domiciliés ou non domiciliés de faire porter leur viande chez leurs pratiques.

144. Il est enjoint aux commissaire et agents de police de faire des tournées d'inspection dans les magasins et boutiques des bouchers et charcutiers.

Il sera procédé, à l'égard de la viande qui sera trouvée gâtée ou corrompue, ainsi qu'il est prescrit par l'article 26.

145. L'inspecteur est spécialement chargé de faire, avec la diligence convenable, au commissaire de police, ses rapports sur les contraventions au présent règlement, pour être, lesdites contraventions, constatées par ce fonctionnaire, qui en dressera les procès-verbaux.

Les contrevenants seront poursuivis conformément aux lois devant les tribunaux compétents.

146. Le présent règlement, aussitôt qu'il aura été approuvé par l'autorité supérieure, sera imprimé, publié et affiché dans l'étendue de cette commune, et, notamment, dans l'abattoir.

Ampliation en sera transmise à M. le préfet, au préposé en chef de l'octroi, au directeur, à l'inspecteur et à chacun des autres agents commissionnés pour le service de l'abattoir.

147. Le préposé en chef de l'octroi, les commissaire et agents de police, les appariteurs de la mairie, le directeur, l'inspecteur et les autres préposés de l'abattoir sont chargés, chacun en ce qui le concerne, d'assurer la stricte exécution du présent règlement.

Fait à....., le..... mil huit cent.....   (*Signature.*)

N° 10.

Abreuvoirs *publics* (1) (*Arrêté pour l'établissement et la police des*).

Nous, maire de la commune d.....

Vu 1° les dispositions de l'article 3, n° 5, titre 11 de la loi du 16-24 août 1790 (2);

2° L'arrêté du directoire exécutif, du 19 ventôse an VI, art. 12 (3);

3° Un autre arrêté du directoire du 3 messidor an VII (4);

4° Le décret du 12 messidor an VIII (5);

5° Les arrêts de la cour de cassation des 27 messidor an VI, 8 septembre 1808 et 8 septembre 1809;

6° L'article 10 de la loi du 18 juillet 1837,

Considérant qu'il entre dans nos attributions de fixer les endroits où doivent être établis des abreuvoirs, d'en fixer les limites, et de prendre des mesures pour leur police et empêcher les accidents;

Avons arrêté et arrêtons ce qui suit :

Art. 1er. Les abreuvoirs de la commune sont fixés, 1° dans la partie de la rivière, *ou* du ruisseau (*préciser l'endroit*); 2° dans la partie de la mare du côté d.....

2. Ces abreuvoirs seront arrangés de manière qu'ils aient un abord facile, que la descente soit pavée et douce, et le fond raffermi par des recoupes ou cailloutages.

3. Défenses sont faites d'y conduire plus de trois chevaux à la fois, de les mener plus vite que le pas, et de dépasser la limite tracée. Le conducteur doit avoir au moins dix-huit ans.

4. Défenses sont également faites d'y mener les chevaux et autres bestiaux pendant la nuit, d'y laver du linge, d'y jeter des ordures ou immondices, d'y conduire des bestiaux infectés de maladies contagieuses.

5. Il est défendu aux femmes de conduire des chevaux aux abreuvoirs.

6. Les contrevenants seront traduits devant le tribunal de police.

7. L'adjoint, les agents de police et le garde champêtre seront chargés de l'exécution du présent arrêté qui sera publié et affiché dans la commune.

Fait à..... le.... mil huit cent..... *Le maire.*

N° 11.

Abreuvoirs *publics* (*Procès-verbal de contravention à l'arrêté du maire concernant la police des*).

Aujourd'hui......, mil huit cent....., à...... heure du......, nous......

(1) On nomme ainsi les endroits où l'on mène habituellement boire les chevaux et les autres bestiaux.

(2) « Les objets de police confiés à la vigilance et à l'autorité des corps municipaux (aujourd'hui le maire et l'adjoint) sont .... 5° ..... le soin de prevenir par des précautions convenables et de faire cesser par la distribution de secours necessaires, les accidents et fleaux calamiteux, tels que les incendies, les épidémies, les épizooties, en provoquant aussi, dans ces deux derniers cas, l'autorité des administrations de département et de district. » (*Loi du 16-24 août 1790.*)

(3) « L'autorité municipale ne peut permettre l'établissement d'un abreuvoir qu'avec l'autorisation du préfet. » (*Arrêté du 19 ventôse an* VI, *art* 12.)

(4) « Les bestiaux infectés de maladies contagieuses ne doivent pas être conduits aux abreuvoirs publics. » (*Arrêté du 3 messidor an* VII.)

(5) « La police municipale doit veiller à ce que les abreuvoirs aient des limites; à ce qu'ils présentent une pente douce et un abord facile; à ce que la descente en soit pavée (au moins dans les villes), et le fond affermi par des recoupes et cailloutages; à ce qu'ils soient conservés et maintenus en bon état. » (*Décret du 12 messidor an* VIII.)

(*l'officier public*), passant sur le quai de....., avons fait rencontre d'un individu qui remontait de l'abreuvoir au grand trot, conduisant cinq chevaux en laisse. L'ayant sommé de s'arrêter, nous lui avons demandé ses nom, prénoms, âge, profession et domicile : à quoi il a repondu se nommer....., âgé de..... ans, être garçon d'écurie chez le sieur....., rue de....., n°..... Nous l'avons suivi en sondit domicile, et, après nous être assuré de la vérité de sa déclaration, nous lui avons fait observer qu'il est défendu, par l'arrêté de police du..., de mener, pendant la nuit, des chevaux à l'abreuvoir et d'y en conduire, même pendant le jour, plus de trois à la fois, y compris celui monté par le conducteur, comme aussi de les faire trotter, soit en allant, soit en revenant, et nous l'avons prévenu que nous dresserions contre lui le présent procès-verbal, pour y être donné telles suites qu'il appartiendra par voie de simple police.

Fait à....., les jour, mois et an que dessus. (*Signature.*)

N° 12.

ABSENCE. — *Certificat pour la décharge des contributions directes* (1).

Nous, soussigné....., maire de la commune d....., après avoir pris des renseignements exacts sur la demande qui nous est faite par le sieur......., percepteur des contributions directes de ladite commune, certifions que le sieur..., inscrit aux rôles des contributions directes de l'année 18 , sous l'article...., résidant habituellement en cette commune, a quitté son domicile le....., et que l'on ignore en quel lieu il s'est retiré. (*En cas d'insolvabilité du contribuable, on ajoutera*) : Nous certifions, en outre, qu'il est de notoriété publique que ledit sieur..... est insolvable, et qu'il ne possède en cette commune, ni ailleurs, aucun bien meuble ni immeuble saisissable.

En foi de quoi, nous avons délivré au sieur....., percepteur susdénommé, le présent certificat d'absence, conformément à la loi du 6 messidor an X.

Fait, à..., le.., 18....

(*Sceau de la mairie.*) *Le maire.*

N° 13.

ABSENCE *du domicile.* — *Registre servant à l'inscription des exploits contenant assignation ou commandement et signifiés à des personnes absentes de leur domicile, et dont les copies ont été remises à la mairie, en exécution de l'article* 68 (2) *du Code de procédure civile.*

N° d'ordre.	DATE DE L'EXPLOIT. Année et mois.	Jours.	MOMS DES PERSONNES à la requête desquelles les exploits sont signifiés.	NOMS DES PERSONNES auxquelles les exploits sont signifiés.	NOMS des HUISSIERS.	DÉCHARGE.
1	1847. janv.	17	Potin.	Robinet.	Lesec (Honoré).	Visé le 17 janv.
2	Id. février	18	Longuet (Jacques).	Persil frères.	Pannard.	Visé le 13 fév.
3	Id. mars.	19	Perrot (J.-L)	Claveau (J.-B.).	Bertin (Félix).	Visé le 15 mars.

(1) « Ces certificats seront visés par les préfets pour l'arrondissement chef-lieu et par les sous-préfets pour les autres arrondissements. »

« L'insolvabilité ou l'absence des redevables du trésor public seront constatées, ou par des procès-verbaux, soit de perquisition, soit de carence, dressés par des huissiers, ou par des certificats délivrés *sous leur responsabilité*, par les maires et adjoints des communes de leur résidence ou de leur dernier domicile. » (*Arrêté du gouvernement du 6 messidor an X, art. 1er.*)

(2) « Tous exploits seront faits à la personne au domicile; mais, si l'huissier ne trouve

N° 14.

Absence *du domicile. — Tableau des exploits signifiés par huissier à des personnes absentes de leur domicile, et dont copie a été remise à la mairie d....., en exécution de l'article 68 du Code de procédure civile.*

DATE DE L'EXPLOIT.	NOM DE LA PERSONNE à la requête de qui l'exploit est signifié.	NOM DE LA PERSONNE à qui l'exploit est signifié.	NOM DE L'HUISSIER.
17 mars 1847.	Jean-Bart (Louis).	Servant (Pierre).	Foucher (Louis).
24 juin 1847.	Robillard (Étienne).	Colard (François).	Robinet (Joseph).
1er juillet 1847.	Letourdi (Maurice).	Sylvestre (Charles).	Bonfils (Horace).

Le présent a été affiché, pour servir d'avis aux parties intéressées.

Fait à....., le..... 18...

(*Sceau de la mairie.*) *Le maire.*

N° 15.

Abus *de confiance* (*Procès-verbal d'*).

(Sur papier timbré et enregistré.)

L'an mil huit cent....., le....., à..... heure....., par-devant nous....., maire (adjoint *ou* commissaire de police) de la commune de.....

1er cas. — *Art.* 406 *du Code pénal* (1).

Est comparu le sieur (*nom, prénoms, âge et profession*), demeurant à....., fils mineur de....., assisté, pour la validité de la présente, d..... (*son père, sa mère, ou son tuteur*), demeurant à.....

Lequel nous a déclaré que, s'étant trouvé dans des circonstances qui l'ont forcé de recourir à des emprunts, il s'est adressé au sieur..... (*nom, profession*), demeurant à....., qui, abusant de son inexpérience et du besoin pressant où il se trouvait, lui a prêté, le......, la somme de..... et lui a fait

au domicile ni la partie, ni aucun de ses parents ou serviteurs, il remettra de suite la copie à un voisin, qui signera l'original; si ce voisin ne peut ou ne veut signer, l'huissier remettra la copie au maire ou adjoint de la commune, lequel visera l'original sans frais. L'huissier fera mention du tout, tant sur l'original que sur la copie.» (*Code de procédure, art.* 68.)

Pour donner la publicité convenable au dépôt des copies, les maires tiennent registre de celles qui leur sont remises, et en dressent un tableau qu'ils affichent à la porte de la mairie.

(1) « Quiconque aura abusé des besoins, des faiblesses ou des passions d'un mineur, pour lui faire souscrire, à son préjudice, des obligations, quittances ou décharges, pour prêt d'argent ou de choses mobilières, ou d'effets de commerce, ou de tous autres effets obligatoires, sous quelque forme que cette négociation ait été faite ou déguisée, sera puni d'un emprisonnement de deux mois au moins et de deux ans au plus, et d'une amende qui ne pourra excéder le quart des restitutions et des dommages-intérêts qui seront dus aux parties lésées, ni être moindre de vingt-cinq francs. Le coupable pourra être, en outre, à compter du jour où il aura subi sa peine, interdit, pendant cinq ans au moins et dix ans au plus, des droits mentionnés en l'article 42 du présent Code. » (*Code pénal, art.* 406.)

souscrire un (*effet, reconnaissance, ou obligation*) de la somme de....., en date du....., payable le....., avec intérêts.

Ou bien, s'est fait remettre par le comparant, en dépôt et nantissement dudit prêt, les objets mobiliers désignés ci-après (*les détailler*), et qui sont d'une bien plus grande valeur;

Que le comparant s'étant trouvé en état de rembourser ledit sieur..... il lui a offert la somme de....., montant réel dudit prêt et des intérêts; mais que ce dernier a voulu exiger de lui le montant entier de l'engagement que le comparant avait eu la faiblesse de lui souscrire, et quoique ledit sieur.... sache bien n'avoir réellement prêté au comparant que la somme de.....

Ou bien, mais que ce dernier refuse de lui remettre les objets mobiliers que le comparant lui a confiés en dépôt ou nantissement, sous le prétexte que le comparant les lui a vendus pour la somme de....., et qu'il a pu, dès lors, en disposer comme de sa propriété.

Nous faisant observer le comparant que les faits ci-dessus sont à la connaissance des sieurs (*noms, prénoms et professions de deux ou trois témoins*), demeurant à.....

Et attendu qu'il y a abus de confiance de la part dudit sieur....., le comparant a cru devoir nous rendre plainte des faits ci-dessus, requérant, pour la vindicte publique, qu'il y soit donné telle suite qu'il appartiendra, conformément à la loi; se réservant aussi, comme partie civile, ainsi qu'il se constitue par le présent, de se pourvoir en son propre et privé nom contre ledit sieur..... pardevant tout tribunal compétent, et de prendre telles conclusions qu'il avisera.

Lecture faite de ce que dessus au sieur....., il a affirmé la vérité de sa déclaration, y a persisté, en a requis acte que nous lui avons octroyé, et a signé avec nous, ainsi que le sieur..... susnommé, pour la validité de la présente.

Sur quoi, nous (*l'officier public*) susdit, attendu qu'il s'agit d'un délit de police correctionnelle prévu par l'article 406 du Code pénal, disons qu'il y a lieu à suivre sur notre présent procès-verbal par voie de police correctionnelle, et avons signé.

Si le prévenu est présent, l'officier public prend de suite sa déclaration; il prend également celles des témoins, s'ils sont présents.

Si le prévenu n'est point domicilié, ou s'il ne présente point une responsabilité notoire, l'officier public peut, suivant la gravité des faits, le faire conduire à la maison d'arrêt; dans ce cas, il ajoute au procès-verbal :

Et attendu la gravité des faits, et les fortes présomptions qui s'élèvent contre ledit sieur....., attendu aussi qu'il ne présente point une solvabilité notoire et justifiée, disons qu'il sera conduit sous bonne et sûre garde à la maison d'arrêt, pour y être déposé et retenu, à la chambre de dépôt, sous la main de la justice, en état de mandat d'amener, conformément à l'article 45 du Code d'instruction criminelle; comme aussi que notre présent procès-verbal sera transmis en même temps à M. le procureur impérial, pour le tout être renvoyé à qui de droit (*le juge d'instruction*), et avons signé.

2ᵉ CAS. — *Art.* 407 *du Code pénal* (1).

Est comparu le sieur (*nom, prénoms, âge, profession*), demeurant à..... lequel nous a dit que, par suite de (*désigner les circonstances qui ont amené les faits*), il avait confié (*désigner l'époque*) au sieur (*nom, profession*), demeurant à....., un papier (*désigner la nature et l'usage du papier*), sur lequel le comparant avait mis son blanc-seing (*indiquer les motifs*); que ledit sieur..... a abusé de ce blanc-seing, en y écrivant frauduleusement au-dessus de ladite signature (*désigner ce qui a été écrit et ce qui en résulte*), ce qui compromet les intérêts, *ou* la fortune, *ou* la personne, *ou* la réputation du comparant.

Nous faisant observer le comparant que les faits ci-dessus sont à la connaissance, etc.

La suite comme au premier cas, excepté qu'il faut citer l'article 407.

---

(1) « Quiconque, abusant d'un blanc-seing qui lui aura été confié, aura frauduleusement écrit au-dessus une obligation ou décharge, ou tout autre acte pouvant compromettre la personne ou la fortune du signataire, sera puni des peines portées en l'article 405. — Dans le cas où le blanc-seing ne lui aurait pas été confié, il sera poursuivi comme faussaire et puni comme tel. »

3e CAS. — *Art.* 408 *du Code pénal* (1).

..... Lequel nous a dit que, il y a (*désigner l'époque*), il a confié au sieur (*nom, prénoms, profession*), demeurant à....., à titre de dépôt, *ou* pour (*détailler la nature, la quantité, la valeur, la date et autres circonstances, des effets, deniers, marchandises, billets, quittances ou autres écrits, contenant ou opérant obligation ou décharge*), à la charge, par ledit sieur....., de les rendre ou représenter au comparant, *ou* d'en faire (*tel emploi*); mais que, loin de remplir ces conditions, ledit sieur.. .. a dissipé, *ou* détourné à son profit lesdits....., au préjudice du comparant qui en est propriétaire, *ou* détenteur et possesseur en vertu de....., et que ledit sieur..... a (*désigner ce que le prévenu a fait des objets ci-dessus, si on le sait*).

Nous faisant observer le comparant que les faits ci-dessus, etc.

La suite comme au premier cas, excepté qu'il faut citer l'article 408.

No 16.

ACCIDENT (*Procès-verbal pour constater un*) (2).

Aujourd'hui..... mil huit cent..... à..... heure..... du..... nous (*nom, prénoms et qualité de l'officier public*), instruit par la clameur publique, *ou* par une *ou* par plusieurs personnes, que *tel* accident (*en désigner la nature*) venait d'arriver en *tel* lieu (*désigner le quartier, la rue, la place où est arrivé l'accident*), nous y sommes immédiatement transporté; et, après notre arrivée audit lieu, nous avons effectivement reconnu que (*énoncer toutes les circonstances et tous les détails de l'accident; les choses, les animaux, les personnes qui l'ont occasionné; désigner également les personnes, les animaux, les choses qui en ont souffert. — Entendre et recevoir sur-le-champ, sur le même procès-verbal, la déclaration des témoins, que chacun d'eux doit signer séparément*).

En conséquence, après nous être assuré de la vérité des faits, nous avons rédigé le présent procès-verbal, pour servir et valoir, en temps et lieu, ce que de raison.

Fait et clos à..... les jour, mois et an susdits. (*Signature.*)

No 17.

ACCIDENT (*Procès-verbal pour constater le refus de prêter le secours légalement requis, en cas d'*) (3).

Aujourd'hui..... mil huit cent....., nous (*nom, prénoms et qualité de l'of-*

(1) « Quiconque aura détourné ou dissipé, au préjudice du propriétaire, possesseur ou détenteur, des effets, deniers, marchandises, billets, quittances ou tous autres écrits contenant ou opérant obligation ou décharge, qui ne lui auraient été remis qu'à titre de dépôt ou pour un travail salarié, à la charge de les rendre ou représenter, ou d'en faire un usage ou un emploi déterminé, sera puni des peines portées dans l'article 406. — Le tout sans préjudice de ce qui est dit aux articles 254, 255 et 256, relativement aux soustractions et enlèvements de deniers, effets ou pièces, commis dans les dépôts publics. » (*Code pénal*, art. 408.)

(2) Du genre de ceux qui résultent le plus souvent de l'inexécution des règlements de police.

(3) « Seront punis d'amende, depuis 6 francs jusqu'à 10 francs inclusivement : ceux qui, le *pouvant*, auront refusé ou négligé de faire les travaux, le service, ou de prêter le secours dont ils auront été requis dans les circonstances d'accidents, tumultes, naufrage, inondation, incendie ou autres calamités, ainsi que dans les cas de brigandages, pillages, flagrant délit, clameur publique ou d'exécution judiciaire. » (*Code pénal, art.* 475, no 12.) — « La peine de l'emprisonnement sera toujours prononcée en cas de récidive. » (*Id., art.* 478.)

ficier public), informé que le feu s'est manifesté chez....., nous y sommes sur-le-champ transporté.

Ayant remarqué que les flammes se dirigeaient sur la maison du sieur....., voisine de celle où le feu a éclaté, nous avons ordonné que la pompe à incendie fût amenée, et que tous les habitants ouvrissent à l'instant les cours où se trouvent des puits ou des fontaines. Le sieur..... ayant refusé, non-seulement d'entrer dans la chaîne que nous avons établie pour le service de la pompe, mais encore de prêter ses seaux et de permettre l'accès de sa cour où se trouve une fontaine abondante, sous prétexte qu'on pourrait pénétrer dans ses jardins et lui causer du dommage, nous lui avons déclaré qu'il était en contravention à la loi, et que nous prenions acte de son refus, à l'effet de le faire poursuivre par-devant le tribunal de simple police, pour être puni des peines portées par l'article 475 du Code pénal, nº 12.

En foi de quoi nous avons dressé le présent procès-verbal, pour servir et valoir ce que de raison.

Ou bien, ayant remarqué que le nombre des personnes venues pour prêter secours était insuffisant, et ayant aperçu non loin du foyer de l'incendie plusieurs individus restant dans l'inaction, nous avons, en vertu des pouvoirs que la loi nous donne, sommé verbalement ces individus de concourir, chacun selon ses moyens et ses forces physiques, aux travaux nécessaires pour arrêter les progrès du feu : le plus grand nombre d'entre eux se sont rendus à notre invitation; les sieurs....., au lieu d'obtempérer à notre réquisition, s'étant retirés, nous leur avons déclaré à l'instant qu'ils étaient en contravention à la loi (*le reste comme ci-dessus*).

Ou bien, ayant vu passer une charrette vide attelée de deux chevaux, conduite par le nommé L....., voiturier à....., ainsi que nous l'a fait connaître la plaque apposée en avant de la roue, nous avons requis ledit L....., de prêter sa voiture, et d'aller à l'instant chercher de l'eau dans la rivière avec deux tonneaux que nous avons mis à sa disposition. Malgré l'imminence du danger, l'incendie menaçant de s'étendre aux maisons voisines, ledit L..... s'est obstinément refusé à satisfaire à notre réquisition, sous le prétexte qu'il était obligé de rentrer chez lui, et qu'il ne voulait pas fatiguer ses chevaux qui devaient travailler le lendemain. Ce refus de sa part, constituant une contravention à l'article 475, nº 12, du Code pénal, nous lui avons déclaré que nous dresserions contre lui le présent procès-verbal pour servir et valoir ce que de raison.

Fait à....., les jour, mois et an susdits. (*Signature.*)

Nº 18.

Adjudication *publique* (1). — *Affiche pour une adjudication aux enchères, à l'extinction des feux.*

MAIRIE DE.....

Vente ou *location de biens communaux.*

AVIS.

Le public est prévenu qu'il sera procédé le dimanche (*date et mois*) prochain, à..... heures du....., en la mairie de....., par-devant le maire de cette com-

---

(1) Il y a trois espèces d'adjudications publiques, savoir: — l'ajudication aux enchères sur mise à prix et à l'extinction des feux; — l'adjudication au rabais, à la criée et également à l'extinction des feux; — l'adjudication au rabais sur soumissions.

La première est en usage pour la vente des fruits communaux et de tous objets mobiliers appartenant aux communes, pour l'aliénation et la location des propriétés communales, pour la mise à ferme des droits de places aux halles, foires et marchés, du droit de chasse, des octrois, des droits de pesage, mesurage et jaugeage, etc.; — la seconde, pour travaux de simple entretien aux édifices communaux, pour fournitures ordinaires, pour réparations aux chemins de fruitement et de défruitement des propriétés rurales et forestières, pour l'exploitation des coupes affouagères et pour tous

mune, assisté de deux conseillers municipaux, à l'adjudication aux enchères publiques, du bail à ferme pour..... années consécutives, qui commenceront à courir le..... de..... (*désigner les biens mis en ferme*).

La mise à prix, pour la redevance annuelle, est fixée à..... Il ne sera pas reçu d'enchère au-dessous de.....

On pourra prendre connaissance du cahier des charges au secrétariat de la mairie de....., tous les jours non fériés, de..... heures à..... heures.

Fait à....., le..... 18.....

Le maire.

N° 19.

Adjudication *publique.—Affiche pour une adjudication au rabais, à l'extinction des feux.*

MAIRIE DE.....

Entreprise de travaux communaux ou à loyer.

AVIS.

Le public est prévenu qu'il sera procédé le dimanche (*date et mois*) prochain, à..... heures du.. .. en la mairie de..... (1) par-devant le maire de cette commune, assisté de deux conseillers municipaux, à l'adjudication au rabais des travaux de construction de.....

Le montant du devis dressé par..... s'élève à la somme de.....

On pourra prendre connaissance du projet et du cahier des charges au secrétariat de la mairie de..... tous les jours de..... heures à..... heures.

Fait à.... , le..... 18.....

Le maire.

N° 20.

Adjudication *publique.—Affiche pour une adjudication sur soumissions cachetées.*

MAIRIE DE.....

Entreprise de travaux communaux.

AVIS.

Le public est prévenu qu'il sera procédé le dimanche (*date et mois*) prochain,

---

services qui ne présentent pas une certaine importance; — enfin, la troisième est en usage pour les fournitures extraordinaires, pour les constructions, reconstructions et grosses réparations des bâtiments communaux, les réparations aux chemins vicinaux et tous travaux communaux d'une importance majeure.

Aux termes de l'article 16 de la loi du 18 juillet 1837, le maire procède aux adjudications concernant la commune, en présence de deux conseillers municipaux désignés d'avance par le conseil, ou, à défaut, appelés dans l'ordre du tableau. — Toutes les difficultés qui peuvent s'élever sur les opérations préparatoires de l'adjudication sont résolues séance tenante, par le maire et les deux conseillers assistants, à la majorité des voix, sauf le recours de droit. — Le receveur municipal est appelé à toutes les adjudications, afin qu'il soit, en cas de non-comparution, constitué par là en demeure de remplir, vis-à-vis de l'adjudicataire, les formalités prescrites par les instructions; le procès-verbal de l'adjudication doit faire mention de la présence comme de l'absence de cet agent. Son absence, dûment constatée, n'empêche pas la validité de l'opération.

En général, toute adjudication doit être annoncée un mois à l'avance, et ce n'est qu'en cas d'urgence constatée que ce délai peut être réduit.

Les affiches qui ont pour objet la vente ou les locations de biens communaux doivent être sur papier de couleur, au timbre de dimension.

(1) Si l'adjudication doit être faite au chef-lieu du canton ou de l'arrondissement, ce

à..... heures du....., en la mairie de....., par-devant le maire de cette commune, assisté de deux conseillers municipaux, à l'adjudication publique sur soumissions cachetées des travaux de construction de.....

Le montant du devis dressé par M..... s'élève à la somme de.....

On pourra prendre connaissance du projet et du cahier des charges au secrétariat de la mairie de....., tous les jours de..... heures à..... heures.

Les soumissions seront reçues au même lieu jusqu'au..... prochain, et celles qui n'auront pas été remises à l'avance pourront être déposées le jour de l'adjudication sur le bureau de la commission, à l'ouverture de la séance. Chaque soumission énoncera le rabais à tant pour cent sur l'ensemble de tous les prix portés au détail estimatif. Elle sera conforme au modèle ci-après et écrite sur papier timbré. On y joindra :

« 1° Un certificat de capacité délivré par un ingénieur ou un architecte de l'administration ou reconnu par elle. Ce certificat devra avoir été délivré dans les trois ans qui précéderont l'adjudication;

« 2° Un acte de cautionnement d'une valeur égale au moins au dixième de l'estimation, ou, à défaut de cet acte, une promesse valable souscrite par le soumissionnaire, s'il se cautionne lui-même, ou par la caution, s'il se fait cautionner par un tiers. Ces deux pièces sur papier timbré;

« 3° Un certificat du maire du lieu, énonciatif de la valeur des immeubles affectés au cautionnement;

« 4° Un certificat du conservateur des hypothèques constatant s'il existe ou non des inscriptions sur lesdits immeubles;

« 5° Enfin, les actes de propriété, et, de plus, s'il y a lieu, le contrat de mariage du soumissionnaire. »

La soumission sera renfermée seule, sous une première enveloppe cachetée, et mise ensuite sous une seconde enveloppe avec le certificat de capacité et les autres pièces indiquées ci-dessus.

Sont dispensés de la production de ces pièces les soumissionnaires qui feront leur cautionnement en numéraire, et dont il sera justifié par un récépissé de versement dans la caisse du receveur des finances de l'arrondissement.

Fait à..... le..... 18.....

Le maire.

N° 21.

Adjudication *publique.—Soumission d'entrepreneur.*

Je, soussigné (*nom, prénoms, profession et demeure du soumissionnaire*), ayant pris connaissance des plans, devis et détails estimatifs des ouvrages (*les désigner comme dans le corps de l'affiche*), m'engage à les exécuter conformément au devis, moyennant un rabais de..... pour cent (*exprimer le rabais en toutes lettres, sans fractions de centimes*).

Fait à..... le.....

(Signature.)

N° 22.

Adjudication *publique.—Procès-verbal d'adjudication* (1).

L'an mil huit cent..... le..... à..... heures du....., nous....., maire de la commune de....., assisté de MM..... membres du conseil municipal, et de

---

qui est préférable, surtout quand il s'agit de travaux de quelque importance, il en est fait mention sur l'affiche à la place de ces mots: *En la mairie de.......*, et le maire se transporte au chef-lieu désigné, accompagné des deux conseillers municipaux et du receveur de la commune, pour procéder à l'opération.

(1) On trouvera dans le présent ouvrage plusieurs modèles d'adjudication, relatifs

M..... receveur municipal, en conséquence des affiches et publications faites conformément à l'article 6 de l'ordonnance du 14 novembre 1837, nous sommes rendu à l'hôtel de la mairie à l'effet de procéder à l'adjudication (*indiquer la nature et l'objet de l'adjudication*).

Pour une adjudication aux enchères ou au rabais.

Après lecture faite des clauses et conditions de l'adjudication, nous avons annoncé qu'il allait être procédé à la réception des enchères *ou* des rabais, sur la mise à prix de..... Le montant de l'enchère *ou* du rabais a été fixé à.....

Il a été allumé un premier feu pendant la durée duquel le sieur N..... a offert..... fr., le sieur N..... fr., et le sieur N..... fr.

Il a été allumé un second feu pendant lequel, etc.

Il a été allumé un troisième feu pendant lequel, etc.

Deux autres feux ayant été allumés successivement et s'étant éteints sans enchère *ou* rabais, nous avons adjugé au sieur N..... demeurant à..... le (*indiquer l'objet de l'adjudication*), au prix de..... et à la charge par lui d'exécuter les clauses et conditions de l'adjudication.

Pour une adjudication au rabais sur soumissions cachetées.

La mise à prix est fixée suivant le devis, approuvé à la somme de..... ci.....

Le nombre des paquets déposés sur le bureau est de.....; chacun d'eux a reçu un numéro, puis le premier cachet a été rompu en présence du public qui, aussitôt, a dû sortir de la salle.

Toutes les pièces ayant paru régulières et la séance étant redevenue publique, nous avons proclamé les noms des concurrents agréés.

Les soumissions ont ensuite été ouvertes : elles ont présenté les résultats suivants :

Le sieur N..... a offert un rabais de.....

Le sieur N..... a offert un rabais de..... etc., etc.

Cette dernière soumission étant la plus avantageuse, nous avons déclaré le sieur..... adjudicataire des travaux, etc.

Pour toutes les adjudications.

Et aussitôt le sieur..... a déclaré accepter l'adjudication et s'engager à exécuter toutes les clauses et conditions du cahier des charges, *ou bien* du devis et du cahier des charges, déclarant en avoir pris connaissance.

En conséquence, le sieur..... pour sûreté ou garantie de l'adjudication, a affecté et hypothéqué (*tel immeuble*)..... lui appartenant, situé à. ...., de la valeur de..... fr.; laquelle garantie nous avons acceptée de l'avis de MM. les membres de la commission.

Ou bien (si l'adjudicataire ne se cautionne pas lui-même) :

En conséquence, le sieur..... a présenté pour sa caution le sieur.. .. qui a déclaré avoir pris connaissance du cahier des charges, et, pour sûreté et garantie de l'adjudication, a affecté et hypothéqué, etc. (*comme ci-dessus*).

Ou bien (*s'il y a dispense de caution*) : Eu égard aux garanties de capacité, de solvabilité et de moralité que présente ledit adjudicataire, nous l'avons dispensé de fournir la caution mentionnée au cahier des charges.

Et ont lesdits sieurs..... signé avec nous après lecture faite (1).

Fait et clos à..... les jour, mois et an susdits.

(*Suivent les signatures.*)

à des objets spéciaux, tels que coupes de bois, coupes de foin et regain, exploitation de coupes affouagères, travaux communaux, etc., etc.; néanmoins nous avons cru devoir donner ici une formule générale, dont la rédaction fort simple peut, à l'aide des modifications les plus faciles, s'adapter aux adjudications de toute espèce.

Le procès-verbal doit être fait sur papier timbré; — les sommes doivent être écrites en toutes lettres et émargées en chiffres; — les renvois, surcharges, ratures et interlignes doivent être approuvés, et cette approbation est signée par toutes les parties contractantes.

(1) Les adjudications restant toujours subordonnées à l'approbation du préfet, con-

N° 23.

Aérostats (*Règlement de police concernant les*).

Le maire de la ville *ou* commune de.......

Vu les lois des 14-22 décembre 1789, art. 50; 16-24 août 1790, titre XI, art. 3; 19-22 juillet 1791, titre Ier, art. 46; 18 juillet 1837, art. 11; et la circulaire du ministre de l'intérieur du 7 octobre 1853;

Considérant qu'il est du devoir de l'autorité municipale d'ordonner les mesures à prendre lorsqu'on lance des aérostats, et de prévenir les graves accidents qui peuvent en résulter,

Arrête :

Art. 1er. Il est défendu de faire partir des aérostats ou ballons, auxquels seraient adaptés des réchauds à l'esprit de vin, des pièces d'artifice ou toutes autres matières inflammables et enflammées.

2. Il est également défendu d'enlever des ballons ou aérostats non garnis d'appareils dangereux, sans une permission de la police. La permission indiquera le jour, le lieu et l'heure de l'expérience.

3. Les ascensions aérostatiques sont défendues jusqu'après la rentrée des récoltes.

4. Les contraventions au présent règlement seront constatées par des procès-verbaux et déférées au tribunal de simple police, sans préjudice de la responsabilité encourue par les contrevenants, conformément aux articles 1382, 1383 et 1384 du Code civil.

Fait à.........., le................., 18 .

Le Maire.

N° 24.

Aérostats.—*Procès-verbal contre une personne qui aurait lancé un aérostat garni d'artifice ou de matières enflammées.*

L'an mil huit cent......., le........, à....... heure du...., nous..... (*noms et qualité de l'officier public*), ayant vu en l'air un ballon ou aérostat garni d'un appareil enflammé, nous sommes dirigé aussitôt vers le point de départ de ce ballon. Par suite des informations que nous avons prises sur les lieux, nous avons eu connaissance que le ballon avait été lancé par le sieur........, auquel nous avons déclaré qu'il était en contravention au règlement de police du .... (1), et nous avons dressé le présent procès-verbal pour être transmis à l'autorité judiciaire compétente.

Fait à............, les jour, mois et an susdits.

(Signature.)

N° 25.

Affichage (*Règlement de police relatif à l'*).

Le maire de la ville *ou* commune de..........

Vu les lois des 14-22 décembre 1789, art. 50; 18-22 mai 1791; 22-28 juillet

---

formément à l'article 10 de l'ordonnance du 14 novembre 1837, MM. les maires doivent faire parvenir, *avant l'enregistrement*, à ce magistrat, les procès-verbaux des adjudications rédigés en double minute, dont une sur timbre, et accompagnés de pièces justificatives.

(1) Le ministre de l'intérieur, dans sa circulaire du 2 septembre 1825 aux préfets,

1791 ; 28 germinal an IV, art. 1 et 2 ; 9 vendémiaire an VI, art. 56 et 60 ; 23 fructidor an VI ; 28 avril 1816, art. 65 ; 25 mars 1817, art. 77 ; 16 juin 1824, art. 10 ; 10 décembre 1830, art. 1er ; 8 juillet 1852, art. 30 ;

Vu le Code pénal, art. 283 et suiv. ; 471, nº 15 ; 479, nºs 1 et 9 ;

Vu aussi la loi du 18 juillet 1837, art. 11, qui donne à l'autorité municipale le droit de publier de nouveau les lois et règlements de police, et de rappeler les citoyens à leur observation,

Arrête :

ART. 1er. Les affiches de l'administration seront apposées dans.... (*désigner les emplacements*) et dans des cadres spéciaux portant cette inscription : LOIS ET ACTES DE L'AUTORITÉ PUBLIQUE.

Il est défendu à tout particulier d'apposer dans ces locaux des affiches particulières (loi du 18-22 mai 1791, art. 11) ; d'enlever, déchirer ou couvrir les affiches apposées par ordre de l'administration ou de l'autorité judiciaire ; le tout sous les peines prononcées par les lois. (Code pénal, art. 471 et 479.)

2. Aucune affiche faite par des particuliers ne pourra être apposée sans la permission de l'autorité municipale, et sans qu'il en ait été déposé à la mairie un exemplaire daté et signé par l'afficheur. (Loi du 14-22 décembre 1789, art. 50 ; Code pénal, art. 471.)

3. Aucune affiche ne pourra être apposée sous le titre d'arrêté, de délibération, ni sous toute autre forme obligatoire et impérative. (Loi du 18-22 mai 1791, art. 13.)

4. Aucune affiche ne pourra être faite sous un nom collectif, les citoyens qui concourent à une affiche étant tous tenus de la signer. (*Idem*, art. 15.)

5. Aucun écrit, soit à la main, soit imprimé, gravé ou lithographié, contenant des nouvelles politiques, ne pourra être affiché ou placardé dans les rues, places ou autres lieux publics. (Loi du 10 décembre 1830, art. 1er.)

6. Toute affiche faite par des particuliers devra être imprimée sur papier de couleur, timbré, sous peine de l'amende prononcée par les lois. (Lois des 22-28 juillet 1791 ; 9 vendémiaire an VI, art. 56 ; et 16 juin 1824, art. 10.)

7. Tout individu qui voudra, au moyen de la peinture ou de tout autre procédé, inscrire des affiches dans un lieu public, sur les murs, sur une construction quelconque ou même sur toile, sera tenu préalablement de payer au bureau de l'enregistrement un droit d'affichage fixé à cinquante centimes pour les affiches d'un mètre carré et au-dessous, et à un franc pour celles d'une dimension supérieure. Il sera tenu, en outre, d'obtenir de l'autorité municipale l'autorisation ou permis d'afficher. (Loi du 8 juillet 1852, art. 30 ; décret réglementaire du 25-31 août 1852, art. 1er.)

L'acquittement de ce droit d'affichage tiendra lieu du droit de timbre auquel sont assujetties, d'après les lois antérieures, les affiches faites sur papier.

8. Toute affiche imprimée devra contenir le nom et la demeure de l'imprimeur, sous les peines portées par la loi. (Loi du 28 germinal an IV, art. 1 et 2, et 25 mars 1817, art. 77 ; Code pénal, art. 283.)

9. Il est défendu d'enlever, arracher ou déchirer les affiches apposées légalement et suivant les formes prescrites, dans l'intérêt des particuliers, sous les peines portées par les lois, et, en outre, à peine de tous dommages et intérêts qui pourront être adjugés à la partie lésée. Défenses sont également faites de couvrir lesdites affiches avant le délai de huit jours de leur apposition. (Code pénal, art. 471, nº 15 ; 479, nº 1.)

10. Il ne pourra être affiché, sur les édifices consacrés aux cultes religieux, que les annonces relatives aux cérémonies de ces cultes. Aucune affiche de particuliers ne pourra, non plus, être apposée sur les édifices appartenant à l'État, au département ou à la commune, ni sur les monuments publics. (Code pénal, art. 471, nº 15.)

11. Les contraventions au présent règlement seront constatées par des procès-

---

s'exprime ainsi ; « De graves accidents ont souvent été occasionnés par des aérostats « garnis d'artifice. Déjà mon prédécesseur avait défendu l'enlèvement de ces sortes « de ballons, et généralement de tous ceux auxquels serait adapté un foyer quelconque « d'artifice, d'esprit de vin ou de toute autre matière. Je vous prie de renouveler « cette défense dans toute l'étendue de votre département, et de tenir la main à ce « que, partout, l'autorité locale s'y conforme exactement. »

verbaux, et les contrevenants traduits, selon le cas, au tribunal de simple police, ou au tribunal correctionnel de l'arrondissement.

Fait à..........., le............, 18 .

Le maire.

N° 26.

Affiche *des particuliers. — Visa et permis d'afficher* (1).

Vu et permis d'afficher par nous, maire de la commune de..............., A.........., ce .... 18 .

(*Sceau de la mairie.*) (*Signature.*)

N° 27.

Affiche *de l'autorité* (2). — *Certificat d'affiche.*

Le maire de......... certifie avoir fait publier et afficher cejourd'hui, dans la commune, un avis en date du.......... (*ou bien* un arrêté), portant....... (*indiquer ici l'objet.*)

Fait à.........., le.......... 18 .

(*Cachet.*) (*Signature.*)

N° 28.

Affiche *de l'autorité arrachée ou couverte* (*Procès-verbal pour une*).

L'an mil huit cent....., le......, à..... heure du....., nous......, maire (adjoint *ou* commissaire de police) de la ville d...., passant dans la rue de...., avons remarqué un individu qui arrachait (*ou* couvrait d'une affiche particulière) une affiche de l'autorité publique, qui était placardée sur le mur de la maison numérotée......, et qui était relative à........., nous avons fait arrêter ledit individu et l'avons fait conduire en notre bureau, après nous être muni de l'affiche qu'il placardait, et que nous avons reconnu être (*désigner la nature de l'affiche*).

Ledit individu, sur nos interpellations, nous a déclaré se nommer (*nom, prénoms, âge, lieu de naissance, profession et demeure, dire s'il est afficheur, s'il a une permission, qui l'a mis en œuvre, le motif de son action, etc.*), et a signé, après lecture faite (*s'il ne sait ou ne veut pas signer, il en est fait mention*).

Sur quoi, nous........., susdit, attendu qu'il est défendu de couvrir (3) ou

---

(1) Les maires peuvent ordonner, par un règlement de police, qu'aucune affiche faite par des particuliers, pour quelque cause que ce soit, ne pourra être apposée sans la permission de l'autorité municipale. (*Loi du 14-22 déc. 1789, art. 50; Décr. du 13 nov. 1791; Ord. du 13 fév. 1834; Arr. de cass. 25 mars 1830 et 15 fév. 1834.*)

(2) Les maires doivent faire apposer, aussitôt qu'ils les ont reçues, les affiches qui leur sont transmises, dans l'intérêt des divers services publics, par le sous-préfet ou par le préfet; ils adressent, sans le moindre retard, à ces derniers, des certificats d'affiche ou de publication toutes les fois que cette formalité leur est recommandée.

Les affiches émanant de l'autorité municipale sont écrites ou imprimées sur papier blanc non timbré. Toutefois, celles annonçant des adjudications d'intérêt purement communal, ou portant publication de promesses de mariage, ne sont pas affranchies du timbre.

(3) « Dans les villes et dans chaque municipalité, il sera, par les officiers munici-

arracher (1) aucune affiche émanée de l'autorité publique, avons rédigé le présent procès-verbal de contravention contre ledit sieur........, qui sera traduit au tribunal de police, pour, à la requête du ministère public, être prononcé par ledit tribunal telles condamnations qu'il appartiendra.

A..........., les jour, mois et an que dessus.

(*Signature*)

N° 29.

AFFICHE *illégale.* — *Procès-verbal de contravention pour une* affiche en papier blanc.

L'an mil huit cent....., le..... à..... heure du....., nous....., maire (adjoint *ou* commissaire de police) de la ville de....., passant dans la rue....., avons remarqué une affiche particulière imprimée, placardée sur le mur de face (*ou* latéral) de la maison portant le n°....., laquelle affiche était en papier blanc.

Attendu qu'aux termes de la loi du 22-28 juillet 1791, et de l'article 65 de la loi du 28 avril 1816, les affiches des particuliers doivent être sur papier de couleur, à peine d'une amende de 100 francs, à la charge de l'imprimeur, conformément à l'article 77 de la loi du 25 mars 1817 (2); attendu aussi que ladite affiche porte au bas le nom d....., imprimeur à....., avons rédigé le présent procès-verbal contre ledit sieur..... pour y être donné, par voie de police correctionnelle, telles suites qu'il appartiendra.

(*Signature.*)

N° 30.

AFFICHE *illégale.* — *Procès-verbal pour une* affiche non timbrée.

L'an mil huit cent....., le..... à..... heure du....., nous....., maire (adjoint *ou* commissaire de police) de la ville d....., avons remarqué dans la rue d......, sur le mur de face (*ou* latéral) de la maison portant le n°....., une affiche particulière imprimée sur papier non timbré.

Attendu qu'aux termes de l'article 56 de l'arrêté du 9 vendémiaire an VI, et de l'article 65 de la loi du 28 avril 1816, les affiches des particuliers sont assujetties à la formalité du timbre, à peine de lacération desdites affiches, restitution des droits fraudés, et payement de l'amende prononcée par l'arrêté du 3 brumaire an VI (3), nous avons rédigé contre le sieur....., signataire (*ou* imprimeur) de ladite affiche, dont la demeure y est indiquée rue....., n°....., le présent procès-verbal de contravention, pour y être donné telles suites qu'il appartiendra.

Fait à....., les jour, mois et an susdits.

(*Signature.*)

paux, désigné des lieux exclusivement destinés à recevoir les affiches des lois et des actes de l'autorité publique. Aucun citoyen ne pourra faire poser des affiches particulières dans lesdits lieux, sous peine d'une amende de 100 francs, dont la condamnation sera prononcée par voie de police. » (*Loi du* 18-22 *mai* 1721, art. 11.)

(1) « Ceux qui suppriment ou arrachent les affiches des autorités publiques seront passibles d'amende. — L'enlèvement ou le déchirage des affiches doivent être réprimés et punis d'amende depuis 11 à 15 francs, par le tribunal de police municipale. — La contravention sera constatée par procès-verbal. » (*Loi du* 23 *fructidor an* VI.)

(2) La contravention à la disposition de l'article 65 de la loi du 28 avril 1816, qui défend de se servir, pour les affiches, de papier de couleur blanche, sera punie d'une amende de 100 fr., à la charge de l'imprimeur, qui sera toujours tenu d'indiquer son nom et sa demeure au bas de l'affiche. (*Loi de finances du* 25 *mars* 1817, *art.* 77.)

(3) Les afiches autres que celles émanées de l'autorité publique seront assujetties au timbre. (*Arr. du* 9 *vendemiaire an* VI, *art.* 56.)

Il ne peut être posé aucune affiche qu'elle ne soit timbrée, à peine de 25 fr.

N° 31.

Affiche *illégale.* — *Procès-verbal pour une* affiche ne portant pas de nom d'auteur ou d'imprimeur.

L'an mil huit cent....., le....., à..... heure du....., nous....., maire (adjoint *ou* commissaire de police) de la ville de....., passant dans la rue...., avons remarqué sur le mur de face de la maison portant le n°....., une affiche particulière imprimée et ne portant pas de nom d'auteur *ou* d'imprimeur.

Attendu qu'il s'agit d'un délit prévu par les articles 283, 284 et 286 du Code pénal (1), nous avons rédigé contre qui il appartiendra, n'ayant pu découvrir les auteurs du délit, le présent procès-verbal, pour y être donné, par voie de police correctionnelle, telles suites que de droit.

Fait à....., les jour, mois et an susdits.

(*Signature.*)

N° 32.

Affiche *illégale.* — *Procès-verbal pour une* affiche portant arrêté, délibération, etc.

L'an mil huit cent....., le....., à....., heure du....., nous....., maire (adjoint *ou* commissaire de police) de la ville d....., ayant remarqué sur le mur de face de la maison n°..., dans la rue... une affiche (*désigner sa forme, sa dimension, sa couleur, si elle est timbrée ou non, son titre, la ou les signatures, les mots par lesquels elles commence, ceux qui la terminent, les phrases remarquables, les noms d'auteur ou d'imprimeur, enfin tout ce qui caractérise le délit*).

Sur quoi, nous, maire (adjoint *ou* commissaire de police) susdit, vu les articles 13, 14 et 15 de la loi du 18-22 mai 1791 (2), avons enlevé ladite affiche comme étant placardée en contravention à la loi précitée, et avons rédigé le présent procès-verbal pour y être donné telles suites que de droit, par voie de police correctionnelle, vu la quotité de l'amende.

A....., les jour, mois et an susdits.

(*Signature.*)

d'amende pour la première fois, de 50 fr. pour la seconde, et de 100 fr. pour chacune des autres récidives. (*Arr. du* 3 *brumaire an* VI.)

« Toutes les affiches, quel qu'en soit l'objet, seront sur papier timbré, qui ne pourra être de couleur blanche. Le prix de la feuille de vingt-cinq centimètres carrés de superficie sera de 10 centimes; celui de la demi-feuille de 5 centimes. » (*Loi du* 28 *avril* 1816, *art.* 65.)

(1) « Toute publication ou distribution d'ouvrages, écrits, avis, bulletins, affiches, journaux, feuilles périodiques ou autres imprimés, dans lesquels ne se trouvera pas l'indication vraie des noms, profession et demeure de l'auteur ou de l'imprimeur, sera, pour ce seul fait, punie d'un emprisonnement de six jours à six mois, contre toute personne qui aura sciemment contribué à la publication ou distribution. » *Code pénal, art.* 283. — « Cette disposition sera réduite à des peines de simple police : 1° à l'égard des crieurs, à l'égard des crieurs, afficheurs, vendeurs ou distributeurs qui auront fait connaître la personne de laquelle ils tiennent l'écrit imprimé ; 2° à l'égard de quiconque aura fait connaître l'imprimeur ; 3° à l'égard même de l'imprimeur qui aura fait connaître l'auteur. » (*Id.*, 284.) « Dans tous les cas ci-dessus il y aura confiscation des exemplaires saisis. » (*Id.*, 286.)

(2) « Aucun citoyen et aucune réunion de citoyens ne pourront rien afficher sous le titre d'arrêtés, de délibérations, ni sous toute autre forme obligatoire et impérative. » (*Loi du* 18-22 *mai* 1791, *art.* 13.) — « Aucune affiche ne pourra être faite sous un nom collectif. Tous les citoyens qui auront coopéré à une affiche seront tenus de la signer. (*Id., art.* 14.) La contravention à la présente loi, concernant les affiches, sera punie d'une amende de 100 fr., laquelle ne pourra être modérée, et dont la condamnation sera prononcée par voie de police. » (*Id., art.* 15.)

N° 33.

Affiche *illégale. — Procès-verbal de contravention contre l'afficheur* (1).

L'an mil huit cent....., le....., à..... heure du..... nous....., maire (adjoint *ou* commissaire de police) de la ville d......, passant dans la rue d....., avons aperçu le nommé B....., placardant sur le mur de face (*ou* latéral) de la maison portant le n°....., une affiche *en papier blanc non timbré*. Cette affiche étant relative à des affaires particulières, nous avons déclaré audit B..... qu'il est en contravention à l'article 65 de la loi du 28 avril 1816, ainsi que le sieur....., imprimeur, dont le nom se trouve au bas de l'affiche. Nous avons en conséquence rédigé le présent procès-verbal pour y être donné telle suite qu'il appartiendra.

A....., les jour, mois et an susdits.

(*Signature.*)

N° 34.

Affiche *illégale. — Procès-verbal pour constater qu'une affiche contient des provocations à la désobéissance aux lois ou des propos séditieux et outrageants pour le gouvernement* (2).

Aujourd'hui....., mil huit cent....., à..... heures du....., nous....., maire (adjoint *ou* commissaire de police) de la ville d....., passant rue....., avons aperçu apposés et collés aux murs de diverses maisons de ladite rue, des placards séditieux et outrageants pour le gouvernement de l'Empereur (*ou* contenant des provocations à.....), lesquels placards, imprimés, commencent par ces mots :....., et finissent par ceux-ci :

Attendu qu'il s'agit d'un délit prévu par l'article 285 du Code pénal, *ou* par les articles 9 et 10 de la loi du 17 mai 1819, nous avons rédigé contre qui il appartiendra, n'ayant pu découvrir les auteurs du délit, le présent procès-verbal, qui sera transmis à M. le procureur impérial de l'arrondissement, avec les placards ci-dessus désignés, que nous avons arrachés à cet effet.

Fait et clos à....., les jour, mois et an que dessus.

(*Signature.*)

N° 35.

Affiche *illégale. — Procès-verbal de contravention dressé sur la déclaration d'un particulier.*

L'an mil huit cent....., le....., à. ... heure du....., devant nous....., maire (*ou* commissaire de police) de la ville d......, s'est présenté le sieur.....

(1) Si un individu est trouvé placardant une affiche illégale, il est arrêté de suite, interrogé avec soin sur la personne de qui il la tient, sur les motifs qui le déterminent à la placarder, sur son droit ou non d'exercer la profession d'afficheur. Il est envoyé en prison ou au juge de paix, suivant la gravité du fait, et s'il n'est pas domicilié.

(2) « Si l'écrit imprimé contient quelque provocation à des crimes ou délits, les crieurs, afficheurs, vendeurs et distributeurs seront punis comme complices des provocateurs, à moins qu'ils n'aient fait connaître ceux dont ils tiennent l'écrit contenant la provocation. — En cas de révélation, ils n'encourront qu'un emprisonnement de six jours à trois mois, et la peine de complicité ne restera applicable qu'à ceux qui n'auront point fait connaître les personnes dont ils auront reçu l'écrit imprimé, et à l'imprimeur, s'il est connu. » (*Code pénal, art.* 285.)

(*nom, prénoms, profession et demeure*), lequel nous a dit qu'il venait de remarquer (*désigner le lieu et les circonstances*) une affiche ou placard qui lui a paru contenir des choses contraires aux lois; qu'il a cru de son devoir de l'arracher de dessus le mur, de l'apporter et déposer en notre bureau : et nous ayant remis ladite affiche, nous avons reconnu (*détail de l'affiche*); de laquelle remise le comparant nous a requis acte que nous lui avons octroyé, et a signé avec nous ladite affiche *ne varietur*, ainsi que le présent, après lecture faite.

Et attendu qu'il s'agit d'un délit prévu par, etc. (*La suite comme au nº précédent.*)

(*Signature.*)

Nº 36.

Afficheur (*Déclaration pour exercer la profession d'*).

L'an mil huit cent........, le........., par-devant nous, maire de la commune d......, est comparu le sieur (*nom, prénoms, âge, demeure*), lequel, en conformité de l'article 2 de la loi du 10 décembre 1830 (1), nous a déclaré qu'il est dans l'intention d'exercer dans ladite commune la profession d'afficheur.

Nous lui avons donné acte de cette déclaration, en le prévenant qu'elle n'aura d'effet qu'autant qu'il se sera pourvu d'une patente, et a ledit sieur..... signé avec nous.

Signature du déclarant. *Le maire.*

Nº 37.

Afficheur (*Procès-verbal contre un individu exerçant sans permission la profession d'*).

L'an mil huit cent....., le.... à....., heure d..., nous (*l'officier public*), passant par la rue d....., avons aperçu un individu que nous ne connaissions pas, qui posait une affiche imprimée (*indiquer l'objet de cette affiche*) sur le mur de la maison nº...... Après nous être approché de cet individu, nous l'avons invité à nous dire s'il avait fait devant l'autorité municipale la déclaration prescrite par l'article 2 de la loi du 10 septembre 1830; sur sa réponse peu satisfaisante, nous l'avons sommé de nous suivre au bureau de police.

Arrivé audit bureau et interpellé de nous dire ses nom et prénoms, profession et demeure, il nous a déclaré se nommer...., exercer habituellement la profession d..... et demeurer....

Nous avons fait des recherches sur le registre tenu pour l'inscription des autorisations accordées à ceux qui se livrent à la profession d'afficheur, et nous nous sommes assuré que ledit...... n'en avait point obtenue.

Attendu que le fait d'afficher des écrits imprimés, sans y avoir été autorisé par la police, constitue le délit prévu par l'article 290 du Code pénal (2), nous

(1) « Quiconque voudra exercer, même temporairement, la profession d'afficheur, de crieur, de vendeur ou distributeur, sur la voie publique, d'écrits imprimés, gravés ou à la main, sera tenu d'en faire préalablement la déclaration devant l'autorité municipale et d'indiquer son domicile. — Le crieur ou l'afficheur devra renouveler cette déclaration chaque fois qu'il changera de domicile. » (*Loi du 10 décembre 1830, art. 2.*) — « Toute infraction aux articles 2 et 3 de la présente loi sera punie, par la voie ordinaire de police correctionnelle, d'une amende de 25 à 200 fr., et d'un emprisonnement de six jours à un mois, cumulativement ou séparément. » (*Id., art. 7.*)

(2) Tout individu qui, sans y avoir été autorisé par la police, fera le métier de crieur ou d'afficheur d'écrits imprimés, dessins ou gravures, même munis du nom d'auteur, imprimeur, dessinateur ou graveur, sera puni d'un emprisonnement de six jours à deux mois. (*Art. 290 du Code pénal.*)

avons déclaré audit..... que nous saisissions les affiches dont il était encore porteur, pour être déposées au greffe du tribunal correctionnel comme pièces à conviction.

Et de tout ce que dessus, nous avons dressé le présent procès-verbal qui sera transmis à M. le procureur impérial près le tribunal civil de l'arrondissement.

Fait et clos à....., les jour, mois et an susdits.

(*Signature.*)

N° 38.

Affouage (1).—*Délibération du conseil municipal pour le règlement d'un affouage.*

L'an mil huit cent....., le....., le conseil municipal de la commune de..... réuni, etc. (Voy. Délibération.)

M. le maire a exposé que la coupe de l'ordinaire 18..... dans la forêt communale de....., triage et canton de....., est de..... hectares, que son produit brut est évalué à....., qu'il y a avantage pour la commune à en partager le produit entre les habitants à titre d'affouage, sauf à imposer sur les ayants droit des taxes affouagères destinées à couvrir les frais d'exploitation de la coupe, ceux de l'administration des bois, etc.; il a proposé, en conséquence, au conseil, de demander la délivrance de ladite coupe à titre d'affouage pour l'année 18..., et l'a invité à régler, conformément à l'article 17 de la loi du 18 juillet 1837, le mode de la répartition à faire entre les habitants.

Le conseil municipal, adoptant la proposition de M. le maire, l'autorise à se pourvoir près de l'administration supérieure à l'effet d'obtenir la délivrance de la coupe dont il s'agit, à titre d'affouage pour 18..., et règle ainsi qu'il suit le mode de la répartition qui en sera faite entre les habitants :

Art. 1er. Le bois taillis sera partagé par feu, c'est-à-dire par chef de famille ou de maison ayant domicile réel et fixe dans la commune.

2. Les futaies seront distribuées entre les propriétaires de maisons, dans la proportion de l'étendue de leurs bâtiments, et d'après le toisé qui en a été fait par M....., géomètre.

Ou bien (*si le conseil municipal décide que le produit de la futaie sera vendu*) : Les futaies de la coupe seront vendues au profit de la caisse municipale. Toutefois, les habitants auront le droit de se faire délivrer, à dire d'experts, les bois dont ils auront besoin pour leurs constructions.

3. Il sera imposé sur les ayants droit au partage de la coupe une somme totale de....., destinée à pourvoir au payement des dépenses occasionnées par les bois de la commune, et toutes dépenses ordinaires et obligatoires de la commune pendant ledit exercice 18.....; sur cette somme totale, celle de..... sera répartie par égale portion, entre tous les ayants-droit au partage du taillis; celle de..... sera payée par les propriétaires de maisons dans la proportion de la valeur des futaies qui leur auront été respectivement attribuées.

4. La liste des affouagistes sera dressée par le conseil municipal dans sa session de.....; elle sera affichée dans la commune pendant quinze jours; les réclamations seront reçues jusqu'au..... suivant, au secrétariat de la mairie et jugées par le conseil municipal à l'expiration de ce délai, sauf recours au conseil de préfecture. Les rôles de taxe seront établis, au moins quinze jours avant la distribution des lots, par une nouvelle délibération du conseil municipal.

5. L'exploitation de la coupe sera confiée à un entrepreneur responsable; l'entreprise sera mise en adjudication publique, au rabais et à l'extinction des feux, d'après un cahier des charges dressé conformément au modèle qui en est donné par l'administration forestière.

---

(1) Les communes propriétaires de bois peuvent se faire délivrer chaque année une coupe affouagère destinée à être répartie en nature entre les habitants. Cette coupe ne peut être effectuée qu'après que la délivrance en a été préalablement faite par les agents forestiers. (*Code forestier*, *art.* 103.)

6. L'abatage du bois devra être terminé et les lots préparés avant le..... par l'entrepreneur. Les lots seront vérifiés, avant la distribution, par MM....., membres du conseil municipal, délégués à cet effet.

Expédition de la présente délibération sera transmise immédiatement, à la diligence de M. le maire, à M. le sous-préfet de l'arrondissement, pour l'accomplissement des formalités prescrites par l'article 18 de la loi du 18 juillet 1837.

Fait et délibéré à....., les jours, mois et an susdits. *(Signatures.)*

N° 39.

AFFOUAGE. — *Certificat de publication de la délibération du conseil municipal portant règlement de l'affouage.*

Le maire de la commune de..... certifie que la délibération du conseil municipal du....., qui règle l'affouage de 18....., a été rendue publique, conformément à l'article 17 de la loi du 18 juillet 1837.

A....., le..... 18...

N° 40.

AFFOUAGE. — *Avis sur les demandes en délivrance de bois-futaie à dire d'experts* (1).

Le maire de la commune de..... prévient les habitants que le conseil municipal ayant voté la vente des produits de la futaie, ils ont le droit de demander la délivrance, à dire d'experts, des arbres dont ils auraient besoin pour constructions ou réparations.

Les demandes en délivrance de bois seront reçues à la mairie dans un délai de quinzaine, à partir du 1er décembre.

La déclaration doit énoncer :

1° Le nombre des pièces de bois;
2° Leurs dimensions exactes;
3° L'essence de chacune d'elles;
4° Le nom de l'expert chargé de représenter leurs droits.

A....., le..... 18.. *Le maire.*

N° 41.

AFFOUAGE. — *Registre des demandes en délivrance de bois-futaie à dire d'experts.*

Numéros d'ordre.	NOM ET PRÉNOMS de l'habitant.	NOMBRE de pièces de bois demandées.	DIMENSIONS.	ESSENCE.	NOM DE L'EXPERT de l'intéressé.	ÉMARGEMENT.

(1) Lorsque le conseil municipal a décidé la vente de la futaie, et que les habitants

No 42.

Affouage. — *Adjudication de l'exploitation d'une coupe affouagère.*

CAHIER DES CHARGES, CLAUSES ET CONDITIONS DE L'ENTREPRISE.

Art. 1er. L'adjudicataire ne pourra commencer l'exploitation qu'après en avoir obtenu le permis de l'agent forestier local. Aussitôt ce permis délivré, il préviendra le garde général du cantonnement, du jour où il se proposera de placer des ouvriers dans la coupe.

2. L'adjudicataire sera responsable de tous délits commis dans la coupe, pendant la durée de l'exploitation, à moins qu'il ne les fasse constater, dans les trois jours, par des procès-verbaux réguliers. Il pourra, avant que le permis d'exploiter lui soit délivré, exiger qu'il soit procédé contradictoirement avec lui au souchetage, c'est-à-dire à la reconnaissance des souches des arbres coupés en délit soit dans la coupe, soit à l'ouïe de la cognée.

3. L'adjudicataire pourra présenter un de ses ouvriers comme garde bûcheron. Celui-ci prêtera serment en cette qualité, devant le juge de paix du canton; il ne pourra s'absenter de la coupe et sera tenu, toutes les fois qu'il en sera requis, de représenter son registre aux agents forestiers, pour être visé et arrêté par eux.

4. La coupe sera exploitée à tire et aire, tous les bois coupés à la cognée, et les souches et étocs ravalés le plus près de terre que faire se pourra, de manière que les anciens nœuds ne paraissent aucunement et que les souches ne soient point endommagées. Les arbres ne seront point coupés en pivot, mais en talus, de manière que l'eau ne puisse y séjourner; les racines devront rester entières.

5. L'adjudicataire sera tenu de respecter tous les arbres marqués ou désignés pour demeurer en réserve, quels que soient leur qualification et leur nombre. Il réservera, en conséquence, les arbres d'assiette, pieds corniers, témoins, parois et arbres de lisière; tous les arbres anciens et modernes, ainsi que les baliveaux de l'âge, marqués de l'empreinte du marteau de l'administration forestière. Tous arbres réservés devront être représentés, lors même qu'ils seraient cassés ou renversés par les vents ou par des accidents de force majeure, indépendants du fait de l'exploitation.

6. Les taillis seront mis en tas de..... mètres..... décimètres de longueur, sur..... de hauteur et..... de largeur. Les arbres de futaie seront ébranchés; les branchages seront façonnés et formés en tas d'*un stère*, selon l'usage. Les ramiers seront également façonnés et réunis par tas de..... fagots. — L'abatage des bois, la mise en tas des taillis, branchages et ramiers, devront être terminés le..... prochain, afin que la distribution des lots d'affouage puisse être faite aux habitants dans la première quinzaine de..... Les lots seront formés par l'adjudicataire et vérifiés par deux membres du conseil municipal, délégués à cet effet. L'adjudicataire sera tenu de se conformer aux ordres qui lui seront donnés par ces deux commissaires et de les assister dans leur opération.

7. Les lots d'affouage échus à chaque affouagiste seront enlevés en présence de l'entrepreneur, qui n'y devra consentir que sur la production de la quittance du receveur municipal et du permis du maire, constatant le payement de la taxe. L'entrepreneur demeurera personnellement responsable envers la commune du montant des lots qui auraient été enlevés avant le payement, à moins qu'il n'ait fait constater cet enlèvement, dans le délai de trois jours, par des procès-verbaux réguliers envoyés immédiatement au receveur municipal.

---

ont le droit de se faire délivrer, à dire d'experts, les bois dont ils ont besoin pour leurs constructions ou réparations, le maire, après que la délibération est devenue exécutoire, mettra en demeure, par les moyens de publicité ordinaires, les habitants de la commune de déclarer, dans un délai de quinzaine, s'ils entendent demande, la délivrance de bois de construction ou de réparation.

La demande en délivrance de bois doit énoncer : 1o le nombre de pièces de bois; 2o leurs dimensions exactes; 3o l'essence de chacune d'elles; 4o le nom de l'expert chargé de procéder à l'estimation contradictoire avec l'agent forestier et le maire de la commune.

Elle est signée par l'habitant sur un registre ouvert à cet effet à la mairie.

8. L'adjudicataire sera tenu d'exécuter tous les travaux imposés par le procès-verbal de balivage et martelage. Il devra, en outre, extirper les épines, ronces, genêts, bruyères et autres plantes parasites et les enlever de la forêt.

9. Tous les travaux mis à la charge de l'adjudicataire par le procès-verbal de balivage et martelage devront être terminés le..... 18..... Si, pour des causes majeures et imprévues, l'adjudicataire ne pouvait les terminer pour cette époque et avait besoin d'un délai, il sera tenu d'en faire la demande à l'administration des forêts quarante jours au moins avant l'expiration du terme prescrit. Il joindra une déclaration, écrite et signée de lui, de la situation de la coupe à l'époque de sa pétition.

10. L'entrepreneur sera tenu de se trouver au récolement de la coupe pour y représenter, 1° tous les arbres réservés; 2° les améliorations et travaux mis à sa charge, dûment exécutés. Il signera le procès-verbal de récolement. S'il ne peut ou ne veut signer, ou s'il est absent, il en sera fait mention audit procès-verbal.

11. L'adjudicataire sera payé du prix d'exploitation, savoir; de moitié après la distribution des lots d'affouage, constatée par un certificat du maire; et du solde après la décharge d'exploitation, constatée par un extrait du procès-verbal de récolement et le certificat de l'agent forestier local.

12. L'adjudication aura lieu au rabais, sur la mise à prix de..... fr. Elle sera prononcée en faveur du concurrent qui aura fait le rabais le plus fort, après l'extinction de deux feux francs. Elle ne sera définitive qu'après avoir été approuvée par M. le préfet.

13. L'adjudicataire fournira un cautionnement en immeubles libres de tous priviléges et hypothèques d'une valeur de..... fr. au moins. S'il ne peut se cautionner lui-même, il présentera, au moment de l'adjudication, une personne capable, qui fournira la garantie exigée et s'engagera solidairement avec l'adjudicataire, à l'entière exécution des charges, clauses et conditions de l'entreprise.

14. Les frais d'affiche, criées, timbre, enregistrement et tous autres auxquels l'adjudication pourra donner lieu seront à la charge de l'entrepreneur.

Fait à....., le... . 18...

Le maire.

Approuvé par le préfet le.....

AFFICHE (1). — ADJUDICATION, AU RABAIS, DE L'EXPLOITATION DE LA COUPE AFFOUAGÈRE DE LA COMMUNE D...... POUR L'ORDINAIRE DE 18 .

Le maire de la commune d..... donne avis que le....., à..... heure d....., il sera, par-devant lui et en présence de deux membres du conseil municipal et du receveur de la commune, procédé en l'hôtel de la mairie, à l'adjudication, au rabais et à l'extinction des feux, de l'exploitation de la coupe affouagère, qui aura lieu, pour 18....., dans la forêt ou le bois communal d....., canton ou triage d....., n°....., suivant la désignation et l'autorisation données par l'administration forestière.

On pourra prendre connaissance, au secrétariat de la mairie, tous les jours non fériés, de *telle* heure à *telle* heure, du cahier des charges, clauses et conditions de l'adjudication.

Ne seront admises à faire des offres que les personnes entendues dans ces sortes d'ouvrages, d'une moralité et d'une capacité reconnues, et pouvant d'ailleurs répondre, soit des délits provenant du fait de leurs ouvriers, ou de tous autres attribués à leur négligence, soit d'une mauvaise exploitation.

Fait à....., ce..... 18...

Le maire.

---

(1) On doit apposer cette affiche à deux reprises à huitaine d'intervalle. Cette affiche, comme toutes celles qui concernent les biens des communes, doit être sur papier de couleur timbré.

PROCÈS-VERBAL D'ADJUDICATION (1).

L'an mil huit cent....., le....., à..... heure d....., nous....., maire de la commune d....., nous sommes rendu en la salle de la mairie, accompagné de MM....., membres du conseil municipal, pour, en conséquence et par suite des affiches que nous avons fait apposer aux lieux accoutumés et aux époques voulues, procéder à l'adjudication, au rabais et à l'extinction des feux, de l'exploitation de la coupe affouagère désignée sous le numéro..... par l'administration forestière, pour être faite en 18....., dans la forêt ou le bois communal d....., triage ou canton d..... Se sont également rencontrés en ladite salle pour assister à l'opération, M....., garde général des forêts au cantonnement de....., et M....., receveur municipal.

Lecture faite du cahier des charges, et attendu qu'il s'est trouvé un nombre suffisant de concurrents, nous avons annoncé qu'il allait être procédé à la réception des rabais sur la mise à prix fixée à 900 fr.

Il a été allumé un premier feu pendant la durée duquel le sieur A....., a déclaré vouloir se rendre adjudicataire pour la somme de 850 fr.; le sieur B..... pour celle de 825 fr. et le sieur C..... pour celle de 800 fr.

Il a été allumé un second feu, pendant lequel le sieur B..... a déclaré vouloir se rendre adjudicataire pour la somme de 775 fr., et le sieur F..... pour celle de 750 fr.

Deux autres feux ayant été allumés successivement et s'étant éteints sans qu'aucune des personnes présentes ait fait un nouveau rabais, nous avons déclaré ledit sieur F..... adjudicataire de l'exploitation de ladite coupe affouagère aux prix et somme de 750 fr., qui lui seront payés ainsi qu'il est dit en l'article 11 du cahier des charges, et moyennant l'entière exécution des clauses et conditions stipulées au cahier des charges. Et, à l'instant, le sieur F..... nous a présenté pour sa caution le sieur M....., propriétaire en cette commune, y demeurant, lequel a offert, en garantie de ladite exploitation, un immeuble à lui appartenant, sis à....., du prix de 1,500 fr., libre et exempt de toute hypothèque, ainsi qu'il s'oblige d'en justifier, dans le délai de huitaine, par un certificat authentique du conservateur des hypothèques. Ayant trouvé cette garantie suffisante, nous l'avons acceptée de l'avis de la commission; et, après lecture faite, ledit sieur F..... adjudicataire, et le sieur M..... caution, ont signé avec nous et lesdits sieurs....., présents à l'adjudication (2).

Fait à...... les jour, mois et an susdits.

Vu et approuvé à....., le.....

Le préfet du département.

N° 43.

Affouage. — *Liste des affouagistes* (3).

COMMUNE D............

LISTE ALPHABÉTIQUE *des habitants de la commune d....... désignés par le*

---

(1) Le procès-verbal d'adjudication ainsi que la minute du cahier des charges de l'entreprise doivent être sur papier timbré.

(2) Si l'adjudicataire se cautionne lui-même, le procès-verbal se termine ainsi :

« ... Et a, ledit sieur F...., offert en garantie de ladite exploitation, un immeuble à lui appartenant (*le reste comme ci-dessus*), et, après lecture faite, ledit sieur F..... a signé avec nous et lesdits sieurs commissaires.

« Fait à, etc. »

(3) « Le droit d'affouage étant attaché à la qualité d'habitant, il est juste que ceux qui supportent les charges d'une commune participent à tous les avantages dont jouissent les autres habitants. Ainsi, un maire n'est point recevable à prétendre que ce droit doit être restreint en faveur de tels et tels habitants. » (*Décret du 21 décembre* 1808.) — Le droit d'affouage est incessible de particulier à particulier. Nul ne peut vendre sa portion de bois façonnée ou non façonnée. » (*Cass. du* 13 *octobre* 1809.

conseil municipal, comme ayant feu ou ménage, pour prendre part au partage du taillis de l'affouage de l'année 18...

AVIS. — Les habitants qui ont des réclamations à former sur la présente liste sont prévenus qu'elles seront reçues à la mairie jusqu'au...... prochain, et jugées le...... par le conseil municipal, sauf recours au préfet (1).

Nos d'ordre	NOMS ET PRÉNOMS des HABITANTS DÉSIGNÉS.	DÉSIGNATION du DOMICILE.	Nos d'ordre	NOMS ET PRÉNOMS des HABITANTS DÉSIGNÉS.	DÉSIGNATION du DOMICILE.

La présente liste dressée par nous, maire de la commune d....., conformément à la délibération du conseil municipal, en date du...., sera publiée et affichée dans la commune.

A....., ce..... 18...

Le maire.

N° 44.

AFFOUAGE. — *Registre des réclamations contre les listes provisoires d'affouage.*

Numéros d'ordre.	NOM ET PRÉNOMS du réclamant.	JOUR du dépôt de la réclamation.	OBJET de la RÉCLAMATION.	DATE de la décision municipale.	ANALYSE de la DÉCISION.	DATE de la notification de la décision à l'intéressé.

N° 45.

AFFOUAGE. — *Notification de la décision municipale concernant une réclamation contre les listes provisoires d'affouage.*

Le maire de la commune d..... notifie à....., extrait de la délibération mu-

(1) « L'administration est chargée de dresser les rôles de répartition entre les habitants des communes pour leurs droits d'affouage dans les bois communaux ; par conséquent, elle doit juger toutes les réclamations auxquelles ces rôles peuvent donner lieu. » (*Décret du 9 brumaire an XIII.*)

nicipale du.... 18..., qui accueille (ou rejette) la réclamation présentée le.... 18..., par l'intéressé, laquelle avait pour but :......

(En cas de rejet ou de radiation d'office, ajouter) :

Le maire prévient, en conséquence, le sieur..... qu'il peut, s'il le juge convenable, se pourvoir contre la décision municipale devant le conseil de préfecture, par une requête en double exemplaire, dont un sur timbre.

Le pourvoi devra être formé dans le délai de quinze jours à partir de ce jour, à peine de déchéance.

Copie de la présente notification a été laissée au réclamant, qui en a signé la réception sur l'original.

Pour le maire et par son ordre :
(*Signature.*)

Je reconnais avoir reçu, ce présent jour, notification de la décision municipale rappelée ci-dessus.

(*Signature de la partie.*)

A....., le.....

N° 46.

Affouage. — *Tableau de rectification de la liste des affouagistes.*

Le maire de la commune d.....

Vu le registre des réclamations élevées contre la liste provisoire des affouagistes, lesquelles sont au nombre de.....

Vu la délibération du conseil municipal en date du....., qui prononce sur lesdites réclamations;

Vu l'arrêté *ou* les arrêtés du conseil de préfecture en date du.....

Arrête ainsi qu'il suit le tableau de rectification de la liste des affouagistes :

Numéros d'ordre de la liste provisoire.	Numéros d'ordre du registre des réclamations.	NOMS et PRÉNOMS.	ACTE prononçant la RECTIFICATION.	MOTIFS sur lesquels LA RECTIFICATION est fondée.
		RADIATIONS.		
		INSCRIPTIONS NOUVELLES.		

Fait à....., le..... par nous, maire de la commune, pour être annexé au rôle définitif des affouagistes.

Le maire.

N° 47.

Affouage. — *Rôle de taxes.*

COMMUNE D........

RÉPARTITION DU TAILLIS DE L'AFFOUAGE DE L'EXERCICE 18...

État de la somme à répartir entre les habitants pour le taillis de la coupe de l'exercice 18...

	fr.	c.
Soumission de l'assiette....................................	»	»
A déduire la portion qui doit être supportée par la futaie......	»	»
Reste.....................	»	»

Laquelle somme de....., répartie entre..... habitants ayant droit au partage du taillis, donne, pour chaque ménage, la somme de....., qui doit être payée par chaque partie prenante.

Numéros d'ordre.	NOMS ET PRÉNOMS.	SOMMES à PAYER.	ÉMARGEMENTS du RECEVEUR MUNICIPAL.
	NOTA. On suivra, dans l'inscription des noms, l'ordre alphabétique.		

Arrêté par le conseil municipal à la quantité de..... feux ou ménages devant participer à la distribution de la coupe, et à la somme totale de.....

Fait à....., le..... 18...

(*Signatures.*)

Approuvé par le..... préfet..... pour la somme de....., dont le recouvrement devra être opéré dans un mois, date de ce jour.

A....., le....., 18...

N° 48.

Affouage. — *Rôle de taxes.*

COMMUNE D.....

DISTRIBUTION DE LA FUTAIE DE LA COUPE DE L'EXERCICE 18.....

Le conseil municipal ayant décidé qu'il serait imposé sur la futaie de la coupe de l'exercice 18..... la somme de.....

Cette somme, répartie entre les propriétaires des maisons, au marc le franc du métré de leurs bâtiments respectifs, donne pour chaque mètre de bâtiments la somme de.....

Nos d'ordre.	NOMS ET PRÉNOMS des PROPRIÉTAIRES.	ÉTENDUE en mètres carrés, de leurs bâtiments.	TAXES à PAYER.	ÉMARGEMENTS du RECEVEUR MUNICIPAL.

Arrêté par le conseil municipal à la somme de.....

(*Signatures.*)

Approuvé par le..... préfet..... pour la somme de....., dont le recouvrement devra être opéré dans un mois, date de ce jour.

A....., le..... 18...

N° 49.

AFFOUAGE. — *Avis de la mise en recouvrement des rôles.*

COMMUNE D.........

AFFOUAGE DE 18.....

Extrait des rôles de taxes rendus exécutoires le..... pour être mis en recouvrement jusqu'au..... prochain.

Doit M....., demeurant à..... la somme de....., savoir :

Rôle de taillis. Art..	» fr.	» c.
Rôle de futaie. Art..... sur..... mètres carrés de bâtiments..	»	»
Total	»	»

AVIS. — Les portions d'affouage ne peuvent être enlevées qu'après le payement de la taxe. A l'expiration du délai fixé pour le recouvrement des rôles, les portions non enlevées, faute de payement de la taxe, seront mises en vente séparément par le maire, dans la forme des adjudications publiques.

A....., le..... 18...

Le receveur municipal.

N° 50.

AFFOUAGE. — *Quittance du receveur et permis du maire pour l'enlèvement des lots.*

QUITTANCE A SOUCHE.

N°..... — Du..... 18..... Commune d.....
Reçu de M..... la somme de..... pour taxes affouagères; savoir :
Rôle de taillis. Art..... Exercice 18........................ » fr. » c.
Rôle de futaie. Art..... *Idem*............................. » »

Total......................... » »

Le percepteur receveur municipal.

PERMIS DU MAIRE (au dos de la quittance).

Vu la quittance d'autre part, le maire de la commune d..... autorise l'enlèvement des lots d'affouage attribués au sieur..... et désignés sous les n°s..... du taillis et..... de la futaie.

A....., le.... 18... *Le maire.*

N° 51.

AFFOUAGE. — *État des habitants qui ont acquitté leurs taxes affouagères, à l'expiration du délai fixé pour le recouvrement par l'arrêté d'homologation.*

N°s des articles des rôles.	NOMS DES AFFOUAGISTES.	SOMMES PAYÉES.	DATES des PAYEMENTS.	OBSERVATIONS relatives aux affouagistes qui n'ont pas acquitté la taxe entière.
	EXTRAIT DU ROLE pour la répartition du taillis.			
	......			
	......			
	......			
	......			
	......			
	......			
	EXTRAIT DU ROLE pour la distribution de la futaie.			
	......			
	......			
	......			
	......			
	......			
	......			
	TOTAL des sommes payées..			

Dressé par moi, receveur de la commune d......, soussigné, le présent état, pour être remis à l'entrepreneur de la coupe affouagère.

Le receveur de la commune d ....

Vu par le maire de la commune d.....
A....., le..... 18,.. *Le maire.*

N° 52.

Affouage. — *État des habitants en retard de se libérer de leurs taxes affouagères, à l'expiration du délai fixé pour le recouvrement des rôles, par l'arrêté d'homologation.*

Nos des articles des rôles.	NOMS DES AFFOUAGISTES.	TAXES OU PORTIONS de taxes restant à payer.	OBSERVATIONS relatives aux affouagistes qui ont acquitté une partie de leur taxe.

Dressé par moi, receveur de la commune d....., soussigné, le présent état qui sera remis à l'entrepreneur de la coupe affouagère.

A....., le..... 18... *Le receveur municipal.*

Vu par le maire de la commune d...... A....., le..... 18...

Le maire.

N° 53.

Affouage. — *État des affouagistes passibles des poursuites administratives, comme s'étant emparés de leurs lots avant payement, et n'ayant pas satisfait à la sommation* gratis *qui leur a été délivrée* (1).

Nos d'ordre	ART. des ROLES.	DATE de la SOMMATION gratis.	NOMS des CONTRIBUABLES.	DEMEURES.	TAXES à PAYER.	OBSERVATIONS.

Le receveur municipal, soussigné, certifie le présent état véritable.
Fait en double expédition, à....., le..... 18...

(*Signature du receveur.*)

Le receveur des finances de l'arrondissement d.....
Vu la demande faite par le sieur....., percepteur receveur municipal de la

(1) « Les taxes particulières dues par les habitants ou propriétaires, en vertu des lois et des usages locaux, sont perçues suivant les formes établies pour le recouvrement des contributions publiques. » (*Loi du 18 juillet 1837, art. 44.*)

commune d....., tendant à être autorisé à faire poursuivre, par voie de garnison collective, les affouagistes au nombre de..... dénommés en l'état qui précède;

En vertu de l'article 44 de la loi du 18 juillet 1837;

Enjoint au sieur...., agent de poursuites, de se transporter au lieu de la résidence dudit sieur....., percepteur receveur municipal, à l'effet d'exercer, sous ses ordres et sa direction, les poursuites par voie de garnison collective, contre les redevables de la commune de..... compris au présent état qui lui sera remis par le receveur municipal.

Fait à....., le..... 18...

Le receveur des finances.

Vu et enregistré à la..... préfecture d....., sous le n°....., le présent état comprenant..... articles, pour être exécuté selon sa forme et teneur.

Le..... préfet.

Le percepteur receveur municipal soussigné requiert, en vertu de la contrainte ci-dessus, le sieur..... d'exercer, contre les contribuables dénommés en l'état qui précède, les poursuites par voie de garnison collective.

A....., le..... 18...

Le percepteur receveur.

Vu par le maire de la commune d....., qui certifie que l'agent de poursuites dénommé en la présente contrainte est arrivé le....., à....., et qu'il a quitté ladite commune le..... à.....

Il certifie en outre que ledit agent a déclaré n'avoir pu notifier les bulletins inscrits sous les nos..... attendu que les individus auxquels ils étaient destinés n'ont pas été trouvés au domicile indiqué.

A....., le..... 18...

Le maire.

Je, soussigné, porteur de contraintes, certifie avoir notifié aux redevables désignés dans l'état qui précède, les bulletins de garnison qui les concernent, sauf ceux destinés aux contribuables qui n'ont pas été trouvés au domicile indiqué, ainsi que je l'ai déclaré à M. le maire de la commune d.....

A....., le....., 18...

L'agent de poursuites.

N° 54.

AFFOUAGE. — *Procès-verbal pour constater l'enlèvement d'un lot d'affouage avant le payement de la taxe* (1).

Cejourd'hui....., mil huit cent....., par-devant nous....., maire de la commune d......., s'est présenté le sieur......., entrepreneur de la coupe affouagère de ladite commune pour l'année 18......, lequel nous a déclaré que, le présent jour, le sieur....., habitant de cette commune, s'est permis d'enlever son lot d'affouage, sans avoir justifié du payement de la taxe, et nonobstant la défense expresse qu'il lui en avait faite. Pour quoi il nous a demandé acte de sa déclaration, pour sa décharge, et nous a désigné comme témoins de l'enlèvement signalé les sieurs....., domiciliés en cette commune, lesquels pourront être appelés à en déposer au besoin (2).

---

(1) Si l'enlèvement du lot avait le caractère d'un délit, et pouvait donner lieu à des poursuites criminelles, ce procès-verbal serait rédigé en double expédition, dont l'une, visée pour timbre et enregistrée en débet, serait transmise au procureur impérial, et l'autre au receveur municipal.

(2) Si le procès-verbal était rédigé par un garde-bûcheron, dûment nommé et assermenté, la preuve testimoniale ne serait pas requise, le procès-verbal du garde devant faire foi en justice jusqu'à preuve contraire.

Obtempérant à la réquisition du déclarant, nous avons rédigé le présent procès-verbal, qui sera transmis immédiatement à M....., receveur municipal, chargé d'exercer contre ledit..... les poursuites prescrites par la loi.

Fait à....., les jour, mois et an que dessus.

(*Signature du déclarant.*) (*Signature du maire.*)

N° 55.

AFFOUAGE. — *Procès-verbal de reconnaissance des portions d'affouage non enlevées faute de payement de la taxe et à mettre en adjudication publique.*

Cejourd'hui...... mil huit cent......, nous......, maire de la commune de......., vu l'état des habitants en retard de se libérer de leurs taxes affouagères, présenté par le receveur municipal de cette commune, et attendu que le délai fixé par l'arrêté d'homologation des rôles est expiré depuis le....., nous sommes transporté dans la coupe affouagère de ladite commune pour la présente année 18....., et avons procédé, en présence de l'entrepreneur de l'exploitation de ladite coupe, à la reconnaissance des lots qui n'ont pas été retirés, à défaut de payement de la taxe, par les habitants auxquels ils avaient été attribués. Les lots dont il s'agit, nous ayant été tous représentés par l'entrepreneur, nous en avons dressé l'état ci-après, pour servir à la rédaction du cahier des charges de la vente qui doit en être faite, conformément aux instructions ministérielles.

NUMÉROS DES LOTS de taillis.	NUMÉROS DES LOTS de futaie.	NOMS DES HABITANTS auxquels les lots avaient été attribués.	DESIGNATION des TAS DE BOIS, pieds d'arbres et fascines, dont chaque lot se compose.	ESTIMATION de chaque lot pour établir le taux de la mise à prix.	OBSERVATIONS.
42	»	Dupré (Nicolas).....	4 tas de bois taillis. 25 fagots.	25 »	La taxe à payer étant de 21 f., il n'y a pas lieu de délivrer partie du lot en nature à l'affouagiste.
69	»	Martin (Pierre)......	4 tas de bois taillis. 25 fagots.	25 »	Idem.
	24	Juster (Joseph)......	3 arbres, formant 6 stères. 1 tas de branchages.	30 »	Taxe à payer, 25 fr.
		TOTAL......	....	80 »	

Le présent procès-verbal sera annexé au cahier des charges de l'adjudication des lots ci-dessus désignés.

Fait et clos à....., les jour, mois et an que dessus.

(*Signature de l'entrepreneur.*) (*Signature du maire.*)

N° 56.

Affouage. — *Adjudication des portions d'affouage non délivrées faute de payement de la taxe.*

CAHIER DES CHARGES, CLAUSES ET CONDITIONS DE L'ADJUDICATION.

Art. 1er. L'adjudication des lots d'affouage non distribués, à défaut de payement de la taxe, tels qu'ils sont désignés dans le procès-verbal de reconnaissance et d'estimation, dressé le..... et annexé au présent, sera faite, en séance publique, au plus offrant et dernier enchérisseur, à l'extinction de deux feux francs, sur la mise à prix fixée à 80 francs.

2. Le prix de l'adjudication sera versé à la caisse du receveur municipal dans les dix jours qui suivront la date de l'approbation donnée par M. le préfet à l'acte de vente. L'adjudicataire payera, en outre, entre les mains dudit receveur le décime par franc du prix principal.

3. Les frais d'adjudication, ceux de timbre, d'enregistrement et de l'expédition à délivrer au receveur municipal, seront versés par l'adjudicataire, dans le délai fixé en l'article précédent, entre les mains du receveur de l'enregistrement au bureau de.....

4. L'adjudicataire ne pourra enlever le bois provenant des lots dont il s'agit, le façonner sur place, ni en disposer d'aucune manière, avant qu'il ait justifié à l'entrepreneur de la coupe du payement du prix principal, du décime par franc et des frais de l'adjudication. Cet enlèvement sera toutefois effectué en présence dudit entrepreneur.

5. L'adjudicataire, s'il en est requis par l'autorité chargée de procéder à la vente, devra présenter au moment de l'adjudication une caution valable, qui s'engagera solidairement avec lui et signera au procès verbal.

Fait à....., le..... 18...

Le maire.

Vu et approuvé par nous, préfet du département d.....

A....., le....., 18...

Le préfet.

PROCÈS-VERBAL D'ADJUDICATION.

L'an mil huit cent......., le....... par-devant nous....., maire de la commune d........, assisté de MM........, membres du conseil municipal, appelés dans l'ordre du tableau, en présence de M....., garde général des forêts au cantonnement d...... et de M....., receveur municipal;

Il a été procédé ainsi qu'il suit, à l'adjudication des lots d'affouage désignés sous les nos 42 et 69 du taillis et 24 de la futaie, lesquels n'ont pas été délivrés aux habitants auxquels ils avaient été attribués, à défaut de payement de la taxe.

Nous avons donné lecture d'un exemplaire de l'affiche apposée, le...., aux lieux accoutumés, pour annoncer l'adjudication, et du cahier des charges de la vente, approuvé par M. le préfet le...... Après quoi nous avons annoncé que les enchères allaient être reçues immédiatement, et qu'elles ne pourraient être de moins de 5 francs chacune, sur la mise à prix fixée à 80 francs, conformément à notre procès-verbal d'estimation en date du.....

Un premier feu a été allumé, et, pendant sa durée, le prix des portions de bois ci-dessus désignées a été porté par divers enchérisseurs à la somme de *cent vingt-cinq francs*. Pendant la durée d'un second feu, le prix a été porté à la somme de cent trente francs par le sieur Jules C....., propriétaire, demeurant à..... Deux autres feux ayant été allumés, ayant brulé et s'étant éteints sans qu'il eût été fait de nouvelles enchères, nous avons adjugé audit sieur Jules C...... les lots d'affouage désignés ci-dessus, à charge par lui de se conformer aux clauses et conditions de l'adjudication.

Ledit sieur C..... étant domicilié dans la commune, solvable et parfaitement connu de nous, nous l'avons dispensé de fournir caution, de l'avis de MM......, membres du conseil municipal.

De tout ce que dessus, nous avons dressé le présent procès-verbal que MM.... ont signé avec nous.

Fait et clos à. ..., les jour, mois et an que dessus.

(*Signatures.*)

N° 57.

Algérie (1) (*Demande en autorisation de passage gratuit en*).

Nous, maire de la commune d..... certifions que le sieur (*indiquer les nom et prénoms*), âgé de..... ans (*indiquer la profession*), demeurant à.... , s'est présenté devant nous, nous déclarant qu'il était dans l'intention d'adresser à M. le ministre de la guerre une demande en permis de passage gratuit en Algérie, prenant l'engagement formel de s'employer aux travaux publics s'il ne trouve pas à travailler ailleurs de son état.

Le sieur (*nom et prénoms*) exerce réellement la profession par lui déclarée, il est de bonnes vie et mœurs, très-valide et propre aux travaux de route et de dessèchement. Nous lui avons fait, en recevant sa déclaration, toutes les observations nécessaires pour l'éclairer sur son projet dans lequel il a déclaré persister.

En foi de quoi nous lui avons délivré le présent certificat.

A...., le.... 18...

Nota. — La signature du maire doit être légalisée.

Le maire.

N° 58.

Algérie.—*Certificat à produire à l'appui des demandes de concession gratuite de terres en Algérie* (2).

Département..... Arrondissement d..... Mairie d.....

Nous, maire de la commune d....., certifions que le sieur (*indiquer les nom, prénoms et profession*), âgé de..... ans, s'est présenté devant nous, nous déclarant qu'il a formé le projet d'aller s'établir en Algérie en qualité de colon-concessionnaire, et qu'il est dans l'intention d'adresser à ce sujet une demande de concession gratuite de terres à M. le ministre de la guerre.

La famille du sieur..... se compose :

1° De (*nom et prénoms*), sa femme, âgée de..... ans;

2° De (*indiquer successivement les noms, prénoms, âge, sexe et profession de chacun des enfants, ainsi que des parents, alliés ou domestiques, que le pétitionnaire désire emmener avec lui dans la colonie*).

Le postulant, ainsi qu'il le déclare, pourra disposer, à son arrivée en Algérie, d'une somme en argent de (*indiquer la somme en toutes lettres*) (3)

---

(1) Dans les premiers temps de la possession d'Alger, le droit de délivrer des passe-ports pour cette destination n'avait été accordé qu'aux préfets; en 1838, les maires reçurent le droit de délivrer ces passe-ports comme tous autres; mais cette délivrance ne peut être faite qu'à ceux qui sont porteurs d'un permis de passage gratuit que le ministère de la guerre s'est réservé le droit exclusif d'accorder. La demande qui lui en est faite doit s'appuyer sur le certificat dont nous donnons ici la formule et qui doit contenir les déclarations et engagements que nous y avons énoncés.

(2) Ce certificat doit être sur papier non timbré, et porter en marge ces indications: *Ministère de la guerre. Division des affaires d'Algérie. Bureau de la colonisation.*

(3) Le minimum des ressources exigées est de 1,500 fr. Ces justifications sont obligatoires : l'étendue de la concession dépend des ressources du demandeur.

Il est de bonne vie et mœurs, très-valide, ainsi que les personnes de sa famille qu'il désire emmener avec lui, et il s'engage à se mettre en route pour le port d'embarquement qui lui sera indiqué, aussitôt qu'il en aura reçu l'invitation.

En foi de quoi nous lui avons délivré le présent certificat.

A....., le...... 18...

(*Signature.*)

N° 59.

Algérie (*État nominatif des individus qui demandent le passage gratuit pour l'*)

Département..... Arrondissement d..... Mairie d.....

NOMS et PRÉNOMS.	AGE	PROFESSION	NOMS ET PRÉNOMS des femmes, enfants et autres individus accompagnant chaque chef de famille.	AGE	NOMBRE des personnes composant chaque famille.	OBSERVATIONS.
						NOTA. Indiquer dans cette colonne quels sont les femmes, enfants et autres individus accompagnant le chef de la famille, qui sont en état de travailler.

Fait à......, le..... 18...

Le maire.

N° 60.

Aliéné *dangereux* (1).—*Procès-verbal d'enquête sur la nécessité de renfermer un aliéné.*

L'an mil huit cent....., le...... à......... heures du....., nous, maire (*ou* adjoint *ou* commissaire de police) de la commune d....., procédant à une enquête sur l'état mental du nommé (*nom, prénoms, âge, profession et domicile de l'aliéné et de ses père et mère*), avons reçu les déclarations suivantes :

1° Le sieur (*nom, prénoms, âge, profession ou qualité du déclarant, indiquer s'il est parent ou ami de l'aliéné*) nous a déclaré que ledit.... est atteint de démence furieuse; que les effets de cette maladie peuvent compromettre l'ordre public et la sûreté des personnes (*indiquer ici les motifs qui rendent sa folie dangereuse*); qu'en conséquence il est urgent de prendre à l'égard dudit.....

(1) « Les préfets ordonnent d'office le placement, dans un établissement d'aliénés, de toute personne interdite ou non interdite dont l'état d'aliénation compromet l'ordre public ou la sûreté des personnes.

« En cas de danger imminent, attesté par le certificat d'un médecin ou par la notoriété publique, les maires ordonnent, à l'égard des personnes atteintes d'aliénation mentale, toutes les mesures provisoires nécessaires, à la charge, toutefois, d'en référer dans les vingt-quatre heures au préfet, qui statue sans délai. » (*Loi du* 30 *juin* 1838, *art.* 18 *et* 19.)

toutes les mesures de sûreté que réclame sa position et de le renfermer dans l'hospice des aliénés.

Après avoir donné lecture audit sieur.... de sa déclaration, il l'a affirmée véritable et a signé avec nous. (*Si le déclarant ne peut ou ne sait signer, en faire mention.*)

2° Le sieur......, etc.

(*Et ainsi de suite. Interroger : 1° des parents de l'aliéné, s'il y a lieu; 2° des habitants de la même maison ou des maisons les plus voisines de celle qu'il occupe; 3° des personnes qui auront eu connaissance des actes de démence auxquels il se sera livré; 4° toutes personnes autres qui demanderaient à être entendues sur les faits qui paraîtront nécessiter la séquestration.*)

(*Faire à la fin de l'enquête un résumé sommaire des déclarations pour en présenter le résultat.*)

De tout ce que dessus nous avons rédigé le présent procès-verbal, auquel nous avons vaqué depuis (*telle heure*) jusqu'à (*telle heure*); lequel procès-verbal sera transmis sans délai à l'autorité supérieure, pour être, par elle, statué ce qu'il appartiendra, et, après lecture faite, avons signé, ainsi que lesdits sieurs...... présents à notre opération.

(*Signatures.*)

N° 61.

Aliéné *dangereux.—Procès-verbal* (1) *constatant l'arrestation d'un aliéné dans son domicile.*

L'an mil huit cent....., le,...., à.... heures du....., par-devant nous.... maire *ou* adjoint au maire *ou* commissaire de police de la commune de....., se sont présentés les sieurs..... (*noms, prénoms et domicile de quatre déclarants*), lesquels nous ont déclaré que le sieur F....., leur parent, ami *ou* voisin, âgé de.... ans, né à.... (*indiquer en outre la profession ou qualité de l'aliéné*), demeurant à....., rue....., n°....., est atteint depuis (*telle époque*) d'aliénation mentale;

Que ses accès de folie, d'abord assez rares, deviennent de jour en jour plus fréquents; que, depuis (*tel jour*), les effets de cette maladie sont devenus dangereux tant pour lui-même que pour ceux qui l'entourent, et qu'il y aurait imprudence à le laisser plus longtemps libre de ses actions et de sa personne.

C'est pourquoi lesdits déclarants nous requièrent de prendre sans retard les mesures nécessaires pour faire transférer ledit sieur F.... dans l'hospice de... ou une maison de santé, nous observant qu'il jouit d'une fortune suffisante pour payer sa pension audit hospice *ou* dans une maison de santé, ainsi que les frais de son traitement; *ou bien* : que sa position le met dans l'impossibilité de payer aucune pension ni traitement.

Après avoir donné aux déclarants lecture de ce que dessus, ils ont attesté la vérité de leur déclaration et ont signé avec nous. (*Si les déclarants ne savent ou ne peuvent signer, en faire mention.*)

Et aussitôt nous....., nous sommes transporté au domicile du sieur F....., accompagné de (*au moins deux parents de l'aliéné ou deux personnes connues de lui, autant que possible, et d'un ou deux agents de police*). Arrivé dans la maison susdésignée, rue......, n°....., nous avons trouvé dans la chambre (*déterminer la position de cette chambre*), un individu qui (*désigner la position de l'individu; ce qu'il faisait ou disait au moment de l'arrivée de l'officier de police, et tâcher de lui faire dire ses nom, prénoms, qualité ou profession, etc.*); nous avons fait écarter de lui tous les objets d'un usage dangereux, savoir : (*désigner quels sont ces objets*) lesquels objets nous avons déposés

---

(1) « Le majeur qui est dans un état habituel d'imbécillité, de démence ou de fureur, doit être interdit, même lorsque cet état présente des intervalles lucides. » (*Code civil, art. 489.*)

dans.....; l'avons (*si cette mesure était nécessaire*) fait garrotter, attendu son état de fureur, et l'avons fait conduire à l'hospice de..... *ou* à la maison de santé de..... (*indiquer les moyens de transport*), accompagné des sieurs.... et sous la surveillance du sieur....., agent de police, qui nous justifieront de l'entrée dudit sieur F..... à l'hospice de..... *ou* à la maison de santé de...., et ont signé avec nous;

Et attendu que le mobilier de l'aliéné annonce de la fortune *ou* de l'aisance, nous avons fait prévenir M. le juge de paix du canton d..... (*celui de la résidence de l'aliéné*), en l'invitant à se rendre près de nous, à l'effet de procéder aux actes conservatoires que nécessite l'absence dudit sieur F.... Aussitôt après l'arrivée de M. le juge de paix, nous lui avons donné connaissance des faits, et après avoir signé avec lui, nous nous sommes retiré.

Ou bien : Attendu que le mobilier et les effets de l'aliéné sont de peu de valeur, nous avons, provisoirement et pour éviter les frais, fait, en présence des sieurs..... témoins par nous requis, un état descriptif des meubles et effets se trouvant dans le domicile dudit sieur F....., savoir (*détail des meubles et effets qui se trouvent dans l'appartement occupé par l'aliéné*).

Quant aux papiers trouvés dans lesdits lieux, nous les avons réunis sans en prendre connaissance, et placés dans..... (*désigner le meuble*) sur lequel nous avons fait l'apposition de nos scellés, en cire rouge, avec notre sceau.

Nous avons ensuite fermé la porte extérieure de l'appartement, avons gardé la clef en nos mains, ainsi que celle du cadenas que nous avons fait placer à ladite porte par le sieur....., sorrurier, demeurant rue....., n°....., jusqu'à ce qu'il en soit autrement ordonné.

(*Si le père ou la mère, l'époux ou l'épouse de l'aliéné se trouvent dans le même domicile, il n'y a pas lieu à un inventaire, et conséquemment le juge de paix ne doit point être appelé. Si c'est un frère ou une sœur ou un parent ou une personne de confiance, les effets de l'aliéné sont mis à leur garde, on reçoit leur déclaration et ils signent au procès-verbal.*)

De tout ce que dessus nous avons rédigé le présent procès-verbal, auquel nous avons vaqué depuis *telle* heure jusqu'à *telle* heure; lequel procès-verbal sera transmis sans délai à l'autorité supérieure, pour être, par elle, statué ce qu'il appartiendra, et, après lecture faite, avons signé ainsi que lesdits sieurs..... présents à notre opération.

(*S'il n'y a pas urgence, et que l'aliéné puisse, sans danger, être gardé dans son domicile pendant quelques jours, il en est fait mention dans la première déclaration qui est transmise, avec l'avis de l'officier public, à l'autorité supérieure pour attendre ses ordres.*)

Ou bien, l'officier public s'entend avec les déclarants ou la famille sur le moment où l'aliéné pourra être enlevé sans trouble.....; pendant ce délai l'officier public fait ses dispositions pour l'exécution, et aussitôt après le départ de l'aliéné il procède comme ci-dessus.)

N° 62.

ALIÉNÉ *dangereux. — Procès-verbal* (1) *d'arrestation d'un aliéné sur la voie publique.*

L'an mil huit cent....., le....., à..... heures du....., par-devant nous, maire *ou* adjoint au maire, *ou* commissaire de police de la commune de..... a été conduit par..... un individu arrêté sur la voie publique (*désigner l'endroit*), et présumé atteint d'aliénation mentale, lequel nous a dit *ou* que l'on nous a dit se nommer (*nom, prénoms, âge, lieu de naissance, profession et domicile de l'aliéné; mentionner ce qu'il dit ou ce qu'il fait qui puisse attester sa démence; le faire signer, s'il est possible; et mentionner la différence de sa*

---

(1) « Les objets de police, confiés à la vigilance et à l'autorité des corps municipaux, sont..... n° 6 : Le soin d'obvier ou de remédier aux événements fâcheux qui pourront être occasionnés par les insensés ou les furieux laissés en liberté.... » (*Loi des 16-24 août 1790, tit. 11, art. 3.*)

signature avec les noms par lui déclarés, ou qu'on a dit être les siens; s'il refuse de signer, ou s'il ne sait signer, le mentionner).

S'il ne peut y avoir de doute sur l'aliénation mentale : Sur quoi, nous (*l'officier public*), attendu que des faits et renseignements ci-dessus énoncés il résulte que ledit sieur F..... est atteint d'aliénation mentale, lui avons fait enlever les objets d'un usage dangereux dont il était porteur, tels que (*désigner ces objets*), lesquels objets nous avons gardés en nos mains, afin de les annexer au présent procès-verbal, et avons fait conduire à l'hospice de..... *ou* à la maison de santé de..... le sieur F....., accompagné des sieurs....., et sous la surveillance du sieur....., agent de police, qui nous justifieront de l'entrée dudit sieur F..... à l'hospice de..... *ou* à la maison de santé de....; et sera le présent procès-verbal transmis à l'autorité supérieure compétente (1), pour être par elle statué ce qu'il appartiendra, et avons signé.

L'officier public.

Et aussitôt, nous....., susdit et soussigné, avons reçu, ainsi qu'il suit, les déclarations des personnes ci-après dénommées, qui ont conduit *ou* fait conduire devant nous ledit individu atteint d'aliénation mentale, savoir :

1° Le sieur (*nom, prénoms, âge, profession et demeure du déclarant*) a déclaré que cejourd'hui....., heure de..... en passant (*désigner l'endroit*), il a vu (*le déclarant raconte les faits dont il a été témoin, et tout ce qu'il sait sur l'aliéné, sa famille et l'état de sa fortune*).

Après avoir donné lecture audit sieur..... de sa déclaration, il l'a affirmée sincère et véritable, et a signé avec nous. (*Si le déclarant ne sait ou ne peut signer, en faire mention.*)

2° Le sieur.....; etc. (*Quatre déclarations suffisent.*)

De tout ce que dessus nous avons rédigé le présent procès-verbal auquel nous avons vaqué depuis *telle* heure jusqu'à *telle* heure; lequel procès-verbal sera transmis sans délai à l'autorité supérieure, pour être, par elle, statué ce qu'il appartiendra, et, après lecture faite, avons signé ainsi que lesdits sieurs..... présents à notre opération.

(*Signatures.*)

(*Si l'aliéné avait blessé quelqu'un, par suite du défaut de surveillance et de précautions de la part de ceux à la garde desquels il était confié, et qui l'ont laissé divaguer, on ajouterait à la fin du procès-verbal :*)

Et attendu que ledit sieur F....., dans un accès de démence, a (*indiquer les actes auxquels l'aliéné a pu se livrer, quelles sont les personnes qu'il a blessées, le lieu où il les a frappées, la nature des blessures, et généralement toutes les circonstances de l'événement, et rapporter les déclarations des témoins*); qu'en conséquence, il y a eu divagation d'insensé *ou* de furieux, cas prévus par les articles 320, 475 (2) du Code pénal; que cet accident est arrivé par négligence ou défaut de précautions de la part des sieurs....., parents de l'aliéné, chargés de le surveiller; avons consigné ce fait dans notre procès-ver-

---

(1) L'article 491 du Code Napoléon dispose: « Dans le cas de fureur, si l'interdiction n'est provoquée ni par l'époux ni par les parents, elle doit l'être par le procureur impérial, qui, dans les cas d'imbécillité ou de démence, peut aussi la provoquer contre un individu qui n'a ni époux, ni épouse, ni parents connus. » L'article 492 du même Code porte : « Toute demande en interdiction sera portée devant le tribunal de première instance. »

(2) « S'il n'est résulté du défaut d'adresse ou de précaution que des blessures ou coups, l'emprisonnement sera de six jours à deux mois, et l'amende sera de 16 fr. à 100 fr. » (*Code pénal, art.* 320. — « Seront punis d'amende, depuis 6 fr. jusqu'à 15 fr. inclusivement..... 7° Ceux qui auraient laissé divaguer des fous ou des furieux étant sous leur garde..... (*Id., art.* 475.) — « La peine de l'emprisonnement, pendant cinq jours au plus, sera toujours prononcée, en cas de récidive, contre toutes les personnes mentionnées dans l'article 475. » (*Id., art.* 478.) — « Seront punis d'une amende de 11 à 15 fr. inclusivement..... 2° Ceux qui auront occasionné la mort ou la blessure des animaux ou bestiaux appartenant à autrui, par le fait de divagation des fous ou furieux...... » (*Id., art.* 379.) — « La peine d'emprisonnement pendant cinq jours aura toujours lieu, pour récidive, contre les personnes et dans les cas mentionnés en l'article 479. » (*Id., art.* 482.)

bal, pour y être donné, par qui de droit, telles suites qu'il appartiendra, par voie de simple police ou de police correctionnelle.

L'officier public.

N° 63.

ALIÉNÉ *dangereux.— Procès-verbal d'enquête après arrestation.*

L'an mil huit cent....., le..... à..... heures du....., nous (*l'officier public*), en exécution des ordres de (*désignation de l'autorité*), nous sommes transporté en la demeure du sieur F....., rue....., n°....., afin de procéder à une enquête sur l'état civil dudit sieur F..... que (*désignation de l'autorité*) a fait placer à la maison de santé d..... *ou* à l'hospice d....., comme atteint d'aliénation mentale, aussi bien que sur les causes présumées et les manifestations de la maladie, et encore de prendre toutes les mesures nécessaires pour la conservation du mobilier dudit sieur F..... Après notre arrivée dans ladite demeure, nous avons reçu les déclarations suivantes :

1° Le sieur (*nom, prénoms, âge, profession ou qualité, et demeure du déclarant*) a déclaré connaître l'individu dont il est question, et qu'il se nomme F.....; qu'il est âgé de..... ans; qu'il est né à..... département de.....; qu'il habite, en qualité de locataire, un appartement *ou* une chambre (*en déterminer la position*) de la maison où nous sommes; qu'il exerce la profession de..... (*Ici le déclarant donne tous les détails possibles sur l'état de la fortune de l'aliéné, sur les faits qui peuvent constater son état de démence, sur sa famille et ses amis.*)

Après avoir donné lecture audit sieur..... de sa déclaration, il l'a affirmée sincère et véritable et a signé avec nous. (*Si le déclarant ne peut ou ne sait signer, en faire mention.*)

2° Le sieur....., etc.

Les déclarations ci-dessus faites, nous nous sommes transporté, accompagné de (*les noms, prénoms, professions ou qualités des deux témoins*), à la porte désignée par eux comme celle de l'appartement *ou* de la chambre dudit sieur F....., et nous l'avons ouverte (1) avec la clef qui nous a été remise par..... (*désigner la personne qui fait cette remise*) *ou* et nous l'avons fait ouvrir par le sieur....., serrurier, demeurant rue....., n°....., par nous requis en vertu de l'autorisation à nous donnée par (*désignation de l'autorité*).

Après notre entrée dans cet appartement *ou* ladite chambre (*indiquer si le mobilier de l'aliéné annonce de la fortune ou de l'aisance*), nous avons fait prévenir M. le juge de paix du canton d..... (*celui de la résidence de l'aliéné*), en l'invitant à se rendre près de nous, à l'effet de procéder aux actes conservatoires que nécessite l'absence dudit sieur F..... Aussitôt après l'arrivée de M. le juge de paix, nous lui avons donné connaissance des faits, et après avoir signé avec lui, nous nous sommes retiré.

Ou bien : Après notre entrée dans cet appartement ou ladite chambre, eu égard au peu de valeur du mobilier et des effets dudit sieur F....., avons provisoirement et pour éviter les frais, fait, en présence des deux témoins ci-dessus dénommés, un état descriptif des meubles et effets se trouvant dans le domicile dudit sieur F....., savoir (*détail des meubles et effets qui se trouvent dans l'appartement occupé par l'aliéné*).

Quant aux papiers trouvés dans lesdits lieux, nous les avons réunis sans en prendre connaissance, et placés dans..... (*désigner le meuble*) sur lequel nous avons fait l'apposition de nos scellés, en cire rouge avec notre sceau.

Nous avons ensuite fermé la porte extérieure de l'appartement *ou* de la chambre, avons gardé la clef en nos mains ainsi que celle du cadenas que nous avons fait placer à ladite porte par ledit sieur..... serrurier, jusqu'à ce qu'il en soit autrement ordonné.

---

(1) Si l'aliéné n'a pas été trouvé porteur de la clef de son domicile, ou si personne de la maison ne l'a entre les mains, le commissaire de police ne continue l'opération que d'après les ordres de l'autorité.

De tout ce que dessus nous avons rédigé le présent procès-verbal, auquel nous avons vaqué depuis *telle* heure jusqu'à *telle* heure; lequel procès-verbal sera transmis sans délai à l'autorité supérieure, pour être, par elle, statué ce qu'il appartiendra, et, après lecture faite, avons signé ainsi que lesdits sieurs....., présents à notre opération.

L'officier public.

N° 64.

ALIÉNÉ *dangereux (Ordre de conduire dans un hospice ou maison de santé un)*

Nous..... maire de la commune de....., envoyons à l'hospice de..... *ou* la maison de santé de....., sous la garde et conduite du sieur..... que nous en avons spécialement chargé, le sieur F....., atteint d'aliénation mentale, ainsi que le constate notre procès-verbal de ce jour, pour y être déposé et consigné jusqu'à ce qu'il en ait été autrement ordonné par l'autorité compétente.

A..... le..... 18...

Le maire.

N° 65.

ALIÉNÉ *indigent. — Demande d'admission dans un établissement d'aliénés reçue par le maire ou le commissaire de police* (1).

L'an mil huit cent..... le..... à..... heure du..... par-devant nous, maire (*ou* commissaire de police) de la commune d....., département d....., s'est présenté le sieur (*nom, prénoms, profession, âge et domicile du déclarant*), lequel nous a déclaré que le nommé (*nom, prénoms, profession, âge et domicile de l'aliéné*), et qui est (*fils, neveu* ou *autre parent*, ou *à défaut de parenté nature des relations*) du déclarant, est atteint de démence et donne des signes évidents d'aliénation mentale depuis (*telle époque*).

Si l'aliéné est interdit, ajouter : En raison de quoi son interdiction a été prononcée par jugement rendu par le tribunal civil d..... en date du....., et dont ledit déclarant nous a présenté extrait.

Que le degré auquel est parvenue sa maladie exigeant nécessairement qu'il soit placé dans un établissement pour y être traité d'une manière convenable, ledit déclarant, ne sachant écrire, nous fait, conformément à l'article 8 de la loi du 30 juin 1838, sa demande à fin d'admission du *sieur*..... ou *de la femme*..... à l'établissement de..... observant que la position *dudit* ou *de ladite le* ou *la* met dans l'impossibilité de payer aucune pension ni traitement.

De tout quoi nous avons reçu et dressé la présente déclaration, et, après lec-

---

(1) « Les chefs ou préposés responsables des établissements publics, et les directeurs des établissements privés et consacrés aux aliénés ne pourront recevoir une personne atteinte d'aliénation mentale, s'il ne leur est remis :

« 1° Une demande d'admission, contenant les noms, professions, âge et domicile, tant de la personne qui la formera que de celle dont le placement est réclamé, et l'indication du degré de parenté, ou, à défaut, de la nature des relations qui existent entre elles.

« La demande sera écrite et signée par celui qui la formera, et, s'il ne sait pas écrire, elle sera reçue par le maire ou le commissaire de police, qui en donnera acte.

« Les chefs, préposés ou directeurs, devront s'assurer, sous leur responsabilité, de l'individualité de la personne qui aura formé la demande, lorsque cette demande n'aura pas été reçue par le maire ou le commissaire de police.

« Si la demande d'admission est formée par le tuteur d'un interdit, il devra fournir à l'appui un extrait du jugement d'interdiction. » (*Loi du 30 juin 1838, art. 8.*)

ture que nous lui en avons faite, le sieur....., en ayant affirmé la vérité et y ayant persisté, nous lui en avons délivré acte pour servir et valoir ce que de droit.

Fait à....., les jour, mois et an ci-dessus énoncés.

(*Signature du déclarant.*) (*Signature du maire.*)

N° 66.

ALIÉNÉ *indigent* (*Délibération du conseil municipal sur la situation d'un*) (1).

L'an mil huit cent....., le....., à..... heure du..... le conseil municipal de la commune de....., assemblé (Voy. DÉLIBÉRATION).

M. le maire a exposé que le nommé N..... (*nom, prénoms, profession et domicile de l'aliéné*), atteint d'aliénation mentale, est dans l'indigence ainsi que les membres de sa famille à qui la loi impose le devoir de subvenir à ses besoins; qu'une demande a été formée par ceux-ci à l'effet d'obtenir le placement dudit N..... dans l'hospice des aliénés, aux frais du département; et qu'il appartient au conseil de donner son avis sur cette demande, attendu le concours que la commune doit fournir dans la dépense des aliénés indigents, conformément à la loi du 30 juin 1838.

Le conseil municipal,

Vu la loi du 30 juin 1838, article 28, les circulaires du ministre de l'intérieur des 5 juillet 1839 et 5 août 1840;

Considérant l'état d'indigence dudit N..... et de..... (*membres de sa famille auxquels des aliments pourraient être demandés conformément aux articles 205 et suivants du code Napoléon*);

Est d'avis qu'il y a lieu à placer ledit N..... dans l'hospice des aliénés, pour y être soigné à la charge du département;

Et que le concours de la commune dans cette dépense peut être fixé, conformément au tarif arrêté par M. le préfet le....., à la somme de.....

Ou bien : Et que la commune, attendu l'insuffisance de ses revenus, justifiée par son budget, est dans l'impossibilité de concourir pour aucune partie dans cette dépense.

Fait à..... les jour, mois et an susdits.

(*Signature.*)

---

(1) A défaut de ressources de la part de l'aliéné ou de sa famille, il est pourvu à ses dépenses sur les centimes affectés, par la loi de finances, aux dépenses du département auquel l'aliéné appartient. Toutefois, la commune où l'aliéné a son domicile de secours doit concourir avec le département à l'assistance qui lui est donnée. La proportion du concours de la commune est fixée d'après les bases proposées par le conseil général, sur l'avis du préfet, et arrêtées par le préfet (*Loi du* 30 *juin* 1838, *art.* 28; *décret du* 25 *mars* 1852, *n°* 18 *du tableau* A). Cette dépense est obligatoire pour la commune. Si un conseil municipal refusait de la voter, elle serait portée d'office au budget de la commune par un arrêté pris par le préfet, en conseil de préfecture. Aux termes des circulaires ministérielles des 5 juillet 1839 et 5 août 1840, les communes ayant 100,000 francs de revenus et au-dessus ne peuvent être appelées à supporter plus d'un tiers de la dépense de leurs aliénés indigents; les communes ayant 50,000 francs de revenus et au-dessus, plus d'un quart; les communes ayant 20,000 francs de revenus et au-dessus, plus d'un cinquième; les communes ayant 5,000 francs de revenus et au-dessus, plus d'un sixième; enfin les communes ayant moins de 5,000 francs de revenus ne doivent être tenues de concourir à cette dépense que dans un proportion moindre qu'un sixième et qu'autant qu'elles peuvent fournir ce concours, sans compromettre leurs autres services.

N° 67.

ALIÉNÉ *indigent. — Certificat du maire pour établir les droits de l'aliéné à un secours public, pour le payement de sa pension dans un hospice d'aliénés.*

Nous, soussigné....., maire de la commune d....., certifions, sous notre responsabilité personnelle, que le nommé....., atteint d'aliénation mentale, ainsi que ceux qui, aux termes des articles 205 et suivants du Code Nap., lui doivent des aliments, sont dans la situation de fortune et de famille énoncée dans le tableau suivant :

NOMS ET PRÉNOMS des ascendants et descendants des gendres et belle-mère de l'aliéné.	AGE.	SEXE.	PROFESSION.	CÉLIBATAIRES mariés ou veufs.	INFIRMITÉS et autres causes qui les empêchent de travailler.	MONTANT DES CONTRIBUTIONS				NOMBRE D'ENFANTS.	QUOTITÉ de la somme à payer.	OBSERVATIONS.
						Foncière.	Personnelle et mobilière.	Portes et fenêtres.	Patentes.			

Certifié par nous, maire de la commune d......

A....., le.....18..

N° 68.

ALIÉNÉS *placés dans l'établissement d.... (Registre des).*

Le présent registre contenant...... feuillets a été coté et parafé par nous maire de la commune de.....

Le.....18....

Exécution de l'art. 12 de la loi du 30 juin 1838. (Voir cet article page 59, note 1re.)

Nom et prénoms du malade.		COPIE du certificat du médecin joint à la demande d'admission.	CHANGEMENTS survenus dans l'état mental du malade.	DATE de la sortie ou du décès.	OBSERVAT.
Profession ou qualité.					
Age.					
Domicile.					
État civil.					
Mention du jugement d'interdiction.					
Noms, profession ou qualité du tuteur.					
Date du placement.					
Noms, profession et demeure de la personne qui a demandé le placement.					
Copie des certificats que le médecin de l'établissement doit adresser à l'autorité.					

N° 69.

Aliénés (1) (*Bulletin d'entrée dans l'établissement des*).

N°

Nom et prénoms du malade.	
Profession ou qualité.	
Age.	
Domicile.	
État civil.	
Mention du jugement d'interdiction.	
Noms, profession ou qualité du tuteur.	
Date du placement.	
Noms, profession et demeure de la personne qui a demandé le placement.	

N° 70.

Aliénés. — Rapport au sous-préfet sur la visite, faite par le maire, de l'établissement d'aliénés situé dans la commune (2).

Monsieur le sous-préfet,

Je, soussigné, maire de la commune d......, ayant le (*jour, mois et an*), fait dans l'établissement d'aliénés situé dans ma commune, la visite prescrite par l'article 4 de la loi du 30 juin 1838, je m'empresse de vous faire savoir que j'y ai trouvé le tout en aussi bon ordre que possible, et que les malades m'ont paru y recevoir tous les soins désirables. Aucune réclamation ne m'a non plus été présentée qui puisse me faire soupçonner que la liberté individuelle d'aucune personne enfermée dans cette maison ait été compromise par une séquestration arbitraire, ou, tout au moins, trop rigoureuse (3).

A....., le..... 18 ... *Le maire.*

(1) « Il sera fait mention de toutes les pièces produites, dans un bulletin d'entrée qui sera envoyé dans les vingt-quatre heures, avec un certificat du médecin de l'établissement, et la copie de celui joint à la demande d'admission, au préfet de police à Paris, au préfet ou au sous-préfet dans les communes chefs-lieux de département ou d'arrondissement, et aux maires dans les autres communes. Le sous-préfet ou le maire en fera immédiatement l'envoi au préfet. » (*Loi du 30 juin 1838, art. 8.*)

(2) L'article 4 de la loi du 30 juin 1838, qui charge les maires, entre autres fonctionnaires, de visiter les établissements d'aliénés, ne porte pas que rapport sera fait de chaque visite au sous-préfet; mais nous pensons que cette mesure est dans l'esprit de la loi, et elle ressort, d'ailleurs, assez de la discussion aux chambres et de différentes instructions ministérielles ou préfectorales pour que nous donnions ici un modèle de ce rapport.

(3) Le cas de ce rapport est le plus simple que puisse présenter l'établissement dirigé selon le vœu de la loi; le maire n'a qu'à confirmer le bon état de choses. Mais il peut arriver qu'il n'en soit pas ainsi; le maire doit alors consigner les réclamations qu'il pourrait avoir reçues, et son droit d'enquête n'est pas restreint seulement à l'intérieur de l'établissement; il a été entendu, dans la discussion des chambres, qu'il devrait s'étendre aussi à l'extérieur.

Ainsi, dans le cas où une des personnes renfermées dans l'établissement d'aliénés se serait plainte au maire d'y être retenue arbitrairement, si ce magistrat croit devoir attacher quelque importance à ses paroles, il devra se faire représenter le registre où doit se

No 71.

Aliénés (*Ordre de surseoir à la sortie d'un individu de l'établissement d'*) (1).

Nous, maire de la commune d....., sur le rapport qui nous a été fait par le médecin de l'établissement d'aliénés situé en ladite commune, et duquel il résulte que l'état mental de (*nom et prénoms du malade*) pourrait encore compromettre l'ordre public ou la sûreté des personnes;

Vu l'article 14 de la loi du 30 juin 1838;

Ordonnons que, nonobstant la demande de sortie légalement présentée par les ayants droit, il soit provisoirement sursis à cette sortie jusqu'à ce que l'autorité supérieure, à qui nous allons immédiatement en référer, ait prononcé.

A....., le..... 18... *Le maire.*

No 72.

Aliénés. — *Bulletin de sortie d'un aliéné* (2).

ÉTABLISSEMENT D.....

Département d..... Commune d.....

Nom et prénoms de l'aliéné.	
Age.	
Date de la sortie.	
Domicile.	
Noms, prénoms et demeure des personnes qui ont demandé la sortie.	
OBSERVATIONS.	

trouver constatée chaque entrée avec toutes les formalités qui l'accompagnent; de plus, si sa conviction n'est pas encore suffisamment établie à l'aide de ce renseignement, il pourra s'informer au dehors auprès des personnes qu'il pensera être dans le cas de l'instruire. Son rapport au sous-préfet qui, dans ce cas, est indispensable, relatera toutes ces circonstances.

Il ressort aussi de ce que nous avons rapporté plus haut que le maire devrait constater, par exemple, si, contrairement à l'article 5 de la loi, un établissement a reçu des aliénés sans y être autorisé, ou si un établissement autorisé spécialement à y recevoir d'autres malades en même temps que des aliénés, a soin de placer les uns et les autres dans un local entièrement séparé, etc.

(1) Cet ordre doit être transcrit sur le registre tenu conformément au modèle no 68, en exécution de l'article 12 de la loi du 30 juin 1838, ainsi conçu:

« Il y aura, dans chaque établissement, un registre coté et parafé par le maire, sur lequel seront immédiatement inscrits les noms, profession, âge et domicile des personnes placées dans les établissements, la mention du jugement d'interdiction, si elle a été prononcée, et le nom de leur tuteur; la date de leur placement, les noms, profession et demeure de la personne, parenté ou non parenté, qui l'aura demandé. Seront également transcrits sur ce registre : 1o le certificat du médecin joint à la demande d'admission; 2o ceux que le médecin de l'établissement devra adresser à l'autorité, conformément aux articles 8 et 11.

« Le médecin sera tenu de consigner sur ce registre, au moins tous les mois, les changements survenus dans l'état mental de chaque malade. Ce registre constatera également les sorties et les décès.

« Ce registre sera soumis aux personnes qui, d'après l'article 4, auront le droit de visiter l'établissement, lorsqu'elles se présenteront pour en faire la visite; après l'avoir terminée, elles apposeront sur le registre leur visa, leur signature et leurs observations, s'il y a lieu. »

(2) Dans les vingt-quatre heures de la sortie, les chefs, préposés ou directeurs des

N° 73.

Aliénés (1). — *État des sommes dues pour logement et nourriture d'aliénés.*

Commune d.....

NOMS et prénoms des aliénés.	COMMUNES auxquelles ils appartiennent	DATE de l'arri-vée.	DATE du départ.	DURÉE du séjour.	SOMMES réclamées.	OBSERVATIONS. — (Si l'aliéné a séjourné moins d'un jour, indiquer les fournitures qui lui ont été faites.)

Certifié véritable, le présent état, montant à la somme de.....
A...... le..... 18...
Vu et certifié par nous, maire de la commune d....., le..... 18... (2).

N° 74.

Aliénés. — *Procès-verbal de réintégration d'un aliéné dans son domicile après sa guérison, et en vertu d'ordre de l'autorité.*

L'an mil huit cent....., le....., à..... heure de....., nous (*l'officier public*), en exécution des ordres de M..... (*désignation de l'autorité*), en date

---

établissements doivent en donner avis au préfet de police à Paris, au préfet ou au sous-préfet dans les communes chefs-lieux de département ou d'arrondissement, et aux maires dans les autres communes. Le sous-préfet ou le maire en fera immédiatement l'envoi au préfet.

Ils leur feront connaître le nom et la résidence des personnes qui auront retiré le malade, son état mental au moment de sa sortie, et, autant que possible, l'indication du lieu où il aura été conduit.

(1) « Les hospices et hôpitaux civils seront tenus de recevoir provisoirement les personnes qui leur seront adressées en vertu des articles 18 et 19, jusqu'à ce qu'elles soient dirigées sur l'établissement spécial destiné à les recevoir, aux termes de l'article 1er, ou pendant le trajet qu'elles feront pour s'y rendre.

« Dans toutes les communes où il existe des hospices ou hôpitaux, les aliénés ne pourront être déposés ailleurs que dans ces hospices ou hôpitaux. Dans les lieux où il n'en existe pas, les maires devront pourvoir à leur logement, soit dans une hôtellerie, soit dans un local loué à cet effet.

« Dans aucun cas, les aliénés ne pourront être ni conduits avec les condamnés ou les prévenus, ni déposés dans une prison.

« Ces dispositions sont applicables à tous les aliénés dirigés par l'administration sur un établissement public ou privé. » (*Loi du 30 juin 1838, art. 24.*)

L'indemnité à payer pour chaque passage ou pour chaque séjour provisoire des aliénés admis dans les hospices, auberges et hôtelleries, les maisons particulières ou dans les lieux que les maires auront fait disposer à cet effet, sera réglée par le préfet, sur la demande du maire ou de l'administration de l'hospice, et sur l'avis du sous-préfet. (Voy. *Circulaires du ministre de l'intérieur des 18 septembre 1838, Bulletin de l'intérieur*, 1838, p. 287, *et 5 août 1839, Id.* 1839, p. 178.)

(2) Cet état doit être soumis au visa du sous-préfet qui l'approuve ou en réduit le montant.

du....., nous sommes transporté à l'hospice de..... *ou* à la maison de santé de....., et avons requis le sieur..... (*désigner la qualité du chef de l'établissement*) de nous remettre la personne du sieur F....., placé audit hospice *ou* à ladite maison de santé, par ordre de M. (*désigner l'autorité*), comme étant alors atteint d'aliénation mentale, ainsi qu'il en est fait mention dans notre procès-verbal du..... ; et attendu que ledit sieur F..... est entièrement guéri, nous l'avons réintégré dans sa demeure (1) (*désigner le lieu*), et l'avons remis en possession et jouissance de tout son mobilier et de ses papiers, de la garde desquels nous avons déchargé, par le présent procès-verbal, le sieur....., auquel ils avaient été remis, et qui nous en a représenté la totalité, ainsi que nos scellés en bon état et dont nous avons fait la levée pure et simple.

Le tout ainsi que le reconnaît le sieur F..... qui, après lecture faite, a signé avec nous, ainsi que ledit sieur....., gardien des scellés.

Signature du sieur F..... *Le gardien des scellés.* *L'officier public.*

N° 75.

AMENDES (2). — *Certificat de carence.*

Nous, maire de la commune d....., après avoir pris des renseignements exacts, certifions que le sieur (*nom, prénoms et profession du redevable*), demeurant en cette commune, est indigent et qu'il ne possède aucun bien meuble ni immeuble saisissable dont la valeur puisse couvrir les frais des poursuites qu'il y a lieu d'intenter contre lui, à fin de recouvrement de l'amende qu'il a encourue pour délit de simple police *ou* de police correctionnelle. En foi de quoi nous avons délivré le présent certificat pour servir et valoir ce que de droit.

Fait à....., ce..... 18...

Le maire.

N° 76.

AMENDES. — *Certificat de carence et de disparition.*

Nous, maire de la commune d....., après avoir pris des renseignements exacts, certifions que le sieur (*nom, prénoms et profession du redevable*), résidant habituellement en cette commune, en est parti *ou* a disparu de son domicile, depuis (*indiquer l'époque*), sans que l'on sache en quel lieu il a pu se retirer; certifions en outre que ledit sieur..... est indigent et qu'il ne possède aucun bien meuble ni immeuble saisissable dont la valeur puisse couvrir les frais des poursuites qu'il y a lieu d'intenter contre lui, à fin de recouvrement de l'amende qu'il a encourue

---

(1) Si c'est le juge de paix qui a fait les actes conservatoires, l'officier public ne rédige qu'un simple procès-verbal de l'exécution des ordres qu'il a reçus.

(2) Dispositions du Code pénal concernant les amendes de simple police :

« Art. 466. Les amendes pour contravention pourront être prononcées depuis 1 franc jusqu'à 15 francs inclusivement, et seront appliquées au profit de la commune où la contravention aura été commise.

« 467. La contrainte par corps a lieu pour le payement de l'amende. Néanmoins, le condamné ne pourra être, pour cet objet, détenu plus de quinze jours, s'il justifie de son insolvabilité.

« 468. En cas d'insuffisance des biens, les restitutions et les indemnités dues à la partie lésée sont préférées à l'amende.

« 469. Les restitutions, indemnités et frais entraîneront la contrainte par corps, et le condamné gardera prison jusqu'à parfait payement : néanmoins, si ces condamnations sont prononcées au profit de l'État, les condamnés pourront jouir de la faculté accordée par l'article 467, dans le cas d'insolvabilité prévue par cet article. »

Les articles 471 à 483 du même Code déterminent les cas où chaque amende est applicable.

pour délit de simple police *ou* de police correctionnelle. En foi de quoi nous avons délivré le présent certificat pour servir et valoir ce que de droit.

Fait à....., ce..... 18...

Le maire,

N° 77.

AMPLIATION. — *Modèle d'ampliation d'un acte de la préfecture.*

On appelle ampliation *la copie d'une première expédition d'un acte. Exemple : un préfet prend un arrêté sur un objet quelconque d'administration; un maire est chargé de l'exécution ou de la notification de cet arrêté, et en conséquence le préfet lui en envoie une expédition en forme. Le maire fait faire une copie de cette expédition, pour être notifiée à la partie qu'elle concerne; c'est cette copie qui prend le nom d'ampliation. Voici la formule d'ampliation la plus usitée :*

(Transcription littérale de l'acte.)

Fait à....., en l'hôtel de la préfecture, le..... 18...

Le préfet, signé N.

Pour expédition conforme :

Le secrétaire général de la préfecture, signé N.

Pour ampliation :

Le maire de la commune d....., signé N.

N° 78.

ANIMAUX *domestiques.* — *Déclaration pour un animal perdu.*

Aujourd'hui..... mil huit cent....., à..... heure du....., est comparu par-devant nous......, maire de la commune d......, le sieur (*nom, prénoms, profession et domicile*), lequel nous a déclaré que le...... à..... heure d....., il a perdu (*désigner l'endroit et l'animal, donner son signalement et indiquer les circonstances de sa perte*); et nous a, ledit sieur....., engagé à faire faire immédiatement les recherches nécessaires pour retrouver (*l'animal*). Nous avons promis de le faire de suite, et a ledit sieur..... signé avec nous.

Le déclarant. *Le maire.*

N° 79.

ANIMAUX *domestiques.* — *Déclaration pour un animal trouvé sans gardien ni conducteur.*

L'an mil huit cent.....,à..... heure d....., est comparu par-devant nous....., maire de la commune d....., le sieur (*nom, prénoms et qualité ou profession*), demeurant à....., lequel nous a déclaré qu'il a trouvé sur une pièce de terre sise au canton d....., appartenant au sieur....., et semée en....., un cheval (*ou tout autre animal*) qui était abandonné et y faisait des dégâts....., et qu'il avait cru devoir s'en emparer pour le mettre à notre disposition, ignorant à qui il appartient.

Vu les dispositions de l'article 12, titre 2, de la loi du 28 septembre-6 octobre 1791 (1), et l'article 471 du Code pénal (2), nous avons provisoirement ordonné que l'animal trouvé serait mis en fourrière, et l'avons fait conduire en *tel* lieu ou à *telle* auberge, pour y être gardé et soigné jusqu'à ce qu'il en soit autrement ordonné par nous.

Et de ce que dessus nous avons dressé le présent procès-verbal.

Fait à....., le....., 18...

Le maire.

N° 80.

Animaux *domestiques.* — *Ordre d'envoi en fourrière d'un animal trouvé.*

Mairie d.....

Le sieur....., aubergiste *ou* cultivateur, recevra et gardera en fourrière, dans ses écuries, le cheval (*ou tout autre animal*) dont le signalement suit, qui a été trouvé abandonné dans (*désigner le lieu*). Il en prendra soin comme s'il lui appartenait, et le gardera jusqu'à ce qu'il en soit autrement ordonné, soit par nous, soit par telle autre autorité que de droit.

Avant la remise du cheval à son propriétaire ou sur le produit de la vente qui, en cas de non-réclamation, sera ordonnée par l'autorité compétente, seront acquittés les droits de fourrière et autres qui pourront être légitimement dus au sieur (*l'aubergiste* ou *le cultivateur*), ainsi que la somme d....., qui sera par lui remise au sieur....., porteur du présent, pour la conduite en fourrière.

Fait à....., le 18.....

Le maire,

(*Donner ici le signalement de l'animal et désigner les objets de harnachement ou autres dont il était porteur.*)

N° 81.

Animaux *domestiques.* — *Ordre de remettre au propriétaire un animal envoyé en fourrière.*

Nous....., maire de la commune d....., donnons l'autorisation au sieur..... (*désignation de la profession*), gardien d..... (*désigner l'animal*) mis chez lui en fourrière, en vertu de l'ordre que nous en avons donné (*la date de l'ordre de l'envoi en fourrière*), de remettre ledit (*l'animal*) et les objets qui ont été trouvés sur lui, au sieur....., porteur du présent, qui devra payer en retour les droits de fourrière, garde, nourriture et autres qui seront légitimement dus.

Fait à....., le..... 18...

(*Signature.*)

(1) « Les dégâts que les bestiaux de toute espèce, laissés à l'abandon, feront sur les propriétés d'autrui, soit dans l'enceinte des habitations, soit dans un enclos rural, soit dans les champs ouverts, seront payés par les personnes qui ont la jouissance des bestiaux; si elles sont insolvables, ces dégâts seront payés par celles qui en ont la propriété. Le propriétaire qui éprouvera les dommages aura le droit de saisir les bestiaux, sous l'obligation de les faire conduire dans les vingt-quatre heures au lieu du dépôt qui sera désigné à cet effet par la municipalité. — Il sera satisfait aux dégâts par la vente des bestiaux, s'ils ne sont pas réclamés, ou si le dommage n'a point été payé dans la huitaine du jour du délit. — Si ce sont des volailles, de quelque espèce que ce soit, qui causent le dommage, le propriétaire, le détenteur ou le fermier qui l'éprouvera, pourra les tuer, mais seulement sur le lieu, au moment du dégât. » (*Loi du 28 septembre-6 octobre 1791, tit. 2, art. 12.*)

(2) « Seront punis d'amende, depuis 1 franc jusqu'à 5 francs inclusivement..... 14° Ceux qui auront laissé passer leurs bestiaux ou leurs bêtes de trait, de charge ou de monture, sur le terrain d'autrui, avant l'enlèvement de la récolte. » (*Code pénal, art. 471, n° 14.*)

N° 82.

Animaux *domestiques attaqués de maladie contagieuse* (*Procès-verbal, pour non-déclaration, contre le propriétaire d'*).

L'an mil huit cent..... le....., nous, maire de la commune d....., vu les dispositions de la loi du 16-24 août 1790, titre 11, article 5 (1), celles de la loi du 18 juillet 1837, article 10, § 1er, et celles de l'article 459 (2) du Code pénal, instruit par la notoriété publique que le sieur....., habitant de cette commune, avait chez lui des bestiaux attaqués de maladie contagieuse qu'il conduisait aux pâturages et abreuvoirs communs, nous sommes transporté au domicile dudit....., accompagné de M....., vétérinaire *ou* maréchal expert. Examen fait desdits bestiaux, nous avons reconnu que (*désigner les animaux et leur nombre*) étaient attaqués de la maladie de..... (*énoncer le genre de la maladie*); sur quoi nous avons fait observer audit sieur (*le propriétaire*) qu'il était en contravention aux lois et règlements, pour n'avoir pas fait la déclaration de maladie dont étaient attaqués ces animaux. Il nous a répondu que (*ses réponses*). Nous lui avons répliqué..... et lui avons fait défense de les conduire, jusqu'à nouvel ordre, aux pâturages et aux abreuvoirs communs, lui avons enjoint de les tenir en garde chez lui, aussi jusqu'à nouvel ordre, et avons de tout ce que dessus dressé le présent procès-verbal, dont copie sera envoyée à M. le procureur impérial, et que nous avons signé, les jour, mois et an que dessus.

Le maire.

N° 83.

Animaux *domestiques attaqués de maladie contagieuse et incurable* (*Ordre d'abattre des*).

L'an mil huit cent..... le....., nous, maire de la commune d....., instruit par la notoriété publique que le sieur....., habitant de la commune, avait chez lui des bestiaux attaqués de maladie contagieuse, nous sommes transporté au domicile dudit....., accompagné d....., vétérinaire *ou* maréchal expert. Examen fait desdits bestiaux, nous avons reconnu que (*désigner les animaux et leur nombre*) étaient attaqués de la maladie de (*énoncer le genre de la maladie*) qui pouvait être communiquée aux autres....., et était incurable. Nous avons alors ordonné que lesdits animaux seraient tués immédiatement, et enfouis (*désigner l'endroit*), à huit pieds de profondeur (3), et que l'écurie *ou* l'étable, *ou* la bergerie, où ont séjourné lesdits animaux serait purifié, et que les murs, l'auge et le râtelier seraient lavés à l'eau de chaux dans les vingt-quatre heures; sinon qu'il y serait pourvu par nous, aux frais dudit sieur (*le propriétaire*). De tout ce que dessus nous avons dressé le présent procès-verbal pour servir et valoir ce que de droit, et avons signé, les jour, mois et an que dessus.

(*Signature.*)

---

(1) « Les objets de police, confiés à la vigilance et à l'autorité des corps municipaux, sont..... n° 5, le soin de prévenir par des précautions convenables et celui de faire cesser, par la distribution des secours nécessaires, les accidents et fléaux calamiteux, tels que les incendies, les épidémies, les épizooties, en provoquant aussi, dans ces deux derniers cas, l'autorité des administrations de département. » (*Loi du 16-24 août 1799, tit. 11, art. 5, n° 5.*)

(2) « Tout détenteur ou gardien d'animaux ou de bestiaux soupçonnés d'être infectés de maladie contagieuse, qui n'aura pas averti sur-le-champ le maire de la commune où ils se trouvent, et qui même, avant que le maire ait répondu à l'avertissement, ne les aura pas tenus renfermés, sera puni d'un emprisonnement de six jours à deux mois, et à une amende de 16 francs à 200 francs. » (*Code pénal, art. 459.*)

(3) « Si l'animal est mort d'une maladie contagieuse, la fosse doit être de huit pieds de profondeur, à cinquante toises au moins des habitations. » (*Arrêté du 27 messidor an V.*)

N° 84.

Animaux *domestiques.* — ***Procès-verbal constatant que des bestiaux morts n'ont pas été enfouis.***

Aujourd'hui....., mil huit cent....., nous....., commissaire de police de la commune d...., étant en tournée dans le canton d...., dépendant de ladite commune, avons senti des émanations fétides qui signalaient à peu de distance l'existence d'une masse de chair en putréfaction, et avons reconnu qu'un cheval mort depuis plusieurs jours gisait près du chemin vicinal allant d..... à....., sur le pâtis communal; ayant appris des personnes qui se trouvaient dans les champs voisins que ce cheval avait appartenu au sieur....., nous nous sommes immédiatement présenté en la maison de cet individu qui, sur l'interpellation que nous lui en avons faite, nous a déclaré qu'en effet ce cheval avait été tué et laissé par lui dans le lieu où nous l'avions trouvé; qu'il ne l'avait point enfoui, parce que d'habitude on ne l'exigeait point.

Attendu que ce fait constitue une contravention à l'article 13 du titre 2 de la loi du 6 octobre 1791 (1), nous avons sommé ledit..... de faire enfouir de suite ce cheval, et lui avons déclaré que nous dresserions contre lui le présent procès-verbal pour y être donné telles suites qu'il appartiendra par voie de simple police.

Fait et clos à....., les jour, mois et an que dessus.

(*Signature.*)

N° 85.

Animaux *domestiques.*—***Procès-verbal pour divagation sur la voie publique d'animaux vicieux et malfaisants*** (2).

L'an mil huit cent..... le....., à..... heure d....., s'est présenté devant nous, maire de la commune d....., le sieur (*nom, prénoms, âge, qualité ou profession et demeure du déclarant*), lequel nous a déclaré que, se trouvant (*désigner le moment et l'endroit*), il a été (*désigner toutes les circonstances de l'accident qui est arrivé et l'animal qui l'a causé*); que ledit animal errait sans maître ou sans conducteur; et que, après avoir pris d'exactes informations, il a su que ledit animal appartient au sieur (*nom, prénoms, qualité ou profession et demeure*); que *telles* personnes (*désigner leurs noms, prénoms, qualités ou professions et demeures*) ont été témoins des faits ci-dessus rapportés.

Desquels faits le comparant nous a fait la présente déclaration, afin qu'il y soit donné, pour la vindicte publique, telles suites qu'il appartiendra, conformément à la loi, renonçant à toute indemnité, dommages et intérêts, *ou bien* se réservant

(1) « Les bestiaux morts seront enfouis dans la journée, à quatre pieds de profondeur, par le propriétaire et dans son terrain, ou voiturés à l'endroit désigné par la municipalité, pour y être également enfouis, sous peine, par le délinquant, de payer une amende de la valeur d'une journée de travail et les frais de transport et d'enfouissement. » (*Loi du 6 octobre 1791, art. 13 du titre 2.*)

Si l'animal est mort à la suite d'une maladie contagieuse, l'arrêté du 27 messidor an V ordonne que l'enfouissement soit fait dans une fosse de huit pieds de profondeur, à cinquante toises au moins des habitations.

(2) Sont considérés comme animaux vicieux et malfaisants les chiens hargneux, ceux qui vaguent dans les rues, sans maître, à cause des accidents qu'ils peuvent occasionner; les chevaux ombrageux ou mal dirigés; ceux qui mordent ou donnent des coups de pied; les taureaux, les bœufs, les vaches et même les béliers qui peuvent blesser les passants à coups de corne ou de tête, et enfin les porcs, qu'on a vus souvent mordre et dévorer les enfants.

Il est défendu de laisser vaguer sur la voie publique ces différents animaux, sous peine de l'amende de police, de 6 à 10 francs, ou de 11 à 15 francs, suivant les circonstances (*Code pénal, art.* 475, *n°* 7, *et art.* 479, n° 2), sans préjudice des indemnités et réparations dues aux parties lésées.

de former devant le tribunal compétent, telle demande qu'il avisera contre ledit sieur....., en réparation du dommage qu'il a éprouvé.

Après avoir donné lecture de ce que dessus au déclarant, il a affirmé sa déclaration sincère et véritable, en a requis acte, et a signé avec nous.

Sur quoi nous, maire (*s'il est résulté des blessures de l'accident susrelaté*), attendu qu'il s'agit d'un délit de police correctionnelle prévu par l'article 320 du Code pénal (1), ledit sieur..... n'ayant pas pris toutes les précautions nécessaires pour empêcher la divagation de l'animal ci-dessus désigné, disons qu'il y a lieu à suivre, sur notre présent procès-verbal, par voie de police correctionnelle.

Le maire.

N° 86.

Animaux *domestiques.* — *Procès-verbal pour constater l'entretien, au sein d'une ville, d'animaux incommodes ou nuisibles* (2).

L'an mil huit cent..... le....., nous, maire *ou* adjoint *ou* commissaire de police de la ville d....., informé qu'il existe dans la maison n°..... de la rue ..... en cette ville, des (*désigner les animaux*) entretenus par le sieur....., et que ces animaux répandent dans la maison une odeur insalubre et incommode, *ou bien*, occasionnent des dégradations à....., *ou bien* troublent, pendant la nuit, le repos des locataires et des voisins; nous sommes transporté dans ladite maison, où étant, nous avons effectivement trouvé dans (*désigner l'endroit, l'espèce et le nombre d'animaux*, etc.).

Nous avons fait observer audit sieur (*propriétaire des animaux*) qu'il était en contravention aux lois et règlements sur la salubrité, et notamment au règlement de police du....., et lui avons déclaré procès-verbal, avec injonction de faire disparaître, sous..... jours, ces animaux de la maison.

Et, de ce que dessus, nous avons dressé notre présent procès-verbal pour y être donné telles suites qu'il appartiendra, par voie de simple police.

Fait et clos, à....., les jour, mois et an susdits.

(*Signature.*)

N° 87.

Animaux *domestiques* (*Procès-verbal pour constater les mauvais traitements exercés envers des*) (3).

L'an mil huit cent..... le....., à..... heure du....., nous, maire (adjoint *ou* commissaire de police) de la commune d....., nous trouvant rue....., avons aperçu un individu qui conduisait une voiture et qui vociférait en accablant son cheval de coups et de mauvais traitements (*dire en quoi consistaient les mauvais traitements*).

Nous étant approché, nous avons reconnu que la voiture étant surchargée,

---

(1) « S'il n'est résulté du défaut d'adresse ou de précaution que des blessures ou coups, l'emprisonnement sera de six jours à deux mois, et l'amende sera de 16 francs à 100 francs. » (*Code pénal, art.* 320.)

(2) Les maires ont le droit d'éloigner des villes les animaux dont la présence ou l'agglomération pourraient corrompre l'air et nuire à la salubrité. On regarde généralement comme tels les porcs, les lapins, les oies, les canards, les poules et autres volailles vaguant sur la voie publique ou renfermées dans quelque partie que ce soit des maisons de la ville, soit sous le rapport de l'infection et de l'insalubrité qu'occasionnent les uns, soit sous celui des dégradations qu'occasionnent les autres.

(3) « Seront punis d'une amende de 5 à 15 francs, et pourront l'être d'un à cinq jours de prison, ceux qui auront exercé publiquement et abusivement de mauvais traitements envers les animaux domestiques. — La peine de la prison sera toujours applicable en cas de récidive.—L'article 483 du Code pénal sera toujours applicable. » (*Loi du 2 juillet* 1850.)

le cheval ne pouvait avancer, ce qui avait excité au plus haut point la colère de son conducteur. Ayant décliné nos noms et qualité, nous avons sommé l'individu présent de nous dire ses nom, prénoms, profession et demeure. A quoi obtempérant sur-le-champ, il nous a déclaré se nommer N....., exerçant la profession d....., domicilié à.....

Nous avons fait observer audit N..... qu'en surchargeant ainsi son cheval et le frappant publiquement et abusivement comme il l'a fait, il s'est rendu passible des peines portées par la loi du 2 juillet 1850, et lui avons déclaré que nous allions dresser contre lui le présent procès-verbal pour y être donné telles suites qu'il appartiendra.

Fait à....., les jour, mois et an susdits.

(Signature.)

N° 88.

Animaux *malfaisants et nuisibles* (*Procès-verbal constatant la destruction d'*).

Aujourd'hui mil huit cent....., devant nous, maire de la commune d.... , est comparu le sieur (*nom et prénoms, domicile*), lequel nous a justifié (*soit par témoins, soit par quelque autre preuve*) avoir donné la mort à (*indiquer l'animal détruit*).

En foi de quoi nous avons dressé le présent procès-verbal, pour être produit à l'appui du mandat pour prime à délivrer audit sieur.....

Le maire.

N° 89.

Animaux *malfaisants et nuisibles* (*État des sommes dues à un individu pour destruction d'*) (1).

État des sommes dues *au sieur* (nom et prénoms), *demeurant à* (domicile), *pour la destruction de* (un loup ou une louve pleine ou non pleine, un ou plusieurs louveteaux) *de l'âge de* (indiquer l'âge).

NOM ET PRÉNOMS de la partie prenante.	DÉSIGNATION des animaux détruits.	PRIMES à payer d'après le tarif pour chaque animal.	SOMMES dues.	SIGNATURE de la partie prenante ou de deux témoins.

Certifié exact par nous, maire de la commune d....., le présent état montant à la somme d.....

A....., le..... 18...

(Signature.)

---

(1) Cet état devra être envoyé au préfet, ainsi que le procès-verbal, pour être joints à l'appui du mandat qui sera délivré pour prime. Le procès-verbal et l'état devront être fournis en double expédition, dont une sur papier timbré, lorsque les primes dues s'élèveront au-dessus de 10 francs.

Nº 90.

ANNEXE (1) (*Avis du conseil municipal sur le projet d'érection d'une*).

L'an mil huit cent....., le..... du mois d....., à..... heures du....., le conseil municipal de la commune d..... réuni, etc. (Voy. DÉLIBÉRATION.)

Le conseil, appelé à délibérer sur le projet d'établissement au village d....., qui forme une section de la commune, d'une annexe de la cure (*ou* succursale) de..... Considérant que la distance entre cette section de la commune et..... chef-lieu de la cure (*ou* succursale) est de..... kilomètres, que les communications de l'un à l'autre lieu sont difficiles, quelquefois même interrompues par....., que d'ailleurs il existe audit village d..... une ancienne église qui peut être affectée à la célébration du culte;

Est d'avis que l'autorisation d'ériger cette église en annexe de la cure (*ou* succursale) de..... soit accordée, à charge par les habitants qui ont demandé cette érection, de supporter toutes les dépenses que l'établissement et l'entretien de l'annexe pourront occasionner.

Fait et délibéré à....., les jour, mois et an ci-dessus.

(*Signatures.*)

Nº 91.

ANNEXE (*Rôle des souscriptions volontaires destinées à couvrir les dépenses d'une*) (2).

Évaluation des dépenses annuelles.

1º Frais de la célébration du culte..............................	» f.	» c.
2º Frais d'entretien des bâtiments..............................	»	»
3º Traitement du vicaire..............................	»	»
4º Traitement du chantre et du sacristain..............................	»	»
5º Dépenses imprévues..............................	»	»
TOTAL................	» f.	» c.

Ces dépenses seront payées annuellement au moyen des cotisations particulières souscrites au tableau ci-après :

(1) L'annexe est une église située dans la circonscription d'une cure ou d'une succursale, et où la célébration du culte est autorisée, sur la demande de souscripteurs particuliers qui s'obligent à en payer les frais.

Les pièces à produire pour obtenir l'érection d'une annexe sont :

1º Une demande adressée à l'évêque par les principaux contribuables, faisant connaître l'utilité ou la nécessité de l'établissement;

2º Le rôle des souscriptions volontaires à l'effet de couvrir les dépenses, dressé en triple expédition, indiquant la cote des contributions de chaque souscripteur, soit dans la commune, soit ailleurs, et le nombre d'années pour lequel il est souscrit;

3º L'inventaire des meubles, linges et ornements existant dans l'église (Voy. *Fabriques*);

4º L'avis du conseil municipal;

5º Le certificat de la population;

6º Le projet de circonscription de l'annexe, indiquant l'étendue du territoire de la cure ou succursale, et de la portion de ce territoire à laquelle l'établissement de l'annexe doit servir. (*Circul. ministérielles des* 11 *octobre* 1811 *et* 21 *août* 1833.)

Les pièces sont transmises à l'évêque qui, après s'être concerté avec le préfet, les adresse, avec son avis motivé, au ministre des cultes. L'autorisation est ensuite accordée par le gouvernement. (*Décret du* 30 *septembre* 1807, *art.* 2 *et* 12.)

Les revenus particuliers des annexes sont administrés par la fabrique paroissiale ou par une commission nommée par l'évêque, dans la forme prescrite pour l'administration des revenus des fabriques.

(2) Un même rôle doit être souscrit pour les dépenses du premier établissement, s'il y a lieu.

Article du rôle.	NOMS, PRÉNOMS, qualités et domiciles des souscripteurs.	COTE des contributions payées par chaque souscripteur.	COTISATIONS annuelles consenties pour .... années.		SIGNATURES par émargement constatant l'engagement de payer au commencement de chaque année la cotisation consentie volontairement.
			Sommes en chiffres.	Sommes en lettres	
1	N.....	» »	» »		
2	B.....	» »	» »		
»	......	» »	» »		
	TOTAL.........		» »		

Certifié et arrêté le présent rôle à la somme de..... par nous....., délégués des habitants de.....

A....., le..... 18...

(*Signatures.*)

Vu et rendu exécutoire par nous, préfet de....., en vertu de l'article 11 du décret du 30 septembre 1807.

A....., le..... 18...

(*Signature.*)

N° 92.

Annexe (*Certificat de population à produire à l'appui de la demande d'érection d'une*).

Nous, soussigné N....., maire de la commune d....., canton d...... arrondissement d....., département d....., certifions que la population de ladite commune est, suivant le recensement officiel fait en 18... de..... habitants, et que dans ce nombre la section d..... est comprise pour .... habitants.

A....., le..... 18...

(*Cachet de la mairie*). (*Signature.*)

Vu et certifié véritable par nous, sous-préfet de l'arrondissement d....., à....., le..... 18...

(*Signature.*)

N° 93.

Annexe (*Projet de circonscription de l'*).

Étendue du territoire de la cure (*ou* succursale)..... hectares.
Étendue du territoire de la section de commune où l'annexe doit être établie..... hectares.

Désignation des villages, hameaux et autres lieux d'habitation, devant former la circonscription de l'annexe..........
- N....., chef-lieu.
- Le hameau d.....
- La ferme d.......
- L'usine d........

Nota. On joint à ces renseignements une description graphique, prise sur le plan cadastral, du territoire de la cure ou succursale, et on y indique avec soin la commune ou section de commune où l'érection de l'annexe doit avoir lieu. On indique, en outre, la distance du chef-lieu de la paroisse au chef-lieu et aux confins les plus éloignés de cette commune ou section de commune.

N° 94.

Apprenti *qui veut se présenter comme candidat aux écoles d'arts et métiers* (*Certificat pour un*) (1).

L'an mil huit cent....., le....., par-devant nous, maire de la commune d..., arrondissement d....., est comparu le sieur (*nom, prénoms*), chef d'un atelier de (*en désigner la nature*) dans cette commune, lequel nous a déclaré que le jeune (*nom, prénoms, âge de l'apprenti*) est entré ce jour dans son atelier, comme apprenti, et que ses parents ont pris l'engagement de l'y laisser pendant une année consécutive au moins, à l'effet de remplir les conditions prescrites sur ce point par l'article 6 de l'ordonnance du 23 septembre 1832, relative aux écoles d'arts et métiers;

Et le sieur (*nom, prénoms*), père de ce jeune homme, ici présent, a confirmé, dans tout son contenu, la déclaration ci-dessus, pour valoir ce que de droit.

Le chef d'atelier. *Le père de l'apprenti.* *Le maire.*

Vu pour légalisation de la signature de M. le maire de la commune d.....

Le sous-préfet d.....

N° 95.

Apprentissage (2) (*Procès-verbal pour contravention à la loi relative aux contrats d'*).

L'an mil huit cent....., le....., nous....., maire (adjoint au maire *ou* commissaire de police) de la commune de....., ayant été prévenu que le sieur....., exerçant la profession de....., demeurant rue....., se trouvant dans le cas d'incapacité prévu par l'article 6 de la loi du 22 février 1851, relative aux contrats d'apprentissage, avait reçu néanmoins des apprentis chez lui pour l'exercice de sa profession, nous sommes transporté en son domicile, où étant, nous avons trouvé en effet les nommés N..... et N....., occupés dans ses ateliers, lesquels nous ont dit être entrés en qualité d'apprentis, dès le mois de..... dernier.

Interpellé par nous sur la vérité de ces déclarations, le sieur N..... nous a répondu..... (*transcrire exactement sa réponse*).

(1) Dans les écoles d'arts et métiers la durée des cours est de trois ans. Le prix de la pension est de 500 francs pour un an; mais une place entièrement gratuite, une autre à trois quarts de pension gratuite, et enfin une troisième à demi-pension gratuite, sont réservées à chaque département. Pour obtenir l'une de ces places, il faut remplir les conditions ci-après : 1° être âgé au moins de quatorze ans, et au plus de dix-sept, au moment de l'entrée à l'école; 2° être d'une bonne constitution; avoir eu la petite vérole ou avoir été vacciné; 3° savoir lire, écrire et posséder les quatre premières règles de l'arithmétique; 4° avoir fait pendant un an l'apprentissage d'un des arts et métiers analogues à ceux qui sont enseignés dans les écoles (*ateliers :* forges, fonderies et moulages divers; ajustage et serrurerie; tours, modèles et menuiseries). Pour assurer l'exécution de cette dernière disposition, le candidat est tenu de se faire inscrire, dès le commencement de son apprentissage, sur un registre tenu à la préfecture. Pour que cette inscription ait lieu à la préfecture, il faut produire un certificat conforme au présent modèle.

(2) « Sont incapables de recevoir des apprentis, les individus qui ont subi une condamnation pour crime; — ceux qui ont été condamnés pour attentat aux mœurs; ceux qui ont été condamnés à plus de trois mois d'emprisonnement pour les délits prévus par les articles 388, 401, 405, 406, 407, 408, 423 du Code pénal. » (*Loi du 22 février 1851, art. 6.*) Voy. *Dictionnaire municipal* (APPRENTISSAGE) pour les autres contraventions à la *Loi du 22 février 1851.*)

Et attendu que le sieur N....., en recevant des apprentis, malgré l'incapacité qui résulte du jugement de condamnation dont il a été frappé le..... 18..., s'est rendu passible des peines portées par l'article 20 de la loi du 22 février 1851, nous avons dressé le présent procès-verbal pour y être donné telles suites que de droit.

Fait et clos à....., les jour, mois et an susdits.

(*Signature.*)

Nº 96.

Arbres *plantés sur la voie publique* (*Procès-verbal contre un individu convaincu d'avoir abattu ou endommagé des*) (1).

L'an mil huit cent....., le....., nous, garde champêtre de la commune d....., faisant notre tournée sur le territoire de ladite commune, et nous trouvant à....., à..... heures d....., sur le chemin vicinal allant d..... à....., près d....., avons aperçu un individu occupé à ébrancher l'un des arbres qui bordent ce chemin et qui sont plantés sur une lisière de terrain faisant partie des terres communes. Nous étant approché, nous avons reconnu que deux autres arbres venaient d'être ébranchés par le même individu et que le bois en provenant était mis en fagots et prêt à être enlevé. L'individu pris en flagrant délit nous étant inconnu, et refusant de nous déclarer ses noms, profession et demeure, nous l'avons constitué en état d'arrestation et conduit immédiatement par-devant M. le maire de la commune, où il a été reconnu être le nommé....., demeurant à.....

De tout ce que dessus, nous avons dressé le présent procès-verbal, qui sera transmis à M. le procureur impérial, pour y être donné telles suites qu'il appartiendra, conformément aux dispositions des articles 445 et 446 du Code pénal.

Fait à....., les jour, mois et an susdits.

(*Signature.*)

Et ledit jour, devant nous, maire, etc. (Suit le procès-verbal d'affirmation. Voy. Garde champêtre.)

---

(1) « Quiconque aura abattu un ou plusieurs arbres qu'il savait appartenir à autrui sera puni d'un emprisonnement qui ne sera pas au-dessous de six jours ni au-dessus de six mois, à raison de chaque arbre, sans que la totalité puisse excéder cinq ans. » (*Code pénal, art.* 445.)

« Les peines seront les mêmes à raison de chaque arbre mutilé, coupé ou écorcé de manière à le faire périr. » (*Id., art.* 446.)

« S'il y a eu destruction d'une ou de plusieurs greffes, l'emprisonnement sera de six jours à deux mois, à raison de chaque greffe, sans que la totalité puisse excéder deux ans. » (*Id., art.* 447.)

« Le *minimum* de la peine sera de vingt jours, dans les cas prévus par les articles 445 et 446, et de dix jours, dans le cas prévu par l'article 447, si les arbres étaient plantés sur les places, routes, chemins, rues ou voies publiques ou vicinales, ou de traverse. » (*Id., art.* 448.)

« ..... Dans les cas prévus par le présent article et les six précédents, si le fait a été commis en haine d'un fonctionnaire public, et à raison de ses fonctions, le coupable sera puni du *maximum* de la peine établie par l'article auquel le cas se référera.

« Il en sera de même, quoique cette circonstance n'existe point, si le fait a été commis pendant la nuit. » (*Id., art.* 450.)

« Dans les cas prévus par les articles 444 et suivants, jusqu'au précédent article inclusivement, il sera prononcé une amende qui ne pourra excéder le quart des restitutions et dommages-intérêts, ni être au-dessous de 16 francs. » (*Id., art.* 455.)

« Quiconque aura, en tout ou en partie..... coupé ou arraché des haies vives ou sèches; déplacé ou supprimé des bornes, ou pieds corniers, ou autres arbres plantés ou reconnus pour établir les limites entre différents héritages, sera puni d'un emprisonnement qui ne pourra être au-dessous d'un mois ni excéder une année, et d'une amende égale au quart des restitutions et des dommages-intérêts, qui, dans aucun cas, ne pourra être au-dessous de 50 francs. » (*Id., art.* 456.)

N° 97

Arbres *des promenades publiques* (*Procès-verbal constatant le dommage causé aux*).

Aujourd'hui..... mil huit cent....., nous....., commissaire de police de la ville d....., nous trouvant sur la promenade publique appelée....., avons aperçu la nommée....., journalière en cette ville, qui était occupée à attacher après les jeunes arbres plantés dans l'une des allées de cette promenade des cordes pour faire sécher du linge. Déjà plusieurs objets étaient étendus sur ces cordes et faisaient ployer les arbres de manière à les rompre. Nous avons remarqué en outre que, sur quelques-uns d'eux, la pression des cordes avait détaché l'écorce. Ces faits étant nuisibles à la croissance des arbres, nous avons sommé ladite..... d'enlever de suite son linge et ses cordes, ce qu'elle a fait en notre présence.

Néanmoins, attendu que les faits ci-dessus rapportés constituent à la charge de ladite..... une contravention prévue par les articles 445 et 446 du Code pénal, nous avons dressé le présent procès-verbal qui sera transmis à M. le procureur impérial, pour recevoir telles suites qu'il appartiendra.

Fait et clos à....., les jour, mois et an que dessus.

(*Signature.*)

N° 98.

Arbres *bordant les grandes routes. — Procès-verbal constatant qu'un particulier a abattu sans autorisation un arbre planté sur son terrain qui longe une grande route* (1).

Aujourd'hui..... mil huit cent....., nous....., maire de la commune d...., nous trouvant sur la route impériale, au canton d....., avons aperçu le sieur...., propriétaire à....., qui était occupé à arracher un orme planté dans un champ qui longe ladite route, et que nous estimons être de la valeur de..... francs. Lui ayant demandé s'il en avait obtenu l'autorisation de M. le directeur des ponts et chaussées, conformément au décret du 11 décembre 1811, il nous a répondu que cet arbre lui appartenant comme ayant été planté par lui sur son terrain, il avait cru pouvoir en disposer comme de sa propre chose, sans autorisation de l'administration. Nous lui avons fait observer que cet orme se trouvant planté sur une terre riveraine d'une route impériale, était soumis aux règlements de la grande voirie et qu'il ne pouvait le couper ou l'arracher sans une autorisation préalable; que ne justifiant point de cette autorisation, et avouant ne l'avoir pas même demandée, il se trouvait en contravention au décret susdaté.

En conséquence, nous avons dressé contre ledit sieur....., le présent procès-verbal, qui sera remis, conformément au décret du 12 novembre 1809, à M. le sous-préfet de cet arrondissement, pour être par lui adressé à M. le préfet, qui en saisira le conseil de préfecture chargé de prononcer sur ladite contravention.

Fait et clos à....., les jour, mois et an que dessus.

(*Signature.*)

(1) Ce procès-verbal est dispensé de la formalité du visa pour timbre et de l'enregistrement en débet.

N° 99.

Arbres *épars sur les terrains communaux (Adjudication d')* (1).

CLAUSES ET CONDITIONS DE L'ADJUDICATION.

Art. 1er. L'adjudication des pieds de bois au nombre de....., abattus et gisants sur la lisière du terrain communal appelé le....., situé....., sera fait au plus offrant et dernier enchérisseur, à l'extinction d'un feu franc, devant M. le maire, assisté de deux membres du conseil municipal délégués à cet effet.

2. Le procès-verbal de l'adjudication sera soumis à l'approbation de M. le préfet, et ne sera valable qu'après cette approbation.

3. Le prix principal d'adjudication, le décime par franc de ce prix, ainsi que les frais d'affiches, de timbre et d'enregistrement causés par l'adjudication, seront payés par l'adjudicataire entre les mains du receveur municipal, dans le délai de dix jours, à dater de la réception de l'approbation de M. le préfet.

4. L'adjudicataire ne pourra se mettre en possession desdits pieds de bois, les façonner sur place ou en opérer l'enlèvement, qu'après le payement intégral du prix et des frais d'adjudication.

5. Il présentera, en séance d'adjudication, une caution bonne et solvable, qui s'engagera solidairement avec lui et signera au procès-verbal. Toutefois, il y aura dispense de caution si le bureau la juge inutile, ce qui serait mentionné au procès-verbal.

Fait à....., le..... mil huit cent.....

Le maire.

Vu et approuvé par nous, préfet de.....

PROCÈS-VERBAL D'ADJUDICATION.

L'an mil huit cent....., le....., à .... heures du....., par-devant nous, maire de la commune de....., assisté de MM....., membres du conseil municipal, et de M....., receveur municipal, il a été procédé, à la maison commune de....., à la vente par adjudication aux enchères de..... pieds de bois abattus sur le terrain communal de....., et tels qu'ils ont été désignés aux affiches que nous avons fait apposer dans la commune aux lieux accoutumés.

La séance ayant été déclarée ouverte, nous avons donné lecture des clauses et conditions de l'adjudication, après quoi nous avons invité les personnes venues pour enchérir à émettre leurs offres.

Le sieur A..... ayant offert desdits pieds de bois le prix de..... fr., il a été allumé un premier feu; le sieur B..... a fait une enchère de.....; enfin ledit sieur A..... a fait une surenchère de..... Un nouveau feu ayant été allumé et s'étant éteint sans autres enchères, ledit sieur A....., propriétaire, demeurant à....., a été rendu adjudicataire des pieds de bois dont il s'agit, pour la somme de....., à charge par lui de se conformer aux dispositions du cahier des charges approuvé par M. le préfet, le....., et qui est ci-annexé.

La solvabilité du sieur A..... étant bien connue, nous l'avons dispensé de fournir caution.

Et de tout ce que dessus, il a été dressé en séance le présent procès-verbal, que l'adjudicataire, ainsi que MM....., conseillers municipaux, et M....., receveur municipal, ont signé avec nous après lecture.

A....., les jour, mois et an susdits.

(Signatures.)

(1) Lorsque les objets sont de peu de valeur, ils peuvent être vendus sur simple estimation, mais seulement après y avoir été autorisé par le préfet. L'estimation et la vente sont alors constatées par un procès-verbal. Voy. MEUBLES, n° 996.

N° 100.

Armes *à feu* (*Procès-verbal pour usage imprudent d'*)

Aujourd'hui...... mil huit cent...... à...... heure d......, nous (*l'officier public*), instruit par la clameur publique que *tel* accident (*en désigner la nature, les circonstances; désigner aussi la personne ou l'animal qui en a été la victime* et *au moyen de quelles armes il a été causé*, etc.) venait d'arriver (*désigner l'endroit*), nous y sommes transporté aussitôt. Après avoir vérifié le fait et pris d'exactes informations, nous avons appris que le sieur..... présent, était l'auteur de cet accident. Nous avons interrogé ledit sieur..... qui nous a répondu : (*consigner ici la réponse*) et a ledit sieur..... signé.

Et attendu que ledit sieur...... est en contravention à l'article 30, titre 2 de la loi du 28 septembre-6 octobre 1791, et aux articles 453, 454 et 479, n° 3, du Code pénal (1), disons qu'il y a lieu à suivre devant le tribunal de simple police, et sera notre présent procès-verbal transmis à l'officier remplissant les fonctions du ministère public, pour y être donné telles suites qu'il appartiendra, le tout sans préjudice des indemnités légalement dues, suivant la gravité des blessures, et avons signé.

(*Si ce sont des personnes qui ont été blessées, le procès-verbal se terminera ainsi :*) Sur quoi et attendu que les blessures dont il s'agit sont la suite de l'imprudence ou de la négligence, ou du défaut de précaution du sieur....., délit prévu par l'article 320 du Code pénal, disons qu'il sera donné à notre présent procès-verbal telles suites qu'il appartiendra, par voie de police correctionnelle, et avons signé.

(*Signature.*)

N° 101.

Armes *de guerre fabriquées hors des manufactures impériales* (*Procès-verbal pour*) (2).

L'an mil huit cent..... le...... à..... heure du....., nous maire (adjoint *ou* commissaire de police), instruit que le sieur......, armurier en cette ville, rue....., n°......, fabriquait des armes de guerre, nous sommes transporté dans le domicile *ou* l'atelier dudit sieur (*l'armurier*), accompagné du sieur (*nom, grade et corps d'un officier ou sous-officier d'artillerie*), dont nous avons réclamé l'assistance. Après être entrés dans le domicile *ou* l'atelier dudit sieur

---

(1) « Seront punis d'une amende de 11 à 15 francs inclusivement....., n° 3, ceux qui auront occasionné la mort ou la blessure des animaux ou bestiaux appartenant à autrui, par l'emploi ou l'usage d'armes sans précaution ou avec maladresse, ou par jet de pierres ou d'autres corps durs. » (*Code pénal, art* 470, *n°* 3.)

(2) « Aucune arme ou pièce d'arme du calibre de guerre ne pourra, quelles que soient sa nature et sa destination, être fabriquée hors des manufactures royales d'armes, ou sans l'autorisation préalable du ministre de la guerre. » (*Décret du* 8 *vendémiaire an* XIV, *art.* 1er.)

« Il est expressément enjoint aux commissaires de police, maires, sous-préfets et préfets, d'exercer une surveillance active sur les fabriques et ateliers d'armes qui se trouvent dans leur arrondissement. » (*Id., art.* 2.)

« Toutes armes ou pièces d'armes, fabriquées en contravention au présent décret, seront confisquées, et le contrevenant sera arrêté et traduit s'il y a lieu devant les tribunaux, pour être puni suivant les lois de police correctionnelle. » (*Id., art.* 4.)

« La fabrication des armes des calibres et des modèles de guerre hors les manufactures royales est expressément défendue, à moins d'une autorisation spéciale délivrée par notre ministre secrétaire d'Etat de la guerre. » (*Ordonnance du roi du* 24 *juillet* 1816, *art.* 9.)

« Les dispositions qui viennent d'être rappelées concernant les armes de guerre, s'appliquent aussi aux pièces d'armes de guerre..... » (*Id., art.* 16.)

« Il est néanmoins permis aux armuriers qui sont désignés par les maires, de faire les réparations qu'exigeront les armes des gardes nationales. » (*Id., art.* 17.)

(*l'armurier*) et y avoir fait d'exactes perquisitions, nous avons trouvé (*désigner l'endroit et la nature des armes*) que le sieur (*l'officier ou sous-officier*) a reconnues être du calibre ou modèle de guerre, savoir (*consigner ici tous les détails possibles sur les armes trouvées*).

Nous avons aussitôt interpellé le sieur (*l'armurier*) de nous déclarer l'origine et la destination des armes ci-dessus désignées, et de nous représenter l'autorisation du ministre de la guerre dont il doit être pourvu, aux termes de l'article 1er du décret du 18 vendémiaire an XIV, et de l'article 9 de l'ordonnance du roi du 24 juillet 1816, *ou* l'autorisation du maire pour réparer les armes des gardes nationales, aux termes de l'article 17 de la même ordonnance. Ledit sieur (*l'armurier*) nous a dit (*consigner ici la déclaration*). Après lecture faite, ledit sieur (*l'armurier*) a affirmé sa déclaration sincère et véritable et a signé avec nous. Sur quoi, nous (*l'officier public*), attendu que ledit sieur (*l'armurier*), n'ayant pu nous représenter ni l'autorisation du ministre de la guerre ni celle du maire, est en contravention aux décret et ordonnance précités, avons réuni et placé lesdites armes dans (*désigner le meuble ou l'endroit*), sur la porte duquel nous avons fait l'apposition, en cire rouge, de nos scellés, dont nous avons constitué le sieur..... gardien volontaire, ce qu'il a accepté, à la charge par lui de nous représenter sains et entiers nosdits scellés, lorsqu'il en sera également requis; et avons annexé au présent procès-verbal la clef dudit (*le meuble ou l'endroit*).

De tout ce que dessus nous avons rédigé le présent procès-verbal, lequel sera transmis, sans délai, à M. le procureur impérial, pour y être donné telles suites qu'il appartiendra; et a ledit sieur (*l'officier* ou *sous-officier*), nous assistant, signé avec nous, après lecture faite.

L'officier ou sous-officier. *L'officier public.*

N° 102.

Armes *et équipements militaires achetés ou vendus* (1) (*Procès-verbal pour*).

L'an mil huit cent....., le..... à..... heure d......, nous, maire (adjoint *ou* commissaire de police) de la commune d....., faisant notre tournée ordinaire, avons aperçu dans la boutique du sieur..... (*nom, prénoms, profession et demeure*) des (*désignation de l'espèce d'armes ou d'équipement*) de hasard qu'il avait mis en vente.

Nous avons interpellé ledit sieur....., de nous déclarer d'où provenaient ces objets, à quelle époque, de qui et à quel prix il les avait achetés, et (*s'il y a lieu*) s'ils sont inscrits sur son livre de police. Ledit sieur nous a répondu (*consigner ici la réponse*). Et, après lecture faite, il a affirmé sa déclaration sincère et véritable, et a signé avec nous.

Sur quoi, nous (*l'officier public*), attendu que ledit sieur..... est en contravention à l'article 5 de la loi du 28 mars 1793, et à l'article 7 de l'ordonnance du 24 juillet 1816, avons saisi lesdites armes ou équipements susdésignés, et après les avoir liés ensemble et y avoir mis une étiquette signée de nous et du sieur....., nous les avons fait transporter au greffe du tribunal par (*désigner l'individu*) pour ce requis par nous et auquel il a été payé la somme de....

---

(1) « Il est défendu à tout soldat de vendre ses armes ou son équipement, et à toutes personnes de les acheter. Les armes et équipements achetés en contravention à la loi, seront confisqués et portés aux arsenaux ou autres dépôts d'armes pour être distribués aux troupes de la république. Le vendeur sera renvoyé à la police correctionnelle, pour être puni de la peine d'emprisonnement aux termes du Code de la police; les acheteurs, entremetteurs et complices desdits achats seront pareillement renvoyés pour être punis par une amende qui ne pourra excéder 3,000 livres, outre la peine d'emprisonnement, aux termes du Code de la police. » (*Loi du 28 mars 1793, art. 5.*)

« Tout individu qui achètera ou mettra en gage les armes d'un soldat, sera traduit devant les tribunaux de police correctionnelle, et puni d'une amende qui sera de 300 fr. au plus, et d'un emprisonnement qui ne pourra être de plus de six mois; les dispositions du Code pénal militaire restant applicables aux soldats qui vendraient leurs armes, et les mettraient en gage. » (*Ordonnance du roi du 24 juillet 1816, art. 7.*)

Nous avons aussi (*s'il y a lieu*) fait conduire ledit sieur....., sous bonne et sûre garde, à la maison d'arrêt, pour y être déposé et retenu à la chambre de dépôt, sous la main de la justice, en état de mandat d'amener, conformément à l'article 45 du Code d'instruction criminelle (1).

(*Signature.*)

N° 103.

Armes *prohibées* (2). — *Procès-verbal de perquisition.*

L'an mil huit cent......, le......, nous, maire (adjoint *ou* commissaire de police) de la ville d...... faisant notre tournée pour surveiller, conformément à la loi, les armuriers, fourbisseurs, couteliers et marchands d'armes et de cannes, et pour rechercher les armes prohibées par la déclaration du roi du 23 mars 1728, remise en vigueur par le décret du 2 nivôse an XIV, sommes entré chez le sieur (*nom, prénoms, profession*), où, après avoir examiné les armes qui étaient dans ses boutique, magasin et ateliers, nous avons trouvé (*désigner en détail toutes les armes prohibées qu'on a trouvées*), lesquelles armes, en exécution de l'article 314 du Code pénal (3), nous avons séquestrées, après les avoir liées ensemble et y avoir mis une étiquette signée de nous et du sieur.... Ledit sieur..... nous a dit (*rapporter le dire du prévenu*) et a signé avec nous, après lecture faite.

Et aussitôt nous avons fait transporter lesdites armes au greffe du tribunal par (*désigner l'individu*) pour ce requis par nous et auquel il a été payé la somme de......, et nous avons clos le présent procès-verbal, qui sera transmis à M. le procureur impérial, pour y être donné telles suites qu'il appartiendra par voie de police correctionnelle.

(*Signature.*)

N° 104.

Armes *prohibées* (*Procès-verbal contre un individu trouvé porteur d'*).

Aujourd'hui...... mil huit cent...... nous......, maire (adjoint *ou* commissaire de police) de la commune d....... ayant été prévenu par le sieur......., aubergiste, demeurant en ladite commune, qu'un individu armé d'un poignard et en état d'ivresse menaçait et mettait en danger les personnes qui se trouvaient dans son établissement, nous y sommes rendu sur-le-champ, accompagné des sieurs......, gendarmes en résidence dans la commune. A notre arrivée, nous avons remarqué que l'inculpé cachait son poignard et cherchait à prendre la fuite. L'ayant fait arrêter, nous avons saisi sur lui l'arme qu'il tenait à la main un instant auparavant et nous avons procédé à son interrogatoire. Il nous a déclaré

(1) Si le prévenu est un fripier, et si les objets qu'il a achetés et que l'on a trouvés dans sa boutique ne sont pas inscrits sur son livre de police, on ajoutera, avant de signer :

« Attendu aussi que ledit sieur..... n'a pas inscrit lesdits objets sur son livre de police, disons qu'il y a lieu pour ce fait à des poursuites contre lui, par voie de simple police *ou* de police correctionnelle, et avons signé. »

(2) La déclaration du roi du 23 mars 1728, remise en vigueur par le décret du 2 nivôse an XIV, et par l'article 314 du Code pénal, prescrit aux autorités locales de veiller à ce qu'aucuns armuriers, fourbisseurs, couteliers, marchands de cannes, ne fabriquent ou vendent des pistolets de poche, des poignards, des couteaux en forme de poignards, des cannes à épée, des bâtons ferrés, des stylets, des tromblons et autres armes prohibées : dans le cas de contravention, les autorités doivent saisir les armes, dresser procès-verbal, et envoyer le tout au procureur du roi, pour faire prononcer contre les contrevenants les peines prononcées par les lois.

(3) Tout individu qui aura fabriqué, débité ou distribué des armes prohibées sera puni d'un emprisonnement d'un mois à un an et d'une amende de 16 à 500 francs. (*Loi du 24 mai 1834, art. 1er.*)

se nommer....., exercer la profession d....., et demeurer à..... Il a ajouté qu'il portait pour sa sûreté l'arme qui venait d'être saisie sur sa personne et que, s'il en avait menacé un instant les personnes présentes, c'était seulement pour les effrayer et par forme de plaisanterie.

Ces excuses n'étant point admissibles, nous avons fait observer au prévenu qu'il s'était mis, par les faits ci-dessus rapportés, en contravention à l'article 314 du Code pénal et à l'article 1er de la loi du 24 mai 1834 (1). Et attendu qu'il s'est rendu passible de peines correctionnelles, nous l'avons fait conduire, par les gendarmes susdénommés, à la maison d'arrêt de l'arrondissement, pour y être retenu en état de mandat d'amener, conformément à l'article 45 du Code d'instruction criminelle.

De tout ce que dessus, nous avons rédigé le présent procès-verbal, qui sera transmis par nous immédiatement à M. le procureur impérial, avec l'arme saisie sur le prévenu.

(Signature.)

N° 105.

ARMURIERS *et fabricants d'armes* (*Registre à tenir par les*) (2).

Le présent registre, contenant...... feuillets, a été coté et parafé sur chaque feuillet par nous, maire soussigné, pour servir à l'inscription des armes fabriquées, achetées et vendues par le sieur......, armurier en cette ville.

A......, le...... 18...

Le maire.

Nos d'ordre.	DATE.	DÉSIGNATION de l'espèce et de la quantité d'armes fabriquées, achetées ou vendues, avec les noms et domiciles des vendeurs et acquéreurs.

N° 106.

ARRESTATION *en cas de flagrant délit et de clameur publique* (*Procès-verbal d'*) (3).

Aujourd'hui..... mil huit cent....., à..... heure d....., nous (*l'officier*

(1) « Celui qui sera porteur d'armes prohibées par la loi ou par des règlements d'administration publique sera puni d'un emprisonnement de six jours à six mois, et d'une amende de 16 à 200 francs. » (*Loi du 24 mai 1834, art. 1er.*)

(2) Tout armurier ou fabricant d'armes doit tenir un registre parafé par le maire, sur lequel sont inscrites l'espèce et la quantité d'armes qu'il fabrique ou achète, ainsi que l'espèce et la quantité de celles qu'il vend, avec les noms et domiciles des vendeurs et acquéreurs.

Les maires ou les commissaires de police arrêtent ces registres tous les mois.

(3) « Le délit qui se commet actuellement, ou qui vient de se commettre, est un flagrant délit. — Seront aussi réputés flagrant délit, le cas où le prévenu est poursuivi par la clameur publique, et celui où le prévenu est trouvé saisi d'effets, armes, instruments ou papiers faisant présumer qu'il est auteur ou complice, pourvu que ce soit dans un temps voisin du délit. » (*Code d'instruct. crimin, art. 41.*)

de police) (1), avons aperçu, en passant (*désigner le lieu*), un individu poursuivi par plusieurs autres qui criaient *au secours! au voleur!* Nous nous sommes aussitôt mis en devoir de le saisir, en exécution des lois qui ordonnent l'arrestation immédiate de toute personne surprise en flagrant délit; ce à quoi étant parvenu (2), nous avons aussitôt conduit ledit individu, accompagné des personnes qui le poursuivaient, en notre bureau, sis....., où étant, nous nous sommes enquis sommairement des motifs qui avaient donné lieu à la clameur publique. Lesdites personnes nous ayant dit..... (*indiquer en peu de mots le fait de prévention ou le délit imputé au délinquant*), nous avons aussitôt fouillé le délinquant, et nous avons trouvé sur lui les objets suivants (*énumérer les effets, papiers ou armes trouvés sur la personne du délinquant*).

Procédant ensuite à l'interrogatoire du prévenu, nous lui avons demandé ses nom, prénoms, âge, profession, domicile, etc. (*interroger le prévenu sur les faits à sa charge, sur les circonstances du délit ou du crime, et consigner exactement ses réponses*); et ledit..... ayant été requis par nous de signer, nous a déclaré ne le savoir *ou* ne le vouloir.

Passant ensuite à l'interrogatoire des témoins présents, nous avons interpellé l'un d'eux de nous dire ses nom, prénoms, âge, profession et domicile; il nous a répondu, etc. (*faire les questions et consigner les réponses, article par article*); c'est tout ce que ledit sieur..... nous a déclaré savoir; et, après lecture faite, il a persisté dans sa déclaration, et a signé avec nous. (*Si le témoin ne sait signer, en faire mention.*)

(*On procédera de même à l'audition des autres témoins.*)

De tout ce que dessus nous avons dressé le présent procès-verbal, qui sera transmis, avec les objets trouvés sur le prévenu, à M. le procureur impérial, pour y être donné telles suites qu'il appartiendra (3), et attendu le cas de flagrant délit, nous avons, en exécution de l'article 16 du Code d'instruction criminelle, fait conduire, sous bonne et sûre garde, ledit..... prévenu devant M. le juge de paix du canton d....., demeurant à....., pour être par lui procédé contre ledit....., conformément à la loi.

Fait et clos à....., ce....., à..... heure d.....

(*Signature.*)

N° 107.

Arrestation *en vertu de signalement* (*Procès-verbal d'*).

Aujourd'hui..... mil huit cent....., nous....., maire (adjoint *ou* commissaire de police) de la commune d....., étant en tournée de surveillance sur le marché de la commune, avons aperçu un individu que nous avons cru reconnaître pour le nommé..... dont le signalement a été transmis à la mairie par M. le procureur impérial de l'arrondissement. Nous étant approché de lui, nous

(1) « Dans le cas de flagrant délit, ou dans le cas de réquisition de la part d'un chef de maison, *les juges de paix, les officiers de gendarmerie, les commissaires généraux de police, les maires, adjoints de maire et les commissaires de police* dressent les procès-verbaux, reçoivent les déclarations des témoins, font les visites et les autres actes qui sont, auxdits cas, de la compétence des procureurs impér. (*Code d'instruct. crim., art. 49 et 50.*) Les gardes champêtres et gardes forestiers conduisent les prévenus devant le juge de paix ou devant le maire, lorsque le délit emporte la peine d'emprisonnement ou une peine plus grave. » (*Id., art. 16.*)

(2) Si l'arrestation a été faite par des personnes qui se soient mises à la poursuite du prévenu, le procès-verbal en fait mention, ainsi que de la remise faite du prévenu, des mains des personnes qui l'ont arrêté, en celles de l'officier public.

Si, par suite de la résistance du délinquant, l'officier de police a été forcé de requérir la force publique, droit que lui confère l'article 25 du Code d'instruction criminelle, il en sera fait mention au procès-verbal.

(3) Si l'arrestation a eu lieu dans une ville où siége un tribunal de première instance, on terminera ainsi :

« Et attendu le cas de flagrant délit, nous avons à l'instant conduit (ou fait conduire sous bonne et sûre garde) ledit..... prévenu, à la maison d'arrêt de.. .., pour y être écroué, et y rester à la disposition de M. le procureur impérial. »

l'avons sommé de nous exhiber son passe-port ; il nous a répondu l'avoir perdu ; lui ayant demandé ses nom, prénoms, profession et domicile, il nous a dit se nommer....., et demeurer à..... Nous l'avons invité à nous suivre en la mairie, où, confrontation faite de sa personne avec le signalement transmis par M. le procureur impérial, nous sommes demeuré convaincu que cet individu était le nommé....., dont l'arrestation a été requise et ordonnée en vertu d'un mandat d'amener décerné contre lui par M. le juge d'instruction de l'arrondissement d..... Alors, et en exécution de l'article 100 du Code d'instruction criminelle, nous l'avons remis aux mains des sieurs....., gendarmes, requis par nous pour le conduire devant M. le procureur impérial, qui décernera s'il y a lieu, contre lui, un mandat de dépôt en la maison d'arrêt de l'arrondissement.

De ce que dessus avons rédigé le présent procès-verbal, qui sera remis à M. le procureur impérial par les gendarmes chargés de la conduite du prévenu.

Fait et clos à....., les jour, mois et an que dessus.

(Signalement du prévenu.) *(Signature.)*

N° 108.

ARRESTATION *faite sans résistance, en vertu d'un mandat d'arrêt ou d'une ordonnance de prise de corps* (*Procès-verbal d'*).

Aujourd'hui..... mil huit cent....., à..... heure d....., nous (*l'officier de police*), en vertu du mandat d'arrêt délivré par M....., signé de lui et scellé, nous sommes transporté au domicile (1) du sieur....., demeurant à..... ; et, parlant à sa personne, nous lui avons notifié le mandat d'arrêt dont nous étions porteur, et dont nous lui avons délivré copie, conformément à l'article 97 du Code d'instruction criminelle (2), lui déclarant que, dès ce moment, il était constitué en état d'arrestation, et qu'il eût à nous suivre à la maison d'arrêt d..... Ledit sieur nous ayant répondu qu'il était prêt à obéir, nous l'avons aussitôt conduit en ladite maison d'arrêt, où il a été écroué dans les formes voulues par la loi. Nous avons retiré du concierge de la maison d'arrêt une reconnaissance de la remise que nous lui avons faite de la personne dudit sieur....., et l'avons annexée au présent procès-verbal, pour le tout être transmis à M. le procureur impérial *ou* à M. le juge d'instruction près le tribunal civil de l'arrondissement.

Fait à....., les jour, mois et an susdits.

(Signature.)

N° 109.

ARRESTATION, *faite après refus d'obéir, en vertu d'un mandat d'arrêt, ou d'une ordonnance de prise de corps* (*Procès-verbal d'*).

Aujourd'hui..... mil huit cent....., à....., heure d....., nous (*l'officier public*), en vertu d'un mandat d'arrêt délivré par M....., signé de lui et scellé, nous sommes transporté au domicile du sieur......, demeurant à......, et parlant à sa personne, nous lui avons notifié le mandat d'arrêt dont nous étions porteur, et dont nous lui avons délivré copie, conformément à l'article 97 du Code d'instruction criminelle, lui déclarant que, dès ce moment, il était constitué en état d'arrestation, et qu'il eût à nous suivre à la maison d'arrêt d..... Ledit sieur..... ayant refusé d'obéir au mandat, nous lui avons représenté que sa résistance était inutile; que, de plus, elle était une infraction aux lois ; qu'elle ne pouvait le dispenser d'obéir au mandement de la justice, et qu'elle nous obli-

(1) Si l'individu se trouve dans un domicile autre que le sien, l'officier public doit, pour y pénétrer, requérir l'assistance du juge de paix et en faire mention au procès-verbal.

(2) « Les mandats de comparution, d'amener et de dépôt ou d'arrêt, seront notifiés par un huissier ou par un agent de la force publique, lequel en fera l'exhibition au prévenu, et lui en délivrera copie..... » (*Code d'instruct. crim., art.* 97.)

geait à user des moyens de force que la loi autorise à employer en pareil cas. Ledit sieur..... a, malgré nos représentations, persisté dans son refus d'obéir; en conséquence, nous l'avons saisi et appréhendé au corps, étant assisté d....., gendarmes de la brigade d....., à la résidence d..... *ou* d'un piquet du..... régiment d....., en garnison à....., dont nous avons requis l'assistance, en exécution de l'article 25 du Code d'instruction criminelle (1), pour que force demeure à la justice. Nous avons aussitôt conduit ledit sieur..... en ladite maison d'arrêt, où il a été écroué dans les formes voulues par la loi. Nous avons retiré du concierge de la maison d'arrêt une reconnaissance de la remise que nous lui avons faite de la personne dudit sieur....., et l'avons annexée au présent procès-verbal, pour le tout être transmis à M. le procureur impérial, *ou* à M. le juge d'instruction.

Fait à....., les jour, mois et an susdits.

(Signature.)

No 110.

Arrestation *suivie de détention illégale dans une maison de justice ou d'arrêt (Procès-verbal pour)* (2).

Aujourd'hui..... mil huit cent....., à..... heure d..... nous (*l'officier public*), sur la plainte par écrit qui nous a été adressée par le sieur....., nous sommes transporté à la maison d'arrêt de cette ville, où nous avons requis le sieur....., concierge de ladite maison d'arrêt, de nous représenter ledit sieur....., qui nous a confirmé verbalement la plainte qu'il nous avait adressée par écrit; aussitôt nous nous sommes fait représenter le livre d'écrou. N'ayant trouvé sur ledit livre d'écrou aucun motif légal de détention à l'égard dudit sieur....., nous l'avons sur-le-champ fait mettre en liberté, conformément à l'article 587 du Code du 3 brumaire an IV, et avons dressé le présent procès-verbal pour être transmis à M. le procureur impérial et y être donné telles suites qu'il appartiendra (3).

(Signature.)

No 111.

Arrêté *de police en général et sur toutes matières.*

Le maire de la commune d..... (*si le maire est membre de la Légion d'honneur, l'indiquer*),

Vu, 1° les dispositions de la loi du 18 juillet 1837, articles 9, 10 et 11 (4);

---

(1) « Les procureurs impér. et tous autres officiers de police judiciaire auront, dans l'exercice de leurs fonctions, le droit de requérir directement la force publique. » (*Code d'instr. crimin. art.* 25.)

(2) L'article 587 du Code du 3 brumaire an IV dispose que l'arrestation est illégale par le défaut de pouvoir de celui qui l'a ordonnée, ou par le défaut d'écrou transcrit sur le registre du geôlier: le maire du lieu où est détenue la personne arrêtée doit constater le fait par un procès-verbal, et faire mettre cette personne en liberté.

(3) Si l'acte d'écrou n'a pas été transcrit régulièrement sur le registre à ce destiné, on terminera ainsi:

« N'ayant point vu sur ledit registre d'écrou d'acte en forme concernant ledit sieur....., nous l'avons aussitôt fait mettre en liberté, conformément à l'article 597 du Code du 3 brumaire an IV, et avons en outre déclaré audit sieur......, concierge, qu'il était en contravention à la loi, et avons dressé le présent procès-verbal pour être transmis à M. le procureur impérial, et y être donné telles suites qu'il appartiendra. »

(4) Le maire prend des arrêtés à l'effet, 1° d'ordonner les mesures locales sur les objets confiés par les lois à sa vigilance et à son autorité; 2° de publier de nouveau les lois et règlements de police et de rappeler les citoyens à leur observation. Les arrêtés pris par le maire sont immédiatement adressés au sous-préfet. Le préfet peut les

2° Celles de la loi du 16-24 août 1790 sur l'organisation judiciaire (1); de la loi du 19-22 juillet 1791, sur l'organisation de la police municipale; de la loi du 28 septembre-6 octobre 1791 sur la police rurale; enfin, celles du livre IV du Code pénal, concernant les contraventions de police et les peines;

Considérant qu'il est urgent de remédier à..... (*tels abus*)*; ou* de réprimer et de punir..... (*tels délits*)*; ou* de prévenir..... (*tels dangers, accidents ou fléaux calamiteux*),

Arrête :

Art. 1er. Il est fait défense..... *ou* il est enjoint..... *ou* les habitants de la commune sont tenus..... (*bien préciser l'objet de la défense ou de la prescription, fixer le délai dans lequel l'arrêté devra être exécuté, ou dire qu'il sera exécuté à dater de sa publication*)..............................

Art..... et dernier. Les contraventions au présent règlement seront constatées par des procès-verbaux et poursuivies conformément aux lois (2).

Fait à la mairie d....., le..... 18.....

Le maire.

---

annuler ou en suspendre l'exécution. — Ceux de ces arrêtés qui portent *règlement permanent* ne seront exécutoires qu'un mois après la remise de l'ampliation, constatée par les récépissés donnés par le sous-préfet.» (*Loi du 18 juillet 1837, art. 11.*)

On entend par règlement *permanent* celui qui est fait pour durer un temps indéfini. Tels sont les règlements sur la police des cabarets; ceux qui intéressent la commodité et la sûreté du passage sur la voie publique; ceux faits pour le maintien de l'ordre et de la tranquillité publique, etc., etc. Ne peut être considéré comme un règlement permanent l'arrêté qui interdirait temporairement le passage d'une rue, dans laquelle on ferait une construction ou une réparation; celui qui ordonnerait de tenir les chiens renfermés dans un cas d'hydrophobie, etc. : des arrêtés de cette nature peuvent recevoir immédiatement leur exécution; cependant comme ils sont, ainsi que les arrêtés portant règlement permanent, susceptibles de suspension ou d'annulation, ils doivent, de même que ceux-ci, être adressés au sous-préfet, ainsi que le veut la circulaire ministérielle du 1er juillet 1840, n° 31, laquelle dit (Voy. *Bulletin de l'intérieur* 1840, p. 92): « *Tous les arrêtés* que prennent les maires, sur quelque objet qu'ils portent et *quelque* « *peu d'importance* qu'ils aient, seront soumis à ce contrôle (le contrôle des préfets). Tous « doivent être adressés au préfet, *et le maire qui négligerait de remplir cette obligation,* « *contreviendrait à une injonction formelle de la loi.* »

(1) « Les objets de police confiés à la vigilance et à l'autorité des corps municipaux sont :

« 1° Tout ce qui intéresse la sûreté et la commodité du passage dans les rues, quais, places et voies publiques; ce qui comprend le nettoiement, l'illumination, l'enlèvement des encombrements, la démolition ou la réparation des bâtiments menaçant ruine, l'interdiction de rien exposer aux fenêtres ou autres parties des bâtiments qui puisse nuire par la chute, et celle de rien jeter qui puisse blesser ou endommager les passants, ou causer des exhalaisons nuisibles;

« 2° Le soin de réprimer et de punir les délits contre la tranquillité publique, tels que les rixes et disputes accompagnées d'ameutements dans les rues, le tumulte excité dans les lieux d'assemblée publique, les bruits et attroupements nocturnes qui troublent le repos des citoyens;

« 3° Le maintien du bon ordre dans les endroits où il se fait de grands rassemblements d'hommes, tels que les foires, marchés, réjouissances et cérémonies publiques, spectacles, jeux, cafés, églises et autres lieux publics;

« 4° L'inspection sur la fidélité du débit des denrées qui se vendent au poids, à l'aune ou à la mesure, et sur la salubrité des comestibles exposés en vente publique;

« 5° Le soin de prévenir par des précautions convenables, et celui de faire cesser par la distribution de secours nécessaires, les accidents et fléaux calamiteux, tels que les incendies, les épidémies, les épizooties, en provoquant aussi, dans les deux derniers cas, l'autorité des *administrations de département et de district* (d'arrondissement);

« 6° Le soin d'obvier ou remédier aux événements fâcheux qui pourraient être occasionnés par les insensés ou les furieux laissés en liberté, et par la divagation des animaux malfaisants ou féroces. » (*Loi du 16-24 août 1790, titre II, art. 3.*)

(2) « Les commissaires de police, et, dans les communes où il n'y en a point, les maires, au défaut de ceux-ci, les adjoints de maire, rechercheront les contraventions de police....

« Ils recevront les rapports, dénonciations et plaintes qui seront relatifs aux contraventions de police.

« Ils consigneront dans les procès-verbaux qu'ils rédigeront à cet effet la nature et les circonstances des contraventions, le temps et le lieu où elles auront été commises, les

N° 112.

Arrêté *administratif. — Ordre de notification.*

L'arrêté dont expédition est ci-dessus, sera notifié à la partie par le commissaire de police ou le garde champêtre qui rapportera procès-verbal de la notification.

A. ... ce..... 18...

Le maire.

N° 113.

Arrêté *administratif (Procès-verbal de notification d'un).*

Aujourd'hui..... mil huit cent..... à..... heure d....., nous..... garde champêtre de la commune d..... y demeurant, dûment assermenté, revêtu des marques distinctives de nos fonctions, nous sommes transporté, en vertu de l'ordre de M. le maire de ladite commune, ci-dessus transcrit, au domicile du sieur..... où étant et parlant à....., nous lui avons notifié l'arrêté de (*dire de quelle autorité émane l'arrêté*), en date du..... dont expédition est ci-dessus, et qui prescrit (*indication sommaire du dispositif de l'arrêté*).

En foi de quoi, nous avons dressé le présent-procès-verbal, duquel un double sera remis à M. le maire, pour être transmis à qui de droit, et avons signé avec ledit sieur..... (*si la personne à qui l'arrêté est notifié ne sait ou ne veut signer, en faire mention*).

(*Signature.*)

N° 114.

Arrêtés *du maire (Registre des).*

Département d..... Canton d.....
Arrondissement d..... Commune d.....

Le présent registre contenant..... feuillets a été coté et parafé par nous, préfet *ou* sous-préfet d.....

A..... le..... 18...

Le préfet d.....

Nos D'ORDRE.	ARRÊTÉS.

preuves ou indices à la charge de ceux qui en seront présumés coupables.» (*Code d'instr. crimin., art. 11.*)

« Les gardes champêtres et les gardes forestiers, considérés comme officiers de police judiciaire, sont chargés de rechercher, chacun dans le territoire pour lequel ils auront été assermentés, les délits et les contraventions de police qui auront porté atteinte aux propriétés rurales et forestières.

« Ils dresseront des procès-verbaux, à l'effet de constater la nature, les circonstances, le temps, le lieu des délits et des contraventions, ainsi que les preuves et les indices qu'ils auront pu en recueillir...

« Ils arrêteront, et conduiront devant le juge de paix ou devant le maire, tout individu qu'ils auront surpris en flagrant délit ou qui sera dénoncé par la clameur publique, lorsque ce délit emportera la peine d'emprisonnement ou une peine plus grave......» (*Code d'instruct. crim., art. 16.*)

N° 115.

Arrosement *de la voie publique (Arrêté du maire prescrivant l').*

Le maire de la ville ou commune de.....
Vu les lois des 16-24 août 1790, titre II, art 3, § 1er; 18 juillet 1837, art. 11;
Considérant que l'autorité municipale est chargée de veiller à tout ce qui peut assurer la salubrité publique et la commodité du passage dans les rues, quais, places et autres voies publiques;
Et qu'il importe de prescrire aux habitants d'arroser la voie publique, au-devant de leurs maisons, pendant le temps des grandes chaleurs,

Arrête :

Art. 1er. A partir du mois de juin et jusqu'à la fin du mois d'août, chaque habitant fera arroser le devant de sa maison, de sa boutique ou de son magasin deux fois par jour, savoir : le matin à huit heures et l'après-midi à quatre heures.
Art. 2. Cet arrosement ne pourra être fait qu'avec de l'eau propre de source, de puits ou de fontaine.
3. Les contrevenants au présent arrêté seront passibles d'une amende de un à cinq francs inclusivement, conformément à l'article 471 du Code pénal.

Fait à..... le..... 18...

Le maire.

N° 116.

Arrosement *de la voie publique (Procès-verbal pour défaut d').*

L'an mil huit cent..... le..... à..... heure d.....
Devant nous, maire de la commune d......, s'est présenté le sieur..... chargé de la surveillance de la voirie dans ladite commune, lequel nous a déclaré que, passant dans la rue....., il a remarqué et constaté que la voie publique n'avait pas été arrosée devant la façade de la maison numéro..... dans la rue de.... appartenant à...., y demeurant (*ou* occupée par....., *ou bien* devant la boutique dusieur.....), quoique les habitants aient été avertis par la sonnette de police (*ou tout autre moyen en usage*) de la nécessité d'arroser la voie publique, attendu la grande chaleur.
Pour quoi nous avons dressé le présent procès-verbal contre le sieur....., comme prévenu d'une contravention de simple police; lequel sera, en conséquence, et conformément à l'article 138 du Code d'instruction criminelle, traduit à la requête du ministère public, au tribunal de police municipale pour, sur les conclusions du ministère public, être, par le tribunal, prononcé telle condamnation qu'il appartiendra, et a signé.

(Signature du déclarant.) *(Signature du maire.)*

N° 117.

Artifices. — *Arrêté de police concernant les feux d'artifice et la vente des pièces d'artifice.*

Nous, maire de la ville *ou* commune de.....
Considérant que de graves accidents sont résultés de la négligence apportée dans le tir ou la confection des pièces d'artifice, et qu'il importe d'en prévenir le retour;
Vu : 1° La loi des 16-24 août 1790;

2° Les arrêtés du 12 messidor an VIII (1er juillet 1800), et du 3 brumaire an IX (25 octobre 1800);

3° Les articles 319 et 320 du Code pénal;

4° La loi du 18 juillet 1837, article 11;

Ordonnons ce qui suit :

Art. 1er. Il est défendu de tirer des armes à feu, pétards, fusées et pièces d'artifice quelconques sur la voie publique, ou dans l'intérieur des maisons.

2. Les artificiers pourront seuls vendre et débiter des pièces quelconques d'artifice, même de la plus petite dimension.

3. Les artificiers seront tenus d'inscrire sur un registre à ce destiné, et qui sera coté et parafé par le commissaire de police, les nom, prénoms, qualité et demeure, dûment justifiés, de toute personne à laquelle ils vendront des pièces d'artifice.

4. Les contraventions au présent règlement seront constatées par des procès-verbaux, pour être poursuivies devant les tribunaux, conformément aux lois.

Fait à la mairie de..... le..... 18..

Le maire.

N° 118.

ARTIFICES. — *Procès-verbal constatant que des pièces d'artifice ont été vendues et tirées en contravention* (1).

Aujourd'hui.... mil huit cent...., nous, (l'officier public), nous trouvant dans la rue d......., y avons vu les sieurs....., ouvriers, demeurant chez le sieur....., qui tiraient des pétards, et faisaient partir des fusées dans ladite rue. Nous étant approché d'eux, nous les avons sommé de cesser de suite, et leur avons demandé pourquoi, au risque de mettre le feu dans les maisons voisines, ils se permettaient de tirer ainsi des pièces d'artifices; à quoi ils nous ont répondu que, voulant célébrer la fête de leur maître, ils avaient acheté chez le sieur..... marchand de..... rue d....., des fusées et des pétards, ignorant qu'il fut défendu d'en faire usage.

Attendu que le fait ci-dessus rapporté constitue de leur part contravention à l'arrêté de police du..... et à l'article 471, n° 2, du Code pénal, nous nous sommes saisis des pièces d'artifice qui se trouvaient entre leurs mains au nombre de..... et les avons prévenus que nous dresserions contre eux et contre le sieur ....., marchand, procès-verbal de contravention pour être porté au tribunal de simple police et recevoir telles suites qu'il appartiendra.

Fait et clos à....., les jours, mois et an que dessus.

(*Signature.*)

---

(1) « Seront punis d'amende depuis 1 franc jusqu'à 5 francs inclusivement, ceux qui auront violé la défense de tirer, en certains lieux, des pièces d'artifice. » (*Code pénal, art.* 471, *n°* 2.)

« Seront en outre confisquées les pièces d'artifice saisies dans le cas du n° 2 de l'article 471. » (*Code Pénal, art.* 472.)

« La peine d'emprisonnement, pendant trois jours au plus, contre toutes les personnes mentionnées en l'article 471, aura toujours lieu, en cas de récidive. » (*Code pénal, art.* 474.)

(1) « Seront punis d'amende depuis 1 franc jusqu'à 5 francs inclusivement, ceux qui auront contrevenu aux règlements légalement faits par l'autorité administrative, et ceux qui ne se seront pas conformés aux règlements ou arrêtés publiés par l'autorité municipale en vertu des lois. » (*Code pénal, art.* 471, *n°* 15.)

« Le père, et la mère après le décès du mari, sont responsables du dommage causé par leurs enfants mineurs habitant avec eux. » (*Code Nap., art.* 1,384.)

Le père, déclaré responsable d'une contravention de simple police imputée à ses enfants, ne peut être condamné qu'à des réparations civiles, c'est-à-dire au payement des frais et aux dommages-intérêts. (*Cass. du 4 septembre* 1823.)

N° 119.

Artifices. — ***Procès-verbal dressé contre une personne civilement responsable de la contravention commise par des enfants, en tirant des pièces d'artifice dans la rue*** (1).

Aujourd'hui..... mil huit cent..... à..... heures d....., nous, commissaire de police de la ville d....., passant rue d....., avons fait rencontre de deux jeunes gens de 15 ou 16 ans, qui tiraient des pétards dans ladite rue. Nous étant approché d'eux, nous les avons sommés de nous dire leurs noms, prénoms, âge, profession et domicile ; à quoi ils ont répondu se nommer, le premier, Charles, âgé de 15 ans, et le second, Ernest, âgé de 16 ans, l'un et l'autre fils du sieur....., propriétaire rue d....., n°..... Les ayant conduits chez ce dernier, ils ont été par lui reconnus pour être ses enfants. Nous l'avons invité à veiller a ce qu'ils ne se permettent plus de tirer dans les rues des pièces d'artifice, qui pourraient déterminer de graves dommages, soit aux propriétés, soit aux personnes. Et attendu que le fait ci-dessus rapporté constitue à l'égard desdits Charles et Ernest....., une contravention à l'arrêté de police du..... et à l'article 471, n° 15, du Code pénal, et que leur père est civilement responsable de leurs faits, nous leur avons déclaré que nous dresserions le présent procès-verbal, qui sera porté au tribunal de simple police pour recevoir telles suites qu'il appartiendra.

Fait et clos à..... les jour, mois et an que dessus.

(*Signature.*)

N° 120.

Asphyxié (*Procès-verbal concernant un*).

Aujourd'hui....., mil huit cent....., à..... heure d....., nous, maire de la commune d....., ayant été prévenu que le sieur....., demeurant à....., (*indiquer la rue et le numéro de la maison*) n'avait point paru depuis (*fixer le nombre*) jours.

Ou bien, prévenu que le sieur..... venait d'être trouvé *ou* était présumé asphyxié dans son domicile, sis à..... (*indiquer la rue et le numéro de la maison*), nous y sommes immédiatement rendu, accompagné de M....., docteur en médecine (*sa demeure*), requis par nous à cet effet, ainsi que la loi nous y autorise (1) ; arrivé audit domicile, nous avons frappé à la porte (2) ; personne ne nous ayant répondu, nous avons aussitôt envoyé chercher le sieur....., serrurier, demeurant rue....., n°....., lequel nous avons requis, aussitôt après son arrivée, de procéder de suite à l'ouverture de ladite porte ; ce qu'ayant fait immédiatement en présence des sieurs..... (*noms, prénoms et demeures des deux témoins*), tous deux témoins par nous requis, nous lui avons déclaré que, dans les vingt-quatre heures, il serait payé par qui de droit de son salaire qu'il a fixé à.....

Et aussitôt nous sommes entré, toujours accompagné de M....., docteur en médecine, des deux témoins ci-dessus nommés, dans le domicile du sieur...... Ayant pénétré dans une chambre éclairée par..... fenêtre, tournée du côté de..... (*orienter la ou les fenêtres*), nous avons trouvé ledit sieur....., étendu sur..... et ne donnant aucun signe de mouvement. (*Indiquer la position de l'asphyxié; quels sont ses vêtements; l'état de la chambre; de quelle manière les fenêtres ou autres jours sont fermés ou calfeutrés; s'il y a dans la chambre un four-*

(1) Voy. *Code d'instruction criminelle, art. 44 et Code pénal, art. 475, n° 12.*)
(2) Si la porte était ouverte et qu'il y eût quelqu'un dans l'appartement, il en serait fait mention au procès-verbal.

neau ou un poêle; s'il y a vestiges de braise ou de charbon récemment consumé, ce qu'il est facile de connaître par les cendres; quelle est la position du fourneau ou poêle; si la porte de la chambre était fermée en dedans et comment; et enfin toutes les circonstances de l'accident.)

Aussitôt ledit sieur (*le médecin*), après avoir prêté en nos mains le serment de faire son rapport et de donner son avis en son honneur et conscience, a examiné en détail toutes les parties du corps dudit sieur..... (*l'asphyxié*), et nous a assuré que sa mort était certaine, ainsi qu'il résulte des divers signes qui seront énoncés dans son rapport; il a ajouté que cette mort pouvait avoir pour cause principale (*indiquer cette cause*); que, d'ailleurs, le corps ne présente aucun indice de coups, contusions, violences ou voies de fait.

Ou bien, nous a dit que ledit individu donnait encore des signes de vie, et qu'il était urgent de lui administrer des secours, ce à quoi il a procédé au plus tôt suivant les règles de l'art (*indiquer sommairement ces secours*), mais le tout sans succès, l'individu étant mort pendant l'administration des secours; et il a ajouté que cette mort paraît avoir eu pour cause, etc.

Ou bien, que ledit individu donnant encore quelques signes de vie, il était urgent de lui administrer les secours nécessaires; ce à quoi il a aussitôt procédé: après (*indiquer le temps*) ledit sieur..... a effectivement donné des signes d'existence et a recouvré successivement la connaissance et la parole.

De tout ce que dessus M..... (*le médecin*) a dressé son rapport qu'il a affirmé sincère et véritable, lequel rapport sera annexé au présent procès-verbal pour servir et valoir ce que de droit, et a ledit sieur..... fixé ses honoraires, pour raison de son opération, à la somme d....., laquelle lui sera payée par qui de droit.

Si l'individu est mort, ou meurt pendant l'administration des secours, l'officier public l'énonce dans son procès-verbal, et il a soin de recueillir séparément les déclarations de trois ou quatre personnes qui auraient connu l'individu, et de constater, d'après ces déclarations, ce qui peut avoir donné lieu à l'événement; l'officier public dira aussi quel était l'état civil de l'individu, sa profession, ses habitudes, son caractère ainsi que ses facultés pécuniaires, il relatera toutes les circonstances qui peuvent se rattacher à l'événement. S'il y a eu suicide, il en rassemblera soigneusement toutes les preuves; il fera affirmer et signer chaque déclaration, après en avoir donné lecture; il réunira et joindra à son procès-verbal tous les écrits qui pourront avoir trait à l'événement, ou donner des éclaircissements à ce sujet; il fera un inventaire détaillé des papiers, notes et renseignements qu'il aurait pu trouver sur l'individu.

Si l'individu n'est point connu et qu'il soit rappelé à la vie, on dira: ledit individu ayant repris connaissance et ayant retrouvé assez de forces pour répondre aux questions qui lui seraient adressées, nous l'avons interrogé sur ses nom, prénoms, âge, lieu de naissance, profession et domicile; il nous a répondu (*dires de l'axphyxié*), et, de plus, qu'il rembourserait les frais que l'accident qu'il venait d'éprouver avait pu occasionner; *ou bien* que sa position ne lui permettait pas d'acquitter les frais. Le sieur..... a affirmé cette déclaration sincère et véritable, et a signé avec nous après lecture faite. (*Si l'asphyxié ne sait signer, on en fera mention.*)

Si l'individu est mort dans son domicile, sans parents autour de lui, et que son mobilier annonce de l'aisance, l'officier public continue ainsi:

A l'instant nous avons fait donner avis du décès à M. le juge de paix du canton d....., en l'invitant à se rendre près de nous, à l'effet de procéder conformément à la loi, et faire tous actes conservatoires.

Si le juge de paix arrive: M. le juge de paix étant arrivé, il a procédé aux opérations de son ministère.

Si le juge de paix est empêché et ne peut venir immédiatement: Et provisoirement, en attendant l'arrivée de M. le juge de paix, nous avons renfermé dans les meubles trouvés dans l'appartement tous les menus objets qui étaient en évidence. Nous avons ensuite fermé lesdits meubles à clef, que nous avons gardée en nos mains, pour être par nous remise à M. le juge de paix; nous avons aussi fait, comme suit, l'inventaire sommaire du surplus des objets mobiliers restés en évidence, et en avons rendu gardien provisoire le sieur....., qui s'en est chargé sous l'obligation de représenter le tout en même nature et quantité, lorsqu'il en sera requis

Si le défunt a laissé de l'argent, l'officier public peut prélever la somme

suffisante pour acquitter les frais dus au médecin et au serrurier, qui en donnent quittance; il fait mention de ce payement en son procès-verbal, après avoir préalablement constaté le montant de la somme trouvée, et ensuite celui des frais acquittés.

Si l'individu est indigent, le médecin renonce ordinairement au payement de ses vacations; les autres frais sont acquittés sur le fonds des dépenses imprévues ou sur celui des frais extraordinaires de la police. — On fait également la description des effets mobiliers existant, et l'officier public en constitue gardien volontaire une personne connue et solvable.

De tout ce que dessus avons rédigé le présent procès-verbal, que les personnes y dénommées ont signé après lecture. (*Si quelques unes de ces personnes ne savent signer, en faire mention.*)

Si l'individu est mort, l'officier public, après avoir constaté que la mort est accidentelle ou volontaire, sans que personne y ait contribué directement, prend, lorsque le juge de paix a terminé son information, les mesures nécessaires pour faire procéder à l'inscription de l'acte de décès sur les registres de l'état civil, et à l'inhumation.

N° 121.

Assassinat (*Procès-verbal de reconnaissance d'un*) (1).

L'an mil huit cent....., le..... à..... heure d....., nous maire (adjoint *ou* commissaire de police) de la commune d...., canton d....., département d...., averti par.... qu'il venait de se commettre un assassinat à (*désigner l'endroit*), par plusieurs individus, qui avaient été arrêtés sur-le-champ, désarmés et retenus par les citoyens, sur *telle* personne, nous y sommes transporté à l'instant, accompagné de..... *tant* de gendarmes en station à....., *ou* de *tant* de soldats pris à la caserne *ou* au poste de....., pour assurer l'ordre et la tranquillité de nos opérations, assisté aussi du sieur....., docteur en médecine *ou* en chirurgie, demeurant à......, que nous avons mandé exprès. Arrivé à *telle* maison, numéro....., dans *telle* rue, monté à *tel* étage *ou* entré en *telle* pièce, au rez-de-chaussée, nous avons vu un cadavre gisant *ou* à terre *ou* sur son lit, qu'on nous a dit être celui du sieur..... Nous avons d'abord fait poser des gardes aux portes, et défendu que personne sortît de la maison avant la clôture de notre procès-verbal.

Nous avons appelé deux voisins pour être présents à nos opérations. Le sieur (*nom, prénoms, profession et demeure*), et le sieur (*nom, prénoms, profession et demeure*), ont consenti à se rendre à notre demande.

Nous avons examiné l'état du cadavre et vu les coups dont il avait été frappé; ils sont au nombre d....., portés à *tel* et *tel* endroit du corps. Le sieur....., docteur en médecine, *ou* en chirurgie, après avoir prêté en nos mains le serment de faire son rapport et de donner son avis en son honneur et conscience, nous a déclaré que les coups avaient été frappés avec *telle* arme, et qu'étant dans *telle* direction, ils ne pouvaient l'avoir été que par une main étrangère; que conséquemment il y avait meurtre *ou* assassinat.

Ayant fait remettre les individus prévenus de l'assassinat entre les mains des gendarmes (*ou* des soldats), nous les avons interrogés individuellement sur leurs noms, prénoms, professions et domiciles, et sur les diverses circonstances du crime. Ils nous ont répondu : le premier, se nommer..... (*Ecrire les réponses faites par chacun des prévenus.*)

De suite, le sieur....., fils du défunt, nous a dit et déclaré qu'outre le meurtre commis sur son père, les coupables ont ajouté à ce crime celui de vol avec effraction des coffres, commodes, armoires, etc., et il nous a requis de le con-

---

(1) Les maires, les adjoints de maire, les commissaires de police, instruits qu'il a été commis un assassinat, doivent, en leur qualité d'officiers de police judiciaire, se transporter dans la maison ou sur le lieu où se trouve le cadavre, assistés de la force publique et d'un docteur en médecine ou en chirurgie, en exécution des articles 43 et 44 du Code d'instruction criminelle.

stater. D'après cette réquisition, nous avons examiné les différents coffres, armoires, commodes, etc., et avons vu qu'à *telle* armoire, située à *tel* endroit, les portes en avaient été forcées, que *telle* partie en avait été brisée, que l'effraction paraissait avoir été faite avec *tel* instrument. (*Décrire tout ce qui peut faire connaître les diverses circonstances du crime.*)

Nous avons reçu après cela les déclarations des différentes personnes qui ont arrêté les prévenus, ou ont pu avoir connaissance des diverses circonstances du crime.

1° Le sieur (*nom, prénoms, profession et demeure*), nous a dit et déclaré....

2° Le sieur, etc.....

Tous les témoins nous ayant fait leurs déclarations telles qu'elles viennent d'être consignées, l'assassinat du sieur..... ayant été constaté ainsi que la loi l'exige, et rien ne s'opposant à ce que le cadavre fût inhumé, nous avons autorisé son inhumation par un acte particulier, que nous avons remis au sieur......, fils du défunt, sous réserve néanmoins que le corps serait placé dans un endroit distinct et séparé dans le cimetière, de manière à être retrouvé facilement, si, par quelque circonstance, l'exhumation était ordonnée par la justice.

Notre opération étant terminée, nous avons levé la défense que nous avions intimée aux gardes de laisser sortir qui que ce fût jusqu'après la clôture de notre procès-verbal; nous avons ordonné que les prévenus seraient conduits par *tant* de gendarmes, avec toutes les précautions nécessaires, à M. le procureur impérial, à qui notre procès-verbal serait porté par lesdits gendarmes.

De tout ce que dessus nous avons fait et rédigé le présent, que le sieur....., fils du défunt..... le sieur..... médecin, et les sieurs......, voisins par nous appelés, ont signé avec nous, après lecture faite, les jours, mois et an susdits. (*Si quelques-uns ne savaient ou ne pouvaient signer, en faire mention.*)

Le maire, l'adjoint ou le commissaire de police adresse, pendant l'opération, un avis au procureur impérial, afin que ce magistrat vienne continuer la procédure s'il le juge nécessaire.

Si l'assassinat n'avait pas été suivi de vol, on pourrait se servir de la présente formule en omettant le cinquième alinéa commençant par les mots : De suite, *et finissant par ceux-ci :* du crime.

N° 122.

ASSOCIATION *autorisée. — Permission donnée par le maire pour sa réunion.*

Nous, maire de la ville (*ou* commune) d.....

Vu l'arrêté de M. le préfet du département d....., en date du...., à nous transmis le....., qui autorise la réunion du cercle *ou* de la société, *ou* de l'association de (*le nom de l'association*);

Vu la demande à nous adressée le....., par le sieur....., propriétaire, demeurant en cette ville, à l'effet d'obtenir notre autorisation, ainsi que le prescrit l'article 294 du Code pénal, pour que la réunion ait lieu dans (*indiquer le local*);

Attendu que ladite demande n'a rien de contraire au bon ordre, accordons l'autorisation demandée.

Fait à....., ce..... 18...

Le maire.

N° 123.

ASSOCIATION *illicite* (*Procès-verbal concernant une*) (1).

L'an mil huit cent....., le..... à.... heure d....., nous (*l'officier public*), en exécution des ordres de M. le préfet, *ou* sous-préfet, *ou* maire d....., qui

(1) « Nulle association de plus de vingt personnes, dont le but sera de se réunir tous les jours ou à certains jours marqués, pour s'occuper d'objets religieux, littéraires, politiques ou autres, ne pourra se former qu'avec l'agrément du gouvernement, et

nous ont été transmis le....., étant informé qu'il existe dans la maison, sise en cette ville, rue....., n°...., une réunion de plus de vingt personnes s'occupant de (*dire les motifs de la réunion*), nous sommes transporté dans ladite maison, accompagné des sieurs....., agents de police (*ou telle autre qualité*), et étant entré dans le local susdésigné, y avons en effet trouvé diverses personnes réunies au nombre de (1)....., qui s'occupaient à.....; avons également trouvé, sur une table, placée au milieu de l'appartement, différents papiers, tant imprimés que manuscrits.

Aussitôt nous avons fait avertir le directeur de l'établissement de se rendre près de nous, ce qu'il a fait sur-le-champ. Sur la sommation que nous lui avons faite de déclarer ses nom, prénoms, âge, profession *ou* qualité, et demeure, il nous a dit (*consigner ici les réponses*). Requis aussi de nous dire quel était l'objet de la réunion des personnes présentes, il nous a déclaré .... (*Consigner ici le dire du déclarant sur les motifs de la réunion ou de l'association, sur les nom, profession et demeure de chacun de ses membres.*)

Et aussitôt, ledit sieur....., sommé par nous de nous montrer l'autorisation en vertu de laquelle ladite réunion *ou* association avait lieu chez lui, ainsi que la permission qu'il a dû obtenir de l'autorité municipale, afin d'accorder l'usage de sa maison pour ladite réunion (2), nous a déclaré n'avoir ni l'une ni l'autre, mais que (*consigner les motifs donnés*); il nous a aussi remis les statuts de ladite association.

Ledit sieur....., après lecture faite, a certifié véritable ladite déclaration, et a signé avec nous.

Et attendu que ledit sieur..... est en contravention à l'article 291 du Code pénal, et à la loi du 10 avril 1834, et que les motifs qu'il nous a donnés ne peuvent le justifier en aucune manière, lui avons déclaré procès-verbal de ladite contravention.

En même temps nous avons réuni les papiers qui étaient sur la table (*en indiquer sommairement la nature*), et les avons enfermés dans (*indiquer le meuble*) sur lequel nous avons apposé notre scellé, pour du tout être référé à qui de droit.

Nous avons, en même temps, déclaré audit sieur....., au nom de la loi, que ladite association *ou* réunion était dissoute dès cet instant; lui avons fait défenses expresses de la recevoir ou convoquer à l'avenir, sous quelque prétexte que ce soit, jusqu'à ce qu'il en soit autrement ordonné, et attendu qu'il s'agit d'un délit de police correctionnelle, disons (*s'il y a lieu*) que ledit sieur..... sera conduit à la maison de dépôt, pour y être retenu sous la main de la justice, en état de mandat d'amener, conformément à l'article 45 du Code d'instruction criminelle, et sera notre présent procès-verbal transmis à qui de droit, avec les papiers saisis, pour y être donné telles suites qu'il appartiendra; et avons signé avec les personnes ici présentes, par nous requises à cet effet, à l'exception toutefois des sieurs N..... et N..... qui ont déclaré ne le vouloir *ou* savoir, de ce par nous interpellés.

(*Signatures.*)

---

sous les conditions qu'il plaira à l'autorité publique d'imposer à la société. — Dans le nombre de personnes indiqué par le présent article, ne sont pas comprises celles domiciliées dans la maison où l'association se réunit. » (*Code pénal, art.* 291.)

« Les associations de plus de vingt personnes sont défendues, lors même qu'elles se fractionnent en plusieurs sections au-dessous de ce nombre. (*Loi du* 10 *avril* 1834, *art.* 1er.)

« La peine, en cas de contravention, est de deux mois à un an d'emprisonnement, et de 50 à 1,000 francs d'amende.» (*Loi du* 10 *avril* 1834, *art.* 2.)

« Sont considérées comme complices les personnes qui ont accordé ou consenti l'usage de leur maison ou de leur appartement, pour une ou plusieurs associations non autorisées » (*Loi du* 10 *avril* 1834, *art.* 3.)

(1) Si moins de vingt personnes étaient présentes, et que cependant l'association se composât d'un plus grand nombre de personnes, l'officier de police ne devrait pas moins donner suite à son procès-verbal, en énonçant le fait.

(2) Si la maison ou l'appartement appartient à une tierce personne, il en est fait mention au procès-verbal, dont l'effet devient commun à ladite personne.

Nº 124.

Attroupement (*Procès-verbal pour*) (1).

L'an mil huit cent....., le....., à.... heure d......, nous maire (adjoint *ou* commissaire de police) de la commune d....., informé qu'il existait un attroupement à (*indiquer l'endroit et le motif, s'il est connu*), nous y sommes transporté et avons trouvé un rassemblement d'environ..... personnes sans armes *ou* avec armes, et formant plusieurs groupes; d'après les renseignements que nous avons recueillis, cet attroupement avait pour motif..... Nous avons ensuite invité les citoyens à se séparer et à retourner paisiblement chacun chez soi, à ses occupations, sauf à celui qui se croyait lésé à se pourvoir par les moyens indiqués par la loi, les prévenant qu'en cas de désobéissance et de résistance nous serions obligé d'employer les moyens de rigueur que la loi met en nos mains. Personne ne s'étant retiré et n'ayant obéi à notre invitation, nous avons envoyé chercher (*la gendarmerie ou le poste le plus voisin*). La force armée étant arrivée et l'attroupement ne se dissipant pas, nous avons, à haute et intelligible voix, sommé tous les citoyens de se séparer ou de se retirer. Cette sommation renouvelée trois fois, conformément à la loi, et précédée chaque fois d'un roulement de tambour, étant demeurée sans résultat, nous avons donné l'ordre formel, au commandant de la force armée, d'employer tous les moyens que la loi met en ses mains pour dissiper l'attroupement et arrêter ceux qui résisteraient ouvertement; ce qui a été exécuté.

Quelques individus qui avaient fait résistance ayant été arrêtés et conduits au corps de garde situé....., nous nous y sommes transporté, accompagné d'un détachement de la force armée, les avons successivement et séparément interrogés sur leurs nom, prénoms, âge, pays de naissance, profession et domicile, sur leurs moyens d'existence, sur les papiers et autres objets dont ils sont porteurs, et sur les motifs de l'attroupement.

Le premier a dit se nommer...., etc. (*Consigner exactement la réponse aux questions posées.*)

Le second (*Idem : et ainsi de suite*).

Désigner les objets suspects trouvés sur chacun d'eux et les séquestrer; leur faire signer à chacun leur déclaration.

Recevoir aussi la déclaration des chefs de la force armée, sur les diverses circonstances de la résistance ou rébellion qu'ils ont éprouvée de la part de chacun des individus arrêtés; faire signer lesdites déclarations.

Ces déclarations peuvent être reçues après l'envoi des prévenus à la maison d'arrêt ou devant le procureur impérial.

Sur quoi nous (*l'officier public*), attendu (*indiquer les circonstances excusables qui peuvent exister en faveur d'un ou plusieurs desdits individus arrêtés, et les mettre, s'il y a lieu, en liberté, avec réprimande, et avec injonction de se représenter à la justice*).

Quant à ceux évidemment coupables :

A l'égard du nommé *ou* des nommés....., attendu qu'ils sont prévenus du fait de rébellion prévu par la loi du 11 avril 1831 et par les articles 209 et suivants du Code pénal, avons séquestré les papiers et autres objets ci-dessus désignés dont ils se sont trouvés porteurs, les avons étiquetés séparément pour chacun d'eux et annexés au présent; avons ensuite fait conduire les susnommés, sous bonne escorte, devant M. le procureur impérial, conformément à l'article 45 du Code d'instruction criminelle.

De tout ce que dessus nous avons dressé le présent procès-verbal, qui sera,

(1) On appelle attroupement une réunion qui se forme sur la voie publique, dans le but de procéder par la violence ou la menace contre l'autorité des lois. Cette matière est régie par la loi du 11 avril 1831. (Voy. *Dictionnaire municipal*, au mot *Attroupement*.)

avec les papiers et objets y mentionnés, transmis, sans délai, à M. le procureur impérial, et avons signé ainsi que les sieurs....., nous assistant.

A..... les jour, mois et an susdits.

(*Signatures.*)

Si, pendant que l'officier de police procède, l'autorité supérieure intervient, il ne fait plus qu'exécuter les ordres qu'il reçoit et qu'il consigne, ainsi que les mesures d'exécution, dans son procès-verbal.

N° 125.

Aubergistes, *hôteliers, logeurs (Arrêté de police concernant les).*

Le maire de la ville (*ou* commune) d.....

Vu 1° l'article 3 du titre 11 de la loi du 16-24 août 1790;

2° Les articles 5, 6 et 46 du titre 1er de la loi du 19-22 juillet 1791;

3° L'article 9 du décret du 23 fructidor an XIII (10 septembre 1805):

4° Les articles 471, 475 et 478 du Code pénal;

5° L'article 11 de la loi du 18 juillet 1837;

Considérant qu'un grand nombre d'aubergistes et hôteliers négligent de remplir les obligations que les lois leur imposent;

Que beaucoup de personnes louent des appartements ou chambres meublées, sans se soumettre aux prescriptions qui doivent atteindre tous les individus exerçant individuellement ou habituellement la profession de logeur;

Que, dans l'intérêt du repos et de la sécurité publics, il importe d'assurer la stricte exécution des lois et règlements concernant les hôtelleries, auberges et autres maisons garnies,

Arrête :

Art. 1er. Toutes personnes qui veulent exercer la profession d'aubergiste, maître d'hôtel garni ou logeur, sont tenues d'en faire préalablement la déclaration à la mairie. Cette déclaration sera renouvelée toutes les fois qu'elles viendront à changer de domicile.

2. Il leur est enjoint de placer extérieurement sur la porte d'entrée principale de la maison un tableau ou enseigne indiquant, en caractères apparents, soit le nom de l'auberge, soit que tout ou partie de la maison est loué en garni. Les lettres de cette enseigne ne doivent pas avoir moins de 10 centimètres de hauteur.

Il leur est également enjoint de numéroter leurs appartements ou chambres garnies.

3. Les aubergistes, maîtres d'hôtels garnis et logeurs sont tenus d'avoir un registre en papier timbré, parafé par le maire ou le commissaire de police, et dont le modèle leur sera donné à la mairie; d'inscrire sur ce registre, jour par jour, sans aucun blanc ni interligne, les noms, qualités, domicile habituel, dates d'entrée et de sortie, de toutes personnes qui coucheront chez eux, même une seule nuit; de représenter ce registre tous les quinze jours à la mairie, et, en outre, toutes les fois qu'ils en seront requis, soit au commissaire de police, aux agents de police ou aux gardes champêtres, soit à la gendarmerie.

4. Il leur est défendu d'inscrire sciemment sur leur registre, sous des noms faux ou supposés, les personnes logées chez eux.

5. De donner retraite aux déserteurs, vagabonds et gens sans aveu, et de recevoir habituellement des filles publiques.

6. De retenir, sous quelque prétexte que ce soit, les papiers des personnes logées chez eux.

7. Il leur est enjoint de tenir leurs maisons fermées, savoir : du 1er octobre au 31 mars, depuis..... heures du soir jusqu'à..... heures du matin; et du 1er avril au 30 septembre, depuis..... heures du soir jusqu'à..... heures du matin. Ils pourront néanmoins recevoir, à toute heure de nuit, les voyageurs qui se présenteront chez eux pour y loger.

8. Les aubergistes, maîtres d'hôtels garnis et logeurs sont tenus de placer dans leurs cours les voitures des rouliers et voyageurs qui logeront chez eux; cepen-

dant, si leurs cours ne sont pas suffisamment spacieuses, ils pourront en faire stationner le long de leurs maisons, mais ils devront y placer un fallot allumé pendant la nuit, de manière à prévenir les accidents.

9. Il leur est défendu d'éclairer leurs écuries autrement qu'avec des lanternes vitrées, d'y laisser entrer et d'y entrer eux-mêmes avec des lumières non closes.

10. Il leur est défendu de se servir, pour la préparation des aliments, de vases et ustensiles de cuivre non étamés.

11. Lorsqu'un aubergiste, maître d'hôtel garni ou logeur cessera sa profession, il en devra faire immédiatement sa déclaration à la mairie et y déposer son registre.

Fait à....., le.... 18...

(*Signature.*)

N° 126.

AUBERGISTES, *hôteliers, logeurs* (*Procès-verbal de contravention à l'arrêté de police concernant les*).

Aujourd'hui..... mil huit cent...., à..... heure d....., nous, maire (*ou* adjoint, *ou* commissaire de police, *ou* garde champêtre) de la commune d....., nous étant transporté au domicile d..... aubergiste (*ou* cabaretier, *ou* logeur), avons reconnu qu'il y avait différentes personnes de la commune à boire chez lui, quoiqu'il fût plus de..... heures du soir; lui avons déclaré qu'il était en contravention à l'article.... de l'arrêté de police du....., et avons dressé le présent procès-verbal, que nous affirmons sincère et véritable.

(*Signature.*)

Si c'est le garde champêtre qui dresse le procès-verbal, il doit se présenter dans les vingt-quatre heures, soit devant le maire, ou l'adjoint en l'absence du maire, soit devant le juge de paix, pour affirmer son procès-verbal. (Voy. GARDE CHAMPÊTRE.)

N° 127.

AUBERGISTES, *hôteliers, logeurs. — Procès-verbal pour défaut d'éclairage* (1).

Aujourd'hui mil huit cent....., à..... heures du soir, nous..... maire (adjoint au maire *ou* commissaire de police) de la commune d....., assisté du sieur...., garde champêtre ou agent de police, faisant la visite des auberges de cette commune, pour y surveiller les étrangers, et étant arrivé en celle tenue par le sieur......, avons remarqué qu'il s'était abstenu de placer devant sa porte une lanterne allumée, ainsi qu'il est prescrit par l'arrêté de M. le maire, en date du..... Ayant demandé audit.... pourquoi il ne s'était pas conformé audit arrêté, il nous a répondu qu'il avait cru pouvoir s'en abstenir, attendu que la lune lui avait paru donner une clarté suffisante. Attendu que cette circonstance ne le dispensait point de se conformer aux prescriptions dudit arrêté, surtout en ce moment où cela était d'autant plus nécessaire que plusieurs voitures étaient en station devant sa porte, et devaient y passer la nuit, nous avons sommé ledit.... d'éclairer le devant de son auberge, et lui avons déclaré que nous

(1) « Seront punis d'amende, depuis 1 franc jusqu'à 5 francs inclusivement, les aubergistes et autres qui, obligés à l'éclairage, l'auront négligé. » (*Code pénal, art.* 471, n° 3.)

Le défaut d'éclairage ne peut être excusé parce qu'il faisait clair de lune, ou qu'il y avait un réverbère à la porte de la maison. (*Cass. des* 1er *mai* 1833 *et* 2 *septembre* 1825.)

Le stationnement d'une voiture sur la voie publique constitue une contravention punie par l'article 471 du Code pénal, si la nécessité du stationnement n'est pas reconnue par le tribunal de police. (*Cass. du* 8 *octobre* 1825.)

dresserions contre lui le présent procès-verbal que nous avons rédigé immédiatement pour y être donné telle suite qu'il appartiendra, par voie de simple police.

Fait et clos à....., les jour, mois et an que dessus.

(Signature.)

N° 128.

Aubergistes, *hôteliers, logeurs* (*Registre à tenir par les*) (1).

Registre que doit tenir, en exécution de l'article 5 du titre 1er de la loi du 19-22 juillet 1791, *le sieur....., aubergiste,* ou *maître d'hôtel garni,* ou *logeur, à.....* (désigner le nom de l'hôtel ou l'enseigne), *rue....., n°....., pour servir à inscrire de suite et sans aucun blanc, les noms, qualités, domicile habituel, dates d'entrée et de sortie de toutes les personnes qui coucheront dans ledit hôtel, ou dans ladite auberge, même une seule nuit* (2); *lequel registre contenant* (le nombre) *feuillets, a été coté et parafé par nous, maire* ou *adjoint,* ou *commissaire de police de la ville d....., sur chacun desdits feuillets.*

Fait à....., ce..... 18...

NOMS ET PRÉNOMS	AGE.	LIEU de naissance. (Commune et département.)	QUALITÉ ou profession.	DOMICILE habituel. (Commune et département.)	DÉSIGNATION (Commune et département.)	JOUR d'entrée.	JOUR de sortie.	OBSERVATIONS. — (Indiquer, dans cette colonne, la date du passe-port, l'autorité qui l'a délivré.

(1) « Dans les villes et dans les campagnes, les aubergistes, maîtres d hôtels garnis et logeurs seront tenus d'inscrire de suite et sans aucun blanc, sur un registre en papier timbré et parafé par un officier municipal ou un commissaire de police, les noms, qualités, domicile habituel, dates d'entrée et de sortie de tous ceux qui coucheront chez eux, même une seule nuit; de représenter ce registre tous les quinze jours, et en outre toutes les fois qu'ils en seront requis, soit aux officiers municipaux, soit aux officiers de police, ou aux citoyens commis par la municipalité. » (*Loi du* 19-22 *juillet* 1791, *tit.* 1er, art. 5.)

« Faute de se conformer aux dispositions ci-dessus, ils seront condamnés à une amende du quart de leur droit de patente, sans que cette amende puisse être au-dessous de 3 fr., et ils demeureront responsables des désordres et des délits commis par ceux qui logeront dans leur maison. » (*Id., art.* 6.)

Lorsqu'un règlement de police le leur prescrit, les aubergistes, maîtres d'hôtels garnis et logeurs sont tenus de porter chaque jour au commissaire de police le relevé, certifié par eux, de leur registre.

Aux termes de la loi du 19-22 juillet 1791 et des ordonnances, les aubergistes, maîtres d'hôtels garnis et logeurs sont astreints à porter sur leur registre les passeports des voyageurs qui viennent loger chez eux.

(2) « Seront punis d'amende, depuis 6 francs jusqu'à 10 francs inclusivement..... 2° Les aubergistes, hôteliers, logeurs ou loueurs de maisons garnies, qui auront négligé d'inscrire de suite et sans aucun blanc, sur un registre tenu régulièrement, les noms, qualités, domicile habituel, dates d'entrée et de sortie de toute personne qui aurait couché ou passé une nuit dans leur maison; ceux d'entre eux qui auraient manqué à représenter ce registre aux époques déterminées par les règlements, ou lorsqu'ils

N° 129.

AUBERGISTES, *hôteliers, logeurs.—Procès-verbal pour défaut de registre ou irrégularité dans sa tenue* (1).

L'an mil huit cent....., le....., à..... heure d....., nous (*l'officier public*), nous sommes transporté chez le sieur.....,aubergiste *ou* logeur, demeurant en cette ville, rue....., n°....., et lui avons demandé de nous représenter le registre qu'il doit tenir, en vertu des articles 5 et 6 de la loi du 19-22 juillet 1791 ; ce qu'il nous a refusé ; *ou* il nous a déclaré ne pas en avoir; et attendu qu'il est constant en fait qu'il loge chez lui des voyageurs, nous lui avons déclaré procès-verbal de sa contravention.

Dans le cas où l'aubergiste représenterait son registre, qui ne serait pas tenu régulièrement, on dirait : Après qu'il nous a eu représenté son registre, nous avons visité les différents logements, pour vérifier si, en effet, toutes les personnes les occupant étaient inscrites sur ledit registre. Nous avons remarqué que le sieur....., logeant à *telle* pièce, n°....., à *tel* étage, n'y était point inscrit. Nous avons demandé audit sieur (*l'aubergiste*) la raison pour laquelle cette personne n'était point inscrite sur son registre. Il nous a répondu (*consigner ici les réponses*); et attendu qu'il est en contravention à la loi, nous lui avons déclaré que nous allions dresser le présent procès-verbal pour y être donné telles suites qu'il appartiendra; et a ledit sieur (*l'aubergiste*) signé avec nous après lecture faite. (*Si l'aubergiste ne sait ou ne veut signer, en faire mention.*)

Fait à....., les jour, mois et an susdits.

L'officier public.

N° 130.

AUBERGISTES, *hôteliers, logeurs. — Procès-verbal contre un aubergiste ou logeur qui a reçu des voyageurs sans passe-ports et sans les inscrire sur son registre.*

L'an mil huit cent....., à..... heure d....., nous (*l'officier public*), nous sommes transporté chez le sieur....., aubergiste *ou* logeur, demeurant en cette

---

en auraient été requis, aux maires, adjoints, officiers ou commissaires de police, ou aux citoyens commis à cet effet, le tout sans préjudice des cas de responsabilité mentionnés en l'article 73 du présent Code, relativement aux crimes ou aux délits de ceux qui, ayant logé ou séjourné chez eux, n'auraient pas été régulièrement inscrits.» (*Code pénal, art.* 475.)

« La peine de l'emprisonnement pendant cinq jours au plus sera toujours prononcée en cas de récidive..... » (*Id., art.* 478.)

« Les aubergistes et hôteliers convaincus d'avoir logé plus de vingt-quatre heures quelqu'un qui, pendant son séjour, aurait commis un crime ou un délit, seront civilement responsables des restitutions, des indemnités et des frais adjugés à ceux à qui ce crime ou ce délit aurait causé quelque dommage, faute par eux d'avoir inscrit sur leur registre le nom, la profession et le domicile du coupable; sans préjudice de leur responsabilité dans le cas des articles 1952 et 1953 du Code civil. » (*Id., art.* 73.)

« ..... Les logeurs et aubergistes qui, sciemment, inscriront sur leur registre, sous des noms faux ou supposés, les personnes logées chez eux, seront punis d'un emprisonnement de six jours au moins et d'un mois au plus. » (*Id., art.* 154.)

(1) Aux termes des lois des 19-22 juillet 1791 et 28 germinal an VI, les maires, adjoints et commissaires de police peuvent entrer, soit de jour, soit de nuit, dans les maisons de toutes personnes qui exercent la profession d'aubergiste, de maître d'hôtel garni, de logeur; s'y faire représenter les registres, constater s'ils sont exactement tenus, faire la recherche des individus qui leur auraient été signalés, et de tous ceux qui seraient dans le cas d'être arrêtés; exiger la représentation des passe-ports ou des livrets de ceux qui y sont logés; y arrêter ceux qui seraient trouvés sans papiers ni répondants; dresser procès-verbal des délits et contraventions, et de leurs opérations; envoyer lesdits procès-verbaux au procureur impér. ou citer les contrevenants au tribunal de police, selon les circonstances.

ville, rue....., n°....., et lui avons demandé la représentation de son registre, et après en avoir pris communication, nous lui avons demandé de nous conduire dans les chambres pour y faire la visite et l'inspection des voyageurs logés chez lui, et l'examen de leurs passe-ports, à quoi il a aussitôt déféré. Etant parvenu dans la chambre n°....., à *tel* étage, nous y avons trouvé un individu, qui nous a dit se nommer....., être âgé de....., natif d....., profession d....., domicilié à.....; lequel, interpellé de nous représenter son passe-port, nous a déclaré n'en point avoir, *ou* nous en a présenté un périmé. Nous lui avons, en outre, demandé s'il était connu de quelques personnes notables de cette ville dont il pût se réclamer; il nous a répondu négativement. Sur quoi nous lui avons déclaré qu'il était en contravention aux lois sur les passe-ports, et que nous allions le faire conduire, comme personne suspecte et vagabonde, devant M. le procureur impérial, pour être pris, à son égard, telles mesures qu'il appartiendrait; ce à quoi il a été procédé sur-le-champ, sous l'escorte d'un piquet de..... hommes pris au corps de garde de police (*ou le plus voisin*), *ou* de deux gendarmes par nous requis.

Et, à l'égard du sieur (*l'aubergiste*), attendu 1° qu'il n'a point exigé la représentation du passe-port dont ledit sieur..... devait être supposé porteur; 2° qu'il ne l'a point inscrit sur son registre, disons qu'il est en contravention à la loi, et que cette contravention demeurera constatée par le présent procès-verbal, auquel sera donné telles suites qu'il appartiendra; et a ledit sieur (*l'aubergiste*) signé avec nous après lecture faite. (*Si l'aubergiste ne sait ou ne veut signer, il en sera fait mention.*)

Fait à....., les jour, mois et an susdits.

L'officier public.

N° 131.

AUBERGISTES, *hôteliers, logeurs. — Procès-verbal pour refus par un aubergiste de laisser entrer dans sa maison un officier public dans l'exercice de ses fonctions.*

Aujourd'hui, mil huit cent....., à..... heures du soir, nous..... (adjoint au maire *ou* commissaire de police de la commune d.....), accompagné du sieur...., faisant la visite des auberges pour la surveillance des étrangers, nous sommes présenté à l'hôtel de....., tenu en cette ville par le sieur...... Celui-ci nous voyant disposé à entrer dans la salle où se trouvaient plusieurs voyageurs, nous a déclaré qu'il se refusait à ce qu'il en fût ainsi, parce que notre visite dérangerait les personnes qui s'y trouvaient. Lui ayant fait observer que son hôtel étant ouvert au public, nous avions le droit et le devoir d'y exercer nos fonctions, et que nous le sommions de nous en laisser l'entrée libre, il nous a réitéré son refus, prétextant qu'étant le maître chez lui, il avait le droit d'y recevoir qui bon lui semblait.

Cette opposition du sieur..... à l'exercice de nos fonctions constituant une contravention aux lois du 19-22 juillet 1791 et du 28 germinal an VI, nous lui avons déclaré que nous dresserions contre lui le présent procès-verbal, auquel il sera donné, par voie de police correctionnelle, telles suites qu'il appartiendra.

Fait et clos à....., les jour, mois et an que dessus.

(*Signature.*)

N° 132.

AUBERGISTES, *hôteliers, logeurs. — Déclaration à faire à la mairie par une personne qui se propose d'ouvrir une auberge ou un hôtel* (1).

Par devant nous, maire *ou* adjoint, *ou* commissaire de police de.....,est com-

(1) Aux termes de la déclaration du roi, du 27 mai 1577, tous ceux qui voulaient

paru le sieur (*nom et prénoms du déclarant*), lequel nous a déclaré être dans l'intention de tenir (*dès à présent ou à partir de telle époque*) une auberge *ou* hôtellerie, dans la rue....., n°....., à l'enseigne d....., de laquelle déclaration ledit sieur (*le déclarant*) a requis acte que nous lui avons octroyé, sous la promesse par lui faite de se conformer, en tout ce qui pourra concerner sa profession, aux lois et aux règlements de police, et notamment à la loi du 19-22 juillet 1791.

Fait à....., en l'hôtel de la mairie, ce....., et a ledit sieur (*le déclarant*) signé avec nous, après lecture faite.

Le déclarant. *L'officier public.*

N° 133.

Avaries *survenues à des marchandises pendant leur transport (procès-verbal pour constater des)* (1).

(Timbré et enregistré.)

L'an mil huit cent....., le....., à....., heure d....., devant nous, maire (*ou* adjoint, *ou* commissaire de police) d....., s'est présenté le sieur A. (*profession et demeure*), lequel nous a dit qu'il a le plus grand intérêt de faire constater à l'instant même des avaries qu'a éprouvées une partie de sucre en pains (*ou autres marchandises*) qui vient de lui arriver de..... en..... boucauts (*ou autres contenants*), suivant la lettre de voiture du sieur B....., en date de....., le....., en marge de laquelle lettre de voiture à nous représentée, sont désignés lesdits boucauts, sous la marque....., numéros....., pesant ensemble....., que cette partie de sucre devait, aux termes de ladite lettre de voiture, arriver dans ses magasins dès le....., ce qui fait..... jours de retard ; que le voiturier qui a amené lesdites marchandises étant forcé de repartir de suite, et voulant exiger le payement de sa lettre de voiture, ce à quoi le déclarant se refuse formellement pour les causes ci-dessus, il devient aussi indispensable qu'urgent, pour la conservation des droits et du recours du comparant contre qui il appartiendra, de faire constater les faits à l'instant, ce qui ne pourrait avoir lieu si le comparant prenait la voie indiquée par le Code de commerce, de se pourvoir par-devant le tribunal de commerce, ou par-devant le juge de paix, ce dernier se trouvant empêché pour le moment par des opérations de son ministère. Pour quoi le compa-

---

s'établir aubergistes et logeurs étaient obligés d'en obtenir la permission du juge de police, qui ne pouvait accorder cette permission qu'à des gens bien famés.

Mais nos lois modernes permettant à tout Français d'exercer librement son industrie (en se conformant aux lois et règlements, et en acquittant le droit de patente), tout aubergiste peut s'établir, pourvu qu'il en fasse préalablement la déclaration à la mairie du lieu de sa résidence.

(1) On entend par avaries, le dommage causé à une chose.

« En cas d'avaries à des marchandises, qu'il y a intérêt de faire constater pour conserver à celui qui les reçoit son recours contre l'expéditeur, l'officier de police du lieu, sur la réquisition de la partie intéressée, et dans le cas d'urgence seulement, peut se transporter au lieu où sont les marchandises, constater les avaries, ainsi que l'état des tonnes, boucauts, caisses, barriques ou ballots; il fait examiner, s'il y a lieu, par experts, l'indemnité qui peut être due, et rédige du tout procès-verbal en présence des parties intéressées.

« Ce procès-verbal est soumis au timbre et à l'enregistrement; expédition en est délivrée si on le requiert.

« Les avaries arrivées à des marchandises par échouement, naufrage, ou autres accidents de mer, sont constatées par des experts nommés par les directeurs ou receveurs des douanes, et dans les vingt-quatre heures de la déclaration d'avaries. Les experts établissent la valeur primitive des marchandises au cours, et la perte qui résulte de l'avarie; sur leur rapport, il est fait, s'il y a lieu, une réduction sur les droits de douane dus par la marchandise.» (*Arrêté du Gouvernement du 2 thermidor an* X.)

Dans les cas urgents et de péril en la demeure, un maire, un adjoint, un commissaire de police peuvent opérer sur une réquisition formelle, attendu que l'article 414 du Code de commerce veut que l'état des marchandises soit constaté par des experts nommés par ordonnance, sur requête du président du tribunal de commerce, ou, à son défaut, du juge de paix.

rant nous requiert formellement de nous transporter en son domicile susdésigné *ou* dans ses magasins situés....., à l'effet de constater ledit retard d'arrivée et l'état des marchandises.

Desquelles déclaration et réquisition le comparant a requis acte, et a signé après lecture faite.

Sur quoi nous, maire, *ou* adjoint, *ou* commissaire de police, avons donné acte audit sieur A..... de ses déclaration et réquisition ci-dessus, et y faisant droit, attendu l'urgence, nous sommes transporté, de lui accompagné et assisté du sieur....., notre secrétaire, en son domicile *ou* dans ses magasins susindiqués; où étant, avons trouvé le sieur C....., roulier *ou* voiturier de....., à....., et demeurant à....., lequel nous a dit qu'il vient d'amener cejourd'hui de....., chez le sieur A....., ici présent,..... boucauts de sucre en pains, et qu'il est obligé de repartir de suite, ayant un chargement prêt à conduire à.....; qu'ayant réclamé du sieur A..... le payement du prix stipulé en sa lettre de voiture, montant à....., celui-ci le lui a refusé sous le prétexte qu'il y a un retard d'arrivée de..... jours, *ou* qu'il y a un déficit sur le poids, *ou* que les marchandises sont avariées; ce qui ne peut provenir de son fait, mais bien du fait de l'expéditeur ou du voiturier qui les a transportées de..... à....., où le déclarant les a prises en chargement, attendu que.....; C..... a affirmé la vérité de sa déclaration, après lecture faite, et a signé.

Lesdits boucauts de sucre nous ayant été représentés, nous avons reconnu leurs marques et numéros conformes à ceux portés sur la lettre de voiture.

Les ayant fait peser successivement en présence desdits sieurs A. et C.. il s'est trouvé sur le poids du boucaut nº....., porté en la lettre de voiture, une différence en moins de..... kilogrammes; sur le poids du boucaut nº..... une différence en moins de..... kilogrammes (*et ainsi de suite*); ce qui donne un déficit total de..... kilogrammes sur le poids total de..... kilogrammes indiqué en la lettre de voiture.

Se sont aussi trouvés dans lesdits magasins le sieur (*nom, profession et demeure*), expert choisi par A., et le sieur (*nom, profession et demeure*), autre expert choisi par ledit sieur C., chargés d'évaluer la perte des avaries qu'ont pu éprouver lesdites marchandises, ce qu'ils ont promis de faire en leur honneur et conscience, ainsi qu'ils en ont prêté en nos mains le serment prescrit par la loi.

Si le sieur C. se refuse à nommer un expert, l'officier de police peut en nommer un d'office.

Ouverture faite successivement des boucauts, en présence des sieurs A..... et C..... et des experts, les pains de sucre en ont été retirés : le boucaut nº..... s'est trouvé contenir..... pains, sur laquelle quantité les experts en ont trouvé....., qu'ils nous ont déclaré être avariés par....., etc. (*continuer ainsi pour chaque boucaut*), ce qui a donné un total de..... pains de sucre reconnus avariés, lesquels, mis dans la balance, se sont trouvés peser ensemble..... kilogrammes, et par lesdits experts nous a été dit que lesdites avaries doivent opérer sur la quantité avariée une réfaction ou diminution de..... pour cent sur le prix du kilogramme, ce qui donne pour le poids total ci-dessus des pains avariés une diminution de prix montant à..... francs..... centimes, qu'ils estiment pouvoir être retenue sur le prix total de ladite partie de sucre; qu'ils pensent, au surplus, que lesdites avaries peuvent avoir eu lieu dans la route de..... à..... par l'effet de.....

Duquel rapport lesdits sieurs..... ont affirmé la vérité, après lecture faite; ont requis salaire, que nous avons fixé à la somme de 10 francs pour chacun d'eux, pour leur vacation et leur rapport, conformément à l'article 22 du décret du 18 juin 1811, et ont signé.

Si les deux experts sont d'un avis différent, l'officier de police nomme un troisième expert pour les départager, et qui, après s'être concerté avec les deux autres experts, et après avoir examiné les pains de sucre avariés, donne son avis définitif après avoir aussi prêté le même serment.

Le tout est consigné en détail dans le même procès-verbal.

Et par le sieur A., nous a été dit qu'en conséquence des avaries constatées, comme il est dit ci-dessus, il declare se refuser au payement de la lettre de voiture jusqu'à ce que, par justice, il en soit autrement ordonné, et pour raison desquelles avaries il fait, par le présent, toutes réserves de ses droits, actions et recours contre qui il appartiendra, et a signé.

Pourquoi avons visé ladite lettre de voiture, au dos de laquelle nous avons inscrit sommairement les motifs du refus de payement par le sieur A., et l'avons remise ès mains dudit sieur C., qui en était porteur, et qui a fait par le présent toutes réserves de droit et a signé.

De tout ce que dessus avons rédigé le présent procès-verbal, auquel nous avons vaqué depuis ladite heure de..... jusqu'à celle de....., par (*simple ou double*) vacation, et en ayant fait lecture auxdits sieurs A. et C., ils ont déclaré y reconnaître vérité, chacun en ce qui le concerne, et ont signé avec nous.

A....., les jour, mois et an que dessus.

(*Signatures.*)

N° 134.

BACS *et* BATEAUX *de passage à la traverse des fleuves et rivières. — Cahier des charges de l'adjudication des droits à percevoir* (1).

Conditions préalables.

Art. 1er. L'adjudicataire est tenu de fournir, dans les vingt-quatre heures de l'adjudication, un cautionnement ayant pour objet de garantir, non-seulement le payement du prix de fermage, mais encore le recouvrement de la moins-value qui pourrait être due en exécution de l'article 12 ci-après, ainsi que l'accomplissement de toutes les obligations par lui contractées.

2. Ce cautionnement présentera une valeur de.....

Il sera constitué, au choix de l'adjudicataire, soit en numéraire, soit en rentes sur l'Etat, soit en immeubles libres de toute hypothèque, au moins jusqu'à concurrence de la somme stipulée ci-dessus.

Ces immeubles devront être situés dans le département ou dans les départements limitrophes.

3. Le cautionnement sera reçu par le préfet ; il sera préalablement débattu par lui, par l'ingénieur en chef des ponts et chaussées et par le directeur des contributions indirectes.

4. Le fermier sera soumis à la contrainte par corps, en vertu des articles 8 et 10 de la loi du 17 avril 1832, sauf l'exception contenue en l'article 13 de ladite loi.

Franchises et modérations.

5. Le fermier ne pourra, dans les cas prévus par le présent article, exiger aucun droit de passage des fonctionnaires, employés ou agents ci-après désignés, savoir :

1° Les préfets et sous-préfets en tournée dans leurs départements et arrondissements, les maires, les juges d'instruction et procureurs de la République, les juges de paix et leurs greffiers, les commissaires de police et autres agents de police judiciaire, les ingénieurs et agents des ponts et chaussées, les directeurs et employés des administrations de l'enregistrement et des domaines, des contributions directes (les percepteurs compris), des contributions indirectes et des douanes ; les agents de l'administration forestière, des lignes télégraphiques, les agents voyers, piqueurs et cantonniers des chemins vicinaux, les receveurs des communes, les vérificateurs des poids et mesures, les préposés d'octroi et les facteurs ruraux, mais pour le cas seulement où ces divers fonctionnaires et employés seront obligés de passer d'une rive à l'autre pour cause de service, et sous

---

(1) Tout passage d'eau, en vertu des dispositions de l'article 25 de la loi du 6 frimaire an VII, et de l'arrêté du 8 floréal an XII, doit faire l'objet d'une adjudication publique. Le modèle de cahier des charges que nous donnons ici a été approuvé, à la date du 28 août 1852, par le ministre des finances. Il remplace le premier modèle arrêté en l'an XII, sur la proposition du directeur général des ponts et chaussées. (Voy. *Dictionnaire municipal*, BACS *et* BATEAUX).

la condition que les employés seront revêtus des marques distinctives de leurs fonctions ou porteurs de leurs commissions ;

Les ministres des différents cultes reconnus par l'Etat, ainsi que leurs assistants ;

Les préfets, sous-préfets et autres fonctionnaires désignés au présent paragraphe auront le droit dans leurs tournées, de réclamer le passage en franchise de leurs secrétaires, des domestiques attachés à leurs personnes et de leurs voitures et conducteurs ;

2° Les malles-postes, les courriers et les estafettes du gouvernement;

3° Les trains d'artillerie, c'est-à-dire les bouches à feu et caissons militaires chargés de munitions de guerre, ainsi que les militaires ou conducteurs qui les accompagnent; les bouviers, bœufs, chevaux et voitures requis pour le transport des vivres de l'armée, des équipages, des troupes et des militaires malades; les voitures cellulaires et leurs chevaux et conducteurs ;

4° Les militaires de tous grades voyageant avec leurs corps, les sous-officiers et les soldats voyageant isolément, la gendarmerie dans l'exercice de ses fonctions, ainsi que les individus conduits par la gendarmerie et les voitures et chevaux servant à les transporter, à la charge de représenter, soit une feuille de route, soit un ordre de service ;

Les gardes nationaux marchant en détachement ou isolément pour le service public, mais à la même condition.

Quelque fréquents et nombreux que soient les passages des corps et des individus qui, aux termes des dispositions ci-dessus, doivent jouir du droit de franchise, le fermier ne pourra prétendre à aucune indemnité.

Obligations du fermier.

6. Le bail sera fait pour..... années, qui commenceront le..... et finiront le.....

7. Le prix du bail sera payable entièrement en argent, à l'exception de l'appoint de la pièce de 5 francs (article 2 du décret du 18 août 1810), de trois mois en trois mois et d'avance, à la caisse du receveur des contributions indirectes dans le ressort duquel le passeur a son domicile de droit, conformément à l'article 32 de la loi du 6 frimaire an VII.

L'adjudicataire sera tenu de payer, en sus du prix du bail, la contribution foncière et autres charges publiques auxquelles le bac et ses dépendances sont ou pourront être imposés.

8. L'adjudicataire payera, dans les vingt-quatre heures de l'adjudication, les frais d'expédition du bail, d'impression, de criées, d'affiches, de droits de timbre et d'enregistrement.

Le procès-verbal d'adjudication et l'acte de cautionnement seront soumis au droit proportionnel d'enregistrement fixé par la loi du 16 juin 1824. La minute et les expéditions qui en seront délivrées seront sur papier timbré.

Les frais d'inscription hypothécaire seront aussi à la charge du fermier.

A défaut d'approbation, la durée du bail devant être restreinte à un an, conformément à l'article 20 ci-après, le fermier évincé obtiendra la restitution des droits d'enregistrement applicables aux..... dernières années, en formant à cet effet une demande auprès de la régie de l'enregistrement, dans le délai fixé par l'article 61 de la loi du 22 frimaire an VII.

9. Faute par l'adjudicataire de fournir le cautionnement prescrit par l'article 1er, d'acquitter les frais d'ajudication, de payer le prix de ferme aux époques prescrites, et généralement de remplir les conditions imposées par le présent cahier des charges, la résiliation du bail sera prononcée par le préfet, sur le vu d'un simple commandement resté sans effet pendant trois jours, et il sera procédé à la réadjudication de la perception, à la folle enchère du fermier évincé.

10. Le fermier ne pourra demander ni la résiliation de son bail, ni indemnité, ni diminution de prix, sous prétexte d'événements imprévus, tels que grosses eaux, sécheresse, inondations, glaces et autres accidents quelconques, causés par l'intempérie des saisons, ni même pour réparations faites au bac, aux routes ou chemins qui y conduisent. Le fermier ne pourra non plus réclamer aucune indemnité dans le cas où le gouvernement autoriserait, dans l'étendue du port du

bac, l'établissement de bateaux particuliers conformément à l'article 8 de la lo du 6 frimaire an VII.

11. Si, avant l'expiration du bail, le passage est supprimé pour une cause quelconque, le fermier n'aura droit à aucune indemnité à raison de cette circonstance, qui n'aura d'autre effet que de faire résilier le bail à compter du jour où l'exploitation aura cessé. L'adjudicataire sera en conséquence tenu d'exécuter, jusqu'à ladite époque, toutes les clauses et conditions de son adjudication, et notamment de payer, conformément à l'article suivant, la moins-value du mobilier, s'il existe une moins-value.

L'établissement d'un nouveau bac public ou d'un pont dans une étendue de....., à partir de l'extrémité de la limite ou port du bac affermé, ne pourra aussi donner ouverture qu'à la demande en résiliation du bail, sans indemnité; les changements apportés dans l'exploitation des bacs existant au moment de l'adjudication ne donneront lieu, en aucun cas, à résiliation ou indemnité.

12. Le fermier sera tenu de payer, en fin de bail, la différence qui existera à cette époque entre la valeur des bacs et bateaux et des effets mobiliers, et celle qu'ils avaient au moment de son entrée en jouissance, augmentée tant du prix des objets fournis depuis par le gouvernement, que de celui des réparations qui auront été faites des deniers de l'Etat, quelle que soit la cause de cette différence, et lors même qu'elle proviendrait uniquement de l'usage.

Le recouvrement de cette moins-value sera opéré par le receveur des contributions indirectes, et pourra être poursuivi par la voie de contrainte par corps, aux termes des articles 8 et 10 de la loi du 17 avril 1832.

13. Si, au moment de la mise en jouissance, le bac ou les bateaux exigent des réparations, ou s'il est nécessaire de remplacer quelques agrès ou ustensiles, le gouvernement mettra le tout en bon état de service, conformément aux devis et détails estimatifs qui seront dressés par l'ingénieur en chef.

La valeur des objets nouvellement fournis, ainsi que l'accroissement de valeur de ceux qui ont été réparés, seront ajoutés à la valeur constatée au moment de la prise de possession du fermier, et dont il sera devenu comptable, aux termes de l'article précédent: la livraison desdits objets ou leur réparation sera constatée et reconnue dans la forme qui va être prescrite par l'article 22, relativement à la mise en jouissance.

14. L'adjudicataire sera tenu d'entretenir en bon état les bacs, passe-cheval et bateaux, agrès, cordes, etc.; de se fournir de tous ustensiles et outils nécessaires; de faire peindre et goudronner, au moment de l'entrée en jouissance, et ensuite de trois ans en trois ans, les parties des bacs, bateaux et batelets qui ne plongent pas dans l'eau. Le remplacement des bacs, bateaux, passe-cheval ou barques aura lieu par les soins du gouvernement, au moyen d'adjudications passées sur des devis et détails estimatifs fournis par l'ingénieur en chef. Il en sera de même des réparations jugées trop importantes pour être laissées aux soins du fermier, et de celles qu'il négligerait, et dont le retard pourrait compromettre la sûreté publique. Le prix de ces reconstructions ou réparations sera avancé par le gouvernement, et ajouté à la valeur du mobilier constatée au moment de la mise en jouissance, ainsi qu'il sera dit ci-après. Les travaux de réparation et d'entretien des cales d'abordage seront à la charge du fermier pour tout ce qui sera étranger aux routes ou chemins vicinaux servant d'accès au passage.

15. Aussitôt sa mise en possession, l'adjudicataire sera tenu de faire placer à ses frais, si déjà ils n'existent, les tarifs des droits de passage en lieu apparent, de l'un et de l'autre côté du fleuve ou de la rivière, sur un poteau où sera tracé le niveau d'eau au-dessus duquel le supplément de taxe sera exigible, ainsi que celui des hautes eaux au-dessus duquel tout passage est interdit. Il en sera de même chaque fois que les poteaux ou tarifs devront être renouvelés.

16. La charge que les bacs, bateaux et batelets pourront contenir est limitée, savoir:

Pour le bac, à..... individus, y compris les mariniers, ou à..... chevaux, mulets, bœufs, vaches, etc.

Pour chaque bateau, à....., individus, y compris le passeur.

Pour chaque batelet, à..... individus, y compris également le passeur.

En cas de chargement mixte dans les bacs ou bateaux, ce chargement ne devra jamais produire un enfoncement supérieur à la ligne de flottaison. Pour qu'elle soit fixée invariablement le long du bac ou bateau, il sera posé aux frais du fermier, et en présence de l'ingénieur ou d'un agent de l'administration des ponts et chaussées, dûment autorisé, et du maire, des planches ou linteaux qui indiqueront la hauteur de cette ligne de flottaison; la charge sera complète, lorsque la surface de l'eau affleurera l'arête inférieure desdites planches ou linteaux, et on ne pourra plus admettre une nouvelle charge, sous quelque prétexte que ce soit.

17. L'étendue du port du bac sera déterminée par l'ingénieur en chef et indiquée par des bornes, que l'adjudicataire fera placer à ses frais. Il fera aussi remplacer, à ses frais, celles qui auraient disparu ou qui auraient été endommagées pendant la durée du bail.

18. Faute par l'adjudicataire d'avoir rempli, dans la quinzaine de son entrée en jouissance ou de la sommation qui lui en aura été faite, les obligations qui lui sont imposées par les deux articles précédents, il y sera pourvu par les soins du maire, après commandement préalable. L'état de la dépense, ainsi que celui de la sommation, après avoir été certifiés par le maire et rendus exécutoires par le préfet, seront remis au receveur des contributions indirectes, chargé du recouvrement du prix de ferme, qui en remboursera le montant au maire, et qui en poursuivra le recouvrement en même temps que celui du fermage.

19. Les personnes qui, en vertu de l'article 8 de la loi du 6 frimaire an VII, ont obtenu ou obtiendront l'autorisation de conserver ou d'établir des bateaux particuliers, ne pourront être troublées dans cette possession par l'adjudicataire, ni tenues à aucun dédommagement envers lui.

20. L'adjudication ne sera définitive qu'après l'approbation de M. le ministre des finances; néanmoins l'adjudicataire devra être mis provisoirement en jouissance au....., lors même que cette approbation ne serait point encore parvenue. Il devra, en conséquence, remplir toutes les obligations qui lui seront imposées, sans attendre cette approbation.

La non-approbation de l'adjudication ne pourra avoir pour effet de priver immédiatement l'adjudicataire du bénéfice du bail; la jouissance ne pourra être moindre d'une année.

Mise en jouissance.

21. L'adjudicataire ne pourra, sous quelque prétexte que ce soit, être mis en possession du bac qu'après avoir justifié de l'accomplissement des obligations qui lui sont imposées par les articles 1, 7 et 8; et faute par lui d'avoir fait cette justification un mois avant l'époque fixée pour l'entrée en jouissance, et après un simple commandement resté sans effet pendant trois jours, il sera procédé, à sa folle enchère, à une nouvelle adjudication, comme il est dit à l'article 9.

22. La mise en jouissance sera constatée par un procès-verbal particulier, auquel sera joint un inventaire exact descriptif et estimatif des objets mobiliers qui seront mis à la disposition du fermier entrant. Ce procès-verbal ainsi que l'inventaire descriptif et estimatif dont il vient d'être parlé seront dressés par l'ingénieur des ponts et chaussées, ou par la personne que le préfet aura désignée, en présence du maire, d'un employé des contributions indirectes désigné par le directeur, et de l'ancien et du nouveau fermier, ou eux dûment appelés. Ces pièces devront être en quadruple expédition, et signées de toutes les parties. Une expédition du procès-verbal et de l'inventaire sera remise à chacun des deux fermiers : les deux autres seront conservées, l'une par l'ingénieur ordinaire ou l'agent qui le remplacera, et l'autre par l'employé des contributions indirectes, qui la remettra au directeur de cette administration.

23. Pareil procès-verbal sera dressé à l'expiration du bail; et si l'évaluation du mobilier est inférieure à celle qui a été établie lors de l'entrée en jouissance, augmentée du prix des constructions ou réparations faites par le gouvernement et payées des deniers de l'Etat pendant la durée du bail, la différence ou moins-value devra être acquittée par le fermier sortant entre les mains du receveur des contributions indirectes, ainsi que le porte l'article 12.

Dans le cas où la valeur du mobilier se trouverait supérieure à celle qui a été reconnue lors de l'entrée en jouissance, augmentée du prix des constructions et réparations faites par le gouvernement, il sera tenu compte audit fermier de la différence ou plus-value.

Perception.

24. Le fermier, ainsi que les passagers, se conformeront au tarif arrêté par le

gouvernement le....., et dont une copie est annexée au présent cahier des charges.

25. Le fermier pourra poursuivre, conformément aux articles 56, 57, 58, 59, 60 et 61 de la loi du 6 frimaire an VII, et à ses risques et périls, toute personne qui se soustrairait au payement des sommes portées aux tarifs, ou qui, sans autorisation préalable et dans les limites du port du bac, établirait un bateau particulier, ainsi que celle qui, après avoir obtenu une autorisation, se servirait de son bateau pour passer, moyennant rétribution, des personnes étrangères à sa famille ou à son exploitation, ou enfin qui se permettrait des injures, menaces ou voies de fait envers le fermier, ses préposés ou mariniers.

26. Tout fermier est autorisé à requérir, le cas échéant, l'assistance de la force armée.

27. Le fermier, ses préposés ou mariniers ne pourront, sous les peines portées par les articles 52, 53, 54 et 55 de la loi du 6 frimaire an VII, exiger autres et plus fortes sommes que celles qui sont portées aux tarifs, ni se permettre d'injurier, menacer ou maltraiter les passagers.

28. Les contestations qui pourront s'élever sur la quotité du droit exigé par le fermier ou ses préposés seront portées devant le maire le plus voisin ou son adjoint, et par lui décidées sommairement et sans frais.

Police.

29. Le passage sera desservi par un grand bac, ayant de longueur...... de largeur...., garni de....;—par.... bateaux; chaque bateau sera garni de...;—par..... batelets; chaque batelet sera garni de.....;— et par..... mariniers.

30. Le fermier entretiendra constamment, pour le service de son exploitation, le nombre de préposés ou de mariniers indiqué par l'article 29 du présent cahier des charges; leur salaire sera à sa charge.

31. Le fermier ne pourra employer au service de son exploitation que des gens âgés au moins de vingt et un ans, de bonnes vie et mœurs, et bien au fait de la navigation.

Tout individu, soit fermier, soit marinier, faisant le service du passage, devra être constamment muni : 1° du certificat d'aptitude exigé par l'article 47 de la loi du 6 frimaire an VII; 2° d'un certificat de moralité délivré par le maire de la commune qu'il habite.

Il sera tenu de représenter ces pièces à toute réquisition des autorités locales, des ingénieurs et agents des ponts et chaussées, ainsi que des employés de l'administration des contributions indirectes et de la gendarmerie.

L'inexécution de ces prescriptions entraînera la résiliation du bail et la réadjudication du passage d'eau à la folle enchère du fermier évincé.

32. Le fermier fera exactement balayer les ports et les cales lors des crues d'eau, et tenir propres en tout temps les abords et pontons des bacs et bateaux.

Il garnira les bacs et bateaux de planches pour siéges, de manière que les passagers y soient avec propreté et sûreté, et tiendra toujours les bateaux vides d'eau.

33. Les bacs et bateaux, au moment de l'embarquement et du débarquement, seront amarrés de manière à éviter les accidents que leur recul pourrait occasionner.

34. Le fermier ne pourra passer ni être contraint à passer, lorsque les rivières charrieront des glaces, ni lorsque le vent et les grandes eaux seront assez considérables pour faire craindre des accidents; il demeurera personnellement responsable de tout dommage et accident auquel l'inexécution de cet article donnerait lieu.

35. Le fermier sera tenu de passer une personne seule, sans exiger d'autre droit que le droit simple, lorsqu'elle aura attendu sur le port le laps de temps qui sera d'une heure pour les bacs et d'une demi-heure pour les passe-cheval et pour les batelets.

Il devra passer sans aucun délai les fonctionnaires, agents et autres personnes désignées à l'article 5 du présent.

Toute autre personne qui voudra passer isolément et sans attendre ce laps de temps payera le droit fixé dans ce cas par le tarif.

Le fermier sera tenu de passer, soit avant le lever, soit après le coucher du soleil, sans exiger aucun droit, mais seulement pour l'exercice de leurs fonctions, les préfets et sous-préfets, les maires, les juges d'instruction et procureurs de la République, les juges de paix et leurs greffiers, les commissaires de police et autres agents de police judiciaire, les employés des contributions indirectes et des douanes, la gendarmerie, ainsi que les ministres des différents cultes reconnus par l'État, et leurs assistants.

36. Le fermier, conformément à l'article 34 de la loi du 6 frimaire an VII, sera responsable des délits commis par les préposés et mariniers, et des accidents imputables à leur négligence ou à leur impéritie, ainsi que des restitutions, dommages, amendes ou condamnations pécuniaires prononcés contre lesdits préposés ou mariniers.

37. Tout fermier sera tenu d'accompagner les ingénieurs des ponts et chaussées dans les visites semi-annuelles que prescrit l'article 34 de la loi du 6 frimaire an VII, de leur donner tous les renseignements qu'ils requerront, et de signer avec eux le procès-verbal de ces visites, dans lequel il lui sera loisible de faire insérer ses observations.

(*Suit le tarif des droits à percevoir.*)

PROCÈS-VERBAL D'ADJUDICATION.

Aujourd'hui....., mil huit cent....., jour déterminé par les publications et affiches, nous..... maire de la commune d....., en vertu de la délégation de M. le préfet, nous sommes rendu à la mairie, en la salle des adjudications, à l'effet de procéder à l'adjudication, au plus offrant et dernier enchérisseur, du produit des droits à percevoir au passage d'eau de....., en vertu du tarif arrêté par le gouvernement, le.....

Après avoir fait connaître que les pièces relatives à cette adjudication, notamment le cahier des charges et le tarif des droits à percevoir, avaient été déposées sur le bureau, nous avons donné lecture desdits cahier des charges et tarif.

Nous avons ensuite invité les personnes présentes à déclarer si elles avaient l'intention d'enchérir, soit pour leur compte, soit en vertu de pouvoirs réguliers, et nous avons inscrit sur un cahier les noms, demeures et professions de celles qui ont annoncé vouloir prendre part aux enchères.

Après quoi nous avons formé la liste des concurrents qui seuls doivent être admis à prendre part à l'adjudication, et avons déclaré que les enchères étaient ouvertes sur une mise à prix de.....

Sur le premier feu allumé, le sieur..... (*les enchères seront ici détaillées*).

La dernière enchère, faite par le sieur....., demeurant à....., et portée à la somme de....., n'ayant pas été couverte, ledit sieur..... a été déclaré adjudicataire des droits à percevoir au passage d'eau de....., pendant les années....., moyennant une redevance annuelle de.....

Et ledit sieur..... a déclaré qu'il prenait ladite ferme pour son compte *ou* le compte de M....., aux charges, clauses et conditions ci-dessus stipulées.

Fait à....., le....., 18...

ACTE D'ABONNEMENT PAR VOIE DE SOUMISSION DIRECTE (1).

Cejourd'hui, mil huit cent....., par-devant nous....., maire de la commune de....., agissant en vertu de la délégation de M. le préfet, a comparu le sieur..... (*nom, prénoms, qualité*), demeurant à....., lequel a déclaré prendre, à titre de fermage, le produit des droits à percevoir au passage d'eau de....., conformément au tarif arrêté par le gouvernement, le.....

Ce fermage aura une durée de..... années qui commenceront le....., et finiront le.....

---

(1) L'amodiation des droits à percevoir sur les bacs devant faire toujours l'objet d'une adjudication publique, il en résulte que ce n'est qu'après une tentative d'adjudication demeurée sans effet qu'on peut recourir au mode d'abonnement par voie de soumission directe.

Le soumissionnaire s'engage à payer à l'État une redevance annuelle de....., qu'il acquittera de la manière indiquée au cahier des charges dudit passage d'eau, cahier des charges dont il déclare avoir une parfaite connaissance, et aux clauses et conditions duquel il se soumet sans aucune restriction.

Après lecture du présent acte, le sieur..... a signé avec nous.

Fait à....., le..... 18..

(*Signatures.*)

ACTE DE CAUTIONNEMENT (Voy. CAUTIONNEMENT).

N° 135.

BACS OU BATEAUX (*Procès-verbal pour surcharge des*) (1).

Aujourd'hui..... mil huit cent....., à..... heure d....., nous....., maire (*ou* adjoint) de la commune d......, nous étant rendu au lieu où est établi le bac *ou* bateau d....., tenu par le sieur N......., avons reconnu qu'il y avait sur ledit bac *tant* de personnes, ou *tant* de voitures; que la charge extraordinaire occasionnée par le nombre de personnes *ou* de voitures compromettait la sûreté des passagers, et mettait le bac en danger de couler; que ledit sieur N....., batelier, est, pour ces faits, en contravention à l'article..... du cahier des charges de son bail, qui lui enjoint de ne jamais admettre plus de..... personnes *ou*..... voitures sur son bac; nous avons en conséquence déclaré audit sieur N..... procès-verbal de cette contravention; lequel procès-verbal sera transmis à M. le sous-préfet pour y être donné telles suites qu'il appartiendra.

(*Signature.*)

N° 136.

BACS OU BATEAUX. — *Procès-verbal de visite.*

Aujourd'hui.... mil huit cent...., à...., heure d...., nous...., maire (*ou* adjoint) de la commune d....., instruit que le bac (*ou* le bateau, *ou* la galiote) d....., situé à....., appartenant à....., donne lieu, par son mauvais état, à des craintes pour la sûreté publique, nous sommes transporté, accompagné d....., charpentier, vers l'endroit où ce bac (*ou* bateau, *ou* galiote) est amarré, et, après l'avoir examiné avec ledit....., nous avons reconnu qu'en effet on ne pouvait continuer à s'en servir sans y avoir fait préalablement les réparations convenables (*détailler quelles sont les réparations à faire*). En conséquence, nous avons fait défense au susdit..... de se servir dudit bac, *ou* bateau, *ou* galiote, avant que les réparations fussent faites, sous peine d'amende et de confiscation, sans préjudice des dommages-intérêts; et avons signé avec le susdit....., après lecture faite.

Le maire.

---

(1) « Il est enjoint aux adjudicataires, mariniers et autres personnes employées au service des bacs, de se conformer aux dispositions de police administrative et de sûreté, contenues dans la loi du 6 frimaire an VII, ou qui pourraient leur être imposées par l'autorité administrative pour son exécution, à peine d'être responsables des suites de leur négligence, et en outre d'être condamnés, pour chaque contravention, à une amende de la valeur de trois jours de travail, prononcée par les conseils de préfecture, à la diligence des préfets ou sous-préfets. » (*Loi du 6 frimaire, an* VII *art.* 51.)

« Les adjudicataires seront, dans tous les cas, civilement responsables des restitutions, dommages-intérêts, amendes et condamnations pécuniaires prononcés contre leurs préposés et mariniers (*Id., art.* 54). Ils peuvent même, dans le cas de récidive légalement prononcée par un jugement, être destitués par les préfets, sur l'avis des sous-préfets, et leurs baux demeurent résiliés sans indemnité. » (*Id., art.* 55.)

N° 137.

Bacs ou Bateaux. — *Procès-verbal constatant que le tarif des droits à payer n'est pas affiché.*

Aujourd'hui..... mil huit cent..., à.... heure d...., nous...., maire (*ou* adjoint) de la commune d....., nous étant rendu au lieu où est établi le bac *ou* bateau d....., tenu par le sieur N....., avons remarqué que le tarif des droits à percevoir n'était affiché en aucun endroit ostensible du bac, conformément à l'article..... du cahier des charges de son bail ; en conséquence, nous avons déclaré au sieur N..... procès-verbal de cette contravention ; et sera, ledit procès-verbal, transmis à M. le sous-préfet pour y être donné telles suites qu'il appartiendra.

(*Signature.*)

N° 138.

Bacs ou Bateaux. — *Procès-verbal pour contravention aux tarifs des droits de passage* (1).

Aujourd'hui....., du mois d....., l'an mil huit cent....., s'est présenté en notre bureau le sieur..... (*nom, prénoms, qualité ou profession, demeure*), lequel nous a déclaré qu'il vient de passer la rivière d..... (*indiquer si c'est avec une voiture, ou un cheval, ou des bestiaux, ou des ballots de marchandises*); que le batelier a exigé du déclarant, pour droit de passage, la somme de....., tandis que, d'après le tarif, il ne lui devait que celle de..... ; que le déclarant, pour mettre un terme aux propos injurieux et même aux menaces dudit batelier, s'est vu obligé de lui payer la somme exigée, ce qu'il a fait en présence de..... (*indication des témoins*) ; que ledit déclarant proteste par le présent contre ledit payement, comme étant illégal.

Pourquoi le comparant a cru devoir nous faire la présente déclaration, afin qu'il y soit donné telles suites que de droit, et que ledit batelier soit condamné aux peines portées par la loi, et à la restitution des sommes indûment perçues.

Et ledit sieur....., déclarant, a affirmé sincère et véritable la présente déclaration, qu'il a signée avec nous.

De tout ce que dessus nous avons dressé le présent procès-verbal, qui sera transmis à M. le sous-préfet.

Le maire.

(1) « Il est expressément défendu aux adjudicataires, mariniers et autres personnes employées au service des bacs et bateaux, d'exiger, dans aucun temps, autres et plus fortes sommes que celles portées aux tarifs, à peine d'être condamnés par le juge de paix du canton, soit sur la réquisition des parties plaignantes, soit sur celle des autorités, à la restitution des sommes indûment perçues, et en outre, par forme de simple police, à une amende qui ne pourra être moindre de la valeur d'une journée de travail et d'un jour d'emprisonnement, ni excéder la valeur de trois journées de travail et d'un jour d'emprisonnement; le jugement de condamnation sera imprimé et affiché aux frais du contrevenant. — En cas de récidive, la condamnation sera prononcée par le tribunal de police correctionnelle, conformément à l'article 607 du Code des délits et des peines. » (*Loi du 6 frimaire an VII, art.* 52.)

« Si l'exaction est accompagnée d'injures, menaces, violences ou voies de fait, les prévenus seront traduits devant le tribunal de police correctionnelle, et, en cas de conviction, condamnés, outre les réparations civiles et dommages et intérêts, à une amende qui pourra être de 100 francs, et un emprisonnement qui ne pourra excéder trois mois. » (*Id., art.* 53.)

« La rétribution fixée par le tarif est due par tous les passagers, excepté par les fonctionnaires, quand ils voyagent pour raison de leurs fonctions. » (*Id., art.* 50.)

N° 139.

Bail a loyer *d'un bien communal (Délibération du conseil municipal pour le)* (1).

L'an mil huit cent...., le....., le conseil municipal de la commune d....., assemblé, etc (*Voy.* Délibération.)

M. le maire a exposé au conseil qu'il existe en cette commune *tel* bâtiment appartenant à la commune, et ayant servi jusqu'à ce jour à (*dire l'usage*), mais que, ce bâtiment n'ayant plus actuellement de destination, il convient, dans l'intérêt de la commune, de le louer, et d'en passer l'adjudication publique aux enchères ; il a rappelé en outre au conseil que, conformément à l'article 17 de la loi du 18 juillet 1837, il lui appartient de régler les conditions des baux à loyer dont la durée n'excède pas neuf années, et l'a invité à procéder de suite à ce règlement.

Le conseil municipal, adoptant la proposition de M. le maire, a délibéré ce qui suit :

Art. 1er. Le bâtiment communal, situé rue...... n°....., appelé le....., sera loué par adjudication publique, par M. le maire, en présence de MM..... (*deux membres du conseil*), délégués à cet effet, après affiches et publications dans les formes prescrites.

Art. 2. Le bail sera passé pour neuf années consécutives, qui commenceront le..... et finiront le.....

Art. 3..... (*Voy. le cahier des charges ci-après, n°* 140, *dont les dispositions doivent être extraites de la délibération du conseil municipal.*)

Art..... et dernier. Les conditions ci-dessus seront insérées au cahier des charges de l'adjudication, lequel sera dressé par M. le maire, à l'expiration du délai fixé par l'article 18 de la loi du 18 juillet 1837.

(*Signatures.*)

N° 140.

Bail a loyer (*Adjudication d'un*).

AFFICHE (2).

Mairie d.........

On fait savoir que le....., à..... heure du....., il sera, par-devant le maire de la ville ou commune d....., en la salle de la mairie, procédé à l'adjudication

(1) On appelle bail à loyer celui qui concerne les maisons et bâtiments qui ne sont pas nécessaires à l'exploitation des biens ruraux.

«Les conseils municipaux règlent par leurs délibérations les conditions des baux à ferme ou à loyer dont la durée n'excède pas dix-huit ans pour les biens ruraux, et neuf ans pour les autres biens. (*Loi du* 18 *juillet* 1837, *art* 17.) Ils sont appelés à *délibérer*, dans tous les cas, sur les conditions des baux à ferme ou à loyer par la commune, quelle qu'en soit la durée. » (*Id., art.* 19.)

Lorsqu'il y a une portion quelconque d'un revenu communal à affermer, les maires doivent rédiger un cahier des charges et l'adresser au sous-préfet pour être soumis à son approbation; et lorsque ce dernier l'a approuvée, l'adjudication ne peut être considérée comme définitive que par l'approbation du préfet.

Aux termes de la loi du 23-28 octobre-5 novembre 1790, titre II, article 13, les baux seront annoncés un mois d'avance par des publications, de dimanche en dimanche, à la porte des églises paroissiales de la situation, et de celles des principales églises les plus voisines, à l'issue de la messe de paroisse, et par des affiches, de quinzaine en quinzaine, aux lieux accoutumés. L'adjudication sera indiquée un jour de marché, avec le lieu et l'heure où elle se fera. Il y sera publiquement procédé par-devant l'administration du département ou celle de la commune, à la chaleur des enchères, sauf à la remettre à un autre jour s'il y a lieu.

(2) «Les affiches, pour l'adjudication, seront apposées dans les formes et aux termes

au plus offrant et dernier enchérisseur, et à l'extinction des feux, du bail à loyer, pour neuf années consécutives, d'un bâtiment communal dont la désignation suit :

Une maison sise en cette ville, rue des Vieilles-Prisons, n° 9, composée d'un rez-de-chaussée et de deux étages, avec cellier, cave, grenier, remise, écurie, cour et jardin, ainsi que le tout se trouve désigné en l'état des lieux qui a été dressé de ladite maison.

On peut prendre connaissance, au secrétariat de la mairie, des clauses et conditions dudit bail à loyer, tous les jours non fériés, de *telle* heure à *telle* heure.

Fait à la mairie d....., le..... 18...

Le maire.

CAHIER DES CHARGES, CLAUSES ET CONDITIONS DU BAIL (1).

Objet à louer.

Maison sise à....., rue des Vieilles-Prisons, n° 9, avec ses dépendances, dont plus ample désignation sera faite au procès-verbal d'adjudication.

Art. 1er. Le présent bail est fait pour neuf années consécutives (2), qui commenceront au 1er janvier mil huit cent....., et finiront à pareil jour en l'année mil huit cent....., et ce, sous les charges, clauses et conditions suivantes, que le preneur s'oblige d'exécuter, sans pouvoir prétendre aucune diminution du loyer, à peine de tous dépens, dommages et intérêts.

2. Le fermier jouira de ladite maison en bon père de famille : il sera tenu de la tenir garnie, pendant la durée du bail, de meubles et effets exploitables, en suffisante quantité et de suffisante valeur pour répondre des loyers (3).

3. Le preneur entretiendra ladite maison, pendant le même temps, en bon état de réparations locatives, et à la fin du bail il la rendra telle. A cet effet, ledit preneur sera tenu de porter à la connaissance du maire tous faits ou accidents qui pourraient donner lieu à de grosses réparations, lesquelles il sera tenu de souffrir pendant la durée du bail. Si cependant ces réparations étaient de nature à le priver entièrement de sa jouissance, il y aurait lieu, en sa faveur, à la diminution du prix du bail telle qu'elle est réglée par l'article 1824 du Code Napol. (4).

4 Le preneur tiendra les cheminées soigneusement ramonées ; elles devront l'être au moins une fois l'an. Il sera responsable des conséquences des incendies que le défaut de ce soin aurait pu occasionner (5).

---

indiqués par les règlements, et, en outre, leur extrait sera inséré dans le journal du lieu de la situation de l'établissement, selon qu'il est prescrit par l'article 683 du Code de procédure civile. Il sera fait mention du tout dans l'acte d'adjudication.» (*Décret du 12 août 1807, art. 3.*)

Les affiches relatives aux actes d'administration d'un intérêt général et à la publication des règlements de police doivent seules être sur papier blanc non timbré. Les affiches qui ont rapport à des adjudications, ventes, etc., de biens communaux doivent être sur papier de couleur timbré.

(1) Voir *Code Nap.*, titre VIII, chapitre 2, sections 1 et 2.

(2) Si le bail est de *trois, six* ou *neuf* années, on dira : Le présent bail est fait pour trois, six ou neuf années consécutives, au choix respectif du bailleur et du preneur, en s'avertissant réciproquement, et par écrit, trois mois (*ou* six mois) avant l'expiration des trois premières années qui commenceront au premier janvier mil huit cent...

(3) *Code Nap., art.* 1728 *et* 1752.

(4) « Si, durant le bail, la chose louée a besoin de réparations urgentes et qui ne puissent être différées jusqu'à sa fin, le preneur doit les souffrir, quelque incommodité qu'elles lui causent, et quoiqu'il soit privé, pendant qu'elles se font, d'une partie de la chose louée.

« Mais, si ces réparations durent plus de quarante jours, le prix du bail sera diminué à proportion du temps et de la partie de la chose louée dont il aura été privé.

« Si les réparations sont de telle nature qu'elles rendent inhabitable ce qui est nécessaire au logement du preneur et de sa famille, celui-ci pourra faire résilier le bail. » (*Code Nap., art.* 1724.)

(5) *Code Nap., art.* 1733, 1734.

« Le nettoiement des cheminées est pareillement une des charges des locataires, et il

5. Le preneur ne pourra établir de poêle dans ladite maison qu'en élevant les tuyaux à la hauteur du faîte des cheminées.

6. Il ne pourra faire, dans la susdite maison, aucun changement, démolition, construction, distribution ni percement, sans avoir obtenu le consentement exprès et par écrit du bailleur; et dans le cas où il en aurait été fait, le preneur sera tenu, à la fin de son bail, de remettre et rétablir les lieux en tel et semblable état qu'ils sont à présent; et néanmoins il sera au choix du bailleur de retenir les changements et augmentations, si bon lui semble et sans aucune indemnité.

7. Il acquittera la contribution des portes et fenêtres, et satisfera à toutes les charges de ville et de police dont les locataires sont ordinairement tenus (1).

8. Il ne pourra céder son droit au présent bail en tout ou en partie, ni sous-louer à qui que ce soit, sans le consentement exprès et par écrit du maire.

9. Dans le cas où le preneur laisserait arriérer deux termes de suite, la résiliation du bail sera facultative pour la commune, sans préjudice des poursuites qu'elle aura le droit d'intenter à la fin de recouvrement du loyer (2).

10. Indépendamment de la garantie stipulée en l'article 2, l'adjudicataire, ou preneur, sera tenu de consentir hypothèque, sur des immeubles libres même d'hypothèques *légales*, d'une valeur suffisante pour répondre du prix du loyer. Dans le cas où il ne pourrait fournir par lui-même ce cautionnement, il devra présenter, au moment même de l'adjudication, une caution bonne et valable qui produira la garantie exigée et signera au procès-verbal.

11. A l'époque de l'entrée en jouissance du preneur, il sera fait en double un état descriptif des lieux composant ladite maison, ainsi que des objets laissés à sa disposition, pour le tout être rendu en même état à la fin du bail.

12. Le prix du bail sera versé, par l'adjudicataire, ou preneur, dans la caisse du receveur municipal, en deux termes et payements égaux : le premier écherra au premier juillet; le second le premier janvier. Conséquemment, la grosse du bail sera remise au receveur municipal à l'effet, par ce comptable, de poursuivre le recouvrement du prix du loyer, dans le cas où le preneur ne se libérerait pas à l'échéance de chaque terme.

13. Tous les frais auxquels le présent acte pourra donner lieu, tels que ceux d'affiches, criée, timbre, enregistrement, expéditions, seront à la charge dudit preneur.

14. De son côté, le bailleur (*le maire*) s'oblige de faire jouir paisiblement le preneur de ladite maison et de ses dépendances, pendant toute la durée du bail : il promet, en outre, de faire tenir les lieux clos et couverts, suivant l'usage (3).

15. La première mise à prix est fixée à..... francs (4). Les enchères ne pourront être au-dessous de 5 francs, et l'adjudication ne sera prononcée qu'après l'extinction de trois feux sans enchères. Les feux ne seront allumés que lorsque les offres seront égales à la mise à prix.

16. L'adjudication ne sera définitive et le bail ne recevra son exécution qu'après avoir été revêtus de l'approbation du préfet.

Fait à....., le.... 18...

Approuvée par nous, préfet, le.... *Le maire.*

PROCÈS-VERBAL D'ADJUDICATION.

L'an mil huit cent....., le....., à..... heures du....., nous....., maire

---

n'est pas douteux que, si le feu prenait à une cheminée faute d'avoir été ramonée, le locataire ne fût tenu de tout le dommage causé par l'incendie qui aurait été la suite de sa négligence, à moins qu'il ne se fût trouvé dans le tuyau quelque pièce de bois : dans ce cas ce serait le défaut de la construction et le locataire n'en serait pas responsable. » (*Répertoires de Merlin et Guyot.*)

(1) « La contribution des portes et fenêtres, exigible du propriétaire, doit lui être remboursée par le locataire, s'il n'y a convention contraire. » (*Loi du 4 frimaire an VII* (*21 novembre* 1798), *art.* 12.)

(2) *Code Nap., art.* 1728.

(3) Art. 1719, § 3, du Code Napoléon.

(4) Il résulte de l'article 10 de la loi du 16 brumaire an V (6 novembre 1796), que la mise à prix peut être fixée au taux de la plus basse évaluation du loyer.

de la commune de...., assisté de MM...., membres du conseil municipal délégués par délibération d....., et de M....., receveur municipal, en la salle de la mairie de ladite commune, avons procédé ainsi qu'il suit à l'adjudication au plus offrant et dernier enchérisseur, à l'extinction des feux, du bail à loyer d'un bâtiment communal, appelé le....., sis à....., rue....., n°....., composé d'un rez-de-chaussée et de deux étages, avec cellier, caves, greniers, remise, écurie, cour et jardin, le tout plus amplement désigné en l'état des lieux, dont connaissance a été donnée aux enchérisseurs; ladite adjudication ayant été annoncée par affiches et publications conformément à l'article 3 du décret du 12 août 1807.

Lecture faite des clauses et conditions du bail, et attendu qu'il s'est trouvé un nombre suffisant d'enchérisseurs, nous avons annoncé que les enchères seraient reçues immédiatement sur la mise à prix fixée à 500 francs pour loyer annuel.

Il a été allumé un premier feu et, après diverses enchères successives, le prix de louage a été porté à la somme de 550 francs.

Il a été de suite allumé un second feu pendant la durée duquel il est encore survenu plusieurs enchères qui ont porté le prix du loyer à la somme de 580 francs.

Trois autres feux ont été ensuite allumés successivement et se sont éteints sans que personne ait surenchéri.

En conséquence, nous avons adjugé définitivement le bail à loyer du bâtiment sus-désigné, de l'avis de MM....., délégués du conseil municipal, à M....., dernier enchérisseur pour ladite somme de *cinq cent quatre-vingts francs*, outre les frais de l'adjudication, à charge par lui de se conformer aux clauses et conditions du cahier des charges.

Et à l'instant ledit sieur....., adjudicataire, a déclaré affecter à la sûreté et garantie de son engagement les biens immeubles ci-après désignés..... : lesquels immeubles il a dit lui appartenir et être libres de tous autres privilèges et hypothèques. Ce cautionnement a été agréé sous réserve qu'il sera pris inscription hypothécaire et formé tous actes conservatoires aux frais dudit adjudicataire.

Si l'adjudicataire ne peut se cautionner lui-même et présente une caution, ce dernier alinéa commencera ainsi : Et à l'instant s'est présenté le sieur...., propriétaire, demeurant à....., qui nous a déclaré se porter solidairement caution du sieur....., et affecter à la sûreté et garantie de son engagement, etc. (*Le reste comme ci-dessus.*)

De tout ce que dessus il a été rédigé le présent procès-verbal que ledit sieur ....., adjudicataire, M....., sa caution, MM....., délégués du conseil municipal, et M....., receveur, ont signé avec nous après lecture.

Fait et clos à....., les jour, mois et an susdits.

(*Signatures.*)

N° 141.

Bail *à ferme d'un terrain communal* (*Délibération du conseil municipal pour le*).

L'an mil huit cent....., le....., le conseil municipal de la commune d....., assemblé, etc. (*Voy.* Délibération.)

M. le maire a exposé au conseil que la commune a en propriété un terrain en nature d....., sis à....., de la contenance d....., lequel n'a été jusqu'à ce jour d'aucune utilité pour les habitants; que ce terrain pourrait être amodié, et rapporter annuellement une somme de....., qui viendrait en augmentation des revenus ordinaires de la commune; et il a invité le conseil à délibérer sur l'utilité de cette location;

Le conseil municipal,

Vu l'article 17 de la loi du 18 juillet 1837,

Considérant que la location proposée par M. le maire est de nature à augmenter le revenu ordinaire de la commune,

A réglé ainsi qu'il suit les conditions de cette location :

Art. 1er. Le bail du terrain communal situé à....., de la contenance de....., ares, sera mis en adjudication publique, à l'expiration du délai fixé par l'article 18 de la loi du 18 juillet 1837, et après affiches et publications dans les formes prescrites.

2. L'adjudication sera donnée à la chaleur des enchères et à l'extinction de trois feux francs, par-devant M. le maire, assisté de MM....., membres du conseil municipal, délégués à cet effet, et en présence du receveur municipal, en conformité de l'article 16 de ladite loi.

3. Ledit bail sera passé pour..... années consécutives, qui commenceront le..... et finiront le... .

4. L'adjudicataire devra tenir constamment, pendant la durée du bail, les terres en bon état de culture, veiller à ce qu'il ne soit fait aucune usurpation ou empiétement sur le terrain loué, et avertir sur-le-champ M. le maire de tous ceux qui pourraient y être faits.

5. Il payera comptant les frais et droits dudit bail et de l'expédition à en délivrer au receveur municipal.

6. Il payera, par chaque année du bail et sans diminution du prix principal de l'adjudication, entre les mains du percepteur, les contributions foncières et toute charge publique et annuelle qui pourraient être mises sur ledit terrain pendant le cours du bail, et devra en rapporter annuellement à M. le maire bonne et valable quittance.

7. Il versera le prix du bail à la caisse communale, annuellement et d'avance, en un seul terme, le....., pendant les..... années de la durée du bail.

8. Il ne pourra céder son droit audit bail, en tout ou en partie, à qui que ce soit, sans le consentement de M. le maire, accordé dans les formes voulues.

9. Le preneur sera tenu de fournir, au moment même de l'adjudication, bonne et solvable caution, agréée par le maire et par le receveur municipal, et fournir, s'il en est requis, dans les formes ordinaires et par acte authentique à ses frais, un cautionnement en immeubles libres de priviléges et hypothèques et d'une valeur suffisante pour répondre du prix du bail.

10. Le cahier des charges de l'adjudication sera rédigé par M. le maire conformément aux présentes dispositions.

Expédition de la présente délibération sera immédiatement transmise, à la diligence de M. le maire, à M. le sous-préfet, en exécution de l'article 18 de la loi du 18 juillet 1837 (1).

Fait et délibéré à....., les jour, mois et an susdits.

(*Signatures.*)

N° 142.

Bail *à ferme d'un terrain communal* (*Adjudication du*).

AFFICHE.

Commune d.....

On fait savoir que le..... mil huit cent....., à..... heures d....., il sera, par-devant le maire de la commune d....., en la salle de la mairie de ladite commune, procédé à l'adjudication au plus offrant et dernier enchérisseur et à l'extinction des feux, du bail à ferme pour..... années consécutives qui commenceront le....., d'un terrain communal en nature de....., sis au lieu dit..., de la contenance de..... ares.

On pourra prendre connaissance au secrétariat de la mairie des dispositions du cahier des charges, clauses et conditions dudit bail à ferme, tous les jours non fériés, de *telle* heure à *telle* heure.

Fait à la mairie d....., le..... mil huit cent.....

Le maire.

---

(1) A la réception de l'expédition de cette délibération, le sous-préfet en délivre ou fait délivrer un récépissé. La délibération est exécutoire si, dans les trente jours qui suivent la date du récépissé, le préfet ne l'a pas annulée, soit d'office, soit sur réclamation de toute partie intéressée.

CAHIER DES CHARGES, CLAUSES ET CONDITIONS DU BAIL.

Art. 1er. Le bail du terrain communal appelé l....., sera fait pour..... années consécutives, qui commenceront le....., et finiront le.....; l'adjudication aura lieu aux enchères et à l'extinction de trois feux francs, par-devant M. le maire, assisté de MM....., membres du conseil municipal, et en présence du receveur de la commune.

La première mise à prix sera de.....; les enchères ne pourront être moindres de.....; les feux ne seront allumés que lorsqu'il sera fait une offre au moins égale à la mise à prix.

2. Le preneur devra tenir constamment, pendant la durée de son bail, les terres en bon état de culture, veiller à ce qu'il ne soit fait aucun empiètement ou usurpation sur le terrain loué, et avertir sur-le-champ l'administration municipale de ceux qui pourraient y être faits.

3. Il payera comptant les frais et droits dudit bail et de l'expédition à en délivrer au receveur municipal.

4. Il payera, par chaque année du bail et sans diminution du prix principal d'adjudication, les contributions foncières et toutes les charges publiques et annuelles qui pourraient être mises sur ledit terrain, et devra en rapporter annuellement à M. le maire bonne et valable quittance.

5. Il versera le prix du bail annuellement et d'avance, à la caisse du receveur municipal, en un seul terme, le....., pendant les..... années de la durée du bail.

6. Il ne pourra céder son droit audit bail, en tout ou partie, à qui que ce soit, sans le consentement de l'administration, accordé dans les formes voulues.

7. Il sera tenu de fournir, au moment même de l'adjudication, bonne et solvable caution qui s'engagera solidairement avec lui à l'entière exécution des présentes conditions.

8. Ledit bail n'aura d'exécution qu'autant qu'il aura été approuvé par M. le préfet et qu'à dater du jour de son approbation.

Fait à....., le..... mil huit cent.....

Le maire.

Approuvé par nous, préfet, le..... mil huit cent.....

PROCÈS-VERBAL D'ADJUDICATION.

L'an mil huit cent..... le..... à..... heure du..... nous..... maire de la commune d....., avons procédé, en la salle de la mairie de ladite commune, assisté de MM....., membres du conseil municipal, et de M...., receveur municipal, à l'adjudication au plus offrant et dernier enchérisseur et à l'extinction des feux, du bail à ferme du terrain communal désigné ci-dessus, laquelle adjudication a été annoncée pour ces jour et heure par affiches et publications dans les formes voulues.

Lecture faite du cahier des charges, attendu qu'il s'est trouvé un nombre suffisant d'enchérisseurs, nous avons annoncé qu'il allait être procédé à la réception des enchères sur la mise à prix fixée à..... pour fermage annuel, qu'il ne serait pas reçu d'enchères au-dessous de.... et que l'adjudication serait faite en faveur du plus offrant et dernier enchérisseur, à l'extinction de trois feux francs.

Il a été allumé un premier feu pendant la durée duquel M..... a offert la somme de..... M..... la somme de..... et M..... celle de.....

Un second feu ayant été allumé, M..... a offert la somme de.....

Enfin, trois feux ayant été allumés successivement et s'étant éteints sans enchères, nous avons adjugé au sieur....., le bail à ferme du terrain communal sus-désigné, moyennant la somme de....., qu'il payera annuellement à la caisse du receveur municipal, ainsi qu'il est dit au cahier des charges. Et, à l'instant, le sieur M..... nous a présenté pour caution le sieur M....., demeurant à....., lequel nous a déclaré s'engager solidairement avec l'adjudicataire à l'entière et parfaite exécution des clauses et conditions de la présente adjudication.

Cette caution ayant été acceptée, lesdits sieurs. ... ont signé avec nous le présent procès-verbal, ainsi que MM....., membres du conseil municipal, et M....., receveur.

Fait à....., les jour, mois et an susdits.

(*Signatures.*)

N° 143.

Bail *d'un bâtiment nécessaire à la commune* (*Délibération sur la prise à*)

L'an mil huit cent......, le....., le conseil municipal de la commune de..... réuni, etc. (Voy. Délibération.) M. le maire a exposé que le bâtiment qui a servi jusqu'à ce jour de..... étant à la veille d'être démoli *ou* repris et occupé par le propriétaire qui l'avait loué à la commune, il est urgent que la commune se pourvoie d'un autre local; que le bâtiment appartenant à (*désigner le bâtiment*), actuellement vacant, étant à louer, et pouvant remplacer celui que la commune est obligée de quitter, il propose ce bâtiment, dont le loyer est de la somme de....

Le conseil municipal, vu l'exposé qui précède;

Vu la promesse souscrite le..... par..... de donner à location à la commune pour une durée de..... moyennant le prix annuel de..... le..... (*désigner le bâtiment*) pour servir à.....;

Vu le procès-verbal d'expertise dressé le..... par..... désigné à cet effet par le préfet *ou* le sous-préfet;

Vu le budget de la commune pour l'exercice 18...

Vu la loi du 18 juillet 1837, art. 19 et 47;

Considérant qu'il y a nécessité de louer un nouveau local pour servir de..... et que le bâtiment proposé convient à cette destination;

Délibère : Il y a lieu d'autoriser M. le maire à passer acte du bail avec le sieur..... propriétaire, et à consentir audit acte le payement annuel de la somme de..... pour prix de cette location, qui sera faite pour..... années.

Les membres du conseil municipal.

N° 144.

Bail *d'un bâtiment nécessaire à la commune* (*Acte sous-seing privé du*).

Entre nous..... (*nom, prénoms*), maire de la commune d.... canton d..... arrondissement d....., département d....., agissant en vertu de la délibération du conseil municipal de ladite commune, en date du...., et de l'autorisation de M. le préfet du....., d'une part;

Et le sieur A..... (*prénoms et profession du propriétaire de la maison qu'on veut louer*) (1).

A été convenu ce qui suit :

Le sieur A..... (2) cède, à titre de bail à loyer, et non autrement, pour le temps et espace de (*en toutes lettres*) années qui commenceront à courir le..... du mois d....., l'an mil huit cent ....., et finiront le.... du mois d....., l'an mil huit cent..... (3).

A M. le maire de la commune d....., acceptant au nom de ladite commune,

(1) Si ce propriétaire était représenté par un mandataire, il faudrait indiquer les nom, prénoms, profession et domicile de ce mandataire, la qualité en laquelle il agit, les nom, prénoms, profession et domicile du propriétaire ou usufruitier de la maison, la date et l'enregistrement de la procuration en vertu de laquelle on agit pour lui, et le nom du notaire si elle est authentique.

(2) Si le propriétaire est remplacé par un mandataire, il faut rétablir le nom de celui-ci, et ajouter : En sa qualité de mandataire dudit sieur (*le propriétaire ou l'usufruitier*).

(3) L'ordonnance du roi du 16 juillet 1833 dispose (article 3) que la durée des baux pour maisons d'école ne peut dépasser six ans.

une maison située à....., rue....., n°....., composée, au rez-de-chaussée, de....., au premier étage de....., et..... (1); ladite maison devant servir au logement de l'instituteur primaire communal, et à recevoir ses élèves.

Ce bail est fait à la charge par la commune, ce à quoi M. le maire déclare l'obliger, de veiller à ce que les lieux soient entretenus de réparations locatives, et à ce qu'il en soit usé comme le doit faire un bon père de famille, sans qu'il y soit commis aucune dégradation, à peine de rétablissement.

(Ici doit se faire l'énumération des diverses obligations qui seront prises tant au nom de la commune que de la part du propriétaire, soit pour changer quelques distributions afin de rendre le local plus approprié à sa nouvelle destination, soit pour toute autre cause.)

Le présent bail est en outre fait pour et moyennant la somme de..... *(en toutes lettres)* par année, que M. le maire oblige ladite commune de payer en deux termes et payements égaux, le premier échéant le..... du mois d..... mil huit cent.............; le second, le..... du mois d..... même année *(et ainsi de suite)*, audit sieur A..... qui reste chargé du payement des contributions.

Fait double à..... le..... mil huit cent.....

Le propriétaire ou le mandataire. *Le maire.*

N° 145.

BAINS *dans les rivières et établissements de bains (Arrêté de police concernant les)* (2).

Nous, maire de la ville *ou* commune de.....

Vu les lois des 14-22 décembre 1789, art. 50; 16-24 août 1790, titre II, art. 3; 19-22 juillet 1791, titre I, art. 46, et 18 juillet 1837, art. 11;

Le Code pénal, art. 330, 471 (n° 15) et 475 (n° 12);

Considérant que s'il convient, dans l'intérêt de l'hygiène publique, de donner toutes facilités convenables aux baigneurs et aux établissements de bains, il est du devoir de l'autorité municipale de prescrire les mesures de police de nature à prévenir les accidents et à empêcher que les baigneurs ne s'écartent des bornes de la décence;

Avons arrêté ce qui suit :

BAINS EN PLEINE EAU.

Art. 1er. Tous individus qui voudront se baigner dans la rivière ne pourront le faire que munis d'un caleçon de bain ou autre vêtement, et dans les lieux désignés ci-après : *(Désigner les emplacements choisis par le maire comme étant moins en vue du public et offrant toute sûreté aux baigneurs.)*

2. Les femmes ne pourront, dans aucun cas, se baigner dans les parties libres de la rivière. Des emplacements clos et couverts leur seront assignés et elles ne pourront se baigner ailleurs.

BAINS PUBLICS SUR LA RIVIÈRE.

3. Aucun bain ne sera établi sur la rivière sans la permission de l'autorité municipale.

---

(1) Entrer dans les plus grands détails, quant à l'exposition, aux jours, aux dimensions, dans tous les sens, de chacune des pièces.

(2) Il est dans les attributions des maires de déterminer les endroits où les bains devront être établis; de prévenir et de réprimer toute obscénité de la part des baigneurs; de faire arrêter ceux qui commettraient quelque action contre la décence publique. — Les bains publics doivent être couverts; ceux des hommes doivent être séparés de ceux des femmes; les baigneurs ne peuvent rester nus sur les bords des graviers, ou sur les bateaux découverts.

Les bains ne pourront être établis que dans les endroits désignés par les permissions. Il seront clos et couverts de manière que les baigneurs ne puissent être vus du public.

4. Les bains seront entourés de planches et fermés depuis le fond de la rivière jusqu'à son niveau, par des perches en forme de grille, pour empêcher les baigneurs de passer dehors ou sous les bateaux.

Il y sera planté, de distance en distance, des pieux entre lesquels seront tendues des cordes pour la sûreté et la commodité des baigneurs.

5. Il sera formé des chemins solides et bordés de perches à hauteur d'appui pour arriver dans les bateaux à bain.

Un bachot, muni de ses agrès, sera toujours attaché à chaque bain, pour porter des secours en cas de besoin.

6. Les bains des hommes seront séparés et éloignés de ceux des femmes. Il sera pratiqué des chemins différents pour y arriver.

7. Les bains seront fermés depuis dix heures du soir jusqu'au point du jour.

8. Il ne poura être exigé des baigneurs plus de......, centimes par personne dans les bains particuliers.

9. Les personnes qui, pour raison de santé ou pour se perfectionner dans l'art de nager, voudraient se baigner en pleine rivière, ne pourront y être conduites que par des mariniers munis de notre permission. Il n'en sera accordé qu'à ceux qui tiennent des bains sur la rivière.

10. Il est défendu à toute personne étant en bachot ou batelet de s'approcher des bains.

11. Lorsque la saison des bains sera finie, les propriétaires retireront les pieux, perches et autres objets qui pourraient nuire à la navigation.

BAINS EN VILLE OU SUR BATEAUX.

12. Toute personne qui voudra former en ville, soit dans une maison, soit sur un bateau, un établissement de bains publics, sera tenue d'en faire la déclaration à la mairie.

Le plan de distribution devra être soumis à notre examen, et nous nous réservons de faire, sous le rapport du maintien des bonnes mœurs, toutes observations nécessaires.

13. Un côté des bains sera affecté aux hommes, et l'autre côté aux femmes; aucune personne d'un autre sexe ne sera admise, sous quelque prétexte que ce soit, dans le cabinet occupé par une personne de l'autre sexe.

14. Les cabinets ne pourront être desservis que par des personnes du même sexe que celles qui les occupent.

DES CONTRAVENTIONS.

15. Les contraventions au présent règlement seront constatées par des procès-verbaux, et les contrevenants seront poursuivis devant le tribunal de simple police.

Les pères et mères seront responsables des contraventions commises par leurs enfants, et les instituteurs de celles commises par leurs élèves. (*Code Napoléon*, art. 1384.)

16. Dans le cas où il y aurait attentat aux mœurs, les délinquants seront poursuivis correctionnellement, conformément à l'article 330 du Code pénal.

Fait à....., le..... 18...

Le maire

N° 146.

Bains *dans les rivières. — Procès-verbal constatant que des individus se sont baignés dans un lieu interdit par l'administration municipale.*

Aujourd'hui..... mil huit cent....., à..... heure d....., nous, maire (*ou* adjoint, *ou* commissaire de police de la commune de....., instruit que des baigneurs étaient en contravention à l'arrêté de police du....., nous sommes transporté sur les bords de la rivière d....., à..... (*indiquer l'endroit*), et avons remarqué qu'en effet plusieurs individus se baignaient nus en pleine rivière et à la vue des passants. Nous étant approché, nous les avons sommés de sortir de l'eau de suite et de se couvrir de leurs vêtements, à quoi ils ont obtempéré. Nous avons reconnu parmi les délinquants les nommés....., tous domiciliés dans la commune. Deux d'entre eux, qui nous étaient inconnus, interpellés par nous, nous ont déclaré, le premier, se nommer.... et demeurer à....., le second....

Et attendu que les faits ci-dessus rapportés constituent, à la charge desdits ....., contravention à l'article 330 du Code pénal et à l'arrêté de police municipale à la date du....., nous leur avons déclaré que nous dresserions contre eux le présent procès-verbal, auquel il sera donné telles suites qu'il appartiendra.

Fait et clos à....., les jour, mois et an que dessus.

(*Signature.*)

N° 147.

Bains *publics* (*Procès-verbal de contravention au règlement de police concernant les*).

Aujourd'hui mil huit cent....., à...... heure d......, nous, maire de la commune d...... (*ou* commissaire de police), nous étant présenté dans le bain situé à *tel* endroit, tenu par le sieur L....., avons remarqué *telle contravention* au règlement de police du......; nous avons sommé ledit sieur L...... de s'expliquer sur les faits dont nous étions témoin; il nous en a donné pour raison que........ (*consigner la réponse du délinquant*) : ces réponses ne nous ayant pas paru satisfaisantes, nous avons signifié audit sieur qu'il était en contravention à l'article...... du règlement de police du......; en foi de quoi nous avons dressé le présent procès-verbal pour y être donné telles suites que de droit.

Fait à......, le..... 18...

Le maire ou *commissaire de police.*

N° 148.

Bains *et lavoirs publics* (*Délibération à l'effet d'obtenir une subvention de l'État pour la construction de*) (1).

L'an mil huit cent.... le..... le conseil municipal réuni, etc. (Voy. Délibération.)

M. le maire a exposé qu'il serait d'un grand avantage pour la classe ouvrière,

(1) Toutes les communes indistinctement sont appelées à jouir du bénéfice de la loi du 3 février 1851, qui a ouvert un crédit pour aider les communes à construire des établissements modèles de bains et lavoirs publics; mais elles doivent prendre l'engagement de pourvoir, jusqu'à concurrence des deux tiers au moins, au montant de la dépense.

de faire construire dans la commune un établissement de bains et lavoirs publics, gratuits ou à prix réduits, d'après les programmes dressés par les ordres du gouvernement et déposés à la sous-préfecture, moyennant quoi la commune obtiendrait de l'État une subvention du tiers de la dépense; que les frais de premier établissement évalués approximativement à....... pourraient être couverts, pour les deux tiers à la charge de la commune, par...... (*indiquer les ressources dont la commune peut disposer*); — enfin que l'établissement dont il s'agit serait placé commodément sur le terrain communal appelé le..... où il pourrait être alimenté par les eaux de.....

Le conseil municipal,

Vu la loi du 3 février 1851 et la circulaire ministérielle du 30 avril 1852;

Vu les programmes dressés par le gouvernement et dont il a été donné communication au conseil par M. le sous-préfet;

Considérant qu'un établissement de bains et lavoirs publics gratuits ou à prix réduits serait un véritable bienfait pour la classe ouvrière qui est très-nombreuse dans la commune;

A été d'avis à l'unanimité *ou* à la majorité des voix :

D'affecter à la construction d'un établissement de bains et lavoirs publics, gratuits ou à prix réduits, *tel produit* ou *telle somme disponible* au moyen de laquelle la commune pourra pourvoir aux deux tiers de la dépense, l'autre tiers devant être l'objet d'une subvention de l'État, conformément à la loi du 3 février 1851.

Le tarif des bains et du lavage, à prix réduits, sera dressé ultérieurement au vu d'un état approximatif des recettes et des dépenses annuelles de l'exploitation, le conseil prenant dès à présent, au nom de la commune, l'engagement de faire profiter des prix réduits tous les ouvriers dont la position justifierait cet allégement, et de délivrer chaque mois.... cartes gratuites aux indigents.

Le conseil déclare donner son adhésion au choix de l'emplacement fait par M. le maire et l'inviter à faire dresser, d'après les programmes susmentionnés, les plans et devis de la construction.

Fait et délibéré à..... les jour, mois et an susdits.

(*Signatures.*)

N° 149.

Balayage (*Règlement de police relatif au*) (1).

Nous, maire de la ville d.....;

Vu les dispositions de l'article 46, titre 1er, de la loi du 19-22 juillet 1761, et de l'article 471 du Code pénal;

Avons arrêté et arrêtons ce qui suit :

Art. 1er. Tous les propriétaires ou locataires sont tenus de faire balayer régulièrement tous les jours au-devant de leurs maisons, boutiques, cours, jardins et autres emplacements.

Le balayage sera fait à partir du ruisseau dans les rues à deux pavés; les boues et immondices seront mises en tas près des bornes.

Dans les rues à chaussée, le balayage sera fait depuis le milieu de la chaussée. Les boues et immondices seront mises en tas le long des ruisseaux, du côté de la chaussée.

Nul ne pourra pousser les boues et immondices devant la propriété de ses voisins.

2. Aussitôt après le passage des voitures de nettoiement, les propriétaires ou locataires jetteront la quantité d'eau suffisante pour nettoyer la place où se trouvaient les tas de boues.

3. Le balayage sera terminé à huit heures du matin, depuis le 1er octobre

---

(1) « Les maires doivent faire effectuer le balayage par les propriétaires et locataires devant leurs maisons, et aux frais de la commune sur les places ou vis-à vis des propriétés publiques. A cet effet, ils doivent faire les arrêtés qui fixent les jour et heure du balayage. » (*Loi du 19-22 juillet 1791, titre Ier, art. 46.*)

jusqu'au 1er mars, et à sept heures depuis le 1er mars jusqu'au 1er octobre.

4. Nul ne pourra déposer dans les rues aucunes ordures et immondices, provenant de l'intérieur des maisons, après le passage des voitures de nettoiement.

5. Il est défendu de brûler de la paille dans les rues et sur aucun point de la voie publique.

6. Les étalagistes qui occupent, avec autorisation de la police, des places dans les rues et sur les halles et marchés, sont tenus, matin et soir, de les balayer et de les rendre nettes, sous peine d'en être expulsés.

7. Il est défendu de déposer dans les rues aucunes ordures ou immondices, autres que celles qui doivent être enlevées par l'entrepreneur du nettoiement.

8. Les verres, bouteilles cassées, et morceaux de glace, de poterie, de faïence, etc., seront déposés le long des maisons séparément des boues et immondices.

9. Il est expressément défendu de rien jeter par les fenêtres et croisées.

10. Il est défendu de déposer des terres et gravois au-devant des maisons après deux heures de relevée. Les terres et gravois déposés au-devant des maisons devront être enlevés dans le jour. En cas de négligence, les commissaires de police les feront enlever aux frais des propriétaires.

11. Les habitants de la campagne et autres, qui ramassent dans la ville des immondices et du petit fumier, ne pourront le faire que de grand matin : ils se serviront de charrettes closes en planches, claies ou toiles.

Ceux qui enlèvent le fumier-litière sont tenus de le contenir sur leurs charrettes par des bannes.

12. Dans les temps de neige et de gelée, les propriétaires ou locataires sont tenus de balayer la neige, et de casser la glace au-devant de leurs maisons, boutiques, cours, jardins et autres emplacements, jusques et compris la moitié de la rue.

Ils mettront en tas les neiges et glaces, et, en cas de verglas, ils jetteront des cendres, du sable ou du gravois.

13. Ils ne pourront déposer dans les rues aucunes neiges ou glaces provenant de leurs cours ou de l'intérieur de leurs habitations.

14. Il est défendu aux propriétaires ou entrepreneurs de bains et autres établissements, tels que teinturiers, blanchisseurs, etc., qui emploient beaucoup d'eau, de laisser couler sur la voie publique les eaux provenant de leurs établissements pendant les gelées.

15. Les concierges, portiers et gardiens des maisons communales et de tous les établissements publics, chacun en ce qui le concerne, sont personnellement responsables de l'exécution des dispositions ci-dessus.

16. Il sera pris, envers les contrevenants aux dispositions ci-dessus, telles mesures de police administrative qu'il appartiendra, sans préjudice des poursuites à exercer contre eux par-devant les tribunaux, conformément aux lois et règlements de police.

Fait à....., le.....18...

Le maire.

No 150.

Balayage (*Procès-verbal de contravention au règlement municipal relatif au*).

Aujourd'hui.... mil huit cent....., nous maire (adjoint au maire *ou* commissaire de police) de la ville *ou* commune de.... passant dans la rue...., avons remarqué que le devant de la maison du sieur...... n'était point balayé, *ou* était rempli de décombres *ou* de matériaux, *ou* de fumier; en conséquence, nous avons déclaré au sieur..... qu'il était en contravention aux règlements de police, pour quoi nous allions dresser le présent procès-verbal, ce que nous avons fait et signé lesdits jour et an que dessus.

Ou nous avons fait observer audit sieur......, que depuis longtemps nous l'avons invité à retirer *ou* faire enlever les.... placés devant sa porte *ou* le long de son habitation, qui nuisaient à la voie publique, ou portaient l'infection dans le voisinage, et que n'ayant pas déféré à nos observations, nous allions dresser notre présent procès-verbal, ce que nous avons fait et signé lesdits jour et an que dessus.

(*Signature.*)

N° 151.

Bals *publics* (*Arrêté de police relatif aux*) (1).

Le maire de la ville (*ou* commune) d.....;

Vu les lois des 14-22 décembre 1789, article 50; 16-24 août 1790, titre 11, articles 3 et 4; 2-17 mars 1791, article 7; 19-22 juillet 1791, titre 1er, article 46; 8 thermidor an v (26 juillet 1797), article 8; 18 juillet 1837, article 11; le décret du 9 décembre 1809, article 1er;

Vu le Code pénal, articles 330 et 471, n° 15;

Considérant que l'autorité municipale est chargée de maintenir le bon ordre et le respect des mœurs dans les lieux de réunions et de divertissements publics, qu'il importe de veiller notamment à ce que les bals publics et même les bals particuliers ne dégénèrent point en assemblées tumultueuses ou licencieuses;

Arrête :

Art. 1er. Aucune entreprise de bals publics ou particuliers (ces derniers lorsqu'ils seront périodiques) ne pourra être formée, sous quelque dénomination que ce soit, sans la permission du maire. Cette permission sera visée par le commissaire de police; elle sera renouvelée tous les ans.

2. L'autorisation ou la permission fixera les jours où l'on pourra, à l'exclusion de tous autres, donner à danser; elle sera personnelle, non transmissible.

3. Cette autorisation ne sera accordée qu'aux personnes jouissant d'une bonne moralité et amies de l'ordre, sur une demande écrite et après examen préalable des localités destinées à l'établissement des bals.

4. Les entrepreneurs de bals devront interdire dans leurs établissements toutes danses indécentes et faire expulser toutes personnes qui commettraient des outrages publics à la pudeur, ainsi que les individus en état d'ivresse.

5. Ils ne pourront, hors le temps du carnaval, recevoir dans leurs établissements aucune personne masquée, déguisée ou travestie.

6. Ils ne pourront non plus laisser entrer, en quelque temps que ce soit, dans l'intérieur des salles de danse aucune personne avec canne, bâton, armes ni éperons; ces objets seront déposés au dehors et confiés à la garde d'une personne préposée à cet effet par le directeur ou entrepreneur, sous la responsabilité de celui-ci; il sera délivré des numéros en échange des objets déposés, et un même numéro sera attaché à chaque objet, afin de le faire reconnaître lorsqu'il sera réclamé.

7. Les entrepreneurs devront se procurer, à leurs frais, une garde suffisante pour maintenir le bon ordre. Quiconque troublera l'ordre à l'intérieur ou à l'extérieur sera arrêté à l'instant; procès-verbal sera dressé contre le perturbateur, pour être statué à son égard ce qu'il appartiendra.

8. Les entrepreneurs seront tenus de payer la rétribution fixée par les lois au profit des indigents (2).

6. Les bals publics, à moins que les entrepreneurs n'aient obtenu une per-

---

(1) « L'autorité municipale est chargée de maintenir le bon ordre et la tranquillité dans les lieux où il se fait de grands rassemblements de personnes, et autres lieux de réunions ou de divertissements publics. » (*Loi du 16-24 août 1790, titre II, art.* 3, *n°* 3.)

(2) Le droit pour les indigents est fixé par la loi du 8 thermidor an v (26 juillet 1797) au quart de la recette brute. Cet impôt n'a lieu que pour les bals où il y a un bureau de recette, lors même qu'ils ont le titre de bal de société. Aux termes d'une décision du ministre de l'intérieur du 25 fructidor an x (12 septembre 1802), l'impôt est également perçu dans les bals où une partie du prix du billet d'entrée est employée en consommation.

mission spéciale, ne pourront se prolonger au delà de l'heure fixée pour la fermeture des établissements publics.

10. Les contraventions au présent règlement seront constatées par des procès-verbaux et poursuivies conformément à la loi.

Fait à....., le..... 18...

Le maire.

N° 152.

Bals. — *Procès-verbal pour défaut d'autorisation* (1).

Aujourd'hui....., mil huit cent....., nous....., commissaire de police de la ville d...., étant en tournée dans ladite ville pour le maintien du bon ordre et nous trouvant, à dix heures du soir environ, dans la rue d..... avons remarqué que le sieur....., marchand de vin traiteur dans ladite rue, n°....., avait ouvert un bal public et avait placé au-dessus de sa porte un écriteau transparent pour l'annoncer. Étant entré dans son établissement, nous l'avons fait appeler et lui avons demandé s'il avait été autorisé par M. le maire à ouvrir un bal public; il nous a répondu négativement, ajoutant qu'il n'avait pas cru pour cela avoir besoin d'une permission.

En conséquence de cette déclaration et attendu que le sieur..... est en contravention au règlement de police municipale du....., nous lui avons annoncé que nous rédigerions contre lui le présent procès-verbal, qui sera appelé au tribunal de simple police, conformément à l'article 471, n° 15, du Code pénal.

Fait à....., les jour, mois et an que dessus.

(Signature.)

N° 153.

Bals *publics.* — *Procès-verbal de contravention au règlement de police ou à une autorisation particulière.*

L'an mil huit cent....., le....., à..... heure d......, nous maire (adjoint au maire *ou* commissaire de police) de la commune d......, étant en tournée dans ladite commune, accompagné d....., pour le bon ordre et la tranquillité publique, avons trouvé encore ouvert (*à minuit ou plus tard*), le bal public tenu par le sieur....., rue..... n°....., ce qui est une contravention au règlement de police municipale du..... *ou* aux conditions exprimées dans la permission qui lui a été accordée pour tenir ledit bal; pour quoi nous avons sommé ledit sieur ..... de le faire cesser et fermer à l'instant, avec défense expresse de ne plus, à l'avenir, dépasser l'heure prescrite pour la fermeture de son bal, ce à quoi il s'est soumis. Nous faisons observer que déjà ledit sieur.... a été par nous réprimandé précédemment pour le même fait.

Ou bien : sommes entré dans un bal public tenu par le sieur....., rue....., n°....., et nous étant fait représenter sa permission, nous avons reconnu que ledit bal ne pouvait être ouvert que les.... de chaque semaine, et attendu que c'est aujourd'hui....., avons constaté par le présent la contravention. Ledit sieur ..... nous a fait observer....

Contre laquelle observation nous avons fait toutes protestations de droit.

Ou bien : avons trouvé dans ledit bal nombre de personnes portant des bâtons, ou cannes ou armes, ce qui est expressément défendu par la permission délivrée

---

(1) La contravention, constatée par le présent procès-verbal, est punie d'une amende depuis 1 franc jusqu'à 5 francs inclusivement, par l'article 471, n° 15, du Code pénal.

L'autorité municipale est compétente pour défendre l'ouverture des bals sans autorisation préalable. Un règlement de cette nature est obligatoire; il rentre dans les dispositions des lois des 22 août 1790 et 22 juillet 1791. (*Cass. du 6 janvier 1834.*)

audit sieur....., de tout quoi nous avons dressé procès-verbal pour y être donné telles suites que de droit.

(*Signature.*)

N° 154.

BAN *de vendanges* (1) (*Arrêté de publication du*).

MAIRIE D.....

L'an mil huit cent....., le....., nous, maire de la commune d....., conformément aux dispositions de la loi du 28 septembre 1791, titre 1er, section 5, article 2, et l'article 475 du Code pénal :

Considérant les avantages qui résultent du ban de vendanges en usage dans la commune ;

Après avoir réuni le conseil municipal et appelé à cette réunion les principaux vignerons de la commune (2), à l'effet de délibérer et de fixer le jour de l'ouverture de la vendange, nous avons arrêté :

1° Le ban d'ouverture des vendanges est fixé pour toutes les vignes non closes (3) au..... de ce mois;

2° Tout le temps de leur durée elles auront lieu chaque jour sans interruption, depuis le lever du soleil jusqu'à son coucher. Les propriétaires devront se conformer rigoureusement à cette fixation du temps de travail.

3° Il sera dressé procès-verbal par le garde champêtre contre les contrevenants, qui deviendront, par le fait de cette contravention, passibles des peines prévues par l'article 475, n° 1, du Code pénal (4).

4° Les grapilleurs ne pourront entrer dans les vignes avant le..... Ceux qui ne se conformeront pas à cet arrêté seront poursuivis conformément à l'article 21 du titre 2 de la loi sur la police rurale du 28 septembre- 6 octobre 1791. Par le même article, le grapillage est interdit dans tout enclos rural.

5° Le présent ban de vendanges sera publié, affiché partout où besoin sera.

Fait à....., le..... 18...

Le maire.

N° 155.

BAN *de vendanges* (*Procès-verbal pour contravention au*).

Aujourd'hui....., mil huit cent....., à....., heure d....., nous, garde champêtre de la commune d....., dûment assermenté et revêtu de notre plaque, nous trouvant à la chute du jour près de la propriété de M....., au lieu appelé.....,

(1) Pour être exécutoire, l'arrêté du maire n'a pas besoin d'être approuvé par le préfet; seulement le maire donne avis au préfet de l'époque fixée pour l'ouverture des vendanges.

(2) Les maires peuvent être autorisés à réunir annuellement le conseil municipal, en y adjoignant les principaux vignerons, à l'effet de fixer le jour de l'ouverture des vendanges.

(3) La prohibition concernant l'ouverture des vendanges et moissons ne s'applique pas aux productions encloses par un mur, fossé, haie ou palissade. Le propriétaire les peut exploiter à son gré, et sans être obligé d'attendre la publication du ban.

Doivent être considérées comme vignes non closes, et par conséquent assujetties aux règlements sur les bans de vendanges, les vignes appartenant à différents propriétaires, qui ne sont point séparées les unes des autres par des clôtures particulières, bien qu'elles soient comprises dans une clôture commune. (*Avis du conseil d'État du 5 août 1830.*)

(4) « Seront punis d'amende, depuis 6 francs jusqu'à 10 francs inclusivement, ceux qui auront contrevenu aux bans de vendanges ou autres bans autorisés par les règlements. » (*Code pénal, art. 475.*)

« En cas de récidive, il y a peine d'emprisonnement de cinq jours au plus. »

avons aperçu plusieurs individus dans une vigne non close et appartenant au sieur L....., propriétaire et domicilié dans la commune; nous étant approché, nous les avons à l'instant sommés de nous faire connaître pour qui et en vertu de quelle autorisation ils travaillaient à la vendange, ce à quoi ils ont répondu (*consigner la réponse*). Ne pouvant admettre cette excuse, nous les avons requis de nous faire connaître leurs noms, prénoms, professions et domiciles. Le premier nous a déclaré se nommer Pierre L....., journalier de profession, habitant à....., etc.

Requis par nous de cesser tout travail malgré leur déclaration susmentionnée, et attendu qu'ils étaient en contravention ouverte aux lois et règlements sur le ban de vendanges, les individus présents ont de suite déféré à notre réquisition.

Néanmoins, nous avons déclaré contre eux procès-verbal de ladite contravention pour y être donné telles suites que de droit par-devant le tribunal de simple police, attendu qu'ils sont passibles de l'application de l'article 475, nº 1, du Code pénal, sauf leur recours contre la personne qui les a employés, et ce conformément à l'article 1384 du Code Napoléon (1). Requis de signer avec nous, ont lesdits sieurs déclaré ne pas le savoir.

Fait à....., les jour, mois et an que dessus.

(*Signature.*)

Nº 156.

Ban (*Rupture de*). — ***Procès-verbal constatant l'arrestation d'un individu en état de rupture de ban*** (2).

Aujourd'hui....., mil huit cent....., nous....., maire (adjoint au maire *ou* commissaire de police) de la ville d....., faisant la visite des auberges de cette commune, sommes entré à..... heure du....., chez le sieur B....., cabaretier, et y avons trouvé deux individus à nous inconnus, et qui étaient assis à la même table. Leur ayant demandé d'où ils venaient, où ils allaient et s'ils avaient des passe-ports, ils nous ont répondu venir d....., aller à....., et nous ont exhibé leurs passe-ports, dont nous avons pris lecture. Nous avons reconnu que l'un de ces passe-ports, délivré le....., au nommé C....., par M. le maire d....., est parfaitement régulier et l'avons rendu immédiatement à son propriétaire. L'autre, délivré le..... au nommé D....., pour se rendre à....., est un passe-port d'indigent sur lequel se trouve inscrit un grand R, et qui n'est pas visé pour la ville d....., où ledit D....., nous a déclaré se rendre. Nous avons demandé audit D....., pourquoi, au lieu de rester à....., où il doit être en surveillance, il en était sorti sans permission et sans faire viser son passe-port; il nous a répondu que, ne trouvant pas d'occupation dans cette ville, il avait cru pouvoir sortir du département, sans permission, pour aller demander à travailler à l'usine d....., où on lui a dit qu'un grand nombre d'ouvriers étaient occupés.

En conséquence, et attendu que ledit D....., reclusionnaire, assujetti à la surveillance, a contrevenu à l'article 44 du Code pénal, en quittant sans autorisation le lieu à lui assigné pour résidence, nous avons requis la gendarmerie de le transférer devant M. le procureur impérial près le tribunal de l'arrondissement.

Et de ce que dessus, nous avons dressé le présent procès-verbal qui sera remis à M. le procureur impérial pour recevoir telles suites qu'il appartiendra.

(*Signature.*)

(1) « On est responsable non-seulement du dommage que l'on cause par son propre fait, mais encore de celui qui est causé par le fait des personnes dont on doit répondre ou des choses que l'on a sous sa garde.... — Les maîtres et les commettants sont responsables du dommage causé par leurs domestiques et préposés dans les fonctions auxquelles ils sont employés..... — La responsabilité ci-dessus a lieu, à moins que les père et mère, tuteurs et commettants ne prouvent qu'ils n'ont pu empêcher le fait qui donne lieu à cette responsabilité. » (*Code Nap., art.* 1384.)

(2) « L'individu mis sous la surveillance de la haute police ne peut changer de résidence sans avoir indiqué au maire de la commune, trois jours à l'avance, le lieu où il se propose d'aller habiter, et sans avoir reçu de lui une nouvelle feuille de route. » (*Code pénal, art.* 44.)

N° 157.

Bateaux *à vapeur (Règlement général concernant les)* (1).

Art. 1er. Il est expressément défendu aux bateanx à vapeur de naviguer avec une vitesse supérieure à celle que comporte la marche régulière de l'appareil moteur et de pousser inconsidérément la tension de la vapeur pour faire assaut de vitesse.

2. Le local de l'appareil moteur doit toujours être séparé des salles où se tiennent les voyageurs, par de fortes cloisons doublées en tôle.

3. La charge totale du bateau doit être réglée de manière que la ligne de flottaison ne puisse jamais être submergée, et le nombre des voyageurs ne doit jamais être supérieur à celui qui aura été fixé.

4. Le jeu des roues doit être arrêté toutes les fois qu'on prend ou qu'on dépose, en route, des voyageurs ou des marchandises à l'aide de batelets. Les batelets, avant d'aborder, doivent être amarrés au bateau, qui ne doit continuer sa marche que lorsque les amarres ont été détachées et les batelets poussés au large. Ces batelets ne peuvent d'ailleurs être établis qu'en vertu d'une permission qui détermine leurs dimensions et les conditions de solidité qu'ils doivent offrir.

5. Dans les endroits où le courant serait trop rapide et rendrait dangereux l'usage des batelets, il pourra être ordonné que les embarquements et débarquements ne s'effectueront qu'au moyen de pontons ou d'embarcadères.

6. A moins d'une autorisation spéciale, aucun bateau ne doit quitter le port pendant la nuit, en temps de brouillard, de glace ou de débordement.

7. Si un bateau à vapeur est surpris, pendant son voyage, par une brume épaisse, la cloche doit tinter jusqu'à l'arrivée au mouillage, afin d'éviter les abordages.

8. Lorsqu'il est autorisé à voyager pendant la nuit, il doit porter constamment allumé, depuis le coucher jusqu'au lever du soleil, un fanal à la proue et un autre à la poupe, de couleurs différentes, afin d'indiquer le sens de sa marche.

9. Il doit toujours y avoir à bord un registre, dont les pages sont cotées et parafées, et sur lesquel les passagers ont la faculté de consigner les observations ou les plaintes qu'ils auraient à faire.

Les registres sont représentés aux commissions de surveillance, dans leurs visites, et aux autorités chargées de la police locale.

10. Les capitaines sont tenus de déclarer à ces autorités, après chaque voyage, les accidents ou avaries quelconques qui seraient arrivés.

11. Dans chaque salle où se tiennent les passagers, il doit être placé un tableau indiquant la durée moyenne des voyages, tant en montant qu'en descendant, eu égard à la hauteur des eaux et au temps des stationnements, le nombre maximum des passagers qui peuvent être reçus, la faculté donnée à ces passagers de consigner leurs observations sur le registre ouvert à cet effet. Une copie des permis de navigation doit aussi y être affichée.

12. Tout bateau à vapeur venant d'un autre département avec un permis de naviguer n'en est pas moins soumis aux visites des commissions de surveillance instituées dans les lieux qu'il traverse. Ces commissions, ou leurs membres délégués à cet effet, peuvent se transporter à bord toutes les fois que cela est jugé utile, se faire représenter le permis, examiner si les conditions en sont exactement observées et si l'appareil est soigneusement entretenu dans toutes ses parties. Enfin, une inspection assidue doit être exercée non-seulement par ces commissions, mais encore par les ingénieurs des mines, les ingénieurs des ponts et chaussées, les officiers de port, les maires et adjoints, les commissaires de police, les officiers et sous-officiers de gendarmerie des villes et communes situées sur les fleuves et rivières.

Le préfet.

(1) Les maires, les adjoints et les commissaires de police des communes situées sur les lignes de navigation, doivent surveiller l'exécution des obligations imposées aux propriétaires de bateaux à vapeur. C'est à ce titre que nous insérons ici ce règlement, bien qu'il ne concerne pas leurs attributions. Les procès-verbaux de contravention sont transmis au sous-préfet de l'arrondissement.

N° 158.

Bateliers (*Arrêté de police concernant les*) (1).

Le maire de la ville ou commune de.....

Vu le décret du 23 fructidor an XIII (10 septembre 1805), et l'arrêté du gouvernement du 5 brumaire an IX (27 octobre 1800), qui attribuent à l'autorité municipale la police des rivières et des ports;

Vu la loi du 18 juillet 1837, art. 11;

Considérant qu'un grand nombre de barques, batelets ou bachots se sont établis à......, sur la rivière d....., pour l'usage de la pêche et de la navigation marchande; que les bateliers se servent fréquemment de ces barques, batelets ou bachots, pour conduire le public à la promenade ou dans les localités voisines, et qu'il est urgent de prévenir, par des mesures d'ordre et de police, les accidents qui pourraient résulter, soit de la négligence des bateliers, soit du mauvais état de leurs bateaux;

Arrête :

Art. 1er. Les bachots, batelets, nacelles, chaloupes et tous autres bateaux analogues, employés à naviguer sur les cours d'eau publics dans l'étendue de la commune, ne pourront y stationner qu'en vertu d'une permission délivrée par nous ou par le commissaire de police.

Cette permission pourra être retirée en cas d'abus.

2. Lesdites embarcations devront porter le numéro d'ordre indiqué dans la permission, et ce numéro devra être peint à droite et à gauche de l'avant et de l'arrière, en dehors du bateau et au-dessus de la ligne de flottaison, en chiffres arabes, d'une hauteur de vingt centimètres, et de trois centimètres de plein, de couleur blanche sur écusson noir de vingt-cinq centimètres de hauteur sur cinquante centimètres de largeur.

Les chaloupes naviguant à la voile devront, en outre, porter sur leur toile, peint en noir, en chiffres de même espèce et de mêmes dimensions qu'il vient d'être indiqué, le numéro d'ordre qui leur aura été donné.

3. Les permissions indiqueront les lieux de garage; elles seront personnelles et ne pourront être transférées avec la propriété de l'embarcation; elles ne seront accordées que pour des bateaux dont le bon état aura été constaté et ne seront valables que pour un an.

4. Il est défendu d'employer ou de faire stationner sur les cours d'eau de la commune des chaloupes, batelets et autres embarcations, qui n'auraient pas au moins *quatre mètres soixante centimètres* de longueur et *un mètre vingt-cinq centimètres* de largeur.

5. Les bachots, batelets, etc. devront être solidement enchaînés tous les soirs au lieu de garage indiqué par la permission.

6. Les bachots destinés à conduire le public devront être à fond plat et de construction solide.

Ils devront, en tout temps, être munis de leur gouvernail sans barre, et de deux paires de rames, d'une écope, d'un croc, d'un cordage avec une petite ancre ou grapin, et de bancs pour asseoir les voyageurs.

Ces bachots ne pourront en aucun cas porter des voiles de quelque espèce que ce soit.

Avant leur affectation au service public, ils devront être soumis à la visite et vérification du commissaire de police.

Tout bachot reconnu en mauvais état sera consigné.

7. Les bachots publics ne devront être conduits que par des mariniers munis de notre permission spéciale, et âgés de vingt-un ans au moins.

8. Les bachoteurs sont tenus, lorsqu'ils conduisent le public, d'être porteurs de notre permission et de la représenter chaque fois qu'ils en sont requis.

---

(1) Il ne s'agit pas ici des bacs et bateaux de passage, établis à la traverse des fleuves et rivières, qui dépendent à la fois de la police de voirie et de la police de navigation (Voy. *Bacs et bateaux*), mais seulement des petits bateaux destinés à transporter le public d'un endroit à un autre, et qui ne sont ni à heure ni à lieux fixes.

Il leur est expressément défendu de monter sur leurs bateaux en état d'ivresse, sous peine de retrait de leur permission.

9. Les bachots ordinaires dont la dimension est communément de *huit mètres de longueur* sur *deux mètres* de largeur, et *cinquante-cinq centimètres* de profondeur, ne pourront recevoir plus de douze personnes, non compris le conducteur.

Quant aux embarcations dont la dimension serait supérieure ou inférieure, le nombre des passagers qu'on pourra y embarquer sera fixé par la permission.

Il est défendu à tout bachoteur de recevoir dans son bachot un plus grand nombre de personnes que celui qui sera fixé en conformité des dispositions qui précèdent.

Les passagers devront rester assis dans les bachots jusqu'au moment du débarquement.

10. Les bachoteurs ne devront opérer le débarquement des passagers qu'aux lieux qui présenteront sécurité et facilité pour cette opération.

Les localités où se trouveront des planches, chemins, porte-chemins, etc., devront être préférées à toutes les autres.

Fait à.... , le..... 18... *Le maire.*

N° 159.

Batiment *en péril* (*Procès-verbal pour constater l'état d'un*) (1).

Aujourd'hui..... mil huit cent....., nous, adjoint au maire *ou* commissaire de police de la commune d....., assisté du sieur H.... , architecte *ou* maître maçon, requis par nous à cet effet, avons fait la visite de la maison sise rue..., n°..., appartenant au sieur A....., laquelle nous a été déclarée par le sieur N....., voisin du sieur A....., être dans un état complet de délabrement et menacer la sûreté publique. D'après les indications dudit sieur H....., ayant remarqué *telles* causes de ruine (*les indiquer*) qui peuvent compromettre la sûreté publique, nous avons sommé ledit sieur A....., propriétaire de la maison, de faire exécuter à l'instant les travaux qui lui sont indiqués par M. H....., lesquels consistent en (*indiquer en quoi consistent les mesures de précaution*), pour éviter les accidents qui résulteraient inévitablement de la chute de son bâtiment, le tout sous sa responsabilité personnelle, et sans préjudice de la décision qui sera ultérieurement prise par le maire.

Fait à....., ce..... 18...

L'architecte. *L'adjoint* ou *le commissaire de police.*

N° 160.

Batiment *en péril. — Arrêté du maire pour nommer un expert et enjoindre au propriétaire d'en nommer un.*

L'an mil huit cent..... le....., nous, maire de la commune d....., vu le procès-verbal dressé par M. N....., notre adjoint, sur la déclaration du sieur H....., à l'effet de constater l'état de péril dans lequel se trouve la maison appartenant au sieur A....., sise à.....

Considérant qu'il résulte de ce procès-verbal que (*indiquer la cause du péril*);

Que d'après un tel état de choses il devient urgent pour la sûreté publique d'y apporter un prompt remède, par des précautions sages et bien entendues;

Avons en conséquence arrêté et arrêtons ce qui suit :

Art. 1er. Le sieur X....., entrepreneur de bâtiments à....., est par nous

---

(1) « Tout ce qui intéresse la sûreté et la commodité du passage dans les rues, quais, places et voies publiques; en conséquence, la démolition ou la réparation des bâtiments menaçant ruine, fait partie des objets de police confiés à la vigilance et à l'autorité des officiers municipaux. » (*Loi du 16-24 août 1790, titre II, art. 3.*)

nommé expert, dans l'intérêt public, pour, et conjointement avec l'expert que désignera dans le jour, ou dans les deux jours (*suivant le mauvais état du bâtiment*), le sieur A...., propriétaire du susdit bâtiment, constater la dégradation, à l'effet d'en dresser leur rapport, sur lequel il sera statué ce qu'il appartiendra.

2. Le sieur A....., propriétaire, nous fera connaître, dans le délai ci-dessus assigné, l'expert qu'il aura choisi; et, faute par lui d'en désigner un, il y sera pourvu d'office dans les formes prescrites (1).

De ce que dessus nous avons dressé le présent arrêté, qui sera notifié dans le jour audit sieur A....., par (*l'officier public*).

Fait à....., les jours, mois et an que dessus.

Le maire.

N° 161.

Batiment *en péril* (*Arrêté du maire pour ordonner la démolition d'un*).

L'an mil huit cent....., le....., nous, maire de la commune d.....

Vu le procès-verbal dressé le....., par M. N....., notre adjoint, sur les indications de M. H....., maître maçon, à l'effet de constater le péril dans lequel se trouve la maison du sieur A....., propriétaire en cette ville;

Vu le rapport des deux experts nommés l'un par nous, en vertu de notre arrêté du....., l'autre par le sieur A....., en vertu du même arrêté;

Considérant qu'il résulte du procès-verbal précité que (*indiquer la cause du péril*);

Que d'après l'imminence du danger, il est indispensable pour la sureté publique de procéder immédiatement à la démolition dudit bâtiment;

Avons arrêté et arrêtons ce qui suit :

Art. 1er. Il est enjoint au sieur A....., d'opérer, dans le plus bref délai, *ou* dans le délai de...., à dater de ce jour, la démolition de sa maison, sise à.....

2. Dans le cas où ledit sieur A..... se refuserait à obtempérer à la présente injonction, il sera traduit par-devant le tribunal de simple police, pour, sur la réquisition du ministère public, s'y voir condamner à pourvoir de suite à ladite démolition; à défaut de quoi il y sera immédiatement procédé d'office, à ses frais, risques et périls, sans préjudice des peines de police prononcées par l'article 471, n° 5, du Code pénal.

3. Les locataires de ladite maison devront vider les lieux dans le délai fixé ci-dessus, faute de quoi ils pourront y être contraints par toutes voies de droit.

Le présent arrêté sera notifié dans le jour même audit sieur A..... par (*l'officier public*).

Fait à..... les jour, mois et an susdits.

Le maire.

N° 162.

Batiment *en péril. — Procès-verbal de notification de l'arrêté du maire qui ordonne une démolition.*

Aujourd'hui....., mil huit cent....., à..... heure d....., conformément aux ordres de M. le maire de la commune d....., nous (*l'officier public*), nous

(1) Si le propriétaire se refuse à nommer un expert, l'expert nommé par le maire procède seul à la vérification du procès-verbal rédigé par l'officier public.

L'arrêté du maire ou de l'adjoint, l'avis de l'expert ou des experts contradictoires, sont de suite adressés par le maire au sous-préfet, pour que celui-ci demande au préfet la nomination, s'il y a lieu, d'un tiers expert, ou son avis sur les poursuites à exer-

sommes transporté en la maison du sieur A....., propriétaire, sise à.... , où parlant à sa personne, nous lui avons notifié l'arrêté de M. le maire, en date du...., par lequel il lui est enjoint de démolir sans délai sa maison, sise à...., laquelle, suivant les formes prescrites par les lois et règlements, a été reconnue être dans un tel état de dégradation qu'elle ne saurait subsister plus longtemps sans faire craindre pour la sûreté publique (1); avons fait sommation de ce que dessus audit sieur A....., lui déclarant que, faute par lui de s'y conformer, il y sera contraint par toutes voies de droit, sans préjudice des poursuites et condamnation qu'il pourrait encourir pour le fait de résistance aux ordres de l'autorité, ou par suite des accidents qui pourraient résulter du retard qu'il apporterait à obtempérer à la présente signification (2).

De tout ce que dessus nous avons dressé le présent procès-verbal, dont nous avons laissé copie audit sieur A....., qui a signé avec nous après lecture faite.

Fait à....., le..... 18...

(Signature.)

N° 163.

Batiment *en péril. — Sommation aux locataires de vider les lieux.*

Aujourd'hui..... mil huit cent....., à..... heure d....., en exécution de l'arrêté de M. le maire....., en date du....., par lequel il est enjoint au propriétaire de la maison sise rue....., de faire démolir ladite maison (*ou d'y faire telles réparations*), dans le délai d....., nous avons déclaré et notifié à chacun des locataires ci-après dénommés, parlant à leur personne, savoir :

O....., passementier;
P....., serrurier en bâtiments;
L....., tailleur d'habits;

Tous habitant ladite maison, qu'ils devaient, dans le délai ci-dessus fixé, déménager et laisser la maison libre, leur déclarant que, faute par eux de se conformer à cette sommation, à l'expiration du délai qui aura lieu le....., les meubles garnissant ladite maison seront, à leurs frais, risques et périls, mis sur la voie publique, et qu'il sera ensuite passé outre à ladite démolition, sauf la réserve de leurs droits et actions contre le propriétaire, s'il y a lieu.

Et pour que les susnommés n'en ignorent, copie du présent a été laissé à chacun d'eux individuellement, et ont lesdits sieurs signé avec nous, *ou* ont lesdits sieurs refusé de signer avec nous.

Fait à....., le..... 18...

(Signature.)

---

cer par le maire devant le tribunal de première instance contre le propriétaire récalcitrant.

Le péril une fois constaté, le propriétaire est condamné à employer des ouvriers dans le délai fixé pour le faire cesser. Faute de s'y conformer, les juges ordonnent qu'il en sera mis à la diligence de l'autorité ayant la police. Ils seront payés sur les matériaux provenant de la démolition, et même sur le fonds de la maison. (*Déclaration du roi du* 18 *juillet* 1729 *et du* 18 *août* 1730.)

(1) Dans le cas où le péril est très-urgent, l'autorité ayant la police, peut ordonner provisoirement ce qu'elle juge absolument nécessaire pour la sûreté publique. (*Déclarations du* 18 *juillet* 1729 *et du* 18 *août* 1730, *art.* 10.)

(2) Dans le cas de refus de la part du propriétaire d'obtempérer à la notification qui lui est faite de l'arrêté du maire, le procureur impérial ou le juge de paix ordonneront d'office la démolition, qui sera aussitôt commencée et effectuée sous la direction de la personne qui a procédé à l'examen des lieux. Le salaire des ouvriers, en cas de refus de payement de la part du délinquant, sera soldé par le receveur municipal, en vertu de l'exécutoire rendu par M. le préfet, et conformément à l'article 9 de la déclaration du 18 juillet 1729, sur le produit de la vente des matériaux provenant de la démolition jusqu'à concurrence de tout payement.

N° 164.

Batiment *en péril. — Avis au propriétaire voisin en cas de démolition.*

Aujourd'hui....., mil huit cent....., conformément à l'arrêté de M. le maire en date du....., enjoignant au sieur R....., propriétaire de la maison sise rue....., n°....., de faire démolir ladite maison *(ou telle partie* de ladite maison), contiguë à celle du sieur L.....; que la démolition ordonnée aurait lieu le..... du mois d....., à..... heure d.....; nous avons en conséquence sommé ledit sieur L....., conformément à l'article 662 du Code Napoléon, de *(indiquer l'obligation du voisin dans ce cas)*, et, sous peine de toute garantie de droit, de pourvoir à ce que, lors de ladite démolition, il n'en résulte aucun inconvénient pour ce qui le concerne.

Et pour que ledit sieur L..... n'en ignore, copie lui a été laissée du présent, en son domicile, parlant à..... qui a signé avec nous.

(Signature.)

N° 165.

Batiment *en péril. — Procès-verbal pour constater une démolition d'office.*

L'an mil huit cent....., le....., à..... heure du.....,

Nous....., adjoint au maire *(ou* commissaire de police) de la ville d.....,

Vu l'arrêté de M. le maire à la date du....., ordonnant au sieur A....., propriétaire de la maison sise rue....., n°....., de faire démolir dans le délai d..... jours, la totalité *(ou telle partie)* de ladite maison, dans l'intérêt de la sûreté publique;

Et attendu que ledit propriétaire n'a pas obtempéré à la sommation qui lui a été faite en vertu dudit arrêté et que le délai fixé est expiré depuis.....;

Avons requis le sieur H....., maître maçon, de se transporter avec nous sur les lieux, afin de procéder de suite, avec un nombre suffisant d'ouvriers, à la démolition d'office de ladite maison;

Le sieur H..... s'étant rendu à notre invitation, nous nous sommes présentés immédiatement au domicile du sieur....., que nous y avons rencontré et auquel nous avons fait itérativement sommation de faire procéder sans délai à la démolition ordonnée. Le sieur..... nous a dit.....

Cette réponse ne nous ayant pas paru satisfaisante, nous avons enjoint au sieur H..... de procéder de suite à la démolition, ce qu'il a effectué, en y employant ..... ouvriers pendant..... heures *(ou* jours).

De tout ce que dessus nous avons rédigé le présent procès-verbal, pour ledit sieur A..... être traduit au tribunal de police, comme ayant refusé d'exécuter les règlements et arrêtés concernant la petite voirie, contravention de simple police prévue par le paragraphe 5 de l'article 471 du Code pénal; et aussi être condamné au payement des frais de démolition, sur l'état qui en sera fourni, et avons signé.

Si la réponse porte soumission de démolir sous peu de jours, dire : De laquelle réponse nous avons, sous toutes réserves, donné acte audit sieur A.....; lui avons en même temps déclaré que nous allions nous retirer, à la charge par lui de payer la somme de....., à quoi mondit sieur F..... a fixé les salaires des ouvriers et les frais de transport des équipages, ce qu'il a effectué; et lui avons fait, par le présent, nouvelle sommation de faire démolir sa maison ledit jour d....., ce à quoi il s'est soumis; et ont ledit sieur A..... et ledit sieur F..... signé avec nous, après lecture faite.

Fait et clos à....., le....., mil huit cent.....

(Signature.)

Copie de ce procès-verbal est remise, dans le jour, au propriétaire.

N° 166.

Bestiaux (*Procès-verbal pour dégâts commis par des*).

L'an mil huit cent....., le....., à..... heure du matin *ou* du soir, nous, garde champêtre de la commune d....., revêtu de nos marques distinctives, avons, allant d..... à....., aperçu dans une pièce de terre close *ou* non close (*si elle est close, la nature de la clôture*), ensemencée en....., *ou* non ensemencée, appartenant au sieur Thibault P....., un troupeau de moutons gardé par le sieur Constant C....., âgé de..... ans, fils *ou* domestique du sieur François T...., propriétaire. Nous avons enjoint audit C..... de faire sortir son troupeau de la pièce de terre, ce qu'il a fait sur-le-champ. Nous avons alors vérifié le dommage, que nous avons évalué à (*telle somme ou telle quantité de denrées*).

Nous avons déclaré procès-verbal au sieur C....., ainsi qu'à....., propriétaire du troupeau, comme civilement responsable.

Fait à....., les jour, mois et an que dessus.

(*Signature.*)

N° 167.

Bestiaux. — *Procès-verbal constatant que des bestiaux ont été trouvés sans conducteur* (1).

Aujourd'hui....., mil huit cent....., à..... heure du soir, nous, adjoint au maire (*ou commmissaire de police*) de la ville d....., passant dans la rue d....., avons rencontré un troupeau de bœufs, dont le conducteur était resté fort en arrière, occupé à causer à la porte d'un marchand de vin, de sorte qu'il ne pouvait ni guider ses bœufs, ni les empêcher de commettre du dommage ou de faire des blessures aux passants. Nous avons arrêté ce troupeau dans sa marche et nous avons sommé le conducteur de le rejoindre et de ne plus s'en éloigner. L'ayant invité à nous exhiber son passe-port, il nous l'a remis à l'instant et nous y avons reconnu qu'il se nomme E..... G....., âgé de..... ans, domestique du sieur M....., marchand de bœufs, rue d....., n°....., à.....

Et, attendu que le fait ci-dessus rapporté constitue une contravention à l'article 475, n° 3, du Code pénal, nous avons rédigé le présent procès-verbal pour être déféré au tribunal de simple police.

Fait et clos à....., les jour, mois et an que dessus.

(*Signature.*)

N° 168.

Bestiaux (*Procès-verbal pour blessures faites à des*).

L'an mil huit cent....., le....., nous....., garde champêtre de la commune d....., revêtu des marques distinctives de nos fonctions, et faisant notre tournée habituelle, avons aperçu dans un champ appartenant au sieur..... la nommée N....., qui se querellait avec un individu que nous avons reconnu pour le nommé T....., berger à..... Nous étant approché, la nommée N..... nous a déclaré qu'à la suite d'une dispute avec T....., celui-ci s'était mis à poursuivre

(1) « Seront punis d'amende, depuis 6 francs jusqu'à 10 francs inclusivement, les rouliers, charretiers, conducteurs de voitures quelconques ou de bêtes de charge, qui auraient contrevenu aux règlements par lesquels ils sont obligés de se tenir constamment à portée de leurs chevaux, bêtes de trait ou de charge, et de leurs voitures, et en état de les guider. » (*Code pénal, art.* 475, *n°* 3.)

les moutons qu'elle était occupée à garder, quoiqu'ils ne fussent pas en dommage, avait lancé plusieurs fois son bâton au milieu du troupeau et avait blessé si grièvement un agneau qu'il était resté sur le sol. Ayant reconnu la vérité de cette déclaration, et les excuses présentées par le nommé T..... ne nous paraissant pas admissibles, nous avons déclaré audit T..... qu'il était en contravention à l'article 479, n° 3, du Code pénal et que nous dresserions contre lui le présent procès-verbal qui sera appelé au tribunal de simple police (1).

Fait à....., les jour, mois et an que dessus. *(Signatures.)*

(Pour l'affirmation de ce procès-verbal, voyez GARDE CHAMPÊTRE).

N° 169.

Bestiaux *morts* (*Arrêté d'urgence prescrivant l'enfouissement de*).

Nous, maire de la commune d.....

Vu les lois du 16-24 août 1790, titre 11, article 3, n° 5; 6 octobre 1791, titre 2, articles 9 et 13, et le Code pénal, article 471, n° 15;

Considérant qu'il importe à la salubrité publique que les bestiaux (*désigner ici l'espèce des bestiaux*) morts chez le sieur....., demeurant à....., en cette commune, soient enfouis le plus promptement possible, aux termes de la loi, et qu'ainsi il y a urgence;

Avons arrêté ce qui suit :

Art. 1er. Injonction sera faite, par le garde champêtre de la commune, porteur du présent, au sieur....., d'enfouir les bestiaux (*ici la désignation des bestiaux*) qui sont morts chez lui, et ce avant l'heure de..... pour tout délai, sur son propre terrain, et à un mètre trente centimètres de profondeur (2).

2. Faute d'exécution, par le sieur....., du présent, lesdits bestiaux seront, à ses frais, voiturés et enfouis dans cette commune, au lieu de..... que nous désignons à cet effet, sans préjudice du procès-verbal qui sera dressé contre ledit sieur....., pour contravention au présent.

Fait à....., en mairie....., le....., 18...

Le maire.

N° 170.

Bestiaux (*Perte de*). — *Avis du maire sur une réclamation de secours.*

Nous, maire de la commune d....., après avoir pris connaissance, sur la communication de M. le contrôleur des contributions directes, de la réclamation présentée par le sieur....., habitant de cette commune, à fin de secours pour perte de bestiaux, sommes d'avis que les évaluations faites par le vétérinaire sont justes, *ou bien*, sont exagérées; que le sieur..... ne pourrait, sans nuire à son exploitation, *ou bien*, pourrait sans nuire, etc., supporter la perte qu'il a éprouvée, et qui excède, *ou bien* qui n'excède pas la mortalité naturelle et ordinaire; qu'en conséquence il y a lieu de prendre en considération, *ou bien* il n'y a pas lieu, etc., la réclamation présentée par ledit sieur.....

A....., le..... 18...

(Sceau de la mairie.) *(Signature.)*

(1) « Seront punis d'une amende de 11 à 15 francs inclusivement, ceux qui auront occasionné la mort ou la blessure des animaux ou bestiaux appartenant à autrui, par l'emploi ou usage d'armes sans précaution, ou avec maladresse, ou par le jet de pierres ou de corps durs. » (*Code pénal, art.* 479, *n°* 5.)

Tuer ou blesser un mouton dans un chemin ou dans un champ avec un bâton est un fait qui se punit d'après l'article 479, n° 3, du Code pénal. (*Cass., du* 29 *juin* 1811.)

(2) Si l'animal est mort des suites d'une maladie contagieuse, l'enfouissement doit être fait dans une fosse de 2 mètres 60 centimètres de profondeur, et à 100 mètres au moins de toute habitation. (*Arrêt du conseil de* 1784, *art.* 6; *arrêté du gouvernement du* 27 *messidor an* V (15 *juillet* 1797.)

N° 171.

Biens *communaux* (*Délibération du conseil municipal réglant le mode d'administration des*) (1).

L'an mil huit cent....., le....., le conseil municipal de la commune d....., assemblé, etc. (Voy. Délibération.)

M. le maire, ayant ouvert la séance, a dit que l'exploitation des biens de la commune lui paraît susceptible de quelques modifications avantageuses : qu'il serait, par exemple, utile de livrer à l'agriculture les terres vaines et vagues qui existent à (*désigner la partie du territoire où elles se trouvent*), et même une partie des pâturages communs, dont l'étendue excède les besoins réels des habitants; qu'en affermant ces terrains, le revenu de la commune se trouverait considérablement augmenté, ce qui permettrait d'introduire des améliorations importantes dans les divers services communaux. En conséquence, M. le maire a proposé de délibérer, séance tenante, sur le meilleur mode d'administration à adopter pour chacune des parcelles de terres possédées par la commune, et il a déposé sur le bureau, pour aider le conseil dans cette révision, le plan général des biens et tous les titres de propriété.

Le conseil municipal,

Vu les articles 17 et 18 de la loi du 18 juillet 1837;

Vu le décret du 25 mars 1852;

Vu les circulaires de M. le ministre de l'intérieur, des 13 mars 1839, 19 décembre 1840 et 5 mai 1852;

Considérant que les moyens proposés pour augmenter le revenu de la commune sont, en effet, facilement réalisables; que cette augmentation permettra notamment de dégrever les habitants des taxes de pâturages, auxquelles ils ont été imposés annuellement jusqu'à ce jour; que, du reste, il est d'une bonne administration de livrer à l'agriculture les terrains incultes et inutiles; prenant en considération la proposition de M. le maire,

Règle comme il suit les conditions principales de la mise en ferme des propriétés de la commune :

Art. 1er. Le terrain situé à....., désigné au plan cadastral sous le n°....., et sous le n°..... au plan spécial des biens communaux, sera mis en ferme par adjudication publique, à la diligence de M. le maire, pour être cultivé en nature d.....; le fermier sera tenu de défricher les parties de ce terrain qui sont couvertes de genêts, bruyères et buissons, de les essarter convenablement et de brûler sur les lieux les plantes et racines extirpées, le tout dans les deux premières années de sa jouissance.

2. L'ancien étang d..... (n°..... du plan cadastral, et n°..... du plan spécial) sera également mis en ferme; le fermier fera à ses frais les travaux de dessèchement, et ouvrira les canaux d'assainissement et d'irrigation nécessaires pour rendre, dans l'espace d..... années, à partir du jour de son entrée en jouissance, le sol en bonne nature de pré; il plantera une haie vive dans la partie du terrain qui avoisine le chemin vicinal d..... à....., etc., etc.

3. (*Indiquer ainsi successivement les décisions du conseil sur chaque parcelle de terrain donnant lieu à une modification.*)

Art... et dernier. Sont réservés et maintenus en jouissance commune, conformément aux anciens usages, les pâturages d..... d..... et d....., à l'égard desquels il n'est rien innové par le présent règlement, non plus qu'à l'égard des propriétés désignées sous les nos..... du plan spécial, lesquelles sont déjà af-

(1) « Les conseils municipaux règlent par leurs délibérations :
« 1° Le mode d'administration des biens communaux;
« 2° Les conditions des baux à ferme ou à loyer dont la durée n'excède pas dix-huit ans pour les biens ruraux et neuf ans pour les autres biens;
« 3° Le mode de jouissance et la répartition des pâturages et fruits communaux, autres que les bois, ainsi que les conditions imposées aux parties prenantes. » (*Loi du 18 juillet 1837, art. 17.*)

fermées et dont les baux seront renouvelés, à leur expiration, dans la forme habituelle.
Le présent règlement sera publié et affiché dans la commune, conformément aux prescriptions de l'ordonnance du 18 décembre 1838.

Fait et délibéré à..... les jour, mois et an susdits.

(*Signatures.*)

N° 172.

Biens *communaux* (*Certificat constatant la publication de la délibération du conseil municipal qui règle le mode d'administration des*) (1).

Nous, maire de la commune d....., certifions que, avant de transmettre la présente délibération du conseil municipal à M. le sous-préfet, nous avons donné avis de cette délibération aux habitants de ladite commune dans les formes usitées (*au son de la trompe ou du tambour, etc.*), et les avons mis à même de se présenter à la maison commune pour prendre connaissance de cette délibération, conformément aux droits que leur en donne l'article 22 de la loi du 5 mai 1855.
Pendant les..... jours qu'a duré le dépôt, aucune réclamation n'a été faite, *ou bien* il a été déposé les réclamations ci-annexées.

A....., le..... 18...

Le maire.

N° 173.

Biens *communaux.* — *Délibération pour les baux d'une durée de plus de 18 ans pour les biens ruraux, ou de plus de 9 ans pour les autres biens.*

L'an mil huit cent....., le..... le conseil municipal réuni, etc. (Voy. Délibération.)
Vu la proposition de M. le maire de donner à bail pour une durée de.... ans, les terrains ou les propriétés, appartenant à la commune et situés à.....
Vu le procès-verbal d'expertise dressé le..... par.... , désigné à cet effet par (*le préfet ou le sous-préfet*), suivant arrêté du.....; lequel procès-verbal évalue à la somme de..... par an, le prix de location des terrains, ou des propriétés, à donner à bail;
Vu le cahier des charges dressé par M. le maire, contenant les clauses et conditions du bail;
Vu la loi du 18 juillet 1837, art. 19 et 31;
Considérant que la durée du bail s'explique par les dépenses que l'adjudicataire sera tenu de faire, aux termes du cahier des charges, soit pour son instal-

(1) Aux termes de l'article 18 de la loi du 18 juillet 1837 sur l'administration municipale, toute partie intéressée peut réclamer contre les délibérations des conseils municipaux réglant, selon le droit que leur en donne l'article 17, 1° le mode d'administration des biens communaux; 2° les conditions des baux à ferme ou à loyer dont la durée n'excède pas dix-huit ans pour les biens ruraux et neuf ans pour les autres biens; 3° le mode de jouissance et la répartition des pâturages et fruits communaux, autres que les bois, ainsi que les conditions à imposer aux parties prenantes; 4° les affouages.
Toutes les fois que les conseils municipaux ont pris une délibération réglant l'un des objets énoncés dans l'article 17 de la loi du 18 juillet 1837, le maire doit, avant de la transmettre au sous-préfet, avertir les habitants, par la voie des annonces et publications usitées dans la commune, qu'ils peuvent se présenter à la maison commune pour prendre connaissance de ladite délibération.
L'accomplissement de cette formalité devra être constaté par un certificat du maire qui sera joint à la délibération transmise au sous-préfet.

lation, soit pour l'amélioration des terrains loués, dépenses dont il doit trouver une juste compensation dans la prolongation de sa jouissance;

Considérant que le terme de..... ans proposé par M. le maire pour la durée du bail, n'est point exagéré, et qu'il peut être adopté sans inconvénient pour la commune;

Délibère :

Il y a lieu d'autoriser la commune à mettre en location, aux enchères publiques, pour une durée de..... ans, sur la mise à prix de..... chiffre égal à l'estimation, les terrains, ou les propriétés, qui lui appartiennent et situés.....

Le cahier des charges dressé par le maire pour servir de base à l'adjudication est adopté.

Fait et délibéré à..... les jour, mois et an susdits.

(*Signatures.*)

N° 174.

BIENS *communaux. —Délibération pour mettre en adjudication, ou pour consentir par voie de traité de gré à gré, des baux d'une durée de 18 ans au plus pour les biens ruraux, ou de 9 ans au plus pour les autres biens.*

L'an mil huit cent....., le.....

Le conseil municipal réuni, etc. (Voy. DÉLIBÉRATION.)

Vu le règlement adopté par le conseil dans sa séance en date du....., lequel contient les conditions de la mise en location, ou de la mise en ferme, pour une durée de..... ans, des biens ruraux, ou des propriétés, appartenant à la commune (Voy. Mod.° n° 171);

Vu le certificat du maire constatant l'annonce et la publication de ce règlement;

Vu le récépissé de l'envoi des pièces à M. le préfet du département;

Vu le procès-verbal d'expertise dressé le....., par....., désigné à cet effet par (*le préfet* ou *le sous-préfet*), suivant arrêté du.....; lequel procès-verbal évalue à la somme de..... par an, le prix de location des terrains, ou des propriétés, à donner à bail;

Vu le cahier des charges dressé par le maire (ou bien *vu le traité de gré à gré passé par le maire avec le sieur.....*), en conformité du règlement ci-dessus visé;

Vu la loi du 18 juillet 1837, art. 19 et 31;

Vu la circulaire de M. le ministre de l'intérieur, en date du 5 mai 1852;

Considérant que les dispositions contenues dans le règlement adopté par le conseil et publié dans la commune, n'ont été l'objet d'aucune réclamation;

Que la location, ou la mise en ferme, des biens communaux est avantageuse pour les intérêts financiers de la commune;

Délibère :

Il y a lieu de mettre en adjudication publique sur la mise à prix de....., chiffre égal à l'estimation, la location, ou l'affermage, pour une durée de..... ans des terrains ou des propriétés appartenant à la commune et situés.....

Ou bien : de donner à bail pour une durée de..... ans, au sieur....., moyennant le prix annuel de....., chiffre égal à l'estimation, et aux conditions stipulées dans le traité ci-dessus-visé.

S'il doit y avoir adjudication, on ajoutera : Le cahier des charges dressé par le maire est adopté.

Fait et délibéré à..... les jour, mois et an susdits.

(*Signatures.*)

N° 175.

Biens *communaux.* — *Adjudication du bail à ferme d'un bien rural* (1).

CAHIER DES CHARGES CONTENANT LES CONDITIONS AUXQUELLES SERA DONNÉE L'ADJUDICATION DU BAIL A FERME DES BIENS RURAUX APPARTENANT A LA COMMUNE D....., DÉSIGNÉS CI-APRÈS :

1° Un corps de ferme dit *la Ferme-des-Grands-Ormes*, situé en la commune de Mehun, consistant en un principal corps de logis, servant de logement au fermier, avec cour, un puits à l'angle nord de cette cour, un bâtiment en aile servant d'écurie, d'étable et de bergerie, plusieurs greniers et celliers, granges derrière le principal corps de logis, jardin potager et à fruits, clos de haies vives; garenne au milieu de laquelle se trouve un vivier, ladite garenne entourée de murs en pierres sèches. Le tout tenant du levant au chemin de Quincy à Vierzon; du midi au champ dit *Pré Fleuri*, appartenant à la dame veuve N.....; du couchant au canal du Cher; et du Nord à la forêt de Saint-Martin, et contenant en superficie 5 hectares 8 ares 9 centiares;

2° Divers ustensiles servant à la culture et à l'exploitation de cette ferme, desquels il a été fait un état, qui est ci-annexé, après avoir été signé et parafé par le maire soussigné;

3° 155 hectares 18 ares 50 centiares de terre labourable en 6 pièces; savoir: la première pièce contenant 17 hectares 7 ares 17 centiares, située terroir de ....., tenant d'un bout et du levant à la forêt de....., d'autre bout et du couchant au canal du....., d'un côté et du midi au clos....., appartenant au sieur N....., d'autre côté et du nord au chemin qui va de..... à.....

La seconde pièce située même terroir, contenant, etc., etc.;

La troisième pièce, etc., etc.;

4° 2 hectares 10 ares et 3 centiares de pré en une pièce, située terroir de ....., tenant, etc., etc.;

5° 3 hectares 4 ares 5 centiares de vigne en deux pièces, situées terroir....., dont une close de haies vives, contenant, etc., etc.; et l'autre close d'un mur en pierres sèches, contenant, etc., etc.

Art. 1er. Les biens ci-dessus désignés seront loués par adjudication publique, tels qu'ils s'étendent et se comportent, sans en rien réserver ni excepter, mais aussi sans aucune garantie de mesure : en sorte que le bailleur ne sera pas tenu à indemnité dans le cas où les contenances seraient moindres que celles indiquées ci-dessus, et réciproquement, le preneur jouira sans aucune augmentation de fermage de ce qui se trouverait excéder lesdites mesures.

Ce bail à ferme sera fait pour neuf années consécutives qui commenceront au..... mil huit cent....., et finiront à pareil jour de l'année mil huit cent ....., et ce, aux charges, clauses et conditions suivantes que le preneur s'obligera d'exécuter sans pouvoir prétendre aucune diminution du prix de ferme résultant de l'adjudication, et sous peine de tous dépens, dommages et intérêts.

2. Le preneur sera tenu de payer les droits et frais du présent bail, tels que ceux d'affiches, criée, timbre, enregistrement, etc., et notamment le coût de la grosse qui sera délivrée au bailleur sous quinzaine de ce jour (2).

---

(1) Lorsqu'il s'agit de quelques parcelles de terrain seulement, on doit suivre le modèle donné au titre *Bail*, n° 142. La présente formule n'est applicable qu'à un bien rural, c'est-à-dire tout ce qui compose un corps de ferme : bâtiments, terres labourables, prés, vignes, etc.; elle pourra servir pour un bail de même nature qui serait concédé par un hospice, sauf quelques modifications dans le préambule du procès-verbal d'adjudication.

(2) « Le fermier ou locataire sera tenu, outre le prix de son bail, d'acquitter toutes les charges annuelles, dont il sera joint un tableau à celui des conditions; il sera tenu encore de toutes les réparations locatives, et de payer les frais d'ajudication. » (*Loi du 23-28 octobre-5 novembre 1790, art. 20.*)

3. Il tiendra ladite ferme garnie de meubles, grains, fourrages, bestiaux et autres effets exploitables et suffisants pour répondre des fermages (1).

4. Il entretiendra la ferme pendant le bail, et la rendra, lorsqu'il sera expiré, en bon état de réparations locatives, notamment en ce qui concerne les bâtiments, au nombre desquelles réparations seront mises les dégradations des râteliers et mangeoires, celles des murs et cloisons à la hauteur des chevaux dans les écuries, et les débris et dégâts qui pourraient arriver par la faute du preneur ou par celle de ses domestiques, aux portes, croisées, loquets, verrous, clefs, serrures, crochets et autres choses de pareille nature étant aux bâtiments.

5. Il fera avec ses chevaux et harnais toutes les voitures nécessaires pour les grosses réparations, de tous les bâtiments de la ferme et leurs dépendances, même pour leur reconstruction totale.

6. Il tiendra les cheminées soigneusement ramonées; elles devront l'être au moins deux fois l'an, à défaut de quoi le preneur encourra la responsabilité voulue par l'article 1733 du Code Napoléon.

7. Il rendra à la fin du bail les ustensiles de culture et de labourage qui y sont compris, et ce, en bon état et tels qu'il les aura reçus.

8. Il sera tenu de labourer, fumer et ensemencer les terres par sols et saisons convenables, sans pouvoir les dessoler ni dessaisonner;

9. De convertir toutes les pailles en fumier pour l'engrais desdites terres, sans pouvoir en distraire ni vendre aucune partie, et de laisser, à la fin de son bail, au fermier entrant toutes celles qui s'y trouveront;

10. De tenir les prés nets et en bonne nature de fauche, d'entretenir la clôture de ceux qui sont clos, d'y replanter de nouvelles haies partout où il en pourra manquer, et de faire curer les fossés quand ils en auront besoin;

11. De bien façonner et cultiver les vignes suivant les usages des lieux, les provigner et en replanter d'autres à la place de celles qui périraient ou qu'il faudrait arracher, et les fournir d'échalas;

12. D'écheniller les arbres toutes les fois qu'il en sera besoin, d'en replanter d'autres à la place de ceux qui mourraient, sauf au preneur à prendre pour son usage lesdits arbres morts;

13. De veiller à ce qu'il ne soit fait aucune usurpation ou empiétement sur aucun des biens présentement loués et d'avertir sur-le-champ le bailleur de tous ceux qui pourraient y être faits, ainsi que de tous dégâts qui pourraient y être commis, à peine d'en être responsable en son propre et privé nom (2).

14. Il ne pourra appuyer aucune perche, aucun chevron ni hangar, contre les égouts de bâtiments.

15. Il laissera dans la ferme, à l'expiration du présent bail, une chambre avec droit de cuire au four, au fermier entrant à la Saint..... pour faire les souches: plus une place et les pailles nécessaires pour les chevaux.

16. Il ne pourra demander ni prétendre aucune diminution du prix, ni des charges du présent bail, pour cause de grêle, gelée, inondation, stérilité ou autres cas prévus ou imprévus, à laquelle diminution le preneur renonce dès à présent (3).

17. Il sera tenu de payer et acquitter, par chaque année du présent bail, et sans diminution du prix ci-après fixé, les contributions foncières, celle des portes et fenêtres, et toutes autres charges publiques et annuelles, qui pourraient être mises sur lesdites fermes et terres pendant le cours du bail, en sorte que le fermage ci-après fixé soit délivré au bailleur franc et quitte de toutes impositions, contributions et charges publiques.

---

(1) « Si le preneur d'un héritage rural ne le garnit pas des bestiaux et des ustensiles nécessaires à son exploitation, s'il abandonne la culture, s'il ne cultive pas en bon père de famille, s'il emploie la chose louée à un autre usage que celui auquel elle a été destinée, ou en général, s'il n'exécute pas les clauses du bail, et qu'il en résulte un dommage pour le bailleur, celui-ci peut, suivant les circonstances, faire résilier le bail. » (*Code Napoléon, art.* 1766.)

(2) « Le preneur d'un bien rural est tenu, sous peine de tous dépens, dommages et intérêts, d'avertir le propriétaire des usurpations qui peuvent être commises sur les fonds.

« Cet avertissement doit être donné dans le même délai que celui qui est réglé en cas d'assignation, suivant la distance des lieux. » (*Code Napoléon, art.* 1768.)

(3) *Code Napoléon, art.* 1773.

De lui rapporter du tout, annuellement, bonne et valable quittance, et de faire en sorte que le bailleur ne soit aucunement inquiété, poursuivi ni recherché à cet effet, à peine de tous dépens, dommages et intérêts.

18. Il versera le prix du bail à la caisse municipale en deux termes ou payements égaux, le premier desquels écherra le....., et le second le....., et continuera ainsi de terme en terme jusqu'à la fin du bail.

19. Il ne pourra céder son droit au présent bail, en tout ou en partie, à qui que ce soit, sans le consentement exprès et par écrit du bailleur (1).

20. Le preneur fera le versement à titre de cautionnement, à la caisse municipale, d'une année d'avance du prix du bail ; ce versement aura lieu le lendemain de l'enregistrement dudit bail.

21. Il rendra tous les biens affermés à l'expiration du bail, en bon état de culture et labourage.

22. Le bailleur se réserve le droit de visiter ou faire visiter les constructions de la ferme et les champs qui sont compris dans la location, sans que le fermier puisse s'en plaindre, ni prendre cette surveillance pour trouble.

23. L'adjudication aura lieu aux enchères publiques ; elle sera donnée au plus offrant et dernier enchérisseur, après l'extinction de trois feux sans enchères.

24. La première mise à prix est fixée à cinq mille francs. Les enchères ne pourront être moindres de cinquante francs. Les feux ne seront allumés que lorsque les offres seront égales à la mise à prix.

25. Le présent bail n'aura d'exécution qu'autant qu'il aura été approuvé par le préfet, et il sera déposé aux minutes de Me N....., notaire à.....

PROCÈS-VERBAL D'ADJUDICATION.

Aujourd'hui....., mil huit cent....., à..... heure du....., nous, maire de la commune d....., assisté de MM....., membres du conseil municipal, délégués à l'effet des présentes, et de M....., receveur municipal, nous sommes rendu à la mairie, en la salle des adjudications, à l'effet de procéder à l'adjudication au plus offrant et dernier enchérisseur et à l'extinction des feux, du bail à ferme des biens ruraux communaux désignés en tête du cahier des charges, approuvé par M. le préfet, le....., et dont la minute est annexée au présent procès verbal ; ladite adjudication ayant été annoncée pour ces jour et heure par des publications et affiches faites aux lieux et époques accoutumés ; desquelles affiches un exemplaire restera annexé au présent, après avoir été visé et parafé par nous.

Lecture faite des clauses et conditions de l'adjudication, et attendu qu'il s'est trouvé un nombre suffisant d'enchérisseurs, nous avons annoncé qu'il allait être procédé à la réception des enchères sur la mise à prix de cinq mille francs. Il a été allumé un premier feu pendant la durée duquel le sieur A..... a offert cinq mille francs ; le sieur B....., cinq mille cinquante francs ; le sieur C....., cinq mille cent francs ; le sieur D....., cinq mille cent cinquante francs.

Il a été allumé un second feu pendant la durée duquel le sieur X..... a offert cinq mille deux cents francs.

Il a été allumé un troisième feu pendant la durée duquel il a été offert par le sieur T....., la somme de cinq mille trois cents francs ; par le sieur E....., la somme de cinq mille trois cent cinquante francs.

Trois autres feux ayant été allumés successivement, et s'étant éteints sans enchères nous avons adjugé au sieur B..... (*nom, prénoms, profession et demeure*) le bail à ferme du bien rural communal susdésigné, pour la somme de cinq mille trois cent cinquante francs annuellement, et à la charge par lui d'exécuter les clauses et conditions de l'adjudication, et à l'instant le sieur B..... nous a présenté pour caution le sieur G....., demeurant à....., qui s'est engagé solidairement avec lui, en renonçant au bénéfice de discussion, à l'entière exécution des clauses et conditions du bail, et qui a offert, en garantie du prix de l'adjudication, une maison à lui appartenant, sise à....., du prix de six mille francs : *ou (pour éviter la caution)*, et à l'instant le sieur B..... ayant déclaré être dans l'intention de se cautionner lui-même, a offert pour sûreté de

(1) « Le preneur a le droit de sous-louer et même de céder son bail à un autre, si cette faculté ne lui a pas été interdite. Elle peut être interdite en tout ou en partie. Cette clause est toujours de rigueur. » (*Code Napoléon, art. 1747.*)

ses engagements *tel* immeuble à lui appartenant, sis à....., du prix de six mille francs; nous avons trouvé cette garantie suffisante, et nous l'avons acceptée de l'avis de MM. les membres de la commission, et ledit sieur B..... a signé avec nous et lesdits sieurs commissaires, après lecture faite.

Fait et clos à....., les jour, mois et an susdits.

(*Signatures.*)

N° 176.

BIENS *communaux usurpés* (1) (*Procès-verbal de reconnaissance et d'estimation des*).

L'an mil huit cent....., le....., nous, expert nommé par le maire de la commune d....., à l'effet de procéder, conformément aux dispositions de l'article 1er de l'ordonnance royale du 23 juin 1819, à la recherche, à la reconnaissance et à l'estimation des biens usurpés au préjudice de ladite commune d....., nous sommes transporté, assisté des sieurs....., sur les divers terrains qui nous ont été indiqués comme ayant été usurpés, et en avons fait la reconnaissance et l'estimation ainsi que nous allons l'établir dans le tableau suivant :

NUMÉROS D'ORDRE.	DÉSIGNATION des détenteurs.	NATURE DES TERRAINS usurpés, et indication des lieux où ils sont situés.	CONTENANCE de ces terrains.	LEUR VALEUR A L'ÉPOQUE de l'usurpation.	DATE APPROXIMATIVE des usurpations.	NOMBRE D'ANNÉES de l'indue jouissance.	VALEUR DES FRUITS à restituer.	TOTAL DES SOMMES revenant à la commune.	FRAIS D'EXPERTISE.	TOTAL A PAYER par chaque détenteur.	OBSERVATIONS.
1	2	3	4	5	6	7	8	9	10	11	12
(2)											

Fait et arrêté le présent procès-verbal de reconnaissance et d'estimation des bien usurpés dans la commune d....., s'élevant, en superficie, à la quantité d.... hectares.... ares.... centiares, et en somme à.... francs.... centimes, pour la valeur des terrains en principal, et à..... francs..... centimes, pour le montant des fruits exigibles

Nous déclarons, de plus, avoir employé à la confection de notre travail....., vacations, pour le montant desquelles il nous est dû une somme d..... (3).

(*Signature*)

(1) L'administration distingue deux sortes de biens communaux : ceux qui ne se louent pas, comme les terrains vagues, landes, pâtis, bruyères, bois communs, montagnes, marécages, etc.; les *patrimoniaux* ou ceux qui se louent, comme moulins, maisons, métairies, halles, prés, terres labourables, etc.

(2) Ce tableau sera divisé en autant de cases qu'il y aura de détenteurs. Toutes les portions de terrain usurpées par un détenteur seront comprises dans la même case.

(3) La répartition des frais d'expertise devra être faite au marc le franc, en prenant pour diviseur la somme portée dans la colonne qui précède.

N° 177.

BIENS *communaux usurpés. — Procès-verbal d'usurpation* (1).

L'an mil huit cent....., le....., nous (*maire, adjoint ou garde champêtre*) de la commune d....., nous étant transporté au lieu d....., avons constaté que le sieur..... détenait une superficie d.... hectares... ares... centiares de terrain en nature de....., usurpés par lui ou par ses auteurs depuis environ..... années, au préjudice de la commune.

Et attendu qu'il importe à la commune de rentrer promptement dans la jouissance de ses droits, nous avons sommé ledit sieur..... de délaisser, dans la huitaine, l'objet de son usurpation; lui déclarant que, faute par lui de ce faire, il sera poursuivi immédiatement devant le conseil de préfecture, pour s'y voir condamner à restituer les fonds, ainsi que les fruits exigibles.

En foi de quoi nous avons dressé le présent procès-verbal, dont nous avons laissé une copie audit sieur.....

Fait à....., les jour, mois et an susdits. (*Signature.*)

N° 178.

BIENS *communaux usurpés. — Citation du détenteur devant le conseil de préfecture.*

L'an mil huit cent....., le....., nous (*maire ou adjoint*) de la commune d.....

Vu notre procès-verbal, en date du....., dûment notifié le même jour au sieur.....

Attendu que ledit sieur..... n'a pas obtempéré à la sommation que nous lui avions faite, de délaisser, dans la huitaine, le terrain communal par lui usurpé au lieu d...., nous l'avons assigné à comparaître le jeudi (2), à une heure, devant le conseil de préfecture, séant à....., à l'effet de s'y voir condamner, par toutes voies et moyens de droit, à restituer à la commune le terrain qu'il lui a usurpé, ainsi que les fruits exigibles depuis l'époque de son usurpation, si mieux n'aime ledit sieur....., faire parvenir au conseil ses moyens de défense par écrit, le prévenant, dans ce cas, que son mémoire ne serait admis qu'autant qu'il serait sur papier timbré.

A............, les jour, mois et an que dessus. (*Signature.*)

N° 179.

BIENS *communaux usurpés. — Soumission à souscrire par les détenteurs.*

Je soussigné (*nom, prénoms, profession*), demeurant à....., reconnu détenteur d'un terrain appartenant à la commune d....., suivant le procès-verbal qui en a été dressé le....., par le sieur....., expert nommé à cet effet, déclare solliciter la concession légale et définitive dudit terrain, tel qu'il est décrit au procès-verbal, et m'oblige à payer à la commune, aux époques qui seront fixées par le conseil municipal, la somme d..... (*mettre en toutes lettres la somme portée à la colonne du tableau n° 142*), montant de la valeur de ce terrain, en principal et accessoires.

Je m'oblige, en outre, à verser dans la caisse municipale, au moment où la concession me sera faite, la somme d....., montant des frais d'expertise.

Fait à....., le..... 18... (*Signature du déclarant.*)

(1) Ce procès-verbal doit être, à peine de nullité, présenté au bureau de l'enregistrement dans les quatre jours de sa date; il sera enregistré en débet.

(2) Celui qui suivra le huitième jour de la date de la citation.

N° 180.

Biens *communaux usurpés (Délibération du conseil municipal relative à la concession de).*

L'an mil huit cent....., le....., le conseil municipal de la commune d....., réuni, etc. (Voy. Délibération.)

M. le maire a exposé que le sieur....., détenteur d'une parcelle de terrain située à....., et appartenant à la commune, lui a adressé une soumission par laquelle, reconnaissant qu'il jouissait de cet immeuble sans droit ni autorisation, il demande à en devenir propriétaire, à la charge par lui d'en payer la valeur d'après estimation contradictoire. M. le maire a mis sous les yeux du conseil les divers actes de la procédure suivie contre ledit sieur....., et l'a invité à émettre son avis sur la proposition de ce dernier.

Le conseil, considérant que les droits de la commune sont incontestables, que néanmoins il y a avantage pour elle de faire la concession de l'immeuble ci-dessus désigné, attendu qu'il serait difficile, en raison de sa faible importance et de son éloignement des autres propriétés communales, d'en obtenir la location et d'en retirer aucun produit;

Est d'avis qu'il y a lieu d'accueillir la proposition du sieur....., et nomme M....., commissaire à l'effet de procéder contradictoirement avec l'expert du sieur....., à l'estimation de l'immeuble dont il s'agit.

Fait et délibéré à....., les jour, mois et an susdits.

(*Signatures.*)

N° 181.

Biens *communaux usurpés. — Procès verbal d'estimation contradictoire.*

(Sur papier timbré.)

Aujourd'hui....., mil huit cent....., nous, soussignés, N....., demeurant à ....., désigné par le conseil municipal de la commune d....., et N....., demeurant à....., nommé par M....., propriétaire, demeurant à....., à l'effet de procéder contradictoirement à l'estimation d'une parcelle de terrain communal, située à....., dont ledit sieur..... a l'intention de se rendre acquéreur, nous sommes transportés audit lieu d....., où étant, nous avons reconnu que cette parcelle de terre est d'une contenance d..... ares....., centiares, limitée, au nord, par....., au sud et à l'ouest, par....., et qu'elle est d'une valeur d.....

Etant d'accord sur cette estimation, nous déclarons que chacun de nous l'a faite en son âme et conscience; en foi de quoi nous avons dressé le présent procès-verbal.

A....., le..... 18...

(*Signatures.*)

Accepté l'estimation faite au procès-verbal ci-dessus,

A....., le..... 18...

(*Signature de l'acquéreur.*)

Approuvé par le conseil municipal en séance, à....., le..... 18...

(*Signatures.*)

N° 182.

Billards *publics (Règlement de police concernant les).*

Le maire de la ville *ou* commune de.....

Vu les lois des 16-24 août 1790, titre XI, art. 3, n° 3; 19-22 juillet 1791, titre Ier, art. 46; 18 juillet 1837, art. 11;

Vu l'arrêté du gouvernement du 12 messidor an VIII, art. 2, 7 et 32;
L'arrêté des consuls du 3 brumaire an IX, et le décret du 29 décembre 1851;
Considérant que les billards publics sont fréquemment le théâtre de rixes et de désordres qu'il importe de prévenir en assujettissant ces établissements à des mesures spéciales de surveillance et de police;

Arrête :

Art. 1er. Aucun particulier, dans l'étendue de la commune, ne pourra tenir un billard public sans la permission préalable du préfet.

Est réputé billard public, tout billard établi dans une maison ouverte au public.

2. Tout maître de billard est tenu de mettre à l'extérieur de son établissement une inscription portant les mots : BILLARD PUBLIC.

3. Il est défendu aux maîtres de billard de recevoir dans leur jeu les vagabonds et gens sans aveu. Tout billard qui sera connu pour être fréquenté habituellement par ces individus sera fermé.

4. Sont également tenus les maîtres de billard de veiller à ce qu'il ne se commette aucune malversation au jeu dans leur maison, à peine de retrait de la permission, et sans préjudice des poursuites à exercer contre eux judiciairement.

5. Les règles connues du jeu de billard seront toujours affichées dans les salles.

6. Les billards doivent se fermer aux mêmes heures que les cafés et cabarets, c'est-à-dire à..... heures du soir en été et ..... heures en hiver.

Les officiers de police pourront toujours entrer dans ces lieux, soit de jour, soit de nuit, pour prendre connaissance des désordres ou contraventions aux règlements, ou pour y remplir toutes autres fonctions de leur ministère.

7. Il sera pris contre les contrevenants telles mesures de police qu'il appartiendra, sans préjudice des poursuites à exercer contre eux devant les tribunaux.

Fait à...... le...... 18...

Le maire.

No 183.

BLESSURES *par accident (Procès-verbal pour constater des).*

L'an mil huit cent..... le..... à..... heures du....., nous....., maire de la commune d....., informé qu'un ouvrier qui travaillait dans un bâtiment en construction, rue......, n°......, dont le sieur......, demeurant rue......, n°....., est entrepreneur ou propriétaire (*ou* pour le compte du sieur....., propriétaire, demeurant à.....), venait d'être blessé grièvement en tombant d...., ou par un éboulement dans des fouilles (*ou autre circonstance*), nous y sommes de suite transporté, et avons trouvé (*rendre compte de l'état du blessé*); et des renseignements que nous avons recueillis des personnes présentes au moment de l'évènement, il résulte (*exposer le résultat de l'enquête à laquelle on a procédé*).

Sur quoi nous estimons que l'événement dont il s'agit est purement accidentel, qu'il n'a pu être prévu, et qu'il n'y a point de la faute de l'entrepreneur.

Et de ce que dessus, nous avons dressé le présent procès-verbal, pour valoir ce que de raison.

A....., les jour, mois et an susdits.

(Signature.)

N° 184.

Blessures *par maladresse ou imprévoyance* (*Procès-verbal pour constater des*) (1).

Aujourd'hui..... mil huit cent....., nous....., maire (*ou* adjoint *ou* commissaire de police) de la commune d....., passant par *tel* chemin, avons aperçu à *tel* endroit dudit chemin un rassemblement assez nombreux; nous en étant approché, nous avons appris que le sieur Manuel A....., journalier de la commune d..... venait d'être renversé et foulé aux pieds par un cheval monté par le sieur Paul O...... fermier en la commune d.....; à l'instant, nous avons fait appeler le sieur Y..... (*médecin* ou *officier de santé*) de la commune; lequel, après avoir prêté serment entre nos mains, a procédé à l'examen des blessures du sieur A....., qu'il nous a dit consister en (*consigner exactement le dire du médecin*), affirmant la vérité du rapport ci-dessus, qu'il a signé.

Immédiatement après, le sieur Y..... a posé le premier appareil, et nous avons fait transporter le sieur A..... à son domicile, nous réservant toutes poursuites contre qui de droit pour le remboursement des frais de transport et honoraires du médecin.

Nous avons alors procédé à l'interrogatoire des personnes présentes, afin de nous informer comment avait eu lieu l'accident, et nous avons appris que (*détailler ici les faits tels qu'ils l'ont été par toutes les personnes présentes, et autant que possible faire signer les déclarants*).

En foi de quoi nous avons dressé le présent procès-verbal pour être, suivant la forme ordinaire, transmis à M. le procureur impérial, et être exercé à l'égard dudit O..... telles poursuites que de droit.

Fait à....., les jour, mois et an susdits

(*Signature.*)

N° 185.

Blessures *par suite de négligence* (*Procès-verbal pour*) (2).

Aujourd'hui,..... mil huit cent...., à..... heures du soir, nous...., maire (adjoint *ou* commissaire de police) de la ville d...., passant dans la rue d...., en face la maison n°....., avons été requis par le sieur D....., propriétaire, rue.... , n°....., de constater que le sieur D. L.. .., serrurier, demeurant en ladite rue, n°....., avait laissé sur le trottoir de sa boutique divers outils de

---

(1) Aussitôt qu'un officier de police reçoit l'avis qu'une personne vient d'être blessée par suite d'accident résultant de négligence, de l'inobservation des règlements de police, par suite de préméditation, en prévoyant même le cas de légitime défense, soit que la personne se trouve abandonnée sur la voie publique, ou que l'accident soit arrivé dans une maison, il est de son devoir de se transporter aussitôt sur les lieux, où il fait constater par un médecin qu'il a requis à cet effet, en vertu des articles 42 et 43 du Code d'instruction criminelle, l'état du blessé, les causes qui ont donné lieu aux blessures, leur gravité et les suites qui peuvent être à craindre; il se fait remettre un rapport sur le tout, après avoir reçu le serment du médecin de procéder et faire ledit rapport en honneur et conscience.

Le procès-verbal ainsi que toutes les pièces à l'appui sont adressés au procureur impérial, qui est chargé d'ordonner les poursuites à exercer envers l'auteur des blessures, et, faute par ce dernier de donner suffisante caution, il est provisoirement mis en lieu de dépôt.

(2) « Quiconque par maladresse, imprudence, inattention, négligence ou inobservation des règlements, aura commis involontairement un homicide ou en aura été la cause, sera puni d'un emprisonnement de trois mois à deux ans, et d'une amende de 50 francs à 600 francs.» (*Code pénal, art* 319.)

« S'il n'est résulté du défaut d'adresse ou de précaution que des blessures ou coups, l'emprisonnement sera de six jours à deux mois, et l'amende de 16 francs à 100 francs.» (*Code pénal, art.* 320.)

son état et notamment une enclume; que ces outils, qui encombraient le passage et qu'on ne pouvait apercevoir en raison de l'obscurité de la nuit, avaient occasionné la chute de lui déclarant, et qu'il s'était fait, dans cette chute, plusieurs blessures; nous étant approché de la maison dudit D......, nous avons remarqué qu'en effet une enclume et plusieurs autres outils se trouvaient encore déposés sur le trottoir. Quelques gouttes de sang, provenant d'une blessure que le sieur R......, avait à la tête, tachaient les dalles du trottoir, et celui-ci nous déclara que c'était en cet endroit qu'il venait de se faire diverses blessures dont une au genou droit, une au genou gauche, et la plus grave à la tête.

Le sieur D..... étant survenu, nous a dit qu'il regrettait beaucoup l'accident qui venait d'arriver, qu'il reconnaissait avoir eu tort de laisser ainsi momentanément devant sa porte des objets qui, en raison de l'obscurité, pouvaient être cause de blessures plus ou moins graves.

Néanmoins, attendu que les faits ci-dessus rapportés constituent le délit de blessures par négligence, prévu et puni par l'article 320 du Code pénal, nous avons rédigé le présent procès-verbal pour recevoir telles suites que de droit.

Fait et clos à....., les jour, mois et an que dessus.

(Signature.)

N° 186.

Blessures *faites méchamment* (*Procès-verbal pour*) (1).

L'an mil huit cent....., le......, à..... heures du....., nous....., maire (adjoint au maire *ou* commissaire de police) de la ville (*ou* commune) d ....., ayant été requis de nous transporter dans une maison sise rue....., n° .... (*ou* chez M......., demeurant......), à l'effet de constater les blessures qui venaient d'être faites, dans une rixe, au sieur N......, nous y sommes rendu à l'instant et avons trouvé dans une pièce, au rez-de-chaussée, où il avait été recueilli, un individu (*indiquer sa position et son état apparents*) lequel nous a dit se nommer......., demeurant à......, et nous a fait la déclaration suivante....... (*Détails circonstanciés de tous les faits, avec indication des témoins.*)

Pour raison desquels faits ledit sieur....., blessé, requiert que le sieur....., auteur volontaire de ses blessures, soit tenu de lui payer les indemnités qui pourront lui être légitimement dues, pour soins et médicaments, perte de journées de travail, et réparation de ses vêtements que ledit sieur...... lui a déchirés, ainsi que nous les voyons, réparation que le déclarant évalue à la somme de....., le tout sans préjudice des peines à prononcer pour la vindicte publique.

Ou bien : Pour raison desquels faits le comparant rend plainte contre le sieur....., attendu que c'est volontairement qu'il a exercé envers le comparant lesdites voies de fait et violences; requérant en conséquence qu'il y soit donné telles suites qu'il appartiendra pour la vindicte publique, et sous la réserve qu'il fait de former contre ledit sieur....., devant tout tribunal compétent, telles demandes qu'il avisera.

Lecture faite de ce que dessus audit sieur....., il a affirmé la vérité de ses déclarations, y a persisté, en a requis acte que nous lui avons octroyé et a signé avec nous.

Sur quoi nous, officier de police judiciaire susdit, attendu que le sieur.... a blessé volontairement, et non par accident, ni à son corps défendant, le sieur...., avons, contre ledit sieur....., rédigé le présent procès-verbal, pour y être donné telles suites qu'il appartiendra, et avons signé.

(Signature.)

---

(1) Si le plaignant se porte partie civile, le procès-verbal sera rédigé sur papier timbré et soumis à l'enregistrement.

N° 187.

Bois *des communes et des établissements publics* (1). — *Délibération pour la vente d'une coupe ordinaire* (2).

L'an mil huit cent....., le....., le conseil municipal de la commune d....., réuni, etc. (Voy. Délibération.)

M. le maire a exposé que la coupe ordinaire des bois communaux pour l'exercice 18....., comprise au plan d'aménagement sous le n°....., triage et canton de....., serait d'une exploitation difficile et coûteuse pour les habitants, si elle était distribuée à titre d'affouage, en raison de l'éloignement de cette coupe et du mauvais état des chemins de défrichement; et il a proposé au conseil de délibérer la vente de cette coupe dont le produit pourra être utilement affecté à l'acquit des dépenses tant ordinaires qu'extraordinaires de la commune.

Le conseil, par les motifs ci-dessus, adoptant la proposition de M. le maire, vote la mise en adjudication dans les formes ordinaires, de la coupe ordinaire de l'exercice 18.., pour son produit être affecté à l'acquit des dépenses de cet exercice.

Fait et délibéré à....., les jour, mois et an susdits.

(*Signatures.*)

N° 188.

Bois *des communes et des établissements publics. — Délibération pour une coupe extraordinaire* (3).

L'an mil huit cent....., le....., le conseil municipal réuni, etc. (Voy. Délibération.)

M. le maire a exposé que la construction d'une maison d'école, projetée dans la commune et dont le devis s'élève à la somme d....., nécessite la vente d'une portion du quart en réserve des bois communaux; que ce quart en réserve contient..... hectares de sol forestier peuplé de futaies de l'âge d..... ans et dont le produit peut être évalué au minimum d..... francs par hectare; qu'il y a lieu, en conséquence, de demander la délimitation d'une coupe extraordinaire d..... hectares audit quart en réserve, pour être mise en vente aux plus prochaines adjudications de coupes de bois dans l'arrondissement.

Le conseil municipal, considérant que la vente dont M. le maire a exposé les motifs est nécessaire, a voté la mise en adjudication d'une coupe d..... hectares de bois du quart en réserve, laquelle sera délimitée par l'administration forestière

---

(1) Les bois des communes et des établissements publics sont soumis au régime forestier et placés sous la surveillance de l'administration générale des forêts. Ils sont administrés conformément aux dispositions du Code forestier décrété le 21 mai 1827 et promulgué le 31 juillet suivant, et à celles de l'ordonnance réglementaire du 1er août 1827.

(2) Les coupes ordinaires sont celles qui se trouvent annuellement déterminées par l'ordre d'aménagement ou par le tour d'exploitation. Ces coupes se font d'après l'autorisation de l'administration forestière, qui approuve les états d'assiette qui lui sont transmis par les conservateurs.

(3) « Un quart des bois de chaque commune est réservé pour croître en futaie.—Aucune coupe ne peut être faite sur ce quart de réserve que pour cause de nécessité constatée, et pour subvenir à des dépenses urgentes et extraordinaires. — Les demandes des communes tendant à obtenir des coupes extraordinaires sont adressées par les préfets aux ministres de l'intérieur et des finances, et ce dernier, s'il y a lieu, soumet à l'approbation du roi l'ordonnance nécessaire pour autoriser la coupe.» (*Ordonn. de* 1660; *loi du* 29 *septembre* 1791; *ordonn. du* 10 *juin* 1840.) — Les propositions de coupes extraordinaires, soit par contenance, soit par pieds d'arbres à exploiter pour l'année suivante, doivent être adressées au préfet avant le 15 juin de chaque année. (*Arr. du minist. des finances du* 4 *février* 1837.)

à titre de coupe extraordinaire pour l'exercice 18.., pour le produit être affecté à la construction d'une maison d'école (1).

Expédition de la présente délibération sera, à la diligence de M. le maire, envoyée à M. le sous-préfet, qui est prié de prendre les dispositions nécessaires pour l'autorisation, la délimitation et la mise en adjudication de ladite coupe.

(*Signatures.*)

N° 189.

Bois *des communes et des établissements publics. — Cahier des charges de l'adjudication des coupes* (2).

§ 1er. — Des adjudications.

Art. 1er. Ne pourront prendre part aux ventes, ni par eux-mêmes, ni par personnes interposées, directement ou indirectement, soit comme parties principales, soit comme associés ou cautions, les agents, fonctionnaires et autres personnes désignées par les articles 21 et 101 du Code forestier,.

Seront exclues des enchères et surenchères les personnes notoirement insolvables, et celles qui, ayant déjà subi l'événement d'une folle-enchère, n'auront pas payé les sommes dont elles sont restées redevables.

Le bureau sera juge de la solvabilité.

Nulle personne inconnue ne pourra faire une mise exagérée qu'autant qu'elle aura fourni à l'instant une caution et un certificateur de caution solvables.

Le bureau sera juge de l'exagération de la mise.

2. Les adjudicataires ne pourront avoir plus de trois associés, qu'ils seront tenus de nommer au secrétariat du lieu de la vente, où ils déposeront une expédition de leur acte d'association, et feront leur soumission de satisfaire à toutes les charges de l'adjudication.

3. Chaque coupe sera adjugée en francs, à l'hectare et are.

Il ne pourra être fait aucune réclamation ni diminution de prix pour les places vides, mares, fossés, chemins, avenues, qui se trouvent dans l'intérieur des coupes, mais seulement pour les routes royales et départementales, dont la distraction n'aurait pas été faite par les plans et procès-verbaux d'arpentage des coupes.

Les bois provenant des laies et tranchées feront partie de l'adjudication, à moins que la vente n'en ait déjà été ordonnée, auquel cas il en sera fait mention sur l'affiche.

Les arbres qui s'exploitent soit séparément du taillis, soit en jardinant, ou par éclaircie, seront adjugés en bloc, et sans garantie du nombre.

4. Aucune adjudication ne pourra être faite qu'après l'extinction de trois bougies allumées successivement.

Si, pendant la durée de ces trois bougies, il n'y a point eu d'enchères, l'adjudication sera prononcée en faveur de celui sur l'ordre duquel les bougies auront été allumées.

Si, pendant la durée des trois premières bougies, il survient une ou plusieurs enchères, il sera allumé une quatrième bougie, et l'adjudication ne pourra être prononcée qu'après que cette bougie, ou l'une de celles qui pourront lui succéder, se sera éteinte sans enchère.

5. Les enchères ne pourront être moindres du vingtième de la mise à prix à l'hectare, lorsqu'elle sera de 100 francs et au-dessus.

Ces enchères seront de 10 francs, si elle est depuis 100 francs jusqu'à 200 francs ;

---

(1) Si la demande en vente de la totalité ou d'une partie du quart en réserve est motivée sur le défaut d'accroissement ou le dépérissement des futaies, le conseil municipal doit indiquer également, dans sa délibération, l'emploi présumé des fonds, soit qu'il les destine à des travaux communaux, à des acquisitions d'immeubles ou de rentes sur l'Etat, soit enfin qu'il préfère les placer en compte courant au trésor public.

(2) Nous donnons ici, à titre de renseignement, le cahier des charges de l'administration forestière, pour les ventes de coupes de bois. Nous ferons observer cependant que cette formule est sujette chaque année à des modifications.

De 15 francs, si elle est depuis 200 francs jusqu'à 300 francs;
De 20 francs, si elle est depuis 300 francs jusqu'à 1,000 francs;
De 30 francs, si elle est au dessus de 1,000 francs.

A l'égard des ventes d'arbres qui se feront par nombre, les enchères ne pourront être moindres :

Du 20e de la mise à prix, si elle est de 500 francs et au-dessus;
Du 30e si elle est depuis 500 francs jusqu'à 1,000 francs;
Du 40e si elle excède 1,000 francs.

La mise à prix, ainsi que l'enchère sur laquelle la coupe aura été adjugée, seront seules inscrites au procès-verbal d'adjudication, avec les noms et demeures de ceux qui les auront faites.

6. Lorsque, faute d'offres suffisantes, les adjudications n'auront pu avoir lieu, elles seront remises, séance tenante et sans nouvelles affiches, à un délai qui n'excédera pas la quinzaine.

Si, à la séance à laquelle l'adjudication aura été remise, il n'y a pas encore d'offres suffisantes, la vente pourra être renvoyée à l'année suivante, ou exploitée par économie. Néanmoins, et dans tous les cas, s'il est fait ultérieurement des offres suffisantes, soit au secrétariat du lieu de la vente, soit aux agents forestiers, ceux-ci pourront, sur la demande des communes propriétaires, et avec l'autorisation du préfet, provoquer la remise en adjudication, avec nouvelles affiches, des coupes qui seraient restées invendues.

7. Aucune déclaration de command ne sera admise, si elle n'est faite immédiatement après l'adjudication et séance tenante.

Si le command élu a les qualités requises pour être admis, et si l'adjudicataire présente son mandat immédiatement, l'acceptation du command ne sera point nécessaire; mais si ce dernier n'a point donné de mandat, il sera tenu d'accepter par le procès-verbal même d'adjudication, et séance tenante.

La déclaration de command et l'acceptation étant insérées dans le procès-verbal, ne donneront lieu à aucun droit particulier.

Ces dispositions sont également applicables à celui qui se rendra adjudicataire d'une coupe, par suite d'une déclaration du cinquième, et des surenchères faites dans les délais fixés par l'article 9 du présent cahier des charges.

8. Les minutes des procès-verbaux des adjudications seront rédigées sur papier visé pour timbre, et signées sur-le-champ par tous les fonctionnaires présents et par l'adjudicataire ou son fondé de pouvoir; et dans le cas d'absence de ces derniers, ou s'ils ne veulent ou ne peuvent signer, il en sera fait mention au procès-verbal.

9. Toute personne capable et reconnue solvable sera admise, jusqu'à l'heure de midi du lendemain de l'adjudication, à faire une offre de surenchère, qui ne pourra être moindre du cinquième du prix principal de l'adjudication. (*Code forestier*, art. 25.)

Dès qu'une pareille offre aura été faite, l'adjudicataire et les surenchérisseurs pourront faire des déclarations de simple surenchère, jusqu'à l'heure de midi du surlendemain de l'adjudication, heure à laquelle le plus offrant restera définitivement adjudicataire. (*Ibid.*)

Les déclarations de simple surenchère ne pourront être moindres des minimum fixés par l'article 5 ci-dessus, d'après les mises à prix à l'hectare déterminées par l'importance des coupes, et ces déclarations devront être appliquées à chacun des hectares dont les coupes se composeront.

Si, après la surenchère du cinquième, il n'est fait aucune offre de simple enchère, l'adjudication sera dévolue à celui qui, le premier, aura fait la déclaration de la surenchère du cinquième.

Toutes déclarations de surenchères devront être faites au secrétariat du lieu de la vente et dans les délais ci-dessus fixés; le tout sous peine de nullité. (*Ibid.*)

Le secrétaire commis à l'effet de recevoir ces déclarations sera tenu de les consigner immédiatement sur un registre à ce destiné, d'y faire mention expresse du jour et de l'heure précise où il les aura reçues, et d'en donner communication à l'adjudicataire et aux enchérisseurs, dès qu'il en sera requis : le tout sous peine de trois cents francs d'amende, sans préjudice de plus fortes peines en cas de collusion. (*Ibid.*)

En conséquence, il n'y aura lieu à aucune signification des déclarations de surenchère, soit par l'administration, soit par les adjudicataires et surenchérisseurs. (*Ibid.*)

Dans tous les cas où les délais stipulés, tant par le présent article que par les autres articles du cahier des charges, pour l'accomplissement, à peine de nullité ou de déchéance, de formalités quelconques, expireront un jour de fête légale, ils seront prorogés de vingt-quatre heures, conformément à l'article 1037 du Code de procédure civile.

10. Les adjudicataires et surenchérisseurs seront tenus, au moment de l'adjudication ou de leur déclaration de surenchère, d'élire domicile dans le lieu où l'adjudication sera faite : faute par eux de le faire, tous actes postérieurs leur seront valablement signifiés au secrétariat du lieu de la vente.

11. Chaque adjudicataire sera tenu, sous les peines portées par l'article 24 du Code forestier, de donner, dans les cinq jours qui suivront celui de l'adjudication définitive, une bonne et valable caution et un certificateur de caution, lesquels s'obligeront solidairement avec l'adjudicataire à toutes les charges et conditions de l'adjudication.

L'adjudicataire sera, dans les cas de déchéance, tenu de payer les frais de la première adjudication.

12. Les cautions et certificateurs seront reçus du consentement du receveur général du département ou de son fondé de pouvoirs, pour les coupes extraordinaires, et du receveur de la commune pour les coupes ordinaires, et, dans tous les cas, du consentement du maire de la commune propriétaire; l'acte en sera passé au secrétariat du lieu de la vente, et à la suite du procès-verbal d'adjudication.

§ II. — *Du prix des ventes et des frais accessoires.*

13. Dans les dix jours de l'adjudication, chaque adjudicataire fournira au receveur général des finances du département, pour les coupes extraordinaires, et au receveur de la commune pour les coupes ordinaires, quatre traites, chacune du quart du prix principal de l'adjudication; les fractions, s'il en existe, seront comprises dans la dernière traite.

Ces traites seront payables au domicile desdits receveurs, aux échéances suivantes :

La première, au 31 mars 18...;
La seconde, au 30 juin;
La troisième, au 30 septembre;
La quatrième, au 31 décembre (1).

Lesdites traites n'opéreront ni novation ni dérogation aux droits résultant, au profit des communes ou établissements publics, du procès-verbal d'adjudication.

14. Lorsque la même personne sera devenue adjudicataire de plusieurs lots d'une même coupe, elle conservera la liberté de souscrire des traites spéciales pour chaque lot; mais elle pourra ne fournir que des traites collectives pour le payement des divers lots adjugés, si les receveurs, après avoir agréé les cautions et certificateurs, jugent cette mesure compatible avec leur responsabilité.

---

(1) BOIS DES COMMUNES ET DES ÉTABLISSEMENTS PUBLICS. — TRAITE D'ADJUDICATAIRE DE COUPE DE BOIS.

COUPE DE L'EXERCICE 18...

A....., ce..... 18... Bon pour la somme d.....

Au..... prochain fixe, payez par cette seule de change, à l'ordre de M..... la somme de (*en toutes lettres*), valeur en payement, à échoir à la même époque, de la coupe (*noms de la coupe, du bois ou de la forêt*), dont vous êtes adjudicataire, et sans autre avis de (*signature du certificateur qui tirera la traite*).

Accepté pour la somme de (*en toutes lettres*), que je m'engage à payer à l'échéance, à la caisse de M. le receveur (*indiquer la qualité du receveur*).

(*Signature de l'adjudicataire qui, comme principal obligé, doit accepter :*)

A Monsieur.....
Monsieur (*le nom de l'adjudicataire*),
adjudicataire de la coupe (*la désigner*),
à (*domicile exact de l'adjudicataire*).

Lorsqu'une coupe de bois communale sera indivise entre plusieurs communes, l'adjudicataire souscrira des obligations séparées pour la somme afférente à chaque commune, afin que les receveurs puissent en faire immédiatement recette dans leurs écritures

15. Les receveurs généraux feront poursuivre, tant contre l'obligé principal que contre ses cautions et certificateurs de caution, le payement des traites relatives aux coupes extraordinaires, conformément aux lois existantes.

A l'égard du recouvrement du produit des coupes ordinaires, il sera poursuivi dans les formes accoutumées, par les receveurs particuliers des communes et établissements propriétaires.

16. En cas de retard de payement desdites traites, ou du versement des sommes exigibles en numéraire, les intérêts de la somme principale courront de plein droit sur le pied de cinq pour cent par an, à partir du jour de l'échéance desdites traites ou du jour où lesdites sommes auraient dû être versées.

17. Outre le prix principal de l'adjudication, il sera payé par les adjudicataires, chacun pour le lot qui lui aura été vendu :

1° Le décime par franc de ce prix au profit de la commune ou de l'établissement propriétaire;

2° Les droits proportionnels d'enregistrement sur le montant de l'adjudication et sur le décime, ainsi que sur les charges accessoires;

3° Les droits fixes de timbre et d'enregistrement des procès-verbaux et autres actes relatifs à l'adjudication.

18. Les sommes à payer en vertu de l'article qui précède seront versées immédiatement après la réception des cautions; savoir : le décime, dans la caisse du receveur de la commune ou de l'établissement propriétaire; et les droits d'enregistrement et de timbre, dans les caisses des receveurs de l'enregistrement et des domaines.

19. Dans les dix jours de l'adjudication, et après l'acquittement des sommes ci-dessus désignées, il sera délivré à l'adjudicataire, par le président de la vente, un exemplaire du cahier des charges et clauses spéciales, et une expédition de son acte d'adjudication, le tout sur papier visé pour timbre.

20. Dans le même délai, il sera fourni par le même fonctionnaire, et à la suite d'un exemplaire du cahier des charges et clauses spéciales, des expéditions, en un seul cahier, du procès-verbal de la masse des adjudications faites dans le même lieu, et sans remise d'affiches; savoir :

Au préfet, une expédition, quand la vente n'aura pas été faite au chef-lieu de la préfecture;

A l'administration des forêts, à Paris, directement, une;

Au conservateur, une;

Et au receveur général, une, pour les coupes extraordinaires.

Il sera délivré au receveur de chaque commune, pour la coupe qui le concerne, un extrait seulement du procès-verbal des adjudications.

Les cahiers des charges, clauses spéciales et expéditions mentionnées dans le présent article, seront délivrés sur papier libre, excepté l'expédition à délivrer au receveur des finances, et l'extrait à remettre au receveur de chaque commune et de chaque établissement public, qui devront être sur papier visé pour timbre.

§ III. — *Exploitation. Bois de marine. Vidange des coupes. Exécution des travaux. Réarpentage et récolement.*

21. D'après l'article 93 de l'ordonnance réglementaire du 1er août 1827, l'adjudicataire pourra, dans le mois qui suivra l'adjudication, pour tout délai, et avant que le permis d'exploiter soit délivré, exiger qu'il soit procédé, contradictoirement avec lui ou son fondé de pouvoirs, au souchetage, c'est-à-dire à la reconnaissance des souches des arbres coupés en délit, soit à la vente, soit à l'ouïe de la cognée.

22. Le garde-vente que l'adjudicataire doit avoir, conformément à l'article 31 du Code, ne pourra être parent ou allié des gardes du triage et des agents de la localité, ni caution ou certificateur de caution de l'adjudicataire.

L'adjudicataire pourra présenter l'un de ses ouvriers comme garde-vente pour les coupes de taillis de peu de valeur. Le facteur ou garde-vente de l'adjudicataire ne pourra s'absenter de la coupe, et il sera tenu, toutes les fois qu'il en sera requis, de représenter son registre aux agents forestiers, pour être visé et arrêté par eux.

23. L'adjudicataire est tenu de prendre le permis d'exploiter au plus tard dans le délai d'un mois, à dater du jour de l'adjudication.

24. Ce permis lui sera délivré par l'agent forestier local, chef de service, avec une expédition en forme du procès-verbal d'arpentage et du plan de la coupe, aussitôt que l'adjudicataire lui aura présenté les pièces dont le détail suit :

1° Des certificats des receveurs, constatant qu'il a fait accepter ses cautions, fourni ses traites acceptées et satisfait aux payements exigés par l'article 17 du présent cahier des charges; 2° l'expédition en bonne forme du procès-verbal de son adjudication; 3° l'acte de la prestation de serment de son facteur ou garde-vente; 4° le registre dudit garde, pour être coté et parafé de suite; 5° son marteau dont la forme sera triangulaire.

L'agent forestier apposera son visa sur l'extrait du procès-verbal d'adjudication.

Il relatera dans le permis d'exploiter les actes qui lui auront été présentés.

25. L'adjudicataire remettra ce permis au garde général, et il le préviendra du jour où il se proposera de placer des ouvriers dans la vente.

26. A moins de clauses contraires, les coupes seront exploitées à tire et aire; tous les bois coupés à la cognée, et les souches et étocs ravalés, au moment de la coupe, le plus près de terre que faire se pourra, de manière que les anciens nœuds ne paraissent aucunement, et que les souches ne soient point endommagées.

Avant le....., les adjudicataires seront tenus de relever et faire façonner les ramiers, et de nettoyer la coupe des épines, ronces et autres arbustes nuisibles, de manière que le rejet n'éprouve aucun dommage.

Les arbres ne seront point coupés en pivot, mais en talus, de manière que l'eau ne puisse y séjourner; les racines devront rester entières.

Les ramiers provenant des bois qui auront été écorcés en vertu du procès-verbal d'adjudication seront relevés et façonnés avant le.....

Il est défendu aux adjudicataires d'arracher aucun bois, s'il n'y a clause contraire.

L'exploitation dans les bois résineux sera faite conformément aux conditions spéciales du cahier des charges.

27. Toute contravention aux clauses et conditions du cahier des charges générales et spéciales, relativement au mode d'abatage des arbres et au nettoiement des coupes, sera punie conformément à l'article 27 du Code forestier.

28. Il est interdit à l'adjudicataire, à moins que le procès-verbal d'adjudication n'en contienne l'autorisation expresse, de peler ou d'écorcer sur pied aucun des bois de sa vente, sous les peines portées par l'article 36 du même Code.

29. L'adjudicataire sera tenu de respecter tous les arbres marqués ou désignés pour demeurer en réserve, quels que soient leur qualification et leur nombre.

Il réservera, en conséquence, les arbres d'assiette, pieds corniers, témoins, parois et arbres de lisière; tous les arbres anciens et modernes, ainsi que les baliveaux de l'âge, marqués de l'empreinte du marteau impérial.

Dans les jeunes taillis où les baliveaux de l'âge n'auront pu, à cause de leur faiblesse, recevoir l'empreinte du marteau, il en sera réservé, conformément au choix et au procès-verbal des agents forestiers, au moins cinquante par hectare, *en brins de semences* ou *de pied*, à défaut de première espèce.

Dans aucun cas, ni sous quelque prétexte que ce soit, il ne pourra être délivré à l'adjudicataire aucun des arbres de réserve, quand même il s'en trouverait un nombre excédant celui porté aux procès-verbaux de martelage et d'adjudication.

Il représentera les baliveaux de tout âge et autres arbres réservés, lors même qu'ils seraient cassés ou renversés par les vents ou par des accidents de force majeure, indépendants du fait de l'exploitation.

Si des arbres étaient ainsi abattus pendant l'exploitation, l'adjudicataire sera tenu d'en avertir sur-le-champ les agents forestiers, pour en être marqué d'autres en réserve, et il en sera dressé procès-verbal.

Les arbres abattus ne pourront être donnés à l'adjudicataire en compensation de ceux marqués en remplacement. Ils seront marqués comme chablis et vendus en la forme ordinaire, et il sera fait estimation, à dire d'experts, des arbres nouvellement marqués en réserve, pour rendre indemne l'acquéreur.

30. Si, par la chute des arbres à abattre, il arrivait que les bois de réserve fussent brisés, déracinés ou grièvement endommagés, leur remplacement devra s'effectuer comme il est dit aux deux derniers paragraphes de l'article 29 ci-dessus; mais on distraira toujours de l'indemnité que l'adjudicataire aura à prétendre, le montant du dommage qui ne pourra être évalué moins de 5 francs pour le baliveau de l'âge, de 30 francs pour le moderne et de 60 francs pour le baliveau ancien, dans les coupes qui s'exploitent en taillis sous futaies, et qui sera évalué, dans les coupes de futaies, par les agents forestiers, sans cependant pouvoir être au-dessous de 60 francs.

Si quelqu'un des arbres de la vente demeurait, dans sa chute, encroué sur une réserve, l'adjudicataire ne pourra abattre cette réserve pour dégager l'arbre, qu'après la reconnaissance d'un agent forestier, qui évaluera l'indemnité à payer par l'adjudicataire. Cette réserve sera remplacée, ainsi qu'il est prescrit par les deux derniers paragraphes de l'article 29 ci-dessus, et l'indemnité ne pourra être moindre de 30 francs pour le baliveau moderne et de 60 francs pour le baliveau ancien, dans les coupes qui s'exploitent en taillis sous futaies, et qui sera évaluée, dans les coupes de futaies, par les agents forestiers, sans cependant pouvoir être au-dessous de 60 francs.

Si l'arbre encroué peut être dégagé sans abattre la réserve, et si celle-ci en cet état peut encore profiter, l'agent forestier réglera le dommage.

Il sera dressé procès-verbal de ces reconnaissances et évaluations, lequel sera signé par l'adjudicataire ou son facteur, et remis au receveur de la commune, pour effectuer le recouvrement de la somme à payer par l'adjudicataire; ou transmis au maire de la commune ou aux administrateurs de l'établissement propriétaire des bois, pour faire opérer le remboursement auquel l'adjudicataire aura droit.

31. Les adjudicataires ne pourront prendre des harts pour lier les bois de débit que dans les coupes qui leur seront adjugées. S'il est reconnu qu'elles ne peuvent en produire suffisamment, il pourra leur en être accordé par l'agent forestier chef de service, et ils payeront à la commune le prix des harts et le décime pour franc en sus, d'après le procès-verbal de comptage et d'estimation qui en sera dressé.

32. Il leur est défendu de faire ou de laisser paître leurs chevaux et bestiaux dans les ventes ni dans les forêts, même d'y conduire des bêtes à cornes sans être muselées.

33. Il sera libre aux adjudicataires de donner aux bois de leur vente la destination qui leur paraîtra la plus avantageuse, en se conformant néanmoins, pour leur dimension, à ce qui est prescrit par les lois et règlements.

34. La coupe des taillis sera entièrement terminée au plus tard le 15 avril 18.., celle des arbres le 15 mai suivant.

Les taillis et les arbres à écorcer, en vertu de l'acte d'adjudication, seront coupés et abattus, savoir : les taillis avant le 15 mai, et les arbres avant le 15 juin.

La traite et vidange, hors de l'enceinte de la forêt, des bois provenant des coupes des taillis au-dessous de vingt-cinq ans, soit que ces coupes comprennent ou non des arbres anciens ou modernes, seront terminées le 15 septembre 18.., et pour les coupes de vingt-cinq ans et au-dessus avant le 15 avril 18...

Dans les endroits où le commerce du sabotage et des cercles, ou autres circonstances locales, nécessiteraient d'autres délais, il en sera fait une clause spéciale de l'adjudication.

35. Tout adjudicataire qui, pour causes majeures et imprévues, n'aura pu achever la coupe ou la vidange dans les termes prescrits, et aura besoin d'un délai, sera tenu d'en faire la demande à l'administration des forêts, par l'intermédiaire du conservateur, quarante jours au moins avant l'expiration dudit terme.

Il joindra une déclaration, écrite et signée de lui, de la situation de la coupe à l'époque de sa pétition.

Les délais, soit de coupe, soit de vidange, ne seront accordés que d'après un procès-verbal de vérification, dressé sur les lieux par les agents forestiers, et faisant connaître l'étendue des bois restant à exploiter, ou les quantités et qualités de bois existant sur le parterre de la coupe, les causes du retard dans l'exploitation ou la vidange, le délai qu'il est nécessaire d'accorder, et l'estimation, par aperçu, du dommage qui pourra résulter du délai de coupe ou de vidange, laquelle estimation, calculée d'après les faits constatés par le procès-verbal, et eu égard au prix de la feuille, servira à déterminer provisoirement l'indemnité à payer par l'adjudicataire, sauf à l'augmenter si, après la vidange, les dommages éprouvés étaient plus considérables que ceux présumés.

Les prolongations de délai de coupe ou de vidange courront du jour de l'expiration des termes fixés par l'article 34.

Dans le cas où les adjudicataires n'auraient pas profité des prorogations de délai, ils ne pourront obtenir la remise de l'indemnité fixée par la décision que sur un procès-verbal de l'agent forestier local, dressé au plus tard le jour de l'expiration du terme de l'exploitation ou de la vidange, enregistré à leurs frais, et constatant qu'effectivement ils n'ont pas profité du bénéfice de la décision.

36. Les laies séparatives des coupes seront entretenues et recépées par les adjudicataires, qui, à mesure de l'exploitation, feront enlever les bois qui tomberont sur ces laies, afin qu'elles soient toujours libres.

37. Sont tenus, les adjudicataires, de curer à vif fond et de réparer tous les fossés, sangsues, rigoles, glacis et laies qui se trouveront dans l'intérieur et au pourtour de leurs coupes;

De tenir les chemins libres dans les coupes, de manière que les voitures puissent y passer librement et en tout temps;

De remplir les trous des scieurs et des ateliers;

De faire fouir, repiquer et semer les places des fosses ou fourneaux;

De rétablir et réparer dans l'intérieur des forêts les chemins, ponts, ponceaux, bornes, barrières et pierrées endommagés ou détruits par le passage de leurs voitures et le transport de leurs bois.

38. Les adjudicataires des coupes dans lesquelles il aura été marqué des arbres pour la marine se conformeront aux dispositions du Code forestier et de l'ordonnance du 1er août 1827, concernant le service de la marine.

39. Il sera procédé au réarpentage des coupes avant le récolement, en présence de l'arpenteur qui aura fait le premier mesurage, ou lui dûment appelé.

L'adjudicataire ou son fondé de pouvoirs signera les procès-verbaux de réarpentage et de récolement, et s'ils ne peuvent ou ne veulent signer, ou s'ils sont absents, il en sera fait mention.

40. Lors du récolement, les adjudicataires seront tenus, sous les peines portées par la loi, de représenter :

1° Dans les ventes de taillis et de futaie, tous les arbres réservés;

2° Dans les coupes faites en nettoiement et en jardinant, ou par éclaircie, l'empreinte du marteau impérial sur les étocs des arbres exploités.

41. S'il résulte des procès-verbaux de réarpentage des coupes un excédant de mesure, les adjudicataires s'obligent d'en payer le montant, en proportion du prix entier de l'hectare, ensemble le décime pour franc de ce prix.

S'il y a un moins de mesure, ils en seront remboursés dans la même proportion, après leur décharge définitive.

Il n'y aura lieu à aucune répétition lorsque le plus ou le moins de mesure n'excédera pas le centième de la contenance de la coupe.

Dans aucun cas il ne sera fait de compensation de moins de mesure avec des excédants.

Soit qu'il y ait sur-mesure ou moins de mesure, il ne sera fait aucune répétition à raison des droits d'enregistrement et autres frais d'adjudication.

Les adjudicataires adresseront, sur papier timbré, au maire de la commune ou aux administrateurs de l'établissement propriétaire, leurs demandes en remboursement de moins de mesure, avec les expéditions des procès-verbaux et plans d'arpentage et de réarpentage, ainsi que leurs traites acquittées, la copie du procès-verbal de récolement ou leur décharge d'exploitation.

L'expédition du procès-verbal et plan de réarpentage leur sera délivrée à leurs frais par l'arpenteur, à raison de 7 francs 50 centimes, lorsque la coupe sera de dix hectares et au-dessus, et de 5 francs si la coupe a moins de dix hectares, le tout y compris le timbre.

42. Les clauses et conditions, tant générales que particulières, du cahier des charges, seront toutes de rigueur, et ne pourront jamais être réputées comminatoires. (*Ordonnance réglementaire, art* 82.)

Les adjudicataires se conformeront, au surplus, aux dispositions du Code forestier et de l'ordonnance du 1er août 1827, qui les concernent.

Délibéré en conseil d'administration, le...... 18...

Les sous-directeurs des forêts,
membres du conseil d'administration.

Approuvé :	Vu et adopté :
Ce...... 18...	Ce........ 18...
Le ministre des finances.	*Le directeur de l'administration des forêts.*

Suivent les clauses particulières à ajouter aux clauses générales du cahier des charges pour la vente des coupes. Ces clauses sont rédigées et proposées par l'inspecteur, et arrêtées par le conservateur des forêts de l'arrondissement dans lequel sont situées les coupes.

NOTA. — Les adjudications de coupes de bois, tant ordinaires qu'extraordinaires, devant être faites devant les préfets et les sous-préfets dans les chef-lieux d'arrondissement, conformément à l'ordonnance réglementaire pour l'exécution du Code forestier, article 86, il n'y a pas lieu de donner ici le modèle d'un procès-verbal d'adjudication.

N° 190.

BOIS *des communes et des établissements publics. — Adjudication de chablis, bois de délit, et autres produits accessoires des bois.*

L'an mil huit cent....., le....., par-devant nous....., maire de la commune de....., assisté de MM....., membres du conseil municipal, appelés dans l'ordre du tableau, et en présence de M....., garde général des forêts au cantonnement de..... et M....., receveur municipal ;

Il a été procédé à la vente par adjudication aux enchères et à l'extinction de trois feux francs, de..... pieds de bois chablis gisant dans la forêt communale de....., savoir :

(*Extrait de l'affiche.*) 1° Un pied de bois, essence de....., marqué des lettres....., gisant dans la coupe n°....., triage et canton de..... ; 2° un pied, essence d....., gisant dans la coupe n°....., triage et canton de..... ; 3°.....

Lecture ayant été faite des clauses et conditions de l'adjudication, un premier feu a été allumé sur la mise à prix de....., faite par le sieur..... ; le sieur..... a fait ensuite une enchère de..... ; le sieur..... de..... ; et ledit sieur....., une nouvelle enchère de..... Trois feux ayant été allumés successivement, et s'étant éteints sans nouvelles enchères, le sieur..... a été déclaré adjudicataire des..... pieds de bois chablis désignés ci-dessus, pour la somme de....., et nous a présenté à l'instant, pour sa caution, le sieur..... qui a accepté et s'est engagé solidairement avec ledit adjudicataire à l'exécution des clauses et conditions de l'adjudication, savoir :

(*Extrait du cahier des charges*). 1° Le prix de la présente adjudication sera versé immédiatement après l'approbation de M. le préfet, à la caisse du receveur municipal; 2° l'adjudicataire payera en outre entre les mains dudit receveur le décime par franc du prix principal ; 3° les frais de la présente adjudication, ceux de timbre et d'enregistrement et le vingtième du prix d'adjudication, prélevé par le trésor public pour indemnité d'administration des bois communaux seront payés dans le délai de vingt jours à dater de cette approbation à la caisse du receveur de l'enregistrement ; 4° l'adjudicataire ne pourra enlever les pieds de bois, ni les façonner sur place, avant la réception de l'arrêté d'approbation ; il lui est accordé un délai de..... pour en opérer l'entier enlèvement, à dater de cette réception; cet enlèvement ne pourra toutefois être effectué qu'en présence du garde du triage dans lequel les bois sont situés.

Fait à....., les jour, mois et an ci-dessus

(*Signature.*)

N° 191.

Bois *des communes et des établissements publics. — Etat des frais d'adjudication des produits accessoires des bois* (1).

Adjudication du.....

Frais avancés par M....., maire de la commune de....., et dont il demande le remboursement :

			f. c.
Timbre....	du cahier des charges	» 35	2 35
	de huit affiches	» 40	
	du procès-verbal	» 35	
	de l'expédition à délivrer au receveur municipal.	1 25	
Impressions	d'affiches	» 40	» 45
	du procès-verbal	» 05	
Frais de publication, de bougies et de criées			1 »
	Total		3 80

Le présent état certifié véritable par moi, soussigné, maire de la commune d.....

A....., le....., 18...

(*Signature.*)

N° 192.

Bois *des communes et des établissements publics. — Procès-verbal de délit simple* (2).

L'an mil huit cent....., le....., à..... heure du matin (*ou* du soir), nous soussigné N....., garde forestier (3) du triage d....., forêt d....., inspection d....., département d....., assermenté au tribunal de première instance d....., demeurant à....., étant en tournée, revêtu des marques distinctives de nos fonctions, et passant dans le bois communal d....., avons entendu plusieurs coups de cognée, au bruit desquels nous sommes accouru. Parvenu dans la partie méridionale de la coupe, n°....., de l'âge d...... et qui sera exploitée en 18.., nous avons aperçu le nommé V....., charbonnier, demeurant à....., qui, après avoir abattu plusieurs pieds de taillis de l'âge de la coupe, commençait à les lier

(1) Les frais des adjudications de produits forestiers, désignés sous la dénomination de *menus marchés*, sont avancés par le trésor, conformément à l'arrêté de M. le ministre des finances, en date du 7 février 1836, et le remboursement lui en est fait au moyen de la somme nette de 5 francs par lot, que les adjudicataires versent à la caisse du receveur de l'enregistrement et des domaines. Les frais avancés par le maire, ou par le secrétaire de la mairie, sont désignés dans un état qui est transmis à l'administration par l'agent forestier à la diligence duquel l'adjudication a été effectuée; le maire ou le secrétaire de la mairie est ensuite remboursé de ses avances au moyen d'un mandat payable à la caisse du receveur des finances de l'arrondissement ou du percepteur de la commune.

(2) Les gardes forestiers ne peuvent se dispenser de rédiger un procès-verbal des faits qui sont de nature à constituer un délit ou une contravention dans les vingt-quatre heures qu'ils en acquièrent la connaissance; ce n'est point à eux à juger si le délit qui existe matériellement est de nature à faire infliger ou non une peine à son auteur. (*Cass.* 20 *juin* 1806.)

« Les délits forestiers se prescrivent par le délai de trois mois, lorsque le délinquant est connu, et par le délai de six, lorsqu'il ne l'est pas. » (*Code forestier, art.* 185.)

« Les gardes conduisent devant le juge de paix ou devant le maire tout inconnu qu'ils auront pris en flagrant délit. » (*Id., art.* 164.)

(3) Les gardes champêtres ont également qualité pour constater les délits commis dans les bois.

pour en faire un fagot. Lui ayant fait connaître notre qualité, nous lui avons déclaré que nous allions dresser procès-verbal contre lui, l'invitant à venir avec nous pour être présent à sa rédaction et le signer, ce qu'il a refusé. En foi de quoi, nous avons dressé le présent procès-verbal, en notre domicile, les jour, mois et an susdits.

(*Signature.*)

Suit le procès-verbal d'affirmation — Voy. GARDE CHAMPÊTRE.

N° 193.

Bois *des communes et des établissements publics.—Procès-verbal constatant un délit forestier résultant de coupe de bois et de mutilation d'arbres* (1).

Aujourd'hui....., mil huit cent....., nous....., garde forestier de la commune d....., dûment commissionné et assermenté, faisant notre tournée habituelle dans la forêt communale d.... , revêtu des marques distinctives de nos fonctions et nous trouvant au triage d....., avons aperçu le nommé N....., journalier demeurant en la commune d....., qui, monté sur un arbre essence de....., de l'âge de..... ans environ, et de..... mètres..... centimètres de tour, le mutilait à l'aide d'une serpe (*ou* d'une hache), et en avait déjà fait tomber..... branches principales. Ayant fait observer audit N..... qu'il était défendu de s'introduire ainsi dans les forêts et d'y ébrancher les arbres sans y être autorisé par l'administration forestière, il nous a répondu (*faire connaître la réponse du délinquant*). En conséquence et attendu que les faits ci-dessus reconnus et énoncés constituent, à la charge dudit N....., le délit prévu et puni par les articles 196 et 198 du Code forestier, nous lui avons déclaré que nous saisissions sa serpe et l'en constituons dépositaire et gardien, à la charge par lui de la représenter à justice lorsqu'il en serait requis. Et en même temps, l'avons prévenu que nous dresserions, contre lui, le présent procès-verbal qui sera remis par nous à M. le garde général des forêts au cantonnement d....., pour être transmis par lui à qui de droit et recevoir telles suites qu'il appartiendra.

Fait et clos à....., les jour, mois et an susdits.

(*Signature.*)

Suit le procès-verbal d'affirmation. — Voy. GARDE CHAMPÊTRE.

N° 194.

Bois *des communes et des établissements publics.* — *Procès-verbal de saisie de bois coupé en délit et d'attelage.*

Aujourd'hui....., mil huit cent....., nous, garde champêtre (*ou* garde forestier) de la commune d....., bien et dûment assermenté, revêtu de nos marques distinctives, faisant notre tournée habituelle, et traversant le bois des..... appartenant à ladite commune, avons aperçu dans le chemin d..... à....., un homme que nous avons reconnu être le sieur C..... habitant de ladite commune, lequel conduisait une charrette attelée d'un cheval. A notre apparition, ledit C.....

« (1) Ceux qui, dans les bois et forêts, auront ébouppé, écorcé ou mutilé des arbres, ou qui en auront coupé les principales branches, seront punis comme s'ils avaient abattu l'arbre par le pied. » (*Code forestier, art.* 196.)

« Les scies, haches, serpes, cognées et autres instruments de même nature, dont les délinquants et leurs complices seront trouvés munis, seront confisqués. » (*Id., art.* 198.)

Si, sans mutiler un arbre en coupant les branches principales, le délinquant n'a coupé et enlevé que sa charge de menu bois, au lieu de citer, dans ce procès-verbal, l'article 196, il faut citer l'article 194, qui est ainsi conçu : « L'amende pour coupe ou enlèvement de bois qui n'auront pas deux décimètres de tour, sera de 2 francs par fagot, fouée, charge d'homme. »

prit la fuite, abandonnant sa voiture; nous étant approché, nous avons reconnu qu'elle était chargée de bois essence de hêtre. Aussitôt nous avons dressé procès-verbal contre ledit sieur C....., et avons à l'instant conduit *ou* fait conduire ladite voiture en fourrière à l'auberge du sieur H....., avec défense au nom de la loi de s'en dessaisir jusqu'à ce qu'il en ait été autrement ordonné par justice.

De ce que dessus, nous avons dressé le présent procès-verbal pour servir et valoir ce que de droit.

Fait à....., les jour, mois et an susdits.

(*Signature.*)

Suit le procès-verbal d'affirmation. — Voy. GARDE CHAMPÊTRE.

N° 195.

BOIS *des communes et des établissements publics.—Procès-verbal constatant un fait de pacage de bestiaux dans une forêt communale* (1).

L'an mil huit cent....., le....., à..... heure d....., nous, garde forestier de la commune d....., dûment commissionné et assermenté, faisant notre tournée habituelle dans la forêt communale d....., revêtu des marques distinctives de nos fonctions, et arrivé au canton appelé I....., dont le bois est âgé d..... ans, avons trouvé..... pièces de bétail, savoir (*désigner les espèces d'animaux et les marques particulières qui pourraient les faire reconnaître*), qui pacageaient en liberté et mangeaient les nouvelles pousses. Ayant aperçu près de là le sieur E....., propriétaire, demeurant à....., nous lui avons demandé si ces bestiaux lui appartenaient: sur sa réponse affirmative, nous l'avons sommé de les faire sortir immédiatement de la forêt, et lui avons déclaré que nous dresserions contre lui le présent procès-verbal, pour être transmis à qui de droit et recevoir telles suites qu'il appartiendra.

Fait et clos à....., les jour, mois et an susdits.

(*Signature.*)

Suit le procès-verbal d'affirmation. — Voy. GARDE CHAMPÊTRE.

N° 196.

BOIS *des communes et des établissements publics. — Procès-verbal constatant un enlèvement de minerai, sable, gazon, feuilles vertes ou mortes, faines ou glands, bruyères, genets, etc.* (2).

Aujourd'hui....., mil huit cent....., nous....., garde forestier communal au triage d....., dûment commissionné et assermenté, faisant notre tournée habituelle dans la forêt confiée à notre garde et nous trouvant au lieu dit....., avons aperçu le nommé Jean P....., propriétaire en la commune d....., qui, à l'aide d'une pelle, extrayait et enlevait du sable de ladite forêt, et le chargeait dans un tombereau attelé de deux chevaux. Lui ayant demandé s'il en avait obtenu la permission, il nous a répondu que non. Alors, nous lui avons fait observer que cet

(1) « Les propriétaires d'animaux trouvés de jour en délit dans les bois de dix ans et au dessus, seront condamnés à une amende de 1 franc pour un cochon, 2 francs pour une bête à laine, 3 francs pour un cheval ou autre bête de somme, 4 francs pour une chèvre, 5 francs pour un bœuf, une vache ou veau.

« L'amende sera double, si les bois ont moins de dix ans; sans préjudice, s'il y a lieu, des dommages intérêts. » (*Code forestier, art.* 199.)

« Les peines seront doublées en cas de récidive, ou si le délit a eu lieu la nuit. » (*Id., art* 200 et 201.)

(2) « Toute extraction ou enlèvement non autorisé de pierres, sables, minerai, terre

enlèvement constituait une contravention à l'article 144 du Code forestier, et lui avons déclaré que nous dresserions contre lui le présent procès-verbal pour valoir ce que de droit.

Fait à....., les jour, mois et an que dessus.

(*Signature.*)

Suit le procès-verbal d'affirmation. — Voy. GARDE CHAMPÊTRE.

N° 197.

BOIS *des communes et des établissements publics.* — *Procès-verbal constatant qu'un individu a été trouvé dans une forêt, hors des routes et chemins ordinaires, porteur d'une scie ou d'une hache*, etc. (1).

Aujourd'hui....., mil huit cent....., à..... heures du....., nous....., garde forestier communal au triage de..... , dûment commissionné et assermenté , faisant notre tournée habituelle , revêtu de nos marques distinctives, et nous trouvant au lieu dit....., en la forêt communale d....., avons aperçu le nommé Joseph V....., journalier en la commune d....., qui cheminait dans ledit bois, hors des routes et chemins ordinaires, porteur d'une scie (*ou* d'une hache, serpe, etc.); lui ayant demandé ce qu'il faisait ainsi au milieu dudit bois, il nous a répondu qu'il le traversait pour être rendu plus vite à son domicile. Nous lui avons fait observer qu'il se trouvait en contravention à l'article 146 du Code forestier, nous l'avons sommé de nous remettre l'outil dont il était porteur, ce qu'il a fait sans résistance, et lui avons déclaré que nous dresserions contre lui le présent procès-verbal, qui sera remis par nous à M. le garde général au cantonnement d....., pour y être donné telles suites qu'il appartiendra.

Fait à....., les jour, mois et an que dessus.

(*Signature.*)

Suit le procès-verbal d'affirmation. — Voy. GARDE CHAMPÊTRE.

N° 198.

BOIS *des communes et des établissements publics.* — *Procès-verbal constatant que du feu a été allumé dans un bois* (2).

Aujourd'hui....., l'an mil huit cent....., nous....., garde forestier de la commune d....., dûment commissionné et assermenté, étant en tournée, revêtu de nos marques distinctives, en la forêt communale d....., dont la garde nous

ou gazon, tourbe ou bruyères, genêts, herbages, feuilles vertes ou mortes, engrais existant sur le sol des forêts, glands, faines et autres fruits ou semences des bois ou forêts, donnera lieu à des amendes qui sont fixées ainsi qu'il suit :

« Par charretée ou tombereau, de 10 à 30 francs pour chaque bête attelée.

« Par chaque bête de somme, de 5 à 15 francs.

« Par chaque charge d'homme, de 2 francs. » (*Code forestier, art.* 144.)

(1) « Quiconque sera trouvé dans les bois et forêts, hors des routes et chemins ordinaires, avec serpes, cognées, haches, scies ou autres instruments de cette nature, sera condamné à une amende de 10 francs, et à la confiscation desdits instruments. » (*Code forestier, art.* 146.)

La présomption du délit établie par l'article 146 du Code forestier, qui punit d'une amende quiconque est trouvé dans les bois et forêts, hors des routes et chemins ordinaires, avec serpes, cognées ou autres instruments, s'évanouit, toutes les fois qu'un délit positif vient à être prouvé; ainsi, lorsqu'il est constaté que les individus porteurs de ces instruments, ont coupé du bois, on leur applique, non la première peine, mais celle prononcée pour coupe de bois. (*Cass.* 21 *novembre* 1828.)

(2) « Il est défendu de porter ou allumer du feu dans l'intérieur ou à la distance de

est confiée, et étant arrivé dans le canton de ladite forêt, appelé ....., où le bois est âgé d..... ans environ, avons aperçu de la fumée à petite distance, dans ce même canton, ce qui nous a fait craindre que le feu ne se fût manifesté dans cette partie de la forêt. Nous étant dirigé sur ce point en toute hâte, nous avons trouvé le nommé P....., cultivateur, demeurant à....., qui se chauffait auprès d'un assez grand feu allumé par lui pour, nous a-t-il dit, se garantir du froid en gardant ses bestiaux qui pacageaient aux environs. Nous l'avons sommé d'éteindre ce feu sur-le-champ, ce qu'il a fait en notre présence.

Et attendu que ce fait constitue, aux termes de l'article 148 du Code forestier, un délit passible de peines correctionnelles, nous avons déclaré audit P..... que nous dresserions contre lui le présent procès-verbal, qui sera remis par nous à M. le garde général au cantonnement d....., pour y être donné telles suites qu'il appartiendra.

Fait à....., les jour, mois et an que dessus.

(*Signature.*)

Suit le procès-verbal d'affirmation. — Voy. GARDE CHAMPÊTRE.

N° 199.

BOIS *des communes et des établissements publics. — Procès-verbal de délit, lorsqu'il y a lieu à perquisition* (1).

Cejourd'hui....., mil huit cent....., heure de....., nous, Jean-François C....., garde forestier de la commune d....., assermenté au tribunal de première instance, et revêtu de notre plaque, avons reconnu dans le canton *ou* triage d....., que l'on avait scié et enlevé des baliveaux modernes, essence de....., dont nous avons mesuré les souches à la coupe, et que nous avons reconnu avoir..... décimètres de tour chacun. Aussitôt nous avons recherché si des traces se faisaient remarquer, et en ayant découvert une, nous l'avons suivie jusqu'au hameau d....., commune d....., devant la maison du sieur P....., charpentier, habitant ladite commune.

Et pour agir conformément à l'arrêté du gouvernement du 4 nivôse an V, et à l'article 16 du Code d'instruction criminelle, qui ne permet aux gardes de s'introduire dans les maisons particulières qu'assistés d'un officier municipal, nous nous sommes à l'instant transporté chez le sieur Charles G....., maire de ladite commune, pour requérir son assistance dans les perquisitions que nous nous proposons de faire du bois volé. En foi de quoi le présent procès-verbal a été par nous signé les jour, mois et an que dessus.

(*Signature.*)

Suit le procès-verbal d'affirmation. — Voy. GARDE CHAMPÊTRE.

---

deux cents mètres des bois et forêts, sous peine d'amende de 20 à 400 francs : sans préjudice, en cas d'incendie, des peines portées par le Code pénal, et de tous dommages-intérêts, s'il y a lieu. » (*Code forestier, art.* 148.)

« Il est défendu à tous adjudicataires, leurs facteurs ou ouvriers, d'allumer du feu ailleurs que dans leurs loges ou ateliers, à peine d'une amende de 10 à 100 francs, sans préjudice de la réparation du dommage qui pourrait résulter de cette contravention. » (*Id., art.* 42.)

(1) « Tout garde forestier qui jugera utile ou nécessaire à la recherche des bois coupés en délit ou volés, d'en faire perquisition dans un bâtiment, maison, atelier ou cour adjacente, requerra le maire ou son adjoint, ou le commissaire de police du lieu, de l'accompagner dans cette perquisition, et désignera, dans l'acte qu'il dressera à cette fin, l'objet de la visite, ainsi que les personnes chez lesquelles elle devra avoir lieu. » (*Arr. du 4 nivôse an V, art.* 1er.)

« L'officier, agent ou adjoint municipal, ou commissaire de police, ainsi requis, ne pourra se refuser d'accompagner sur-le-champ le garde forestier dans la perquisition. — Il sera tenu en outre, conformément à l'article 8 du titre IV de la loi du 29 septembre 1791, de signer le procès-verbal de perquisition du garde avant l'affirmation, sauf au garde à faire mention du refus qu'il en ferait. » (*Id., art.* 2.)

N° 200

Bois ***des communes et des établissements publics. — Procès-verbal de perquisition.***

Aujourd'hui....., mil huit cent....., heure du....., en exécution de notre procès-verbal du....., nous nous sommes rendu au domicile du sieur G....., maire de la commune d....., à l'effet de le requérir de nous accompagner dans la recherche à faire, au domicile du sieur P....., du bois soustrait dans la forêt d....., dont mention est faite dans notre dit procès-verval du....., lequel a été par nous communiqué à M. le maire. Celui-ci ayant obtempéré à notre réquisition, nous nous sommes transporté avec M. le maire dans la maison dudit P.....; nous lui avons fait connaître pourquoi nous nous présentions chez lui et nous l'avons sommé de nous ouvrir les portes de ses cours, remises et granges; à quoi ayant satisfait, nous avons trouvé sous un hangar au midi de ladite maison..... arbres, essence d....., ayant comme ceux enlevés dans la forêt..... décimètres de tour; sur la demande que nous avons faite audit P..... où il s'était procuré lesdits....., il nous a répondu..... Nonobstant cette réponse, nous n'avons pas hésité à le croire coupable de ladite soustraction, surtout lorsque nous lui eûmes fait remarquer l'empreinte du marteau impérial, qu'il n'a pu s'empêcher de reconnaître. A l'instant nous avons marqué lesdits arbres de notre marteau, et les avons saisis, en en établissant gardien le sieur P....., à qui nous avons fait expresse défense d'en disposer autrement que par mandement de justice, et nous avons estimé lesdits arbres à la somme d..... chacun.

De ce que dessus nous avons dressé le présent procès-verbal, dont lecture à été donnée audit P..... pour qu'il n'en ignore, et audit G....., maire, qu'ils ont l'un et l'autre signé, et dont copie a été remise audit P....., dépositaire.

Fait double à....., le..... 18...

(*Signatures.*)

N° 201.

Bois ***des particuliers. — Déclaration d'un propriétaire qui veut abattre des arbres de futaie*** (1).

Je, soussigné (*nom, prénoms, qualités ou profession*), demeurant à....., propriétaire du bois appelé....., situé commune d....., canton d....., arrondissement d....., déclare être dans l'intention d'abattre, dans ce bois, la quantité d..... arbres, essence de chêne, de l'âge et des dimensions ci-après désignés, et que je m'oblige, conformément au Code forestier, à ne faire exploiter qu'à l'expiration du délai de six mois, et après l'accomplissement des forma-

---

(1) « Dans les départements soumis à l'exercice du droit de martelage pour les constructions navales, les propriétaires de bois sont tenus, hors le cas de besoins personnels pour réparations et constructions, de faire, six mois d'avance à la sous-préfecture, la déclaration des arbres qu'ils ont l'intention d'abattre et des lieux où ils sont situés, lorsque ces arbres sont en essence de chêne, et ont quinze décimètres au moins de circonférence, mesurée à un mètre du sol. » (*Code forestier, art.* 124 *et* 125.)

« Ces déclarations doivent indiquer l'arrondissement, le canton et la commune de la situation des bois, les noms et demeures des propriétaires, le nom du bois et sa contenance, la situation et l'étendue du terrain sur lequel se trouvent les arbres, le nombre et les espèces d'arbres qu'on se propose d'abattre et leur grosseur approximative. Elles sont faites et déposées à la sous-préfecture, en double minute, dont l'une, visée par le sous-préfet, est remise au déclarant. » (*Ordonn. du* 1er *août* 1829, *art.* 154.)

« Les arbres qui existent dans les lieux clos attenant aux habitations, et qui ne sont point aménagés en coupes réglées, ne sont point assujettis au martelage. » (*Code forest., art.* 124.)

Voy. *Code forest., titre* IX, *art.* 122 *à* 135; *Ord. du* 1er *août* 1827, *titre* VIII, *art.* 154 *à* 161.

lités prescrites par ledit Code et par l'ordonnance du 1er août 1827, relatives au martelage des bois propres aux constructions navales.

Nom du bois : ....
Etendue du bois... hect.... ares... centiares.
Nombre d'arbres qu'on se propose d'abattre.......................}...............
Grosseur moyenne des arbres, prise à un mètre du sol.............}...............
Age des arbres.............

OBSERVATIONS :

....

Fait double à....., le..... 18...

(Signature.)

N° 202.

Bois ***des particuliers. — Procès-verbal constatant l'urgence d'abattre des arbres futaies pour les besoins du propriétaire*** (1).

Aujourd'hui....., mil huit cent....., à....., heure du....., nous, maire de la commune d....., sur la demande à nous faite par le sieur....., demeurant en cette commune, propriétaire du bois appelé....., sis en cette commune, nous sommes transporté dans ledit bois, accompagné dudit sieur..... à l'effet de procéder à la reconnaissance des arbres qu'il nous a dit être dans l'intention de faire abattre pour servir à son usage personnel, ainsi qu'il sera ci-après expliqué. Arrivé sur les lieux, ledit sieur..... nous a désigné les arbres dont il désire disposer; nous avons reconnu que ces arbres étaient au nombre de.....; qu'ils étaient de l'essence de (*chêne ou orme*) et âgés de....., qu'ils étaient sains et vigoureux (*s'ils sont défectueux, indiquer la défectuosité*), et qu'ils avaient les dimensions suivantes (*indiquer la grosseur moyenne prise à un mètre du sol*).

De suite, nous nous sommes transporté au domicile dudit sieur..... pour constater la nature de la construction *ou* réparation qu'il se trouve dans l'urgente nécessité de faire, et avons reconnu (*indiquer quelle nature de construction ou de réparation; s'il s'agit d'une poutre, d'un chevron, d'une partie de charpente à la toiture ou au corps de logis, de réparations à un moulin, une usine, une chaussée*, etc.).

De tout ce que dessus nous avons dressé le présent procès-verbal, conformément à l'article 15 du décret du 15 avril 1811, pour servir et valoir ce que de droit.

Fait à....., le..... 18...

Le maire.

N° 203.

Bois ***des particuliers. — Procès-verbal dressé par un garde champêtre, pour délits commis dans les bois d'un particulier.***

L'an mil huit cent....., le....., à .... heure du....., je, soussigné.....,

---

(1) « Ceux qui, dans le cas de besoins personnels pour réparations ou constructions, veulent faire abattre des arbres sujets à déclaration, ne peuvent procéder à l'abatage qu'après avoir fait préalablement constater ces besoins par le maire de la commune. » (*Code forest., art.* 131.)

« Le maire, sur la réquisition du propriétaire, constate par un procès-verbal le nombre d'arbres dont ce propriétaire a réellement besoin, l'âge et les dimensions de ces arbres. Ce procès-verbal est déposé à la sous-préfecture. » (*Ordonn. du 1er août, art.* 157.)

garde champêtre d....., sur la réquisition qui m'a été faite par le sieur....., propriétaire de la forêt appelée...., située à....., commune d....., de me rendre dans ladite forêt, à l'effet de surprendre plusieurs individus qui s'y étaient introduits dès avant le lever du soleil, pour abattre et enlever du bois (*ou arracher de jeunes plants*), m'y suis immédiatement transporté, revêtu des marques distinctives de mes fonctions. Arrivé à..... (*tel endroit*) de la forêt, j'ai vu, en effet, plusieurs individus qui..... (*Dire ce qui constitue le délit, de quels outils les délinquants se servaient*, etc.) A mon approche, ces individus prirent la fuite, en laissant sur les lieux le bois qu'ils avaient abattu et..... (*tels outils* ou *tels vêtements*). J'ai néanmoins reconnu très-distinctement les nommés N....., journalier, demeurant à..... ; N..... Ayant réuni les diverses pièces de conviction laissées sur les lieux, je les ai fait porter à la mairie d....., par.....

Et de ce que dessus, j'ai dressé le présent procès-verbal, fait double à....., les jour, mois et an susdits.

(*Signature.*)

Suit le procès-verbal d'affirmation. Voy. GARDE-CHAMPÊTRE.

N° 204.

BOIS *de chauffage* (*Règlement de police relatif à la vente du*).

Nous....., maire de la ville d. ...

Vu : 1° l'article 3 du titre XI de la loi du 16-24 août 1790;

2° L'article 11 de la loi du 18 juillet 1837;

Considérant qu'il est urgent de régler, dans la limite de nos attributions, les mesures de police à observer dans le débit du bois de chauffage, tant dans l'intérêt de la sûreté et de la commodité du passage sur la voie publique, que pour assurer la fidélité de ce débit, et prévenir les accidents que peuvent occasionner le placement du bois dans les chantiers, et la réunion sur un même point d'une grande quantité de matières combustibles;

Avons arrêté ce qui suit :

Art. 1er. Les bateaux et trains de bois destinés pour la ville de....., seront garés sur la rivière de..... *ou* dans le port de..... (*Désigner les emplacements assignés pour l'abordage des trains ou bateaux*).

2. Les bois seront chargés au bas de la berge, et ne pourront être conduits ailleurs que dans les chantiers. On ne pourra les vendre sur bateaux, les empiler, ni vendre sur ce port; ils seront enlevés au fur et à mesure de leur déchargement.

3. Les bois de chauffage seront déposés dans des chantiers établis hors des limites intérieures de la ville, et autant que possible à proximité de la rivière. Aucun chantier ne pourra être établi qu'avec une permission du maire. Les permissions ne seront accordées que lorsqu'il aura été reconnu que le terrain est isolé des maisons, assez étendu pour y ranger les bois en piles séparées, suivant les qualités, et pour que la dessiccation des bois flottés puisse se faire sans inconvénient.

4. Les bois seront placés, dans les chantiers, à huit mètres de distance de tous bâtiments, rues, ruelles ou passages publics, et à quatre mètres de toutes autres clôtures, avec défense de rien déposer dans ces espaces, à peine de confiscation des objets y déposés.

5. Les bois seront empilés solidement. Les piles n'auront pas plus de *dix mètres et demi* de hauteur.

6. Les différentes qualités de bois seront empilées séparément à un mètre de distance. Un écriteau apparent, placé à chaque pile, indiquera la qualité du bois. Le bois flotté ne sera vendu qu'après quarante jours de dépôt dans le chantier, à moins qu'il ne soit suffisamment ressuyé, et avec permission du commissaire de police.

7. Il est défendu de fumer dans les chantiers, d'y porter du feu, même dans des chaudrons grillés, d'y entrer de nuit avec une lumière sans lanterne.

8. Les bois ne seront point enlevés d'un chantier sans mesurage préalable, à moins d'une permission du maire ou du commissaire de police. Le mesurage ne se fera qu'avec le stère et le double stère, étalonnés et poinçonnés. Il y aura à chaque mesure deux sous-traits de bois carré de la longueur de l'intérieur de la mesure, de la même épaisseur que la sole ou fond de la membrure, également étalonnés et poinçonnés. La membrure et les sous-traits seront posés sur un terrain égal, sans cales dessous.

9. Le bois sera mesuré en présence de l'acheteur et pendant les heures de vente. Les marchands fourniront à leurs frais les mesures et les cordeurs. Il ne sera mis dans la membrure que les bois de la longueur requise, et de 16 centimètres au moins de circonférence; on ne pourra, non plus, y placer des bois tellement tortus que la mesure en serait diminuée.

10. Les bois de moins de 16 centimètres de circonférence seront empilés et vendus séparément, ou convertis en fagots ou cotrets. Les marchands ne peuvent refuser de vendre en détail les fagots et les falourdes, à peine d'amende.

11. La vente du bois de chauffage, dans les chantiers, aura lieu tous les jours, excepté les dimanches et les fêtes légales, savoir :

Du 1er avril au 31 octobre, de six heures du matin à quatre heures du soir;

Du 1er novembre au 28 février, de huit heures du matin à quatre heures du soir;

Du 1er au 31 mars, de sept heures du matin à quatre heures du soir.

12. Il faudra une permission du maire pour vendre au détail, ailleurs que dans les chantiers dont il est ci-dessus question, des bois, falourdes, fagots et cotrets. La permission ne sera accordée qu'après que le commissaire de police aura certifié, vérification faite de la localité, qu'il n'y aura aucun danger pour le feu.

13. Il est défendu de vendre et colporter dans les rues aucune espèce de bois de chauffage, à peine de confiscation et d'amende.

14. En cas d'incendie, éboulement, et autres événements extraordinaires dans les chantiers, le commissaire de police ordonnera provisoirement les mesures nécessaires et en rendra compte de suite au maire.

15. Le commissaire de police règlera les simples différends entre les consommateurs et les marchands, les charretiers, ouvriers et autres, et les conciliera par tous les moyens possibles.

16. Les contraventions au présent règlement seront constatées par des procès-verbaux qui seront transmis au maire. Il sera pris, envers les contrevenants, telles mesures de police administrative qu'il appartiendra, sans préjudice des poursuites devant les tribunaux.

Fait à....., le..... mil huit cent.....

Le maire.

N° 205.

Bois *de chauffage (Procès-verbal de contravention au règlement municipal concernant le).*

Aujourd'hui..... mil huit cent....., à..... heure d....., nous, commissaire de police de la ville de....., informé que le sieur B....., marchand de bois à brûler, ayant son chantier rue....., n°....., élevait ses piles de bois à *plus de dix mètres et demi* au-dessus du sol, contravention prévue par le règlement du....., et dont il ne peut ignorer, nous sommes aussitôt transporté au chantier dudit, où nous avons reconnu en effet cette contravention : nous lui avons en conséquence fait sommation d'avoir à se conformer à l'avenir au règlement.

En foi de quoi nous avons rédigé le présent procès-verbal, engageant ledit sieur B..... à signer avec nous, ce à quoi il s'est refusé, alléguant que.....

Fait à....., les jour, mois et an susdits.

(Signature.)

N° 206.

Bois *de chauffage. — Procès-verbal constatant que des trains de bois sont garés à des endroits prohibés.*

L'an mil huit cent....., le....., à heure du.....

Nous, maire de la commune d....., passant sur le quai d....., avons remarqué un train de bois de chauffage garé dans *tel endroit* de la rivière, qui est réservé à un autre usage.

Et nous étant assuré, par les informations, que ledit train de bois appartient au sieur (*nom, profession et demeure*), nous avons, contre ledit sieur....., rédigé le présent procès-verbal, pour y être donné telles suites que de droit;

Et pour faire cesser sans retard la contravention, nous avons, par le présent, fait sommation au sieur....., de retirer, dans les vingt-quatre heures, son train de bois du lieu où il est amarré, faute de quoi il y sera pourvu à ses frais et risques.

Fait à....., les jour, mois et an susdits.

(*Signature.*)

N° 207.

Bois *de chauffage naufragés, repêchés et recélés* (*Procès-verbal pour*).

(Sur papier timbré et enregistré.)

L'an mil huit cent....., le....., à..... heure d....., devant nous, maire de la commune d....., s'est présenté le sieur....., lequel nous a dit qu'un bateau ou un train de bois de chauffage (*désigner l'espèce de bateau et sa marque*), à lui appartenant, a fait naufrage sur la rivière d..... à (*désigner l'endroit*); qu'il est informé qu'une partie desdits bois a été repêchée et retirée chez le sieur...., demeurant à....., ainsi que le comparant s'en est assuré et qu'il est à la connaissance des sieurs..... (*noms, professions et demeures de deux personnes au moins*);

Qu'il s'est présenté chez ledit sieur....., accompagné du sieur....., demeurant à....., à l'effet de réclamer les bois lui appartenant, mais sans pouvoir en obtenir la remise, le sieur. ... ayant répondu à sa demande que.....

Pour quoi le comparant rend plainte desdits faits contre le sieur....., requérant qu'il y soit donné telles suites que de droit, et se réservant de se pourvoir personnellement comme partie civile, ainsi qu'il se constitue par le présent, contre le sieur....., à l'effet d'obtenir la restitution des bois, et de prendre contre lui, par-devant tout tribunal compétent, telles conclusions qu'il avisera.

Lecture faite de ce que dessus au sieur....., il a affirmé la vérité de sa déclaration, y a persisté, en a requis acte que nous lui avons octroyé et a signé avec nous.

Sur quoi nous, officier de police judiciaire susdit, disons que notre présent procès-verbal sera transmis à M. le procureur impérial, pour être pris telles mesures ultérieures qu'il appartiendra.

(*Signatures.*)

N° 208.

Boissons (1) (*Procès-verbal pour retard dans le transport de*).

Aujourd'hui..... mil huit cent....., à..... heures du....., par-devant nous,

(1) L'article 15 de la loi du 28 avril-4 mai 1816 dispose:
«..... Dans le cas où un accident de forme majeure nécessiterait le prompt déchar-

maire *ou* adjoint de la commune d....., s'est présenté le sieur O....., voiturier, demeurant à....., conduisant des boissons à destination d..... (*indiquer le lieu de la destination*), suivant l'expédition *ou* les expéditions ci-après désignées, savoir (*énumérer ici séparément le genre d'expédition, la date, le numéro, le bureau où elle a été délivrée, le nombre de fûts, l'espèce et la quantité de la boisson portée sur chaque expédition*), lequel nous a dit qu'il devait, d'après les expéditions relatées ci-dessus et sa lettre de voiture, arriver à..... tel jour; mais que, d'après l'accident arrivé à sa voiture, il ne pourrait le faire, ce qu'il nous requiert de certifier. Nous avons en conséquence donné acte audit sieur O....., voiturier, de sa déclaration, et après avoir constaté le fait, nous attestons que les causes alléguées par ledit, comme ayant retardé sa marche, sont réelles, qu'il ne peut lui être imputé aucune négligence, et que, des faits consignés au présent, il est résulté un retard de..... jours (*en toutes lettres*).

En foi de quoi nous avons rédigé le présent procès-verbal pour servir et valoir en temps et lieu, et avons signé, ainsi que le sieur O....., voiturier.

Fait et clos à....., le..... 18...

Sceau de la mairie. *Le maire.*

N° 209.

BOISSONS. — *Procès-verbal pour boissons coulées pendant le transport.*

Aujourd'hui..... mil huit cent....., par-devant nous, ..., maire *ou* adjoint de la commune d....., s'est présenté le sieur D....., voiturier, demeurant à....., conduisant des boissons à destination d..... (*indiquer le lieu de la destination*), suivant expédition qu'il nous a présentée (*en détailler le genre séparément, insérer la date, le numéro, mentionner le bureau du départ, le nombre de fûts, l'espèce et la quantité de boisson portée sur chaque expédition*); lequel nous a déclaré (*mentionner les causes qui ont donné lieu à l'accident et le lieu où il est arrivé*); sur sa demande, nous étant transporté sur les lieux susindiqués, nous avons en effet reconnu (*détailler ici l'accident arrivé, sa cause et ses effets*), et avons constaté sur le lieu un nombre de fûts égal à celui porté sur les expéditions à nous présentées; mais, après vérification, nous avons reconnu que, sur (*indiquer la ou les pièces*) portées en l'acquit (*ou le congé*) n°....., pour une contenance d..... litres, il s'en était perdu (*le nombre de litres et d'hectolitres doivent être inscrits en toutes lettres au procès-verbal*); déclarons en outre que, par suite de l'accident arrivé à la voiture du sieur D....., voiturier susnommé, et dont il ne peut être responsable, son voyage se trouvera retardé de..... jours sans préjudicier à ses droits de voiture.

De tout ce que dessus, avons dressé le présent procès-verbal pour servir et valoir ce que de droit.

Fait à....., les jour, mois et an que dessus.

Sceau de la mairie. *Le maire.*

---

gement d'une voiture ou d'un bateau, ou la translation immédiate des boissons, ces opérations pourront avoir lieu sans déclaration préalable, à charge par le conducteur de faire constater l'accident par les employés, ou à leur défaut par le maire ou l'adjoint de la commune la plus voisine. »

Les événements de force majeure, allégués pour justifier le retard d'un transport de boissons, doivent être attestés d'une manière authentique par les autorités des lieux où ils sont survenus, et les tribunaux ne peuvent en admettre l'existence sur de simples déclarations de témoins. (*Arrêté du 21 avril 1800.*) — Les procès-verbaux qui constatent ces événements, doivent être rédigés sur les lieux et au moment même par les autorités compétentes.

N° 210.

Boissons *falsifiées* (1) (*Procès-verbal pour vente de*).

Aujourd'hui..... mil huit cent....., nous, maire *ou* commissaire de police de la commune de....., sur la plainte à nous adressée par les sieurs C....., D..... et S....., qu'après avoir bu du vin chez le sieur N....., marchand de vin en cette ville, rue d....., n°....., ils avaient été fortement indisposés, ce qu'ils ne pouvaient attribuer qu'à la boisson qui leur avait été servie, et d'où il résulterait que ledit sieur N....., marchand de vin, aurait fait débit de boissons falsifiées et contenant des mixtions nuisibles à la santé, délit prévu par les articles 318, 475, 476 et 477 du Code pénal, nous sommes rendu chez le sieur N..... (2) et l'avons requis d'avoir à nous conduire dans sa cave, où étant, nous nous sommes occupé de la dégustation des différentes espèces de vins existant dans ladite cave. Nous avons remarqué que le vin rouge contenu dans une futaille portant n°....., de la contenance de..... litres, était évidemment falsifié; qu'il paraissait même contenir un mélange nuisible à la santé, mais que les substances ne pouvaient s'analyser qu'au moyen de procédés chimiques. Attendu qu'il y a lieu d'interdire la vente de cette boisson, et de prendre toutes les précautions nécessaires pour en empêcher le débit, nous avons à l'instant fait extraire dudit tonneau deux bouteilles de liquide y contenu, et en avons scellé les bouchons, l'un de notre sceau, et l'autre du cachet dudit sieur N....., avons joint à chaque bouteille une étiquette indicative du contenu, lesquelles ont été signées par le sieur N....., et lui avons laissé la garde de la bouteille scellée de notre sceau, à la charge par lui de la représenter à toute réquisition, et avons gardé, pour être jointe à notre procès-verbal, l'autre bouteille portant le cachet dudit sieur N....., avons en outre requis ledit N....., d'enlever immédiatement le robinet placé à ladite futaille, et d'y substituer un bouchon sur lequel nous avons apposé notre sceau, et avons en outre placé sur la bonde du tonneau deux bandes croisées (*de ruban, toile ou papier*), lesquelles le ferment hermétiquement, et avons également apposé notre sceau aux quatre extrémités de ces bandes. (*Le rédacteur du procès-verbal doit visiter le tonneau, et s'il existait un ou plusieurs faussets, le constater, les couper au ras de la douve et apposer le sceau dessus.*) Ces formalités remplies, nous avons placé sur le tonneau une étiquette indicative du contenu, signée de nous et du sieur N....., et l'avons fait conduire à la maison commune par le sieur T....., voiturier requis à cet effet, auquel il sera payé la somme de..... pour son salaire.

De tout ce que dessus, nous avons dressé le présent procès-verbal, qui sera transmis à M. le procureur impérial. Le sieur N..... ayant refusé de signer, il est pris acte de son refus.

Fait à....., le..... 18...

L'officier public.

---

(1) « Quiconque aura vendu ou débité des boissons falsifiées, contenant des mixtions nuisibles à la santé, sera puni d'un emprisonnement de six jours à deux ans, et d'une amende de 16 francs à 500 francs.

« Seront saisies et confisquées les boissons falsifiées trouvées appartenir au vendeur ou débitant. » (*Code pénal, art.* 318.)

« Seront punis d'amende, depuis 6 francs jusqu'à 10 francs inclusivement..., 6° ceux qui auront vendu ou débité des boissons falsifiées, sans préjudice des peines plus sévères, qui seront prononcées par les tribunaux de police correctionnelle, dans le cas où elles contiendraient des matières nuisibles à la santé. » (*Id., art.* 475.)

« Pourra, selon les circonstances, être prononcé, outre l'amende portée en l'article précédent, l'emprisonnement pendant trois jours au plus..... contre les vendeurs et débitants de boissons falsifiées. » (*Id., art.* 476.)

« Seront saisies et confisquées....., 2° les boissons falsifiées, trouvées appartenir au vendeur et débitant : ces boissons seront répandues. » (*Id., art.* 477.)

(2) Par l'article 9 de la loi du 19-22 juillet 1791, les maires sont autorisés à entrer *toujours* dans les cabarets, cafés, boutiques, en un mot dans les endroits où *tout le monde est admis indistinctement.*

N° 211.

Boissons *gâtées ou corrompues* (*Procès-verbal pour vente de*).

Aujourd'hui.... mil huit cent....., nous, maire *ou* adjoint *ou* commissaire de police de la commune d..., ayant appris que le sieur P..., marchand d..., débitait du..... gâté ou corrompu, nous sommes, accompagné du sieur O....., dégustateur commissionné, transporté au domicile dudit, et nous l'avons sommé de nous ouvrir ses caves, ce qu'il a fait avec *ou* sans résistance; le sieur O.... ayant dégusté les différentes liqueurs, nous a indiqué celle contenue dans *tel* fût (*indiquer sa marque*) comme gâtée ou corrompue, et agissant conformément à l'article 20 de la loi du 19-22 juillet 1791, et au § 2 de l'article 477 du Code pénal (1), nous, soussigné, avons fait transporter ladite pièce (par les sieurs K.... ... et V....) dans la rue où nous avons répandu la boisson gâtée ou corrompue dans le ruisseau.

En foi de quoi, et après avoir payé aux sieurs K..... et V..... la somme de.... pour leur salaire, nous avons dressé le présent procès-verbal contre ledit sieur P....., lui déclarant que, par suite de sa contravention, il allait être traduit au tribunal de simple police pour s'y voir condamner à telles peines que de droit.

Fait à....., le..... 18...

L'officier public.

N° 212.

Boissons *vendues sans permission sur la voie publique* (*Procès-verbal pour*).

Aujourd'hui.... mil huit cent...., à.... heures du...., nous maire *ou* adjoint *ou* commissaire de police de la commune de...., informé qu'un individu établi sur la voie publique vendait ou débitait de..... (*désigner l'espèce de boisson*) contrairement au règlement du....., nous sommes transporté à l'instant sur les lieux où nous avons effectivement trouvé l'individu qui nous avait été désigné. Sur la demande que nous lui avons faite de son permis, il nous a répondu n'en pas avoir, en donnant pour raison de ce (*consigner sa réponse*). En conséquence, nous l'avons sommé de nous décliner ses nom, prénoms, qualité et demeure; il nous a répondu se nommer Pierre G....., marchand ambulant, domicilié à.... Après nous être assuré de la vérité de sa déclaration, nous avons déclaré audit qu'il était en contravention aux lois sur les boissons, et qu'il s'était en outre rendu passible des peines portées par l'article 471 du Code pénal, applicable à ceux qui ont embarrassé la voie publique (2).

Fait et clos à..... les jour mois et an susdits.

L'officier public.

---

(1) L'article 20 de la loi du 19-22 juillet 1791, titre Ier, ordonne qu'en cas d'exposition en vente de comestibles gâtés, corrompus ou nuisibles, ils seront confisqués et détruits, et le délinquant condamné à une amende du tiers de sa contribution mobilière, laquelle amende ne pourra être au-dessous de 3 livres.

« ..... 2° Les boissons falsifiées, trouvées appartenir au vendeur et débitant, seront répandues. » (*Code pénal, art.* 477.)

(2) « Seront punis d'amende, depuis 1 franc jusqu'à 5 francs inclusivement..., 4° ceux qui auront embarrassé la voie publique en y déposant ou y laissant, sans nécessité, des matériaux, ou des choses quelconques qui empêchent ou diminuent la liberté ou la sûreté du passage. » (*Code pénal, art* 471.)

N° 213.

Boissons (*Arrêté de police prohibant l'usage des tuyaux de plomb, de cuivre ou de zinc pour le transvasement des*).

Nous, maire de la commune de....
Vu les lois des 16-24 août 1790 et 18 juillet 1837;
Vu la circulaire ministérielle du 28 septembre 1853;

Arrêtons :

Art. 1er. Il est défendu de faire usage, dans les débits de boissons, de tuyaux en plomb, en cuivre ou en zinc, pour l'aspiration du vin, de la bière et de toutes autres boissons.

2. Les conduits de cette nature qui existent en ce moment seront remplacés dans un délai d'un mois, à partir de la publication du présent arrêté.

3. Les tuyaux faisant suite aux corps de pompes à bière devront être en étain, ne contenant pas plus de seize pour cent de plomb, ou en toute autre matière inoffensive. Les tuyaux en étain seront assujettis par les soins du fabricant au contrôle du titre exigé pour les mesures de capacité.

Fait à..... le.....18...

Le maire.

N° 214.

Boissons (*Délibération du conseil municipal pour adopter le mode de l'abonnement général sur les*) (1).

L'an mil huit cent..... le..... à.... heure d....., le conseil municipal de la commune de....., assemblé, etc. (Voy. Délibération.)

Après mûre délibération sur la question de savoir s'il y a utilité à s'affranchir de la perception des droits de détail et de circulation sur les boissons, par *exercices*, est d'avis qu'il y a lieu à se rédimer suivant la faculté accordée aux communes par la loi du 28 avril 1816, et demander l'abonnement général.

Fait et délibéré les jour, mois et an susdits.

(Signatures.)

N° 215.

Boissons (*Soumission d'abonnement pour le droit de vente en détail sur les*) (2).

Nous soussignés, débitants de boissons établis dans la commune d...., arrondissement d......, département d......, convoqués par M. le maire de ladite

(1) Le droit d'abonnement a été accordé à la commune et aux débitants par la loi du 28 avril 1816.

« La régie devra consentir dans les villes, avec les conseils municipaux, lorsqu'ils en feront la demande, un abonnement général pour le montant des droits de détail et de circulation dans l'intérieur, moyennant que la commune s'engage à verser dans les caisses de la régie, par vingt-quatrième, de quinzaine en quinzaine, la somme convenue pour l'abonnement, sauf à elle à s'imposer sur elle-même pour le recouvrement de cette somme, comme elle est autorisée à le faire pour les dépenses communales. » (*Loi du 28 avril 1816, art.* 73.)

« Dans les villes où ces abonnements seront accordés, tout exercice chez les débitants sera supprimé et la circulation des boissons dans l'intérieur affranchie de toute formalité. » (*Id., art.* 76.)

(2) « Sur la demande des deux tiers au moins des débitants d'une commune, ap-

commune, et réunis, sous sa présidence, cejourd'hui....... 18.., au nombre de....., dans l.....

Voulant profiter du bénéfice de l'article 77 de la loi du 28 avril 1816, qui autorise à remplacer la perception du droit de détail par exercice au moyen d'une répartition sur la totalité des redevables de la commune de l'équivalent du droit; et ayant pris connaissance des obligations qui résulteront pour nous de cette forme d'abonnement, lesquelles consistent, savoir :

1° A nous soumettre à la répartition, qui sera faite par nos syndics, de la somme pour laquelle ledit abonnement sera consenti;

2° A payer par douzième, de mois en mois et d'avance, entre les mains du receveur de la régie, la somme pour laquelle chacun de nous individuellement sera porté sur les rôles qui seront dressés et arrêtés par nos syndics, conformément à la loi;

3° A demeurer solidairement responsables envers la régie des sommes portées auxdits rôles, en cas de non-payement de la part d'un ou de plusieurs d'entre nous;

4° A souffrir dans nos domiciles les vérifications et la surveillance auxquelles les syndics seront autorisés, par règlement de police municipale, à se livrer par eux-mêmes ou par des agents à leur choix, dans le but de se procurer les éléments d'une plus juste répartition de la somme à imposer;

5° A rester assujettis, dans les cas prévus par la loi, au payement des droits de circulation, d'entrée, d'octroi et de licence, et aux justifications auxquelles nous sommes soumis à raison desdits droits;

Après en avoir mûrement délibéré,

Déclarons réclamer ledit abonnement, au nom de la corporation entière des débitants de notre commune, pour une année, qui commencera au..... et finira le......, moyennant la somme qui sera fixée par l'autorité compétente comme étant l'équivalent des droits de vente en détail que nous aurions à payer pendant ladite année sur les vins, cidres et poirés qui seront débités par nous : nous soumettant, à raison dudit abonnement, aux obligations ci-dessus détaillées, et à toutes autres non prévues auxquelles nous pouvons être assujettis par la loi.

Fait et signé, en triple expédition, à..... les jour mois et an susdits.

(Signatures.)

Nous, maire de la commune d....., certifions que la soumission ci-dessus a été signée librement, en notre présence, après délibération, et que toutes les signatures y apposées, au nombre de....., sont celles des débitants de boissons établis dans ladite commune.

A....., le..... 18...

(Signature.)

Le conseil municipal de la commune d.....

Vu la soumission d'abonnement faite le...... par les débitants de boissons établis dans la commune,

Vu l'état nominatif desdits débitants duquel il résulte que leur nombre s'élève à..... et conséquemment que les signataires de ladite soumission forment plus des deux tiers d'entre eux ;

---

prouvée en conseil municipal, et notifiée par le maire, la régie devra consentir pour une année, et sauf renouvellement, à remplacer la perception du droit de détail par exercice, au moyen d'une répartition, sur la totalité des redevables, de l'équivalent dudit droit. » (*Loi du 28 avril 1816, art. 77.*)

« Ce mode de remplacement ne pourra être admis qu'autant qu'il offrira un produit égal à celui d'une année moyenne, calculée d'après trois années consécutives d'exercice. » (*Id., art. 78.*)

« Lorsque ce remplacement sera adopté, les syndics, nommés par les débitants sous la présidence du maire ou de son délégué, procéderont, en présence de ce magistrat, à la répartition de la somme à imposer entre tous les débitants alors existants dans la commune. Les rôles arrêtés par les syndics et rendus exécutoires par le maire, seront remis au receveur de la régie pour en poursuivre le recouvrement. (*Id., art. 79.*)

Approuve la susdite soumission, et arrête qu'elle sera notifiée par M. le maire au directeur des contributions indirectes à la résidence d.....

Fait et délibéré à..... le..... mil huit cent....

(*Signatures.*)

Nous, maire de la commune d......, en vertu de la délibération ci-dessus, avons notifié à M......, directeur des contributions indirectes à......, la demande d'abonnement par corporation formée par les débitants de boissons de ladite commune.

A....., le..... 18... (*Signature.*)

N° 216.

Bordereau *d'envoi des pièces.*

Nos d'ordre.
1
2
3

Le maire de la ville d...... envoie à M..... les pièces ci-après détaillées, savoir :

M..... est prié d'accuser au bas du présent la réception desdites pièces.

A....., le..... 18...

(*Signature.*)

Le soussigné accuse la réception des pièces ci-dessus détaillées.

A....., le..... 18...

(*Signature.*)

N° 217.

Bouchers (1) (*Règlement de police concernant les*).

Nous, maire de la commune d.....

Vu les lois des 16-24 août 1790, titre XI, article 3, n° 4 (2); 19-22 juillet 1791, titre Ier, articles 20, 30 et 46; 18 juillet 1837, art. 11;

Considérant qu'il est du devoir de l'autorité municipale de veiller à la fidélité du débit des denrées qui se vendent au poids, et à la bonne qualité des comestibles exposés en vente;

Considérant qu'il importe notamment de soumettre l'industrie des bouchers à des mesures de police dans l'intérêt de la salubrité et dans celui des consommateurs,

Arrêtons ce qui suit :

Art. 1er. Les individus qui voudront exercer la profession de boucher seront tenus de se faire inscrire à la mairie, au bureau de police, et de désigner l'endroit dans lequel ils ont le dessein de s'établir.

---

(1) Dans les villes où il n'y a pas de syndicat de bouchers, c'est au maire à exercer toutes les attributions de surveillance et de police qui seraient déléguées à ce syndicat s'il existait. (*Ordonn. royale du 11 novembre 1827, art. 1er.*)

(2) Cette loi porte que « les objets de police confiés à la vigilance et à l'autorité des corps municipaux sont. ..., 4° l'inspection sur la fidélité du débit des denrées qui se vendent au poids, à l'aune ou à la mesure, et sur la salubrité des comestibles exposés en vente publique; il astreint plus particulièrement encore les bouchers à se soumettre à cette surveillance, en se conformant aux règlements de police que l'autorité municipale croirait devoir publier dans l'intérêt général. » (*Loi du 16-24 août 1790.*)

2. Ils devront déclarer aux préposés de l'octroi le nom de la rue dans laquelle sont situés leurs étaux ou entrepôts de bestiaux vivants ou morts. Les portes en devront être ouvertes à la réquisition des officiers publics et des préposés de l'octroi, sous les peines portées par le règlement de perception de l'octroi.

3. Aucun boucher ne pourra quitter son commerce que trois mois après en avoir fait la déclaration à la mairie, à moins qu'il n'ait obtenu à cet effet une permission spéciale.

4. Tout boucher qui, aux jours où l'on a l'habitude de tuer, n'aurait pas son étal garni d'une quantité de viande suffisante à la consommation, sera susceptible de voir son étal fermé pendant trois mois, et en cas de récidive, pendant six mois.

5. L'étal ou boutique devra toujours être propre; il est défendu d'y rien faire ou laisser qui soit contraire à la propreté et à la conservation de la viande; les murs en seront blanchis à la chaux au moins une fois l'an.

6. Les bouchers ne pourront faire aucun étalage de viande que derrière un grillage en fer, et de manière à ce que cet étalage ne fasse jamais saillie sur la voie publique. Ils seront tenus de dire à chaque acheteur le poids exact de la viande qui lui sera livrée.

7. Il leur est expressément défendu de vendre ou conserver des viandes insalubres ou corrompues.

8. La taxe de la viande sera établie à partir du..... et renouvelée toutes les fois qu'une variation sensible dans les prix en fera reconnaître la nécessité. Elle sera basée sur les mercuriales officielles.

9. Le taux de la viande sera constamment affiché dans le lieu le plus apparent de la boutique et placé à un mètre cinquante centimètres au-dessus du sol, de manière à pouvoir être lu facilement par tous les acheteurs.

10. Les tables sur lesquelles seront placées les balances ne devront avoir qu'une élévation d'un mètre vingt centimètres au-dessus du sol. Elles seront placées dans le lieu le plus éclairé de la boutique, et débarrassées de tout ce qui pourrait masquer la vue de l'intérieur des plateaux. Ces balances seront toujours en état de propreté; il est défendu de laisser dans les plateaux des os, de la graisse, viande, papiers ou toute autre substance.

11. Jusqu'au moment où le conseil municipal aura arrêté la construction d'un abattoir (1), les bouchers seront tenus d'abattre les bestiaux dans un endroit de leur local disposé de manière à ce que le sang des animaux trouve un écoulement facile, et dans le cas où ils seraient forcés, par la disposition des lieux, de diriger le sang dans les ruisseaux, ils sont tenus, sous peine d'une amende de....., de laver immédiatement lesdits ruisseaux à grande eau claire; en cas de contravention, ils seraient en outre passibles des peines de simple police, conformément aux paragraphes 3 et 6 de l'article 471 du Code pénal.

12. Le commerce et la vente des viandes de boucherie continueront d'être permis seulement les.... (*indiquer les jours de la semaine*), dans les marchés publics.

13. M. le commissaire de police fera de fréquentes visites chez les bouchers, pour s'assurer de la salubrité des viandes et de la fidélité du débit, et constatera les contreventions par des procès-verbaux. Il sera assisté, le cas échéant, par un artiste vétérinaire.

Fait à....., le..... 18..

Le maire.

N° 218.

Bouchers. — *Déclaration pour exercer la profession de boucher.*

Aujourd'hui.... mil huit cent..., à......, heure d....., par-devant nous, maire de la commune....., s'est présenté le sieur (*nom, prénoms*), âgé de....., demeurant à....., lequel, conformément à l'article..... du règlement du maire, en date du..., nous a déclaré être dans l'intention d'établir un étal dans ladite

---

(1) Quant à la police des abattoirs, à la conduite des bestiaux, au transport des viandes, à l'approvisionnement, etc. voy., Abattoir public.

commune d..... En conséquence, nous lui avons délivré un exemplaire du règlement susdit, afin qu'il ait à s'y conformer, ce à quoi il s'est engagé. Et sur la demande dudit sieur...., il lui a été délivré copie de ladite déclaration.

Fait à....., le..... 18...

Le déclarant *Le maire.*

N° 219.

Bouchers. — *Procès-verbal pour vente à faux poids* (1).

Cejourd'hui....., mil huit cent....., nous, maire *ou* commissaire de police de la commune d....., instruit que le sieur L....., boucher en cette commune, à *tel endroit*, vendait et débitait de la viande à faux poids, nous sommes aussitôt transporté à son domicile, à l'effet de procéder à la vérification de ses poids; arrivé au domicile dudit sieur L....., nous l'avons requis de nous présenter les poids dont il se sert habituellement, ce qu'ayant fait, nous avons trouvé sur un poids de..... une différence au moins de..... grammes.

Agissant conformément à la loi du 22 juillet 1791, nous avons confisqué lesdits poids, et avons mis sur chacun d'eux une bande de papier avec le cachet de la mairie et signée de nous, déclarant en outre audit sieur L....., que, par ce délit, il devenait passible des peines portées par les articles 479, 480 et 481 (2) du Code pénal, sans préjudice des peines correctionnelles prononcées par l'article 423 (3).

En foi de quoi nous avons dressé le présent procès-verbal que ledit sieur L..... a refusé de signer.

Fait à....., les jours mois et an susdits.

Le maire.

N° 220.

Bouchers. — *Procès-verbal contre un boucher qui a mis en vente de la viande insalubre et corrompue* (4).

Cejourd'hui......, mil huit cent......, nous, maire *ou* commissaire de police de la commune d......., avons remarqué, rue d......., dans la boutique du sieur B....., boucher, plusieurs morceaux de bœuf *ou* de veau, exhalant l'odeur de viande corrompue et gâtée. Ayant visité ensuite scrupuleusement

(1) « Les municipalités et les administrations chargées de la police, feront, plusieurs fois dans l'année, des visites dans les boutiques et magasins, dans les places publiques, foires et marchés, à l'effet de s'assurer de l'exactitude des poids et mesures. » (*Loi du 1er vendémiaire an IV* (23 *septembre* 1795), *art.* 11.)

(2) « Ceux qui auront de faux poids ou de fausses mesures dans leurs magasins, boutiques, etc., seront, sans préjudice des peines qui seront prononcées par les tribunaux de police correctionnelle contre ceux qui auront fait usage de ces faux poids ou fausses mesures, punis d'une amende de onze à quinze francs inclusivement. » (*Code pénal, art.* 479, *n°* 5.)

« Pourra, selon les circonstances, être prononcée la peine d'emprisonnement pendant cinq jours au plus....., 2° contre les possesseurs de faux poids et fausses mesures. » (*Id., art.* 480.)

« Seront, de plus, saisis et confisqués, 1° les faux poids, les fausses mesures, ainsi que les poids et mesures différents de ceux que la loi a établis. » (*Id., art.* 481.)

(3) « Quiconque aura trompé l'acheteur..... par usage de faux poids ou de fausses mesures..... sera puni de l'emprisonnement pendant trois mois ou un an au plus, et d'une amende qui ne pourra excéder le quart des restitutions et dommages-intérêts ni être au-dessous de cinquante francs. (*Id., art.* 423.)

(4) « En cas d'exposition en vente de comestibles gâtés, corrompus ou nuisibles, ils seront confisqués ou détruits, et le délinquant condamné à une amende du tiers de sa contribution mobilière, laquelle amende ne pourra être au-dessous de trois livres. » (*Loi du* 19 22 *juillet* 1791, *tit.* II, *art.* 3.)

la viande étalée dans sa boutique, nous avons trouvé..... kilogrammes de bœuf, veau *ou* mouton corrompus.

Pour quoi et attendu que ledit sieur B..... est prévenu d'un délit de simple police, prévu par l'article 20 du titre Ier de la loi du 22 juillet 1791, et par l'article 605 de la loi du 3 brumaire an IV (25 octobre 1795), dont les dispositions sont implicitement maintenues par l'article 484 du Code pénal, disons qu'il sera traduit au tribunal de police municipale pour, sur les conclusions du ministère public, être prononcé contre ledit sieur B..... telles condamnations qu'il appartiendra.

Nous avons, en outre, déclaré saisies les viandes susdésignées, conformément aux lois précitées, et les avons fait enfouir par le sieur E....., auquel pour son salaire il a été délivré la somme de....., sauf recours contre qui de droit.

Fait à....., le..... 18...

L'officier public.

N° 221.

Bouchers. — *Procès-verbal contre un boucher ayant un étalage de viande sur la voie publique, contrairement au règlement de police.*

Cejourd'hui....., mil huit cent....., à heure de....., nous, commissaire de police de la commune d....., étant en tournée dans la commune pour le maintien du bon ordre et l'observation des règlements, avons trouvé dans la rue..... un individu qui tenait un étalage de viande de boucherie, tel que morceaux de bœuf, de mouton, de veau, avec balances et poids : le tout en contravention au règlement du....., qui défend de vendre de la viande ailleurs que dans les endroits à ce destinés.

Ayant interrogé cet individu, il nous a dit se nommer François B....., boucher, demeurant à.....; nous l'avons sommé de se retirer à l'instant, et d'enlever son étalage avec tout ce qui en dépend, sans pouvoir le replacer sur aucun point de la voie publique : ce quoi il a satisfait en notre présence.

Et attendu que le débit de viande qu'il faisait sur la voie publique est une contravention à un règlement de police légalement rendu, et que ledit étalage embarrassait la voie publique, contravention de simple police prévue par le § 4 de l'article 471 du Code pénal, disons que ledit B..... sera, conformément à l'article 138 du Code d'instruction criminelle, traduit au tribunal de police municipale pour, sur les conclusions du ministère public, être, par ce tribunal, prononcé telle condamnation qu'il appartiendra, et avons signé. (*Mentionner ici si le délinquant consent ou refuse de signer.*)

Fait à....., le..... 18...

L'officier public.

N° 222.

Bouchers. — *Procès-verbal contre un boucher qui a répandu du sang ou des immondices sur la voie publique* (1).

Cejourd'hui....., mil huit cent....., nous, commissaire de police de la commune d....., étant en tournée pour le maintien des règlements et ordonnances de police, accompagné de....., avons remarqué dans la rue..... que l'écoulement des eaux se trouvait entravé par suite d'un amas d'immondices et de sang

---

(1) Un arrêté du bureau central de Paris du 13 vendémiaire an V (4 octobre 1796), enjoint aux bouchers de retenir le sang dans des puisards pour le transporter hors des murs de la ville, et de laver le pavé à grande eau claire, dans le cas où il aurait coulé du sang dans la rue.

provenant de l'échaudoir ou tuerie du sieur B....., marchand boucher, rue..., n°..., en contravention au règlement de police du....., qui défend aux bouchers de laisser couler dans les ruisseaux des rues les eaux rousses et immondices provenant de leur travail; contravention prévue aussi par les paragraphes 3 et 6 de l'article 471 du Code pénal (1).

En conséquence, nous sommes entré chez ledit sieur B....., et lui avons enjoint de retenir le sang provenant de ses abats dans un puisoir ou auge, et d'établir une grille pour retenir les immondices et les empêcher de couler sur la voie publique, conformément à l'article...., du susdit règlement; lui enjoignant en outre de ne plus à l'avenir laisser couler ni séjourner de sang et immondices dans la rue; et, par suite de sa contravention, disons qu'il sera traduit au tribunal de police municipale, en vertu de l'article 138 du Code d'instruction criminelle, pour, sur les conclusions du ministère public, être prononcé par le tribunal telle condamnation qu'il appartiendra, et avons signé, ainsi que ledit B....., *ou* ledit B..... n'a pas voulu signer.

Fait à....., le..... 18...

L'officier public.

N° 223.

BOUCHERS. — *Procès-verbal contre un boucher tenant clandestinement une tuerie, échaudoir ou dépôt de viandes.*

Aujourd'hui....., mil huit cent....., à..... heure d....., nous, commissaire de police de la commune d....., informé que le sieur B....., boucher, demeurant rue....., n°....., fait abattre des bestiaux clandestinement dans un local situé rue....., n°....., en contravention au règlement de police en date du...

Ou, informé que le sieur B..... tient un débit clandestin de viande de boucherie, rue..... n°..., dans un local qui n'est pas un étal reconnu et autorisé;

Nous étant transporté, accompagné de....., au local susdésigné, afin de nous assurer de l'exactitude des faits à nous dénoncés, nous avons trouvé... (*Décrire le local, la quantité de viande; si on y abat des bestiaux, s'il est distribué pour cet usage; s'il n'est qu'un dépôt de viande; d'où elle provient; si on y en vend et débite, et autres circonstances.*)

A l'instant s'est présenté le sieur B..... (*nom, prénoms*), boucher, rue...., n°....., auquel nous avons donné connaissance du motif de notre visite; et, sur nos interpellations, il nous a dit et déclaré....., et a signé *ou* a refusé de signer après lecture faite.

Et attendu que le sieur B..... est en contravention à un règlement de police légalement rendu, ce qui le rend passible des peines de simple police, ainsi qu'il a été jugé par la cour de cassation (*arrêt du 23 avril* 1819), disons que, conformément à l'article 138 du Code d'instruction criminelle, il sera traduit au tribunal de simple police, pour, sur les conclusions du ministère public, être prononcé contre ledit sieur B..... telles condamnations qu'il appartiendra, et avons signé.

Fait à....., les jours, mois et an susdits.

(Signature.)

---

(1) « Seront punis d'une amende, depuis 1 franc jusqu'à 5 francs inclusivement:
« ..... Ceux qui auront négligé de nettoyer les rues ou passages, dans les communes où ce soin est laissé aux habitants; — ceux qui auront jeté ou exposé au-devant de leurs édifices des choses de nature à nuire par leur chute ou par des exhalaisons insalubres. » (*Code pénal, art.* 471, §§ 3 *et* 6.)

N° 224.

BOUCHERS. — *Procès-verbal pour étalage prohibé au-devant d'une boutique* (1).

L'an mil huit cent....., le....., à....., heure d....., nous, commissaire de police de la ville d....., faisant notre tournée de surveillance et passant rue....., devant l'étal du sieur B....., boucher en cette ville, avons remarqué des..... (*indiquer les morceaux de viande exposés en étalage devant sa boutique*), qui descendaient à moins de deux mètres de distance du sol de la rue, ce qui le met en contravention au règlement du..... ; pour quoi et attendu que ledit sieur B..... a été par nous averti plusieurs fois de se conformer au règlement précité, sans qu'il en ait tenu compte, nous avons fait enlever d'office lesdits étalages de viande, et les avons fait rentrer dans l'étal; avons en même temps fait sommation audit sieur B..... de faire desceller et enlever, dans les vingt-quatre heures, les crochets, tringles et râteliers servant auxdits étalages; lui déclarant que, faute par lui de s'y conformer, nous y ferions procéder d'office et à ses frais.

Ledit B..... nous a dit....., et a signé après lecture faite.

Contre laquelle réponse nous avons fait toutes réserves et protestations de droit.

Et attendu que ledit B..... a contrevenu à un règlement de police légalement rendu, ce qui, pour ce seul fait, le rend passible des peines de simple police, aux termes d'un arrêt de la cour de cassation du 23 avril 1819;

Attendu aussi que lesdits étalages sont nuisibles à la circulation, à la sûreté, commodité et propreté de la voie publique, contravention de simple police prévue par les paragraphes 4 et 6 de l'article 471 du Code pénal, disons que ledit B..... sera, conformément à l'article 138 du Code d'instruction criminelle, traduit au tribunal de police municipale, pour, sur les conclusions du ministère public, s'y voir condamner à telles peines que de droit.

Fait à....., le..... 18...

(*Signature.*)

N° 225.

BOUCHERS. — *Arrêté du maire pour fixer le taux de la viande* (2).

Nous, maire de la commune d .....,

Vu la loi du 16-24 août 1790, titre II, article 3 ; la loi du 19-22 juillet 1791, titre I, article 30; et la loi du 18 juillet 1837, article 11;

---

(1) Une ordonnance de police du 29 janvier 1811, qui peut s'appliquer à toutes les villes où il y a des étaux de boucherie, porte, articles 1, 2, 3 et 4:

« Défenses aux bouchers d'étaler au-devant de leur boutique ou étal des quartiers de bœuf, des colliers et palerons, des trains de côtes, des veaux et moutons entiers ou fendus par la moitié; ils ne peuvent faire aucun étalage de viande à une hauteur moindre de deux mètres, à partir du sol de la rue jusqu'au dessous des viandes étalées. Ils doivent disposer leurs tringles, râteliers et crochets d'une manière conforme aux dispositions ci-dessus, à peine de l'enlèvement d'office et à leurs frais des étalages, crochets, tringles et râteliers laissés en nuisance et en contravention aux dispositions ci-dessus, sans préjudice des poursuites judiciaires, comme entravant la liberté, la sûreté et la commodité de la voie publique. »

(2) « La taxe des subsistances ne pourra provisoirement avoir lieu dans aucune ville ou commune du royaume, que sur le pain et la viande de boucherie, sans qu'il soit permis, en aucun cas, de l'étendre sur le vin, sur le blé, les autres grains ni autres espèces de denrées; et ce, sous peine de destitution des officiers municicipaux. » (*Loi du 19-22 juillet 1791, art. 30, tit. Ier.*)

Pour les procès-verbaux de contravention au présent tarif, voy. BOULANGER.

Arrêtons :

Art. 1er. A dater du....., le prix de la viande, jusqu'à ce qu'il en soit ordonné autrement, est fixé ainsi qu'il suit :

Le kilogramme de bœuf................. à....
Le kilogramme de vache................. à
Le kilogramme de veau................... à
Le kilogramme de mouton................ à

2. Il est défendu aux bouchers de vendre et de peser de la viande autrement qu'au poids décimal, de faire aucune réduction ou comparaison avec la livre ancienne, sous peine d'être poursuivi pour vente à faux poids.

3. Les bouchers sont tenus de prendre à la mairie, à chaque changement de prix, un nouveau taux, qu'ils tiendront constamment affiché dans l'endroit le plus apparent de leur boutique.

4. Le commissaire de police est spécialement chargé de surveiller l'exécution du présent.

Fait en l'hôtel de ville à....., le..... 18...

Le maire.

No 226.

Boues *et immondices* (1). — ***Délibération pour la mise en adjudication de l'enlèvement des boues et immondices.***

L'an mil huit cent....., le..... le conseil municipal réuni, etc. — *Voy.* Délibération.

Vu le projet de cahier des charges, dressé par le maire, des clauses et conditions de l'entreprise de l'enlèvement des boues et immondices dans la commune, pour une durée de.....;

Vu le budget communal pour l'exercice 18..;

Vu la loi du 18 juillet 1837 et l'ordonnance du 14 novembre de la même année;

Considérant qu'il importe, dans l'intérêt de la salubrité et de la viabilité des voies publiques, de mettre en adjudication l'entreprise de l'enlèvement des boues et immondices;

Délibère :

Il y a lieu de concéder par adjudication publique aux enchères *ou* au rabais, pour une durée de....., sur la mise à prix de....., l'entreprise de l'enlèvement des boues et immondices dans les rues et autres voies publiques de la commune.

Le cahier des charges devant servir de base à cette adjudication est adopté.

Fait et délibéré à....., les jour, mois et an susdits.

(*Signatures.*)

No 227.

Boues *et immondices* (***Cahier des charges pour la mise en ferme de l'entreprise de l'enlèvement des***).

CLAUSES ET CONDITIONS AUXQUELLES L'ADJUDICATAIRE SERA TENU DE SE SOUMETTRE POUR L'EXPLOITATION DE L'ENTREPRISE.

La commune de..... concède pour une durée de..... (3, 6 *ou* 9 *ans*), à

---

(1) Dans certaines communes l'enlèvement des boues et immondices est une cause de dépense, tandis que dans d'autres elle procure un revenu. Dans l'un et l'autre cas, le service de l'enlèvement des boues doit faire l'objet d'une adjudication publique. S'il s'agit d'un revenu, l'adjudication se fait aux enchères; s'il s'agit d'une dépense, elle a lieu au rabais.

partir de....., l'entreprise du service ordinaire et du service extraordinaire de l'enlèvement des boues, neiges, glaces et immondices déposées sur les voies publiques communales, aux clauses et conditions suivantes :

Service ordinaire.

Art. 1er. L'entrepreneur adjudicataire fera procéder chaque jour (*ou pendant des jours déterminés*) à l'enlèvement des boues, immondices, paille, herbages et résidus quelconques :

1° Dans toutes les rues communales et autres voies publiques actuellement existantes;

2° Dans celles qui pourraient être ouvertes pendant la durée du bail;

3° Dans les impasses non fermées et sur les places publiques.

Il devra faire balayer immédiatement les endroits où l'enlèvement aura lieu, de manière qu'il ne reste aucun résidu sur la voie publique. Il sera soumis aux peines de police, en cas d'infraction.

Sont exceptés de la présente adjudication les rues, impasses et passages appartenant à des particuliers. Mais l'entrepreneur sera tenu de faire effectuer aux prix, clauses et conditions de son marché avec la commune, l'enlèvement des boues et immondices dans les rues, impasses et passages, si les propriétaires ou le maire le requièrent. Les frais de cet enlèvement seront supportés par les propriétaires de ces rues et impasses; ils ne pourront faire l'objet de la part de l'entrepreneur d'aucun recours contre la commune.

2. Le service de l'enlèvement des boues et immondices devra commencer à..... heures du matin, et être terminé à...... heures, du 1er avril au 1er octobre; il devra commencer à..... heures du matin, et être terminé à..... heures, pendant tous les autres mois de l'année.

L'entrepreneur devra se conformer, à cet égard, à l'itinéraire qui sera déterminé par le maire, et dont il lui sera délivré copie.

Service extraordinaire.

3. Pendant les temps de neiges et de glaces, l'entrepreneur adjudicataire sera, toute la journée, au service de la commune, pour procéder ou faire procéder au déblaiement des voies publiques.

Il lui sera alloué, pour ce supplément de service, savoir :

Pour chaque voiture (*ou tombereau*) traînée par un cheval .... » »

Pour chaque voiture (*ou tombereau*) traînée par deux chevaux...... » »

Pour chaque conducteur.. » »

Pour chaque ouvrier ou aide.................................... » »

Les ouvriers ou les aides devront être pris dans la commune et choisis par le maire, s'il le juge convenable. Ils seront payés par l'entrepreneur.

La dépense sera payée sur production de mémoires réglés dans la forme ordinaire.

Dispositions relatives aux deux services.

4. L'entrepreneur adjudicataire fournira la quantité de voitures (*ou tombereaux*) nécessaire au service ordinaire et extraordinaire du transport des boues, neiges, glaces et autres immondices.

Ces voitures (*ou tombereaux*) seront établies avec solidité et disposées et chargées de telle sorte que les matières ne puissent s'en échapper ni se répandre sur la voie publique.

Chaque voiture (*ou tombereau*) sera numérotée d'une manière apparente et garnie d'une clochette suspendue par un ressort pour en annoncer le passage aux habitants.

Ces voitures seront attelées d'un ou de plusieurs chevaux en bon état et conduites chacune par un conducteur âgé de 18 ans au moins, qui sera accompagné d'un aide.

Le conducteur et son aide seront porteurs de pelles, pioches et balais, qui seront fournis par l'entrepreneur.

Le maire aura le droit d'exiger le renvoi des conducteurs et de leurs aides, en cas de mauvaise conduite ou de plaintes reconnues fondées. L'entrepreneur sera tenu d'optempérer aux demandes qui lui seraient faites par le maire, à cet égard.

5. Les boues et immondices appartiendront à l'adjudicataire, mais il ne pourra les déposer sur le territoire de la commune que sur un terrain éloigné d'au moins..... mètres des habitations, qui lui appartiendra ou qu'il prendra en location. Ce terrain ne pourra servir au dépôt des boues qu'avec l'autorisation du maire.

Responsabilité. — Peines.

6. L'entrepreneur sera personnellement responsable de l'enlèvement des boues, immondices, neiges et glaces, de telle sorte que, si l'enlèvement n'avait pas lieu aux jours et heures indiqués, ou n'était pas fait convenablement, il y serait pourvu d'office par le maire, aux frais de l'entrepreneur, sans qu'il soit besoin de le mettre en demeure.

Dans ce cas, les boues et immondices appartiendront à la personne qui aura été chargée d'opérer l'enlèvement. Celle-ci ne pourra, de même que l'entrepreneur, les déposer à moins de..... mètres des habitations.

L'entrepreneur adjudicataire sera tenu de rembourser à la commune les sommes qu'elle aura avancées, par suite du défaut de service, sur la simple sommation qui lui en sera faite par le maire.

7. L'entreprise de l'enlèvement des boues et immondices est divisée en (*un ou plusieurs lots qui comprendront, l'un....., l'autre....., etc. Chaque lot sera adjugé séparément; les lots pourront être réunis*).

Le prix du fermage résultant de l'adjudication sera payé à l'entrepreneur par (*mois ou à l'expiration de chaque trimestre*), sur un mandat délivré par le maire, conformément aux règles de la comptabilité communale, déduction faite, s'il y a lieu, des retenues dont il sera parlé ci-après.

8. Les contraventions relatives à l'inexécution des clauses et conditions du présent cahier des charges seront constatées par des procès-verbaux qui seront notifiés dans les 24 heures à l'entrepreneur. Elles donneront lieu de sa part aux retenues suivantes, au profit de la commune (*indiquer ces retenues*).

Ces retenues seront imputées sur le payement à faire à l'entrepreneur pour le service du trimestre pendant lequel auront eu lieu les contraventions.

9. Si l'entrepreneur venait à cesser son service sans y être autorisé, ou s'il était constaté qu'il l'a fait inexactement pendant..... jours consécutifs, la résiliation de son marché pourra être demandée par le maire, et il pourra également être procédé, aux risques et périls dudit entrepreneur, à une nouvelle adjudication sur folle-enchère. Dans ce cas, l'adjudicataire déchu sera responsable, tant de la différence qui pourra exister entre le nouveau prix d'adjudication et l'ancien, que des dépenses extraordinaires auxquelles aura donné lieu l'enlèvement des boues et immondices, depuis l'interruption de son service jusqu'à la mise en fonctions de son successeur.

Garanties.

10. Pour sûreté et garantie de l'accomplissement des clauses et conditions du présent cahier des charges, et notamment des dispositions contenues dans l'article 9 qui précède, l'entrepreneur sera tenu de fournir une caution solvable, ou de verser à titre de cautionnement, dans la caisse du receveur municipal, pour être déposée par celui-ci, au nom dudit entrepreneur, au Trésor public, une somme de..... qui ne lui sera restituée, s'il y a lieu, qu'à la fin de son bail.

Il sera tenu compte à l'entrepreneur des intérêts de son cautionnement au taux accordé par le Trésor public.

Ce cautionnement sera affecté, par privilége, à toutes les reprises, indemnités, amendes et dommages-intérêts que la commune aurait à exercer contre l'entrepreneur, sans préjudice de recours contre lui ou ses ayants droit, dans le cas où ledit cautionnement serait insuffisant.

Cession de l'entreprise.

11. L'entrepreneur ne pourra céder tout ou partie de son bail sans le consentement du conseil municipal approuvé par le préfet, et sans rester solidaire, pen-

dant toute la durée dudit bail, des engagements qu'il aura contractés envers la commune par le présent cahier des charges.

Frais.

12. Les frais d'impressions, d'affiches, d'expéditions, de timbre et d'enregistrement résultant de l'adjudication seront à la charge de l'adjudicataire; ils seront payés comptant au moment de l'adjudication.

Expédition du présent cahier des charges et du procès-verbal d'adjudication sera remise au receveur municipal, après qu'ils auront été approuvés par M. le préfet.

Fait à....., le..... *Le maire.*

Pour l'affiche et le procès-verbal d'adjudication, voy. ADJUDICATIONS.

N° 228.

BOULANGERIE. — *Projet de règlement d'administration publique sur l'exercice de la profession de boulanger* (1).

L'an mil huit cent....., le....

Le conseil municipal de la ville d....., réuni, etc. (Voy. DÉLIBÉRATION.)

Ouï le rapport de M. le maire, concernant la nécessité de demander au gouvernement un règlement d'administration publique sur l'exercice de la profession de boulanger dans cette ville;

Vu l'article 24 de la loi du 18 juillet 1837;

Propose d'arrêter ce qui suit:

Art. 1er. A l'avenir, dans la ville d....., département d....., nul ne pourra exercer la profession de boulanger sans une permission spéciale du maire. Elle ne sera accordée qu'à ceux qui justifieront de bonnes vie et mœurs et avoir les facultés suffisantes.

Dans le cas de refus d'une permission, celui qui l'aura demandée pourra recourir de la décision du maire à l'autorité administrative supérieure, conformément aux lois.

Ceux qui exercent actuellement à..... la profession de boulanger, devront se munir de la permission du maire dans un mois, pour tout délai, à compter de la publication de la présente ordonnance.

Toutefois, en aucun cas, et pour quelque motif que ce soit, le nombre des boulangers ne pourra être limité.

2. Cette permission ne sera accordée que sous les conditions suivantes :

Chaque boulanger se soumettra à avoir constamment en réserve dans son magasin un approvisionnement en farine de froment de première qualité.

Cet approvisionnement sera, savoir :

Pour les boulangers de	1re	classe,	de........	5,000 kilog.
—	2e	—	de........	4,000
—	3e	—	de........	2,500

3. Dans le cas où le nombre de boulangers viendrait à diminuer, les approvisionnements des boulangers restant en exercice seront, sous l'autorisation de l'ad-

(1) L'exercice de la profession de boulanger, dans la plupart des villes de l'empire, est soumis à des règles et à des conditions particulières qui sont déterminées par des actes du gouvernement, rendus en forme de règlements d'administration publique, sur la délibération des conseils municipaux et la proposition du ministre de l'intérieur. C'est un projet de règlement de cette nature que nous donnons ici en le faisant suivre de quelques formules relatives à son exécution. On trouvera plus loin, n° 241, le modèle d'un arrêté municipal concernant la police des boulangers, la fabrication et la vente du pain.

ministration supérieure, augmentés proportionnellement à raison de leur classe, de manière que la masse totale donne toujours une quantité de farines suffisante pour nourrir la population pendant un mois.

4. Chaque boulanger s'obligera de plus, par écrit, à remplir toutes les conditions imposées à l'exercice de sa profession par la présente ordonnance. Il affectera pour garantie de l'accomplissement de cette obligation l'intégralité de son approvisionnement stipulé comme ci-dessus, et il souscrira à toutes les conséquences qui peuvent résulter de la non-exécution.

5. La permission délivrée par le maire constatera la soumission souscrite par le boulanger tant pour cette obligation que pour la quotité de son approvisionnement de réserve; elle énoncera aussi le quartier dans lequel chaque boulanger exerce ou se propose d'exercer sa profession.

Si un boulanger en activité vient à quitter son établissement pour le transporter dans un autre quartier, il sera tenu d'en faire sa déclaration au maire dans les vingt-quatre heures.

Mais, dans aucun cas, l'autorité ne pourra déterminer les rues ou quartiers où un boulanger serait tenu à exercer son commerce.

6. Le maire s'assurera par lui-même ou par l'un de ses agents si les boulangers ont constamment en magasin et en réserve la quantité de farine pour laquelle chacun d'eux aura fait sa soumission; il en enverra, tous les mois, l'état certifié par lui au préfet, et celui-ci en enverra une ampliation au ministre de l'intérieur.

Les boulangers, pour aucune cause que ce soit, ne pourront refuser la visite de leurs magasins, toutes les fois que l'autorité se présentera pour y procéder.

7. Le maire réunira auprès de lui au moins huit boulangers de la ville pris parmi ceux qui exercent leur profession depuis longtemps; ils procéderont, en sa présence, à la nomination d'un syndic et de deux adjoints.

Le syndic et les adjoints seront renouvelés tous les ans au 15 décembre, pour entrer en fonctions le 1er janvier; ils pourront être réélus; mais après un exercice de trois années, le syndic et les adjoints devront être définitivement remplacés.

8. Le syndic et ses adjoints procéderont, en présence du maire, au classement des boulangers, conformément aux dispositions énoncées aux articles 2 et 3. Ils régleront pareillement sous son autorité, le *minimum* du nombre des fournées que chaque boulanger sera tenu de faire journellement suivant les différentes saisons de l'année.

9. Le syndic et les adjoints seront chargés de surveiller l'approvisionnement de réserve des boulangers, et de constater la nature et la qualité des farines dudit approvisionnement, sans préjudice des autres mesures de surveillance qui devront être prises par le maire, auquel ils rendront toujours compte.

10. Les boulangers admis et ayant commencé à exploiter ne pourront quitter leur établissement que six mois après la déclaration qu'ils en auront faite au maire, lequel ne pourra se refuser à la recevoir.

11. Nul boulanger ne pourra restreindre, sans y avoir été autorisé par le maire, le nombre des fournées auxquelles il sera obligé suivant sa classe.

12. Tout boulanger qui contreviendra aux articles 1, 2, 10 et 11, sera interdit temporairement ou définitivement, selon l'exigence des cas, de l'exercice de sa profession. Cette interdiction sera prononcée par le maire, sauf au boulanger à se pourvoir de la décision du maire auprès de l'autorité administrative supérieure, conformément aux lois.

13. Les boulangers qui, en contravention à l'article 10, auraient quitté leur établissement sans avoir fait préalablement la déclaration prescrite par ledit article; ceux qui auraient fait disparaître tout ou partie de l'approvisionnement qu'ils sont tenus d'avoir en réserve, et qui, pour ces deux cas, auraient encouru l'interdiction définitive, seront considérés comme ayant manqué à leurs engagements. Les approvisionnements de réserve, ou la partie de cet approvisionnement qui aura été trouvée dans leurs magasins sera saisie, et ils seront poursuivis, à la diligence du maire, devant les tribunaux compétents pour être statué conformément aux lois.

14. Le fonds d'approvisionnement de réserve deviendra libre, sur une autorisation du maire, pour tout boulanger qui, en conformité de l'article 10, aura déclaré six mois d'avance vouloir quitter sa profession.

La veuve et les héritiers du boulanger décédé seront pareillement autorisés à disposer de son approvisionnement de réserve, s'ils renoncent à exercer le même état.

15. Tout boulanger sera tenu de peser le pain, s'il en est requis par l'acheteur. A cet effet, il devra avoir, dans le lieu le plus apparent de sa boutique, des balances et un assortiment de poids métriques dûment poinçonnés.

16. Nul boulanger ne pourra vendre son pain au-dessus de la taxe légalement faite et publiée.

17. Il est défendu d'établir des regrats de pain en quelque lieu public que ce soit; en conséquence, les traiteurs, aubergistes, cabaretiers et tous autres, soit qu'ils fassent ou non le métier de donner à manger, ne pourront tenir chez eux d'autre pain que celui qui est nécessaire à leur propre consommation ou à celle de leurs hôtels.

18. Les boulangers et débitants forains seront admis, concurremment avec les boulangers de la ville, à vendre ou faire vendre du pain sur les marchés et lieux publics et aux jours qui seront désignés par le maire, en se conformant aux règlements.

19. Le maire pourra faire les règlements locaux nécessaires sur la nature, la qualité, la marque et le poids du pain en usage dans cette ville, sur la police des boulangers et débitants forains, et des boulangers de la ville qui ont coutume d'approvisionner les marchés, et sur la taxation des différentes espèces de pain

Fait et délibéré à....., les jour, mois et an que dessus.

(*Suivent les signatures.*)

N° 229.

Boulangerie (*Nomination des syndics et adjoints dans les villes qui ont obtenu un décret sur l'exercice de la*).

Aujourd'hui....., mil huit cent....., à..... heure du....., nous, maire de la ville d....., en exécution de l'article 7 du décret *ou* de l'ordonnance du... (1), portant règlement sur l'exercice de la profession de boulanger en cette ville, avons réuni en la mairie neuf boulangers notables, choisis parmi ceux qui exercent depuis le plus de temps leur profession, afin de nommer le syndic et les deux adjoints, *ou* de procéder au renouvellement du syndic et des deux adjoints pour l'année 18...

Ces neuf boulangers sont les sieurs .

N....., demeurant rue....., n°.....
N....., demeurant rue....., n°.....
S....., demeurant rue....., n°.....
D....., demeurant rue....., n°.....
M....., demeurant rue....., n°.....
P....., demeurant rue....., n°.....
P....., demeurant rue....., n°.....
P....., demeurant rue....., n°.....
F....., demeurant rue....., n°.....

Nous avons annoncé aux dénommés ci-dessus le but de la réunion; et après s'être consultés, ils ont déclaré, à la majorité de..... contre....., qu'ils choisissaient pour syndic le sieur N....., et pour adjoints les sieurs NN.....

Ces choix ayant été accueillis par nous, nous avons arrêté et arrêtons ce qui suit :

Art. 1er. Le sieur N....., boulanger en cette ville, rue....., n°..., est nommé syndic des boulangers pour l'année mil huit cent.....

2. Le sieur N....., boulanger, demeurant rue....., et le sieur N....., boulanger, demeurant rue....., sont nommés adjoints pour la même année.

3. Expédition du présent arrêté sera remise à chacun des dénommés et au commissaire de police ayant la surveillance des boulangers.

Fait à....., en la mairie....., le..... 18...

Le maire.

(1) Voy. l'article 7 du projet de règlement, n° 228.

N° 230.

Boulangerie. — *Procès-verbal de classement des boulangers.*

L'an mil huit cent....., le....., d'après la convocation faite par nous, maire de la ville d....., des sieurs P....., F....., C....., etc., principaux boulangers, en exécution de l'article 8 du décret *ou* de l'ordonnance du..... (1), il a été procédé par eux, en notre présence, à ce classement qui a été arrêté conformément au tableau ci-après.

Numéros d'ordre.	NOMS, PRÉNOMS et domicile DES BOULANGERS.	NOMBRE de kilogrammes de farine de froment de première qualité dont se compose leur approvisionnement.	NOMBRE de fournées qu'ils doivent faire par jour.	OBSERVATIONS.
		PREMIÈRE CLASSE.		
1	T..... rue......	5000 kilogrammes.	3	
2	R..... rue......	Id.	2	
		DEUXIÈME CLASSE.		
3	H..... rue......	4000 kilogrammes.	2	
4	S..... rue......	Id.	1	
		TROISIÈME CLASSE.		
5	C..... rue......	2000 kilogrammes.	1	
6	G..... rue......	Id.	1	

De tout ce que dessus avons dressé le présent procès-verbal que lesdits sieurs P....., F....., C....., etc., boulangers, ont signé avec nous, et dont expédition sera remise audit sieur P....., comme le plus ancien boulanger de l'endroit.

Fait à....., le.... 18...

RÉCAPITULATION.

NOMBRE des BOULANGERS.		APPROVISIONNEMENT exigé par le règlement.	APPROVISIONNEMENT effectif ou réserve lors du recensement.	MONTANT sur les réserves prises en masse de l'excédant.	du déficit.
1re classe......	3	150,000 kilog.	144,000 kilog.	»	6,000 kilog.
2e classe......	3	120,000 —	120,000 —	»	»
3e classe......	3	66,000 —	69,000 —	» 3,000 kilog.	» »
TOTAL général.	9	336,000 kilog.	333,000 kilog.	3,000 kilog.	6,000 kilog.

RÉSULTAT.

Le total général de l'approvisionnement exigé est de.........	336,000 kilog
L'effectif des réserves est de..............................	333,000 —
Différence en moins.......................................	3,000 —

(1) Voy. l'article 8 du projet de règlement, n° 228.

N° 231.

Boulangerie. — *Permission du maire pour exercer la profession de boulanger* (1).

Nous, maire de la commune d....., vu la demande du sieur C....., boulanger, tendant à obtenir la permission d'exercer sa profession dans la commune comme boulanger de..... classe;

Vu les pièces produites par le sieur C....., constatant qu'il est de bonnes vie et mœurs, qu'il connaît suffisamment son état pour exercer ladite profession;

Vu le décret *ou* l'ordonnance du....., portant règlement d'administration publique sur l'exercice de la profession de boulanger en cette ville;

Permettons audit sieur C....., de l'avis des syndic et adjoints, d'exercer la profession de boulanger en cette commune, aux conditions suivantes :

1° De tenir sa boutique suffisamment garnie de pain;

2° De ne pouvoir quitter son commerce que trois mois après en avoir fait la déclaration;

3° De se conformer en tous points aux règlements concernant le service de la boulangerie.

Le tout à peine de voir la présente suspendue ou révoquée, sans préjudice des autres mesures de police administrative et des poursuites devant les tribunaux.

La présente permission est valable seulement pour la personne y dénommée.

Fait à....., le..... du mois d..... 18...

Le maire.

Je soussigné, C....., m'engage à remplir toutes les clauses et conditions prescrites par l'autorisation ci-dessus, et particulièrement à tenir constamment mes magasins fournis d'une quantité de farine déterminée par le règlement pour les boulangers de la.... classe.

Fait à....., le..... 18...

N° 232.

Boulangerie. — *Déclaration d'un boulanger qui veut transporter son établissement dans un autre quartier.*

Aujourd'hui....., mil huit cent....., devant nous, maire de la commune d..., s'est présenté le sieur C...., lequel nous a déclaré, conformément à l'article 6 du décret *ou* de l'ordonnance du..... (2), être dans l'intention de transporter son établissement à....., de laquelle déclaration il lui a été délivré acte, et a, ledit sieur, signé ainsi que nous.

(*Signature du déclarant.*) *Le maire.*

N° 233.

Boulangerie. — *Procès-verbal pour constater l'approvisionnement de réserve d'un boulanger* (3).

Aujourd'hui....., mil huit cent....., nous....., maire de la commune d....., en exécution du décret *ou* de l'ordonnance du....., article 6, et conformément à l'article..... du règlement municipal du....., nous sommes, accompagné du

(1) Cette permission sera rédigée double : celle qui contiendra la soumission du boulanger restera déposée à la mairie; l'autre sera délivrée au boulanger.

(2) Voy. l'article 6 du projet de règlement, n° 228.

(3) Voy. les articles 2 et 3 du projet de règlement, n° 228.

sieur T....., adjoint, transporté au domicile du sieur C....., boulanger de..... classe en cette commune ; après lui avoir déclaré le motif de notre visite, nous nous sommes fait représenter l'état de son approvisionnement, que nous avons trouvé être de.. » kilogr.

Comme boulanger de..... classe, il doit en avoir............ »

Ce qui le met en déficit de.................................... »

Ledit C..... nous a donné pour raison de sa contravention que (*consigner le dire du boulanger*).

Nonobstant quoi, nous lui avons déclaré que, par ce délit, il s'est mis dans le cas d'être interdit, conformément à l'article 12 du décret précité.

Fait à....., le..... 18...

Le maire.

N° 234.

BOULANGERIE. — *Situation générale de l'approvisionnement des boulangers.*

Département d.....   Ville d.....

Nos d'ordre.	Nos du classement.	NOMS, PRÉNOMS et demeure DES BOULANGERS.	Approvisionnement exigé par les règlements.	Approvisionnements effectifs ou réserve.	Excédants.	Déficit.	Observations.
		PREMIÈRE CLASSE.					
1	1	N........ rue........	5000 kil.	52000	2000	»	
2	2	B........ rue........	»	48000	»	2000	
3	3	G........ rue........	»	44000	»	6000	
		DEUXIÈME CLASSE.					
1	4	L........ rue........	4000 kil.	22000	»	1800	
2	5	R........ rue........	»	48000	8000	»	
3	6	H........ rue........	»	50000	1000	»	
		TROISIÈME CLASSE.					
1	7	R........ rue........	2200 kil.	21000	»	1000	
2	8	B........ rue........	»	28000	6000	»	
3	9	Q........ rue........	»	20000	»	2000	

N° 235.

BOULANGERIE.—*Etat de situation de l'approvisionnement des boulangers* (1).

L'an mil huit cent....., le....., nous, maire de la commune d....., en conséquence de l'instruction du ministre de l'intérieur, en date de septembre 1828, nous sommes transporté, accompagné d..... (*le secrétaire ou l'adjoint*), chez les boulangers de notre commune, à l'effet de constater leur approvisionnement de farine.

(1) Par une instruction du mois de septembre 1828, le ministre de l'intérieur impose aux maires des communes, où le service de la boulangerie est organisé par une ordonnance royale, l'obligation de faire parvenir, dans les premiers jours de février, à la sous-préfecture, pour être transmis au préfet du département, l'état d'approvisionnement général des boulangers au 31 janvier précédent.

Après avoir procédé à la vérification dudit approvisionnement, nous en avons dressé l'état ci-dessous.

BOULANGERS.			QUANTITÉS		DIFFÉRENCE		Signature des boulangers.	Observations.
NOMS.	PRÉNOMS.	DEMEURE.	qu'ils doivent avoir.	trouvées chez eux.	en plus.	en moins.		
PREMIÈRE CLASSE.								
DEUXIÈME CLASSE.								
TROISIÈME CLASSE.								

Fait et clos le présent, les jour, mois et an que dessus.

Le maire.

N° 236.

Boulangerie. — *Arrêté du maire pour prononcer l'interdiction temporaire d'un boulanger qui n'a pas l'approvisionnement exigé.*

Le maire de la ville d....., vu le procès-verbal dressé le....., par....., pour constater l'approvisionnement des boulangers de la ville, conformément aux dispositions de l'article 12 du règlement d'administration publique du..... 18... (1),

Considérant que les boulangers désignés au tableau ci-après sont en contravention à l'article 2 dudit règlement, et qu'il y a lieu de prononcer à leur égard une interdiction temporaire :

NOMS des boulangers.	NUMÉRO de leur inscription à la mairie.	DEMEURE.	CLASSE.	APPROVISIONNEMENT exigé en quintaux métriques.	APPROVISIONNEMENT effectif.	DÉFICIT.	OBSERVATIONS.

Arrête :

Art. 1er. Conformément à l'article 12 du règlement du....., la profession de boulanger est interdite, savoir :

Au sieur....., pour..... jours.
Au sieur....., pour..... jours.
Au sieur....., pour..... jours.

2. Les boulangers susnommés ne pourront, sous les peines de droit, fabriquer, vendre ou étaler pendant ledit temps.

(1) Voy. l'article 12 du projet de règlement, n° 228.

3. Le commissaire de police est chargé de l'exécution du présent arrêté, qui sera notifié aux boulangers susnommés, chacun en son particulier, et dont expédition sera adressée au syndic des boulangers pour en donner connaissance à tous les boulangers de la ville.

Fait en l'hôtel de ville, à....., le ... 18...

Le maire.

N° 237.

Boulangerie. — *Arrêté du maire pour prononcer l'interdiction définitive d'un boulanger qui n'a pas l'approvisionnement exigé.*

L'an mil huit cent....., le... ., nous, maire de la commune d....., en vertu du règlement d'administration publique du..... 18.. (article 12);

Vu le procès-verbal dressé le....., duquel il résulte que le sieur L....., boulanger à....., se trouve en déficit de..... kilogrammes, n'en ayant que..... au lieu de..... que porte le règlement pour les boulangers de sa classe,

Ledit sieur L..... ayant encouru trois fois l'interdiction temporaire, avons, en conséquence, arrêté et arrêtons ce qui suit :

Art. 1er. La profession de boulanger est définitivement interdite au sieur L..... Il sera, en conséquence, rayé du tableau des boulangers, et aussitôt la notification du présent arrêté, il sera tenu de fermer boutique, à peine de se voir poursuivi suivant toute la rigueur des lois.

2. M....., commissaire de police, est chargé de l'exécution du présent arrêté, qu'il notifiera audit L....., et dont une ampliation sera remise à qui de droit.

Fait à....., les jour, mois et an que dessus.

Le maire.

N° 238.

Boulangerie. — *Permission à un boulanger de vendre du pain sur le marché.*

Nous, maire de la commune d.....,

Vu la demande du sieur C....., tendant à obtenir la permission de vendre du pain sur le marché ;

En exécution de l'arrêté du....., portant règlement sur la vente du pain dans les halles et marchés ;

Permettons audit sieur C..... de s'établir sur le marché d....., à la place qui lui sera désignée, aux conditions suivantes :

1° Que son étalage n'excédera pas..... mètres en carré, et qu'il ne causera aucun embarras sur la voie publique ;

2° Qu'il occupera sa place par lui-même, sa femme ou ses enfants, sans pouvoir la céder ni prêter, non plus que la présente permission ;

3° Qu'il mettra à son étalage un écriteau portant son nom et le numéro de sa place ;

4° Qu'il la tiendra suffisamment garnie de pain les jours de marché ;

5° Qu'il débarrassera entièrement et balayera ladite place après la fermeture du marché ;

6° Qu'il ne pourra abandonner sa place qu'après nous avoir remis sa permission ;

7° Enfin, qu'il se conformera aux lois et règlements de police concernant le régime des halles et marchés, et notamment au règlement précité.

Le tout sous peine de voir la présente suspendue ou annulée ; ce qui aura lieu également, s'il laisse passer trois marchés consécutifs sans occuper ladite place, à moins qu'il ne justifie d'un empêchement légitime.

Fait à....., le..... 18...

Le maire

N° 239.

Boulangerie. — *Autorisation du maire pour restreindre les fournées d'un boulanger.*

Aujourd'hui....., mil huit cent....., nous, maire de la commune d....., avons réuni les sieurs P....., S....., A....., boulangers en cette ville, à l'effet de les consulter sur la demande adressée par le sieur K....., boulanger en cette ville, rue....., n°....., pour obtenir la permission de restreindre le nombre de ses fournées.

Lesdits sieurs, après délibération, et vu l'article..... du règlement du. . ., ont été d'avis qu'il y avait lieu d'accorder audit sieur sa demande;

En conséquence, nous autorisons ledit sieur K..... à réduire ses fournées de..... à....., ce qui sera mentionné au tableau.

Fait à....., le..... 18..

Le maire.

N° 240.

Boulangerie. — *Déclaration à faire par un boulanger qui veut quitter son état.*

Aujourd'hui....., mil huit cent....., devant nous, maire de la commune d....., s'est présenté le sieur C....., lequel, conformément à l'article 10 du décret *ou* de l'ordonnance du....., nous a déclaré être dans l'intention de quitter sa profession, dans le délai prescrit par ledit décret, de laquelle déclaration ledit sieur C..... a requis acte, que nous lui avons délivré.

Fait à....., les jour, mois et an susdits.

(*Signature du déclarant.*) *Le maire.*

N° 241.

Boulangerie. — *Autorisation du maire pour rendre libre l'approvisionnement d'un boulanger.*

Aujourd'hui..... mil huit cent....., par-devant nous, maire de la commune d....., s'est présenté le sieur G...., boulanger, lequel nous a dit qu'ayant fait la déclaration prescrite par le règlement du..... de vouloir quitter sa profession à l'expiration du délai de six mois, il désire obtenir la permission de disposer de son fonds d'approvisionnement. Les formalités exigées par l'article 14 du règlement du..... , ayant été remplies, nous avons déclaré libre l'approvisionnement de réserve du sieur.....

Fait à....., les jour, mois et an que dessus.

Le maire.

N° 242.

Boulangers. — *Règlement municipal concernant la police des boulangers, la fabrication et la vente du pain* (1).

Le maire de la commune d ....

Vu les lois des 14-22 décembre 1789, article 50; 16-24 août 1790, titre XI,

(1) L'autorité municipale a le droit de faire tous les règlements qui peuvent subor-

article 3, n° 4; 2-17 mars 1791, article 7; 19-22 juillet 1791, titre Ier, article 20, 30 et 46; 28 septembre-6 octobre 1791, titre II, article 9; 18 juillet 1837, article 11;

Vu le Code pénal, articles 471, 475, 477, 479, 480 et 481;

Considérant qu'un des devoirs les plus essentiels de l'autorité municipale est de veiller à l'exécution des lois et règlements concernant l'exercice de la profession de boulanger, de prévenir par des mesures convenables la fraude et la mauvaise foi dans la fabrication et la vente du pain, et d'empêcher notamment que, sous prétexte de donner une plus belle qualité de pain, on n'introduise dans la pâte des substances dangereuses ou nuisibles à la santé des citoyens;

Arrête :

Art. 1er. Toute personne qui voudra s'établir dans la commune en qualité de boulanger, devra faire sa déclaration à la mairie, et s'obliger devant le maire à remplir ponctuellement toutes les obligations et formalités exigées par les règlements.

2. Il est enjoint à tout boulanger de fabriquer le pain dans les qualités et selon les divisions de poids prescrites ci-après, articles 4 et 5. Le pain sera constamment bon, loyal et marchand, et aucune farine gâtée, aucun blé avarié ou non remoulu ne pourront être employés pour sa fabrication.

3. Il est expressément défendu aux boulangers d'introduire dans la pâte aucun ingrédient ou substance, notamment du sulfate de cuivre ou vitriol bleu, dans le but de rendre le pain plus blanc.

4. Le pain sera de deux qualités : le pain de première qualité sera fait avec de la farine de pur froment et de premier choix; le pain de seconde qualité sera fait avec des farines de froment et de seigle.

5. Le pain, soit de première, soit de seconde qualité, ne pourra être vendu que par pains de....., de..... et de..... kilogrammes.

6. Le prix du pain pour chacune des deux qualités sera fixé, après le dernier marché de chaque quinzaine de la ville de..... et d'après le prix moyen du blé dans les marchés de la quinzaine réunie.

7. La taxe du pain de première qualité sera établie en ajoutant au prix moyen de l'hectolitre de blé, fixé par la mercuriale, les frais de manutention et le bénéfice alloués au boulanger, lesquels sont de quatre centimes par kilogramme de blé, et en divisant le total par douze (chaque hectolitre de blé rendant environ douze pains de six kilogrammes). Le prix du pain de six kilogrammes de première qualité étant ainsi déterminé, on connaîtra celui du pain de seconde qualité en diminuant ce prix d'un sixième.

8. Lors des visites qui seront faites par l'autorité chez les boulangers, les pains qui seraient reconnus ne point avoir le poids seront coupés en morceaux et ne pourront plus être vendus qu'en détail et dans la balance.

9. Tout boulanger devra tenir sa boutique constamment garnie de pains.

10. Tout boulanger est tenu d'avoir en évidence, dans sa boutique, des balances et un assortiment de poids légaux pour peser le pain, toutes les fois que l'acheteur le demandera.

11. La profession de marchand de grains, de mesureur de grains et de meunier est interdite aux boulangers.

12. Il est défendu à tout boulanger de vendre le pain au delà de la taxe; l'arrêté du maire établissant cette taxe, et dont un exemplaire sera remis à chaque boulanger, devra être constamment tenu en évidence dans le lieu le plus apparent de sa boutique.

13. Les boulangers seront tenus d'avoir un emplacement isolé pour les appro-

---

donner les boulangers à ce qu'exige la subsistance des habitants d'une commune, et leur faire exercer leur profession avec toute l'exactitude et la fidélité qu'exige l'intérêt public. Les contraventions à ces règlements sont du ressort des tribunaux de police.

Les formules qui précèdent, nos 221 à 248, sont applicables dans les villes où la profession de boulanger a été réglementée par un décret ou une ordonnance, rendus dans la forme des règlements d'administration publique; la présente formule et les suivantes jusqu'au n° 248, peuvent recevoir leur application dans toutes les autres communes.

visionnements de fagots ou bourrées, de manière à écarter, en cas d'incendie, tout danger de communication de feu.

14. Il sera fait, au moins une fois l'an, la visite de tous les fours existant dans la commune. Ceux qui seraient en mauvais état seront réparés ou démolis, si le cas l'exige. Les fours seront nettoyés ou ramonés au moins quatre fois l'an, aux mois de janvier, avril, juillet et octobre.

15. Il est défendu aux garçons boulangers, lorsqu'ils pétrissent le pain, la nuit, de pousser des cris ou proférer des chants de nature à troubler le repos des habitants.

16. La vente du pain au détail, sur les marchés et lieux publics, par les boulangers et débitants forains, concurremment avec les boulangers de la ville, n'aura lieu que le..... et le..... de chaque semaine sur la place de....., depuis sept heures du matin jusqu'à midi.

17. Le pain exposé en vente de cette manière devra toujours être coupé.

18. Les boulangers et débitants forains seront tenus de se conformer en tous points aux règlements existants concernant la vente du pain. En conséquence, ils devront être munis d'une patente et être munis des balances, poids et ustensiles nécessaires pour effectuer cette vente de manière à prévenir toute plainte de la part du public.

19. Tout regrat de pain est défendu.

20. Les contraventions au présent règlement seront constatées par des procès-verbaux, et les contrevenants seront poursuivis par-devant le tribunal de simple police.

Fait à...... le..... 18...

Le maire.

N° 243.

BOULANGERS. — *Procès-verbal pour une épreuve de pesage de blé, relativement à la taxe du pain* (1).

L'an mil huit cent....., le *samedi quinze* décembre à..... heure du....., nous, maire (*ou* adjoint, *ou* membre du conseil municipal délégué par arrêté de M. le maire) de la ville d....., en conformité des instructions de M. le ministre de l'intérieur, des 16 septembre 1819 et 21 septembre 1820, nous sommes rendu à la halle aux blés, accompagné des sieurs A....., B..... et C....., tous trois boulangers, demeurant en cette ville, à l'effet de procéder, en leur présence, au pesage du blé-froment de la récolte de l'année, pour en constater le poids légalement, ce qui a eu lieu ainsi qu'il suit :

Première opération.

Nous avons réuni quatre hectolitres de froment de première qualité pris au marché, à quatre vendeurs différents, savoir : le sieur D....., de..... (*commune*), le sieur E....., de....., le sieur F....., de....., et le sieur G....., de..... Ces quatre hectolitres, pesés ensemble au poids public, ont produit *deux cent quatre-vingt-seize kilogrammes seize décagrammes*, ci.. 296 k. 16 d.

Deuxième opération.

Le *samedi, vingt-deux* décembre de la même année, procédant comme il est dit plus haut, et en présence des mêmes boulan-

(1) Par une circulaire du ministre de l'intérieur, en date du 16 septembre 1819, les opérations prescrites dans la présente formule deviennent obligatoires pour les maires des villes et communes où l'autorité municipale est dans l'habitude de taxer le prix du pain ; il est donc procédé tous les ans, au mois de décembre, et en présence des syndic ou adjoints de la boulangerie, si cette organisation existe en vertu d'un règlement spécial émané de l'autorité supérieure, ou seulement en présence de trois principaux boulangers désignés par le maire, au pesage du blé-froment de la récolte de l'année pour en constater légalement le poids.

gers, la pesée des quatre hectolitres de blé-froment première qualité, pris des sieurs H....., J.. .., K....., L....., a produit *deux cent soixante-douze kilogrammes neuf décagrammes*, ci... 272 09

Troisième opération.

Le *samedi, vingt-neuf* décembre de la même année, procédant toujours de la même manière, et en présence des susnommés, la pesée des quatre hectolitres pris des sieurs M....., N....., O....., P....., a produit *deux cent quatre-vingts kilogrammes huit décagrammes*, ci.......... 280 08

Total *huit cent quarante-huit kilogrammes trente-trois décagrammes*, ci.......... 848 33

Sur quoi il convient de déduire *douze kilogrammes* pour la tare des sacs.......... 12 »

Reste.......... 836 k. 33 d.

Lesquels *huit cent trente-six kilogrammes trente-trois décagrammes* divisés par douze donnent pour le poids moyen d'un hectolitre de blé-froment de l'année, première qualité, *soixante-neuf kilogrammes soixante-neuf décagrammes*, ci.......... 69 69

De tout ce que dessus nous avons dressé le présent procès-verbal qui a été fait les jours et an susdits, et clos aujourd'hui vingt-neuf décembre mil huit cent....., et ont lesdits sieurs....., boulangers susnommés, signé avec nous.

(*Suivent les signatures.*)

N° 244.

Boulangers. — *Arrêté fixant la taxe du pain.*

Nous, maire de la commune d.....

Vu le prix du blé dans les derniers marchés et notre arrêté du.... concernant la fabrication et la vente du pain,

Arrêtons :

Le prix du pain, à dater de ce jour, et jusqu'à ce qu'il soit autrement ordonné, est fixé, savoir :

Le kilog. de pain blanc, 1re qualité, à......
Le kilog. de pain blanc, 2e qualité, à......
Le kilog. de pain bis, à......

Les boulangers prendront à la mairie un bulletin de la taxe ci-dessus, qu'ils tiendront constamment affiché dans l'endroit le plus apparent de leur boutique.

Des procès-verbaux seront dressés contre les contrevenants au présent arrêté.

Fait à....., le..... 18...

(*Signature.*)

N° 245.

Boulangers. — *Procès-verbal de visite chez les boulangers pour constater si le pain a le poids requis* (1).

L'an mil huit cent....., le....., nous, maire (ou commissaire de police) de la commune d....., étant en tournée pour vérifier le poids du pain, assisté du

(1) Au cas où le pain est trouvé de bon poids, il n'est pas dressé de procès-verbal, mais un simple rapport du maire.

sieur P...... sommes entré chez le sieur C....., boulanger, où, ayant procédé à la vérification des différentes espèces de pain contenues dans sa boutique, nous avons trouvé

.... pain de deux kilogrammes ne pesant qu'un kilog. quatre-vingt-cinq décag.

.... pains de trois kilog., ne pesant que deux kilog. soixante-quinze décag.

.... etc.

Et par ledit C.... nous a été dit ...., et a signé.

Nonobstant cette réponse, nous avons fait couper lesdits pains en plusieurs morceaux, pour empêcher leur débit autrement qu'au détail et au poids dans la balance; et attendu que le sieur C.... est en contravention au règlement municipal du....., avons rédigé contre lui le présent procès-verbal, pour le contrevenant être traduit au tribunal de police municipale, et, sur les conclusions du ministère public, se voir condamner à telles peines que de droit, et avons signé, ainsi que le sieur P..... nous assistant (1).

Fait à...., le.... 18...

(Signatures.)

N° 246.

Boulangers. — ***Procès-verbal contre un boulanger vendant au-dessus de la taxe.***

Aujourd'hui.... mil huit cent....., à heure d....., nous, maire (adjoint *ou* commissaire de police) de la commune de......, informé que le sieur V....., boulanger, vendait du pain au-dessus de la taxe, nous sommes à l'instant transporté au domicile dudit. Ayant vu une personne qui achetait un pain de..... kilog., nous lui avons demandé combien elle l'avait payé, elle nous a répondu l'avoir payé....; nous avons alors interrogé le sieur V.... sur ce fait et il nous a répondu..... : nous lui avons déclaré qu'il était en contravention à la taxe qui fixe le prix du pain à..... le kilog., et que par suite de cette contravention, nous allions dresser procès-verbal contre lui, pour y être donné telles suites que de droit.

Fait à....., le..... 18...

L'officier public.

N° 247.

Boulangers. — ***Procès-verbal contre un boulanger qui a introduit des matières insalubres dans le pain.***

L'an mil huit cent......, le....., nous, maire *ou* adjoint de la commune d....., informé que le sieur K....., boulanger en cette commune, débitait du pain contenant des matières insalubres, nous sommes, accompagné du sieur P....., pharmacien, transporté chez ledit boulanger, et l'avons sommé de nous remettre quelques-uns des pains exposés en vente. Le sieur K...... ayant obtempéré à notre demande sans aucune difficulté, nous avons fait choix de.... pains (*leur nombre et leur poids*), et nous sommes rendu au domicile du sieur P....., lequel, après avoir prêté entre nos mains le serment de dire la vérité et de faire son rapport en son honneur et conscience, a procédé à l'analyse desdits pains en notre présence; cette analyse a donné pour résultat (*donner une désignation exacte des substances trouvées dans le pain, et les proportions exactes, autant que faire se pourra*). Ledit P.... a alors dressé

---

(1) Voy. les formules relatives aux *poids et mesures*, pour le cas où il serait trouvé chez le boulanger de fausses balances ou de faux poids.

son rapport, qu'il nous a remis après l'avoir signé, et qui restera annexé au présent procès-verbal.

Les différentes substances ont été par nous recueillies et placées séparément dans des sacs qui ont été clos et scellés du sceau de la mairie, pour servir de pièces justificatives et être jointes au procès-verbal.

Et attendu que les substances susdites étaient en quantité suffisante pour occasionner des accidents et compromettre la santé des consommateurs, fait qui constitue le sieur K....., boulanger, en contravention à l'article 20 du titre 1er de la loi du 19-22 juillet 1791 (1), et le rend passible des peines portées par ladite loi, nous nous sommes rendu de nouveau au domicile du sieur K..... où nous avons saisi, pour être détruits, tous les pains qui se trouvaient exposés en vente, et nous lui avons déclaré que nous dresserions contre lui le présent procès-verbal, auquel il sera donné telles suites que de droit.

Fait à....., les jour, mois et an que dessus.

L'officier public.

No 248.

Boulangers. — *Procès-verbal pour vente de regrat de pain.*

Aujourd'hui..... mil huit cent....., nous, maire (adjoint *ou* commissaire de police) de la commune d..... informé que le sieur C..... débitait du pain au regrat, nous sommes aussitôt transporté à l'endroit indiqué, où nous avons effectivement trouvé plusieurs pains entamés et en vente, ce qui met le sieur C..... en contravention au règlement du...... concernant la vente du pain.

Ayant demandé audit quelle raison avait pu le porter à se mettre ainsi en contravention aux règlements, il nous a répondu.....

Nous avons alors confisqué ledit pain, dont la quantité est de...... kilogr., ainsi que les poids et balances servant à son débit, pour le tout, après inventaire, être joint à notre procès-verbal.

En foi de quoi nous avons dressé le présent procès-verbal pour servir et valoir ce que de droit.

Fait à....., les jour, mois et an que dessus.

Le maire.

No 249.

Brevet *de pension* (*Déclaration pour obtenir le duplicata d'un*).

Par-devant nous, maire de la ville d....., s'est présenté le sieur N....., né à..... département d....., le....., demeurant en cette ville, rue...., no...., jouissant d'une pension militaire (*ou civile ou ecclésiastique*) de..... francs, inscrite sous le no..... volume.....

Lequel, en exécution de la décision ministérielle du 29 avril 1823, nous a déclaré en présence des deux témoins soussignés, ayant les qualités requises, que le certificat d'inscription de la susdite pension est adiré, qu'il est dans l'intention d'en demander un duplicata à M. le ministre des finances, pour lui tenir lieu de la première expédition qu'il a perdue, et que, dans le cas où cette première expédition viendrait à se retrouver, il s'oblige à la renvoyer au trésor royal pour être annulée.

Nous a en outre déclaré le sieur N..... qu'il a touché le montant des termes

(1) « En cas d'exposition en vente de comestibles gâtés, corrompus et nuisibles, ils seront confisqués ou détruits, et les délinquants condamnés à une amende du tiers de la contribution mobilière, laquelle amende ne pourra être au-dessous de trois livres. » (*Loi du* 19-22 *juillet* 1791, *art.* 20, *tit.* 1er.)

échus de sa pension, jusqu'à et compris le..... trimestre 18... et qu'elle a cessé de lui être payée depuis cette époque, ayant perdu son certificat d'inscription dans le courant du mois d.....

Fait à....., en l'hôtel de ville, le..... 18..., en présence du sieur J..... négociant, et E....., propriétaire, tous deux majeurs, demeurant en cette ville, témoins qui ont signé avec nous et le déclarant.

(*Sceau de la mairie.*)

(*Signatures.*)

N° 250.

Brevets *d'invention* (1). — ***Procès-verbal de dépôt de pièces relatives à une demande ordinaire de brevet d'invention.***

Cejourd'hui..... mil huit cent....., à....., heures..... minutes, a comparu devant nous, secrétaire général de la préfecture d....., le sieur N...... (*nom, prénoms, profession*), demeurant à..... rue...., n°...;

Lequel, après nous avoir produit un récépissé constatant le versement d'une somme de cent francs (2), a déclaré vouloir prendre un brevet d'invention de.... ans, pour..... et a déposé à cet effet, entre nos mains, un paquet cacheté qu'il nous a dit renfermer :

1° Sa demande au ministre;
2° Une description originale de l'invention faisant l'objet du brevet demandé;
3° Les dessins et échantillons nécessaires pour l'intelligence de la description;
4° Le duplicata de la description et des dessins;
5° Un bordereau des pièces déposées.

Duquel dépôt nous avons dressé le présent acte que le comparant a signé avec nous après lecture faite.

(*Signatures.*)

N° 251.

Brevets *d'invention.* — ***Procès-verbal de dépôt de pièces relatives à une demande d'addition.***

Aujourd'hui..... mil huit cent..... à..... heures..... minutes, a comparu devant nous, secrétaire général de la préfecture d....., le sieur N..... (*nom, prénoms, profession*), demeurant à....., rue....., n°...,

---

(1) « Quiconque voudra prendre un brevet d'invention, d'addition ou de perfectionnement, devra déposer, sous cachet, au secrétariat de la préfecture dans le département où il est domicilié, ou dans tout autre département en y élisant domicile, 1° sa demande au ministre de l'agriculture et du commerce; 2° une description de la découverte, invention ou application faisant l'objet du brevet demandé; 3° les dessins ou échantillons qui seraient nécessaires pour l'intelligence de la description; et 4° un bordereau des pièces déposées. » (*Loi du 5 juillet 1844, art. 5 et 16.*) « Aucun dépôt ne sera reçu que sur la production d'un récépissé constatant le versement d'une somme de cent francs à valoir sur le montant de la taxe du brevet. Un procès-verbal, dressé sans frais par le secrétaire général de la préfecture, sur un registre à ce destiné, et signé par le demandeur, constatera chaque dépôt, en énonçant le jour et l'heure de la remise des pièces. Une expédition dudit procès-verbal sera remise au déposant, moyennant le remboursement des frais de timbre. » (*Id., art. 7.*) « La durée du brevet courra du jour du dépôt prescrit par l'article 5. » (*Id., art. 8.*)

(2) La durée des brevets sera de cinq, dix ou quinze années.

Chaque brevet donnera lieu au payement d'une taxe, qui est fixée ainsi qu'il suit, savoir :

Cinq cents francs pour un brevet de cinq ans;
Mille francs pour un brevet de dix ans;
Quinze cents francs pour un brevet de quinze ans.

Cette taxe sera payée par annuités de cent francs, sous peine de déchéance, si le breveté laisse écouler un terme sans l'acquitter.

Agissant au nom et comme mandataire du sieur L....., demeurant à..... rue......, n°..... aux termes du pouvoir qu'il lui a donné le......, dûment légalisé et certifié véritable par ledit mandataire;

Lequel, après nous avoir produit un récépissé constatant le versement d'une somme de vingt francs (1) a déclaré vouloir prendre un certificat d'addition au brevet de..... ans délivré à son mandant, le....., pour....., laquelle addition consiste en..... et a déposé à cet effet entre nos mains..... (*La suite comme à la formule précédente.*)

N° 252.

BREVETS *d'invention. — Procès-verbal de dépôt de pièces relatives à une demande de brevet pour perfectionnement à une invention déjà brevetée.*

Aujourd'hui..... mil huit cent....., à..... heures.... minutes du....., ont comparu devant nous, secrétaire général de la préfecture du département d....., les sieurs Louis N...... (*profession*), demeurant à....., et Nicolas N...... (*profession*), demeurant à.....

Faisant élection de domicile chez le sieur Pierre N....., rue....., n°....., à.....

Lesquels, après nous avoir produit un récépissé constatant le versement d'une somme de cent francs, nous ont déclaré vouloir prendre un brevet d'invention de..... ans, pour un perfectionnement à l'invention, objet du brevet délivré au profit du sieur Antoine N....., le..... dernier, pour....., ledit perfectionnement consistant en....., et ont déposé à cet effet..... (*La suite comme au n°* 250.)

N° 253.

BREVETS *d'invention. — Procès-verbal de dépôt de pièces relatives à une demande de brevet pour une invention brevetée en pays étranger* (2).

Aujourd'hui .... mil huit cent....., à..... heures..... minutes, a comparu devant nous, secrétaire général de la préfecture du département d....., le sieur *John N.*.... (*profession*), demeurant à *Londres*,

Faisant élection de domicile chez le sieur N....., demeurant à....., rue....., n°.... ;

Lequel, après nous avoir produit un récépissé constatant le versement d'une somme de cent francs, nous a déclaré vouloir prendre un brevet d'invention de ....., pour une découverte pour laquelle il a obtenu en *Angleterre*, le....., une patente ayant encore..... années de durée, laquelle invention consiste en ....., et a déposé à cet effet entre nos mains..... (*La suite comme au n°* 250.)

N° 254.

BROCANTEURS (*Arrêté de police concernant les*) (3)

Le maire de la ville *ou* commune de....

Vu les lois des 14-22 décembre 1789, article 50; 16-24 août 1790, titre XI,

---

(1) « Chaque demande de certificat d'addition donnera lieu au payement d'une taxe de vingt francs. » (*Loi du 5 juillet 1844, art. 16.*)

(2) « Les étrangers pourront obtenir en France des brevets d'invention. » (*Loi du 5 juillet 1844, art.* 27.) — « Les formalités et conditions déterminées par la présente loi seront applicables aux brevets demandés ou délivrés en exécution de l'article précédent. » (*Id., art.* 28.) — « L'auteur d'une invention ou découverte déjà brevetée à l'étranger pourra obtenir un brevet en France; mais la durée de ce brevet ne pourra excéder celle des brevets antérieurement pris à l'étranger. » (*Id., art.* 29.)

(3) « Les brocanteurs doivent avoir un registre dûment coté et parafé sur lequel ils

article 3; 19-22 juillet 1791, titre Ier, article 46; 18 juillet 1847, article 11; les articles 471, n°s 4 et 15; 479, n°s 5 et 6; 480, n°s 2 et 3; 481, n° 1, du Code pénal;

Vu la déclaration du roi, du 29 mars 1778, portant règlement pour les brocanteurs, et l'ordonnance du 8 novembre 1780;

Considérant qu'il est du devoir de l'autorité municipale de veiller sur toutes les professions qui s'exercent sur la voie publique, qu'il importe notamment d'empêcher que les filous et les voleurs ne trouvent auprès des brocanteurs la facilité de se défaire des objets volés,

Arrête :

Art. 1er. Nul ne pourra faire l'état de brocanteur sans une permission spéciale du maire.

2. Tout brocanteur est tenu d'avoir une plaque de cuivre sur laquelle sera gravé le mot *brocanteur*, avec le numéro de la permission.

3. Il portera la plaque sur son habit d'une manière apparente.

4. Il est défendu aux brocanteurs de céder, vendre ou prêter leurs plaques et permissions, sous les peines portées par les règlements de police.

5. Il est enjoint aux brocanteurs de représenter leurs permissions toutes les fois qu'ils en seront requis par les commissaires de police et autres préposés à la police de la ville.

6. Tout brocanteur devra avoir un registre coté et parafé par le maire ou le commissaire de police, sur lequel il inscrira exactement, jour par jour, sans aucun blanc ni rature, les objets qu'il aura achetés et vendus.

7. Il est défendu aux brocanteurs d'acheter des hardes, meubles, linges, livres, bijoux et autres objets, des enfants et des domestiques, à moins d'un consentement par écrit de leurs pères, mères, tuteurs ou des personnes qu'ils servent.

8. Il est également défendu aux brocanteurs d'acheter des effets quelconques des personnes dont les noms et domiciles ne seraient pas parfaitement connus.

9. Le tout à peine d'amende, et de répondre, en leur propre et privé nom, des effets volés.

10. Les brocanteurs ne pourront acheter ni vendre des marchandises neuves, des matières d'or et d'argent, à l'exception toutefois des vieux galons ou vieilles hardes brodées ou tissus d'or et d'argent.

11. L'adjoint au maire, les commissaires de police, les agents de police, veilleront à l'exécution du présent arrêté et dresseront des procès-verbaux contre les contrevenants.

Fait en l'hôtel de ville de....., le..... mil huit cent.....

Le maire. *(Signature.)*

N° 255.

Brocanteurs. — ***Procès-verbal contre un brocanteur sans permission.***

Aujourd'hui....., mil huit cent....., nous, maire, adjoint *ou* commissaire de police de la commune de....., passant dans la rue....., avons rencontré un individu portant des habits et autres objets de hasard, et s'annonçant publiquement, sous la dénomination ordinaire de marchand de vieux habits. Ledit individu ne portant pas ostensiblement la plaque de cuivre affectée aux brocanteurs ambulants, nous l'avons interpellé de nous présenter sa plaque et sa permission; il nous a répondu n'en point avoir; pour quoi nous l'avons fait conduire à la maison commune, où étant, et sur nos interpellations, il nous a dit se nommer (*nom, prénoms, âge, lieu de naissance, profession et domicile*).

---

sont tenus d'écrire exactement, jour par jour, sans aucun blanc, surcharge, rature ni interligne, les hardes, linges et autres objets qu'ils achètent, ainsi que les noms et demeures des vendeurs. » (*Loi du 8 novembre 1780.*)

D'autres mesures de police peuvent être prises par les maires à l'égard des brocanteurs; nous les avons réunies dans le présent modèle de règlement. Voy. aussi *Dictionnaire municipal* (BROCANTEUR).

Vu l'article..... du règlement municipal du....., qui veut que tout brocanteur ait une permission, à peine de confiscation des marchandises et de dix francs d'amende; vu l'article..... dudit règlement, qui veut que lesdits brocanteurs portent visiblement sur leur habit une plaque de cuivre portant le mot *brocanteur,* et le numéro de leur permission, nous avons provisoirement saisi les marchandises dont ledit sieur..... était porteur, et qui se sont trouvées être (*désignation de chaque objet*), et nous avons fait un paquet auquel nous avons attaché une étiquette indicative, signée de nous..... pour le tout être transmis à qui de droit.

Avons contre ledit sieur....., rédigé le présent procès-verbal, pour y être donné telles suites qu'il conviendra.

Fait à....., le..... 18...

L'officier public.

No 256.

Bruits ***et tapages injurieux ou nocturnes (Règlement de police concernant les).***

Le maire de la commune de.....,

Vu les lois des 14-22 décembre 1789, article 50; 16-24 août 1790, titre XI, article 3, nos 2 et 3; 19-22 juillet 1791, titre Ier, articles 19 et 46; 18 juillet 1837, articles 10 et 11; et les articles 471, nos 11 et 15; 479, no 8; 480, no 5, du Code pénal;

Considérant qu'il importe essentiellement au maintien du bon ordre de prévenir les atteintes à la tranquillité publique, résultant ordinairement de réunions qui ont lieu la nuit et à des heures indues;

Qu'un des moyens les plus certains de parvenir à ce but est de remettre en vigueur les dispositions de police qui ont pour but de s'opposer aux rassemblements nocturnes et d'empêcher qu'il ne soit proféré la nuit des chants et des cris de nature à troubler le repos des citoyens;

Considérant, en outre, que le bruit continu et incommode de tous les ouvriers à marteau trouble, pendant la nuit, le repos des habitants et donne lieu de leur part à des plaintes fondées;

Qu'il est certains exercices auxquels des particuliers se livrent par amusement à des heures indues, et qui troublent également le repos des citoyens;

Que l'inexécution des règlements de police relatifs à la fermeture des lieux publics contribue singulièrement à fournir aux perturbateurs les moyens de se livrer au trouble et au désordre;

Arrête:

Art. 1er. Sont considérés comme bruits et tapages nocturnes les réunions ou rassemblements tumultueux, les disputes et querelles sur la voie publique, les cris, les chants, les charivaris, qui pendant la nuit troublent le repos des habitants.

2. Il est expressément défendu à tous individus de parcourir la commune, soit isolément, soit en groupes, en proférant des cris ou en chantant des chansons quelconques, après neuf heures du soir, en hiver, et après dix heures, en été.

3. Il est également défendu de tenir publiquement des propos obscènes ou déshonnêtes, de huer, outrager, invectiver, apostropher ou inquiéter qui que ce soit par paroles ou par gestes, comme aussi de chanter aucune chanson provocatrice au désordre, indécente ou scandaleuse.

4. Les bruits et tapages appelés charivaris étant essentiellement un trouble à la tranquillité publique, défenses sont faites de former aucun rassemblement sur la voie publique, soit de jour, soit de nuit, dans le but de faire ou donner un charivari, en quelque temps et sous quelque prétexte que ce soit, et ce, sous les peines de simple police, et, selon le cas, sous celles de police correctionnelle.

Les personnes étrangères au rassemblement sont invitées à ne pas stationner sur la partie de la voie publique où le charivari aurait lieu, sous peine d'être considérées et traitées comme ayant fait partie de l'attroupement.

5. Pour mieux assurer l'exécution des dispositions ci-dessus, il est itérativement enjoint aux cafetiers, cabaretiers et autres personnes donnant à boire et à manger, de fermer leurs établissements aux heures prescrites par les règlements.

6 Il est défendu à tous serruriers, forgerons, taillandiers, charrons, ferblantiers, chaudronniers, maréchaux ferrants et généralement à tous individus exerçant des professions qui peuvent troubler le repos des habitants, de commencer leurs travaux avant cinq heures du matin et de les continuer après dix heures du soir.

7. Il est défendu aux garçons boulangers de pousser des cris ou de faire entendre des chants bruyants en pétrissant le pain la nuit.

8. Il est défendu à toutes personnes jouant de la trompe (cor de chasse), de la trompette, du clairon, du trombone, ou de tout autre instrument éclatant, bruyant ou incommode, de s'exercer sur lesdits instruments avant..... heures du matin et après..... heures du soir.

9. Les contraventions au présent règlement seront constatées par des procès-verbaux, et les contrevenants poursuivis, selon le cas, par-devant le tribunal de simple police ou le tribunal correctionnel.

Fait à....., le..... 18... *Le maire.*

N° 257.

Bruits *et tapages nocturnes. — Procès-verbal constatant un bruit nocturne de nature à troubler le repos des habitants* (1).

Aujourd'hui....., mil huit cent....., à..... heures du....., nous, soussigné....., commissaire de police de la ville de....., passant rue....., avons entendu que d'une chambre, sise au deuxième étage de la maison n°....., et donnant sur la rue....., partaient les sons d'un cor de chasse qui, par leurs éclats, troublaient le repos des voisins. Nous étant fait ouvrir la porte de cette maison, et le portier nous ayant dit que c'était le sieur....., qui se permettait de donner du cor, nous l'avons fait mander, et l'avons sommé de cesser le tapage nocturne qu'il faisait avec son instrument, et, en même temps, l'avons prévenu que, le trouvant en contravention à l'article 479, n° 8, du Code pénal et à l'article..... du règlement de police du....., nous rédigerions contre lui le présent procès-verbal, qui sera remis à M. le maire pour être appelé au tribunal de simple police et recevoir telles suites qu'il appartiendra.

Fait et clos à....., les jour, mois et an que dessus.

(*Signature.*)

N° 258.

Bruits *et tapages nocturnes. — Procès-verbal pour constater un tapage nocturne fait avec intention de troubler le repos des habitants.*

L'an mil huit cent....., le.... , à onze heures du soir, nous, commissaire de police de la commune de....., nous trouvant dans la rue de....., avons rencontré les nommés R. ...., P..... et S....., tous les trois domiciliés en la commune, qui, par manière de récréation, frappaient aux portes, tiraient les sonnettes et chantaient de manière à troubler le repos des habitants. Les ayant abordés et reconnus, nous les avons sommés, au nom de la loi, de se retirer chacun en sa demeure, leur déclarant, en outre, que nous dresserions contre eux procès-verbal de la contravention qu'ils venaient de commettre au paragraphe 8 de l'article 479 du Code pénal (2).

De ce que dessus, nous avons dressé le présent acte, qui sera remis par nous

(1) « Seront punis d'une amende de 11 à 15 francs inclusivement, les auteurs ou complices de bruits ou tapages injurieux ou nocturnes troublant la tranquillité des habitants. » (*Code pénal, art.* 479, *n°* 8.)

(2) « Pourra, selon les circonstances, être prononcée la peine d'emprisonnement pendant cinq jours au plus, contre les auteurs ou complices de bruit ou tapages injurieux ou nocturnes. » (*Id., art.* 480, *n°* 5.)

à M. le maire, pour recevoir, par voie de simple police, telles suites qu'il appartiendra.

Fait à....., les jour, mois et an que dessus.

(Signature.)

N° 259.

BRUITS *et tapages nocturnes. — Procès-verbal pour bruit à heure indue fait par un artisan à marteau* (1).

Aujourd'hui....., mil huit cent....., le....., à..... heure d....., par-devant nous, maire de la commune de....., s'est présenté le sieur S..... (*nom, prénoms, profession et demeure*), lequel nous a porté plainte contre le sieur K....., alléguant que ce dernier le gène dans son sommeil, ainsi que plusieurs habitants du voisinage, par le bruit qu'il fait dans son atelier à une heure indue. Nous nous sommes à l'instant transporté au domicile du sieur K....., accompagné dudit sieur S....., plaignant. Arrivé chez le sieur K..... (*nom, prénoms, profession et demeure*), nous lui avons intimé l'ordre de ne commencer ses travaux qu'à cinq heures du matin, et de les finir à dix heures du soir, conformément au reglement du.....

Et par ledit sieur K..... nous a été dit.....;

Contre laquelle réponse nous avons fait toutes réserves et protestations de droit, déclarant au contrevenant que nous allions dresser contre lui le présent procès-verbal pour y être donné telles suites qu'il appartiendra.

Fait à....., les jour, mois et an que dessus.

L'officier public.

N° 260.

BUDGET *communal. — Cahier d'observations du maire, relatif au budget à former* (2).

DÉTAIL DES RECETTES ET DÉPENSES

proposées par le maire de la commune d....., pour la formation du budget de l'exercice 18... et motifs de ses propositions.

Nos des articles.	DÉSIGNATION des RECETTES ET DÉPENSES.	MONTANT proposé de chaque article de recette ou de dépense.	MOTIFS des propositions DU MAIRE.	OBSERVATIONS du CONSEIL MUNICIPAL.
	TITRE Ier.—RECETTES. CHAPITRE 1er. *Recettes ordinaires.*			

Le présent cahier d'observations, dressé par nous, soussigné, maire de la com-

(1) Le bruit que font nécessairement les travaux de certaines professions, ne saurait être considéré comme bruits et tapages nocturnes, troublant la tranquillité des habitants. Tel serait, par exemple, le bruit que font les menuisiers, serruriers, cloutiers et autres ouvriers à marteau. Mais l'autorité municipale peut déterminer, par un règlement de police, l'heure à laquelle l'exercice des professions bruyantes sera interdit. Ceux qui travaillent avant ou après l'heure indiquée, sont passibles des peines, pour la violation des règlements de police, portées par l'article 471, n° 5, du Code pénal. (*Cass. des* 16 *avril* 1825 *et* 12 *septembre* 1822.)

(2) « Le maire, chargé de préparer la rédaction du budget, doit le soumettre à la

mune d....., sera présenté au conseil municipal dans sa session ordinaire du mois de mai prochain.

Fait à....., le..... 18..

Le maire.

N° 261.

Budget *communal. — Délibération sommaire du budget.*

L'an mil huit cent....., le....., le conseil municipal de la commune d....., réuni en session ordinaire, sous la présidence de M. le maire :

Etaient présents, MM....., formant la majorité des membres en exercice;
Absents, MM.....

M. le maire a soumis à l'examen du conseil le projet du budget de 18.., dressé par lui et contenant, sur chaque article de recette et de dépense, les motifs de ses propositions et les détails nécessaires pour en faire apprécier exactement la nature et l'importance. Ce projet, présenté sous forme de cahier d'observations, et appuyé de tous les documents propres à en justifier les propositions, ayant été discuté article par article, le conseil y a apporté les modifications suivantes, savoir :

Art..... de la recette. — .....
Art..... de la dépense. — .....

Le conseil, après avoir réuni ses votes, et en avoir consigné le résultat au tableau du budget à soumettre à l'approbation de M. le préfet, a arrêté pour l'exercice 18.. :

Les recettes, tant ordinaires qu'extraordinaires, à la somme de..... (*en toutes lettres*), ci.. » fr. » c.
Les dépenses, tant ordinaires qu'extraordinaires, à la somme de..ci. » »

Et l'excédant de recettes (*ou* dépenses), à la somme de..ci. » fr. » c.

Fait et délibéré à....., les jour, mois et an que dessus.

(*Signatures.*)

---

discussion du conseil, avec tous les éléments justificatifs de ses propositions. » (*Instr. du 14 avril* 1812 *et de septembre* 1824.)

« On ne doit rien écrire dans la colonne d'observations ni à la fin du budget. » (*Id.*)

Les motifs des propositions du maire, et les observations du conseil municipal, doivent être consignées dans un cahier spécial dont nous donnons ici le modèle.

Les observations du conseil municipal sont, en outre, portées dans sa délibération, dont une copie authentique doit toujours être jointe au budget.

« Toute différence dans les propositions, avec les énonciations de même nature de l'année précédente, doit être expliquée par le maire et motivée dans ses observations. Il faut que toute dépense extraordinaire soit non-seulement spécifiée avec clarté, mais appuyée des pièces justificatives qu'exige l'objet. » (*Id.*)

N° 262.

DÉPARTEMENT d.....

ARRONDISSEMENT d.....

PERCEPTION D.....

BUDGET *communal.*

BUDGET DE LA COMMUNE D.....

pour l'exercice 18 .

POPULATION : habitants.

PRINCIPAL *des contrib. directes*

Contrib. foncière.
Id. pers. et mob.
Id. des patentes..
Id. des port. et fen.

TOTAL....

TITRE Ier. — RECETTES.

Nos D'ORDRE.	NATURE DES RECETTES.	RECETTES constatées au dernier compte.	RECETTES PROPOSÉES par le maire.	par le conseil municipal.	par le sous-préfet.	RECETTES admises par le préfet	OBSERVATIONS.
	CHAPITRE Ier. RECETTES ORDINAIRES.						
	5 centimes additionnels ordinaires..........						
	Attributions sur les patentes de l'ann. précéd.						
	Attributions sur amendes..................						
	Droits d'octroi (produit brut).............						
	Droits de location des places aux halles, foires, marchés ou abattoirs						
	Droits de pesage, mesurage, jaugeage, etc...						
	Maisons et usines communales (prix de ferme).						
	Biens ruraux communaux (prix de ferme)....						
	Coupes ordinaires de bois................						
	Taxes affouagères et de pâturages.........						
	Rentes sur l'État........................						
	Rentes sur particuliers et intérêts de capitaux placés..............................						
	Produit des concessions de terrains dans les cimetières.............................						
	Produit des expéditions des actes de l'état civil et des actes administratifs..........						
	Intérêts de fonds placés au trésor public.....						
	Impositions — 1° Pour salaire des gardes champêtres..						
	Impositions — 2° Pour l'instruction primaire.........						
	Impositions — 3° Pour les chemins vicinaux.... ...						
	Impositions — 3° Évaluation en argent des prestations en nature..................						
	Impositions — 4° Pour insuffisance des revenus ordinaires, savoir ;						
	Impositions — 4° Portion afférente aux dépenses oblig.						
	Impositions — 4° Portion affér. aux dépenses facultat.						
	TOTAL des recettes ordinaires..						
	CHAPITRE II. RECETTES EXTRAORDINAIRES.						
	Aliénations d'immeubles..................						
	Aliénations de rentes ou capitaux..........						
	Coupes extraordinaires de bois............						
	Impositions extraordinaires pour..........						
	Emprunts						
	TOTAL des recettes extraordinaires..						
	RÉCAPITULATION.						
	Recettes ordinaires......................						
	Recettes extraordinaires..................						
	TOTAL général des recettes......						

TITRE II. — DÉPENSES.

Nos D'ORDRE.	NATURE DES DÉPENSES.	DÉPENSES constatées au dernier compte.	CRÉDITS PROPOSÉS par le maire.	par le conseil municipal.	par le sous-préfet.	CRÉDITS alloués par le préfet.	OBSERVATIONS.
	CHAPITRE Ier. DÉPENSES ORDINAIRES.						
	Traitement du secrétaire de la mairie.......						
	Frais de bureau de la mairie...............						
	Abonnement au Bulletin des lois...........						
	Abonnement au Moniteur des communes.....						
	Abonnement au Bulletin officiel du ministère de l'intérieur..........................						
	Frais de registres de l'état civil............						
	Impressions à la charge des communes......						
	Confection et renouvellement des matrices générales..............................						
	Timbre des comptes et registres de la comptabilité communale.......................						
	Timbre des mandats de payement délivrés par le maire..............................						
	Remises du receveur municipal.............						
	Traitement et frais de bureau du commissaire de police..............................						
	Traitement et frais de bureau des appariteurs ou agents de police, et du tambour afficheur..						
	Salaire des gardes champêtres..............						
	Salaire des gardes forestiers...............						
	Frais de perception de l'octroi.............						
	Contributions des biens communaux.........						
	Loyer et entretien de la maison commune...						
	Entretien de l'horloge.....................						
	Entretien des halles et marchés............						
	Entretien des aqueducs, fontaines, puits, mares et pavés..............................						
	Entretien des promenades publiques........						
	Entret. des pompes à incendie et accessoires.						
	Dépense de l'éclairage.....................						
	Enlèvement des boues.....................						
	Entretien des chemins vicinaux ordinaires...						
	Entretien des chemins vicinaux de grande communication............................						
	Loyer et entretien des corps de garde......						
	Chauffage et éclairage des corps de garde...						
	Entretien des caisses et des armes...........						
	Frais de registres, papiers, contrôle, billets de garde, etc.............................						
	Contingent de la commune dans la dépense du jury de révision........................						
	Solde des tambours de la garde nationale....						
	A reporter........						

Nos D'ORDRE.	NATURE DES DÉPENSES.	DÉPENSES constatées au dernier compte.	CRÉDITS PROPOSÉS par le maire.	par le conseil municipal.	par le sous-préfet.	CRÉDITS alloués par le préfet.	OBSERVATIONS.
	CHAPITRE Ier (SUITE).						
	Report...........						
	Fonds accordés aux hospices..............						
	Fonds accordés aux bureaux de bienfaisance.						
	Fonds pour ateliers de charité.............						
	Pensions de retraite......................						
	Traitement et logement des instituteurs.....						
	Traitement et logement des institutrices......						
	Location et entretien des maisons d'école....						
	Supplément de traitement de l'instituteur. ...						
	Prix, achat de livres, etc.						
	Logement des ministres du culte...........						
	Traitement des vicaires....................						
	Supplément de traitement aux curés et desservants.............................						
	Loyer des églises et presbytères...........						
	Achat et entretien d'objets relatifs au culte..						
	Fêtes publiques...........................						
	Dépenses imprévues.......................						
	TOTAL des dépenses ordinaires.....						
	CHAPITRE II.						
	DÉPENSES EXTRAORDINAIRES.						
	Intérêts d'emprunts.......................						
	Constructions et travaux neufs.............						
	Acquisition d'immeubles...................						
	Acquisition de rentes et emploi de capitaux..						
	TOTAL des dépenses extraordinaires..						
	RÉCAPITULATION.						
	Dépenses ordinaires.......................						
	Dépenses extraordinaires..................						
	TOTAL général des dépenses.......						

RÉCAPITULATION GÉNÉRALE.

	SUIVANT LES PROPOSITIONS du maire.	du conseil municipal.	du sous-préfet.	SUIVANT la décision du préfet.	OBSERVATIONS.
Recettes ordinaires et extraordinaires......					
Dépenses ordinaires et extraordinaires......					
Résultat { en excédant..................					
Résultat { en déficit....................					

Le présent budget présenté par nous, maire et membres du conseil municipal de la commune d....., réunis en session ordinaire, conformément à la loi.

A....., le..... 18...

Vu par le sous-préfet de l'arrondissement d......, qui propose de fixer les recettes et les dépenses de la commune d........., pour l'exercice 18.., aux sommes portées dans la 3e colonne de chacun des états ci-dessus.

Fait à....., le..... 18...

Le préfet du département d...... arrête le budget ci-dessus de la commune d...... pour l'exercice 18.., savoir :

En recette, à la somme de.....,

En dépense, à celle de....., et autorise le maire de cette commune à délivrer des mandats sur le percepteur-receveur municipal jusqu'à concurrence des allocations portées dans la 4e colonne de l'état des dépenses, sans pouvoir excéder ces allocations, ni disposer de la somme restant libre, qu'après en avoir obtenu l'autorisation sur une demande délibérée en conseil municipal.

A....., le..... 18...

DÉPARTEMENT
d.....

ARRONDISSEMENT
d.....

COMMUNE
d.....

N° 263.

BUDGET *communal. — Chapitres additionnels au budget de 18.., formés en exécution de l'instruction du 10 avril 1835.*

TITRE Ier. — RECETTES.

Nos D'ORDRE.	NATURE DES RECETTES.	RECETTES PROPOSÉES par le maire.	par le conseil municipal.	par le sous-préfet.	RECETTES admises par le préfet.	OBSERVAT.
	CHAPITRE III. RECETTES SUPPLÉMENTAIRES					
	SECTION Ire.					
	Reports.					
1	Excédant de l'exercice précédent..					
	Restes à recouvrer du même exercice.					
2	Amendes de police............					
3	Droit de location de places aux foires et marchés............					
4	Vente d'un terrain communal.....					
5	Secours pour la construction d'une maison d'école........... ...					
	SECTION II.					
6	Vente de vieux matériaux........					
	TOTAL des recettes supplémentaires............					

TITRE II. — DÉPENSES.

Nos D'ORDRE.	NATURE DES DÉPENSES.	CRÉDITS PROPOSÉS par le maire.	par le conseil municipal.	par le sous-préfet.	CRÉDITS alloués par le préfet.	OBSERVAT.
	CHAPITRE III.					
	DÉPENSES SUPPLÉMENTAIRES.					
	SECTION Ire.					
	Reports.					
	Crédits annulés. — Dépenses restant à payer à la clôture de l'exerc. 18 , savoir :					
1	Frais de bureau................					
2	Achat d'un drapeau............					
3	Réparations du presbytère.......					
	SECTION II.					
4	Bancs pour l'école (crédit annulé au budget précédent)..........					
5	Continuation des travaux à la maison d'école (portion du crédit annulée au budget précédent et reprise au budget de 18.., par autorisation du .....)..					
6	Achat de terrains pour chemins...					
7	Supplément de traitement à l'instituteur pour 18..					
	TOTAL des dépenses supplémentaires...............					

RÉCAPITULATION.

Recettes supplémentaires........					
Dépenses supplémentaires........					
Excédent.. de recettes.........					
Excédent.. de dépenses........					
Imputable sur l'excédant du budget primitif de 18.., lequel s'élève à la somme de ..					

Le présent budget supplémentaire dressé par nous, maire et membres du conseil municipal de la commune d....., réunis en session ordinaire, conformément à la loi.

A....., le..... 18.. *(Signatures.)*

N° 264.

Bureau *de bienfaisance* (1) (*Projet de règlement pour un*) (2).

DE L'ADMINISTRATION.

Art. 1er. Le bureau s'assemble tous les..... de chaque mois, à..... heure du..... Il peut être convoqué extraordinairement par son président-né ou par son vice-président.

2. Le bureau choisit dans son sein un vice-président, qui supplée, en cas d'absence, le maire, président-né, et un ordonnateur chargé de la signature de tous les mandats à délivrer pour l'acquittement des dépenses. Les fonctions de vice-président et d'ordonnateur peuvent être exercées indéfiniment par le même membre du bureau.

3. Chaque membre du bureau exerce, à tour de rôle, pendant....., une surveillance journalière sur les différents établissements de secours à domicile et sur tout ce qui concerne leur distribution dans l'arrondissement, sans que cette disposition particulière nuise au droit et au devoir d'inspection et de surveillance qui appartient à chacun des membres.

4. Le bureau nommera, pour le seconder dans la répartition des secours, des dames de charité, dont le nombre n'est point limité, qui n'assistent aux séances qu'autant qu'elles y sont invitées, et n'ont alors que voix consultative. Ces dames pourront se réunir sous la présidence de l'une d'entre elles, pour conférer sur la situation des pauvres qu'elles ont visités, et dresser le rapport à faire au bureau de bienfaisance.

5. Les fonctions des dames de charité consistent à recevoir et à faire parvenir au bureau de bienfaisance les demandes des pauvres; à prendre et donner des renseignements sur ceux qui demandent des secours; à visiter au moins tous les trois mois les pauvres qui sont assistés, afin de connaître les changements de domicile, et plus souvent, s'il est possible, pour connaître leur conduite, l'usage qu'ils font des secours et l'état de leur famille.

6. Chaque année, au mois d'avril, le bureau tiendra une assemblée générale à laquelle seront invités le receveur et les dames de charité, et où l'on rendra compte de tous les travaux de l'année, de la recette et de la dépense, et de la situation des différents établissements de secours du bureau.

7. La maison d..... (*la désigner*), qui fait partie de la dotation de l'établissement, sera affectée spécialement aux séances du bureau, aux consultations gratuites, au dépôt général des médicaments, linges, habillements, et à la distribution des secours.

8. Il y aura près du bureau un médecin et un chirurgien, une sage-femme, des sœurs de charité, un maître et une maîtresse d'école. Le traitement de ces personnes sera déterminé, pour chaque année, dans la séance où l'on délibérera sur le budget de l'établissement.

9. Les sœurs de charité seront chargées de la garde des magasins et du soin des distributions, sous la surveillance du bureau.

MODE D'ADMISSION AUX SECOURS.

10. Le bureau aura un livre des pauvres où l'on inscrira tous les indigents qui seront assistés. Il sera divisé en deux parties : la première pour les indi-

(1) Les préfets sont autorisés à prescrire la rédaction de règlements pour les bureaux de bienfaisance.

Ces règlements doivent principalement déterminer :

1° Le nombre et l'ordre des séances du bureau;

2° Le nombre et les attributions des agents et employés;

3° Le mode d'admission au service;

4° Les règles à suivre pour la répartition des secours.

Un décret du 17 juin 1852 a rendu applicables aux commissions administratives des bureaux de bienfaisance les dispositions du décret du 23 mars de la même année, relatif à la composition des commissions administratives des hospices et hôpitaux. (Voy. Hospices.)

(2) Ce règlement est soumis à l'approbation de l'autorité qui règle le budget de l'établissement.

gents secourus temporairement, la seconde pour les indigents secourus annuellement.

11. Parmi les indigents secourus temporairement, on comprendra les malades, les blessés, les femmes en couches ou nourrices, les enfants abandonnés, les orphelins, ceux qui se trouvent dans des cas extraordinaires ou imprévus.

12. Parmi les indigents secourus annuellement, on comprendra les aveugles, les paralytiques, les cancérés, les infirmes, les vieillards de quatre-vingts ans, les vieillards de soixante-cinq à quatre-vingts ans, les chefs de famille surchargés d'enfants en bas âge. Les infirmités qui donnent droit aux secours annuels doivent être constatées par les médecins attachés au bureau.

13. Les individus secourus annuellement seront divisés en quatre classes : la première comprendra principalement les aveugles et les octogénaires; la deuxième, les vieillards de soixante-quinze à quatre-vingts ans et les indigents les plus infirmes; la troisième, les vieillards et les infirmes au dessous de soixante-quinze ans ; la quatrième, les familles surchargées d'enfants en bas âge.

14. Le nombre des individus qui seront admis dans chacune de ces classes sera fixé, chaque année, dans l'assemblée générale. Le bureau ne pourra pas admettre sur la liste des pauvres à secourir annuellement un plus grand nombre d'indigents que celui qui sera fixé pour chaque classe; on fera en sorte, au contraire, de réserver quelques places vacantes pour d'autres indigents que l'on jugerait, après la première fixation, devoir jouir des secours annuels.

DISTRIBUTION DES SECOURS.

15. Les secours seront, le plus possible, distribués en nature; on s'appliquera surtout à donner du travail aux indigents valides. Le bureau cherchera à multiplier les secours en travail, soit en se mettant en relations avec des manufacturiers ou maîtres artisans, auxquels il pourrait adresser les indigents sans ouvrage, soit en établissant des ateliers de charité.

16. La quotité et la durée des secours temporaires seront déterminées chaque mois par le bureau dans ses séances ordinaires.

17. Les indigents secourus annuellement recevront en pain, soupe, viande, combustibles, etc., un secours annuel dont la valeur ne pourra excéder le maximum fixé ci-après pour chaque classe :

Pour la première classe...............	» fr.	» c.
Pour la deuxième classe..............	»	»
Pour la troisième classe..............	»	»
Pour la quatrième classe..............	»	»

18. Le bureau ne pourra s'écarter de la division des pauvres en quatre classes, ni de la somme des secours attribués à chacun, mais il pourra composer les secours pour chaque individu de la manière qui paraîtra la plus convenable à sa position.

19. Il sera réservé annuellement une somme destinée à pourvoir aux cas extraordinaires et imprévus.

20. Nul indigent ne recevra des secours, s'il ne justifie qu'il envoie ses enfants à l'école ou s'il refuse de les faire vacciner.

COMPTABILITÉ.

21. Le bureau emploiera tous les moyens qu'il croira les plus propres à augmenter les recettes des pauvres; il pourra faire des quêtes, des collectes, des souscriptions particulières, placer des troncs, etc.

22. Le budget des recettes et dépenses sera arrêté chaque année, dans la session ordinaire du mois d'avril.

23. Dans la même session du mois d'avril, l'ordonnateur rendra son compte d'exercice, le receveur et l'économe rendront leurs comptes de gestion annuelle, conformément aux règlements et aux instructions ministérielles sur la comptabilité des communes et des établissements de bienfaisance (1).

Fait à....., le..... 18...

Les membres du bureau de bienfaisance d.....

(1) Voy. HOSPICES *et* COMPTABILITÉ COMMUNALE.

N° 263.

Bureau *de bienfaisance* (*Budget d'un*) (1).

DÉPARTEMENT
d

ARRONDISSEMENT
d

COMMUNE
d

BUDGET DES RECETTES ET DES DÉPENSES
DE L'EXERCICE 18...

POPULATION RECEVANT HABITUELLEMENT DES SECOURS DU BUREAU, ET CELLE DES PRÉPOSÉS AU SERVICE.

				f. c.
Ire PARTIE.				
INDIGENTS TEMPORAIREMENT SECOURUS.				
Nombre de blessés........................			donnant journées, à	
Nombre de malades........................			donnant journées, à	
Nombre de femmes en couches ou nourrices.			donnant journées, à	
Nombre d'orphelins........................			donnant journées, à	
Nombre d'enfants dans des cas extraordinaires et imprévus........................			donnant journées, à	
IIe PARTIE.				
INDIGENTS ANNUELLEMENT SECOURUS.				
Nombre d'aveugles........................			donnant journées, à	
Nombre de paralytiques........................			donnant journées, à	
Nombre de cancérés........................			donnant journées, à	
Nombre d'infirmes........................			donnant journées, à	
Nombre de vieillards........................				
Nombre de chefs de famille surchargés d'enfants			donnant journées, à	
en bas âge........................			donnant journées, à	
IIIe PARTIE.				
PRÉPOSÉS AU SERVICE DU BUREAU.				
Nombre des personnes attachées au service de santé........................			donnant journées, à	
Nombre des employés à divers services (2)...			donnant journées, à	
TOTAL général.......			TOTAL	
TOTAL de la dépense générale présumée.........				

(1) Modèle annexé à la circulaire du ministre de l'intérieur du 25 septembre 1841. Les conseils municipaux sont appelés à donner leur avis sur les budgets et les comptes des hospices et bureaux de bienfaisance. Voy. Hospices.

(2) Joindre le détail de chacune de ces deux catégories.

Nos des articles.	NATURE DES RECETTES.	SOMMES portées au compte de l'exerc. clos.	SOMMES proposées par l'administration.	SOMMES proposées par le sous-préfet.	SOMMES admises par le préfet.	OBSERVATIONS.
	TITRE Ier. — RECETTES.					
	CHAPITRE Ier. — RECETTES ORDINAIRES.					
	SECTION Ire. — *Recettes en nature.*					
	Loyers des maisons et terrains........................					
	Fermage en argent des biens ruraux................					
	Coupes de bois réglées..............................					
	Rentes sur l'État......................................					
	Rentes sur particuliers..............................					
	Rentes sur communes................................					
	Intérêts des fonds placés à la caisse du Trésor.......					
	Fonds alloués sur l'octroi..........................					
	Pensions..					
	Produit des droits sur les spectacles, bals, concerts...					
	Produit du travail de l'établissement...............					
	Dons, aumônes quêtes et collectes.................					
	Amendes et confiscations..........................					
	Produit de la vente des denrées ou grains excédant les besoins de l'établissement.........................					
	SECTION II. — *Revenus en nature.*					
	Montant des rentes, fermages ou autres produits recueillis en nature, détaillés dans le cahier ci-joint, et évalués en argent suivant le prix des mercuriales, ainsi que le justifie la note du développement ci-annexée, savoir :					
	1° La partie réservée pour la consommation de l'établissement, ci..................................					
	2° La partie qui doit être vendue au dehors, ci. (pour ordre)..	»	»	»	»	
	TOTAL du chapitre Ier........					
	CHAPITRE II. — RECETTES EXTRAORDINAIRES.					
	Coupes extraordinaires de bois......................					
	Legs et donations....................................					
	Rachats de rentes....................................					
	Ventes de terrains et maisons.......................					
	Soultes d'échanges..................................					
	Remboursements de capitaux.......................					
	TOTAL du chapitre II.............					
	RÉCAPITULATION.					
	CHAP Ier. — Recettes ordinaires.....................					
	CHAP. II. — Recettes extraordinaires..............					
	TOTAL général des recettes............					

Nos des articles.	NATURE DES DÉPENSES.	SOMMES portées au compte de l'exerc. clos.	SOMMES proposées par l'administration.	SOMMES proposées par le sous-préfet.	SOMMES admises par le préfet.	OBSERVATIONS.
	TITRE II. — DÉPENSES.					
	CHAPITRE Ier. — DÉPENSES ORDINAIRES.					
	SECTION 1re. — *Dépenses en argent.*					
	Traitement des médecins et chirurgiens (joindre le détail)					
	Traitement des employés de l'administration..........					
	Gages des préposés et servants.......					
	Réparations et entretien des bâtiments.............					
	Contributions des propriétés........................					
	Entretien du mobilier et ustensiles................					
	Linge et habillement................................					
	Blé, farine, pain...................................					
	Viande..					
	Vin					
	Comestibles					
	Menus objets de consommation					
	Blanchissage..					
	Chauffage...					
	Eclairage...					
	Dépenses de pharmacie, achat de médicaments........					
	Pensions ou rentes à la charge de l'établissement....					
	Entretien et menues réparations des propriétés.......					
	Frais de bureaux....................................					
	Frais de procédure..................................					
	Dépenses imprévues..................................					
	SECTION II. — *Consommations en nature.*					
	Montant des grains, denrées et autres produits recueillis en nature, consommés pour le compte de l'établissement et évalués en argent, suivant le prix moyen des mercuriales, ainsi que le justifie la note de développement ci-annexée savoir :					
	1° La partie servant à la consommation de l'établissement, ci....................................					
	2° La partie vendue au dehors, et dont le produit figure au chapitre des recettes ordinaires du présent budget ci (pour ordre)........................	»	»	»	»	
	TOTAL du chapitre Ier.........					
	CHAPITRE II. — DÉPENSES EXTRAORDINAIRES.					
	Constructions et grosses réparations.................					
	Achats de terrains ou bâtiments					
	TOTAL du chapitre II..........					
	RÉCAPITULATION.					
	CHAP. Ier. — Dépenses ordinaires.................					
	CHAP. II. — Dépenses extraordinaires................					
	TOTAL général des dépenses..............					

RÉCAPITULATION GÉNÉRALE.

	SUIVANT les PROPOSITIONS de l'administration.	SUIVANT les PROPOSITIONS du sous-préfet.	SUIVANT LA DÉCISION du préfet.	
Recettes.				
Dépenses				
Résultat { en excédant				
Résultat { en déficit				

Présenté par nous, membres du bureau de bienfaisance d

Le 18...

Vu et présenté par nous, sous-préfet de l'arrondissement d
conformément aux sommes portées dans la deuxième colonne.

Le 18...

Vu et arrêté par nous, préfet du département d
conformément aux sommes portées dans la troisième colonne.

A *, le* 18...

N° 266.

BUREAU *de bienfaisance. — Bon de secours en nature.*

N°..... Du..... 18...

Bon pour..... kilogrammes de pain (*ou* viande, etc.), délivré au compte du bureau de bienfaisance de la ville (*ou* commune) de....., qui en acquittera le prix.

Au nom du bureau.

(Signature.)

N° 267.

BUREAU *de bienfaisance* (*Registre des pauvres assistés par le*).

N°s D'ORDRE d'inscription.	NOMS, PRÉNOMS ET PROFESSIONS	DEMEURES.	MOTIFS PRÉSUMÉS de l'indigence.	DÉSIGNATION des SECOURS ACCORDÉS par le bureau, et autres observations.
	Ire PARTIE. *Indigents secourus temporairement.*			
1	N..........................			
2	....			
	IIe PARTIE. *Indigents secourus annuellement.*			
	1re CLASSE.			
	2e CLASSE.			
	3e CLASSE.			
	4e CLASSE.			

N° 268.

BUREAUX *de bienfaisance.— Projet de traité entre les administrateurs d'un bureau de bienfaisance et une congrégation hospitalière de sœurs.*

Entre les soussignés,

Dame N....., supérieure générale de la congrégation hospitalière des sœurs de.....

Et les sieurs NN....., membres de la commission administrative du bureau de bienfaisance de....., agissant au nom de cet établissement, conformément à l'autorisation de M. le préfet, en date du.....

Il a été convenu ce qui suit :

Art. 1er. Les sœurs hospitalières de la congrégation de..... seront chargées, au nombre de....., du service du bureau de bienfaisance de.....

Celle qui sera supérieure rendra compte de l'emploi des sommes qu'elle recevra pour les besoins des pauvres; elle ne sera pas tenue à rendre compte de la somme qui lui sera payée pour son entretien et celui de ses compagnes.

2. Le nombre des sœurs ne pourra pas être augmenté sans une autorisation spéciale du ministre de l'intérieur. Toutefois, dans des cas d'urgence tels, par exemple, que celui de la maladie d'une des sœurs qui la mettrait hors d'état de continuer son service, la supérieure générale pourra, sur la demande de l'administration du bureau de bienfaisance, envoyer provisoirement une autre sœur pour la remplacer, sauf à cette administration à en informer immédiatement le préfet, qui devra en référer au ministre.

3. Les sœurs hospitalières seront placées, quant aux rapports temporels, sous l'autorité de l'administration charitable, et tenues de se conformer aux lois, décrets, ordonnances et règlements généraux qui régissent l'administration des bureaux de bienfaisance.

4. Il leur sera fourni une maison convenablement garnie de lits et de meubles, et des ustensiles nécessaires, tant pour elles que pour les besoins des pauvres. Elles seront logées, blanchies, chauffées et éclairées aux frais de l'administration, qui leur fournira aussi le gros linge, comme draps, taies d'oreiller, nappes, serviettes, essuie-mains, torchons, tabliers de travail. Elles ne payeront de contributions d'aucune espèce, et ne seront point chargées des réparations de la maison occupée par elles.

Il sera dressé, à l'entrée des sœurs, un état des lieux et un inventaire du mobilier qui leur sera fourni; et il sera procédé, chaque année, au récolement de cet état des lieux et de cet inventaire.

5. L'administration paiera une somme de..... par an, à chaque sœur, pour sa nourriture, son entretien et son vestiaire. Cette somme sera acquittée par trimestre.

6. Les hospitalières vivront seules dans leur logement et ne recevront aucune pensionnaire. On ne leur associera aucune femme ou fille externe, pour le service des pauvres. Elles pourront cependant, avec le consentement de l'administration, prendre, pour les gros ouvrages, une fille de service à leur choix, qui sera à la charge de l'administration.

7. Les sœurs ne rendront point leurs services aux personnes riches, ni aux femmes ou filles de mauvaise vie, ou qui seraient atteintes du mal qui en procède. Elles ne seront point tenues de visiter les malades, la nuit, ni de les veiller.

8. Quand les sœurs seront malades, elles seront soignées et fournies de médicaments aux dépens de l'administration; et, lorsqu'elles deviendront infirmes et hors d'état de travailler, elles continueront à être logées et soignées, pourvu qu'elles comptent au moins dix ans de service dans l'établissement ou dans d'autres établissements charitables. Pour remplacer les sœurs devenues infirmes, il en sera reçu d'autres aux mêmes conditions que les premières; mais les infirmes ne recevront point le traitement de celles qui seront en activité.

9. Celle qui sera supérieure et l'administration du bureau de bienfaisance auront respectivement la faculté de provoquer le changement des sœurs. Dans le premier cas, les frais du changement seront à la charge de la congrégation, et, dans le second, à celle de l'établissement charitable.

10. L'administration sera tenue de payer les frais du premier voyage et du port des hardes des sœurs. Il en sera de même lors du remplacement d'une sœur par décès, ou lors de l'admission autorisée de nouvelles sœurs, en sus du nombre fixé par le présent traité. Dans ce dernier cas les sœurs admises le seront aux mêmes conditions que les premières.

11. L'une des sœurs hospitalières sera spécialement chargée du soin de faire gratuitement l'école aux petites filles indigentes de....., lorsque l'obligation en sera imposée au bureau de bienfaisance par des fondations. Elle les instruira des principaux mystères de notre sainte religion, leur apprendra à lire et à écrire; mais elle ne recevra à son école aucun garçon, quel que soit son âge, et sous quelque prétexte que ce soit. Lorsqu'il arrivera quelque maladie épidémique parmi les pauvres ou les sœurs, elle suspendra son école, s'il est nécessaire, pour aider au soulagement des malades, et reprendra ses fonctions le plus tôt possible.

12. Quand une sœur décédera, elle sera enterrée aux frais de l'administration, et on fera célébrer, pour le repos de son âme, une grande messe et deux messes basses.

13. Avant le départ des sœurs hospitalières pour commencer l'établissement de....., il sera fourni à leur supérieure générale l'argent nécessaire pour l'accommodement personnel desdites sœurs, à raison de..... francs pour chacune, une fois payés, pour les habits et le linge à leur usage. Cette indemnité ne sera jamais accordée lorsqu'il s'agira du changement des sœurs.

14. Dans le cas de la retraite volontaire de la communauté, ou de son remplacement par une autre congrégation, la supérieure générale ou l'administration du bureau de bienfaisance devra prévenir l'autre partie, et s'entendre avec elle sur l'époque de la sortie des sœurs de l'établissement. Cette sortie aura lieu

quatre mois au plus après la notification faite par celle des parties qui voudra résilier le traité.

Fait à....., le....., en quintuple original : l'un, pour la supérieure générale; le second, pour la sœur qui sera supérieure du bureau de bienfaisance; le troisième, pour l'administration de cet établissement; le quatrième, pour le préfet; et le cinquième, pour le ministre de l'intérieur.

(*Signatures.*)

N° 269.

Bureau *de placement (Permission du maire pour tenir un)* (1).

Le maire de la ville *ou* commune de.....

Vu le décret du 25 mars 1852, concernant les bureaux de placement;

Vu la demande du sieur N..... tendant à obtenir la permission d'ouvrir un bureau de placement à....., rue....., n°....., pour les ouvriers..... (*dire s'il s'agit des ouvriers en général, ou seulement des ouvriers de certaines professions*);

Vu les certificats produits par le sieur N....., constatant qu'il est de bonnes vie et mœurs, et qu'il ne se trouve dans aucun des cas d'empêchement prévus par l'art. 5 du décret précité;

Arrête :

Art. 1er. Le sieur N..... est autorisé à établir rue. ..., n°....., un bureau de placement pour les ouvriers.

2. Il est défendu à toutes autres personnes de s'immiscer dans le placement des ouvriers des professions ci-dessus mentionnées.

3. Il ne sera délivré de bulletin de placement à aucun ouvrier, s'il n'est porteur du livret prescrit par la loi du 22 juin 1854.

4. La rétribution pour le placement de chaque ouvrier est fixée à.....

Fait à..... le.....18... *Le maire.*

N° 270.

Cabarets, *cafés et autres débits de boissons (Règlement concernant les).*

Le maire de la ville *ou* commune d.....

Vu les lois du 14-22 décembre 1789, art. 50; du 16-24 août 1790, titre XI, art. 3, n° IV; du 19-22 juillet 1791, titre Ier, art. 9, 11 et 46; du 1er vendémiaire an 4 (23 septembre 1795); du 28 avril 1816 (2e partie), art. 166; du 18 juillet 1837, art. 10 et 11;

Vu le décret du 29 décembre 1851 (2);

Vu le Code pénal, art. 471 (n° 15) et 475 (n° 2);

Considérant que des cabaretiers, cafetiers et autres débitants de boissons tolé-

---

(1) « A l'avenir, nul ne pourra tenir un bureau de placement, sous quelque titre et pour quelques professions, places ou emplois que ce soit, sans une permission spéciale délivrée par l'autorité municipale, et qui ne pourra être accordée qu'à des personnes d'une moralité reconnue. » (*Décret du 25 mars 1852, art. 1er.*)

« La demande à fin de permission doit contenir les conditions auxquelles le requérant se propose d'exercer son industrie. » (*Id., art. 2.*)

(2) D'après le décret du 29 décembre 1851, aucun café, cabaret ou autre débit de boissons à consommer sur place, ne peut être ouvert sans la permission préalable du préfet.

Pour obtenir l'autorisation d'avoir des établissements de cette nature, la demande doit en être faite, au préfet, sur papier timbré de 35 centimes. Cette demande est remise au maire, qui l'adresse au sous-préfet avec des renseignements précis et circonstanciés sur les antécédents et la moralité du pétitionnaire, ainsi que sur le nombre des cafés et cabarets existant dans la commune. (Voy. *Dictionnaire municipal* (Cabarets).

rent des réunions dans leurs établissements jusqu'à des heures indues, et souffrent qu'on y joue des jeux de hasard ; qu'il importe de prévenir de tels abus et les scènes de désordre qui en sont ordinairement la suite, par la stricte exécution des mesures de police auxquelles doivent être assujettis les cafetiers, cabaretiers, traiteurs et autres débitants de boissons,

Arrête :

Art. 1er. Aucun cabaret, café ou autre débit de boissons à consommer sur place, ne pourra être ouvert sans la permission préalable du préfet.

2. La fermeture de ces établissements pourra être ordonnée également par le préfet, soit après une condamnation pour contravention aux lois et règlements qui concernent ces professions, soit par mesure de sûreté publique.

3. Tout individu qui ouvrira un café, cabaret ou autre débit de boissons sans autorisation préalable, ou contrairement à un arrêté de fermeture, sera poursuivi devant les tribunaux correctionnels, et puni d'une amende de 25 à 500 fr., et d'un emprisonnement de six jours à six mois. En outre, l'établissement sera fermé immédiatement.

4. Sont considérés comme lieux publics, dans le sens indiqué par l'art. 9 du titre Ier de la loi du 19-22 juillet 1791, les cabarets, cafés, estaminets, boutiques de marchands de vin en détail, et tous autres établissements de ce genre où tout le monde est admis indistinctement. En conséquence, les officiers de police peuvent toujours entrer dans ces lieux, soit de jour, soit de nuit, soit pour prendre connaissance des désordres ou contraventions aux règlements, soit pour y remplir toutes autres fonctions de leur ministère.

5. Les établissements ci-dessus désignés ne pourront être ouverts avant le jour et devront être fermés, savoir :

Les cafés, restaurants, estaminets et billards, *du 1er avril au 30 septembre, à onze heures du soir ; et du 1er octobre au 31 mars, à dix heures du soir.*

Les restaurants, cabarets, guinguettes, débits d'eau-de-vie et autres, *du 1er avril au 30 septembre, à dix heures du soir ; et du 1er octobre au 31 mars, à neuf heures du soir* (1).

6. Sous aucun prétexte, les propriétaires de ces établissements ne pourront garder personne chez eux après l'heure indiquée ci-dessus, sans une permission spéciale du maire. — Ils ne pourront garder les militaires (sous-officiers ou soldats) après la retraite.

7. Il est défendu de tenir, dans les lieux ci-dessus désignés, aucun jeu de hasard. La récidive de cette contravention pourra donner lieu à l'établissement d'un planton, qui rendra compte au maire de ce qui se passera dans le lieu suspect.

8. Il est aussi défendu d'établir dans ces endroits des lieux dits *cabinets noirs*, d'y recevoir aucune femme prostituée, et d'y donner à boire aux gens ivres.

9. Les cafetiers, limonadiers, etc., qui permettraient que l'on se servît chez eux de cartes prohibées, quand bien même elles auraient été apportées par les joueurs, se rendraient passibles des peines portées par l'article 166 de la loi du 28 avril 1816 (1,000 à 5,000 fr. d'amende, et, en cas de récidive, 3,000 fr. au moins). En conséquence, ils seront soumis à la surveillance des agents des contributions indirectes.

10. Ils seront tenus de souffrir les visites faites par les officiers de police, soit pour la vérification des mesures, soit pour s'assurer de la salubrité des comestibles et boissons.

11. Une enseigne, ou au moins le nom du propriétaire avec l'indication des boissons qu'il débite, sera placé en vue au-dessus de la porte d'entrée du café, cabaret, billard, etc.

12. Les maîtres de ces établissements ne pourront donner à danser chez eux, sans une permission spéciale délivrée par nous ou en notre nom par le commissaire de police.

13. Si quelque rixe, tumulte ou tapage vient à s'élever chez un cabaretier, cafetier, teneur de billard ou autre débitant de boissons, il devra de suite ré-

(1) La fixation de ces heures dépend en grande partie des lieux et des circonstances, cependant nous indiquons ici l'heure de la fermeture ordinairement suivie.

quérir l'assistance de la force publique. Les auteurs du désordre seront arrêtés et rendus passibles des peines de police, ou de plus fortes peines s'il y a lieu.

14. Si quelque différend s'élève entre le débitant et les consommateurs sur le payement de l'écot, il est défendu au marchand de retenir ceux-ci, et même il doit s'abstenir de prendre quelque portion de leur habillement comme nantissement de la somme due, l'action civile lui étant seule réservée en cette circonstance.

15. Il est enjoint aux débitants de boissons de ne se servir d'autres mesures que des mesures légales et poinçonnées ; en conséquence, défense leur est faite de servir des boissons dans des bouteilles ou autres vases, si elles n'ont été préalablement mesurées, et ce sous peine d'être considérés comme ayant fait usage de mesures prohibées.

16. Il leur est défendu de se servir de mesures en plomb, en zinc ou en cuivre, ni de comptoirs recouverts de lames de plomb, à cause des dangers que présente la combinaison de ces métaux avec les boissons, quelles qu'elles soient.

17. Défense leur est faite de débiter des boissons falsifiées ou contenant des mixtions nuisibles à la santé.

18. Les cabaretiers qui font en même temps le métier de logeurs sont assimilés à ceux-ci pour les règles et formalités à remplir, tant pour la tenue du registre que pour toutes les autres obligations qui leur sont imposées par les lois.

19. Les officiers de police veilleront à l'exécution du présent règlement. Ils dresseront procès-verbal des contraventions; les contrevenants seront, selon les cas, traduits devant le tribunal de simple police ou devant le tribunal de police correctionnelle.

Fait à....., le..... 18... *Le maire.*

N° 271.

CABARETS, *cafés et autres débits de boissons. — Avis du maire concernant la demande d'ouverture d'un cabaret ou café.*

Le maire de la commune de.....

Vu la pétition présentée à M. le préfet par le sieur N..... à l'effet d'être autorisé à ouvrir un nouveau café dans la commune, rue....., n°.....

Vu les certificats et autres pièces jointes à cette pétition ;

Considérant que la population de la commune est de....., que le nombre des cafés, cabarets et autres débits de boissons y existant est de....., et qu'on peut, sans inconvénient, accorder l'autorisation demandée;

Considérant, en outre, la moralité du pétitionnaire, moralité attestée par les pièces annexées à sa demande, et qui est, d'ailleurs, notoire dans la commune, où il réside depuis plus de..... ans;

Est d'avis qu'il y a lieu d'autoriser ledit sieur N..... à ouvrir un café dans la commune, rue....., n°....., à charge par lui de se conformer aux dispositions des lois et règlements concernant ces sortes d'établissements.

Fait à......, le..... 18...

Le maire.

N° 272.

CABARETS, *cafés et autres débits de boissons (Procès-verbal pour contravention au règlement concernant les).*

L'an mil huit cent......, le....., nous, commissaire de police *ou* adjoint au maire de la commune d....., délégué par arrêté du maire, en date du....., pour veiller à la police et à l'observation des règlements concernant les cabarets, cafés, billards et autres lieux publics; sur les (*désigner l'heure en ayant soin de spécifier si l'on procède avant ou après l'heure fixée pour la fermeture des lieux publics précités*), faisant notre ronde, accompagné des gendarmes D.... et P....., à la résidence de cette commune, informé qu'il y avait du tumulte au café du sieur G....., nous sommes immédiatement transporté sur les lieux; ayant acquis la certitude du fait par le tumulte qui s'entendait au dehors, et étant entré dans ledit lieu, nous y avons trouvé plusieurs personnes étrangères à la commune, qui paraissaient y avoir été attirées par la foire qui s'était tenue dans le courant de la journée.

Ayant fait appeler le sieur G....., propriétaire du café, et lui ayant fait observer qu'il était en contravention au règlement de police, en date du....., concernant les heures de fermeture des cafés, billards et autres lieux publics;

Le sieur G..... nous a répondu..... et a signé après lecture faite.

Nous avons à l'instant invité les personnes présentes, qui étaient au nombre de....., à se retirer, attendu qu'il était heure indue.

A l'égard du particulier qui nous a déclaré se nommer (*nom, prénoms, âge, lieu de naissance, profession, demeure, l'époque de son arrivée sur les lieux, la déclaration de ses moyens d'existence, les papiers dont il est porteur, etc.*) attendu que ses papiers sont d'une date trop ancienne pour être valables, que depuis longtemps ils n'ont été soumis à aucun visa de l'autorité; qu'il déclare n'être connu et ne connaître personne sur les lieux; qu'il ne peut fournir que des renseignements vagues sur ses antécédents; et que ces considérations élèvent contre lui la prévention de vagabondage et d'homme sans aveu, délits prévus par le Code pénal, articles 269 et suivants, nous l'avons déclaré en état d'arrestation et remis entre les mains des gendarmes qui nous accompagnaient, avec un ordre signé de nous pour le conduire à la maison de dépôt, et y être retenu sous la main de la justice en état de mandat d'amener, conformément à l'article 45 du Code d'instruction criminelle, pour ensuite, sur le vu du présent procès-verbal, qui sera immédiatement transmis à M. le procureur impérial, être statué envers lui ce qu'il appartiendra.

A l'égard du sieur G...... cafetier, susmentionné, et nonobstant sa déclaration, attendu qu'il s'est placé dans le cas de contravention prévu par le règlement de police, article..... qui ordonne que les établissements du genre du sien soient fermés en été, à....., en hiver, à.....; contravention qui le rend passible des peines mentionnées au nº 5 de l'article 471 du Code pénal (1);

Disons que, conformément à l'article 138 du Code d'instruction criminelle, ledit sieur G....., cafetier, sera traduit au tribunal de police municipale pour s'y voir condamner ce qu'il appartiendra, sur les conclusions du ministère public.

Et avons signé le présent, ainsi que les sieurs D..... et P....., gendarmes, nous assistant.

Fait à....., le..... 18... (*Signatures.*)

Nº 273.

CADASTRE. — *Délibération du conseil municipal pour le numérotage des plans par lieux dits* (2).

L'an mil huit cent....., le....., le conseil municipal de la commune de.....,

---

(1) La contravention du cafetier ou de l'aubergiste qui a reçu du monde dans sa maison et donné à boire et à manger après l'heure fixée par les règlements de police, ne peut être excusée par le motif qu'il avait invité les personnes trouvées chez lui et que ces personnes n'ont rien payé. (*Arrêté de cass. des* 4 *avril,* 20 *mai* 1823 *et* 14 *février* 1840.)

Donner à boire ou à jouer dans un café après l'heure fixée par le maire ou le préfet, est une contravention qui se punit des peines portées aux articles 600 et 606 du Code du 3 brumaire an IV, et en l'article 471 du Code pénal. (*Cass. arrêt du* 29 *mars* 1821.)

(2) Les opérations du cadastre sont aujourd'hui terminées dans toutes les communes de France. Toutefois, d'après la loi du 7 août 1850, article 7, il pourra être procédé dans toute commune cadastrée depuis trente ans au moins, à la révision et au renouvellement du cadastre, sur la demande du conseil municipal de la commune et sur l'avis conforme du conseil du département, à la charge par la commune de pourvoir aux frais des nouvelles opérations. Il nous a paru dès lors nécessaire de donner ici les modèles des diverses délibérations municipales qui concernent les opérations cadastrales.

convoqué extraordinairement par M. le maire, en vertu de l'arrêté de M. le préfet, en date du....., et sur l'invitation de M....., géomètre de première classe, étant réuni au lieu ordinaire des séances, pour entendre les propositions de M. le géomètre, sur la division et le numérotage des plans par lieux dits;

Présents MM....., anciens de la commune, appelés à fournir les renseignements;

M....., géomètre, a soumis à l'assemblée le tableau comprenant l'ensemble de son travail, en donnant les raisons des divisions qu'il a adoptées.

L'assemblée municipale, après avoir entendu les explications de M. le géomètre, examiné son travail et discuté sur l'utilité, la composition, la délimitation et la désignation de chaque plan parcellaire, approuve en entier le projet de M. le géomètre, et adopte le tableau qu'il lui a présenté.

Ce procès-verbal a été transcrit sur le registre des délibérations du conseil municipal, et ont signé sur le registre et sur cette minute tous les membres composant l'assemblée (1).

Fait les jour, mois et an susdits. (*Signatures.*)

N° 274.

CADASTRE. — *Délibération du conseil municipal, contenant la nomination des commissaires classificateurs.*

L'an mil huit cent....., le...... à..... heures de....., nous, maire de la commune d....., vu l'arrêté de M. le préfet du département, en date du....., et sur l'invitation de l'inspecteur des contributions directes, avons réuni le conseil municipal, ainsi que les principaux propriétaires en nombre égal à celui des membres du conseil, à l'effet de procéder en présence et avec l'assistance de M. l'inspecteur, aux opérations prescrites par l'arrêté ci-dessus mentionné.

Se sont rendus à la réunion MM....., membres du conseil municipal, et MM....., propriétaires les plus fort imposés à la contribution foncière; immédiatement, nous avons donné lecture de l'arrêté de M. le préfet déjà mentionné, et les propriétaires dont les noms sont inscrits au tableau ci-après ont été invités à prendre part à la délibération qui va suivre :

NOMS DES PROPRIÉTAIRES LES PLUS FORT IMPOSÉS A LA CONTRIBUTION FONCIÈRE.	MONTANT DES COTES FONCIÈRES des propriétaires adjoints au conseil.

MM..... figurant au nombre des plus fort imposés à la contribution foncière, n'ayant pu assister à la réunion, ont été convoqués pour les remplacer MM....., payant, après les dix plus imposés au tableau, la plus forte cote.

L'assemblée étant en nombre suffisant pour délibérer, M. l'inspecteur a donné ses explications sur la nature des opérations à exécuter; le conseil ainsi composé a désigné pour procéder à la classification du territoire de la commune, ainsi qu'à la formation du tarif provisoire des évaluations et au classement des diverses propriétés, conformément aux instructions sur la matière, MM....., propriétaires domiciliés dans la commune, et MM..... (2), propriétaires non domiciliés dans

(1) Il doit être fait, par le géomètre rédacteur, une copie du procès verbal de la délibération du conseil municipal, certifiée par le maire et réunie aux minutes des plans. Une seconde copie de ce procès-verbal figurera en tête de l'atlas destiné à la commune.

(2) Les commissaires classificateurs doivent être au nombre de cinq, choisis

la commune qui, en vertu du paragraphe 2 de l'article 5 de l'ordonnance du 3 octobre 1821, ont été remplacés par leurs fermiers ou régisseurs; MM....., propriétaires domiciliés ont été nommés classificateurs suppléants, ainsi que MM....., propriétaires, qui, n'étant pas domiciliés dans la commune, ont été, attendu leur absence, remplacés par leurs fermiers ou régisseurs, lesquels peuvent s'adjoindre, s'ils le jugent convenable, un ou plusieurs indicateurs, suivant qu'ils le jugeront nécessaire pour la régularité de leurs opérations.

L'assemblée déclare reconnaître aux propriétaires appelés aux fonctions de classificateurs la connaissance parfaite du territoire et de la délimitation de la commune. Relativement à la nomination du sieur Louis T....., et de M. Henri T....., son fils, tous les deux désignés pour faire partie des commissaires classificateurs, le conseil demande qu'il en soit fait mention au rapport de M. l'inspecteur, afin que cette exception à la règle ordinaire puisse être autorisée par M. le préfet (1).

Demande en outre, le conseil municipal, qu'il soit nommé un expert pour aider les propriétaires classificateurs dans l'opération du classement (2).

Ce procès-verbal a été transcrit sur le registre des délibérations du conseil municipal, et ont signé sur ce registre et sur la minute tous les membres composant l'assemblée.

Fait à....., le..... 18... (*Signatures.*)

N° 275.

CADASTRE. — ***Délibération du conseil municipal pour les propositions des classificateurs.***

L'an mil huit cent....., le....., nous, membres du conseil municipal et propriétaires les plus imposés, convoqués extraordinairement par M. le maire, en date du....., et sur l'invitation de M....., contrôleur des contributions directes, étant réunis au lieu ordinaire des séances pour entendre les propositions des classificateurs (3) et du contrôleur qui ont procédé à l'expertise cadastrale de la commune;

Présents, MM.....

M....., contrôleur, a développé devant l'assemblée les moyens appliqués à la classification du territoire, à l'évaluation proportionnelle du revenu imposable des diverses natures de cultures et au classement des propriétés. Il a fait connaître que 1° MM. les classificateurs, après avoir parcouru avec lui le territoire de la

---

parmi les principaux contribuables; trois doivent être domiciliés dans la commune, et deux parmi les propriétaires non résidants (qui se trouvent naturellement remplacés en cas d'absence par leurs fermiers ou régisseurs) : la nomination des classificateurs suppléants suit la même marche.

(1) Un père et son fils, deux frères ou deux beaux-frères ne peuvent être nommés classificateurs de la même commune qu'autant qu'aucun autre propriétaire ne serait en état de remplir convenablement ces fonctions. L'exception doit être mentionnée au procès-verbal, sur le rapport de l'inspecteur, et être autorisée par le préfet.

(2) Le conseil municipal composé, comme il est dit au procès-verbal, peut proposer un expert pour aider les propriétaires classificateurs dans l'opération du classement; la nomination de cet expert est faite par le préfet qui règle le taux de son indemnité, laquelle est acquittée par la commune.

Les experts assistent aux délibérations du conseil municipal, ayant pour objet la formation du tarif des évaluations.

(3) La classification doit toujours être faite au moins par trois des classificateurs, ou à leur défaut par trois suppléants.

Les classificateurs concourent avec le contrôleur des contributions au choix d'un certain nombre de domaines affermés; ils font un relevé des parcelles dont ces domaines sont composés, afin d'asseoir le tarif provisoire, en se conformant au procédé prescrit par l'article 584 du Recueil méthodique.

Les classificateurs ne sauraient apporter une trop grande attention à leurs travaux, tous frais de vérification par experts demeurant à la charge des communes, quel que soit d'ailleurs le nombre des parcelles vérifiées, lorsque le réclamant, par suite de la contre-expertise, obtient dans son revenu cadastral une réduction quelconque.

commune, ont fixé de la manière suivante le nombre des classes dont chaque espèce de propriété leur a paru susceptible :

Pour les terres labourables................ 1re classe.
— — — 2e
— — — 3e
Pour les maisons........................

2° Que les parcelles de terre désignées au tableau (dont le relevé consigné au procès-verbal suit immédiatement) ont été choisies pour servir de type au classement des propriétés..... (1).

NATURE de CULTURES.	CLASSES.	NOMS, PRÉNOMS des propriétaires.	SECTIONS.	NUMÉROS du PLAN.	TENANTS et ABOUTISSANTS.
Terres labourabls	1re qualité... 2e qualité..	Lallemand (M.).		10	Au nord au sieur Benoist; au midi au sieur Ray, etc.
	1re qualité... 2e qualité...	Tirot (Eugène).		4	
Vignes.........	1re qualité... 2e qualité...	Lehu (Edmond).		21	
Prairies........	1re qualité... 2e qualité...	Maillé (Louis).		24	

3° Que le revenu moyen des parcelles choisies pour asseoir la base de la contribution dans chaque classe de terre, pouvait s'établir ainsi qu'il est détaillé ci-après :

CLASSE.	PRIX DE la mesure locale.	PRIX DE l'arpent métrique.	OBSERVATIONS.
	fr. c.	fr. c.	
1	520 »	700 »	
2	410 »	600 »	
3	390 »	570 »	

Le contrôleur a ensuite rendu compte à l'assemblée qu'aussitôt le classement arrêté, il avait désigné plusieurs propriétés renfermant les divers genres de cultures en usage dans la commune, dont le revenu imposable avait été préalablement indiqué par les classificateurs, sur le vu de baux authentiques ; et que, par ce moyen, l'on est parvenu à l'application du tarif provisoire, au classement des parcelles choisies pour étalons, et qui dépendent de ces mêmes propriétés. Le tableau ci-après en donne le résultat.

(1) Quelque variété que présentent les propriétés d'une même espèce, on ne peut diviser chaque nature de culture qu'en cinq classes au plus : cette limite impose souvent l'obligation de ranger en une même classe des terrains qui ont un produit inégal.

NOMS des propriétaires.	REVENU BRUT des propriétés	DÉDUCTION pour entretien, réparations, non-valeurs, etc.	REVENU NET.	REVENU CADASTRAL résultant de l'application du tarif provisoire.	OBSERVAT.

L'assemblée municipale ayant reconnu par l'examen du tableau ci-dessus que l'évaluation cadastrale des propriétés était établie sur une proportion exacte, approuve en son entier le travail des propriétaires classificateurs, et adopte en conséquence le tarif provisoire.

Le présent procès-verbal a été transcrit sur le registre des délibérations du conseil municipal, et ont signé la présente minute, tous les membres composant l'assemblée.

Fait à....., le..... 18... (*Signatures.*)

N° 276.

CADAVRE (*Procès-verbal constatant la levée d'un*) (1).

L'an mil huit cent....., le....., devant nous, maire de la commune de...., s'est présenté le nommé..... (*nom, prénoms, profession et demeure*), lequel nous a déclaré qu'un cadavre, du sexe masculin, avait été trouvé dans le bois de....., près la jonction de la route de..... à.....; que l'individu trouvé paraissait avoir succombé sous les coups d'un instrument tranchant, qu'il avait à la tête une blessure profonde et qu'il était gisant baigné dans son sang. Ledit sieur..... nous ayant attesté sa déposition sincère et véritable, a signé avec nous après lecture faite.

Nous nous sommes immédiatement transporté sur le lieu indiqué, accompagné du sieur.... sus-nommé, du sieur....., garde champêtre de la commune, et de M. B....., docteur-médecin, par nous requis, demeurant à....., chef-lieu de notre commune. Arrivé sur les lieux, nous avons trouvé en effet le corps d'un homme, renversé sur le dos et la tête baignée dans son sang, ainsi qu'il est dit à la déposition du sieur..... (*Donner le signalement, indiquer les blessures apparentes, les armes qui peuvent se trouver près de lui, enfin toutes les circonstances qui pourraient faire reconnaître si la mort est le résultat d'un suicide ou celui d'un assassinat.*) Nous l'avons immédiatement fait transporter dans la grange du nommé C....., fermier à....., dont l'habitation était peu distante, afin de procéder à l'examen du corps, hors de la présence du public; et de suite, le sieur B... ., médecin sus-nommé, après avoir prêté le serment prescrit par la loi de procéder et de nous faire son rapport en toute conscience, a procédé en notre présence à cet examen et ce avec la plus scrupuleuse attention, ne négligeant aucune partie du corps; et nous a déclaré que la mort était certaine et provenait sans nul doute de la blessure reçue à la tête, laquelle devait avoir été faite par un coup de hache; que du reste il n'a remarqué au-

(1) « Dans les villes où réside un tribunal de première instance, c'est le procureur impérial qui doit faire la visite et dresser le procès-verbal en présence de l'officier de police qui signe avec lui. » (*Code d'instruct. crim., art.* 32.)

cunes autres blessures, ce qui le porterait à croire que l'individu gisant n'a opposé aucune résistance et a dû périr sous le coup : duquel rapport le sieur B..... a affirmé la vérité.

Ne pouvant prendre à l'instant aucuns renseignements sur les auteurs de ce crime, et autant pour prévenir l'enlèvement du corps que pour lui faire rendre les honneurs de la sépulture, nous avons ordonné de le transporter immédiatement au cimetière de la commune, où il sera inhumé dans un lieu distinct et séparé, d'où il pourrait être retiré le cas échéant. Le corps a été porté suivant notre ordre par....., au cimetière, et enterré en notre présence (*en tel endroit*).

Personne de la commune ne reconnaissant le cadavre, et aucun acte de décès ne pouvant être fait, conformément aux dispositions de l'article 81 du Code Napoléon, nous nous sommes borné à rédiger le présent procès-verbal, nous réservant de dresser l'acte de décès, lorsque nous nous serons procuré les renseignements nécessaires; et ont les sieurs..... garde champêtre, et..... docteur-médecin, signé avec nous, les jour, mois et an susdits.

Le maire.

N° 277.

Cadavre. — *Procès-verbal constatant l'état d'un cadavre trouvé dans l'eau* (1).

L'an mil huit cent....., nous, maire de la commune de....., faisant fonction d'officier de police judiciaire, nous sommes transporté en la commune de....., au lieu appelé....., où nous avons aperçu dans la rivière de....., à trois ou quatre mètres environ du bord, le cadavre d'un inconnu, dont la présence avait été signalée par les sieurs..... et....., mariniers (*ou propriétaires*), demeurant à..... Examen par nous fait des lieux environnants, nous n'y avons rien remarqué qui pût indiquer qu'un crime y eût été commis. Nulle trace de sang ne s'y rencontrait; nous n'avons point reconnu que l'herbe ou la terre eût été foulée par suite d'une lutte, ou qu'un corps pesant y eût été traîné pour le conduire dans l'eau. Ce cadavre ayant été retiré de la rivière par les sieurs..... et....., que nous en avons requis, nous avons reconnu qu'un commencement de putréfaction s'y était manifesté, et n'avons remarqué aucunes lésions extérieures qui pussent nous faire présumer que la mort eût précédé l'immersion. Ce corps était recouvert des vêtements suivants...... : (*Les désigner.*)

Pour établir ultérieurement la reconnaissance, et déterminer l'identité de cet individu, nous avons recueilli son signalement ainsi qu'il suit : cheveux....., nez...., barbe et favoris...., menton...., paraissant âgé de...., bouche...... Le sieur....., docteur en médecine, demeurant à....., nous ayant accompagné, sur notre réquisition, nous avons reçu de lui, conformément à l'article 44 du Code d'instruction criminelle, le serment d'examiner le cadavre, de faire son rapport, et de donner son avis, en son honneur et conscience, sur les causes qui ont pu déterminer la mort. Après quoi, il a procédé en notre présence à l'autopsie qui, suivant ce qu'il nous a déclaré, doit faire présumer que cette mort a eu lieu par immersion et volontairement, aucunes lésions intérieures ou extérieures n'annonçant une participation étrangere.

Attendu qu'il résulte dudit rapport, que la mort de cet inconnu paraît n'être

(1) « Aucune inhumation ne peut être faite sans une autorisation, sur papier libre et sans frais, de l'officier de l'état civil, qui ne doit la délivrer qu'après s'être transporté auprès de la personne décédée, pour s'assurer du décès, et que vingt-quatre heures après le décès, hors les cas prévus par les règlements de police. » (*Code Napoléon, art.* 77.)

« Lorsqu'il y aura des signes ou indices de mort violente ou d'autres circonstances qui donneront lieu de la soupçonner, on ne pourra faire l'inhumation qu'après qu'un officier de police, assisté d'un docteur en médecine ou en chirurgie, aura dressé procès-verbal de l'état du cadavre et des circonstances y relatives, ainsi que des renseignements qu'il aura pu recueillir sur les nom, prénoms, âge, profession, lieu de naissance et domicile de la personne décédée. » (*Code Napoléon, art.* 81.)

le résultat d'aucune violence dont il ait été l'objet; que son cadavre n'a été reconnu par personne, et qu'aucuns papiers qui puissent indiquer quelle est sa famille, ni quel pays elle habite, n'ont été trouvés sur lui, nous l'avons fait inhumer au cimetière de la commune et dans une fosse particulière sur laquelle nous avons placé (*telle marque*) destinée à la faire reconnaître au besoin.

De tout ce que dessus, avons rédigé et clos le présent procès-verbal que nous avons signé avec les sieurs..... et....., et le docteur..... à..... (*le nom de la commune*), les jour, mois et an que dessus, pour être par nous transmis à M. le procureur impérial.

(*Signature.*)

N° 278.

Cadavre *ou ossements trouvés dans des fouilles* (*Procès-verbal pour débris de*).

L'an mil huit cent....., le....., nous, maire *ou* adjoint au maire de la commune de....., informé par le sieur T..... (*nom, prénoms, profession, demeure*), qu'en faisant fouiller son jardin, situé à....., commune de....., il venait d'y être trouvé à environ quatre pieds de profondeur, un squelette encore assez intact, nous avons immédiatement requis le sieur B....., docteur-médecin, demeurant à....., rue d....., n°....., de nous accompagner chez le déclarant susnommé, afin de constater d'une manière exacte le fait et l'époque de l'inhumation.

Nous nous sommes immédiatement transporté sur le lieu indiqué, accompagné du sieur T..... susnommé, du sieur....., secrétaire de la mairie, et de M. B....., docteur requis par nous : arrivé sur les lieux ledit sieur B....., docteur médecin, après avoir prêté entre nos mains le serment prescrit par la loi, de procéder et nous faire son rapport en son honneur et conscience, nous a déclaré, après examen, que le squelette trouvé était celui d'une femme, enterrée depuis près de huit à neuf années; qu'il lui était impossible de rien préjuger sur les causes de sa mort : duquel rapport le sieur B..... affirme la vérité.

De suite ledit sieur T....., propriétaire du lieu susindiqué, et sur notre réquisition, a fait extraire du lieu où ils étaient enfouis lesdits ossements, et les ayant mis à notre disposition, nous les avons fait placer dans une charrette couverte, et fait transporter, toujours les accompagnant, au cimetière de la commune situé à....., chef-lieu de la commune, où par les soins du sieur F....., fossoyeur, nous les avons fait inhumer, non dans la fosse commune, mais dans une fosse particulière que nous avons fait creuser et sur laquelle a été placé... devant servir à la faire reconnaître.

La découverte d'ossements humains, dans un lieu qui n'a jamais servi de lieu de sépulture nous ayant paru de nature à fixer l'attention de la justice, et se rattacher à la disparition inopinée de la nommée N..... (*dire les motifs*), nous avons dressé du tout le présent procès-verbal, qui sera immédiatement transmis à M. le procureur impérial, pour y être donné telles suites qu'il appartiendra.

Avons alloué au conducteur de la voiture pour son salaire, la somme de .... qui lui a été à l'instant payée, et qui devra nous être remboursée, sur les fonds de police affectés à la préfecture.

Ont signé avec nous les sieurs..... mentionnés au présent procès-verbal, lesquels, sur notre réquisition, ont assisté à sa rédaction.

Fait à....., le...... 18...

(*Signatures.*)

N° 279.

CAFÉS-*concerts* (*Arrêté de police concernant les*) (1).

Le maire de la ville *ou* commune de.....
Vu la loi des 16-24 août 1790, titre XI, art. 3, n° 3;
L'arrêté du gouvernement du 12 messidor an VIII;
L'arrêté du gouvernement du 5 brumaire an IX;
Le décret du 29 décembre 1851;
Considérant que les cafés-concerts tendent incessamment à se multiplier; que ces établissements, par leur nature, doivent être l'objet d'une surveillance spéciale, indépendamment des obligations auxquelles ils sont soumis par les règlements de police sur les lieux publics,

Arrête :

Art. 1er. Aucun café-concert ne pourra être ouvert qu'en vertu d'une autorisation de M. le préfet. (Décret du 29 décembre 1851.)

2. Il est interdit aux propriétaires des cafés, estaminets et autres établissements publics d'avoir dans leurs établissements, sans l'autorisation de M. le préfet, des chanteurs, bateleurs et musiciens, et d'y faire exécuter des chants, déclamations, parades et concerts.

3. Le tarif des objets de consommation et le programme du concert du jour seront ostensiblement affichés dans l'intérieur des établissements autorisés.

4. Tout chant contraire à l'ordre ou à la morale y est interdit, sous les peines portées par les lois.

5. Il est défendu de faire usage à l'orchestre d'aucun instrument bruyant de nature à troubler le repos public.

6. Un double du programme de chaque concert devra être remis vingt-quatre heures au moins à l'avance à M. le commissaire de police, qui pourra, s'il y a lieu, le communiquer aux personnes qui justifieraient d'un intérêt sérieux à en prendre connaissance.

Aucune modification ne pourra être apportée à ce programme sans en rendre compte, avant l'ouverture du concert, à M. le commissaire de police.

7. Les dispositions ci-dessus sont obligatoires pour les propriétaires et entrepreneurs de cafés-concerts, sans préjudice des autres obligations résultant des règlements sur la police des lieux publics, et des conditions spéciales sous lesquelles la permission aura été accordée.

Fait à....., le..... 18..

Le maire.

N° 280.

CAISSE *d'épargne et de prévoyance. — Statuts arrêtés par délibération d'un conseil municipal.*

(*Il faut produire une délibération dûment légalisée ou une rédaction des statuts par-devant notaire, en vertu de la délibération.*)

Art. 1er. Cette caisse sera destinée à recevoir en dépôt les sommes qui lui seront confiées par toutes personnes domiciliées à..... ou dans l'arrondissement de....., qui désireront y verser leurs épargnes; elle sera mise en activité aussitôt que les présentes auront reçu l'autorisation du gouvernement.

---

(1) Une instruction du ministre de la police générale, du 6 avril 1853, rappelle à MM. les préfets les mesures à prendre pour la police des cafés-concerts. Les dispositions de cette instruction sont reproduites dans le présent arrêté.
Pour les autres dispositions de police concernant les lieux publics, voy. CABARETS.

2. (1) Le fonds de dotation de la caisse se composera des dons et souscriptions recueillis en sa faveur; jusqu'à ce que les intérêts de ce fonds et les bénéfices de l'établissement puissent suffire aux frais d'administration, le conseil municipal pourra voter chaque année, sur la demande des directeurs, les sommes nécessaires pour compléter ces dépenses.

Il sera fait un appel aux personnes bienfaisantes pour les inviter à concourir à cette institution philanthropique.

Une salle de l'hôtel de ville sera destinée à son administration.

3. La caisse sera administrée gratuitement par un conseil composé du maire de..... et de quinze directeurs dont les fonctions dureront cinq ans, et qui seront renouvelés par cinquième chaque année; les directeurs sortants seront indiqués par le sort pour les premières années, et ensuite par l'ancienneté.

4. Les quinze directeurs seront choisis, savoir : trois parmi le conseil municipal, et douze parmi les citoyens les plus recommandables de la ville, et particulièrement parmi les souscripteurs.

Ils seront à la nomination du conseil municipal.

5. Le maire préside le conseil des directeurs toutes les fois qu'il assiste aux séances; il peut se faire remplacer par un adjoint.

6. Les directeurs éliront à la majorité des suffrages un vice-président et un secrétaire; il régleront l'administration intérieure de la caisse.

Ils pourront établir un bureau d'administration composé de cinq membres, dont un conseiller municipal, lesquels seront choisis parmi eux pour régir la caisse et en surveiller le service.

7. La caisse d'épargne est établie pour recevoir les économies des particuliers et les verser immédiatement sous son nom au trésor public, conformément à la loi du 31 mars 1837; elle n'est qu'un simple intermédiaire gratuit entre eux et lui.

8. Au mois de décembre de chaque année, le taux de l'intérêt des sommes versées à la caisse sera fixé pour l'année suivante par le conseil d'administration.

La fixation de ce taux sera rendue publique par l'insertion dans les feuilles hebdomadaires de l'arrondissement et du département.

L'intérêt pour l'année 18... sera de *quatre pour cent.*

Le minimum des versements est fixé à 1 franc; le maximum par semaine à 300 francs.

Nul versement n'est reçu sur les comptes dont le crédit atteint 1,000 francs, soit par le capital, soit par l'accumulation des intérêts.

10. La caisse ne tient compte des intérêts que pour les sommes rondes de 10 francs (2) et au-dessus, et quinze jours seulement après que chaque somme de 10 francs aura été successivement versée au comptable, jusqu'au jour de la demande en remboursement, qui se fera en prévenant quinze jours d'avance.

11. Les dépôts seront inscrits sur un livret au nom du déposant, numéroté et contresigné par un directeur et un secrétaire.

L'intérêt sera réglé à la fin de chaque année; il sera capitalisé et produira des intérêts pour l'année suivante.

Les remboursements successifs seront inscrits au livret, qui sera retenu lors du remboursement intégral.

Aucun déposant ne pourra avoir plus d'un livret en son nom; le contrevenant sera privé de tout intérêt et de la faculté d'avoir un compte à la caisse.

12. Lorsqu'un déposant aura versé la somme nécessaire pour l'achat d'une inscription de rente, la caisse pourra, sur la demande du déposant, en faire l'acquisition au nom de ce dernier.

Lorsque le crédit d'un déposant aura atteint 1,000 francs, il lui en sera donné connaissance; dans le mois qui suivra cet avertissement, si celui-ci ne manifeste pas une intention contraire, le conseil d'administration placera en son nom ces 1,000 francs en rentes sur l'État : aussi longtemps que le déposant ne réclamera

---

(1) La condition essentielle pour l'autorisation d'une caisse d'épargnes, c'est que la dépense nécessaire pour la desservir soit assurée dès sa fondation.

(2) Dans d'autres caisses on tient compte des intérêts sur toutes sommes, à partir d'un franc.

pas la remise de son inscription de rente, les arrérages seront touchés par la caisse et portés en accroissement au crédit du déposant.

Cet article sera transcrit sur tous les livrets.

13. La dissolution de la caisse arrivant pour quelque cause que ce soit, les valeurs qui resteront libres, après le remboursement de tous les dépôts et le payement de toutes les dettes, demeureront destinées à la prolongation et au renouvellement de l'établissement, s'il y a lieu; sinon elles seront, d'après une délibération du conseil municipal, employées à des œuvres de bienfaisance.

N° 281.

Caisse *d'épargne. — Registre matricule des déposants.*

Nos.	NOMS et PRÉNOMS.	DATES des opérations.	AGES	LIEUX et date de naissance	DEMEURES.	PROFESSIONS.	SIGNATURES.	SOMMES.

N° 282.

Caisse *d'épargne. — Autorisation pour se faire représenter à l'effet de déposer pour la première fois.*

LIVRET N°........

Je, soussigné..... (*nom, prénoms, âge, lieu de naissance, date de la naissance, profession, demeure*), autorise M..... (*nom, profession, demeure*) à me représenter auprès de l'administration de la caisse d'épargne à l'effet d'y faire un premier versement en mon nom, donner tous renseignements à ce nécessaires, signer et émarger tous registres,

Fait à....., le..... 18...

Signature du représentant. *Signature du titulaire du livret.*

N° 283.

Caisse *d'épargne. — Livret de déposant.*

N°....., VISÉ PAR.....

NOM ET PRÉNOMS DU TITULAIRE DU LIVRET.

M.

DATES.		OPÉRATIONS.	SOMMES.	
18				

N° 284.

Caisse *d'épargne. — Demande de duplicata de livret.*

Je prie M. le caissier de la caisse d'épargne d..... de me faire délivrer un *duplicata* du livret n°..... (e série), que j'ai perdu et d'après lequel j'avais versé la somme de fr.....

Je m'engage à rendre à la caisse mon livret primitif aussitôt que je l'aurai retrouvé.

Je demeure actuellement..... Je demeurais lors du premier versement.....

Signature du titulaire du livret.

N° 285.

Caisse *d'épargne. — Lettre de demande de remboursement.*

, le..... 18..

Je demande à retirer la somme de fr..... de celles inscrites en mon nom sur le livret n°..... (e série).

Je demeure actuellement..... Je demeurais lors du premier versement.....

Signature du titulaire du livret.

Avis. Cette demande doit être remise le dimanche avec le livret, ou être envoyée à son adresse le *lendemain au plus tard* (franc de port).

N° 286.

Caisse *d'épargne. — Procuration sous seing privé.*

Je, soussigné..... (*nom, prénoms, profession, demeure*), titulaire du livret n°.... (e série), donne pouvoir à M..... (*nom, prénoms, profession, demeure*), dont la signature est apposée ci-dessous, de, pour moi et en mon nom, retirer de la caisse d'épargne tout ou partie des sommes qui ont été ou qui seraient inscrites par la suite sur mon livret, ainsi que des intérêts échus ou à échoir, donner tous reçus, signer toutes quittances et décharges valables, demander l'emploi en rentes sur l'État de tout ou partie de mon avoir, recevoir toute inscription de rente, en donner récépissé, et généralement faire tout ce qui sera nécessaire dans mon intérêt, promettant l'avouer.

Fait à le....., 18...

Signature du fondé de pouvoir. *Signature du titulaire du livret.*

Nous, maire de....., certifions véritable la signature de..... apposée ci-dessus. — Fait à..... le..... 18...

N° 287.

Caisse *d'épargne. — Procuration par déclaration devant le maire.*

Nous, maire de la commune de....., certifions que..... (*nom et prénoms, profession, demeure*), titulaire du livret n°..... (e série), s'est présenté devant nous cejourd'hui, et qu'il nous a déclaré que, ne sachant pas signer, il donnait pouvoir à..... (*nom, prénoms, profession, demeure*), dont la signature est apposée ci-dessous, de, pour le titulaire et en son nom, recevoir le remboursement de tout ou partie des sommes qui ont été ou seraient inscrites par la suite sur ledit livret, ainsi que les intérêts échus ou à échoir; donner tous reçus, signer toutes quittances et décharges valables, demander l'emploi en rentes sur l'État de tout ou partie de son avoir, recevoir toute inscription de rente, en donner récépissé, et généralement faire tout ce qui sera nécessaire, ayant promis l'avouer.

Fait à....., le....., 18...

Signature du fondé de pouvoir. *Signature du maire.*

N° 288.

CAISSE *d'épargne et de prévoyance. — Demande d'achat de rente.*

LIVRET N°.....

Le..... 18...

Je, soussigné, demeurant..... et précédemment.....

Désirant employer à l'acquisition d'une rente sur l'État..... pour cent, une partie des sommes inscrites sur mon livret, demande que la caisse d'épargne achète pour mon compte, sans frais, par l'intermédiaire de la caisse des dépôts et consignations, et fasse transférer en mon nom une rente de..... au cours de la Bourse. Le prix de ladite rente sera déduit du montant de mon avoir.

Signature du titulaire.

VISA.

N° 289.

CAISSE *d'épargne. — Demande de conversion en rentes sur l'État des fonds d'un déposant par déclaration devant M. le maire.*

Nous, maire d......, certifions que...... (*nom, prénoms, profession, demeure*), titulaire de la caisse d'épargne d..... du livret n°.....

S'est présenté devant nous cejourd'hui, nous a dit qu'il désirait profiter de la faculté donnée à tout déposant par l'article 6 de la loi du 22 juin 1845, d'obtenir, par l'intermédiaire de l'administration de la caisse d'épargne, et sans frais, la conversion de sa créance en une inscription au grand-livre de la dette publique, et nous a déclaré que, ne sachant signer, il priait, par notre entremise, M. le directeur de ladite caisse de faire acheter au nom d..... une inscription...... de fr...... de rentes..... pour cent sur l'État au cours de la Bourse, l'autorisant dès à présent à faire toute mention nécessaire, où besoin sera, pour la décharge de la caisse, lors du payement du montant du coût de ladite rente, par prélèvement sur les sommes constatées au livret susindiqué.

Fait à....., le..... 18...

Reçu l'inscription s'élevant à..... de rentes, dont le coût, d'après le bordereau d'achat, s'élève à fr.....

A.... , ce..... 18...

N° 290.

CAISSE *d'épargne. — Demande de transfert-payement.*

Je, soussigné..... (*nom, prénoms, profession, demeure*),

Titulaire à la caisse d'épargne de..... du livret, n°..... (..... série), désirant profiter de la faculté donnée, par l'article 8 de la loi du 5 juin 1835, à tout déposant *qui change de résidence*, de faire transférer la *totalité* de ses fonds d'une caisse d'épargne à une autre, prie M. l'administrateur de régler et de solder le livret ci-dessus énoncé, et d'en faire transférer le montant total à la caisse d'épargne de...... département d......

Je reconnais qu'au moyen de ce transfert-payement, la caisse d'épargne de... sera entièrement quitte envers moi.

Fait double, à....., le..... 18... (*Signature.*)

Nous, maire de la commune d..... certifions véritable la signature de....., apposée ci-dessus.

Fait à..... (*Signature.*)

N° 291.

Caisse *d'épargne. — Demande de transfert-payement par déclaration devant le maire.*

Nous, maire de la commune de....., certifions que..... (*nom, prénoms, profession, demeure*),

Titulaire à la caisse d'épargne de....., du livret n°..... (..... série), s'est présenté devant nous cejourd'hui, nous a dit qu'il désirait profiter de la faculté donnée, par l'article 8 de la loi du 5 juin 1835, à tout déposant *qui change de résidence*, de faire transférer la *totalité* de ses fonds d'une caisse d'épargne à une autre, et nous a déclaré que, ne sachant pas signer, il priait, par notre intermédiaire, M. l'administrateur de régler et de solder le livret ci-dessus énoncé, et d'en faire transférer le montant total à la caisse d'épargne d..... département d..... reconnaissant qu'au moyen de ce transfert-payement, la caisse d'épargne de..... serait entièrement quitte envers lui.

Fait double à....., le..... 18... (*Signature.*)

N° 292.

Caisse *des retraites pour la vieillesse. — Déclaration de versement* (1).

Le..... 18...
Nom :.....
Prénoms :....
État civil :.....
Profession :.....
Domicile :..... arrondissement d.....
département d.....
Né à..... arrondissement d.....
département d...... le.....
ainsi que le constate son acte de naissance ci-annexé,

Déclare verser à la caisse des retraites pour la vieillesse, entre les mains du préposé de la caisse des dépôts et consignations, la somme de.... sous les conditions ci-après :

L'entrée en jouissance de la rente viagère est fixée à l'âge de..... ans.

Le déposant fait l'abandon du capital versé. *Ou bien* : Le déposant ne fait pas

(1) Tout premier versement à la caisse des retraites pour la vieillesse, effectué soit directement, soit par intermédiaire, est accompagné de la déclaration des nom, prénoms, âge, profession et domicile du titulaire, consignée sur une feuille spéciale sur laquelle est en outre constaté, d'après la déclaration des parties : 1° si le capital est abandonné, c'est-à-dire si, au décès du titulaire, le capital devient la propriété de l'Etat, ou s'il est réservé au profit, soit des héritiers ou légataires du titulaire, soit du tiers-déposant; 2° à quelle année d'âge accomplie le titulaire veut entrer en jouissance de la rente viagère.

l'abandon du capital versé, lequel, lors de son décès, devra être remboursé aux ayants droit.

En cas d'intermédiaire, on ajoutera : Le déposant a été représenté par.... intermédiaire, qui a signé la présente déclaration.

A....., le.....18...

Le receveur prépose de la caisse des dépôts.

Le déposant ou *l'intermédiaire.*

N° 293.

CAISSE *des retraites pour la vieillesse. — Expédition de l'acte de naissance à produire pour le premier versement* (1).

Extrait du registre des naissances de la commune d....

L'an, etc.,

Transcription de l'acte IN EXTENSO (2). *On terminera ainsi :*

Certifié conforme à la minute le présent extrait, délivré sur papier libre et sans frais pour dépôts à faire à la caisse des retraites de la vieillesse, lequel ne pourra être employé à aucun autre usage.

A....., le..... 18...

Le maire de la commune de.....

Vu par nous, sous-préfet de l'arrondissement de...... pour légalisation de la signature de M....., maire de la commune de.....

A....., le..... 18... *(Signature.)*

N° 294.

CAISSE *des retraites pour la vieillesse. — Déclaration à faire en cas de perte du livret* (3).

L'an mil huit cent......, le......, par-devant nous......, maire de la commune de....., s'est présenté le sieur N...... né à..... département de...... le....., demeurant en cette commune, rue..... n°.....

Lequel nous a déclaré, en présence des deux témoins soussignés, que le livret qui lui avait été délivré comme déposant à la caisse des retraites pour la vieillesse, sous le n°....., est adiré, et qu'il est dans l'intention d'en demander un *duplicata* à M. le directeur général de la caisse des dépôts et consignations, s'obligeant à le renvoyer pour être annulé, dans le cas où son premier livret viendrait à se retrouver.

Fait à....., le..... 18..., en présence des sieurs..... et..... (*noms, prénoms, professions des deux témoins*), tous deux majeurs, demeurant en cette commune, qui nous ont certifié l'individualité du déclarant et ont signé avec nous, ainsi que ledit déclarant.

Les témoins. *Le déclarant.* *Le maire.*

(Sceau de la mairie.)

---

(1) « Tous les certificats, actes de notoriété, et autres pièces exclusivement relatives à la caisse des retraites pour la vieillesse, seront délivrés gratuitement, et exemptés des droits de timbre et d'enregistrement. » (*Loi du 18 juin 1850, art. 11.*)

(2) Des copies ou expéditions des actes de naissance pourront être admises, lorsqu'elles seront délivrées *in extenso* par des officiers publics, soit sur les originaux, soit sur des expéditions authentiques dont ils se trouveront dépositaires.

(3) Dans le cas où un déposant aurait perdu son livret, il sera pourvu à son remplacement dans la forme prescrite pour le remplacement des titres de rentes sur l'État.—Les nouveaux livrets seront délivrés par la direction générale de la caisse des dépôts et consignations, sur la demande du déposant. (*Circ. du direct. gén. de la caisse des dépôts et consign., du 6 mai 1851, § 6.*)

N° 295.

CAISSE *publique* (*Déclaration devant le maire concernant la spoliation d'une*).

L'an mil huit cent...., le....., à..... heures du...., par-devant nous....., maire de la commune de....., s'est présenté le sieur N..... (*nom, prénoms, qualité, demeure*), lequel nous a déclaré que, dans la nuit de....., à....., des malfaiteurs se sont introduits avec effraction dans son bureau situé....., et ont volé dans sa caisse une somme de....., consistant dans les espèces suivantes..... (*Spécifier, aussi exactement que possible, les valeurs qui ont été soustraites.*)

Et aussitôt nous nous sommes rendu au domicile du sieur N....., où nous avons en effet reconnu..... (*Dire, avec tous les détails nécessaires, en quoi consistent les traces d'effraction, soit pour pénétrer dans la pièce où le vol a été commis, soit pour ouvrir le meuble où la caisse ou les valeurs étaient déposées; on dira aussi s'il existait des traces de pas ou autres indices pouvant mettre sur la voie des voleurs. On ajoutera, s'il y a lieu*) :

Le sieur N..... nous ayant dit qu'il avait des raisons de croire que les auteurs de ce vol étaient les nommés..... et qu'il les soupçonnait réfugiés au lieu de... dans cette commune; les indices recueillis nous semblant, d'ailleurs, confirmer cette déclaration, nous avons à l'instant requis le commandant de la brigade de gendarmerie de.... de se mettre, avec ses hommes, à la poursuite des voleurs, et avons fait réunir la garde nationale pour que, de concert avec la gendarmerie, elle fasse toutes recherches qui pourraient aider à la découverte des spoliateurs; et nous avons enjoint au commandant de la garde nationale de s'entendre avec l'officier ou sous-officier commandant la force publique pour assurer la bonne exécution de leurs ordres respectifs.

Et de ce que dessus nous avons dressé le présent procès-verbal, que le sieur N....., déclarant, a signé avec nous.

(*Signature.*)

---

(1) Les maires reçoivent les déclarations relatives à la spoliation des caisses publiques, et sont chargés, sous leur responsabilité, et même sous peine d'être considérés eux-mêmes comme spoliateurs, de prendre toutes les mesures pour arrêter le transport des fonds provenant de cette spoliation, et en effectuer le dépôt dans les caisses des receveurs généraux, particuliers ou municipaux de leurs communes. (*Arrêté du 9 avril* 1814.)

En cas de vol à sa caisse, aucun comptable ne peut en obtenir la décharge s'il ne justifie pas que ce vol est l'effet d'une force majeure; qu'outre les précautions ordinaires, il avait eu celle de coucher ou de faire coucher un homme sûr dans le lieu où il tenait ses fonds, et que, si c'était au rez de chaussée, il avait eu soin de le faire solidement griller.

Il est, en outre, tenu d'informer immédiatement l'autorité supérieure des tentatives qui auraient été faites pour enlever les fonds, quand bien même ces tentatives n'auraient pas été suivies d'effet.

Lorsqu'il y a eu vol de fonds, le comptable qui, à moins d'empêchement constaté, n'a pas fait sa déposition à l'autorité locale dans les vingt-quatre heures, est, par ce seul fait, déclaré responsable.

Le ministre des finances statue sur les réclamations des percepteurs tendant à la décharge de leur responsabilité, au vu des procès-verbaux d'enquête et autres pièces constatant les circonstances du vol. Lorsque le vol porte sur les fonds communaux, les conseils municipaux doivent être entendus.

296.

Calendrier. — *Concordance des calendriers grégorien et républicain.*

An 2 (1793-1794).

An 2—1793.		An 2 { 1793. 1794.		An 2—1794.		An 2—1794.		An 2—1794.		An 2—1794.	
Vendémiaire an 2.		Frimaire.		Pluviôse.		Germinal.		Prairial.		Thermidor.	
1	22 Septembre 1793.	1	21 Novembre.	1	20 Janvier.	1	21 Mars.	1	20 Mai.	1	19 Juillet.
2	23	2	22	2	21	2	22	2	21	2	20
3	24	3	23	3	22	3	23	3	22	3	21
4	25	4	24	4	23	4	24	4	23	4	22
5	26	5	25	5	24	5	25	5	24	5	23
6	27	6	26	6	25	6	26	6	25	6	24
7	28	7	27	7	26	7	27	7	26	7	25
8	29	8	28	8	27	8	28	8	27	8	26
9	30	9	29	9	28	9	29	9	28	9	27
10	1 Octobre.	10	30	10	29	10	30	10	29	10	28
11	2	11	1 Décembre.	11	30	11	31	11	30	11	29
12	3	12	2	12	31	12	1 Avril.	12	31	12	30
13	4	13	3	13	1 Février.	13	2	13	1 Juin.	13	31
14	5	14	4	14	2	14	3	14	2	14	1 Août.
15	6	15	5	15	3	15	4	15	3	15	2
16	7	16	6	16	4	16	5	16	4	16	3
17	8	17	7	17	5	17	6	17	5	17	4
18	9	18	8	18	6	18	7	18	6	18	5
19	10	19	9	19	7	19	8	19	7	19	6
20	11	20	10	20	8	20	9	20	8	20	7
21	12	21	11	21	9	21	10	21	9	21	8
22	13	22	12	22	10	22	11	22	10	22	9
23	14	23	13	23	11	23	12	23	11	23	10
24	15	24	14	24	12	24	13	24	12	24	11
25	16	25	15	25	13	25	14	25	13	25	12
26	17	26	16	26	14	26	15	26	14	26	13
27	18	27	17	27	15	27	16	27	15	27	14
28	19	28	18	28	16	28	17	28	16	28	15
29	20	29	19	29	17	29	18	29	17	29	16
30	21	30	20	30	18	30	19	30	18	30	17
Brumaire.		Nivôse.		Ventôse.		Floréal.		Messidor.		Fructidor.	
1	22	1	21	1	19	1	20	1	19	1	18
2	23	2	22	2	20	2	21	2	20	2	19
3	24	3	23	3	21	3	22	3	21	3	20
4	25	4	24	4	22	4	23	4	22	4	21
5	26	5	25	5	23	5	24	5	23	5	22
6	27	6	26	6	24	6	25	6	24	6	23
7	28	7	27	7	25	7	26	7	25	7	24
8	29	8	28	8	26	8	27	8	26	8	25
9	30	9	29	9	27	9	28	9	27	9	26
10	31	10	30	10	28	10	29	10	28	10	27
11	1 Novembre.	11	31	11	1 Mars.	11	30	11	29	11	28
12	2	12	1 Janvier 1794.	12	2	12	1 Mai.	12	30	12	29
13	3	13	2	13	3	13	2	13	1 Juillet.	13	30
14	4	14	3	14	4	14	3	14	2	14	31
15	5	15	4	15	5	15	4	15	3	15	1 Septembre.
16	6	16	5	16	6	16	5	16	4	16	2
17	7	17	6	17	7	17	6	17	5	17	3
18	8	18	7	18	8	18	7	18	6	18	4
19	9	19	8	19	9	19	8	19	7	19	5
20	10	20	9	20	10	20	9	20	8	20	6
21	11	21	10	21	11	21	10	21	9	21	7
22	12	22	11	22	12	22	11	22	10	22	8
23	13	23	12	23	13	23	12	23	11	23	9
24	14	24	13	24	14	24	13	24	12	24	10
25	15	25	14	25	15	25	14	25	13	25	11
26	16	26	15	26	16	26	15	26	14	26	12
27	17	27	16	27	17	27	16	27	15	27	13
28	18	28	17	28	18	28	17	28	16	28	14
29	19	29	18	29	19	29	18	29	17	29	15
30	20	30	19	30	20	30	19	30	18	30	16
								Jours complémentaires.			
										1	17
										2	18
										3	19
										4	20
										5	21

An 3 (1794—1795).

An 3—1794.		An 3 (1794. / 1795.)		An 3—1795.		An 3—1795.		An 3—1795.		An 3—1795.	
Vendémiaire an 3.	Septembre 1794.	Frimaire.	Novembre.	Pluviôse.	Janvier.	Germinal.	Mars.	Prairial.	Mai.	Thermidor.	Juillet.
1	22	1	21	1	20	1	21	1	20	1	19
2	23	2	22	2	21	2	22	2	21	2	20
3	24	3	23	3	22	3	23	3	22	3	21
4	25	4	24	4	23	4	24	4	23	4	22
5	26	5	25	5	24	5	25	5	24	5	23
6	27	6	26	6	25	6	26	6	25	6	24
7	28	7	27	7	26	7	27	7	26	7	25
8	29	8	28	8	27	8	28	8	27	8	26
9	30	9	29	9	28	9	29	9	28	9	27
10	1 (Octobre.)	10	30	10	29	10	30	10	29	10	28
11	2	11	1 (Décembre.)	11	30	11	31	11	30	11	29
12	3	12	2	12	31	12	1 (Avril.)	12	31	12	30
13	4	13	3	13	1 (Février.)	13	2	13	1 (Juin.)	13	31
14	5	14	4	14	2	14	3	14	2	14	1 (Août.)
15	6	15	5	15	3	15	4	15	3	15	2
16	7	16	6	16	4	16	5	16	4	16	3
17	8	17	7	17	5	17	6	17	5	17	4
18	9	18	8	18	6	18	7	18	6	18	5
19	10	19	9	19	7	19	8	19	7	19	6
20	11	20	10	20	8	20	9	20	8	20	7
21	12	21	11	21	9	21	10	21	9	21	8
22	13	22	12	22	10	22	11	22	10	22	9
23	14	23	13	23	11	23	12	23	11	23	10
24	15	24	14	24	12	24	13	24	12	24	11
25	16	25	15	25	13	25	14	25	13	25	12
26	17	26	16	26	14	26	15	26	14	26	13
27	18	27	17	27	15	27	16	27	15	27	14
28	19	28	18	28	16	28	17	28	16	28	15
29	20	29	19	29	17	29	18	29	17	29	16
30	21	30	20	30	18	30	19	30	18	30	17
Brumaire.		Nivôse.		Ventôse.		Floréal.		Messidor.		Fructidor.	
1	22	1	21	1	19	1	20	1	19	1	18
2	23	2	22	2	20	2	21	2	20	2	19
3	24	3	23	3	21	3	22	3	21	3	20
4	25	4	24	4	22	4	23	4	22	4	21
5	26	5	25	5	23	5	24	5	23	5	22
6	27	6	26	6	24	6	25	6	24	6	23
7	28	7	27	7	25	7	26	7	25	7	24
8	29	8	28	8	26	8	27	8	26	8	25
9	30	9	29	9	27	9	28	9	27	9	26
10	31	10	30	10	28	10	29	10	28	10	27
11	1 (Novembre.)	11	31	11	1 (Mars.)	11	30	11	29	11	28
12	2	12	1 (Janvier 1795.)	12	2	12	1 (Mai.)	12	30	12	29
13	3	13	2	13	3	13	2	13	1 (Juillet.)	13	30
14	4	14	3	14	4	14	3	14	2	14	31
15	5	15	4	15	5	15	4	15	3	15	1 (Septembre.)
16	6	16	5	16	6	16	5	16	4	16	2
17	7	17	6	17	7	17	6	17	5	17	3
18	8	18	7	18	8	18	7	18	6	18	4
19	9	19	8	19	9	19	8	19	7	19	5
20	10	20	9	20	10	20	9	20	8	20	6
21	11	21	10	21	11	21	10	21	9	21	7
22	12	22	11	22	12	22	11	22	10	22	8
23	13	23	12	23	13	23	12	23	11	23	9
24	14	24	13	24	14	24	13	24	12	24	10
25	15	25	14	25	15	25	14	25	13	25	11
26	16	26	15	26	16	26	15	26	14	26	12
27	17	27	16	27	17	27	16	27	15	27	13
28	18	28	17	28	18	28	17	28	16	28	14
29	19	29	18	29	19	29	18	29	17	29	15
30	20	30	19	30	20	30	19	30	18	30	16
								Jours complémentaires.		1	17
										2	18
										3	19
										4	20
										5	21
										6	22

An 4 (1795—1796).

An 4—1795.		An 4 (1795. 1796.)		An 4—1796.		An 4—1796.		An 4—1796.		An 4—1796.	
Vendémiaire an 4.	Septembre 1795.	Frimaire.	Novembre.	Pluviôse.	Janvier.	Germinal.	Mars.	Prairial.	Mai.	Thermidor.	Juillet.
1	23	1	22	1	21	1	21	1	20	1	19
2	24	2	23	2	22	2	22	2	21	2	20
3	25	3	24	3	23	3	23	3	22	3	21
4	26	4	25	4	24	4	24	4	23	4	22
5	27	5	26	5	25	5	25	5	24	5	23
6	28	6	27	6	26	6	26	6	25	6	24
7	29	7	28	7	27	7	27	7	26	7	25
8	30	8	29	8	28	8	28	8	27	8	26
9	Octobre. 1	9	30	9	29	9	29	9	28	9	27
10	2	10	Décembre. 1	10	30	10	30	10	29	10	28
11	3	11	2	11	31	11	31	11	30	11	29
12	4	12	3	12	Février. 1	12	Avril. 1	12	31	12	30
13	5	13	4	13	2	13	2	13	Juin. 1	13	31
14	6	14	5	14	3	14	3	14	2	14	Août. 1
15	7	15	6	15	4	15	4	15	3	15	2
16	8	16	7	16	5	16	5	16	4	16	3
17	9	17	8	17	6	17	6	17	5	17	4
18	10	18	9	18	7	18	7	18	6	18	5
19	11	19	10	19	8	19	8	19	7	19	6
20	12	20	11	20	9	20	9	20	8	20	7
21	13	21	12	21	10	21	10	21	9	21	8
22	14	22	13	22	11	22	11	22	10	22	9
23	15	23	14	23	12	23	12	23	11	23	10
24	16	24	15	24	13	24	13	24	12	24	11
25	17	25	16	25	14	25	14	25	13	25	12
26	18	26	17	26	15	26	15	26	14	26	13
27	19	27	18	27	16	27	16	27	15	27	14
28	20	28	19	28	17	28	17	28	16	28	15
29	21	29	20	29	18	29	18	29	17	29	16
30	22	30	21	30	19	30	19	30	18	30	17
Brumaire.		Nivôse.		Ventôse.		Floréal.		Messidor.		Fructidor.	
1	23	1	22	1	20	1	20	1	19	1	18
2	24	2	23	2	21	2	21	2	20	2	19
3	25	3	24	3	22	3	22	3	21	3	20
4	26	4	25	4	23	4	23	4	22	4	21
5	27	5	26	5	24	5	24	5	23	5	22
6	28	6	27	6	25	6	25	6	24	6	23
7	29	7	28	7	26	7	26	7	25	7	24
8	30	8	29	8	27	8	27	8	26	8	25
9	31	9	30	9	28	9	28	9	27	9	26
10	Novembre. 1	10	31	10	29	10	29	10	28	10	27
11	2	11	Janvier 1796. 1	11	Mars. 1	11	30	11	29	11	28
12	3	12	2	12	2	12	Mai. 1	12	30	12	29
13	4	13	3	13	3	13	2	13	Juillet. 1	13	30
14	5	14	4	14	4	14	3	14	2	14	31
15	6	15	5	15	5	15	4	15	3	15	Septembre. 1
16	7	16	6	16	6	16	5	16	4	16	2
17	8	17	7	17	7	17	6	17	5	17	3
18	9	18	8	18	8	18	7	18	6	18	4
19	10	19	9	19	9	19	8	19	7	19	5
20	11	20	10	20	10	20	9	20	8	20	6
21	12	21	11	21	11	21	10	21	9	21	7
22	13	22	12	22	12	22	11	22	10	22	8
23	14	23	13	23	13	23	12	23	11	23	9
24	15	24	14	24	14	24	13	24	12	24	10
25	16	25	15	25	15	25	14	25	13	25	11
26	17	26	16	26	16	26	15	26	14	26	12
27	18	27	17	27	17	27	16	27	15	27	13
28	19	28	18	28	18	28	17	28	16	28	14
29	20	29	19	29	19	29	18	29	17	29	15
30	21	30	20	30	20	30	19	30	18	30	16
								Jours complémentaires.		1	17
										2	18
										3	19
										4	20
										5	21

An 5 (1796—1797).

An 5—1796.			
Vendémiaire an 5.	1	Septembre 1796.	22
	2		23
	3		24
	4		25
	5		26
	6		27
	7		28
	8		29
	9		30
	10	Octobre.	1
	11		2
	12		3
	13		4
	14		5
	15		6
	16		7
	17		8
	18		9
	19		10
	20		11
	21		12
	22		13
	23		14
	24		15
	25		16
	26		17
	27		18
	28		19
	29		20
	30		21
Brumaire.	1		22
	2		23
	3		24
	4		25
	5		26
	6		27
	7		28
	8		29
	9		30
	10		31
	11	Novembre.	1
	12		2
	13		3
	14		4
	15		5
	16		6
	17		7
	18		8
	19		9
	20		10
	21		11
	22		12
	23		13
	24		14
	25		15
	26		16
	27		17
	28		18
	29		19
	30		20

An 5 { 1796. 1797.			
Frimaire.	1	Novembre.	21
	2		22
	3		23
	4		24
	5		25
	6		26
	7		27
	8		28
	9		29
	10		30
	11	Décembre.	1
	12		2
	13		3
	14		4
	15		5
	16		6
	17		7
	18		8
	19		9
	20		10
	21		11
	22		12
	23		13
	24		14
	25		15
	26		16
	27		17
	28		18
	29		19
	30		20
Nivôse.	1		21
	2		22
	3		23
	4		24
	5		25
	6		26
	7		27
	8		28
	9		29
	10		30
	11		31
	12	Janvier 1797.	1
	13		2
	14		3
	15		4
	16		5
	17		6
	18		7
	19		8
	20		9
	21		10
	22		11
	23		12
	24		13
	25		14
	26		15
	27		16
	28		17
	29		18
	30		19

An 5—1797.			
Pluviôse.	1	Janvier.	20
	2		21
	3		22
	4		23
	5		24
	6		25
	7		26
	8		27
	9		28
	10		29
	11		30
	12		31
	13	Février.	1
	14		2
	15		3
	16		4
	17		5
	18		6
	19		7
	20		8
	21		9
	22		10
	23		11
	24		12
	25		13
	26		14
	27		15
	28		16
	29		17
	30		18
Ventôse.	1		19
	2		20
	3		21
	4		22
	5		23
	6		24
	7		25
	8		26
	9		27
	10		28
	11	Mars.	1
	12		2
	13		3
	14		4
	15		5
	16		6
	17		7
	18		8
	19		9
	20		10
	21		11
	22		12
	23		13
	24		14
	25		15
	26		16
	27		17
	28		18
	29		19
	30		20

An 5—1797.			
Germinal.	1	Mars.	21
	2		22
	3		23
	4		24
	5		25
	6		26
	7		27
	8		28
	9		29
	10		30
	11		31
	12	Avril.	1
	13		2
	14		3
	15		4
	16		5
	17		6
	18		7
	19		8
	20		9
	21		10
	22		11
	23		12
	24		13
	25		14
	26		15
	27		16
	28		17
	29		18
	30		19
Floréal.	1		20
	2		21
	3		22
	4		23
	5		24
	6		25
	7		26
	8		27
	9		28
	10		29
	11		30
	12	Mai.	1
	13		2
	14		3
	15		4
	16		5
	17		6
	18		7
	19		8
	20		9
	21		10
	22		11
	23		12
	24		13
	25		14
	26		15
	27		16
	28		17
	29		18
	30		19

An 5—1797.			
Prairial.	1	Mai.	20
	2		21
	3		22
	4		23
	5		24
	6		25
	7		26
	8		27
	9		28
	10		29
	11		30
	12		31
	13	Juin.	1
	14		2
	15		3
	16		4
	17		5
	18		6
	19		7
	20		8
	21		9
	22		10
	23		11
	24		12
	25		13
	26		14
	27		15
	28		16
	29		17
	30		18
Messidor.	1		19
	2		20
	3		21
	4		22
	5		23
	6		24
	7		25
	8		26
	9		27
	10		28
	11		29
	12		30
	13	Juillet.	1
	14		2
	15		3
	16		4
	17		5
	18		6
	19		7
	20		8
	21		9
	22		10
	23		11
	24		12
	25		13
	26		14
	27		15
	28		16
	29		17
	30		18

An 5—1797.			
Thermidor.	1	Juillet.	19
	2		20
	3		21
	4		22
	5		23
	6		24
	7		25
	8		26
	9		27
	10		28
	11		29
	12		30
	13		31
	14	Août.	1
	15		2
	16		3
	17		4
	18		5
	19		6
	20		7
	21		8
	22		9
	23		10
	24		11
	25		12
	26		13
	27		14
	28		15
	29		16
	30		17
Fructidor.	1		18
	2		19
	3		20
	4		21
	5		22
	6		23
	7		24
	8		25
	9		26
	10		27
	11		28
	12		29
	13		30
	14		31
	15	Septembre.	1
	16		2
	17		3
	18		4
	19		5
	20		6
	21		7
	22		8
	23		9
	24		10
	25		11
	26		12
	27		13
	28		14
	29		15
	30		16
Jours complémentaires.	1		17
	2		18
	3		19
	4		20
	5		21

An 6 (1797—1798).

An 6—1797.		An 6 { 1797. 1798.		An 6—1798.		An 6—1798.		An 6—1798.		An 6—1798.	
Vendémiaire an 6. 1	Septembre 1793. 22	Frimaire. 1	Novembre. 21	Pluviôse. 1	Janvier. 20	Germinal. 1	Mars. 21	Prairial. 1	Mai. 20	Thermidor. 1	Juillet. 19
2	23	2	22	2	21	2	22	2	21	2	20
3	24	3	23	3	22	3	23	3	22	3	21
4	25	4	24	4	23	4	24	4	23	4	22
5	26	5	25	5	24	5	25	5	24	5	23
6	27	6	26	6	25	6	26	6	25	6	24
7	28	7	27	7	26	7	27	7	26	7	25
8	29	8	28	8	27	8	28	8	27	8	26
9	30	9	29	9	28	9	29	9	28	9	27
10	Octobre. 1	10	30	10	29	10	30	10	29	10	28
11	2	11	Décembre. 1	11	30	11	31	11	30	11	29
12	3	12	2	12	31	12	Avril. 1	12	31	12	30
13	4	13	3	13	Février. 1	13	2	13	Juin. 1	13	31
14	5	14	4	14	2	14	3	14	2	14	Août. 1
15	6	15	5	15	3	15	4	15	3	15	2
16	7	16	6	16	4	16	5	16	4	16	3
17	8	17	7	17	5	17	6	17	5	17	4
18	9	18	8	18	6	18	7	18	6	18	5
19	10	19	9	19	7	19	8	19	7	19	6
20	11	20	10	20	8	20	9	20	8	20	7
21	12	21	11	21	9	21	10	21	9	21	8
22	13	22	12	22	10	22	11	22	10	22	9
23	14	23	13	23	11	23	12	23	11	23	10
24	15	24	14	24	12	24	13	24	12	24	11
25	16	25	15	25	13	25	14	25	13	25	12
26	17	26	16	26	14	26	15	26	14	26	13
27	18	27	17	27	15	27	16	27	15	27	14
28	19	28	18	28	16	28	17	28	16	28	15
29	20	29	19	29	17	29	18	29	17	29	16
30	21	30	20	30	18	30	19	30	18	30	17
Brumaire. 1	22	Nivôse. 1	21	Ventôse. 1	19	Floréal. 1	20	Messidor. 1	19	Fructidor. 1	18
2	23	2	22	2	20	2	21	2	20	2	19
3	24	3	23	3	21	3	22	3	21	3	20
4	25	4	24	4	22	4	23	4	22	4	21
5	26	5	25	5	23	5	24	5	23	5	22
6	27	6	26	6	24	6	25	6	24	6	23
7	28	7	27	7	25	7	26	7	25	7	24
8	29	8	28	8	26	8	27	8	26	8	25
9	30	9	29	9	27	9	28	9	27	9	26
10	31	10	30	10	28	10	29	10	28	10	27
11	Novembre. 1	11	31	11	Mars. 1	11	30	11	29	11	28
12	2	12	Janvier 1798. 1	12	2	12	Mai. 1	12	30	12	29
13	3	13	2	13	3	13	2	13	Juillet. 1	13	30
14	4	14	3	14	4	14	3	14	2	14	31
15	5	15	4	15	5	15	4	15	3	15	Septembre. 1
16	6	16	5	16	6	16	5	16	4	16	2
17	7	17	6	17	7	17	6	17	5	17	3
18	8	18	7	18	8	18	7	18	6	18	4
19	9	19	8	19	9	19	8	19	7	19	5
20	10	20	9	20	10	20	9	20	8	20	6
21	11	21	10	21	11	21	10	21	9	21	7
22	12	22	11	22	12	22	11	22	10	22	8
23	13	23	12	23	13	23	12	23	11	23	9
24	14	24	13	24	14	24	13	24	12	24	10
25	15	25	14	25	15	25	14	25	13	25	11
26	16	26	15	26	16	26	15	26	14	26	12
27	17	27	16	27	17	27	16	27	15	27	13
28	18	28	17	28	18	28	17	28	16	28	14
29	19	29	18	29	19	29	18	29	17	29	15
30	20	30	19	30	20	30	19	30	18	30	16
								Jours complémentaires.		1	17
										2	18
										3	19
										4	20
										5	21

An 7 (1798—1799).

An 7—1798.		An 7 (1798. 1799.)		An 7—1799.		An 7—1799.		An 7—1799.		An 7—1799.	
1 Vendémiaire an 7.	22 Septembre 1798.	1 Frimaire.	21 Novembre.	1 Pluviôse.	20 Janvier.	1 Germinal.	21 Mars.	1 Prairial.	20 Mai.	1 Thermidor.	19
2	23	2	22	2	21	2	22	2	21	2	20
3	24	3	23	3	22	3	23	3	22	3	21
4	25	4	24	4	23	4	24	4	23	4	22
5	26	5	25	5	24	5	25	5	24	5	23
6	27	6	26	6	25	6	26	6	25	6	24
7	28	7	27	7	26	7	27	7	26	7	25
8	29	8	28	8	27	8	28	8	27	8	26
9	30	9	29	9	28	9	29	9	28	9	27
10	1 Octobre.	10	30	10	29	10	30	10	29	10	28
11	2	11	1 Décembre.	11	30	11	31	11	30	11	29
12	3	12	2	12	31	12	1 Avril.	12	31	12	30
13	4	13	3	13	1 Février.	13	2	13	1 Juin.	13	31
14	5	14	4	14	2	14	3	14	2	14	1 Août.
15	6	15	5	15	3	15	4	15	3	15	2
16	7	16	6	16	4	16	5	16	4	16	3
17	8	17	7	17	5	17	6	17	5	17	4
18	9	18	8	18	6	18	7	18	6	18	5
19	10	19	9	19	7	19	8	19	7	19	6
20	11	20	10	20	8	20	9	20	8	20	7
21	12	21	11	21	9	21	10	21	9	21	8
22	13	22	12	22	10	22	11	22	10	22	9
23	14	23	13	23	11	23	12	23	11	23	10
24	15	24	14	24	12	24	13	24	12	24	11
25	16	25	15	25	13	25	14	25	13	25	12
26	17	26	16	26	14	26	15	26	14	26	13
27	18	27	17	27	15	27	16	27	15	27	14
28	19	28	18	28	16	28	17	28	16	28	15
29	20	29	19	29	17	29	18	29	17	29	16
30	21	30	20	30	18	30	19	30	18	30	17
1 Brumaire.	22	1 Nivôse.	21	1 Ventôse.	19	1 Floréal.	20	1 Messidor.	19	1 Fructidor.	18
2	23	2	22	2	20	2	21	2	20	2	19
3	24	3	23	3	21	3	22	3	21	3	20
4	25	4	24	4	22	4	23	4	22	4	21
5	26	5	25	5	23	5	24	5	23	5	22
6	27	6	26	6	24	6	25	6	24	6	23
7	28	7	27	7	25	7	26	7	25	7	24
8	29	8	28	8	26	8	27	8	26	8	25
9	30	9	29	9	27	9	28	9	27	9	26
10	31	10	30	10	28	10	29	10	28	10	27
11	1 Novembre.	11	31	11	1 Mars.	11	30	11	29	11	28
12	2	12	1 Janvier 1799.	12	2	12	1 Mai.	12	30	12	29
13	3	13	2	13	3	13	2	13	1 Juillet.	13	30
14	4	14	3	14	4	14	3	14	2	14	31
15	5	15	4	15	5	15	4	15	3	15	1 Septembre.
16	6	16	5	16	6	16	5	16	4	16	2
17	7	17	6	17	7	17	6	17	5	17	3
18	8	18	7	18	8	18	7	18	6	18	4
19	9	19	8	19	9	19	8	19	7	19	5
20	10	20	9	20	10	20	9	20	8	20	6
21	11	21	10	21	11	21	10	21	9	21	7
22	12	22	11	22	12	22	11	22	10	22	8
23	13	23	12	23	13	23	12	23	11	23	9
24	14	24	13	24	14	24	13	24	12	24	10
25	15	25	14	25	15	25	14	25	13	25	11
26	16	26	15	26	16	26	15	26	14	26	12
27	17	27	16	27	17	27	16	27	15	27	13
28	18	28	17	28	18	28	17	28	16	28	14
29	19	29	18	29	19	29	18	29	17	29	15
30	20	30	19	30	20	30	19	30	18	30	16
									Jours complémentaires.	1	17
										2	18
										3	19
										4	20
										5	21
										6	22

An 8 (1799—1800).

AN 8—1799.		AN 8 { 1799. 1800.		AN 8—1800.		AN 8—1800.		AN 8—1800.		AN 8—1800.	
Vendémiaire an 8.	Septembre 1799.	Frimaire.	Novembre.	Pluviôse.	Janvier.	Germinal.	Mars.	Prairial.	Mai.	Thermidor.	Juillet.
1	23	1	22	1	21	1	22	1	21	1	20
2	24	2	23	2	22	2	23	2	22	2	21
3	25	3	24	3	23	3	24	3	23	3	22
4	26	4	25	4	24	4	25	4	24	4	23
5	27	5	26	5	25	5	26	5	25	5	24
6	28	6	27	6	26	6	27	6	26	6	25
7	29	7	28	7	27	7	28	7	27	7	26
8	30	8	29	8	28	8	29	8	28	8	27
9	1 Octobre.	9	30	9	29	9	30	9	29	9	28
10	2	10	1 Décembre.	10	30	10	31	10	30	10	29
11	3	11	2	11	31	11	1 Avril.	11	31	11	30
12	4	12	3	12	1 Février.	12	2	12	1 Juin.	12	31
13	5	13	4	13	2	13	3	13	2	13	1 Août.
14	6	14	5	14	3	14	4	14	3	14	2
15	7	15	6	15	4	15	5	15	4	15	3
16	8	16	7	16	5	16	6	16	5	16	4
17	9	17	8	17	6	17	7	17	6	17	5
18	10	18	9	18	7	18	8	18	7	18	6
19	11	19	10	19	8	19	9	19	8	19	7
20	12	20	11	20	9	20	10	20	9	20	8
21	13	21	12	21	10	21	11	21	10	21	9
22	14	22	13	22	11	22	12	22	11	22	10
23	15	23	14	23	12	23	13	23	12	23	11
24	16	24	15	24	13	24	14	24	13	24	12
25	17	25	16	25	14	25	15	25	14	25	13
26	18	26	17	26	15	26	16	26	15	26	14
27	19	27	18	27	16	27	17	27	16	27	15
28	20	28	19	28	17	28	18	28	17	28	16
29	21	29	20	29	18	29	19	29	18	29	17
30	22	30	21	30	19	30	20	30	19	30	18
Brumaire.		Nivôse.		Ventôse.		Floréal.		Messidor.		Fructidor.	
1	23	1	22	1	20	1	21	1	20	1	19
2	24	2	23	2	21	2	22	2	21	2	20
3	25	3	24	3	22	3	23	3	22	3	21
4	26	4	25	4	23	4	24	4	23	4	22
5	27	5	26	5	24	5	25	5	24	5	23
6	28	6	27	6	25	6	26	6	25	6	24
7	29	7	28	7	26	7	27	7	26	7	25
8	30	8	29	8	27	8	28	8	27	8	26
9	31	9	30	9	28	9	29	9	28	9	27
10	1 Novembre.	10	31	10	1 Mars.	10	30	10	29	10	28
11	2	11	1 Janvier 1800.	11	2	11	1 Mai.	11	30	11	29
12	3	12	2	12	3	12	2	12	1 Juillet.	12	30
13	4	13	3	13	4	13	3	13	2	13	31
14	5	14	4	14	5	14	4	14	3	14	1 Septembre.
15	6	15	5	15	6	15	5	15	4	15	2
16	7	16	6	16	7	16	6	16	5	16	3
17	8	17	7	17	8	17	7	17	6	17	4
18	9	18	8	18	9	18	8	18	7	18	5
19	10	19	9	19	10	19	9	19	8	19	6
20	11	20	10	20	11	20	10	20	9	20	7
21	12	21	11	21	12	21	11	21	10	21	8
22	13	22	12	22	13	22	12	22	11	22	9
23	14	23	13	23	14	23	13	23	12	23	10
24	15	24	14	24	15	24	14	24	13	24	11
25	16	25	15	25	16	25	15	25	14	25	12
26	17	26	16	26	17	26	16	26	15	26	13
27	18	27	17	27	18	27	17	27	16	27	14
28	19	28	18	28	19	28	18	28	17	28	15
29	20	29	19	29	20	29	19	29	18	29	16
30	21	30	20	30	21	30	20	30	19	30	17
									Jours complémentaires.	1	18
										2	19
										3	20
										4	21
										5	22

An 9 (1800—1801).

An 9.—1800.		An 9 { 1800. 1801.		An 9—1801.		An 9—1801.		An 9—1801.		An 9—1801.	
Vendémiaire an 9. 1	Septembre 1800. 23	Frimaire. 1	Novembre. 22	Pluviôse. 1	Janvier. 21	Germinal. 1	Mars. 22	Prairial. 1	Mai. 21	Thermidor. 1	Juillet. 20
2	24	2	23	2	22	2	23	2	22	2	21
3	25	3	24	3	23	3	24	3	23	3	22
4	26	4	25	4	24	4	25	4	24	4	23
5	27	5	26	5	25	5	26	5	25	5	24
6	28	6	27	6	26	6	27	6	26	6	25
7	29	7	28	7	27	7	28	7	27	7	26
8	30	8	29	8	28	8	29	8	28	8	27
9	Octobre. 1	9	30	9	29	9	30	9	29	9	28
10	2	10	Décembre. 1	10	30	10	31	10	30	10	29
11	3	11	2	11	31	11	Avril. 1	11	31	11	30
12	4	12	3	12	Février. 1	12	2	12	Juin. 1	12	31
13	5	13	4	13	2	13	3	13	2	13	Août. 1
14	6	14	5	14	3	14	4	14	3	14	2
15	7	15	6	15	4	15	5	15	4	15	3
16	8	16	7	16	5	16	6	16	5	16	4
17	9	17	8	17	6	17	7	17	6	17	5
18	10	18	9	18	7	18	8	18	7	18	6
19	11	19	10	19	8	19	9	19	8	19	7
20	12	20	11	20	9	20	10	20	9	20	8
21	13	21	12	21	10	21	11	21	10	21	9
22	14	22	13	22	11	22	12	22	11	22	10
23	15	23	14	23	12	23	13	23	12	23	11
24	16	24	15	24	13	24	14	24	13	24	12
25	17	25	16	25	14	25	15	25	14	25	13
26	18	26	17	26	15	26	16	26	15	26	14
27	19	27	18	27	16	27	17	27	16	27	15
28	20	28	19	28	17	28	18	28	17	28	16
29	21	29	20	29	18	29	19	29	18	29	17
30	22	30	21	30	19	30	20	30	19	30	18
Brumaire. 1	23	Nivôse. 1	22	Ventôse. 1	20	Floréal. 1	21	Messidor. 1	20	Fructidor. 1	19
2	24	2	23	2	21	2	22	2	21	2	20
3	25	3	24	3	22	3	23	3	22	3	21
4	26	4	25	4	23	4	24	4	23	4	22
5	27	5	26	5	24	5	25	5	24	5	23
6	28	6	27	6	25	6	26	6	25	6	24
7	29	7	28	7	26	7	27	7	26	7	25
8	30	8	29	8	27	8	28	8	27	8	26
9	31	9	30	9	28	9	29	9	28	9	27
10	Novembre. 1	10	31	10	Mars. 1	10	30	10	29	10	28
11	2	11	Janvier 1801. 1	11	2	11	Mai. 1	11	30	11	29
12	3	12	2	12	3	12	2	12	Juillet. 1	12	30
13	4	13	3	13	4	13	3	13	2	13	31
14	5	14	4	14	5	14	4	14	3	14	Septembre. 1
15	6	15	5	15	6	15	5	15	4	15	2
16	7	16	6	16	7	16	6	16	5	16	3
17	8	17	7	17	8	17	7	17	6	17	4
18	9	18	8	18	9	18	8	18	7	18	5
19	10	19	9	19	10	19	9	19	8	19	6
20	11	20	10	20	11	20	10	20	9	20	7
21	12	21	11	21	12	21	11	21	10	21	8
22	13	22	12	22	13	22	12	22	11	22	9
23	14	23	13	23	14	23	13	23	12	23	10
24	15	24	14	24	15	24	14	24	13	24	11
25	16	25	15	25	16	25	15	25	14	25	12
26	17	26	16	26	17	26	16	26	15	26	13
27	18	27	17	27	18	27	17	27	16	27	14
28	19	28	18	28	19	28	18	28	17	28	15
29	20	29	19	29	20	29	19	29	18	29	16
30	21	30	20	30	21	30	20	30	19	30	17
									Jours complémentaires.	1	18
										2	19
										3	20
										4	21
										5	22

An 10 (1801—1802).

An 10—1801.		An 10 {1801. 1802.}		An 10—1802.		An 10—1802.		An 10—1802.		An 10—1802.	
1 Vendémiaire an 10.	23 Septembre 1801.	1 Frimaire.	22 Novembre.	1 Pluviôse.	21 Janvier.	1 Germinal.	22 Mars.	1 Prairial.	21 Mai.	1 Thermidor.	20 Juillet.
2	24	2	23	2	22	2	23	2	22	2	21
3	25	3	24	3	23	3	24	3	23	3	22
4	26	4	25	4	24	4	25	4	24	4	23
5	27	5	26	5	25	5	26	5	25	5	24
6	28	6	27	6	26	6	27	6	26	6	25
7	29	7	28	7	27	7	28	7	27	7	26
8	30	8	29	8	28	8	29	8	28	8	27
9	1 Octobre.	9	30	9	29	9	30	9	29	9	28
10	2	10	1 Décembre.	10	30	10	31	10	30	10	29
11	3	11	2	11	31	11	1 Avril.	11	31	11	30
12	4	12	3	12	1 Février.	12	2	12	1 Juin.	12	31
13	5	13	4	13	2	13	3	13	2	13	1 Août.
14	6	14	5	14	3	14	4	14	3	14	2
15	7	15	6	15	4	15	5	15	4	15	3
16	8	16	7	16	5	16	6	16	5	16	4
17	9	17	8	17	6	17	7	17	6	17	5
18	10	18	9	18	7	18	8	18	7	18	6
19	11	19	10	19	8	19	9	19	8	19	7
20	12	20	11	20	9	20	10	20	9	20	8
21	13	21	12	21	10	21	11	21	10	21	9
22	14	22	13	22	11	22	12	22	11	22	10
23	15	23	14	23	12	23	13	23	12	23	11
24	16	24	15	24	13	24	14	24	13	24	12
25	17	25	16	25	14	25	15	25	14	25	13
26	18	26	17	26	15	26	16	26	15	26	14
27	19	27	18	27	16	27	17	27	16	27	15
28	20	28	19	28	17	28	18	28	17	28	16
29	21	29	20	29	18	29	19	29	18	29	17
30	22	30	21	30	19	30	20	30	19	30	18
1 Brumaire.	23	1 Nivôse.	22	1 Ventôse.	20	1 Floréal.	21	1 Messidor.	20	1 Fructidor.	19
2	24	2	23	2	21	2	22	2	21	2	20
3	25	3	24	3	22	3	23	3	22	3	21
4	26	4	25	4	23	4	24	4	23	4	22
5	27	5	26	5	24	5	25	5	24	5	23
6	28	6	27	6	25	6	26	6	25	6	24
7	29	7	28	7	26	7	27	7	26	7	25
8	30	8	29	8	27	8	28	8	27	8	26
9	31	9	30	9	28	9	29	9	28	9	27
10	1 Novembre.	10	31	10	1 Mars.	10	30	10	29	10	28
11	2	11	1 Janvier 1802.	11	2	11	1 Mai.	11	30	11	29
12	3	12	2	12	3	12	2	12	1 Juillet.	12	30
13	4	13	3	13	4	13	3	13	2	13	31
14	5	14	4	14	5	14	4	14	3	14	1 Septembre.
15	6	15	5	15	6	15	5	15	4	15	2
16	7	16	6	16	7	16	6	16	5	16	3
17	8	17	7	17	8	17	7	17	6	17	4
18	9	18	8	18	9	18	8	18	7	18	5
19	10	19	9	19	10	19	9	19	8	19	6
20	11	20	10	20	11	20	10	20	9	20	7
21	12	21	11	21	12	21	11	21	10	21	8
22	13	22	12	22	13	22	12	22	11	22	9
23	14	23	13	23	14	23	13	23	12	23	10
24	15	24	14	24	15	24	14	24	13	24	11
25	16	25	15	25	16	25	15	25	14	25	12
26	17	26	16	26	17	26	16	26	15	26	13
27	18	27	17	27	18	27	17	27	16	27	14
28	19	28	18	28	19	28	18	28	17	28	15
29	20	29	19	29	20	29	19	29	18	29	16
30	21	30	20	30	21	30	20	30	19	30	17
								Jours complémentaires.		1	18
										2	19
										3	20
										4	21
										5	22

AN 11 (1802—1803).

AN 11—1802.			
Vendémiaire an 11.	1	23	Septembre 1802.
	2	24	
	3	25	
	4	26	
	5	27	
	6	28	
	7	29	
	8	30	
	9	1	Octobre.
	10	2	
	11	3	
	12	4	
	13	5	
	14	6	
	15	7	
	16	8	
	17	9	
	18	10	
	19	11	
	20	12	
	21	13	
	22	14	
	23	15	
	24	16	
	25	17	
	26	18	
	27	19	
	28	20	
	29	21	
	30	22	
Brumaire.	1	23	
	2	24	
	3	25	
	4	26	
	5	27	
	6	28	
	7	29	
	8	30	
	9	31	
	10	1	Novembre.
	11	2	
	12	3	
	13	4	
	14	5	
	15	6	
	16	7	
	17	8	
	18	9	
	19	10	
	20	11	
	21	12	
	22	13	
	23	14	
	24	15	
	25	16	
	26	17	
	27	18	
	28	19	
	29	20	
	30	21	

AN 11 {1802. 1803.			
Frimaire.	1	22	Novembre.
	2	23	
	3	24	
	4	25	
	5	26	
	6	27	
	7	28	
	8	29	
	9	30	
	10	1	Décembre.
	11	2	
	12	3	
	13	4	
	14	5	
	15	6	
	16	7	
	17	8	
	18	9	
	19	10	
	20	11	
	21	12	
	22	13	
	23	14	
	24	15	
	25	16	
	26	17	
	27	18	
	28	19	
	29	20	
	30	21	
Nivôse.	1	22	
	2	23	
	3	24	
	4	25	
	5	26	
	6	27	
	7	28	
	8	29	
	9	30	
	10	31	
	11	1	Janvier 1803.
	12	2	
	13	3	
	14	4	
	15	5	
	16	6	
	17	7	
	18	8	
	19	9	
	20	10	
	21	11	
	22	12	
	23	13	
	24	14	
	25	15	
	26	16	
	27	17	
	28	18	
	29	19	
	30	20	

AN 11—1803.			
Pluviôse.	1	21	Janvier.
	2	22	
	3	23	
	4	24	
	5	25	
	6	26	
	7	27	
	8	28	
	9	29	
	10	30	
	11	31	
	12	1	Février.
	13	2	
	14	3	
	15	4	
	16	5	
	17	6	
	18	7	
	19	8	
	20	9	
	21	10	
	22	11	
	23	12	
	24	13	
	25	14	
	26	15	
	27	16	
	28	17	
	29	18	
	30	19	
Ventôse.	1	20	
	2	21	
	3	22	
	4	23	
	5	24	
	6	25	
	7	26	
	8	27	
	9	28	
	10	1	Mars.
	11	2	
	12	3	
	13	4	
	14	5	
	15	6	
	16	7	
	17	8	
	18	9	
	19	10	
	20	11	
	21	12	
	22	13	
	23	14	
	24	15	
	25	16	
	26	17	
	27	18	
	28	19	
	29	20	
	30	21	

AN 11—1803.			
Germinal.	1	22	Mars.
	2	23	
	3	24	
	4	25	
	5	26	
	6	27	
	7	28	
	8	29	
	9	30	
	10	31	
	11	1	Avril.
	12	2	
	13	3	
	14	4	
	15	5	
	16	6	
	17	7	
	18	8	
	19	9	
	20	10	
	21	11	
	22	12	
	23	13	
	24	14	
	25	15	
	26	16	
	27	17	
	28	18	
	29	19	
	30	20	
Floréal.	1	21	
	2	22	
	3	23	
	4	24	
	5	25	
	6	26	
	7	27	
	8	28	
	9	29	
	10	30	
	11	1	Mai
	12	2	
	13	3	
	14	4	
	15	5	
	16	6	
	17	7	
	18	8	
	19	9	
	20	10	
	21	11	
	22	12	
	23	13	
	24	14	
	25	15	
	26	16	
	27	17	
	28	18	
	29	19	
	30	20	

AN 11—1803.			
Prairial.	1	21	Mai.
	2	22	
	3	23	
	4	24	
	5	25	
	6	26	
	7	27	
	8	28	
	9	29	
	10	30	
	11	31	
	12	1	Juin.
	13	2	
	14	3	
	15	4	
	16	5	
	17	6	
	18	7	
	19	8	
	20	9	
	21	10	
	22	11	
	23	12	
	24	13	
	25	14	
	26	15	
	27	16	
	28	17	
	29	18	
	30	19	
Messidor.	1	20	
	2	21	
	3	22	
	4	23	
	5	24	
	6	25	
	7	26	
	8	27	
	9	28	
	10	29	
	11	30	
	12	1	Juillet.
	13	2	
	14	3	
	15	4	
	16	5	
	17	6	
	18	7	
	19	8	
	20	9	
	21	10	
	22	11	
	23	12	
	24	13	
	25	14	
	26	15	
	27	16	
	28	17	
	29	18	
	30	19	

AN 11—1803.			
Thermidor.	1	20	Juillet.
	2	21	
	3	22	
	4	23	
	5	24	
	6	25	
	7	26	
	8	27	
	9	28	
	10	29	
	11	30	
	12	31	
	13	1	Août.
	14	2	
	15	3	
	16	4	
	17	5	
	18	6	
	19	7	
	20	8	
	21	9	
	22	10	
	23	11	
	24	12	
	25	13	
	26	14	
	27	15	
	28	16	
	29	17	
	30	18	
Fructidor.	1	19	
	2	20	
	3	21	
	4	22	
	5	23	
	6	24	
	7	25	
	8	26	
	9	27	
	10	28	
	11	29	
	12	30	
	13	31	
	14	1	Septembre.
	15	2	
	16	3	
	17	4	
	18	5	
	19	6	
	20	7	
	21	8	
	22	9	
	23	10	
	24	11	
	25	12	
	26	13	
	27	14	
	28	15	
	29	16	
	30	17	
Jours complémentaires.	1	18	
	2	19	
	3	20	
	4	21	
	5	22	
	6	23	

An 12 (1803—1804).

An 12—1803.		An 12 { 1803. 1804.		An 12—1804.		An 12—1804.		An 12—1804.		An 12—1804.	
1 Vendémiaire an 12.	24 Septemb. 1803.	1 Frimaire.	23 Novembre.	1 Pluviôse.	22 Janvier.	1 Germinal.	22 Mars.	1 Prairial.	21 Mai.	1 Thermidor.	20 Juillet.
2	25	2	24	2	23	2	23	2	22	2	21
3	26	3	25	3	24	3	24	3	23	3	22
4	27	4	26	4	25	4	25	4	24	4	23
5	28	5	27	5	26	5	26	5	25	5	24
6	29	6	28	6	27	6	27	6	26	6	25
7	30	7	29	7	28	7	28	7	27	7	26
8	1 Octobre.	8	30	8	29	8	29	8	28	8	27
9	2	9	1 Décembre.	9	30	9	30	9	29	9	28
10	3	10	2	10	31	10	31	10	30	10	29
11	4	11	3	11	1 Février.	11	1 Avril.	11	31	11	30
12	5	12	4	12	2	12	2	12	1 Juin.	12	31
13	6	13	5	13	3	13	3	13	2	13	1 Août.
14	7	14	6	14	4	14	4	14	3	14	2
15	8	15	7	15	5	15	5	15	4	15	3
16	9	16	8	16	6	16	6	16	5	16	4
17	10	17	9	17	7	17	7	17	6	17	5
18	11	18	10	18	8	18	8	18	7	18	6
19	12	19	11	19	9	19	9	19	8	19	7
20	13	20	12	20	10	20	10	20	9	20	8
21	14	21	13	21	11	21	11	21	10	21	9
22	15	22	14	22	12	22	12	22	11	22	10
23	16	23	15	23	13	23	13	23	12	23	11
24	17	24	16	24	14	24	14	24	13	24	12
25	18	25	17	25	15	25	15	25	14	25	13
26	19	26	18	26	16	26	16	26	15	26	14
27	20	27	19	27	17	27	17	27	16	27	15
28	21	28	20	28	18	28	18	28	17	28	16
29	22	29	21	29	19	29	19	29	18	29	17
30	23	30	22	30	20	30	20	30	19	30	18
1 Brumaire.	24	1 Nivôse.	23	1 Ventôse.	21	1 Floréal.	21	1 Messidor.	20	1 Fructidor.	19
2	25	2	24	2	22	2	22	2	21	2	20
3	26	3	25	3	23	3	23	3	22	3	21
4	27	4	26	4	24	4	24	4	23	4	22
5	28	5	27	5	25	5	25	5	24	5	23
6	29	6	28	6	26	6	26	6	25	6	24
7	30	7	29	7	27	7	27	7	26	7	25
8	31	8	30	8	28	8	28	8	27	8	26
9	1 Novembre.	9	31	9	29	9	29	9	28	9	27
10	2	10	1 Janvier 1804.	10	1 Mars.	10	30	10	29	10	28
11	3	11	2	11	2	11	1 Mai.	11	30	11	29
12	4	12	3	12	3	12	2	12	1 Juillet.	12	30
13	5	13	4	13	4	13	3	13	2	13	31
14	6	14	5	14	5	14	4	14	3	14	1 Septembre.
15	7	15	6	15	6	15	5	15	4	15	2
16	8	16	7	16	7	16	6	16	5	16	3
17	9	17	8	17	8	17	7	17	6	17	4
18	10	18	9	18	9	18	8	18	7	18	5
19	11	19	10	19	10	19	9	19	8	19	6
20	12	20	11	20	11	20	10	20	9	20	7
21	13	21	12	21	12	21	11	21	10	21	8
22	14	22	13	22	13	22	12	22	11	22	9
23	15	23	14	23	14	23	13	23	12	23	10
24	16	24	15	24	15	24	14	24	13	24	11
25	17	25	16	25	16	25	15	25	14	25	12
26	18	26	17	26	17	26	16	26	15	26	13
27	19	27	18	27	18	27	17	27	16	27	14
28	20	28	19	28	19	28	18	28	17	28	15
29	21	29	20	29	20	29	19	29	18	29	16
30	22	30	21	30	21	30	20	30	19	30	17
								Jours complémentaires.		1	18
										2	19
										3	20
										4	21
										5	22

An 13 (1804—1805).

An 13—1804.		An 13 {1804. 1805.		An 13—1805.		An 13—1805.		An 13—1805.		An 13—1805.	
Vendémiaire an 13. 1	Septembre 1804. 23	Frimaire. 1	Novembre. 22	Pluviôse. 1	Janvier. 21	Germinal. 1	Mars. 22	Prairial. 1	Mai. 21	Thermidor. 1	Juillet. 20
2	24	2	23	2	22	2	23	2	22	2	21
3	25	3	24	3	23	3	24	3	23	3	22
4	26	4	25	4	24	4	25	4	24	4	23
5	27	5	26	5	25	5	26	5	25	5	24
6	28	6	27	6	26	6	27	6	26	6	25
7	29	7	28	7	27	7	28	7	27	7	26
8	30	8	29	8	28	8	29	8	28	8	27
9	Octobre. 1	9	30	9	29	9	30	9	29	9	28
10	2	10	Décembre. 1	10	30	10	31	10	30	10	29
11	3	11	2	11	31	11	Avril. 1	11	31	11	30
12	4	12	3	12	Février. 1	12	2	12	Juin. 1	12	31
13	5	13	4	13	2	13	3	13	2	13	Août. 1
14	6	14	5	14	3	14	4	14	3	14	2
15	7	15	6	15	4	15	5	15	4	15	3
16	8	16	7	16	5	16	6	16	5	16	4
17	9	17	8	17	6	17	7	17	6	17	5
18	10	18	9	18	7	18	8	18	7	18	6
19	11	19	10	19	8	19	9	19	8	19	7
20	12	20	11	20	9	20	10	20	9	20	8
21	13	21	12	21	10	21	11	21	10	21	9
22	14	22	13	22	11	22	12	22	11	22	10
23	15	23	14	23	12	23	13	23	12	23	11
24	16	24	15	24	13	24	14	24	13	24	12
25	17	25	16	25	14	25	15	25	14	25	13
26	18	26	17	26	15	26	16	26	15	26	14
27	19	27	18	27	16	27	17	27	16	27	15
28	20	28	19	28	17	28	18	28	17	28	16
29	21	29	20	29	18	29	19	29	18	29	17
30	22	30	21	30	19	30	20	30	19	30	18
Brumaire. 1	23	Nivôse. 1	22	Ventôse. 1	20	Floréal. 1	21	Messidor. 1	20	Fructidor. 1	19
2	24	2	23	2	21	2	22	2	21	2	20
3	25	3	24	3	22	3	23	3	22	3	21
4	26	4	25	4	23	4	24	4	23	4	22
5	27	5	26	5	24	5	25	5	24	5	23
6	28	6	27	6	25	6	26	6	25	6	24
7	29	7	28	7	26	7	27	7	26	7	25
8	30	8	29	8	27	8	28	8	27	8	26
9	31	9	30	9	28	9	29	9	28	9	27
10	Novembre. 1	10	31	10	Mars. 1	10	30	10	29	10	28
11	2	11	Janvier 1805. 1	11	2	11	Mai. 1	11	30	11	29
12	3	12	2	12	3	12	2	12	Juillet. 1	12	30
13	4	13	3	13	4	13	3	13	2	13	31
14	5	14	4	14	5	14	4	14	3	14	Septembre. 1
15	6	15	5	15	6	15	5	15	4	15	2
16	7	16	6	16	7	16	6	16	5	16	3
17	8	17	7	17	8	17	7	17	6	17	4
18	9	18	8	18	9	18	8	18	7	18	5
19	10	19	9	19	10	19	9	19	8	19	6
20	11	20	10	20	11	20	10	20	9	20	7
21	12	21	11	21	12	21	11	21	10	21	8
22	13	22	12	22	13	22	12	22	11	22	9
23	14	23	13	23	14	23	13	23	12	23	10
24	15	24	14	24	15	24	14	24	13	24	11
25	16	25	15	25	16	25	15	25	14	25	12
26	17	26	16	26	17	26	16	26	15	26	13
27	18	27	17	27	18	27	17	27	16	27	14
28	19	28	18	28	19	28	18	28	17	28	15
29	20	29	19	29	20	29	19	29	18	29	16
30	21	30	20	30	21	30	20	30	19	30	17
								Jours complémentaires.		1	18
										2	19
										3	20
										4	21
										5	22

An 14 (1805).

An 14—1805.		An 14—1805.		An 14—1805.		An 14—1805.		An 14—1805.		An 14—1805.	
Vendémiaire an 14. 1	Septembre 1805. 23	Vendémiaire. 18	Octobre. 10	Brumaire. 5	Octobre. 27	Brumaire. 22	Novembre. 13	Frimaire. 9	N. 30	Frimaire. 26	Décembre. 17
2	24	19	11	6	28	23	14	10	Décembre. 1	27	18
3	25	20	12	7	29	24	15	11	2	28	19
4	26	21	13	8	30	25	16	12	3	29	20
5	27	22	14	9	31	26	17	13	4	30	21
6	28	23	15	10	Novembre. 1	27	18	14	5	Nivôse. 1	22
7	29	24	16	11	2	28	19	15	6	2	23
8	30	25	17	12	3	29	20	16	7	3	24
9	Octobre. 1	26	18	13	4	30	21	17	8	4	25
10	2	27	19	14	5	Frimaire. 1	22	18	9	5	26
11	3	28	20	15	6	2	23	19	10	6	27
12	4	29	21	16	7	3	24	20	11	7	28
13	5	30	22	17	8	4	25	21	12	8	29
14	6	Brumaire. 1	23	18	9	5	26	22	13	9	30
15	7	2	24	19	10	6	27	23	14	10*	31
16	8	3	25	20	11	7	28	24	15		
17	9	4	26	21	12	8	29	25	16		

* Le calendrier républicain a été abrogé le 11 de ce mois.

N° 297.

Calomnie *ou diffamation* (*Plainte en*).

L'an mil huit cent...., le....., à..... heure d....., par-devant nous, maire de la commune d....., s'est présenté le sieur C..... (*nom, prénoms, âge, profession et domicile*), lequel nous a déclaré que le sieur J....., étant dans (*indiquer le lieu public ou la réunion*), a dit à plusieurs personnes qui étaient réunies en cet endroit, et qui le certifieront au besoin, que (*rapporter les injures ou calomnies*), ce qui attaque sa réputation et peut lui nuire ;

Que les faits à lui imputés par ledit sieur J....., étant faux et injurieux, ainsi qu'il se propose de le prouver par témoins, le déposant a cru devoir nous porter plainte contre le sieur J....., requérant qu'il y soit donné telles suites que de droit, conformément à la loi, notamment aux articles 13 et suivants de la loi du 17 mai 1819 (1), se réservant expressément de se pourvoir de son côté, par toutes voies, tant ordinaires qu'extraordinaires, en réparation et indemnité, ainsi qu'il avisera.

De tout quoi nous avons dressé le présent procès-verbal, que le déclarant a affirmé sincère et véritable, après la lecture qui lui en a été faite.

Fait à....., les jour, mois et an que dessus.

(*Signature.*)

(1) « Toute allégation ou imputation d'un fait qui porte atteinte à l'honneur ou à la considération de la personne ou du corps auquel le fait est imputé, est une diffamation. Toute expression outrageante, terme de mépris ou invective, qui ne renferme l'imputation d'aucun fait, est une injure. » (*Loi du* 17 *mai* 1819, *art.* 13.)

« La diffamation envers les particuliers sera punie d'un emprisonnement de cinq jours à un an et d'une amende de vingt-cinq francs à deux mille francs, ou de l'une de ces deux peines seulement, selon les circonstances. » (*Id.*, *art.* 19.)

N° 298.

Cantonnier *communal* (*Arrêté de nomination d'un*).

Le maire de la commune de.....,

Vu la délibération du conseil municipal de cette commune, en date du....., qui ouvre un crédit de..... fr. pour salaire d'un cantonnier communal, et agrée le choix fait par nous du sieur N..... pour occuper cet emploi;

Vu la décision de M. le préfet, du....., approuvant ladite délibération;

En vertu de l'article 12 de la loi du 18 juillet 1837, portant :

« Le maire nomme à tous les emplois communaux pour lesquels la loi n'a pas prescrit un mode spécial de nomination »,

Arrête :

Art. 1er. Le sieur N..... est nommé cantonnier de la commune de..... Il sera chargé des travaux de main-d'œuvre relatifs à l'entretien des chemins vicinaux et communaux désignés ci-après.... (*Désigner les chemins et les limites dans lesquels devront se renfermer les travaux et la surveillance du cantonnier.*)

2. Le cantonnier devra rétablir lesdits chemins partout où il en sera besoin, et les entretenir de manière à ce qu'ils soient unis, fermes et d'un aspect satisfaisant en toute saison.

3. A cet effet, il devra, suivant les ordres et les instructions qui lui seront donnés au besoin : Assurer l'écoulement des eaux, au moyen du curage des cassis, gargouilles et de petites saignées faites à propos partout où elles seront nécessaires; — Faire, en saison convenable, les terrasses pour ouvrir et entretenir les fossés; — Enlever, dans le plus court délai possible, au rabot ou à la pelle, les boues liquides ou molles sur toute la largeur de la chaussée; — Enlever la poussière dans les temps secs et la déposer sur les accotements; — Déblayer les neiges sur toute la largeur des chemins, notamment aux endroits où elles s'accumulent et gênent la circulation; — Au moment du dégel, favoriser l'écoulement des eaux et enlever les fragments de glace, les boues et les immondices, afin que les effets de ce dégel nuisent le moins possible aux chemins; — Débarrasser les chaussées des pierres errantes, mobiles ou saillantes, les casser et les enmétrer, pour les mettre en œuvre au fur et à mesure des besoins, en choisissant toujours pour leur emploi les temps humides; — Casser les matériaux destinés à l'entretien, quand ce cassage ne devra pas être fait par l'entrepreneur de la fourniture.

4. Les parties dégradées seront nettoyées et piquées, particulièrement sur les bords, mais seulement jusqu'à la profondeur nécessaire pour assurer la liaison des matériaux.

5. Les parties restaurées devront être entretenues avec un soin particulier jusqu'à ce qu'elles soient complétement affermies.

6. Du 1er mai au 1er septembre, le cantonnier sera sur les chemins, sans désemparer, depuis 5 heures du matin jusqu'à 7 heures du soir; le reste de l'année il y sera depuis le lever jusqu'au coucher du soleil.

7. Le cantonnier sera pourvu à ses frais : 1° d'une brouette; 2° d'une pelle en fer; 3° d'une pelle en bois; 4° d'un outil dit *tournée*, formant pioche d'un côté et pic de l'autre; 5° d'un rabot en fer; 6° d'un rabot de bois; 7° d'un râteau en fer; 8° d'une pince en fer; 9° d'une masse en fer; 10° enfin, d'un cordeau de 20 mètres.

8. Le cantonnier sera pourvu d'un livret destiné à recevoir les notes sur son travail et sa conduite, ainsi que les ordres et instructions qui lui seront donnés. Ce livret devra nous être représenté par lui toutes les fois qu'il en sera requis.

9. Il veillera à ce qu'il ne soit fait aucune réparation, construction, anticipation ou plantation sur les chemins, en contravention aux règlements de voirie, et il nous signalera immédiatement ces contraventions, soit par un rapport verbal, soit par correspondance.

Fait à. ..., le..... 18...

Le maire.

N° 299.

CANTONNIER *communal* (*Livret de*).

Département de....., Commune de.....

Le sieur....., cantonnier, demeurant à.....

Nota. On transcrira, en tête du livret, le règlement par lequel le maire aura réglé le service du cantonnier.

DATES.	ORDRES ET INSTRUCTIONS du maire.	NOTES D'EXÉCUTION des travaux et rapports à présenter.	OBSERVATIONS DU MAIRE ou du surveillant délégué.

N° 300.

CARENCE (*Procès-verbal de*) (1).

Nous....., maire de la commune de....., certifions que le sieur T....., ancien fabricant de draps, demeurant en cette commune, au hameau d....., se trouve en état absolu de carence (*insolvabilité*), n'ayant à sa disposition aucune propriété mobilière ni immobilière, et étant entièrement à la charge de ses enfants.

Lesquels faits sont à notre parfaite connaissance, et nous sont de plus certifiés par le témoignage des sieurs L..... et K....., propriétaires, habitant dans la commune; en foi de quoi lesdits ont signé au présent avec nous.

Fait à....., le..... 18...

(*Signatures*.)

Voir, pour *exemption d'amende*, les formules n°s 75 et 76.

N° 301.

CARRIÈRE (2). — *Procès-verbal dressé contre l'entrepreneur d'une carrière.*

L'an mil huit cent....., le. ...., à..... heure de....., nous, maire (adjoint au maire *ou* commissaire de police) de la commune d....., chargé sous le rapport de la sûreté publique de la surveillance à exercer sur l'exploitation des

(1) Les maires sont dans le cas de dresser des procès-verbaux ou de délivrer des certificats de carence (*ou insolvabilité*), 1° pour les individus condamnés à l'amende en simple police ou en police correctionnelle; 2° pour d'autres morts sans rien laisser et aux familles desquels le receveur de l'enregistrement réclame le droit de succession.

(2) Au nombre des dispositions des anciens règlements, relatives aux carrières, se trouvent : 1° l'interdiction d'ouvrir aucune carrière à moins de 60 mètres de distance des bords extérieurs d'une grande route, ou des murs d'un édifice quelconque (déclaration du roi, 17 mars 1780); 2° l'obligation, pour ceux qui exploitent des carrières à tranchée ouverte, de couper les terres en retraite par banquettes ou avec talus suffisants pour empêcher l'éboulement des terres. (Décl. du roi, 23 janvier 1779.)

carrières (*en vertu des lois du* 21 *avril* 1810, *décret du* 22 *mars* 1813, *et ordonnance en date du* 21 *octobre* 1814), informé que le sieur C....., propriétaire de la carrière située à....., sur les abords du chemin d....., à....., avait, par de nouvelles excavations trop rapprochées dudit chemin, compromis la sûreté des voyageurs, nous sommes transporté sur les lieux, où, ayant reconnu l'exactitude des plaintes qui nous sont parvenues, avons fait appeler ledit sieur C....., et lui avons fait observer qu'il se trouvait en contravention aux lois précitées; nous l'avons en conséquence sommé d'avoir à faire cesser ses travaux d'excavation, et à s'occuper immédiatement de rétablir les lieux dans l'état où ils étaient auparavant : à quoi ledit sieur C..... a refusé d'obtempérer, se prétendant libre sur sa propriété, et se réservant de faire valoir ses moyens de défense. Nous avons, en conséquence de ce refus, dressé le présent procès-verbal, qui sera transmis immédiatement à M. le procureur impérial, pour y être donné telle suite qu'il appartiendra.

Invité à signer avec nous, après lecture faite, le sieur C..... s'y est formellement refusé.

Fait à....., le...,. 18... *(Signature.)*

N° 302.

Carte *de sûreté* (1).

(Recto.) VILLE D.....

CARTE DE SURETÉ.

Registre 1er, Folio 20, N° 240.

Le sieur Lallemand (Martin), natif de Rouen, département de la Seine-Inférieure, arrivé en cette ville le 22 de ce mois, profession de graveur, âgé de 28 ans, demeurant rue d....., n°..., quartier d..... *ou* arrondissement d.....

(Signature du porteur.)

(Verso.) SIGNALEMENT.

Taille de *un mètre soixante centimètres*, cheveux *châtains*, sourcils *noirs*, front *moyen*, yeux *gris*, nez *court*, bouche *moyenne*, menton *rond*, visage *ovale*, teint *coloré;* signes particuliers : *une cicatrice à la joue gauche.*

Délivré par nous, maire *ou* commissaire de police

A....., le..... 18...

(Timbre ou sceau.) *(Signature.)*

N° 303.

Carte *de sûreté* (*Déclaration pour perte de*) (2).

Aujourd'hui..... mil huit cent....., par-devant nous, maire de la commune

---

(1) Les cartes de sûreté sont délivrées en vertu des lois des 19 septembre 1792, 21 mars 1793, 27 nivôse et 19 pluviôse an III, et du décret du 17 janvier 1806. Il y a deux espèces de cartes de sûreté. L'une est délivrée au voyageur qui arrive dans une grande ville et n'y réside que momentanément. L'autre sert à justifier de la qualité du porteur et de son droit de séjourner : elle est délivrée par le maire ou le commissaire de police, sur le dépôt du passeport. Si le réclamant habite la commune où il est né, il lui suffit de présenter son acte de naissance et de se faire assister de deux témoins patentés et domiciliés dans la commune.

(2) Celui qui a perdu sa carte de sûreté en fait sa déclaration, assisté de deux témoins, devant le maire de sa commune ou le commissaire de police; sur le vu de cette déclaration il lui est délivré une nouvelle carte. (*Arrêté de police du* 13 *thermidor an* VIII, 1er *août* 1800.)

d....., s'est présenté le sieur (*nom, prénoms, âge et profession*), habitant la commune, rue....., n°....., lequel nous a déclaré qu'il lui a été délivré le...., à la mairie d....., une carte de sûreté qu'il a perdue, en allant d..... à....., et que malgré ses recherches il n'a pu la retrouver. Pour quoi il nous fait la présente déclaration, afin d'obtenir une nouvelle carte de sûreté, et nous présente pour témoins les sieurs (*noms, prénoms, âge, profession et domicile des témoins*), lesquels nous ont affirmé connaître le déclarant pour un homme probe et honnête ; qu'il est incapable de tromper l'autorité et d'avoir abusé de la carte qu'il déclare avoir perdue ; en foi de quoi nous lui avons délivré une nouvelle carte de sûreté.

Et ont le déclarant et les témoins signé avec nous, les jour, mois et an que dessus. (*Signatures.*)

N° 304.

CARTES *à jouer* (*Procès-verbal pour contravention aux lois relatives aux*) (1).

Aujourd'hui....., le..... mil huit cent....., à..... heure d....., nous, adjoint (*ou* commissaire de police) de la commune d....., à ce délégué par M. le maire, sur la réquisition du sieur Louis D....., contrôleur des contributions indirectes, demeurant à....., rue....., n°....., commissionné et assermenté en justice, avons accompagné ledit sieur L. D..... dans les visites qu'il avait ordre de faire chez plusieurs fabricants et débitants de cartes à jouer, pour y constater par procès-verbal les contraventions dont ils pourraient être prévenus.

Chez le sieur F....., fabricant ou débitant de cartes à jouer, demeurant rue....., n°....., nous avons trouvé..... (*Désigner d'une manière détaillée les objets de contravention trouvés, leur nature, et l'article de la loi applicable au délit. Recevoir la déclaration du fabricant ou débitant et la lui faire signer.*)

Sur quoi, nous, adjoint susnommé, vu les articles 166, 167 et 168 de la loi sur les contributions indirectes, annexés à la deuxième partie de la loi de finances du 28 avril 1816, avons saisi et confisqué les cartes et ustensiles désignés au présent procès-verbal, comme objets de fraude ou y servant, et les avons remis aux mains du sieur L. D..... pour être par lui déposés au greffe du tribunal correctionnel. Nous avons ensuite rédigé le présent procès-verbal, auquel nous avons vaqué sans interruption jusqu'à.... heure d...., et que ledit sieur L. D... a signé avec nous.

Fait à....., le..... 18...

(*Signatures.*)

N° 305.

CARTES *à jouer*. — *Procès-verbal constatant la découverte et la saisie de cartes à jouer non pourvues du timbre de l'administration des contributions indirectes.*

Aujourd'hui..... mil huit cent....., nous....., adjoint au maire (*ou* commissaire de police) de la commune d....., assisté de MM....., gendarmes, fai-

---

(1) Aux termes des articles 1er et 3 de la décision du ministre des finances du 17 octobre 1816, les gendarmes qui ont constaté la contravention ont droit à la moitié du produit des amendes et des confiscations.

« Tout individu qui fabriquera des cartes à jouer ou qui en introduira en France, ou qui en distribuera, vendra, colportera sans y être autorisé par la régie, sera puni de la confiscation des objets en fraude, d'une amende de 1,000 à 3,000 fr., et d'un mois d'emprisonnement ; en cas de récidive, l'amende sera toujours de 3,000 fr. » (*Loi du 28 avril 1816, art. 166.*)

« Les dispositions des articles 223, 224, 225 et 226 de la présente loi seront applicables à la fraude et à la contrebande des cartes à jouer. » (*Id., art. 169.*)

sant la visite des auberges et cafés de cette ville, pour la surveillance des étrangers, et veiller à l'exécution des lois, et nous trouvant dans le café du sieur...., avons aperçu sur le billard dix jeux de cartes neuves, dont l'enveloppe ne portait pas le timbre ou cachet de l'administration des contributions indirectes; ayant demandé audit sieur..... d'où lui provenaient ces cartes, et s'il en avait encore d'autres semblables, il nous a répondu qu'il n'en possédait pas d'autres, et qu'il ne pouvait nous faire connaître où il se les était procurées.

En conséquence, et attendu que le fait ci-dessus rapporté constitue une contravention à la loi du 28 avril 1816, nous avons déclaré audit sieur..... que nous saisissions ses jeux de cartes, pour en opérer le dépôt au bureau des contributions indirectes de cette ville, et que nous dresserions contre lui procès-verbal de sa contravention.

De ce que dessus et après avoir remis à M......, receveur de ladite administration, les cartes par nous saisies, nous avons rédigé le présent procès-verbal qui sera adressé à M. le directeur des contributions indirectes de ce département.

Fait et clos à....., les jour, mois et an que dessus.

(*Signatures.*)

N° 306.

Cassation (1) (*Certificat pour dispense de consignation en cas de recours en*).

Nous, maire de la commune d...., certifions que Joseph B....., journalier en cette commune et y demeurant, est dans un état d'indigence qui ne lui permet pas de consigner l'amende exigée par la loi pour exercer son recours en cassation, dans le procès pendant entre lui et le sieur Louis S.....

Fait à....., le..... 18...

(*Signature.*)

N° 307.

Cautionnement. — *Déclaration à faire par un titulaire de cautionnement en faveur de son bailleur de fonds pour lui faire acquérir le privilége de second ordre.*

Par-devant, etc. (*devant notaire*),

fut présent (*nom, qualité et demeure*), lequel a, par ces présentes, déclaré que la somme de..... que le comparant a versée à la caisse de..... pour (*la totalité ou partie*) du cautionnement auquel il est assujetti en sadite qualité, appartient en capital et intérêts à N.... (*nom, qualité et demeure*), ou à NN...; savoir : à N..... jusqu'à concurrence de la somme de....., et à N..... jusqu'à concurrence de celle de.....; pour quoi il requiert et consent que la présente déclaration soit inscrite sur les registres de la caisse d'amortissement, afin que ledit N..... ait et acquière, *ou* lesdits NN..... aient et acquièrent le privilége du second ordre sur ledit cautionnement, conformément aux dispositions de la loi du 25 nivôse an XIII et du décret du 28 août 1808.

Fait, etc.

(*Signatures.*)

Voyez : *Quitus.*

---

(1) « Sont dispensées de l'amende, les personnes qui joindront à leur demande en cassation : 1° un extrait du rôle des contributions, constatant qu'elles payent moins de six francs, ou un extrait du percepteur de leur commune, portant qu'elles ne sont point imposées; 2° un certificat d'indigence à elles délivré par le maire de la commune de leur domicile ou par son adjoint, visé par le sous-préfet, et approuvé par le préfet de leur département. » (*Code d'instruct. crim., art.* 420.)

N° 308.

Cautionnement *à fournir par les adjudicataires de travaux ou fournitures* (*Acte de*)

Aujourd'hui..... mil huit cent....., pour l'exécution des articles..... du cahier des charges de l'adjudication de....., le sieur....., adjudicataire, au prix de....., suivant le procès-verbal du....., a présenté pour sa caution M..... (*nom, prénoms, qualité, demeure*), lequel, après avoir pris connaissance du procès-verbal d'adjudication et du cahier des charges y annexé, s'est volontairement rendu caution dudit sieur....., adjudicataire, et s'est soumis et obligé, conjointement et solidairement avec lui, sans division ni discussion quelconque, à l'entière et parfaite exécution de ladite adjudication.

En conséquence, ledit sieur....., pour sûreté et garantie de son cautionnement, a affecté et hypothéqué les biens immobiliers qu'il a déclaré lui appartenir, et dont le détail suit :.....

Nous, maire de la commune de....., après avoir examiné les titres produits par ledit sieur....., et après avoir pris l'avis de MM....., membres de la commission municipale, avons accepté les biens immobiliers affectés au présent cautionnement, lesquels nous avons reconnu être de la valeur de..... en revenu net, représentant, à raison de vingt fois ce revenu, un capital de....., et être libres de toute hypothèque jusqu'à concurrence de la somme de....., laquelle est égale *ou* supérieure au chiffre fixé pour le montant dudit cautionnement par l'article..... du cahier des charges qui a servi de base à l'adjudication ;

Nous réservant de faire faire toutes inscriptions nécessaires aux hypothèques, et de former tous actes conservatoires aux frais dudit sieur....., adjudicataire, et solidairement aux frais dudit sieur....., sa caution, et encore de faire poursuivre ledit sieur....., sa caution, pour se voir condamner aux peines prononcées, en cas de fausses déclarations de sa part.

Fait à....., le..... 18... (*Signatures.*)

Enregistré à.....

N° 309.

Certificat *de civisme, ou de jouissance des droits civils, civiques et politiques* (1).

(Sur papier timbré.)

Nous....., maire de la commune d....., arrondissement d....., département d....., d'après les renseignements qui nous ont été donnés par des personnes recommandables, certifions que M. N....., demeurant à....., qui postule un office de....., est de bonnes vie et mœurs, et qu'il jouit de ses droits civils, civiques et politiques.

En foi de quoi, nous lui avons délivré le présent certificat.

A....., le..... 18...

(*Sceau de la mairie.*) *Le maire.*

Vu par nous, sous-préfet de l'arrondissement d....., pour légalisation de la signature du sieur M....., maire, apposée ci-dessus.

A....., le..... 18...

(*Sceau de la sous-préfecture.*) *Le sous-préfet.*

(1) Celui qui veut obtenir un office d'avoué, de notaire, de greffier, etc., droit produire un certificat du maire constatant qu'il jouit de ses droits civils, civiques et politiques.

N° 310.

CERTIFICAT *de bonne conduite*

(Sur papier timbré.)

Le maire de la commune d....., arrondissement d....., département d....., certifie que le sieur N....., né à....., département d....., domicilié dans la présente commune depuis le....., s'est toujours bien comporté et que sa conduite est irréprochable.

Si l'individu qui réclame le certificat a quitté la commune depuis plusieurs années, ces derniers mots seront remplacés par ceux-ci : Certifie que le sieur N..... s'est bien comporté et que sa conduite a été irréprochable pendant le temps qu'il a habité la présente commune.

En foi de quoi, le présent lui a été délivré.

A....., le..... 18...

(*Sceau de la mairie.*) *Le maire.*

Légalisation du sous-préfet. — Voy. n° 309.

N° 311.

CERTIFICAT *de bonnes vie et mœurs.*

(Sur papier timbré.)

Nous, maire de la commune d....., arrondissement d....., département d....., certifions (*on ajoutera ici, si le maire ne connaît pas personnellement le requérant* : sur l'attestation de sieurs N..... et N.....) que le sieur Nicolas-Joseph N....., exerçant la profession de. ..., demeurant dans cette ville, rue....., n°..... (*ou* dans la présente commune, à.....), est de bonnes vie et mœurs, et que sa conduite a toujours été régulière et irréprochable. En foi de quoi nous lui avons délivré le présent certificat pour lui servir et valoir ce que de raison.

A....., le..... 18...

(*Sceau de la mairie.*) *Le maire.*

Légalisation du sous-préfet. — Voy. n° 309.

N° 312.

CERTIFICAT *de bonne conduite pour un corps de troupes de passage dans la commune.*

Département d..... Mairie d.....

Le maire d..... certifie et atteste que le..... commandé par M. N..... s'est comporté en bonne police et discipline militaires à son passage en cette ville.

En foi de quoi, le présent lui a été délivré à la mairie d....., le..... 18...

(*Sceau de la mairie.*) *Le maire*

N° 313.

CERTIFICAT *de bonne conduite pour un militaire en congé qui retourne à son corps.*

Département d..... Mairie d.....

Le maire de la commune de....., arrondissement de....., département de....., certifie que le sieur..... (*nom, prénoms, grade, compagnie, bataillon, régi-*

ment), porteur d'un congé de semestre *ou* d'une permission de son corps, s'est bien comporté pendant tout le temps de son séjour en cette commune.

Fait à....., le..... 18...

(*Sceau.*) *Le maire.*

Légalisation du sous-préfet. — Voy. n° 309.

N° 314.

Certificat *de résidence* (1).

Département d... Arrondissement d... Commune d...

Nous soussigné, maire de la commune d......, certifions sur l'attestation des sieurs....., tous domiciliés dans la commune, que le sieur J. A..... âgé de.... ans, du métier de.... réside ou a résidé sans interruption à..... depuis le..... jusqu'au.....

Fait à....., le..... 18...

(*Signature du certifié.*) (*Signatures des témoins.*) *Le maire.*

N° 315.

Certificat *d'identité* (2).

(Sur papier timbré.)

Aujourd'hui... mil huit cent..., par-devant nous, maire de la commune de ... arrondissement de....., département d....., se sont présentés les sieurs D..., ancien officier, demeurant à..... et C. K..... (*qualité et demeure*), de nous parfaitement connus;

Lesquels ont certifié et attesté pour notoriété à qui il appartiendra qu'ils connaissent parfaitement M..... (*nom, prénoms du pensionnaire, ou créancier, ou rentier*) et qu'il est bien la même personne que celle désignée (*au brevet, au titre ou au certificat*) d'inscription à lui délivré le....., par..... sous le n°..., lequel (*titre, brevet ou certificat*) il nous a présenté, et qu'il est en conséquence seul fondé à toucher à la caisse du..... (*indiquer quelle caisse*), la somme à lui revenant pour (*pension, créances ou rentes*).

En foi de quoi, nous lui avons délivré le présent, qu'il a signé avec nous ainsi que les témoins susnommés.

Fait à....., le....., 18...

(*Signature du requérant.*)

(*Signature du maire certificateur.*)

(*Signatures des témoins.*)

(*Sceau.*)

Légalisation du sous-préfet. — Voy. n° 309.

(1) Ce certificat n'est guère exigé que dans le cas où il s'agit d'obtenir la preuve des six mois de résidence qui établissent le domicile, avant de procéder à la célébration du mariage.

(2) Le créancier d'une rente publique non viagère est tenu de produire un certificat d'identité ou d'individualité au payeur du trésor, pour en obtenir le payement.

Le certificat d'individualité est ausi exigé par les agents de change, lorsqu'ils ont à opérer le transfert d'une rente appartenant à un individu qui leur est inconnu.

Ce certificat est le plus ordinairement délivré par les notaires, cependant il peut être demandé aux maires dans les communes où il n'y a pas de notaires : nous pensons, en conséquence, devoir en donner ici la formule.

N° 316.

CERTIFICAT *de vie pour rentes ou pensions. — Attestation du maire de la commune du titulaire* (1).

Nous, maire de la commune de....., sur la demande du sieur (*nom et prénoms*), titulaire de (*indiquer si c'est d'une rente viagère ou d'une pension*), lui avons délivré la présente attestation, ayant pour but de constater son existence, et l'impossibilité où il est, par suite de (*indiquer si c'est par suite d'infirmités ou de maladie*), de se rendre lui-même auprès du notaire qui lui doit délivrer son certificat de vie.

A....., le..... 18...

Le maire.

Légalisation du sous-préfet. — Voy. n° 309.

N° 317.

CHAMBRE *consultative des arts et manufactures* (*Procès-verbal de renouvellement annuel des membres d'une*) (2).

Aujourd'hui. ..., mil huit cent....., la chambre consultative des arts et manufactures étant assemblée en l'hôtel de la mairie, au lieu ordinaire de ses réunions, en vertu de l'autorisation de M. le préfet du....

M. le maire, remplissant les fonctions de président, annonce que la chambre se réunit pour procéder au renouvellement par tiers de ses membres, en vertu de l'article 7 de l'arrêté du gouvernement du 10 thermidor an XI.

Les deux membres sortant par rang d'ancienneté sont MM. Jean B..... et François C.....

Conformément à l'article précité, la chambre procède immédiatement à la réélection de deux nouveaux membres, par la voie du scrutin.

MM. Alphonse M..... et Etienne O....., ayant obtenu la majorité des suffrages, sont appelés à remplacer les deux membres sortants.

Et ont les membres signé après lecture faite.

Fait à....., les jour, mois et an que dessus.

---

(1) « Quand un rentier-viager ou un pensionnaire est atteint d'une maladie ou d'infirmités qui l'empêchent de venir requérir lui-même son certificat de vie, le notaire n'est autorisé à délivrer ce certificat que sur le vu d'une attestation du maire de la commune, visée par le sous-préfet ou le juge de paix, et constatant l'existence du titulaire, sa maladie et ses infirmités. » (*Décret impérial du 23 septembre 1806.*)

Le certificat de vie doit contenir la mention détaillée de cette attestation, qui reste déposée entre les mains du notaire, et ne peut servir pour une autre échéance de payement.

(2) Les chambres consultatives des manufactures, fabriques, arts et métiers qui sont établies dans les communes désignées par le gouvernement, conformément à l'article 1er de la loi du 22 germinal an XI, sont composées chacune de six membres, et présidées par les maires des lieux où elles sont placées.

Pour procéder à la première formation des chambres consultatives, les préfets, et à leur défaut les maires dans les villes qui ne sont pas chefs-lieux de préfecture, réunissent sous leur présidence, de vingt à trente des manufacturiers et fabricants les plus distingués par l'importance de leurs établissements, lesquels procèdent par scrutin secret, et à la pluralité des suffrages, à l'élection des membres qui doivent composer les chambres.

Les membres de la chambre sont renouvelés par tiers, tous les ans; les membres sortants peuvent être réélus.

Aux deux premiers renouvellements le sort décide quels sont ceux qui doivent sortir.

Les remplacements se font par la chambre, à la majorité absolue des suffrages.

N° 318.

Champignons *colportés et vendus sur la voie publique* (*Procès-verbal de visite des*) (1).

L'an mil huit cent....., le....., à..... heure du...., nous...... adjoint *ou* commissaire de police de la commune de....., passant dans la rue de...., avons rencontré un marchand ambulant, portant dans un panier des champignons qu'il offrait aux passants. Pour quoi nous l'avons engagé à nous suivre à la mairie où l'ayant interrogé, il nous a répondu (*nom, prénoms, âge, profession et demeure du marchand, lieu d'où il a tiré ses champignons, etc.*).

Nonobstant laquelle réponse, nous avons requis le sieur P....., pharmacien *ou* herboriste, habitant cette commune, lequel, après avoir examiné attentivement lesdits champignons, nous a dit et affirmé qu'ils sont de bonne qualité. Sur quoi nous avons accordé audit sieur (*le marchand*) la permission de vendre ses champignons, mais l'avons prévenu qu'à l'avenir il lui faudrait obtenir un certificat d'un pharmacien ou d'un herboriste, constatant que les champignons sont de bonne qualité.

Ou bien : le sieur P....., pharmacien, après avoir examiné attentivement les champignons, nous a dit qu'ils sont de la nature de ceux dits....., dont l'usage peut occasionner de graves accidents; pour quoi nous les avons saisis et confisqués comme pouvant servir de pièces de conviction dans les poursuites que nous nous proposons d'exercer contre le sieur (*le marchand.*)

De tout ce que dessus, nous avons dressé le présent procès-verbal, que le sieur P....., pharmacien, a signé avec nous.

Fait à....., le..... 18...

(*Signatures.*)

N° 319.

Chandelles *et bougies* (*Arrêté municipal au sujet de la vente des*) (2).

Le maire de la ville *ou* commune de.....

Vu les lois des 16-24 août 1790, 18 juillet 1837 et 27 mars 1851;

Vu l'article 31 de l'ordonnance royale du 17 avril 1839;

Arrête :

Art. 1er. La chandelle et la bougie ne pourront être vendues qu'au poids net.

2. Les paquets de chandelles et de bougies devront porter sur l'enveloppe, en caractères d'un centimètre au moins de hauteur, une inscription indicative de leur poids net, enveloppe non comprise, précédée des mots : *poids net*.

3. Les contrevenants au présent arrêté seront poursuivis conformément aux lois.

Fait à....., le..... 18...

Le maire.

N° 320.

Chants *contre l'ordre ou la décence* (*Procès-verbal pour*).

L'an mil huit cent....., le....., à..... heure du....., nous....., soussigné, maire (adjoint *ou* commissaire de police) de la commune de....., département d...., passant sur le champ de foire, avons remarqué un individu qui, par ses chants, avait rassemblé un grand nombre de personnes autour de lui;

(1) L'autorité chargée de la police des marchés ne doit permettre la vente des champignons qu'après les avoir fait vérifier par des personnes ayant les connaissances nécessaires pour en juger.

(2) Modèle annexé à la circulaire du ministre de l'intérieur, du 14 mai 1855.

nous étant approché, afin de nous assurer si les chansons n'étaient pas contraires à l'ordre public, ou ne blessaient pas la décence, nous n'avons pas tardé à nous convaincre que lesdits chants ne pouvaient être plus longtemps tolérés, le sujet en étant contraire à l'ordre public par les allusions qu'il contenait contre le gouvernement (*ou par les expressions contraires aux mœurs : citer ici le passage qui a donné lieu à l'interruption*). Nous étant fait reconnaître, nous avons requis le chanteur de cesser à l'instant et d'avoir à nous suivre à la mairie, où étant arrivé, nous lui avons demandé la présentation de son passe-port, ou à défaut, les papiers qui pourraient le faire connaître : le susdit chanteur ayant déclaré qu'il n'était porteur d'aucun papier qui pût nous fixer sur sa moralité, nous lui avons demandé ses nom, prénoms, âge, profession, lieu de naissance et de résidence habituelle : il nous a répondu se nommer L..... D....., natif de....., département de..... ; qu'il exerce la profession de chanteur public depuis..... ans, et qu'il réside habituellement à.....

Sur quoi, nous soussigné, attendu 1° que ledit L..... D..... n'est muni d'aucun papier qui l'autorise à chanter sur les places publiques; 2° qu'il est en contravention à l'article 287 du Code pénal et aux dispositions prévues par la loi des 19—22 juillet 1791, qui confère aux maires l'interdiction du débit des chansons contraires à l'ordre établi ou à la décence (1); 3° que n'ayant point de passe-port, il doit être considéré comme vagabond; nous l'avons fait conduire à la maison de dépôt, conformément à l'article 45 du Code d'instruction criminelle, pour être statué à son égard ce qu'il appartiendra.

De plus avons ordonné la saisie des exemplaires des chansons chantées et distribuées par ledit L..... D....., au nombre de....., qui, ainsi que le présent procès-verbal, seront immédiatement transmis à M. le procureur impérial.

Fait à....., les jour, mois et an que dessus.

(*Sceau.*)

(*Signature.*)

N° 321.

Chants *nocturnes troublant la tranquillité publique* (2) (*Procès-verbal pour*).

L'an mil huit cent....., le...., nous....., adjoint au maire de la commune de...., chargé de la police municipale par délégation de M. le maire à la date du....., faisant notre ronde habituelle, accompagné des sieurs....., gendarmes à la résidence de...., et passant sur les.... heures du soir...., rue de...., avons rencontré plusieurs jeunes gens qui parcouraient la ville en chantant, et les avons reconnus pour être les sieurs H...., L...., O..... et B...., tous habitants de cette ville, et les avons engagés à cesser une conduite répréhensible, ce à quoi ils ont de suite obtempéré.

Nonobstant et pour remplir notre devoir, nous avons déclaré auxdits sieurs... qu'ils sont en contravention au règlement de police de...., qui défend les bruits et tapages nocturnes (3), et que, pour cause de cette contravention, ils seront

---

(1) Dans les grandes villes, les chanteurs publics doivent être porteurs d'une permission qui leur est délivrée par la police.

Dans les départements, quels que soient les lieux où se trouvent les chanteurs, ils ne peuvent s'établir sur la voie publique sans l'autorisation des maires, qui ont le droit de leur interdire le débit des chansons contraires à la décence et au bon ordre. (Voir *Loi des 19-22 juillet* 1691, *titre* II, *art.* 8; *Code pénal*, *art.* 287 *et suivants; Loi du* 17 *mai* 1819, *art.* 1er *et* 8.)

(2) Les chants qui pendant la nuit troublent le repos des citoyens sont considérés comme bruits et tapages nocturnes, et leurs auteurs sont passibles des peines portées par l'article 479 du Code pénal : les sérénades ne peuvent être comprises au nombre des cas prévus.

Le chant d'un seul homme, lorsqu'il y a eu plainte de la part des habitants, peut être considéré comme tapage nocturne; mais, pour donner lieu à poursuites, le procès-verbal doit établir que la tranquillité des habitants a été troublée et par qui la plainte a été portée.

(3) Voy. *Bruits et Tapages nocturnes.*

cités devant le tribunal de simple police, pour s'y voir appliquer les peines portées à l'article 479 du Code pénal.

De tout ce que dessus, avons dressé le présent procès-verbal pour valoir ce que de droit.

A....., le..... 18...

(*Signature.*)

N° 322.

CHANVRE (1) (*Arrêté de police concernant le rouissage du*).

Nous, maire de la commune de.....

Vu : 1° la loi du 24 août 1790, article 3, titre 2, portant : « Les objets de police confiés à la vigilance et à l'autorité du corps municipal, sont tout ce qui intéresse la sûreté et la commodité du passage dans les rues, quais, places et voies publiques, ce qui comprend le nettoiement, l'enlèvement des décombres, et tout ce qui peut blesser ou endommager les passants, ou causer des exhalaisons nuisibles...., 3° le soin de prévenir par des précautions convenables les accidents et fléaux calamiteux, tels que les incendies, les épidémies, les épizooties. »

2° La loi du 22 juillet 1794, article 46, titre 1er, portant : « Le corps municipal pourra faire des arrêtés lorsqu'il s'agira 1° d'ordonner les précautions locales sur les objets confiés à sa vigilance ou à son autorité par l'article 3 du titre 11 de la loi du 24 août 1790. »

3° La loi du 6 octobre 1791, article 9, titre 2, portant : « Les officiers municipaux veilleront généralement à la tranquillité, à la salubrité et à la sûreté des campagnes. »

4° La loi du 28 pluviose an VIII, articles 12 et 13, lesquels confèrent aux maires et adjoints des communes les fonctions administratives et de police exercées jusqu'alors par les corps et agents municipaux.

5° Les dispositions de l'article 605 de la loi du 3 brumaire an IV.

L'article 471 du Code pénal du 12 février 1810.

6° La loi du 18 juillet 1837, article 10:

Considérant qu'il est de notre devoir de prévenir la corruption des eaux, les exhalaisons nuisibles et les incendies ;

Que le rouissage du chanvre corrompt l'eau, et que par conséquent il ne peut se faire ni dans les rivières ni dans les mares où l'on abreuve habituellement les bestiaux ;

Que le séchage du chanvre occasionne souvent des incendies par l'imprudence de ceux qui l'opèrent.

Avons arrêté et arrêtons ce qui suit :

Art. 1er. Il est défendu à toutes personnes de faire rouir leur chanvre dans aucune partie de la rivière à moins de cinquante mètres au moins de distance des maisons ou abreuvoirs, ainsi que dans aucune mare.

2. Faisons également défense de faire sécher le chanvre dans des fours, ni au feu, auprès des habitations ou dans leur intérieur, et d'allumer du feu pour le sécher à une distance moindre de cinq cents mètres des habitations, et des bois ou forêts.

3. Les contrevenants seront poursuivis par toutes voies légales, pour se voir condamner comme de droit.

4. L'adjoint et le garde champêtre sont spécialement chargés de l'exécution du présent, et de dresser procès-verbal des contraventions, conformément à la loi.

Fait à......, le..... 18... *Le maire.*

---

(1) « Il est expressément défendu de faire rouir le chanvre dans les rivières ou ruisseaux, dans les fontaines ou les mares, cette opération corrompant l'eau dans laquelle on la pratique, et par suite occasionnant la mort des poissons, et des maladies graves aux bestiaux. » (*Arrêts du Conseil des 4 avril et 27 juin 1702, 24 décembre 1719, 11 septembre 1725, 26 février 1732, et 26 décembre 1756.*)

« Le rouissage en grand, par la voie humide, ne peut, sous aucun prétexte, avoir lieu près des habitations, ni sans une autorisation du conseil d'État. » (*Ordonnance du 14 janvier 1815.*)

N° 323.

CHANVRE (*Procès-verbal pour contravention au règlement sur le rouissage du*).

L'an mil huit cent....., le....., nous, adjoint au maire de la commune d...., dûment assermenté et revêtu de nos marques distinctives, avons aperçu, en passant près de la mare dite de Chenoise, du chanvre qui y avait été mis pour rouir; nous étant approché d'un enfant qui gardait des bestiaux près de là, nous avons appris de lui que ce chanvre appartenait au sieur E..... C....., habitant ladite commune : de suite nous nous sommes transporté au domicile dudit, où parlant à sa personne, nous l'avons interpellé sur sa contravention au règlement municipal du.....; il nous a répondu (*consigner ici le dire du délinquant*) : nonobstant laquelle réponse nous lui avons déclaré que nous allions dresser procès-verbal de sa contravention, pour, par le ministère public, y être donné telles suites que de droit.

Fait à....., les jour, mois et an que dessus. (*Signature.*)

N° 324.

CHAPELLES *vicariales* (1). — *Délibération du conseil municipal demandant l'érection d'une église en chapelle vicariale.*

L'an mil huit cent...., le...., le conseil municipal de la commune d...., réuni, etc. Voy. DÉLIBÉRATION.

M. le maire, ayant ouvert la séance, a dit que depuis l'époque où la commune a cessé de former une paroisse et a été réunie pour l'administration du culte à celle de....., chef-lieu de la cure (*ou* succursale), les habitants de..... ont toujours regretté de voir leur ancienne église fermée et d'être obligés de se rendre à....., qui est à une distance de..... kilomètres, pour assister à l'office divin, que par suite de la vente de..... (*ou* de la donation du sieur.....), les revenus ordinaires de la commune se sont accrus considérablement et permettront désormais de pourvoir aux dépenses du culte, et au traitement d'un vicaire chapelain résident; et que pour ces motifs, il proposait au conseil de demander l'érection de l'église de la commune en chapelle vicariale.

Le conseil, après avoir délibéré; vu l'état de la situation financière de la commune; considérant que le déplacement habituel des habitants pour se rendre aux offices de la paroisse à....., leur est onéreux et fatigant; que les ressources de la commune peuvent suffire au payement des dépenses d'établissement et d'entretien d'une chapelle vicariale, comme au traitement d'un chapelain;

Vote à l'unanimité (*ou* à la majorité de..... voix) l'érection de l'église de...., en chapelle vicariale, dont le territoire de la commune formera la circonscription, et prend l'engagement de pourvoir annuellement, sur les revenus ordinaires de la commune, à l'insuffisance des ressources de la fabrique pour l'acquit des dépenses de la chapelle, évaluées ci-après, savoir :

	fr.	c.
Traitement du chapelain........................	»	»
Frais de la célébration du culte...................	»	»
Frais d'achat et d'entretien des ornements, vases sacrés et des objets mobiliers.....................	»	»
Frais d'entretien de l'église.....................	»	»
Frais d'entretien du presbytère..................	»	»
Total...........	»	»

Fait et délibéré à....., les jour, mois et an susdits.

(*Signatures.*)

(1) L'érection des chapelles vicariales est autorisée par le Gouvernement. Pour les pièces à produire à l'appui d'une demande d'érection, Voy. *Dictionnaire municipal*, CHAPELLES.

N° 325.

CHAPELLES *vicariales.—Certificat du percepteur des contributions directes, à joindre à la demande.*

Je, soussigné, percepteur des contributions directes de la commune de....., certifie que les contributions payées par ladite commune pour l'année 18.., s'élèvent en principal, suivant le rôle général de ladite année, à....., savoir :

Foncière	» fr.	» c.
Portes et fenêtres......................	»	»
Personnelle et mobilière................	»	»
Patentes................................	»	»

Et qu'il n'existe aucune imposition communale extraordinaire en recouvrement.

Ou bien : Et qu'il existe une imposition communale extraordinaire de..... centimes en recouvrement, laquelle imposition établie pour les années 18.., 18.. et 18.., est destinée à.....

Fait à....., le..... 18...

(*Signature.*)

Vu par le maire de la commune d....., pour légalisation de la signature du sieur....., percepteur à.....

Le..... 18...

(*Signature.*)

N° 326.

CHARBON *de bois* (*Règlement de police concernant les dépôts et magasins de*).

Nous....., maire de la ville (*ou* commune) de.....

Vu les diverses lois qui nous autorisent à soumettre l'exercice de certaines professions à des règlements, et entre autres les lois des 16-24 août 1790 et 19-24 juillet 1791;

Considérant que l'établissement des magasins de charbon de bois doit attirer l'attention des autorités par les dangers d'incendie qu'ils présentent;

Nous avons ordonné et ordonnons ce qui suit :

Art. 1er. Aucun dépôt de charbon de bois ne devra être formé dans la ville, sans la permission du maire. Les propriétaires des dépôts déjà établis, et qui par conséquent n'ont pu se munir encore de cette permission, devront la demander immédiatement.

2. Toute personne qui voudra établir de ces sortes de dépôts devra à l'avenir faire certifier par des hommes de l'art, que le local est convenablement disposé pour un pareil établissement. Il serait bon que ce local fût isolé des habitations; il devra toujours être au rez-de-chaussée.

3. Il ne pourra être mis en magasin plus de..... hectolitres de charbon à la fois.

4. Il est expressément défendu d'entrer dans les magasins à charbons, sous quelque prétexte que ce soit, avec du feu ou de la lumière.

5. Le marchand aura toujours à portée une certaine quantité d'eau, afin de se rendre maître du feu s'il venait à se déclarer. Cette eau devra être renouvelée assez souvent pour éviter toute exhalaison dangereuse.

6. Les officiers de police feront de fréquentes visites pour s'assurer des dispositions ci-dessus.

7. Toute contravention au présent règlement sera punie conformément aux lois.

Fait à ....., le..... 18...

Le maire.

N° 327.

Charcutiers (*Arrêté de police concernant les*) (1).

Nous....., maire de la ville de.....

Considérant que pour prévenir l'altération des viandes employées et préparées par les charcutiers, il est indispensable que les lieux affectés à l'exercice de cette profession soient suffisamment étendus, ventilés et entretenus dans un état constant de propreté;

Considérant que les feuilles de plomb dont sont revêtus les saloirs, pressoirs et autres ustensiles à l'usage des charcutiers, peuvent imprégner les viandes qui se trouvent en contact avec elles, de sels métalliques dont l'action délétère n'est pas contestée, et que les vases de cuivre employés presque généralement par les charcutiers, pour la préparation des viandes, présentent des dangers plus graves encore;

Vu les lois des 16-24 août 1790 et 2-17 mars 1791; ensemble l'arrêté du gouvernement du 12 messidor an VIII (1er juillet 1800);

Arrêtons ce qui suit :

Art. 1er. A compter de la publication de la présente ordonnance, aucun établissement de charcutier ne sera autorisé qu'après qu'il aura été constaté par les personnes que nous commettrons à cet effet, que les diverses localités où l'on se propose de les former, réunissent toutes les conditions de sûreté publique et de salubrité désirables.

2. Il est défendu de faire usage, dans les établissements de charcutiers, de saloirs, pressoirs et autres ustensiles qui seraient revêtus de feuilles de plomb ou de tout autre métal. Les saloirs et pressoirs seront construits en pierre, en bois ou en grès.

3. L'usage des vases et ustensiles de cuivre, même étamé, est expressément défendu dans tous les établissements de charcutiers. Ces vases et ustensiles seront remplacés par des vases en fonte ou en fer battu.

4. Il est défendu aux charcutiers de se servir de vases en poterie vernissée. Ces vases seront remplacés par des vases en grès ou par toute autre poterie dont la couverte ne contient pas de substances métalliques.

5. Il est défendu aux charcutiers d'employer, dans leurs salaisons et préparations de viandes, des sels de morue, de varech et de salpêtriers.

6. Les charcutiers ne pourront laisser séjourner les eaux de lavage dans les cuvettes destinées à les recevoir. Ces cuvettes devront être vidées et lavées tous les jours.

7. Il est défendu aux charcutiers de verser, avec les eaux de lavage, qu'ils devront diriger sur l'égout le plus voisin, des débris de viande ou de toute autre nature. Ces débris seront réunis et jetés chaque jour dans les tombereaux de nettoiement, au moment de leur passage.

8. Les dispositions de l'article 1er ne seront applicables aux établissements dûment autorisés qui existent actuellement, que lorsqu'ils seront transférés dans d'autres lieux ou lorsqu'ils changeront de titulaires.

Les dispositions des articles 2, 3 et 4 ne seront obligatoires, pour ces mêmes établissements, que six mois après la publication du présent arrêté.

9. Les contraventions aux dispositions du présent arrêté seront constatées par des procès-verbaux ou rapports qui nous seront adressés pour être transmis au tribunal compétent.

Fait à.... , le..... 18...

Le maire.

---

(1) Ce modèle d'arrêté est presque textuellement copié sur l'ordonnance de police rendue, pour la ville de Paris, le 19 décembre 1835.

N° 328.

Charcutiers. — *Procès-verbal pour emploi par un charcutier de vases de cuivre non étamés et tenus malproprement.*

L'an.... et le.... à.... heure de.... nous, N..., commissaire de police de la ville de....., assisté des sieurs A.... et B...., agents de police, faisant notre ronde pour la visite des étaux, vases et ustensiles de charcutiers, sommes entré chez le sieur C....., charcutier, dont l'étal est situé rue....., n°......, lui ayant fait connaître le sujet de notre visite, nous avons immédiatement fait l'inspection de ses chaudières et ustensiles. Nous avons vu dans une chaudière de la viande hachée, préparée pour (*indiquer la nature de la manipulation*), et nous avons remarqué aux parois de la chaudière plusieurs places où il existait une assez grande quantité de vert-de-gris. Sur l'observation que nous en avons faite audit sieur C.... il nous a répondu que (*consigner sa réponse*).... Cette réponse ne nous ayant point paru satisfaisante, nous lui avons dit qu'il compromettait la santé publique par le fait de sa négligence et par l'insalubrité de ses viandes ainsi préparées.

Sur quoi, et attendu que ledit C..... est prévenu d'un délit de simple police prévu par l'article 20 du titre 1er de la loi du 19-22 juillet 1791, et par l'article 475, n° 14, du Code pénal, disons qu'il sera traduit au tribunal de simple police, pour, sur les conclusions du ministère public, être prononcé contre lui telles condamnations qu'il appartiendra.

Quant aux viandes susdésignées, attendu qu'elles sont évidemment insalubres, les avons saisies et confisquées conformément aux lois précitées et les avons remises au nommé D.... pour les enfouir ; ce qui a été effectué en notre présence ; et nous avons payé audit D.... la somme de..... pour son salaire, sauf recours de droit. De tout ce que dessus nous avons dressé le présent procès-verbal et avons signé avec ledit sieur C....., charcutier.

(*Signatures.*)

N° 329.

Charivari (*Procès-verbal à l'occasion d'un*).

L'an mil huit cent..... le...., nous, commissaire de police de la ville d.... (*ou* adjoint de la commune de...., chargé de la police, et à ce délégué par arrêté de M. le maire, en date du ....), informé par le sieur T...., propriétaire, domicilié en cette commune, rue de......, n°......, que plusieurs personnes donnaient un charivari aux sieur et dame D. P.....; nous sommes rendu sur le lieu de ladite réunion, rue de.....; où étant, nous avons reconnu parmi les personnes qui prenaient part au charivari, les sieurs B.... et L....., tous les deux habitants de cette commune, âgés le sieur B..... de..... et le sieur L..... de....., tous les deux propriétaires : avons en outre reconnu le jeune V....., âgé de douze ans, demeurant chez son père, rue de.....; après leur avoir ordonné de cesser leur tapage, nous leur avons enjoint de se retirer, les prévenant qu'ils auront à se présenter, pour ce fait, devant le tribunal de police municipale, lorsqu'ils en seront requis; et attendu qu'ils sont prévenus de s'être rendus coupables de tapage injurieux, troublant la tranquillité publique, contravention de police municipale prévue par les articles 479 (1) et 480 du Code

(1) Les charivaris sont classés au nombre des contraventions de simple police prévues par le paragraphe 8 de l'article 479 du Code pénal, et punis d'une amende de 11 à 15 francs. L'article 480, qui en condamne les auteurs à la prison, est également applicable en cas de récidive.

pénal, disons que, pour la vindicte publique, ils seront traduits au tribunal de police municipale, conformément à l'article 138 du Code d'instruction criminelle, pour, et sur les conclusions du ministère public, être par le tribunal statué ce qu'il appartiendra.

Relativement au jeune V....., âgé de douze ans, dont il est fait mention au présent, ajoutons que, conformément à l'article 1384 du Code Napoléon, le recours sera exercé sur le sieur V....., son père.

Avons en outre opéré saisie des..... (*chaudrons, poêles et autres objets servant au charivari*), dont lesdits sieurs étaient porteurs au moment de notre arrivée, pour ces objets être représentés comme pièces de délit.

De tout ce que dessus avons dressé le présent procès-verbal, et avons signé

Fait à....., le....., 18...

(*Signature.*)

N° 330.

CHARLATAN *qui vend des médicaments sur une place publique sans titre légal* (1) (*Procès-verbal contre un*).

L'an mil huit cent....., le....., à..... heures du....., nous commissaire de police de la commune de....., passant sur la place du....., avons aperçu un assez grand nombre de personnes des deux sexes entourant un individu qui, monté dans une calèche attelée de deux chevaux, proposait des médicaments au public : nous avons reconnu à ses paroles et aux demandes qui lui étaient faites en notre présence, qu'il offrait et débitait des drogues, lesquelles, selon lui, avaient des propriétés particulières à diverses maladies dont il faisait l'énumération.

Nous étant approché, nous l'avons sommé de nous faire savoir s'il s'était présenté devant le maire de la commune, à l'effet d'obtenir l'autorisation de s'établir et débiter ses marchandises, sur la place ou autres lieux publics; il nous a répondu qu'arrivé depuis quelques moments, il n'avait pas encore rempli cette formalité, dont il avait cru pouvoir s'affranchir, attendu qu'elle n'était pas généralement exigée : nous l'avons, en conséquence de sa réponse, requis de nous représenter, 1° son passe-port; 2° le titre en vertu duquel il exerce la profession de médecin; 3° sa patente; 4° l'autorisation en vertu de laquelle il vend des médicaments sur la place.

Nous ayant déclaré qu'il n'était porteur d'aucune des pièces à lui demandées, si ce n'est d'un passeport dont la date remonte à trois années et de plusieurs certificats constatant l'efficacité de ses remèdes, pièces dont l'examen n'est pas de notre compétence, nous l'avons interpellé de nous dire ses nom, prénoms, âge, lieu de naissance et domicile habituel, à quoi il nous a répondu se nommer Louis V....., âgé de....., né à....., département d....., et résidant habituellement à....., département d.....

Et attendu 1° que ledit sieur Louis V.... se trouve par la date de son passeport, passible des peines portées contre les vagabonds; 2° qu'à défaut de présentation de diplôme (2), qui l'autorise à exercer la profession de médecin ambulant

---

(1) Les maires veilleront à la stricte exécution des lois et règlements concernant les charlatans; la loi ne tolère l'exercice de leur profession qu'à la condition par eux de remplir certaines formalités : ainsi, ils ne peuvent débiter leurs remèdes sur les places publiques qu'après en avoir obtenu la permission du maire, à qui ils doivent produire leur diplôme, ou le titre d'après lequel ils peuvent exercer la médecine.

(2) Les articles 1 et 27 de la loi du 19 ventôse an XI (10 mars 1803) disposent que nul ne peut exercer l'état de médecin, chirurgien et officier de santé, sans être porteur d'un diplôme de réception délivré conformément à cette loi.

Les articles 36 et 37 de la loi du 21 germinal an XI (11 avril 1803), et la loi du 29 pluviôse an XIII (18 février 1805), interdisent toute distribution de drogues, de préparations médicamenteuses, de plantes ou parties de plantes médicinales indigènes, fraîches ou sèches, sur des étalages, ou de toute autre manière, dans les places publiques, foires et marchés.

L'article 8 du décret du 18 août 1810 charge les officiers de police de veiller à l'exécution des lois précitées, et de poursuivre les contrevenants devant les tribunaux compétents.

et à vendre et débiter des drogues et médicaments, il est en contravention à l'article 3 de la loi du 3 germinal an XI (11 avril 1803); 3° que la non-production d'une patente le met également en contravention à l'article 38 de la loi du 1er brumaire an VII (22 octobre 1798); qu'enfin, malgré les motifs qu'il nous a allégués plus haut pour se justifier, sa non-comparution à la mairie, afin d'y obtenir la permission de s'établir sur l'une des places de la commune, le constitue en contravention à l'article 471, n° 4, du Code pénal; disons qu'il y a lieu de poursuivre ledit sieur Louis V..... par-devant les tribunaux compétents pour s'y voir condamner, sur les articles 2 et 4 spécifiés ci-dessus; et par-devant le tribunal de simple police, pour les autres cas spécifiés aux articles 1 et 3.

Avons en outre séquestré les plantes et médicaments dont ledit sieur Louis V..... annonçait la vente, ainsi que celles qui se trouvaient dans sa voiture : ayant placé le tout, sur la demande dudit sieur Louis V....., dans un coffre que nous avons scellé de notre cachet, et sur lequel ledit contrevenant a également apposé le sien (*indiquer la marque du cachet*), nous avons placé une étiquette indicative sur ledit coffre, laquelle est revêtue de notre signature et de celle du sieur susnommé, pour le tout être transmis, ainsi que notre procès-verbal, au ministère public chargé de poursuivre les contraventions y énoncées.

Avons en outre retiré au sieur L. V...... le passeport dont il est porteur, attendu qu'il ne peut lui être d'aucune utilité et qu'il lui en sera délivré un autre lorsqu'il aura été statué sur sa position : avons en outre établi en fourrière les voitures et chevaux du susnommé, à l'auberge du....., où il nous a déclaré être descendu, le tout pour lui être rendu après le prononcé des peines qu'il a pu encourir, dont les unes, sont justiciables du tribunal de simple police et les autres du tribunal de police correctionnelle.

De tout ce que dessus, avons dressé le présent procès-verbal et avons signé, les jour, mois et an que dessus.

(*Signature.*)

N° 331.

CHARRUE *et autres instruments d'agriculture rompus ou coupés dans les champs* (*Procès-verbal pour*) (1).

Aujourd'hui..... mil huit cent....., nous....., maire de la commune d.... avons été informé que le sieur B....., fermier en cette commune, ayant laissé dans son champ, pendant la nuit dernière, sa charrue et les jougs de ses bœufs, les avait ce matin trouvés coupés en morceaux. Nous étant rendu en son domicile, et lui ayant demandé s'il connaissait l'auteur du délit, il nous a répondu que ses soupçons se portaient sur le nommé C ..., demeurant au village de... son ancien domestique, qu'il avait congédié deux jours auparavant pour cause d'infidélité, et qui l'avait quitté en le menaçant de l'en faire repentir. Nous étant rendu sur les lieux avec ledit B....., nous avons reconnu que les jougs avaient été coupés les uns en deux, les autres en trois morceaux. Sur la charrue, dont les débris étaient dispersés, se faisaient aussi remarquer des entailles en grand nombre. Ayant examiné avec soin les coupures et entailles faites tant aux jougs qu'à la charrue, il nous a paru qu'elles avaient été produites par un instrument ébréché, employé par un individu frappant de la main gauche. Cette dernière circonstance a confirmé ledit B..... dans ses soupçons, parce que, selon qu'il nous l'a déclaré, l'inculpé C....., se sert, dans son travail, de la main gauche plutôt que de la droite. L'inspection que nous avons faite des traces laissées par l'instrument du délit sur les débris de jougs et de charrue, nous y a fait apercevoir une raie fortement tracée en relief, et qui provient indubitablement d'une brèche qui se trouvait au tranchant dudit instrument; nous étant muni d'un

(1) « Toute rupture, toute destruction d'instruments d'agriculture, de parc de bestiaux, de cabanes de gardiens, sera punie d'un emprisonnement d'un mois au moins, et d'un an au plus. » (*Code pénal, art.* 451.)

« Dans les cas prévus par l'article 451, il sera prononcé une amende qui ne pourra excéder le quart des restitutions et dommages-intérêts, ni être au-dessous de 16 fr. » (*Id., art.* 455.)

morceau de la perche de la charrue, nous nous sommes rendu au domicile dudit C..... inculpé, où, n'ayant trouvé qu'une femme qui nous a dit être sa mère, nous l'avons invitée à nous laisser faire des recherches dans la maison, ce à quoi elle a consenti.

Nous avons aperçu dans un coin de la chambre d'habitation, plusieurs pioches, bêches, serpes et cognées, et les avons examinées; ayant remarqué sur le tranchant d'une forte serpe, une brèche très-apparente, nous l'avons mise en rapport avec la perche de la charrue dont nous nous étions nanti; cette brèche et le sillon qui apparaissait en relief sur ladite perche, se sont trouvés dans une complète coïncidence : nous avons coupé avec cette serpe un morceau de bois ayant dix centimètres environ de diamètre; chaque entaille par nous faite a produit une raie en relief pareille en tout à celles que nous avions remarquées sur les débris d'instruments d'agriculture appartenant au sieur B..... Nous avons demandé à ladite femme C....., si son mari ou son fils s'était absenté pendant la nuit dernière, elle a répondu : Quant à mon mari, je suis certaine que non : mais à l'égard de mon fils, je ne puis le dire, parce qu'il se lève, se couche et sort quand il veut sans que nous nous en apercevions, n'étant pas obligé pour cela de passer par notre chambre.

La serpe par nous trouvée en la maison habitée par lesdits C....., père et fils, nous ayant paru avoir servi à couper et à détruire la charrue et les jougs dont il s'agit, nous nous en sommes emparé pour la déposer au greffe, comme pièce de conviction, et avons invité ledit B..... à recueillir et à mettre en lieu de sûreté, pour les représenter au besoin, les débris desdits jougs et charrue qui, de fait et en notre présence, ont été placés dans.....

Et attendu que les faits ci-dessus rapportés établissent contre ledit C..... présomption du délit prévu par l'article 451 du Code pénal, nous avons rédigé le présent procès-verbal qui sera adressé à M. le procureur impérial pour servir et valoir ce que de droit.

Fait et clos à....., les jour, mois et an que dessus.

(*Signature.*)

N° 332.

CHARRUE. — *Procès-verbal contre un laboureur qui a laissé un coutre de charrue dans les champs.*

L'an mil huit cent..... le....., nous soussigné, garde champêtre de la commune de....., canton de....., arrondissement de....., département d....., faisant notre tournée habituelle, avons aperçu sur les quatre heures du matin, la charrue du sieur L. B.... fermier au lieu de...., laquelle garnie de son coutre était abandonnée sur le bord du chemin de..... à.....; une semblable négligence (1) étant répréhensible en ce que des malfaiteurs peuvent s'emparer *dudit coutre* pour en faire une arme dangereuse et même meurtrière, avons, en vertu des articles 471 et 472 du Code pénal, rédigé le présent procès-verbal, pour ledit L. B..... être condamné à une amende et à la confiscation dudit instrument par-devant le tribunal de police municipale.

Fait à....., le..... 18...

(*Signature.*)

Suit *le procès-verbal d'affirmation.* Voy. GARDE CHAMPÊTRE.

---

(1) « Les laboureurs qui abandonnent leurs charrues garnies de leur coutre encourent la peine d'une amende de police municipale. » (*Code pénal, art.* 471 *et* 472.)

N° 333.

Chasse (*demande d'un permis de*) (1).

(Sur papier timbré.)

A Monsieur le préfet du département d.....

Monsieur le préfet,

Le soussigné (*nom, prénoms, qualité et demeure de l'impétrant*) a l'honneur de vous prier de vouloir bien lui délivrer un permis de chasse. *Ou bien, si l'impétrant est mineur,* de vouloir bien délivrer un permis de chasse à.....

Il a l'honneur, etc. (*Signature.*)

(*Avis du maire à mettre à la suite de la demande.*) (2).

Le maire d.....

Vu la présente demande,

Considérant qu'il est à sa connaissance que le sieur..... âgé de..... ne se trouve dans aucune des catégories pour lesquelles le permis ne pourrait être délivré. *Ou bien* considérant qu'il est à sa connaissance que l'impétrant n'a dans ce département ni son domicile, ni sa résidence, puisqu'il demeure à.... *ou*.... a été condamné par jugement du..... pour..... par le tribunal de.... *ou*.... n'a pas seize ans accomplis; *ou* a été interdit par jugement du..... par le tribunal de..... etc.;

Est d'avis que sa demande soit accueillie, *ou bien* que le permis de chasse ne peut lui être délivré.

Fait à....., le.....18... *Le maire.*

(*Sceau de la mairie.*)

Signalement à mettre en marge de la pétition.

Agé de..... taille, 1m..... mill...... cheveux et sourcils...... front..... yeux..... nez..... bouche..... menton..... visage..... teint..... marques particulières.

N° 334.

Chasse. — *Registre des avis du maire sur les demandes de permis de chasse.*

COMMUNE D.....

Numéros d'ordre.	Date de la demande de permis de chasse.	Pièces à l'appui.	Nom, prénoms, qualité ou profession, âge, résidence ou domicile de la personne pour laquelle est demandé le permis.	Nom, prénoms, qualité ou profession, âge, résidence ou domicile de la personne qui a fait la demande du permis.	AVIS DU MAIRE.			Date de la réception du permis à la mairie.	Date de la remise du permis aux parties intéressées.	Signature constatant la remise du permis aux parties intéressées.	Observations.
					Sa date.	Sa nature.	Date de l'envoi à la sous-préfecture.				
1	2	3	4	5	6	7	8	9	10	11	12

(1) « Les permis de chasse sont délivrés, sur l'avis du maire et du sous-préfet, par le

N° 335.

Chasse. — *Avis du maire pour faire retirer à la mairie les permis de chasse.*

A....., le..... 18...

Le maire de la commune d.....
à M.....

Vous êtes prévenu que M. le préfet a accueilli la demande que vous avez faite, à la date du....., d'un permis de chasse, et que vous pouvez vous présenter à la mairie, pour le retirer, tous les jours non fériés, de..... heures du matin à..... heures du soir.

Le maire.

N° 336.

Chasse. — *Procès-verbal pour constater un fait de chasse en temps prohibé* (1).

(Visa pour timbre et enregistrement en débet.)

Aujourd'hui....., mil huit cent....., à..... heures du....., nous (*nom, prénoms et qualités de l'officier public. S'il est garde champêtre ou garde forestier, il ajoutera :* dûment assermenté et revêtu de nos marques distinctives.....), nous trouvant au lieu dit..... sur le territoire de la commune de....., avons aperçu dans (*indiquer par nature de culture le terrain sur lequel le délit de chasse a été commis, et dire s'il était ou non dépouillé de ses fruits*), appartenant à....., un individu qui chassait armé d'un fusil (*désigner aussi exactement que possible l'arme, ou autre instrument, dont le délinquant aura été trouvé porteur, dire dans quelle position il tenait cette arme; enfin, faire mention de toutes les circonstances particulières qui auraient accompagné la contravention*) ;

Nous étant approché de lui, nous l'avons sommé de nous dire son nom et son domicile; il nous a répondu (*consigner la réponse avec exactitude, et, autant que possible, dans les termes mêmes où elle aura été faite*);

Nous lui avons fait observer que le fait de chasser dans cette saison où la chasse n'est pas ouverte, constitue une contravention à l'article 1er de la loi du 3 mai 1844, et lui avons déclaré que, conformément à l'article 21 de ladite loi, nous dresserions contre lui un procès-verbal de délit.

En foi de quoi nous avons rédigé le présent, que nous avons clos et signé à....., les jour, mois et an susdits.

(*Signature.*)

Suit l'affirmation (2), si le procès-verbal est dressé par un garde forestier ou par un garde champêtre. (Voy. Garde champêtre.)

---

préfet du département dans lequel celui qui en fait la demande a sa résidence ou son domicile. La délivrance des permis de chasse donne lieu au payement d'un droit de 15 fr. au profit de l'Etat, et de 10 fr. au profit de la commune dont le maire a donné l'avis énoncé au paragraphe précédent. Les permis de chasse sont personnels, ils sont valables pour un an seulement. » (*Loi du 3 mai 1844, art. 5.*)

(1) « Seront punis d'une amende de 50 à 200 fr., et pourront en outre l'être d'un emprisonnement de six jours à deux mois : 1° ceux qui auront chassé en temps prohibé; 2° ceux qui auront chassé pendant la nuit ou à l'aide d'engins et instruments prohibés, ou par d'autres moyens que ceux qui sont autorisés par l'article 9; 3° ceux qui seront détenteurs ou ceux qui seront trouvés munis ou porteurs, hors de leurs domiciles, de filets, engins et autres instruments de chasse prohibés; 4° ceux qui, en temps où la chasse est prohibée, auront mis en vente, vendu, acheté, transporté ou colporté du gibier; 5° ceux qui auront employé des drogues ou appâts qui sont de nature à enivrer le gibier ou à le détruire; 6° ceux qui auront chassé avec appeaux, appelants ou chanterelles. » (*Loi du 3 mai 1844, art. 12.*)

(2) « Dans les vingt-quatre heures du délit, les procès-verbaux des gardes seront, à

N° 337.

Chasse. — *Procès-verbal pour constater un fait de chasse sans permis* (1).

Aujourd'hui....., mil huit cent....., à..... heures du....., nous (*nom, prénoms et qualité de l'officier public : s'il est garde champêtre ou garde forestier, il ajoutera :* dûment assermenté et revêtu de nos marques distinctives), nous trouvant au lieu dit....., sur le territoire de la commune d....., avons aperçu dans (*indiquer le terrain sur lequel le délit de chasse a été commis, et dire s'il était ou non dépouillé de ses fruits*), appartenant à....., un individu qui chassait armé d'un fusil (*désigner aussi exactement que possible l'arme ou autre instrument, dont le délinquant aura été trouvé porteur, dire dans quelle position il tenait cette arme, enfin faire mention de toutes les circonstances particulières qui auraient accompagné la contravention*);

Nous étant approché de lui et l'ayant reconnu pour être le sieur (*nom, prénoms, profession et domicile du délinquant*), nous l'avons invité à nous exhiber son permis de chasse ainsi que l'autorisation de M....., propriétaire du terrain sur lequel il faisait acte de chasse; il nous a répondu (*consigner la réponse avec exactitude, et, autant que possible, dans les termes mêmes où elle aura été faite*);

Et attendu que le sieur..... n'a pu produire ni permis de chasse ni autorisation, et se trouvait par conséquent en contravention aux articles 1 et 3 de la loi du 3 mai 1844, nous lui avons déclaré que, conformément à l'article 21 de ladite loi, nous dresserions contre lui un procès-verbal de délit.

En foi de quoi, nous avons rédigé le présent, que nous avons clos et signé à....., les jour, mois et an susdits.

(*Signature.*)

N° 338.

Chasse. — *Procès-verbal constatant qu'un individu a été trouvé avant le lever du soleil, à l'affût et guettant le gibier dans une forêt* (2).

Aujourd'hui....., mil huit cent....., à..... heures du....., nous....., garde forestier, préposé à la surveillance de la forêt impériale (*ou communale*) de....., revêtu de notre plaque, faisant notre tournée habituelle, et nous trouvant sur le chemin qui sert de limite à cette forêt, au lieu dit le....., avons aperçu le sieur C....., propriétaire à....., qui était à l'affût et guettait le gibier qui pouvait quitter ladite forêt pour entrer dans un champ de blé noir qui l'avoisine. Il était porteur d'un fusil double à piston, armé, qu'il tenait horizontale-

---

peine de nullité, affirmés par les rédacteurs devant le juge de paix ou l'un de ses suppléants, ou devant le maire ou l'adjoint, soit de la commune de leur résidence, soit de celle où le délit aura été commis. » (*Id., art.* 24.)

(1) « Seront punis d'une amende de 16 à 100 francs : 1° ceux qui auront chassé sans permis de chasse; 2° ceux qui auront chassé sur le terrain d'autrui sans le consentement du propriétaire ou de ses ayants droit; 3° ceux qui auront contrevenu aux arrêtés des préfets concernant les oiseaux de passage, le gibier d'eau, la chasse en temps de neige, l'emploi des chiens levriers, ou autres arrêtés concernant la destruction des oiseaux et celle des animaux nuisibles ou malfaisants; 4° ceux qui auront pris ou détruit, sur le terrain d'autrui, des œufs ou couvées de faisans, de perdrix ou de cailles; 5° les fermiers de la chasse soit dans les bois soumis au régime forestier, soit sur les propriétés dont la chasse est louée au profit des communes ou établissements publics, qui auront contrevenu aux clauses et conditions de leurs cahiers de charges relatives à la chasse. » (*Id., art.* 11.)

(2) « Seront punis d'une amende de 50 à 200 fr., et pourront en outre l'être d'un emprisonnement de six jours à deux mois.... Ceux qui auront chassé pendant la *nuit*, ou à l'aide d'engins et instruments prohibés, ou par d'autres moyens que ceux qui sont autorisés par l'article 9. » (*Loi du 3 mai 1844, art.* 12, § 2.)

ment dans ses mains, dans l'attitude d'un chasseur prêt à tirer, et s'était caché derrière un chêne. Nous en étant approché et lui ayant demandé s'il était muni d'un permis de chasse, il nous a répondu, en nous l'exhibant, que la chasse étant ouverte, il avait le droit de se mettre à l'affut où nous le trouvions, puisqu'il s'était abstenu d'entrer dans la forêt. Lui ayant fait observer que ce chemin étant une dépendance de la forêt dont il forme l'enceinte et la limite, il devait être considéré comme en faisant partie, et que dès lors, il n'était pas plus permis de stationner sur ce chemin pendant la nuit, surtout avec un fusil, que dans la partie boisée de la forêt dont il est une dépendance; que le fait d'y être entré et d'y avoir demeuré pendant la nuit, constituant le double délit d'introduction et de chasse de nuit avec arme à feu dans la forêt, prévu et puni par l'article 12, § 2, de la loi du 3 mai 1844, nous lui avons déclaré que nous saisissions son fusil entre ses mains, l'en constituant dépositaire, à la charge par lui de le conserver et de le représenter lorsqu'il en sera légalement requis, et l'avons prévenu que nous dresserions contre lui le présent procès-verbal, pour y être donné, par voie de police correctionnelle, telles suites qu'il appartiendra.

Fait et clos à....., les jour, mois et an que dessus.

(*Signature.*)

Suit *le procès-verbal d'affirmation.* (Voy. GARDE CHAMPÊTRE.)

N° 339.

CHASSE. — *Procès-verbal constatant un délit de chasse avec lacs ou collets.*

L'an mil huit cent....., le....., à..... heures du....., nous....., garde champêtre de la commune de....., dûment assermenté, nous trouvant au lieu dit....., revêtu de notre plaque, avons aperçu, courbé près de la haie qui clôt un champ ensemencé en blé, et appartenant au sieur P....., propriétaire, audit lieu (*ou dans un bois appartenant à l'Etat, à une commune ou à un particulier*), un individu qui nous a paru être occupé à tendre des lacs ou collets, pour prendre du gibier. Nous étant dirigé de son côté et l'ayant abordé, nous lui avons demandé ses nom, prénoms, profession, domicile, et à quoi il était occupé en ce moment. Il nous a répondu : Je me nomme Pierre G....., maréchal ferrant, demeurant à....., et je m'amuse à tendre des collets pour prendre des lièvres ou des lapins. En effet, nous avons remarqué, le long de la haie, plusieurs collets ou bricoles, les uns en soie, les autres en fil d'archal, semblables à ceux qu'il tenait encore à la main, au nombre de..... ; lui ayant fait observer que ce fait constituait de sa part un délit de chasse, il nous a répondu qu'il ignorait qu'on poursuivît les tendeurs de collets, et qu'il avait pensé, au contraire, qu'en tout temps on pouvait se procurer du gibier de cette manière.

En conséquence, et ayant surpris ledit P..... en contravention à l'article 9 de la loi du 3 mai 1844, qui prohibe l'usage des lacets ou collets, nous lui avons déclaré que nous dresserions contre lui le présent procès-verbal, qui sera transmis à M. le procureur impérial, pour y être donné, par voie de police correctionnelle, telles suites qu'il appartiendra.

Fait et clos à....., les jour, mois et an que dessus.

(*Signature.*)

Suit *le procès-verbal d'affirmation.* (Voy. GARDE CHAMPÊTRE.)

N° 340.

CHASSE. — *Procès-verbal pour achat, mise en vente, vente, transport ou colportage de gibier dans le temps où la chasse n'est pas permise.*

Aujourd'hui....., mil huit cent....., à..... heures du....., nous.... (*nom, prénoms et qualités de l'officier public qui rédige le procès-verbal,* nous trouvant..... (*indiquer la place, la rue ou le chemin où la rencontre a eu lieu*), avons remarqué un individu qui était porteur des pièces de gibier spécifiées ci-après..... (*Désigner la nature et la quantité par espèces; dire si le délinquant cherchait à vendre le gibier dont il était porteur, et indiquer les autres circonstances de la contravention.*)

Nous avons aussitôt sommé cet individu de nous dire ses nom, prénoms, profession et demeure; à quoi il a répondu..... (*Consigner exactement sa déclaration.*)

Et attendu qu'en ce moment la chasse n'est pas permise, et que dès lors, la mise en vente, la vente, l'achat, le transport et le colportage du gibier sont prohibés aux termes de l'article 4 de la loi du 3 mai 1844, nous avons saisi le gibier trouvé en la possession du sieur....., et lui avons déclaré que les faits ci-dessus mentionnés constituant un délit qui le rend passible des peines correctionnelles, nous allions dresser contre lui un procès-verbal de délit, conformément à l'article 21 de ladite loi.

En conséquence, nous avons rédigé le présent que nous avons clos et signé à....., les jour, mois et an susdits.

(*Signature.*)

N° 341.

CHASSE. — *Requête pour la remise du gibier saisi, à un établissement de bienfaisance* (1).

A M. le juge de paix du canton de..... *ou* à M. le maire de la commune de.....

Nous soussigné..... (*nom, prénoms et qualités de l'officier public qui a constaté la contravention*) agissant en vertu de l'article 23 de la loi du 3 mai 1844, requérons qu'il vous plaise ordonner (*on emploiera le mot* autoriser *si la requête est adressée à un maire*) que le gibier saisi sur le sieur..... pour contravention à l'article 24 de ladite loi, par procès-verbal du..... dont nous sommes porteur, et dont nous vous ferons la présentation, lequel gibier consiste en (*indiquer l'espèce du gibier et le nombre*), soit, en exécution dudit article 4, livré à l'établissement de bienfaisance que vous désignerez comme étant le plus voisin.

A....., le..... 18..

(*Signature.*)

N° 342.

CHASSE. — *Ordonnance pour la remise du gibier saisi à un établissement de bienfaisance.*

Nous....., juge de paix du canton de..... *ou* maire de la commune de.....

Vu le procès-verbal dressé ce présent jour par M..... contre le sieur....., pour fait de vente (*ou* mise en vente, *ou* achat, *ou* transport, *ou* colportage) de gibier, lequel gibier, saisi conformément à la loi, consiste en..... (*désigner la quantité et les espèces*);

En vertu de l'article 4 de la loi du 3 mai 1844,

Mandons à M..... (*l'officier public qui a opéré la saisie*), de remettre immédiatement à l'hospice de..... *ou* au bureau de bienfaisance de..... les pièces de gibier dont il est détenteur et provenant de la saisie faite sur le sieur.....

Fait à....., le..... 18...

(*Sceau.*) *Le juge de paix* ou *Le maire.*

---

(1) La requête est adressée au juge de paix si la saisie a eu lieu au chef-lieu de canton; au maire, si la saisie a été faite dans une autre commune.

N° 343.

CHASSE. — *Mémoire des gratifications dues aux gardes et gendarmes, rédacteurs des procès-verbaux, en vertu de l'article* 10 *de la loi du* 3 *mai* 1844 (1).

DÉPARTEMENT D.....

N° D'ORDRE.	DATE des procès-verbaux.	NOM du fonctionnaire qui a rédigé les procès-verbaux.	NOMS et prénoms des délinquants.	DATE des jugements.	MONTANT de l'amende.	MONTANT de la gratification.	OBSERVATIONS.
					Total..		

Je, soussigné (*qualités*), certifie véritable le présent mémoire.

A....., le..... 18.. (*Signature.*)

Arrêté par nous, maire de la commune d....., le présent état à la somme de (*en toutes lettres*).

A....., le..... 18... (*Signature.*)

Nous, procureur impérial près le tribunal de première instance de l'arrondissement d....., département d....., certifions que les jugements mentionnés en l'état ci-dessus ayant été rendus contradictoirement et n'ayant point été attaqués par la voie de l'appel, sont actuellement passés en forme de chose jugée.

A....., le..... 18... (*Signature.*)

N° 344.

CHASSE *dans les bois communaux* (*Délibération du conseil municipal pour la mise en ferme du droit de*).

L'an mil huit cent....., le..... le conseil municipal de la commune d....., assemblé, etc. Voy. DÉLIBÉRATION.

M. le maire a exposé au conseil que plusieurs demandes lui ayant été adressées, tendant à obtenir la ferme du droit de chasse sur les propriétés de la commune, il lui a semblé qu'il serait en effet d'une bonne administration de créer (*ou de continuer*) à la commune cette source de revenus.

(1) « Des décrets déterminent la gratification qui sera accordée aux gardes et aux gendarmes, rédacteurs des procès-verbaux ayant pour objet de constater les délits. » (*Loi du 3 mai 1844, art.* 10.)

Sur quoi le conseil a autorisé M. le maire à procéder à cette opération dans les formes voulues par la loi (1).

Fait et délibéré les jour, mois et an susdits. (*Signatures.*)

N° 345.

Chasse *dans les bois communaux* (*Amodiation de la*).

CAHIER DES CHARGES.

Conditions sous lesquelles il sera procédé à l'amodiation de la chasse dans les bois de la commune de.....

Art. 1er. L'adjudication sera faite à la chaleur des enchères, et à l'extinction d'un feu franc.

2. La durée du bail sera de six années consécutives, qui commenceront le.....

3. Le fermier de la chasse ne pourra avoir plus de trois associés.

Il sera tenu de les déclarer au moment de l'adjudication, et il en sera fait mention dans le procès-verbal.

Il ne pourra céder le bénéfice de son bail sans le consentement du maire et l'approbation du préfet.

4. Il usera de la chasse conformément aux lois et règlements existants.

Pendant les temps et saisons prohibés, la chasse sera aussi complétement interdite à l'adjudicataire et à ses associés qu'elle le serait à tous autres individus non adjudicataires.

La commune rentrera dans cet intervalle dans la plénitude de ses droits, et les procès-verbaux rédigés par les gardes forestiers seront poursuivis à la requête de l'administration forestière.

5. En cas de battue ou de grande chasse ordonnée par l'autorité supérieure, l'adjudicataire n'aura droit à aucune indemnité en réduction du prix du bail.

6. Il paiera comptant et d'avance le prix du bail pour chaque année, au receveur municipal de la commune.

La première mise à prix pour les bois de 300 hectares et au-dessus, ne pourra être au dessous de 30 francs.

La mise à prix pour les bois d'une moindre contenance sera réglée sur le même pied, mais elle ne pourra être moindre de 10 francs.

7. L'adjudicataire paiera aussi comptant, entre les mains du maire, les frais d'affiches, de timbre et autres relatifs à son adjudication, et de plus l'enregistrement du procès-verbal.

8. L'adjudication ne sera définitive qu'après qu'elle aura été approuvée par le préfet.

Fait à....., le..... 18... *Le maire.*

Approuvé par nous, préfet de.....

ADJUDICATION.

L'an mil huit cent....., le....., à..... heures du....., nous, maire de la commune de....., nous sommes rendu en la salle des adjudications, à la mairie, où nous avons procédé, en présence des sieurs....., membres du conseil municipal, et de M....., percepteur-receveur municipal à l'amodiation du droit de chasse dans les bois de cette commune, conformément au cahier des charges approuvé par M. le préfet, le.....

L'adjudication de cette amodiation a été faite ainsi qu'il suit :

(1) Un décret du 25 prairial an XIII (14 juin juin 1805) a disposé en ces termes : « Les « maires des communes sont autorisés à affermer le droit de chasse dans les bois « communaux, à la charge de faire approuver les conditions de la mise en ferme par « le préfet et par le ministre de l'intérieur. » Depuis la loi municipale de 1837, le fermage de ce produit est rentré dans la catégorie des baux ordinaires et régi comme tel.

Il est interdit aux maires de se rendre adjudicataires du droit de chasse dans les communes qu'ils administrent.

Ayant fait donner lecture des conditions de l'amodiation, il a été allumé un premier feu, pendant lequel le sieur..... a mis le prix du bail à la somme annuelle de....., le sieur....., à la somme de.....

Pendant la durée du second feu, le prix du bail a été mis par le sieur..... à.....; par le sieur....., à.....

Un troisième feu s'étant éteint sans enchères, nous avons délivré l'amodiation au sieur....., moyennant la somme annuelle de.....; lequel a déclaré pour associés les sieurs....., qui ont signé avec nous et l'adjudicataire après lecture, ainsi que MM....., membres du conseil municipal, et M....., percepteur, les jour, mois et an susdits.

(*Signatures.*)

N° 346.

CHEMINS *de fer (Arrêté concernant la police, la sûreté et l'exploitation des)* (1).

Le maire de la commune de.....

Vu les renseignements à nous transmis par M. l'ingénieur en chef de la..... section du chemin de fer de..... à....., et desquels il résulte que les lois et règlements concernant la police et la sûreté des chemins de fer sont journellement enfreints sur le chemin de fer de..... à....., dans la traversée de cette commune;

Considérant qu'il importe de prendre des mesures pour faire cesser cet état de choses qui aurait pour effet de compromettre la sûreté de la circulation sur le chemin de fer dont il s'agit, et qu'il est de notre devoir de rappeler les citoyens à l'observation des lois et règlements concernant la police des chemins de fer;

En vertu des arrêtés du gouvernement des 12 messidor an VIII et 3 brumaire an IX (1er juillet et 25 octobre 1800),

Arrête :

Les articles 2, 7, 8, 11, 16, 17, 19, 21, 23 et 25 de la loi du 15 juillet 1845 sur la police des chemins de fer, les articles 61, 62, 63, 65, 68 et 79 de l'ordonnance du 15 novembre 1846, portant règlement d'administration publique sur la police, la sûreté et l'exploitation des chemins de fer, et l'article 456 du Code pénal, seront imprimés et affichés dans la commune aux lieux accoutumés, et, en outre, publiés à son de trompe ou de tambour les dimanche..... et..... de ce mois.

Fait à....., le.... 18...

Le maire.

EXTRAIT DE LA LOI DU 15 JUILLET 1845.

TITRE I. — *Mesures relatives à la conservation des chemins de fer.*

Art. 2. Sont applicables aux chemins de fer les lois et règlements sur la grande voirie qui ont pour objet d'assurer la conservation des fossés, talus, levées et ouvrages d'art dépendant des routes, et d'interdire, sur toute leur étendue, le pacage des bestiaux et les dépôts de terre et autres objets quelconques.

Art. 7. Il est défendu d'établir, à une distance de moins de vingt mètres d'un chemin de fer desservi par des machines à feu, des couvertures en chaume, des meules de paille, de foin, et aucun dépôt de matières inflammables.

Cette prohibition ne s'étend pas aux dépôts de récoltes faits seulement pour le temps de la moisson.

Art. 8. Dans une distance de moins de cinq mètres d'un chemin de fer, aucun dépôt de pierres, ou objets non inflammables, ne peut être établi sans l'autorisation préalable du préfet.

Cette autorisation sera toujours révocable.

(1) Les mesures d'intérêt local concernant la conservation des bâtiments, ouvrages d'art, terrassements et clôtures des abords des gares et stations, des passages à niveau, des ponts, rivières ou canaux traversant les chemins de fer, y compris la police des cours dépendant des stations, sont dans les attributions des préfets. Toutefois, lorsque des infractions aux lois et règlements, concernant la police des chemins de fer, se produisent fréquemment dans une commune et excitent des plaintes, il appartient au maire de rappeler les citoyens à l'observation de ces lois et règlements.

L'autorisation n'est pas nécessaire : 1° pour former, dans les localités où le chemin de fer est en remblai, des dépôts de matières inflammables, dont la hauteur n'excède pas celle du remblai du chemin ; 2° pour former des dépôts temporaires d'engrais et autres objets nécessaires à la culture des terres.

Art. 11. Les contraventions aux dispositions du présent titre seront constatées, poursuivies et réprimées comme en matière de grande voirie.

Elles seront punies d'une amende de seize à trois cents francs, sans préjudice, s'il y a lieu, des peines portées au Code pénal et au titre III de la présente loi. Les contrevenants seront, en outre, condamnés à supprimer, dans le délai déterminé par l'arrêté du conseil de préfecture, les excavations, couvertures, meules ou dépôts faits contrairement aux dispositions précédentes.

A défaut par eux de satisfaire à cette condamnation dans le délai fixé, la suppression aura lieu d'office, et le montant de la dépense sera recouvré contre eux par voie de contrainte, comme en matière de contributions publiques.

Titre III. — *Des mesures relatives à la sûreté de la circulation sur les chemins de fer.*

Art. 16. Quiconque aura volontairement détruit ou dérangé la voie de fer, placé sur la voie un objet faisant obstacle à la circulation, ou employé un moyen quelconque pour entraver la marche des convois, ou les faire sortir des rails, sera puni de la réclusion. S'il y a eu homicide ou blessures, le coupable sera, dans le premier cas, puni de mort, et, dans le second, de la peine des travaux forcés à temps.

Art. 17. Si le crime prévu par l'article 16 a été commis en réunion séditieuse, avec rébellion ou pillage, il sera imputable aux chefs, auteurs, instigateurs et provocateurs de ces réunions, qui seront punis comme coupables du crime et condamnés aux mêmes peines que ceux qui l'auront personnellement commis, lors même que la réunion séditieuse n'aurait pas eu pour but direct et principal la destruction de la voie de fer.

Art. 19. Quiconque, par maladresse, imprudence, inattention, négligence ou inobservation des lois ou règlements, aura involontairement causé sur un chemin de fer, ou dans les gares ou stations, un accident qui aura occasionné des blessures, sera puni de huit jours à six mois d'emprisonnement et d'une amende de cinquante à mille francs.

Si l'accident a occasionné la mort d'une ou plusieurs personnes, l'emprisonnement sera de six mois à cinq ans, et l'amende de trois cents à trois mille francs.

Art. 21. Toute contravention aux ordonnances ou décrets portant règlement d'administration publique sur la police, la sûreté et l'exploitation des chemins de fer, et aux arrêtés pris par les préfets, sous l'approbation du ministre des travaux publics, pour l'exécution desdits ordonnances ou décrets, sera punie d'une amende de seize à trois mille francs.

En cas de récidive dans l'année, l'amende sera portée au double, outre un emprisonnement de trois jours à un mois.

Art. 23. Les crimes, délits ou contraventions prévus dans les titres Ier et III de la présente loi pourront être constatés par des procès-verbaux dressés concurremment par les officiers de police judicaire, les ingénieurs des ponts et chaussées et des mines, les agents de surveillance et gardes nommés ou agréés par l'administration et dûment assermentés.

Les procès-verbaux des délits et contraventions feront foi jusqu'à preuve contraire.

Au moyen du serment prêté devant le tribunal de première instance de leur domicile, les agents de surveillance de l'administration et des concessionnaires ou fermiers pourront verbaliser sur toute la ligne du chemin de fer auquel ils seront attachés.

Art. 25. Toute attaque, toute résistance avec violence et voies de fait envers les agents des chemins de fer, dans l'exercice de leurs fonctions, sera punie des peines appliquées à la rébellion, suivant les distinctions faites par le Code pénal.

EXTRAIT DE L'ORDONNANCE DU 15 NOVEMBRE 1846.

TITRE VII. — *Des mesures concernant les voyageurs et les personnes étrangères au service du chemin de fer.*

Art. 61. Il est défendu à toute personne étrangère au service du chemin de fer : 1° de s'introduire dans l'enceinte du chemin de fer, d'y circuler ou stationner; 2° d'y jeter ou déposer aucuns matériaux ni objets quelconques; 3° d'y introduire des chevaux, bestiaux ou animaux d'aucune espèce; d'y faire circuler ou stationner aucunes voitures, wagons ou machines étrangères au service.

Art. 62. Sont exceptés de la défense portée au premier paragraphe de l'article précédent, les maires et adjoints, les commissaires de police, les officiers de gendarmerie, les gendarmes et autres agents de la force publique, les préposés aux douanes, aux contributions indirectes et aux octrois, les gardes champêtres et forestiers, dans l'exercice de leurs fonctions et revêtus de leurs uniformes ou de leurs insignes.

Dans tous les cas, les fonctionnaires et les agents désignés au paragraphe précédent seront tenus de se conformer aux mesures spéciales de précaution qui auront été déterminées par le ministre, la compagnie entendue.

Art. 63. Il est défendu : 1° d'entrer dans les voitures sans avoir pris un billet, et de se placer dans une voiture d'une autre classe que celle qui est indiquée par le billet; 2° d'entrer dans les voitures ou d'en sortir autrement que par la portière qui fait face au côté extérieur de la ligne du chemin de fer; 3° de passer d'une voiture dans une autre, de se pencher au dehors.

Les voyageurs ne doivent sortir des voitures qu'aux stations, et lorsque le train est complétement arrêté.

Il est défendu de fumer dans les voitures ou sur les voitures et dans les gares; toutefois, à la demande de la compagnie et moyennant des mesures spéciales de précaution, des dérogations à cette disposition pourront être autorisées.

Les voyageurs sont tenus d'obtempérer aux injonctions des agents de la compagnie pour l'observation des dispositions mentionnées aux paragraphes ci-dessus.

Art. 65. L'entrée des voitures est interdite : 1° à toute personne en état d'ivresse; 2° à tous individus porteurs d'armes à feu chargées ou de paquets qui, par leur nature, leur volume ou leur odeur, pourraient gêner ou incommoder les voyageurs.

Tout individu porteur d'une arme à feu devra, avant son admission sur les quais d'embarquement, faire constater que son arme n'est point chargée.

Art. 68. Les cantonniers, gardes-barrières et autres agents du chemin de fer devront faire sortir immédiatement toute personne qui se serait introduite dans l'enceinte du chemin, ou dans quelque portion que ce soit de ses dépendances où elle n'aurait pas le droit d'entrer.

En cas de résistance de la part des contrevenants, tout employé de chemin de fer pourra requérir l'assistance des agents de l'administration et de la force publique.

Les chevaux ou bestiaux abandonnés qui seront trouvés dans l'enceinte du chemin de fer seront saisis et mis en fourrière.

TITRE VIII.

Art. 79. Seront constatées, poursuivies et réprimées, conformément au titre II, de la loi du 15 juillet 1845 sur la police des chemins de fer, les contraventions au présent règlement, aux décisions rendues par le ministre des travaux publics et aux arrêtés pris, sous son approbation, par les préfets, pour l'exécution dudit règlement.

CODE PÉNAL.

Art. 456. Quiconque aura, en tout ou en partie, comblé des fossés, détruit des clôtures, de quelques matériaux qu'elles soient faites, coupé ou arraché des haies vives ou sèches; quiconque aura déplacé ou supprimé des bornes ou pieds-corniers... sera puni d'un emprisonnement qui ne pourra être au-dessous d'un mois ni excéder une année, et d'une amende égale au quart des restitutions et des dommages-intérêts, qui, dans aucun cas, ne pourra être au-dessous de cinquante francs.

POUR COPIE CONFORME :

Le maire.

N° 347.

CHEMINS *de fer.* — *Procès-verbal pour constater que des meules de paille ou de foin ont été établies à une distance de moins de vingt mètres d'un chemin de fer.*

L'an mil huit cent....., le....., nous, maire (adjoint *ou* commissaire de police) de la commune de....., nous trouvant au lieu dit....., avons remarqué que des meules de paille, au nombre de..... avaient été établies dans un champ appartenant au sieur N......, et ce à une distance de moins de vingt mètres du chemin de fer de..... à......

Ayant fait appeler le sieur N....., nous lui avons demandé si ces meules lui appartenaient, et, sur sa réponse affirmative, nous lui avons fait observer qu'en les établissant à une distance de moins de vingt mètres du chemin de fer, il s'était mis en contravention à l'article 7 de la loi du 15 juillet 1845; nous l'avons sommé de détruire lesdites meules dans le délai de....., et de les reporter à la distance prescrite, le prévenant qu'à défaut par lui de ce faire, il y serait pourvu à ses frais et risques par des personnes que nous désignerions à cet effet.

Et attendu sa contravention, nous avons prévenu ledit sieur N..... que nous allions dresser contre lui le présent procès-verbal, pour y être donné telles suites que de droit.

Fait à....., les jour, mois et an que dessus. (*Signature.*)

N° 348.

CHEMINS *de fer.— Procès-verbal pour constater l'arrestation d'un individu surpris au moment où il plaçait sur la voie un objet pouvant faire obstacle à la circulation.*

L'an mil huit cent....., le....., à....., heures du....., nous, maire de la commune d....., informé qu'un individu venait d'être arrêté sur le chemin de fer, près du passage à niveau de....., sur le territoire de cette commune, au moment où il plaçait sur la voie un objet dans le dessein de mettre obstacle à la circulation, nous sommes rendu sur-le-champ audit lieu, où se trouvait en effet un individu qui était gardé à vue par les sieurs....., employés du chemin de fer, et que nous avons reconnu être le nommé N....., voiturier, habitant de cette commune.

Les sieurs..... nous ont déclaré qu'ils venaient d'arrêter ledit N..... au moment où il plaçait sur les rails plusieurs grosses pierres, qu'ils se sont empressés de détourner, et qu'ils nous ont en effet montrées sur le côté droit de la voie.

Interrogé sur les motifs qui avaient pu le porter à une action aussi coupable, N..... nous a répondu qu'avant l'établissement du chemin de fer il trouvait dans sa profession de voiturier des moyens d'existence suffisants pour lui et sa famille, mais que depuis l'exploitation de la ligne il était presque complétement privé de travail; qu'aujourd'hui, après avoir passé la journée à boire dans les cabarets du village de....., il avait résolu de se venger en plaçant des pierres sur la voie, de manière à occasionner quelque malheur. Le prévenu, en nous faisant cette réponse, vociférait des injures contre les employés qui le retenaient prisonniers, et il était dans un état de surexcitation qui nous a paru causé par l'ivresse.

Nous lui avons fait observer combien sa conduite avait été criminelle, et les conséquences désastreuses qu'elle aurait pu avoir sans la vigilance des employés de la ligne; et attendu qu'il s'est rendu coupable d'un crime prévu et puni par l'article 16 de la loi du 15 juillet 1845, nous lui avons déclaré que nous le maintenions en état d'arrestation.

Deux gendarmes de la brigade d....., les sieurs N..... et N....., que nous avons fait requérir, étant arrivés, nous leur avons remis le nommé N....., avec ordre de le conduire provisoirement à la maison de dépôt et de le transférer le plus tôt que faire se pourra devant M. le procureur impérial près le tribunal civil de l'arrondissement.

Et de ce que dessus, nous avons dressé le présent procès-verbal qui sera transmis à M. le procureur impérial, pour recevoir telles suites qu'il appartiendra.

Fait à....., les jour, mois et an que dessus. (*Signature.*)

N° 349.

CHEMINS *ruraux. — Etat général des chemins ruraux de la commune* (1).

Département d..... Commune d.....

Numéros d'ordre.	NOM sous lequel le chemin est communément désigné.	DÉSIGNATION AU POINT où il commence.	DU LIEU vers lequel il tend; des lieux qu'il traverse, tels que hameaux, ruisseaux guéables, ponts, etc.	DU LIEU où il se termine.	LONGUEUR en mètres sur le territoire de la commune.	LARGEUR actuelle du chemin sur différents points.
1	2	3	4	5	6	7

Fait et dressé par le maire de la commune d.....

A....., le..... 18... *Le maire.*

N° 350.

CHEMINS *ruraux* (*Certificat de publication du tableau des*).

Le maire de la commune d.... certifie que l'état d'autre part est resté déposé, pendant un mois, à la mairie, et que, deux dimanches consécutifs, les habitants ont été prévenus, dans la forme accoutumée, qu'ils pouvaient en prendre connaissance à la mairie, et y déposer, dans le même délai, les réclamations et observations qu'ils auraient à faire.

Fait à....., le..... 18... *Le maire.*

N° 351.

CHEMINS *ruraux* (*Délibération du conseil municipal concernant les*).

L'an mil huit cent,...., le....., le conseil municipal de la commune d....., réuni, etc. Voy. DÉLIBÉRATION.

M. le maire a déposé sur le bureau l'état des chemins ruraux appartenant à la

(1) En dehors des chemins vicinaux, il y a, dans chaque commune, des voies de communication d'une moindre importance, qui doivent être cependant considérées comme chemins publics et entretenues par la commune. La circulaire du ministère de l'intérieur, du 16 novembre 1839, prescrit le classement de ces chemins, qu'elle désigne sous le nom de *chemins ruraux*. Nous donnons ici quelques modèles relatifs à ce classement.

commune, et les réclamations et observations auxquelles sa publication a donné lieu.

Le conseil, après avoir délibéré sur chacun des articles dudit état, ainsi que sur les réclamations et observations faites,

Estime qu'il y a lieu de déclarer chemins ruraux ceux portés sous les nos...., par conséquent, de les reconnaître comme appartenant à la commune, et devant être réparés à ses frais.

Fait en séance, à....., les jour, mois et an susdits. (*Signatures.*)

No 352.

Chemins *ruraux* (*Avis du sous-préfet concernant les*).

Le sous-préfet de l'arrondissement d.....

Vu l'état d'autre part, le certificat de publication du maire, les réclamations et observations faites, ainsi que la délibération du conseil municipal;

Est d'avis qu'il y a lieu de considérer comme chemins ruraux et appartenant à la commune ceux portés sous les nos.....

Fait à....., le..... 18... (*Signature.*)

No 353.

Chemins *vicinaux.* — *Etat de classement des chemins vicinaux de la commune d....*

Dressé en exécution des articles 1, 15, 16 et 21 de la loi du 21 mai 1836.

Nos D'ORDRE.	NOM du CHEMIN	DÉSIGNATION			LONGUEUR EN MÈTRES.	LARGEUR MOYENNE ACTUELLE DU CHEMIN.	AVIS DU CONSEIL MUNICIPAL.	LARGEUR proposée pour le chemin, y compris les fossés,			AVIS DU SOUS-PRÉFET.	NOM DE LA COMMUNE ou des communes voisines sur lesquelles se prolonge le chemin.	DÉCISION DU PRÉFET
		du point où il commence sur la commune.	des LIEUX qu'il traverse.	du point où il se termine sur la commune.				par le maire.	par le conseil municipal.	par le sous-préfet.			
1	2	3	4	5	6	7	8	9	10	11	12	13	14

CERTIFICAT DE PUBLICATION DU TABLEAU.

Le maire de la commune d..... certifie que le tableau d'autre part est resté déposé pendant un mois à la mairie, et que, par deux dimanches consécutifs, les habitants ont été prévenus dans la forme accoutumée qu'ils pouvaient en prendre connaissance à la mairie, et y déposer, dans le même délai, les réclamations et observations qu'ils auraient à faire.

Fait à....., le..... 18...

Le maire.

DÉLIBÉRATION DU CONSEIL MUNICIPAL.

L'an mil huit cent....., le....., le conseil municipal de la commune d.....,
réuni, etc. Voy. DÉLIBÉRATION.

Le maire a déposé sur le bureau : 1° le tableau de classification des chemins appartenant à ladite commune, et de reconnaissance de leurs limites et largeurs; 2° les réclamations et observations auxquelles sa publication a donné lieu.

Le conseil, après avoir délibéré sur chacun des articles dudit tableau, ainsi que sur les réclamations et observations faites,

Considérant...

Estime qu'il y a lieu de déclarer chemins vicinaux ceux portés sous les nos.... et....., et de fixer leur largeur conformément aux indications portées à la colonne 10; il demande en même temps que les observations et propositions consignées dans la colonne 8 soient prises en considération.

Fait en séance à....., les jour, mois et an susdits.

(Signatures.)

N° 354.

CHEMINS *vicinaux. — Affiche pour annoncer le projet de classement d'un chemin vicinal.*

Les habitants de la commune sont prévenus qu'une enquête va être ouverte sur le projet de classement, au nombre des chemins vicinaux, du chemin désigné ci-après :

....

Le procès-verbal de reconnaissance dudit chemin restera déposé à la mairie pendant la durée de l'enquête, qui commencera le...... et sera close le...... au soir.

Tout habitant de la commune ou tout propriétaire intéressé, même domicilié hors de la commune, sera admis, pendant ce temps, à déposer toutes les réclamations ou observations qu'il aurait à présenter, soit dans un intérêt privé, soit dans l'intérêt de la commune et du public

Fait en mairie, à..... le..... 18...

Le maire.

N° 355.

CHEMINS *vicinaux. — Procès-verbal d'enquête sur le projet de classement*

L'an mil huit cent..... le....., jour indiqué à l'avance dans les affiches et publications, et dont le certificat sera annexé au présent;

Nous, maire de la commune d....., conformément aux instructions de M. le préfet du département, avons déposé au secrétariat de la mairie, pour y rester pendant un mois et y être soumis à une enquête, le projet de classement au nombre des chemins vicinaux du chemin conduisant à..... par......

Ce dépôt effectué, nous avons ouvert le présent procès-verbal, après en avoir coté et parafé les pages, pour recevoir, à partir de ce jour, pendant la durée de l'enquête, les déclarations qui nous seraient faites de vive voix ou qui seraient déposées par écrit entre nos mains au sujet du classement projeté.

NUMÉROS D'ORDRE des déclarations	JOUR de la comparution.	NOMS, PROFESSIONS et domicile des déclarants	ANALYSE DES DÉCLARATIONS.
1	2	3	4

Et le....., au soir, le délai d'un mois fixé pour l'enquête étant expiré, nous avons clos le présent procès-verbal, qui contient les déclarations, et y avons annexé notre certificat constatant les publications et affiches qui ont annoncé l'enquête, pour le tout être transmis à M. le sous-préfet, avec copie de la délibération que doit prendre le conseil municipal dans sa prochaine séance, sur le vu du présent procès-verbal.

Fait et clos à....., les jour, mois et an que dessus.

(*Signature.*)

N° 356.

CHEMINS *vicinaux. — Délibération du conseil municipal sur un projet de classement.*

L'an mil huit cent..... le....., le conseil municipal de la commune d....., convoqué extraordinairement en vertu de l'autorisation de M. le préfet ou sous-préfet, en date du....., s'est réuni au lieu ordinaire de ses séances sous la présidence de M. le maire, à l'effet de délibérer sur le projet de classement, au nombre des chemins vicinaux de la commune, du chemin allant d..... à.....

Etaient présents MM.

Le maire a déposé sur le bureau : 1° le procès-verbal de reconnaissance dudit chemin; 2° les réclamations et observations auxquelles ce projet de classement a donné lieu;

Le conseil, après avoir délibéré tant sur le projet de classement, que sur les réclamations et observations faites,

Considérant.....

Estime qu'il y a lieu de déclarer chemin vicinal, le chemin désigné ci-dessus, qui serait inscrit sous le n°....., à l'état général de classement, et de fixer sa largeur à..... (*Dans le cas où les propriétaires des terrains nécessaires à l'élargissement du chemin ne consentiraient pas à en faire l'abandon gratuit, désigner les ressources sur lesquelles les indemnités dues devront être acquittées.*)

Fait en séance, les jour, mois et an que dessus.

(*Signatures.*)

N° 357.

CHEMINS *vicinaux. — Invitation aux propriétaires intéressés d'assister à la délimitation des terrains à occuper pour l'élargissement d'un chemin.*

Monsieur,

Par son arrêté en date du....., M. le préfet a déclaré la vicinalité du chemin allant d..... à..... et en a fixé la largeur à.....,

Ce chemin n'ayant pas, dans toute son étendue, la largeur qui lui est assignée, et notamment au lieu dit....., où vous êtes propriétaire riverain, j'ai l'honneur de vous inviter à vous rendre le....., à..... heure du..... sur les lieux, afin qu'il soit procédé contradictoirement à la délimitation du terrain à occuper sur votre propriété.

Agréez, Monsieur, l'assurance de ma considération distinguée,

Le maire de la commune d.....

N° 358.

Chemins *vicinaux.* — *Liste de souscription pour cession gratuite de terrains.*

Commune d.....

NOMS ET PRÉNOMS des PROPRIÉTAIRES des terrains à occuper.	Nos DU PLAN cadastral.	SECTION.	LIEUX DITS.	NATURE de CULTURE.	ENGAGEMENT des PROPRIÉTAIRES par émargement.
					Les propriétaires soussignés s'engagent à céder gratuitement tout le terrain nécessaire à l'assiette du chemin.

N° 359.

Chemins *vicinaux.* — *Conventions amiables pour cession de terrains.*

CHEMIN VICINAL N°..... DE..... A.....

NOMS des proprié-taires.	Nos DES PARCELLES.	SUPERFICIE.			PRIX de l'hectare		MONTANT pour chaque parcelle.		CONDITIONS PRINCIPALES. — Indiquer aussi clairement que possible les conventions intervenues entre le maire et chaque propriétaire, telles que les échanges de terrains, etc.	SIGNATURES des propriétaires.
		hect.	ares.	cent.	fr.	c.	fr.	c.		

Le maire de la commune d..... certifie l'exactitude des conventions arrêtées avec les propriétaires dénommés dans le tableau ci-dessus.

Fait à....., le..... 18...

Le maire,

N° 360.

CHEMINS *vicinaux.* — *Délibération du conseil municipal approuvant les conventions amiables faites entre le maire et les propriétaires intéressés.*

L'an mil huit cent...., le....., le conseil municipal de la commune d....., réuni en séance extraordinaire, en vertu de l'autorisation de M. le préfet, en date du......, s'est réuni au lieu ordinaire de ses séances, sous la présidence de M. le maire, à l'effet de délibérer sur les conditions d'acquisition intervenues entre M. le maire et les propriétaires de diverses parcelles de terrains nécessaires pour l'ouverture *ou* le redressement et l'élargissement du chemin vicinal n°....

Etaient présents, MM.....

Le maire a déposé sur le bureau : 1° un extrait du plan parcellaire; 2° le procès-verbal du tracé, ou état indicatif des terrains à occuper; 3° le procès-verbal d'expertise; 4° le tableau contenant les conditions suivant lesquelles les propriétaires consentent à céder à la commune les parcelles de terrain y désignées.

Le conseil, sur le vu de ces pièces, et après avoir délibéré sur chacun des articles portés au tableau des conditions d'acquisition,

Considérant........

Estime qu'il y a lieu... (*Énoncer s'il y a lieu d'admettre les conditions, parce qu'elles paraissent avantageuses pour la commune, ou de les rejeter comme trop onéreuses; désigner enfin celles qui paraîtraient acceptables en faisant des réserves.*)

Fait en séance, les jour, mois et an que dessus.

(*Signatures.*)

N° 361.

CHEMINS *vicinaux.* — *Délibération du conseil municipal sur une proposition de déclassement.*

L'an mil huit cent....., le...., le conseil municipal de la commune d..... convoqué extraordinairement en vertu de l'autorisation de M. le préfet *ou* sous-préfet, en date du......, s'est réuni au lieu ordinaire de ses séances, sous la présidence de M. le maire, à l'effet de délibérer sur la proposition de déclasser du nombre des chemins vicinaux de la commune, le chemin n°....., allant d..... à.....

Étaient présents, MM.....

Le maire a déposé sur le bureau : 1° la proposition de déclassement dudit chemin; 2° les réclamations et observations auxquelles cette proposition a donné lieu.

Le conseil, après avoir délibéré tant sur la proposition de déclassement, que sur les réclamations et observations faites,

Considérant.....

Estime qu'il y a lieu d'ordonner le déclassement du chemin inscrit au tableau des chemins vicinaux de la commune, sous le n°..... (*Le conseil municipal devra également exprimer s'il est d'avis que le chemin soit conservé à la circulation comme chemin rural, ou bien s'il doit être supprimé, pour le sol en être vendu au profit de la commune.*)

Fait en séance, les jour, mois et an que dessus.

(*Signatures.*)

N° 362.

CHEMINS *vicinaux. — Avis aux propriétaires riverains pour l'aliénation de terrains inutiles.*

M.....

Par son arrêté en date du....., M. le préfet a autorisé l'aliénation du sol du chemin allant d... . à....., qui était classé au nombre des chemins vicinaux, sous le n°....., dont la suppression a été prononcée.

J'ai l'honneur de vous inviter, comme propriétaire riverain de ce chemin, à déclarer à la mairie, dans le délai d'un mois, si vous entendez user du bénéfice de l'article 19 de la loi du 21 mai 1836, et vous rendre acquéreur des parties de terrain touchant à votre propriété, en en payant la valeur à dire d'expert. Vous voudrez bien, dans ce cas, désigner, en faisant votre soumission, un expert pour procéder à l'estimation de ces parties de terrain, contradictoirement avec l'expert, qui sera nommé par M. le sous-préfet.

Agréez l'assurance de ma considération distinguée,

Le maire.

N° 363.

CHEMINS *vicinaux. — Acte de vente à l'amiable des terrains nécessaires à l'ouverture ou au redressement d'un chemin* (1).

L'an mil huit cent ...., le....., devant nous, maire de la commune d....., à ce autorisé par délibération du conseil municipal, du..... 18.., et par arrêté pris par M. le préfet, en conseil de préfecture, le..... 18.., a comparu M. N..... (*nom et prénoms, profession et domicile du* ou *des vendeurs. Indiquer avec soin les véritables propriétaires et tous les propriétaires*), lequel, après avoir pris connaissance du tracé de l'ouverture (*redressement ou élargissement*) du chemin vicinal n°..., d..... à....., partie comprise entre..... et ....., tracé effectué conformément à la décision de M. le préfet du..... 18.., a déclaré consentir à vendre à la commune, pour en disposer dès à présent, ceux des terrains compris dans ce tracé qui lui appartiennent et qui se composent comme suit :

SECTION du plan cadastral.	N^os des parcelles à ce plan.	NOMS DES PARCELLES à la matrice cadastrale.	NATURE de la culture.	SURFACE du terrain à acquérir.	LONGUEURS de clôtures à refaire.	OBSERVATIONS. — S'il y avait des constructions à détruire, on en indiquerait ici la consistance par un renvoi.
				ares. cent.	m. c.	

(1) Les actes doivent être faits sur papier visé pour timbre, *avant emploi*. Une décision de M. le ministre des finances, du 11 août 1839, autorise les receveurs de l'enregistrement à donner aux présentes formules le visa pour timbre *en débet;* dans ce cas le droit de timbre est recouvré en même temps que le droit d'enregistrement.

A la charge par la commune de payer en un mandat sur son receveur municipal la somme totale de....., montant du règlement de l'indemnité approuvé par la délibération du conseil municipal et l'arrêté de M. le préfet, visés en tête du présent acte. (*Inscrire ici les autres conditions de la vente.*)

Moyennant le prix et les conditions ci-dessus, la commune est déchargée de toute indemnité accessoire, comme rétablissement de clôture, perte de récolte, sectionnement, etc., etc.

Les arbres et matériaux de construction restent au propriétaire, qui les fera enlever de suite à ses frais.

Le payement de la somme due par la commune, comme il est dit ci-dessus, aura lieu aussitôt qu'il aura été reconnu qu'il n'existe sur l'immeuble cédé ni priviléges ni hypothèques (1).

En cas de transcription du présent contrat au bureau des hypothèques, le conservateur est dispensé de prendre l'inscription d'office au profit du vendeur, exigée de lui par l'article 2108 du Code Napoléon.

S'il existait des inscriptions ou autres obstacles au versement des deniers entre les mains des ayants droit, la somme due serait consignée, conformément à l'article 54 de la loi du 3 mai 1841, pour être ultérieurement distribuée ou remise selon les règles du droit commun.

Les frais de timbre, d'enregistrement, de purge d'hypothèques et autres auxquels donnera lieu le présent traité, seront à la charge de la commune.

En foi de la présente convention, nous, maire de la commune de....., avons, usant de la faculté donnée par l'article 56 de la loi du 3 mai 1841, rédigé dans la forme des actes administratifs le présent acte de vente, et avons, avec le vendeur, signé ledit acte après lecture.

Fait à....., les jour, mois et an que dessus.

(*Signatures.*)

N° 364.

Chemins *vicinaux.* — *Procès-verbal de visite des chemins* (2).

L'an mil huit cent....., le...., nous, soussigné, maire de la commune d...., assisté de M. B....., agent voyer, avons procédé à la reconnaissance de l'état des chemins vicinaux classés et qui doivent dès lors, aux termes de la loi du 21 mai 1836, être réparés et entretenus aux frais de la commune.

---

(1) La purge des hypothèques n'est obligatoire que pour les acquisitions dont le prix dépasse 500 fr. (*Loi du 3 mai 1841, art. 19.*) MM. les maires ne devront toutefois se dispenser de remplir cette formalité que lorsque les circonstances montreront l'inutilité de cette garantie. Le maire devra, dans ce cas, être autorisé par délibération du conseil municipal, approuvée par le préfet, indiquant les motifs que l'on aura de renoncer à cette garantie. (*Ord. du 18 avril 1842, art. 2; Circ. de M. le ministre de l'intérieur du 30 avril 1842.*) En cas de purge à opérer et si l'acquisition a été précédée des formalités prescrites par le titre II de la loi du 3 mai 1841, le maire accomplira, avec le concours du sous-préfet, les formalités prescrites par les art. 15, §§ 1 et 16 de cette loi. Si ces formalités n'avaient pas été remplies, la purge devrait avoir lieu suivant le droit commun ; dans ce cas, le maire aurait à remettre l'acte entre les mains d'un officier ministériel pour suivre les formalités de la purge, conformément aux art. 2181 et suivants du Code Napoléon.

(2) Tous les ans, du 1er au 15 avril, il doit être dressé par le maire, assisté de l'agent voyer, un état sommaire approximatif des dépenses à faire, l'année suivante, sur les chemins vicinaux de la commune. Cette appréciation est mise, dans la session de mai, sous les yeux du conseil municipal. Le maire lui fait également connaître le montant des contingents qui lui sont demandés pour la construction, réparation et entretien : 1° des chemins vicinaux d'intérêt commun; 2° des chemins vicinaux de grande communication auxquels la commune a été déclarée intéressée par le préfet.

Ces chemins présentent à ce jour la situation suivante :

Nos DES CHEMINS.	PARTIES A L'ÉTAT			LONGUEUR TOTALE par chemin.	NATURE DES TRAVAUX à faire POUR AMENER LES CHEMINS à l'état d'entretien.	DÉPENSES		OBSERVATIONS. — Indiquer, dans cette colonne, les points où les matériaux devront être extraits ou ramassés, et les parties de chemin dont l'élargissemt ou le redressemt paraîtra nécessaire.
	de simple terrassement	de premier empierrement.	d'entretien.			partielles.	par chemin.	
					..mètres cubes de terrassements estimés à.... le mètre..... ..mètres cubes d'empierrement estimés à... le mètre, extraction, chargement et transport compris................ ..journées pour nettoiement des boues et emploi des cailloux, évalués à...............			

La commune peut faire face à ces dépenses au moyen des ressources suivantes :

A prélever sur les revenus ordinaires...........
Journées de prestations évaluées à ....
Centimes spéciaux évalués à..................
Total des ressources....

Fait à....., les jour, mois et an que dessus.

L'agent voyer. *Le maire.*

No 365.

CHEMINS *vicinaux. — Délibération contenant désignation des chemins vicinaux à réparer.*

L'an mil huit cent....., le....., le conseil municipal de la commune d....., réuni, etc. Voy. DÉLIBÉRATION.

Vu les devis des travaux de réparation à faire pour la mise en état de viabilité des chemins vicinaux de petite communication de la commune; lesquels présentent l'appréciation suivante :

1o Chemin de.................................... » »
2o Chemin de.................................... » »

Vu le détail desdits travaux consistant..... (en terrassement, empierrement, etc.);

Vu l'état du contingent demandé par M. le préfet à ladite commune, pour l'entretien et la réparation des chemins vicinaux de grande communication;

Vu la loi du 21 mai 1836;

Vu l'arrêté réglementaire de M. le préfet du département, en date du.....;

Considérant que le conseil municipal doit, aux termes dudit arrêté, désigner les chemins vicinaux de petite communication dont la réparation est nécessaire, ainsi que la nature des travaux à y faire et les ressources applicables au payement de la dépense;

Délibère :

Il y a lieu de réparer les chemins vicinaux ordinaires dits....., pour les travaux se composant de....., et évalués à....., être exécutés conformément aux devis ci-dessus visés.

Le payement de cette dépense et du contingent demandé par M. le préfet pour la réparation et l'entretien des chemins vicinaux de grande communication sera réalisé au moyen de ressources spéciales qui seront ultérieurement votées.

Fait et délibéré à....., les jour, mois et an que dessus.

(*Signatures.*)

N° 366.

Chemins *vicinaux* (*Vote par le conseil municipal des ressources applicables aux*).

L'an mil huit cent....., le....., le conseil municipal réuni, etc. Voy. Délibération.

M. le maire a ouvert la séance et a invité le conseil municipal à voter les ressources nécessaires aux travaux de réparation et d'entretien des chemins vicinaux pour l'année 18...

Le conseil, vu le procès-verbal de visite des chemins vicinaux ordinaires, en date du.....;

Vu la délibération du....., par laquelle le conseil a désigné les chemins vicinaux à réparer, et la nature des réparations à faire pendant l'année 18...

Vu l'arrêté de M. le préfet, en date du....., qui fixe à la somme de....., le contingent de la commune dans la dépense des chemins vicinaux d'intérêt commun, et des chemins vicinaux de grande communication;

Ouï l'exposé de M. le maire, et après en avoir délibéré;

Considérant qu'il y a insuffisance de ressources communales pour pourvoir, pendant l'année....., aux travaux d'entretien et de réparation ordinaire des chemins vicinaux;

Vote à cet effet :

1° Une imposition de..... centimes additionnels au principal des quatre contributions directes;

2° Une imposition de :

..... journées d'hommes;
..... journées de bêtes de trait, de somme ou de selle;
..... journées de charrettes.

Ainsi délibéré les jour, mois et an susdits.

(*Signatures.*)

N° 367.

Chemins *vicinaux* (1) (*Publication du rôle des prestations en nature pour la réparation et l'entretien des*).

Le maire de la commune d..... prévient ses administrés que le rôle des prestations de 18.., dressé et rendu exécutoire en exécution de la loi du 21 mai 1836, pour la restauration des chemins vicinaux, est parvenu à la mairie, et a été remis aujourd'hui au percepteur-receveur municipal, chargé d'opérer, comme en matière de contributions directes, le recouvrement des cotes que les prestataires n'auraient pas, dans le délai d'un mois, déclaré vouloir acquitter en nature.

Le procès-verbal destiné à constater les déclarations d'option restera ouvert à la mairie pendant ledit délai d'un mois, à partir d'aujourd'hui jusqu'au..... inclusivement.

Les contribuables qui veulent se libérer en nature devront, à peine de déchéan-

---

(1) Le maire doit faire afficher et publier cet avis à son de caisse, le jour même où il apposera le certificat de publication au bas du rôle.

ce, se présenter dans ce délai à la mairie, munis de leur extrait de rôle, pour faire leur déclaration, et la signer s'ils savent et peuvent le faire.

Il est rappelé à ceux qui auraient des réclamations à former pour surtaxe, indue cotisation, double emploi ou toute autre cause, qu'ils doivent, dans les trois mois à partir de ce jour, adresser leur demande en dégrèvement à M. le sous-préfet, et l'appuyer de leur extrait du rôle ou avertissement imprimé. Passé ce délai, leur réclamation ne serait plus admissible.

Fait en mairie, à....., le..... 18...

(*Signature.*)

N° 368.

CHEMINS *vicinaux.* — *Délibération du conseil municipal pour la conversion en tâches des journées de prestations en nature non rachetées en argent.*

L'an mil huit cent....., le..... le conseil municipal de la commune d....., réuni, etc. *Voy.* DÉLIBÉRATION.

Vu l'article 4 de la loi du 21 mai 1836, l'article..... du règlement préfectoral du....., et la circulaire de M. le préfet, du.....;

Arrête, ainsi qu'il suit, le tarif de conversion en tâches des journées de prestation en nature non rachetées en argent, pour la réparation des chemins vicinaux.

Savoir :

TRAVAUX NEUFS.	PRIX. fr.	c.
Pierre extraite des carrières, prise sur place, le mètre cube..........		
Pierre ramassée dans les champs, prise sur place, le mètre cube......................................		
Pierre cassée à la grosseur prescrite, cassage et emmétrage compris, le mètre cube		
Terrassements pour ouverture de fossés, dressement d'accotements, y compris le jet des terres sur place, le mètre cube.................................... ..		
Main-d'œuvre pour la confection de l'empierrement, comprenant la préparation de la forme, la pose et l'arrangement de la pierre, le mètre carré...............		
Transport à la voiture pour les parcours des premiers 100 mètres, le mètre cube....................		
Transport à la voiture pour le parcours de chaque distance de 100 mètres en sus, le mètre cube..........		
TRAVAUX D'ENTRETIEN.		
Prix de la main-d'œuvre pour le dressement des accotements et talus des parties de chemin à réparer, le mètre carré...		
Pierre cassée, à compter pour emploi seulement, le mètre cube......................................		

Fait à....., les jour, mois et an susdits.

(*Signatures.*)

N° 369

CHEMINS *vicinaux. — Cahier des déclarations d'option des contribuables cotisés au rôle des prestations en nature de l'année 18 , pour l'acquittement de leur taxe, soit* en nature, *soit* en argent (1).

INDICATION DES PRIX DE JOURNÉES DE TRAVAIL FIXÉS PAR LE TARIF DE CONVERSION, ARRÊTÉ POUR LA COMMUNE PAR LE CONSEIL GÉNÉRAL, DANS SA SESSION DU.....

Savoir :

	fr.	c.
La journée d'homme............................		
Idem de cheval de luxe et mulet...............		
Idem de paire de bœufs, chevaux et mulets de trait.		
Idem de voiture, charrette, etc.................		
Idem d'âne..................................		

DATE des DÉCLARATIONS.	NOMS et PRÉNOMS des déclarants.	Article du ROLE.	DÉCLARATION. — Mettre dans cette colonne, selon l'option qu'aura faite le contribuable, ces mots : *acquittera en nature ;* ou bien ; *acquittera en argent.*	SIGNATURE DU CONTRIBUABLE. — Lorsque le contribuable ne saura pas signer, le maire l'exprimera par ces mots : *ne sait signer.*	OBSERVATIONS.

Le maire de la commune d..... certifie le présent cahier de déclarations, qui a été ouvert pendant un mois, depuis le....., date de la publication du rôle de prestation de 18..., jusqu'aujourd'hui.

A....., le..... 18...

(*Signature.*)

N° 370.

CHEMINS *vicinaux. — Extrait du rôle de prestation comprenant le nom des contribuables qui ont déclaré vouloir acquitter leur taxe* en nature.

INDICATION DES PRIX DE JOURNÉES DE TRAVAIL FIXÉS PAR LE TARIF DE CON-

(1) Ce cahier devra rester ouvert à la mairie pendant un mois, à dater de la publication du rôle de prestation : passé ce délai, le maire le clôra, le signera et le fera parvenir immédiatement au percepteur-receveur municipal.

VERSION, ARRÊTÉ POUR LA COMMUNE PAR LE CONSEIL GÉNÉRAL, DANS SA SESSION D.....

Savoir :

La journée d'homme............................... fr. c
Idem de cheval de luxe et mulet...............
Idem de paire de bœufs, chevaux et mulets de trait.
Idem de voiture, charrette, etc..................
Idem d'âne......................................

PREMIÈRE PARTIE.

COLONNES A GARNIR PAR LE PERCEPTEUR-RECEVEUR, à l'expiration du mois accordé pour les déclarations.							COLONNES D'ÉMARGEMENT A GARNIR, au fur et à mesure des travaux, PAR LE FONCTIONNAIRE SURVEILLANT.								
Articles du rôle.	NOMS et PRÉNOMS des contribuables qui ont déclaré vouloir acquitter leur cote en nature.	TAXES EN JOURNÉES					TRAVAUX EFFECTUÉS.							Signature pour certificat du fonctionnaire qui a surveillé les travaux.	OBSERVATIONS.
		d'homme.	de cheval de luxe et de mulet.	de paires de bœufs, chevaux, mulets de trait.	de voitures, charrettes, etc.	d'âne.	No et nom du chemin où les travaux ont eu lieu.	Date des travaux.	JOURNÉES						
									d'homme.	de cheval de luxe et de mulet.	de paire de bœufs, chev., mulets de trait.	de voitures, charrettes, etc.	d'âne.		
1	2	3	4	5	6	7	8	9	10	11	12	13	14	15	16

DEUXIÈME PARTIE.

	JOURNÉES					VALEUR en argent.
	d'homme.	de cheval de luxe et de mulet.	de paire de bœufs, chev., mulets de trait.	de voitures, charrettes, etc.	d'âne.	
Report du nombre total des journées que les contribuables dénommés en la première partie du présent extrait de rôle ont déclaré vouloir acquitter en nature.						
Le nombre total des journées dues par les contribuables qui ont déclaré vouloir payer en argent, ou qui, n'ayant pas fait de déclaration, sont tenus de payer en argent, est d'après le rôle, de................						
TOTAL GÉNÉRAL des journées, comme au rôle de prestation de l'année 18						

Je, soussigné, percepteur-receveur municipal de la commune d....., certifie que le présent extrait, comprenant..... articles, montant à..... journées d'homme....., journées de cheval de luxe et mulet....., journées de paire de bœufs, chevaux et mulets de trait....., journées de voiture, charrette, etc.... , journées d'âne, est conforme, en ce qui concerne les colonnes *une à sept*, tant au rôle de prestation rendu exécutoire par le préfet, le..... 18..., qu'aux déclarations des contribuables qui veulent acquitter leur taxe *en nature*, et dont la mention est inscrite dans la deuxième colonne dudit rôle.

A..... le..... 18...

(*Signature.*)

Nous, soussigné, maire de la commune d....., attestons la vérité des signatures apposées dans la *quinzième* colonne du présent extrait, comme étant celles des fonctionnaires que nous avons chargés de la surveillance des travaux. Nous certifions, en outre, que les journées de travail dont ces fonctionnaires ont donné décharge ont été bien et dûment effectuées, et que leur valeur s'élève, en argent, savoir :

		fr. c.
Journées	d'homme..................................	
Idem	de cheval de luxe et mulet..................	
Idem	de paire de bœufs, chevaux et mulets de trait.	
Idem	de voiture, charrette, etc..................	
Idem	d'âne.....................................	
	TOTAL (1) .....ci.	

De laquelle somme le receveur est autorisé a faire dépense en même temps qu'il en fera recette dans son compte de gestion. Elle lui sera allouée sur la production du présent.

Fait à....., le..... 18.....

Le maire.

N° 371.

CHEMINS *vicinaux. — Extrait du rôle de prestation comprenant le nom et le montant de la cote des contribuables dont les taxes doivent être recouvrées en argent.*

ARTICLES du rôle.	NOMS ET PRÉNOMS des CONTRIBUABLES.	MONTANT de la cote de chaque contribuable.	OBSERVATIONS.

Je, soussigné, percepteur-receveur municipal de la commune d....., certifie que le présent extrait, comprenant..... contribuables et s'élevant à la somme d....., est conforme au rôle tant en ce qui concerne les contribuables qui ont opté pour le payement de leur taxe *en nature*, qu'en ce qui concerne les contribuables dont la taxe est exigible *en argent*, à défaut d'option ou d'exécution des travaux dans les délais prescrits.

A....., le..... 18... *Le percepteur-receveur.*

(1) Mettre ici la somme en toutes lettres.

N° 372.

Chemins *vicinaux. — Avis gratis à délivrer aux prestataires qui ont déclaré vouloir acquitter leur taxe en nature.*

M....., demeurant à.....

Sur un rôle de prestation voté par le conseil municipal, et rendu exécutoire par M. le préfet, vous êtes compris pour..... journées d'homme, ... journées de cheval, etc. Vous avez déclaré vouloir acquitter votre taxe en nature.

Vous êtes prévenu que les travaux s'ouvriront le.....; vous êtes en conséquence requis de faire ou faire faire, pour votre compte, sur le chemin de....., n°....., ... journées d'homme, ... journées de cheval, etc.

Les ouvriers devront être rendus sur les travaux, à..... heures du matin, le jour susindiqué et les jours suivants, s'il y a lieu, munis de pelles, pioches, et autres instruments nécessaires aux travaux (1). Faute par vous d'obtempérer à la présente réquisition, votre cote sera de droit exigible en argent.

Vous devez porter au lieu des travaux la présente réquisition, que vous ferez quittancer au dos, à la fin de chaque journée, par le fonctionnaire chargé de la surveillance des travaux.

Fait à la mairie, à..... , le..... 18.....

Le maire.

N° 373.

Chemins *vicinaux. — Avis gratis, lorsque les prestations ont été converties en tâches.*

M....., demeurant à.....

Sur un rôle de prestation voté par le conseil municipal, et rendu exécutoire par M. le préfet, vous êtes compris pour..... journées d'homme....., journées de cheval, etc.; lesdites journées évaluées à..... fr.

En vertu du 3e paragraphe de l'article 4 de la loi du 21 mai 1836, il a été décidé que la prestation non rachetée en argent serait convertie en tâches, d'après le tarif fixé par le conseil municipal, approuvé par le préfet, et dont il vous est loisible de prendre connaissance à la mairie.

Vous avez déclaré vouloir acquitter votre taxe en nature.

En conséquence, vous êtes invité à faire ou à faire faire pour votre compte, sur le chemin de....., n°....., les travaux ci-dessous indiqués, lesquels correspondent, d'après le tarif ci-dessus mentionné, au montant de votre cote.

DÉTAIL DES TRAVAUX A FAIRE.

....

....

Ces travaux devront être terminés avant le..... 18..., jour où il en sera fait réception en votre présence.

Faute par vous d'avoir obtempéré dans les délais prescrits à la présente réquisition, votre cote sera de droit exigible en argent.

Vous devrez porter aux lieux des travaux la présente réquisition, que vous ferez quittancer au dos par le fonctionnaire chargé de la surveillance des travaux.

Fait à la mairie, à....., le..... 18...

Le maire.

(1) On ne peut exiger des prestataires qu'ils fournissent des outils ou instruments qui ne sont pas en leur possession habituelle.

N° 374.

Chemins *vicinaux* (*Arrêté concernant l'élagage des arbres et des haies bordant les*).

Nous, maire de la commune de.....

Vu les articles..... du règlement préfectoral du....., concernant les chemins vicinaux, approuvé le....., par M. le ministre de l'intérieur;

Arrêtons ce qui suit :

Art. 1er. Tout propriétaire d'arbres ou de haies, dont les branches forment saillie sur le sol des chemins vicinaux, ou qui par leur ombrage sont susceptibles d'y entretenir l'humidité, sera tenu de les élaguer avant le..... prochain. Les haies seront recepées à la hauteur de 1 mètre 33 centimètres fixée par l'article..... dudit règlement. Les racines qui s'étendraient sur le sol des chemins seront recepées dans le même délai.

2. A défaut, par les propriétaires, de s'être conformés aux dispositions de l'article précédent, dans le délai prescrit, il y sera pourvu d'office à la diligence du maire, et aux frais des contrevenants qui seront, en outre, passibles des peines prononcées pour contraventions aux règlements de police.

Le règlement des frais d'élagage sera, dans ce cas, établi conformément à l'article..... susvisé.

3. Le présent arrêté sera adressé en copie à M. le sous-préfet ; il sera, en outre, publié et affiché dans tous les lieux accoutumés.

Fait à...... le...... 18..

Le maire.

N° 375.

Chemins *vicinaux* (1) (*Arrêté du maire portant fixation d'alignement sur les simples*).

Département d..... Canton d.....

Le maire de la commune de.....

Vu la pétition présentée par M..... à l'effet d'obtenir l'alignement pour (*un bâtiment, un mur de clôture, une haie ou une plantation, etc.*), qu'il se propose de faire sur un terrain lui appartenant, le long du chemin vicinal de..... classé sous le n°.....

Vu le règlement arrêté par M. le préfet de....., le....., et approuvé par M. le ministre de l'intérieur, le..... du même mois;

Vu l'état de classement des chemins vicinaux de la commune, approuvé par M. le préfet, le....., duquel il résulte que la largeur du chemin précité a été fixée à..... mètres ;

Après avoir visité les lieux,

Arrête :

Art. 1er. M..... demeure autorisé, sans préjudice des droits des tiers, à faire sa construction (*ou sa plantation*) suivant une ligne partant de..... et se terminant à..... à la distance de..... mètres de l'axe du chemin, et parallèlement à cet axe.

2. Au moyen de cet alignement, la commune cède (*ou reçoit*) un terrain de la contenance de....., et le chemin conserve une largeur de....., en partant des deux extrémités et du centre de la ligne adoptée pour l'alignement.

---

(1) Cet arrêté sera inscrit sur un registre spécial, et le maire n'en délivrera expédition à la partie intéressée qu'après que l'ampliation qu'il aura adressée au sous-préfet lui sera revenue approuvée.

3. Le présent arrêté sera soumis à l'approbation de M. le sous-préfet (*ou de M. le préfet*, s'il s'agit d'une commune située dans l'arrondissement chef-lieu), pour recevoir ensuite son exécution, s'il y a lieu.

Fait à....., le..... 18...

N° 376.

Chemins *vicinaux.* — ***Procès-verbal constatant un empiétement ou une usurpation sur un chemin vicinal*** (1).

Aujourd'hui....., mil huit cent....., nous (*maire, adjoint, agent voyer ou garde champêtre*) de la commune de....., nous étant transporté sur le chemin vicinal de..... classé sous le n°..... au tableau général des chemins de ladite commune, approuvé par M. le préfet de ce département, le....., avons reconnu que le sieur...... demeurant à..... a empiété sur ledit chemin, en face de sa propriété, lieu dit..... environ de..... mètres..... centimètres de largeur, sur environ .. .. mètres ..... centimètres de longueur, en pratiquant (*indiquer ici la nature de l'entreprise d'où résulte l'empiètement*);

Et attendu que ce fait constitue une contravention aux lois et règlements sur la petite voirie et compromet la viabilité publique, nous l'avons constaté, conformément à l'article..... du règlement général de M. le préfet du....., par le présent procès-verbal qui sera notifié audit sieur.....

Fait à....., les jour, mois et an que dessus.

N° 377.

Chemins *vicinaux* (***Autre procès-verbal pour dégradation ou anticipation sur les***).

L'an mil huit cent....., le....., nous, (*maire, adjoint, agent voyer* ou *garde champêtre*) de la commune de....., prévenu que le sieur T....., agriculteur, domicilié en cette commune, était occupé à relever le fossé qui borde le chemin du côté de....., nous sommes rendu sur les lieux, où étant, nous avons remarqué que ledit T....., d'après le nouvel alignement qu'il prenait, anticipait de..... mètres de largeur, sur une longueur de.....; interpellé de nous faire connaître s'il était autorisé à prendre ce nouvel alignement pour en clore sa propriété, a répondu le sieur T....., qu'il n'était muni d'aucune autorisation, qu'il se croyait en droit de persister dans son nouveau tracé, le terrain qu'il enclavait dans son nouveau fossé étant hors l'alignement du chemin, et devant appartenir à son champ; lui avons de nouveau observé qu'il n'était pas de notre compétence de reconnaître son droit de propriété, qu'il eût dû s'adresser au maire de la commune; mais qu'attendu que le fait dont il s'agit constitue jusqu'à chose jugée, le délit d'anticipation sur la voie publique, nous allions dresser le présent procès-verbal pour y être donné telles suites que de droit, conformément à la loi; enjoignant toutefois audit sieur P..... qu'il eût à suspendre ses travaux jusqu'à ce qu'il soit statué sur l'affaire, sous telles peines que de droit.

Fait à....., les jour, mois et an que dessus.

(1) Si le contrevenant n'a pas obéi à l'injonction de restituer le terrain usurpé, le procès-verbal sera, après l'expiration du délai de huitaine, adressé par le maire au sous-préfet, avec un plan visuel des lieux, l'original de l'acte de notification et les moyens de défense du prévenu s'il en a fourni, ou un certificat du maire constatant qu'il n'a rien répondu, et qu'il n'a pas rétabli les lieux dans leur état primitif.

N° 378.

CHEMINS *vicinaux* (*Procès-verbal constatant une contravention aux règlements en matière d'alignement sur les*) (1).

Aujourd'hui....., mil huit cent....., nous (*maire, adjoint, agent voyer ou garde champêtre*) de la commune de....., nous étant transporté sur le chemin vicinal de..... classé sous le n°..... au tableau général des chemins de ladite commune approuvé le..... par M. le préfet de ce département, avons reconnu que le sieur....., demeurant à....., a construit (2) un bâtiment sur le bord de ce chemin, dans la propriété qu'il possède au lieu dit....., et ce, sans avoir préalablement demandé et obtenu alignement, conformément aux articles..... du règlement de M. le préfet du....., approuvé par M. le ministre de l'intérieur, le....., et à l'arrêté que l'autorité municipale a publié le....., en exécution de l'article..... de ce reglement (ou en s'écartant de l'alignement préalable qui lui a été donné par le maire suivant son arrêté du.....);

Et attendu que ce fait constitue une contravention aux lois et réglements sur la petite voirie, nous en avons dressé le présent procès-verbal qui sera déféré au tribunal de simple police (3).

Fait à....., les jour, mois et an que dessus.

(*Signature.*)

N° 379.

CHEMINS *vicinaux.* — *Notification d'un procès-verbal constatant une contravention aux règlements en matière d'alignement.*

Aujourd'hui....., mil huit cent....., nous, soussigné (*maire, adjoint, agent voyer ou garde champêtre*) de la commune d....., nous sommes rendu au domicile du sieur....., et lui avons notifié le procès-verbal ci-dessus dont nous lui avons laissé copie ainsi que du présent acte, avec sommation soit de rétablir, dans les huit jours de la notification, le chemin dont il s'agit dans sa largeur et dans son état primitif, soit de fournir ses moyens de défense dans le même délai, lui déclarant que si, à l'expiration du délai de huitaine, il n'a pas satisfait à l'injonction de rétablir les lieux dans leur premier état, la contravention sera déférée au conseil de préfecture, conformément à l'article 8 de la loi du 9 ventôse an XIII, sans préjudice des poursuites qui pourront être exercées contre le délinquant, devant le tribunal de simple police, en vertu de l'article 479 du Code pénal.

Fait à....., les jour, mois et an que dessus.

(*Signature.*)

(1) Ce procès-verbal, comme les deux précédents, doit être soumis au visa pour timbre et à l'enregistrement en débet, dans les quatre jours de sa date.

S'il est rédigé par le garde champêtre, il sera soumis à l'affirmation dans les vingt-quatre heures de sa date.

Cet acte est ensuite adressé au ministère public près le tribunal de simple police.

(2) Exprimer, suivant le cas, s'il s'agit d'un mur de clôture, d'une plantation d'arbres, d'une haie vive ou d'une haie morte, du creusement d'un fossé, etc.

(3) Lorsqu'un riverain construit sans autorisation, il est poursuivi devant le tribunal de police; lorsqu'il ne respecte pas l'alignement qui lui est donné, il est poursuivi devant le conseil de préfecture, parce que, dans ce dernier cas, il y a empiétement sur le chemin vicinal.

N° 380.

Chevaux, *mulets et autres bêtes de somme (Règlement concernant les propriétaires et conducteurs de).*

Nous, maire de la ville *ou* commune de.....

Vu les lois des 14-22 décembre 1789, article 50; 16-24 août 1790, titre XI, article 5, nos 1 et 3; 19-22 juillet 1791, titre I, article 46; 28 septembre-6 octobre 1791, et le décret du 18 juin 1811; les articles 388, 452, 453, 454, 455, 459, 460, 461, 462, 475 (1), 476, 479, 480, du Code pénal; et l'article 11 de la loi du 18 juillet 1837;

Considérant qu'il est du devoir d'une bonne administration de veiller à la sûreté des citoyens, sûreté qui ne se trouve que trop souvent compromise par la négligence ou l'imprudence des personnes qui conduisent des chevaux, mulets, etc.;

Avons arrêté et arrêtons ce qui suit :

Art. 1er. Il est défendu à toutes personnes montant des chevaux ou mulets de les mener plus vite que le pas dans les rues, les faubourgs et les promenades de la ville. Il est défendu à un homme à cheval de conduire plus de deux chevaux en main à la fois. Tout cheval monté devra avoir une bride ou un filet.

2. Il est défendu de faire conduire des chevaux à des personnes au-dessous de l'âge de dix-huit ans. — Les pères, mères et maîtres sont responsables des accidents qui pourraient résulter par la faute de leurs enfants ou domestiques. (*Code Napoléon*, art. 1384.)

3. Lorsqu'un seul conducteur mènera plusieurs chevaux, mulets ou autres bêtes de somme, ils devront être attachés à la suite les uns des autres, le premier étant tenu par la longe. — La nuit, les conducteurs auront soin d'avoir une lanterne allumée pour faciliter aux passants les moyens de se ranger.

4. Les chevaux vicieux qui auront l'habitude de ruer, devront porter une houppe d'une couleur voyante (*indiquer la couleur*), pour que les passants se tiennent en garde; les chevaux qui mordent devront être muselés.

5. Il est expressément défendu d'exercer des chevaux ailleurs que dans les cours et autres dépendances intérieures des maisons, ou dans les endroits à ce destinés.

6. Il est défendu à tous cochers ou conducteurs de voitures à quatre roues ou de cabriolets d'aller plus vite que le trot; aux conducteurs de charrettes, chars, tombereaux de les mener autrement qu'au pas. Les voituriers, charretiers et bouviers se tiendront toujours à pied à la gauche de leurs chevaux ou bœufs.

7. Les chevaux destinés à être abattus, pour cause de vieillesse, de blessures ou de maladies non contagieuses, le seront par un vétérinaire ou équarisseur habitué à ce genre d'opérations, et dans le lieu assigné à cet effet (*indiquer le*

(1) « Seront punis d'amende, depuis 6 fr. jusqu'à 10 fr. inclusivement : — les rouliers, charretiers, conducteurs de voitures quelconques ou de bêtes de charge, qui auraient contrevenu aux règlements par lesquels ils sont obligés de se tenir constamment à portée de leurs chevaux, bêtes de trait ou de charge, et de leurs voitures, et en état de les guider et conduire; d'occuper un seul côté des rues, chemins ou voies publiques; de se détourner ou ranger devant toutes autres voitures, et, à leur approche, de leur laisser libre au moins la moitié des rues, chaussées, routes et chemins; — ceux qui auraient fait ou laissé courir des chevaux, bêtes de trait, de charge ou de monture, dans l'intérieur d'un lieu habité, ou violé les règlements contre le chargement, la rapidité ou la mauvaise direction des voitures. » (*Code pénal*, *art.* 475.)

« Pourra, suivant les circonstances, être prononcé, outre l'amende portée en l'article précédent, l'emprisonnement pendant trois jours au plus, contre les rouliers, charretiers, voituriers et conducteurs en contravention; contre ceux qui auront contrevenu à la loi par la rapidité, la mauvaise direction ou le chargement des voitures ou des animaux. » (*Id.*, *art.* 476.)

« Seront punis d'une amende de 11 à 15 fr. inclusivement : — ceux qui auront occasionné la mort ou la blessure des animaux ou bestiaux appartenant à autrui, par la rapidité et la mauvaise direction ou le chargement excessif des voitures, chevaux, bêtes de trait, de charge ou de monture. » (*Id.*, *art.* 479.)

lieu). — L'animal sera enfoui aux frais du propriétaire dans une fosse de quatre pieds de profondeur au moins et à cent mètres des habitations.

9. Les contrevenants au présent règlement seront poursuivis conformément aux articles 471, 473, 474 et 475 du Code pénal.

Fait à...., le..... 18...

Le maire.

N° 381.

CHEVAUX. — *Procès-verbal pour constater qu'un cheval est attaqué de la morve* (1).

L'an mil huit cent......., le......., nous soussigné, maire de la commune de....., informé que le sieur D....., propriétaire, domicilié en cette commune, conservait dans son écurie un cheval atteint de la morve, nous sommes transporté chez ledit sieur D....., accompagné du sieur M....., artiste vétérinaire, demeurant à....., par nous requis, lequel a prêté en nos mains le serment prescrit par la loi de procéder et faire son rapport en son honneur et conscience. Ayant fait connaître audit sieur D..... les causes de notre présence, nous l'avons engagé à nous conduire à son écurie, où étant nous avons requis le sieur M.... d'examiner avec soin les chevaux qui s'y trouvaient renfermés, lesquels étaient au nombre de deux; ce qu'ayant fait à l'instant même, le sieur M.... a reconnu de la manière la plus évidente qu'un cheval bai, à tous crins, taille d'un mètre ..... centimètres, buvant dans son blanc, balzane aux deux pieds hors montoir, était effectivement attaqué de la morve (2), et que cette maladie arrivée au degré dont ledit animal était infecté, il n'existait aucun moyen curatif connu. De quoi il nous a fait son rapport, et a signé après lecture faite.

Nous avons aussitôt ordonné audit sieur D....., conformément à l'article 6 de l'arrêt du conseil d'État du 16 juin 1784, et à l'arrêté du gouvernement du 27 messidor an V (15 juillet 1797), de faire abattre ledit cheval dans les vingt-quatre heures et le faire enterrer avec la peau tailladée, dans une fosse de deux mètres six décimètres de profondeur, laquelle sera creusée à quatre-vingt-dix-huit mètres au moins de toute habitation, ce qui sera effectué en notre présence dans le plus bref délai (3). A l'égard des harnais dudit cheval, nous les avons fait déposer en un lieu par nous désigné pour être nettoyés et désinfectés (4).

Avons, en outre, prescrit audit sieur D..... de faire placer son autre cheval dans un local sain et bien aéré, à la charge par lui de nous le représenter à toutes réquisitions; lui avons enjoint, en outre, de faire opérer sans perte de temps la désinfection de son écurie.

Et attendu qu'il était à la connaissance du sieur D..... que son cheval était attaqué de la morve, et qu'aux termes de l'article 459 du Code pénal, toute personne qui a dans ses écuries des chevaux suspects de maladie contagieuse est tenue d'en faire la déclaration au maire de sa commune, sous les peines portées

---

(1) « Le soin de prévenir autant que faire se peut, mais surtout d'arrêter la contagion de la morve et de toute autre maladie contagieuse, est confié à la diligence des maires. » (*Loi du 28 septembre — 6 octobre 1791.*)

(2) « Les chevaux reconnus attaqués de la morve, et les autres bestiaux affectés de maladies reconnues incurables par les experts, doivent être abattus sans delai; ensuite ouverts en présence de l'agent municipal, lequel en dressera son procès-verbal, qu'il fera passer à l'administration centrale (*au sous-préfet.*) » (*Arrêt du conseil d'État, du 16 août 1784, art.* 5.)

(3) « Les chevaux morts ou abattus à la suite de la morve, et les autres bestiaux morts de maladies contagieuses et pestilentielles, doivent être enterrés avec leur peau tailladée, dans des fosses de deux mètres six décimètres de profondeur, qui ne peuvent être ouvertes qu'à la distance de cinquante toises au moins de toute habitation. » (*Id., art.* 6.)

(4) « Les écuries dans lesquelles ont séjourné des chevaux morveux seront aérées et purifiées, à la diligence des agents des communes et des experts vétérinaires désignés; les équipages, harnais, colliers, etc., doivent être désinfectés; enfin, l'on sera tenu de se conformer à tout ce qui sera prescrit par les experts, afin de prévenir le retour de la maladie, sous peine de cinq cents francs d'amende. » (*Id., art.* 6.)

par ledit article, et que ledit sieur D..... ne s'est point conformé à cette obligation, ce qui le constitue en contravention sur ce point, nous avons de tout ce que dessus rédigé le présent procès-verbal pour y être donné telles suites qu'il appartiendra.

Fait à....., les jour, mois et an que dessus.

(*Signature.*)

N° 382.

CHEVAUX. — *Procès-verbal constatant qu'un individu a mis en vente au marché aux chevaux un cheval atteint d'une maladie contagieuse* (1).

Aujourd'hui.... mil huit cent...., à...., heure d...., nous...., soussigné, adjoint au maire (*ou* commissaire de police) de la ville de....., nous trouvant au marché aux chevaux, avons été requis par le sieur R....., artiste vétérinaire assermenté, demeurant rue..... n°....., de dresser procès-verbal contre un individu qui venait d'exposer en vente un cheval atteint de la morve. Nous étant rendu sur les lieux, nous avons reconnu par nous-même, que le cheval à nous signalé présentait tous les symptômes de la maladie reconnue également par ledit R..... Interrogé par nous, l'individu préposé à la vente dudit cheval et qui nous a dit se nommer L....., être âgé de.... ans, demeurant à..... a répondu qu'il ignorait que la maladie dont son cheval est atteint fût la morve, que s'il en eût eu connaissance il ne l'aurait pas amené au marché. Nous avons de suite fait conduire le cheval à la fourrière destinée au genre de maladie dont il est atteint, avec ordre au propriétaire de s'y transporter de suite pour assister à la visite qui sera faite par l'expert-vétérinaire qui sera nommé à cet effet par M. le maire, et présenter, s'il y a lieu, ses observations sur la décision qui interviendra.

De tout ce que dessus nous avons dressé le présent procès-verbal qui sera transmis à M. le procureur impérial pour recevoir telles suites qu'il appartiendra.

Fait et clos à..... les jour, mois et an que dessus.

(*Signature.*)

(*Signalement.*)

N° 383.

CHEVAUX. — *Procès-verbal constatant qu'un individu a laissé sur la voie publique ses chevaux à l'abandon* (2).

L'an mil huit cent....., le....., nous....., adjoint au maire (*ou* commissaire de police) de la ville de....., étant dans la rue....., avons aperçu deux chevaux couverts de leurs harnais et qui marchaient sans conducteur. Les ayant arrêtés et confiés à la garde du sieur..... qui se trouvait là par hasard, nous nous sommes immédiatement informé d'où venaient ces chevaux et quel en était le propriétaire. Nous avons appris bientôt que leur conducteur, qui était sorti peu d'instants auparavant de l'auberge du sieur...., était entré chez le sieur....,

(1) Par application de l'article 459 du Code pénal, tout détenteur d'animaux soupçonnés d'être atteints de maladies contagieuses, qui ne les aura pas renfermés, sera puni d'un emprisonnement de six jours à deux mois, et d'une amende de 16 fr. à 200 francs. Si de la communication des bestiaux atteints de maladie, il est résulté une contagion parmi les autres animaux, la peine sera d'un emprisonnement de deux à cinq ans, et d'une amende de 100 francs à 1,000 francs, par application de l'article 461 dudit Code.

(2) « Les rouliers, conducteurs de voitures ou de chevaux qui ne se seront pas tenus constamment à portée de leurs chevaux, seront punis d'amende depuis 6 francs jusqu'à 10 francs inclusivement. » (*Code pénal, art.* 475, n° 3.)

marchand de vin, rue....., n°....., et les avait laissés sur la voie publique. Nous étant rendu chez ledit marchand de vin, nous y avons trouvé en effet un individu qui nous a dit être propriétaire des chevaux dont il s'agit, se nommer S....., être voiturier et demeurer à..... Nous lui avons enjoint de se rendre à l'instant près de ses chevaux, et attendu qu'il se trouvait en contravention à l'article 475, n° 3 du Code pénal, nous lui avons déclaré que nous dresserions contre lui le présent procès-verbal, pour y être donné telles suites que de droit.

Fait à....., les jour, mois et an que dessus.

(*Signature.*)

N° 384.

Chiens (*Arrêté municipal concernant les*).

Nous, maire de la vile *ou* commune d.....

Vu les dispositions des lois concernant la police municipale, et en particulier celles des 14-22 décembre 1789, article 50; 16-24 août 1790 titre XI, article 3, nos 1, 5 et 6 (1); 19-22 juillet 1791, titre I, article 46; l'arrêté du gouvernement du 25 messidor an v (15 juillet 1790); le décret du 18 juin 1811, article 39; les articles 319, 320, 454, 455, 471, n° 15, 475, n° 7 (2), 476, 479, n° 3, du Code pénal; 1383, 1384 et 1385 (3) du Code Napoléon; et l'article 11 de la loi du 18 juillet 1837;

Considérant que le nombre toujours croissant des chiens errants sur la voie publique nécessite des mesures sévères et exécutées avec soin; que tous les citoyens ont intérêt à l'observation de certaines précautions prescrites, par suite des nombreux accidents qui arrivent chaque année aux époques des grandes chaleurs;

Avons arrêté et arrêtons ce qui suit:

Art. 1er. Il est défendu de laisser errer les chiens sur la voie publique, sans être muselés; les chiens de race dangereuse devront à la fois être muselés et tenus en laisse.—Les chiens auront, en outre, un collier sur lequel seront inscrits le nom et la demeure des personnes auxquelles ils appartiennent.

2. Il est défendu d'exciter les chiens à se battre; de les lancer contre les voitures et les chevaux; de les placer sous les charrettes sans y être attachés de très court.

3. Les chiens devront être tenus muselés dans tous les endroits ouverts au public, comme boutiques, ateliers, magasins, auberges, cabarets et billards.

4. Les chiens errants non muselés et sans colliers seront abattus. — Les chiens porteurs de colliers qui seront trouvés sans maîtres sur la voie publique, seront mis en fourrière aux frais du propriétaire.

5. Les bouchers ne doivent laisser sortir leurs chiens que pour conduire du menu bétail à l'abattoir, ou lorsqu'ils vont en voyage. Ils ne devront les laisser devant leur porte qu'autant qu'ils seront muselés.

6. On tiendra les chiens de garde enchaînés pendant le jour; ils ne seront mis en liberté dans les lieux qu'ils gardent que lorsque tout le monde sera retiré, et que personne autre que les maîtres ne devra passer.

---

(1) « Les objets de police confiés à la vigilance et à l'autorité des corps municipaux sont.... Le soin d'obvier ou de remédier aux événements fâcheux qui pourraient être occasionnés par la divagation des animaux malfaisants ou féroces. » (*Loi du 16-24 août 1790, tit.* XI, *art.* 3, *n°* 6.)

(2) « Seront punis d'amende, depuis 6 francs jusqu'à 10 francs inclusivement... — Ceux qui auraient laissé divaguer des animaux malfaisants ou féroces, ceux qui auront excité ou n'auront pas retenu leurs chiens, lorsqu'ils attaquent ou poursuivent les passants, quand même il n'en serait résulté aucun mal ou dommage. » (*Code pénal, art.* 475, *n°* 7.)

(3) « Le propriétaire d'un animal, ou celui qui s'en sert, pendant qu'il est à son usage, est responsable du dommage que l'animal a causé, soit que l'animal fût sous sa garde, soit qu'il fût égaré ou échappé. » (*Code Napoléon, art* 1385.)

7. On devra s'abstenir d'atteler des chiens à de petites charrettes, cet usage occasionnant souvent des accidents.

8. Il sera jeté, chaque année et à des époques déterminées, pour la destruction des chiens errants, des boulettes empoisonnées sur les points les plus fréquentés de la voie publique.

9. Dans le cas où un chien mordrait quelqu'un dans la rue, le maître du chien devient passible d'une peine de police municipale, indépendamment des dommages-intérêts (1). — Au cas où la morsure aurait été faite dans la maison, le fait de divagation n'existant pas, il n'y a lieu qu'à l'action civile.

10. Tous les chiens seront tenus à l'attache si une maladie épizootique se déclare parmi eux; ceux qui seront trouvés sans maîtres seront abattus.

11. Si un chien est soupçonné d'être atteint de la rage, son maître devra le faire abattre sur-le-champ; il produira à la police une déclaration de la personne chargée de ce soin.

12. Dès qu'un chien enragé aura été reconnu dans la ville, tous les habitants devront tenir leurs chiens à l'attache et renfermés chez eux pendant plusieurs jours.

13. Si un chien présumé enragé a mordu quelqu'un ou un autre animal, il devra, s'il est possible, être enfermé et gardé à vue pour qu'on puisse s'assurer s'il est réellement attaqué de la rage. Les animaux mordus seront également gardés à vue.

14. L'animal mordu par un chien enragé sera détruit sur-le-champ. Sa chair devra être enfouie dans une fosse de deux mètres soixante-dix centimètres de profondeur, éloignée au moins de cent mètres de toute habitation.

15. La personne mordue par un chien soupçonné d'être enragé devra recourir de suite à un chirurgien ou médecin. Si la personne mordue est indigente, elle devra sur-le-champ se rendre à l'hospice.

16. Toute contravention au présent règlement sera punie selon toute la rigueur des lois.

Fait à....., ... 18...

Le maire.

N° 385.

Chiens (*Avis à publier à l'époque des fortes chaleurs, pour l'exécution du règlement concernant les*).

Nous soussigné, maire de la commune de....., vu l'article 8 du règlement de police en date du....., applicable aux chiens errants ou enragés, donnons avis qu'à compter du..... jusqu'au....., il sera jeté un poison préparé pour la destruction de ces animaux; engageons, en conséquence, les propriétaires à tenir leurs chiens à l'attache ou à les museler.

A....., le..... 18...

Le maire.

(1) Le chien ne saurait être considéré comme animal dangereux; cependant, par des règlements particuliers, l'autorité doit prendre des précautions pour défendre les particuliers des dispositions qu'a cet animal à poursuivre les passants, pour peu qu'il y soit excité. L'article 475, n° 7, du Code pénal, punit d'une amende de 6 à 10 francs tout individu qui n'a pas retenu son chien, lorsqu'il attaque et poursuit les passants, lors même qu'il n'en est résulté aucun mal ni dommage : les lois combinées des 16-24 août 1790 et 19-22 juillet 1791 donnent aux maires le droit de prendre des arrêtés, pour assurer la sûreté des citoyens en ce qui concerne le plus ou moins de surveillance à exiger des particuliers qui ont des chiens à leur service, le tout sous les peines portées par l'article précité du Code pénal.

N° 386.

CHIENS. — *Avis pour le cas où un chien enragé aurait parcouru la commune ou les environs.*

Nous soussigné, maire de la commune de....., informé qu'un chien enragé a parcouru la commune et a mordu plusieurs autres chiens, invitons les habitants à tenir leurs chiens renfermés et à prendre les précautions utiles en pareil cas; donnons également avis que, dans les vingt-quatre heures qui suivront la présente publication, il sera jeté du poison pour la destruction des chiens errants; qu'en outre des ordres sont donnés au garde champêtre et à la gendarmerie, pour que ceux de ces animaux qui seront trouvés errants sur les chemins sans être muselés ou sans être porteurs d'un collier, soient immédiatement abattus.

Fait à....., le..... 18... *Le maire.*

N° 387.

CHIENS. — *Procès-verbal pour constater qu'un chien a été trouvé sur la voie publique, errant, non muselé, et sans collier indiquant la demeure de son maître.*

Aujourd'hui....., mil huit cent....., à..... heures du....., nous...... adjoint au maire (*ou* commissaire de police) de....., passant rue de....., avons aperçu, sur le trottoir, un chien de haute taille qui, sans être muselé et sans porter un collier indiquant les nom et demeure de son maître, suivait un individu âgé d'environ 30 ans. Ayant demandé à ce dernier si ce chien lui appartenait, il nous a répondu que oui. Lui ayant fait observer alors qu'il était défendu de laisser vaguer dans les lieux publics aucuns chiens sans qu'ils fussent muselés et portassent un collier garni d'une plaque de métal faisant connaître les nom et demeure des personnes auxquelles ils appartiennent, il nous a répondu qu'il avait oublié de prendre ces précautions avant de sortir. Sur notre interpellation, il a dit se nommer P....., être âgé de..... ans, marchand....., rue....., n°.....; l'ayant accompagné au domicile par lui indiqué, nous nous sommes rendu certain de l'exactitude de sa déclaration; par la vue de son enseigne et l'attestation de ses voisins.

En conséquence et attendu que les faits ci-dessus rapportés constituent de la part dudit B...., contravention aux dispositions du règlement de police en date du....., nous lui avons déclaré que nous dresserions contre lui le présent procès-verbal auquel il sera donné telle suite que de droit.

Fait et clos à....., les jour, mois et an que dessus. (*Signature.*)

N° 388.

CHIENS. — *Procès-verbal constatant qu'un chien non muselé, ni attaché, a été trouvé en un lieu ouvert au public.*

Aujourd'hui... mil huit cent..., nous, maire (adjoint au maire *ou* commissaire de police) de la ville de.....,passant rue....., avons remarqué à l'entrée de la maison portant le n°....., un chien non muselé, qui attaquait les passants. Nous nous sommes présenté de suite chez le sieur....., propriétaire de cette maison, y demeurant, et lui avons fait observer que le règlement de police en date du..... défend de laisser des chiens non muselés sur la voie publique ou dans les lieux quelconques où peut pénétrer le public, et qu'à défaut par lui de s'être conformé audit règlement, il se trouvait passible des peines de police prévues par l'article 471, § 15 du Code pénal. Nous lui avons déclaré, en conséquence, que nous dresserions contre lui le présent procès-verbal pour être transmis au tribunal de simple police et y recevoir telles suites que de droit.

Fait à....., les jour, mois et an que dessus. (*Signature.*)

N° 389.

Chiens. — *Procès-verbal pour blessures faites par un chien.*

L'an mil huit cent...., le...., nous, commissaire de police de la ville de..., faisant une tournée en cette ville pour le maintien de la tranquillité publique, et nous trouvant en la rue d...., avons aperçu un rassemblement nombreux, nous en sommes approché et avons appris qu'un chien boule-dogue, appartenant au sieur F......, s'était jeté sur le fils du sieur G......, et l'avait mordu en deux endroits différents, savoir : à la cuisse où il y a effusion de sang, et au bras droit où il y a seulement meurtrissure. Nous avons conduit immédiatement cet enfant au domicile de son père, à qui nous avons recommandé de faire appeler de suite un médecin et de prendre toutes les précautions convenables en pareil cas.

Nous nous sommes ensuite transporté chez le sieur F..... et l'avons sommé de prendre à l'instant les mesures nécessaires pour faire cesser la divagation de son chien, le prévenant qu'à défaut par lui de se conformer à notre réquisition, nous donnerions sans désemparer des ordres pour que cet animal fût abattu sur la voie publique.

Mais attendu que les blessures faites au jeune G..... doivent être imputées à la négligence du sieur F...... et à l'inobservation, de la part de ce dernier, du règlement de police municipale du...., et de l'article 475, n° 7, du Code pénal, nous l'avons prévenu que nous dresserions contre lui le présent procès-verbal, auquel il sera donné telles suites que de droit.

Fait et clos à....., les jour, mois et an que dessus. (*Signature.*)

N° 390.

Chiens. — *Procès-verbal pour constater qu'un chien a été tué méchamment.*

L'an mil huit cent..... le....., devant nous, maire de la commune de...., s'est présenté le sieur B..... (*âge, profession, demeure*), lequel nous a déclaré que son chien de garde venait d'être tué méchamment et sur son propre terrain (1), par le nommé C....., et que ce fait s'était passé en la présence des sieurs..... (*indiquer les témoins*); qu'en conséquence il portait plainte contre le nommé C....., pour y être donné, pour la vindicte publique, telles suites que de droit, se réservant en outre, comme partie plaignante, de se pourvoir en son propre nom contre l'auteur du délit dont il s'agit, et de former devant tout tribunal compétent telle demande qu'il avisera en dommages-intérêts.

De laquelle déclaration ledit sieur B..... a affirmé la vérité et a requis acte que nous lui avons octroyé.

Et attendu qu'il s'agit d'un délit prévu par les articles 454 et 455 (2) du Code pénal, nous avons dressé le présent procès-verbal auquel il sera donné telle suite que de droit.

Fait à....., les jours, mois et an que dessus.

(*Signature du déclarant.*) (*Signature du maire.*)

---

(1) Des ordonnances de police particulières à la ville de Paris, pourvoient à l'abatage des chiens trouvés errants pendant la nuit; mais il est expressément défendu, sous les peines de police, de procéder audit abatage sans y être spécialement préposé : ce soin est confié à des agents secondaires de la police.

L'article 30 de la loi du 28 septembre — 6 octobre 1790 prononce des peines contre ceux qui tuent ou blessent méchamment et de dessein prémédité des chiens de garde sur le terrain d'autrui.

(2) « Quiconque aura, sans nécessité, tué un animal domestique dans un lieu dont celui à qui cet animal appartient est propriétaire, locataire, colon ou fermier, sera puni d'un emprisonnement de six jours au moins et de six mois au plus. — S'il y a eu violation de clôture, le *maximum* de la peine est prononcé.

« Il sera prononcé une amende qui ne pourra excéder le quart des restitutions et dommages-intérêts, ni être au-dessous de 16 francs. » (*Code pénal, art. 454 et 455.*)

N° 391

CHIENS (*Taxe municipale sur les*) (1). — *Registre destiné à l'inscription des déclarations faites par les possesseurs de chiens en conformité de l'article 6 du decret du 4 août 1855.*

N° . *Déclaration d* 18 .

M.
demeurant à
A déclaré posséder les chiens ci-après désignés, pour lesquels il devra payer, pour l'année 18 , la taxe municipale établie par la loi du 2 mai 1855.

	NOMBRE DE CHIENS.	
	de la 1re catégorie.	de la 2e catégorie.
1re catégorie (*)... chien d'agrément ou servant à la chasse, ci........................		
2e catégorie (*)... chien servant à guider les aveugles, à garder les troupeaux, les habitations, les magasins, ateliers, etc., et en général ceux qui ne sont pas compris dans la catégorie précédente, ci....................		

Et a signé :

Reporté à l'état-matrice pour 18 . art. (à remplir par les répartiteurs et le percepteur).

(*) Le nombre de chiens doit être écrit ici en toutes lettres.

TAXE MUNICIPALE SUR LES CHIENS.

COMMUNE d

TAXE MUNICIPALE SUR LES CHIENS.
(Loi du 2 mai 1855.)

N° *Déclaration du* 18 .

M.
demeurant à
A déclaré posséder :
chien d'agrément ou servant à la chasse.
chien non compris dans la catégorie précédente.

De laquelle déclaration il a été donné au déclarant le présent reçu.

Le maire.

(Avis qui doit être imprimé au dos du reçu de la déclaration.

La taxe municipale sur les chiens est due pour les chiens possédés au 1er janvier, à l'exception de ceux qui à cette époque sont encore nourris par la mère.

La taxe est due pour l'année entière.

Du 1er octobre de chaque année au 15 janvier de l'année suivante, les possesseurs de chiens doivent faire à la mairie une déclaration indiquant le nombre de leurs chiens et les usages auxquels ils sont destinés.

Ceux qui auront fait cette déclaration avant le 1er janvier devront la rectifier, s'il est survenu quelque changement dans le nombre ou la destination de leurs chiens.

La taxe sera triplée pour celui qui, possédant un ou plusieurs chiens, n'aura pas fait de déclaration; elle sera doublée pour celui qui aura fait une déclaration incomplète ou inexacte.

Lorsqu'un contribuable aura été soumis à un accroissement de taxe, et que, pour l'année suivante, il ne fera pas la déclaration exigée, ou fera une déclaration incomplète ou inexacte, la taxe sera quadruplée dans le premier cas, et triplée dans le second.

(1) Une instruction du ministre des finances, en date du 26 septembre 1855, trace la marche à suivre pour l'application de la loi du 2 mai 1855 et du décret du 4 août suivant, concernant la taxe municipale sur les chiens. Nous croyons devoir donner ici les divers modèles annexés à cette instruction, et qui ont rapport particulièrement aux travaux des mairies.

N° 392.

Chiens (*Taxe municipale sur les*). — *Tarif communal pour l'établissement de la taxe* (1).

1re Catégorie. — Chiens d'agrément ou servant à la chasse. — Taxe annuelle votée par le conseil municipal et approuvée par décret du.................................... 6 fr. » c.

2e Catégorie. — Chiens servant à guider les aveugles, à garder les troupeaux, les habitations, les magasins, ateliers, etc., et, en général, tous ceux qui ne sont pas compris dans la catégorie précédente. — Taxe annuelle............................. 2 fr. » c.

N° 393.

Chiens (*Taxe municipale sur les*). — *État-matrice des personnes imposables.*

ARTICLES.	NOMS, PRÉNOMS et DEMEURES des imposables.	DÉCLARATIONS faites par les imposables. Date des déclarations.	NOMBRE de chiens déclarés. 1re catégorie.	2e catégorie.	FAITS constatés par le maire et les répartiteurs. — Nombre de chiens existants au 1er janvier. 1re catégorie.	2e catégorie.	OBSERVATIONS DU MAIRE et des répartiteurs. — Ces observations doivent avoir pour objet de justifier les faits relatés dans les colonnes 6 et 7, et de mettre le directeur des contributions directes à portée d'appliquer les accroissements de taxe dus pour défaut de déclaration ou pour déclaration incomplète ou inexacte.	CLASSIFICATION du nombre des chiens, d'après la comparaison des déclarations avec les faits constatés.	TAXES dues. —	TOTAL par imposable.
1	2	3	4	5	6	7	8	Colonnes 9 à 18.	col. 19 à 28	29
1	Abraham (Isidore), à Signy........	1er janv. 1857...	»	2	1	1	Déclarat. inexacte: l'un de ces chiens lui sert pour la chasse..........			
2	Antoine (Pierre), à Signy..........	....	»	»	»	2	Point de déclaration............			
3	Isaac (Nicolas), colporteur, à Signy.	2 janvier 1857	»	1	»	1	....			
4	L'homme (Louis), à Saint-Fargeau .	....	»	»	1	»	Point de déclarat. —Avait déjà omis d'en faire une en 1856..			
5	Norbert (Jean), marchand de bois, à Signy........	10 janv. 1857...	1	»	»	2	Avait déjà fait une déclaration incomplète en 1856 ...			
	TOTAUX... ..		»	4	2	6				

Rédigé le présent état par nous, maire et MM....., commissaires répartiteurs

(1) Cette taxe ne peut excéder dix francs ni être inférieure à un franc. (Loi du 2 mai 1855, art. 2.)

de la commune de........, assistés du percepteur des contributions directes.

A....., le..... 18...

Le percepteur. *Les commissaires répartiteurs.* *Le maire.*

Nota. Les huit premières colonnes du présent état sont remplies par le maire et les répartiteurs, assistés du percepteur des contributions directes. Les autres colonnes sont remplies par le directeur.

N° 394.

Cimetière. — *Règlement municipal sur la police des cimetières et des inhumations* (1).

Le maire de la ville (ou commune) de....., vu les lois des 16-24 août 1790, 19-22 juillet 1791, 12 frimaire an II (2 décembre 1793); les décrets des 23 prairial an XII (12 juin 1804), 4 thermidor an XIII (23 juillet 1805) et 18 mai 1806, art. 13 et 15;

Vu les articles 77, 81, 82 et 1384 du Code Napoléon, et les articles 257, 358, 359, 360, 437 et 471 du Code pénal;

Vu l'ordonnance du 6 décembre 1843, art. 1, 2 et 6;

Vu l'article 11 de la loi du 18 juillet 1837;

Considérant que, dans l'intérêt de la morale et de la salubrité publiques, l'autorité municipale doit faire exécuter les lois et règlements relatifs aux inhumations, et empêcher qu'il ne se commette dans les lieux de sépulture aucun désordre, ou qu'on s'y permette aucun acte contraire au respect qui est dû à la mémoire des morts;

Arrête :

Art. 1er. Les inhumations ne pourront être faites ailleurs que dans le cimetière de la commune, sauf l'exception ci-après : toute personne qui en aura manifesté le désir en présence de témoins, pourra être inhumée dans sa propriété particulière, pourvu que cette propriété soit hors de l'enceinte de la ville (bourg *ou* village) et à la distance de trente-cinq à quarante mètres au moins de cette enceinte.

2. Aucune inhumation ne pourra être faite, en quelque endroit que ce soit, sans une autorisation écrite de l'officier de l'état civil et délivrée sur papier libre et sans frais. Cette autorisation contiendra la désignation exacte de la personne décédée et l'indication de l'heure à laquelle il sera permis de l'inhumer.

3. Dans les cas ordinaires, l'inhumation ne pourra avoir lieu que vingt-quatre heures après le décès. Pour maintenir l'observation de cette règle et empêcher les inhumations précipitées, l'officier de l'état civil se fera indiquer très-exactement l'heure du décès, et s'assurera que cette indication n'est pas mensongère.

4. Lorsqu'il y aura danger pour la salubrité publique à attendre l'expiration des vingt-quatre heures, comme, par exemple, dans le cas de putréfaction rapide, ou de maladie contagieuse ou épidémique, l'inhumation pourra être permise avant l'expiration de ce délai. Les motifs d'urgence seront mentionnés dans le permis d'inhumer.

5. Chaque inhumation aura lieu dans une fosse séparée : chaque fosse qui sera ouverte aura un mètre cinq décimètres à deux mètres de profondeur sur huit décimètres de largeur, et sera ensuite remplie de terre bien foulée. Les fosses seront distantes les unes des autres de trois à quatre décimètres sur les côtés et de trois à cinq décimètres à la tête et aux pieds. Pour éviter le danger qu'entraîne le renouvellement trop rapproché des fosses, l'ouverture des fosses pour de nouvelles sépultures n'aura lieu que de cinq années en cinq années.

6. Chaque particulier a le droit de faire placer sur la fosse de son parent ou de son ami, une pierre sépulcrale ou autre signe indicatif de sépulture. Toutefois,

---

(1) « La propriété du cimetière public est celle de la commune. Il ne saurait en aucun cas appartenir à la fabrique. » (*Avis du conseil d'État du 13 mars 1833.*)

« Les lieux de sépulture et les inhumations, dans quelque endroit qu'elles aient lieu, sont soumis, ainsi que les convois, à l'autorité, police et surveillance de l'administration municipale. » (*Décret du 23 prairial an XII, art. 16 et 17.*)

aucune inscription ne pourra être placée sur les pierres tumulaires ou monuments funèbres, sans avoir été préalablement soumise à l'approbation du maire.

7. Il est fait défense à toutes personnes de se comporter avec indécence ou inconvenance dans le cimetière, comme aussi d'y commettre aucun désordre, ou de s'y permettre aucun acte tendant directement à violer le respect dû aux cendres des morts.

8. Il est expressément défendu de se réunir tumultueusement dans le cimetière, d'y entrer à cheval ou en voiture, d'y faire paître des bestiaux, et d'y recueillir, sans l'autorisation de la fabrique, des herbages, fruits, branchages et même du bois mort.

9. Il est également défendu de pénétrer dans le cimetière en passant sur les murs de clôture, d'escalader les entourages des tombeaux, de monter sur les monuments, de tracer sur les pierres tumulaires des mots ou des emblèmes, de couper ou d'arracher les fleurs, plantes ou arbustes, de déranger ou d'enlever les objets placés sur les tombes.

10. Les exhumations, enlèvements ou déplacements de cadavres et d'ossements, autres que ceux autorisés par la justice ou par l'autorité municipale, sont défendus sous les peines portées par la loi.

11. Défenses sont faites d'élever aucune habitation ni de creuser un puits à moins de cent mètres du cimetière.

12. Le commissaire de police, les agents de police, les gardes champêtres et le gardien du cimetière veilleront à l'exécution du présent règlement, et constateront par des procès-verbaux les contraventions. Les délinquants seront évincés du cimetière, sans préjudice des poursuites qu'ils auraient encourues devant les tribunaux compétents; s'ils sont inconnus et que le délit commis présente quelque gravité, ils seront arrêtés et placés sous la main de la justice.

Fait en l'hôtel de ville de....., le..... 18.. *Le maire.*

N° 395.

Cimetière. — *Projet de tarif et de règlement local pour les concessions de terrains dans le cimetière* (1).

L'an mil huit cent....., le.....

Le conseil municipal de la commune de....., convoqué en session ordinaire, s'est réuni à la mairie sous la présidence de M. le maire. Étaient présents MM...., formant la majorité des membres en exercice.

Appelé à délibérer sur un projet de tarif et de règlement général concernant les concessions de terrains pour sépultures particulières dans le cimetière de la commune,

Le conseil municipal,

Vu le décret du 23 prairial an XII (12 juin 1804);

Vu l'ordonnance du 6 décembre 1843, portant règlement d'administration publique sur les cimetières communaux;

Vu la circulaire ministérielle du 30 décembre 1843, et l'instruction de M. le préfet du département, en date du ...., relatives à l'exécution de l'ordonnance précitée;

Vu le procès-verbal d'expertise du cimetière, le tableau de la population de la commune, et le relevé numérique des décès pendant les dix dernières années;

Considérant que l'étendue du cimetière (..... hectares ..... ares) comparée au chiffre de la population (..... habitants), et à la moyenne des décès par année (..... individus), permet d'affecter une partie du cimetière à des concessions

---

(1) « Le droit de faire à des particuliers des concessions de terrains dans le cimetière appartient à la commune.

« Un tarif, présentant des prix gradués pour les trois classes de concessions, peut être proposé par le conseil municipal de la commune et approuvé par le préfet. Si le revenu de la commune dépasse 100,000 francs, le tarif est soumis à l'approbation du gouvernement. » (*Ordonnance du 6 décembre 1843, art. 7.*)

Une fois ce tarif dressé et approuvé, le maire peut, sans autre formalité, accorder les concessions qui lui sont demandées. Mais s'il n'existe pas de tarif, le conseil municipal doit délibérer sur chaque demande de concession, et cette délibération est soumise à la même autorité qui aurait approuvé le tarif général, s'il avait été proposé.

pour sépultures particulières, et qu'il importe de faire jouir la commune et le bureau de bienfaisance des bénéfices attachés à ces concessions;

A arrêté, sauf l'approbation de M. le préfet, les dispositions suivantes :

Art. 1er. Des concessions de terrains, perpétuelles ou trentenaires et renouvelables indéfiniment, ou purement temporaires, seront accordées par le maire, sur la demande des familles ou des particuliers, pour fondation de sépultures privées dans le cimetière de la commune.

A cet effet, la superficie totale du cimetière sera divisée en deux sections principales : l'une, qui contiendra..... ares, servira exclusivement aux inhumations ordinaires; l'autre, qui sera de..... ares, sera délimitée dans la partie..... (1) du cimetière et destinée aux sépultures particulières pour lesquelles des concessions seraient ultérieurement demandées. Cette dernière section comprendra trois subdivisions superficielles : la première, pour les concessions perpétuelles, sera de..... ares; la seconde, pour les concessions trentenaires, sera de..... ares; la troisième, pour les concessions temporaires, sera de..... ares.

Les deux portions principales auront pour séparation un chemin de..... mètres de largeur. Les trois portions subdivisées seront limitées entre elles par un sentier dont la largeur sera de.. .. Enfin, l'espace à ménager autour des terrains concédés sera, comme pour les fosses ordinaires, de trois à quatre décimètres sur les côtés, et de trois à cinq décimètres aux deux autres extrémités. Cet espace sera fourni par la commune; toutefois, les concessionnaires qui voudront un espacement plus considérable pourront l'étendre sur le terrain qui leur aura été concédé.

En cas de translation du cimetière, les concessionnaires auront droit au remplacement du terrain dont ils auront obtenu primitivement la concession, par un autre terrain d'une égale superficie dans le nouveau cimetière.

2. Aucune concession ne pourra avoir lieu qu'au moyen du versement d'un capital, dont deux tiers au profit de la commune et un tiers au profit du bureau de bienfaisance.

Ce capital sera fixé conformément au tarif ci-après (2) :

TARIF. — EXEMPLE POUR LES PRIX.

	CAPITAL à verser.	ATTRIBUTION du capital. à la commune 2/3	ATTRIBUTION du capital. aux pauvres 1/3.
1re CLASSE. CONCESSIONS PERPÉTUELLES.	fr.	fr.	fr.
1° Pour sépulture d'adultes, 2 mètres de côté sur 1 mètre de façade (2 *mètres superficiels*)........	300	200	100
Pour chaque mètre en sus........	120	80	40
2° Pour sépulture de famille, 2 mètres superficiels........	390	260	130
Pour chaque mètre en sus........	195	130	63
3° Pour sépulture d'enfants décédés à l'âge de sept ans et au-dessous, 1 mètre 43 c. de côté sur 0,70 c. de façade (1 *mètre superficiel*)..	120	80	40
2e CLASSE. CONCESSIONS TRENTENAIRES.			
1° Pour sépulture d'adultes, 2 mètres de côté sur 1 mètre de façade (2 *mètres superficiels*)........	150	100	50
Pour chaque mètre en sus........	75	50	23
2° Pour sépulture de famille, 2 mètres superficiels........	180	120	60
Pour chaque mètre en sus........	90	60	30
3° Pour sépulture d'enfants décédés à l'âge de 7 ans et au-dessous, 1 mètre 43 c. de côté sur 0,70 c. de façade (1 *mètre superficiel*).	75	50	25
3e CLASSE. CONCESSIONS TEMPORAIRES DE...... ANS (3).			
1° Pour sépulture d'adultes, 2 mètres de côté sur 1 mètre de façade (2 *mètres superficiels*)........	45	30	15
2° Pour sépulture d'enfants décédés à l'âge de 7 ans et au-dessous, 1 mètre 43 c. de côté sur 0,70 c. de façade (1 *mètre superficiel*).	30	20	10

(1) Le conseil municipal doit indiquer la situation du terrain réservé pour les concessions; on peut se servir de l'énonciation suivante : *Partie septentrionale*, ou *partie méridionale*, etc.

(2) Les prix que nous indiquons ne peuvent être pris pour base par les conseils municipaux. Le tarif doit être calculé suivant le nombre des concessions qui pourront être faites, l'étendue disponible du cimetière, l'importance de la commune, le degré d'aisance des habitants, et les besoins de la caisse municipale.

(3) Les concessions temporaires ne peuvent être faites pour plus de quinze ans

Le capital, déterminé dans l'acte de concession, sera versé intégralement entre les mains du receveur de la commune, et la concession ne sera définitive qu'à dater de ce versement, constaté par la quittance du receveur. Sur la représentation de cette quittance, le maire délivrera une expédition en forme de l'arrêté de concession, laquelle expédition servira de titre au concessionnaire. La portion du capital, attribuée au bureau de bienfaisance, sera ensuite comptée, sur mandat du maire, dans la caisse de cet établissement.

Les droits de timbre et d'enregistrement seront en outre à la charge du concessionnaire.

Art. 3. Lorsque la concession à titre perpétuel portera fondation pour la famille, et qu'on construira dans le terrain concédé un caveau ou tombeau de famille, il sera payé à la commune à chaque inhumation nouvelle une somme égale au dixième du prix principal de la concession.

Les concessions trentenaires seront renouvelables indéfiniment à l'expiration de chaque période de trente ans, moyennant une nouvelle redevance qui ne pourra dépasser le taux de la première (1). A défaut de payement de cette nouvelle redevance, le terrain concédé, fera retour à la commune; mais il ne pourra cependant être repris par elle que deux années révolues après l'expiration de la période pour laquelle il aura été concédé, et dans l'intervalle de ces deux années, les concessionnaires ou leurs ayants cause pourront user de leur droit de renouvellement.

Les concessions temporaires ne pourront être renouvelées.

Art. 4. Des monuments pourront être élevés sur les terrains concédés, même à titre temporaire, mais seulement après que les plan et détails de ces monuments, ainsi que les inscriptions et emblèmes qu'on se proposera d'y graver, auront été soumis à l'approbation du maire. Lorsqu'on y construira des caveaux, la voûte ne pourra excéder le niveau du sol, et l'ouverture en sera fermée par une dalle de pierre scellée solidement.

Art. 5. A l'expiration des concessions temporaires et des concessions trentenaires non renouvelées, les familles seront mises en demeure d'enlever, dans un délai fixé, les constructions existant sur les terrains qui feront retour à la commune. A défaut par elles d'optempérer à la notification qui leur sera faite, mais seulement après avis itératif et une année révolue à compter du jour du premier avertissement, les matériaux provenant des tombes et des monuments abandonnés appartiendront à la commune.

Art. 6. Les terrains concédés ne pourront jamais être mis dans le commerce, ni par conséquent être cédés à des tiers; ils ne pourront non plus être partagés entre les membres de la famille ou les héritiers des concessionnaires.

Toute stipulation de cette nature est interdite, à peine de nullité de la concession, sans indemnité ni diminution de prix.

Fait et délibéré à..... les jour, mois et an susdits.

(*Signatures.*)

N° 396.

CIMETIÈRE. — *Délibération relative à une concession de terrain dans un cimetière, lorsqu'il n'existe pas de règlement approuvé.*

L'an mil huit cent....., le..... Le conseil municipal de la commune de..... réuni, etc. *Voy.* DÉLIBÉRATION.

M. le maire a soumis au conseil la demande qui lui a été adressée par le sieur....., tendante à obtenir une concession de terrain dans le cimetière de la commune.

(*Ord. du 6 décembre* 1843, *art.* 3.) Le conseil municipal peut fixer un minimum de durée pour les concessions.

(1) Les conseils municipaux pourraient comprendre dans le tarif le prix de renouvellement des concessions trentenaires; mais il semble préférable de réserver à la commune, en raison de l'éloignement d'une nouvelle période, la faculté de réduire ou de maintenir le prix fixé primitivement.

Le conseil, considérant que l'étendue du cimetière permet qu'il soit fait audit sieur..... la concession qu'il sollicite, et que les offres contenues en sa demande sont suffisantes et même avantageuses.

A autorisé M. le maire, sauf l'approbation de M. le préfet, à accorder audit sieur..... la concession pour..... années (*ou* perpétuelle *ou* temporaire) de.... mètres de terrain dans le cimetière, pour y fonder la sépulture de....., et ce, aux conditions suivantes :

1° Le concessionnaire versera immédiatement dans la caisse municipale la somme de....., dont un tiers sera ultérieurement distribué aux pauvres (*ou* attribué au bureau de bienfaisance);

2° (Voir pour les autres conditions applicables à la concession les articles 3, 4, 5 et 6 du règlement qui précède).

Fait et délibéré à....., les jour, mois et an que dessus.

(*Signatures.*)

N° 397.

Cimetière. — *Acte de concession de terrain dans le cimetière.*

Nous....., maire de la commune de.....

Vu l'ordonnance du 6 décembre 1843 dans ses dispositions relatives aux concessions de terrains pour fondation de sépultures privées dans les cimetières;

Vu le règlement local en date du....., approuvé par M. le préfet le..... (*ou bien* : Vu la délibération du conseil municipal en date du....., approuvée par M. le préfet, le.....);

Vu la demande en concession de terrain dans le cimetière de....., faite par M....., à la date du.....;

Arrêtons :

Art. 1er. Il est concédé à perpétuité (*ou* pour l'espace de quinze *ou* trente années) à M....., ce acceptant, une portion de terrain de..... mètres superficiels, soit..... mètres de long sur..... mètres de large, dans le cimetière de la présente commune, pour y fonder la sépulture de M.....

Art. 2. Cette concession est faite moyennant la somme de..... que M..... est tenu de verser immédiatement dans la caisse municipale.

Art. 3. M..... payera en outre à qui de droit les frais de timbre et d'enregistrement du présent acte.

Art. 4. Il sera tenu de se conformer aux autres dispositions du règlement local en date du....., approuvé par M. le préfet, le....., enfin à tous règlements concernant la police des cimetières.

Ou bien : Il sera tenu de se conformer aux autres dispositions contenues en la délibération du conseil municipal en date du....., approuvée par M. le préfet, le....., et dont copie est ci-annexée, enfin à tous règlements concernant la police des cimetières.

Fait à..... le..... 18...

(*Signature du concessionnaire pour acceptation.*) (*Signature du maire.*)

N° 398.

Cimetière (*Délibération d'un conseil municipal sur la translation d'un*).

L'an mil huit cent....., le..... Le conseil municipal de la ville *ou* de la commune de....., réuni, etc. *Voy.* Délibération.

M. le maire a donné communication au conseil municipal d'une lettre par laquelle M. le préfet, rappelant les dispositions des articles 1 et 2 du décret du

23 prairial an XII sur les sépultures, invite les communes qui n'ont point encore satisfait aux prescriptions de la loi à s'y conformer au plus tôt.

Sur quoi, nous, membres du conseil, après avoir délibéré, reconnaissant les avantages et même la nécessité de déplacer les cimetières qui se trouvent maintenant au sein des populations; que les mesures de translation doivent être prises autant dans l'intérêt du respect dû à la cendre des morts, que dans celui de la salubrité publique, et reconnaissant aussi la convenance du terrain dont M. le maire nous a proposé de voter à cet effet l'acquisition, avons en effet délibéré que M. le maire s'en rendrait adjudicataire au nom de la commune, sans pouvoir toutefois dépasser le prix de.....

Fait et délibéré à....., les jour, mois et an que dessus.

(*Signatures.*)

N° 399.

CIMETIÈRE (*Délibération du conseil municipal pour l'agrandissement du*).

L'an mil huit cent....., le....., le conseil municipal de la ville *ou* de la commune de..... étant réuni, etc. (Voy. DÉLIBÉRATION.) M. le maire a exposé que, le nombre des inhumations ayant déjà rempli l'espace, d'ailleurs resserré, du cimetière actuel, il allait devenir indispensable ou de procéder à des exhumations ou d'agrandir le cimetière par un terrain nouveau.

Sur quoi, considérant qu'il n'est pas moins contraire au respect dû aux morts qu'à la salubrité publique de procéder à des exhumations dans un délai trop rapproché des inhumations, nous avons pensé qu'il y avait lieu, en effet, d'agrandir le cimetière actuel de la commune, et avons autorisé M. le maire à acquérir à cet effet ..... mètres de terrain aux conditions les plus avantageuses.

Fait et délibéré les jour, mois et an susdits. (*Signatures.*)

N° 400.

CLOCHES (*Projet de règlement sur la sonnerie des*) (1).

Art. 1er. Le curé (*ou* desservant) de la paroisse aura seul le droit de faire sonner les cloches de son église pour les offices, prières publiques et autres exercices religieux approuvés par monseigneur l'évêque, savoir :

1° L'*Angelus*, qui sera sonné tous les jours, le matin à... heures, à midi, et le soir à... heures, selon l'ancien usage du lieu;

2° Les processions d'usage;

3° Les messes paroissiales, les vêpres, saluts et instructions, qui ont lieu les jours de dimanches et de fêtes chomées : la messe et les vêpres seront annoncées une heure auparavant et à trois reprises ;

4° Les messes hautes et basses qui seront dites les jours ouvrables;

5° Les catéchismes et instructions qui ont lieu les mêmes jours;

(1) Le droit de faire sonner les cloches appartient à deux autorités : à l'autorité ecclésiastique, c'est-à-dire au curé ou desservant, pour tout ce qui concerne le service divin; à l'autorité civile, c'est-à-dire au maire, pour certains usages civils. Les règles à suivre ont été posées par l'article 48 de la loi du 18 germinal an X, lequel est ainsi conçu : « L'évêque se concertera avec le préfet pour régler la manière d'appeler les fidèles au service divin par le son des cloches. On ne pourra les sonner pour toute autre cause sans la permission de la police locale. »

Lorsqu'il n'existe pas de règlement arrêté par l'évêque et le préfet, pour toutes les communes d'un même département, le maire et le curé ou desservant peuvent se concerter pour proposer à ces autorités un règlement local, conçu à peu près dans les termes de ce modèle.

6° Les prières publiques pour le gouvernement;
7° Les visites de l'évêque, des grands-vicaires et des doyens;
8° Les premières communions, les baptêmes, mariages, la communion des malades, l'extrême-onction;
9° Les convois, services, inhumations, lesquels seront annoncés conformément au règlement particulier de la paroisse.

2. Dans les temps d'épidémie et de contagion, où le son des cloches pourrait exercer une influence fâcheuse sur l'imagination des malades, l'usage des cloches pourra être suspendu momentanément par M. le préfet de concert avec monseigneur l'évêque.

3. Le curé ne pourra, sous quelque prétexte que ce soit, faire sonner les cloches avant quatre heures du matin et après neuf heures du soir, depuis Pâques jusqu'au 1er octobre, et avant cinq heures du matin et après huit heures du soir, depuis le 1er octobre jusqu'à Pâques, excepté la nuit de Noël.

4. L'usage établi dans la commune d'appeler les enfants à l'école par le son d'une cloche sera conservé.

5. Le maire pourra réquérir de faire sonner les cloches, lorsqu'il sera nécessaire de convoquer les habitants pour prévenir ou arrêter quelque accident de nature à exiger leur concours, comme dans les cas d'incendie, d'inondation, d'émeute, d'invasion et autres dangers publics. Il en adressera la réquisition écrite ou verbale au curé. En cas d'absence du curé, le maire pourra lui-même donner ordre au sonneur, qui devra obtempérer de suite à cette injonction.

6. La destination des cloches étant, d'après la loi, essentiellement religieuse, le maire ne pourra les faire servir pour aucun usage civil autre que ceux dont il est parlé ci-dessus, qu'après qu'il en aura été référé par lui à M. le préfet par l'intermédiaire de M. le sous-préfet, et par le curé à monseigneur l'évêque, et qu'il sera intervenu une décision de ces deux autorités, qui se concerteront à cet effet.

7. Pendant les orages on s'abstiendra de sonner les cloches en volée; on se bornera à tinter pour annoncer les services journaliers aux heures réglées.

8. Le curé, comme gardien responsable de l'église et du clocher, doit en conserver les clefs. Toutefois, dans le cas de vacance de la cure (ou succursale), les clefs seront déposées entre les mains du maire pour qu'il puisse être subvenu aux accidents.

N° 401.

CLOCHES. — *Arrêté portant défense de sonner les cloches pendant l'orage* (1).

Nous..... maire de la commune de.....
Vu la loi du 19-22 juillet 1791;
Vu la loi organique des cultes du 26 messidor an IX, article 48;
Vu l'article 484 du Code pénal;
Vu la loi du 18 juillet 1837, art. 11;

Considérant que l'expérience démontre que l'usage de sonner les cloches pendant l'orage a occasionné beaucoup de malheurs en attirant la foudre;

Considérant que le danger de ces sonneries a depuis longtemps fixé l'attention de la police, et qu'ainsi le bailliage de Langres les défendait par son règlement du 27 août 1783, confirmé par l'arrêt du parlement de Paris du 21 mai 1784; qu'enfin le parlement de Toulouse rendit un arrêt conforme le 14 juillet 1786; et que per conséquent il est du devoir d'une bonne police de défendre un usage aussi funeste;

Avons arrêté et arrêtons :

Art. 1er. Il est défendu de sonner les cloches en volée pendant les temps

---

(1) Cet arrêté ne peut être rendu que lorsqu'il n'existe pas de règlement local concerté entre l'évêque et le préfet.

d'orage, sous quelque prétexte que ce soit (1). On se bornera à tinter pour annoncer les services religieux aux heures réglées.

2. L'adjoint et le commissaire de police sont chargés de veiller à l'exécution du présent. En cas de contravention, ils en dresseront procès-verbal, qui sera transmis au juge de paix, appelé à prononcer la peine en pareille matière.

Fait à....., le..... 18...

Le maire.

N° 402.

CLÔTURE *des terrains pouvant servir de refuge aux malveillants. — Procès-verbal pour défaut de clôture.*

Aujourd'hui...... mil huit cent....., le....., nous, maire (adjoint *ou* commissaire de police) de la commune de......, passant rue....., avons remarqué à côté de la maison....., un terrain vague, *ou* un bâtiment en construction, *ou* en démolition, qui n'était point clos sur la voie publique, et qui présentait aux malveillants la facilité de s'y retirer pour se cacher; pour quoi, nous étant informé du nom et de la demeure du propriétaire dudit terrain, *ou* dudit bâtiment, nous avons acquis la certitude qu'il appartenait à....., demeurant à....., et de suite avons fait sommation audit sieur...... de clore de planches, et ce dans les vingt-quatre heures, conformément à la loi du 18 nivose an XIII (8 janvier 1805) (2), l'ouverture laissée à son terrain *ou* à sa construction, de manière que nulle personne ne puisse s'y introduire furtivement; lui déclarant que, faute de ce faire dans ledit délai et celui-ci expiré, il sera pris à cet effet par le ministère public telles mesures que de droit, sans préjudice des peines de simple police encourues par ledit....., aux termes de la loi précitée.

Et pour que ledit sieur..... n'en ignore, lui avons délivré copie du présent, en parlant à....., lequel nous a dit....., et a signé après lecture faite.

Contre laquelle réponse nous avons fait toutes réserves et protestations de droit.

Fait à....., les jour, mois et an que dessus.

(Signature.)

N° 403.

CLÔTURE (*Procès-verbal pour bris de*).

L'an mil huit cent..... le....., nous, garde champêtre de la commune d... dûment assermenté et revêtu de notre plaque, en tournée sur le chemin vicinal de........, avons, sur les....... heures du matin, aperçu un individu occupé à détruire la barrière en forme de haie, qui sert de clôture à la propriété du sieur C....., domicilié en cette commune : nous étant approché, nous avons interpellé ledit individu de nous faire connaître s'il était autorisé par le propriétaire à agir ainsi, à quoi il a répondu ne pas même le connaître; interpellé aussi de nous faire connaître ses nom, prénoms, profession et demeure habituelle, ainsi que les motifs qui pouvaient le porter à dégrader la propriété d'autrui en

(1) Les maires doivent s'opposer formellement à ce que les cloches soient mises en mouvement pour éloigner les orages. Les accidents fréquents arrivés par l'effet de cette sonnerie ont donné lieu à des règlements prohibitifs, dont le principal est l'arrêt du parlement de Paris du 21 mai 1784. La loi du 18 germinal an X (8 avril 1802) défend de les sonner pour toute autre cause que pour l'appel au service divin.

(2) « Toutes les fois qu'il existe un terrain ou bâtiment sans clôture, et qui peut servir de retraite aux malveillants, le magistrat de police a le droit de contraindre le propriétaire à le clore, et, en cas de refus, de le faire faire à ses frais. L'exécutoire des frais est délivré par le tribunal de police, sur le vu des procès-verbaux de sommation et autres subséquents. » (*Loi du 18 nivôse an XIII*) (8 *janvier* 1805).

s'ouvrant un passage à travers la haie, au lieu de suivre la route qui était ouverte devant lui, a répondu ledit se nommer Louis P....., marchand ambulant demeurant à....., département d....., et agir dans l'intention d'ouvrir un passage à sa charrette et à ses chevaux afin d'éviter un pas qu'il croyait dangereux, ne connaissant pas le pays. Nous lui avons fait observer que la route est praticable puisque, comme il est aisé de s'en apercevoir, les voitures du pays la suivent habituellement, et que rien ne l'autorisait à ouvrir avec bris la clôture d'un champ ensemencé, ce qui le mettait en contravention au titre II, article 41 de la loi du 28 septembre-6 octobre 1791 et à l'article 456 du Code pénal (1).

En conséquence nous lui avons déclaré procès-verbal, et l'avons requis d'avoir à revenir sur ses pas pour se voir traduit devant le juge de paix du canton, juge de ces sortes de délits.

Fait à....., les jour, mois et an que dessus.

(*Signature.*)

Pour l'affirmation de ce procès-verbal, Voy. GARDE CHAMPÊTRE.

N° 404.

COALITIONS D'OUVRIERS (*Procès-verbal constatant l'arrestation d'individus inculpés d'avoir fait partie de*) (2).

Aujourd'hui....., mil huit cent....., à..... heures du....., nous, maire (*ou* commissaire de police) de la ville de....., ayant été prévenu qu'il existait sur la place de..... un rassemblement nombreux, nous sommes rendu à l'instant sur ladite place pour reconnaître les causes qui avaient pu le déterminer. Étant arrivé sur les lieux, nous avons remarqué deux ouvriers qui, par leurs discours, attiraient sur eux l'attention publique et s'efforçaient de persuader aux ouvriers employés à la fabrique du sieur R.... de discontinuer leurs travaux. Ils cherchaient en outre à soulever, par leurs insinuations, les hommes oisifs qui se trouvaient autour d'eux et à les décider à joindre leurs exhortations aux leurs pour détourner les ouvriers dudit sieur R..... de reprendre le cours ordinaire de leurs occupations. Ayant requis l'assistance de deux gendarmes de la brigade stationnée en la commune, nous avons fait arrêter ces deux individus, malgré leur résistance, et les invitations qu'ils adressaient aux assistants de les aider à empêcher leur arrestation, et les avons fait conduire en notre bureau où nous avons procédé sans

---

(1) « Tout voyageur qui déclôt un champ pour se faire un passage dans sa route, paye le dommage fait au propriétaire, et de plus une amende de trois journées de travail, à moins que le juge de paix du canton ne décide que le chemin public était impraticable; alors les dommages et les frais de clôture sont à la charge de la commune. » (*Loi du 28 septembre — 6 octobre 1791.*)

L'article 456 du Code pénal punit d'un emprisonnement qui ne peut être au-dessous d'un mois, ni excéder une année, et d'une amende égale au quart des restitutions, dommages et intérêts, qui ne saurait être au-dessous de 50 francs, tout individu qui, en tout ou en partie, aura détruit des clôtures, de quelques matériaux qu'elles soient faites.

L'exécution des lois qui assurent aux propriétaires le droit de clore et de déclore à leur volonté leurs propriétés, et qui consacrent l'inviolabilité de toute espèce de clôture, est confiée à la surveillance des maires.

(2) « Toute coalition de la part des ouvriers, pour faire cesser en même temps de travailler, interdire le travail dans un atelier, empêcher de s'y rendre et d'y rester avant ou après de certaines heures, et en général de suspendre, empêcher, enchérir les travaux, s'il y a eu tentative ou commencement d'exécution, sera punie d'un emprisonnement d'un mois au moins et de trois mois au plus.

» Les chefs ou moteurs seront punis d'un emprisonnement de deux à cinq ans. » (*Code pénal, art. 415.*)

désemparer à leur interrogatoire. Le premier nous a dit..... (consigner ici les réponses des inculpés).

Ces réponses n'ayant pas fait disparaître les charges qui s'élèvent contre eux, nous les avons fait conduire à la maison d'arrêt, et nous avons rédigé contre eux le présent procès-verbal qui sera remis à M. le procureur impérial, pour être statué ce qu'il appartiendra.

Fait et clos à....., les jour et an que dessus.

(*Signature.*)

N° 405.

Colporteurs (1). — *Procès-verbal pour constater qu'un individu exerce le métier de colporteur sans permission.*

Aujourd'hui....., mil huit cent....., nous, maire (adjoint *ou* commissaire de police) de la commune de....., nous trouvant sur le marché de..... à..... heures du matin, avons aperçu un individu qui vendait des livres, et nous étant approché, nous avons reconnu que ces livres n'étaient point revêtus de l'estampille prescrite par la circulaire du ministre de la police générale, en date du 28 juillet 1852 (2). Nous avons invité cet individu à nous exhiber l'autorisation du préfet, dont tout colporteur doit être muni, aux termes de l'article 6 de la loi du 27 juillet 1849. A quoi il a répondu qu'il n'avait pas cru avoir besoin d'une autorisation pour vendre des livres qui ne contiennent rien de contraire aux lois, à la décence et aux bonnes mœurs.

Sommé de nous faire connaître ses nom, prénoms, profession et domicile, il nous a déclaré se nommer.. .., exercer habituellement la profession de....., et demeurer à....., déclaration qui s'est trouvée confirmée par son passeport délivré à....., en date du....., qu'il nous a présenté sur notre réquisition.

Attendu qu'en colportant des livres sans autorisation, ledit..... s'est mis en contravention à l'article 6 de la loi précitée, nous avons déclaré saisis les ballots et marchandises dont il était porteur, et les avons fait déposer à la mairie, pour être transmis à M. le procureur impérial.

Et de ce que dessus nous avons dressé le présent procès-verbal, qui sera également transmis à M. le procureur impérial, pour y être donné telles suites qu'il appartiendra, par voie de police correctionnelle.

Fait à....., les jour et an que dessus.

(*Signature.*)

---

(1) « Tous distributeurs ou colporteurs de livres, écrits, brochures, gravures et lithographies devront être pourvus d'une autorisation qui leur sera délivrée, pour le département de la Seine, par le préfet de police, et pour les autres départements par les préfets. — Ces autorisations pourront toujours être retirées par les autorités qui les auront délivrées. » (*Loi du 27 juillet 1849, art. 6.*)

« L'autorisation donnée par un préfet ne s'applique qu'au département qu'il administre. Tout colporteur qui se rend d'un département dans un autre doit obtenir de la préfecture une nouvelle autorisation. — Dans tous les cas, les colporteurs doivent justifier, à toute réquisition des juges de paix, des maires, adjoints, commissaires de police, agents de police municipale et gendarmes : 1° de l'autorisation dont ils sont nantis ; 2° du catalogue des écrits et livres qu'ils colportent. Ils ne peuvent s'opposer à ce que leurs déclarations soient contrôlées et à ce qu'on visite scrupuleusement leurs ballots et marchandises. » (*Circ. du ministre de l'intérieur du 6 septembre 1849.*)

(2) « Chaque exemplaire d'un ouvrage quelconque, écrit ou gravure, renfermé dans la balle d'un colporteur, doit être frappé d'un timbre spécial à chaque préfecture, et apposé dans les bureaux de la préfecture. Tout ouvrage qui ne portera pas cette estampille sera immédiatement saisi. » (*Circulaire du ministre de la police générale, du 28 juillet 1852.*)

N° 406.

COLPORTEURS. — *Procès-verbal constatant qu'un colporteur a exposé des gravures obscènes, et vendu des livres, sans patente ni autorisation* (1).

Aujourd'hui....., mil huit cent....., nous, maire (adjoint ou commissaire de police) de la commune de....., nous trouvant sur le marché de ladite commune, pour y surveiller les étrangers, et assurer la tranquillité publique, avons aperçu un colporteur qui débitait des estampes contraires aux mœurs, et vendait des livres qui contenaient des expressions obscènes. Nous l'avons sommé de nous exhiber son passeport, sa patente et la permission de M. le préfet dont il devait être porteur pour pouvoir se livrer au colportage; à quoi il a répondu, avoir un passeport qu'il nous a remis; mais se livrer à la vente de gravures et de livres sans patente et sans permission de l'autorité municipale. La lecture du passeport à nous remis, nous a fait connaître que cet individu se nomme Jacques D....., âgé de..... ans, demeurant à....., et qu'il a déclaré exercer la profession de colporteur. Lui ayant fait observer que, même avec une patente, il ne lui serait pas permis de vendre des estampes et des livres contraires à la décence et aux bonnes mœurs, et qu'il se trouvait en contravention à la loi du 4 thermidor an III, à l'article 487 du Code pénal, ainsi qu'à l'article 6 de la loi du 27 juillet 1849, et attendu qu'il n'est point domicilié en cet arrondissement, nous lui avons déclaré que nous l'arrêtions au nom de la loi, pour le faire conduire devant M. le procureur impérial, ainsi que ses marchandises que nous saisissions pour servir de pièces à conviction.

De ce que dessus, nous avons rédigé le présent procès-verbal qui sera remis à M. le procureur impérial, pour valoir ce que de droit.

Fait et clos à....., les jour, mois et an que dessus.

(*Signature.*)

N° 407.

COMESTIBLES. — *Procès-verbal constatant l'exposition et la vente de comestibles insalubres et corrompus* (2).

Aujourd'hui....., mil huit cent....., nous, maire (adjoint au maire *ou* com-

(1) « Toute exposition ou distribution de chansons, pamphlets, signes ou images contraires aux bonnes mœurs, sera punie d'une amende de 16 à 500 francs, d'un emprisonnement d'un mois à un an, et de la confiscation des planches et des exemplaires imprimés ou gravés, des chansons, figures ou autres objets du délit. » (*Code pénal, art.* 287.)

« Nul ne pourra exercer un commerce, négoce quelconque, et de quelque genre que ce puisse être, en gros ou en détail, sans être pourvu d'une patente qui indiquera la nature de son commerce. » (*Loi du 4 thermidor an* V, *art.* 1er.)

« Les colporteurs ou marchands roulants, seront tenus de se pourvoir de patentes dans le lieu de leur domicile.

« A défaut de domicile, ils payeront les droits sur le taux fixé dans les villes au-dessous de 2,000 âmes.

« Ils seront tenus de les représenter à toutes réquisitions, aux procureurs des communes (maires) et commissaires de police des lieux où ils passeront. » (*Id., art.* 4.)

(2) « Seront punis d'amende de 6 francs jusqu'à 10 francs inclusivement,... ceux qui exposent en vente des comestibles gâtés, corrompus ou nuisibles (*Code pénal, art.* 475, *n°* 14); seront saisis et confisqués les comestibles gâtés, corrompus ou nuisibles. Ces comestibles seront enfouis. » (*Id., art.* 477.)

« Il est expressément défendu aux bouchers de vendre des viandes gâtées et corrompues, à peine de confiscation et d'amende. » (*Loi du 22 juillet* 1791, *art.* 20.)

« Le Code pénal n'abroge pas l'article 20 de la loi des 19-22 juillet 1791, sur l'exposition de comestibles gâtés. » (*Avis du conseil d'Etat du 18 février* 1812, *et arrêt de cass. du 2 septembre* 1812.)

« Lors même que le marchand aurait ignoré que ses comestibles étaient gâtés, on doit lui appliquer la peine de police, la loi ne faisant pas de distinction. » (*Arrêt de cass. du 2 juin* 1810.)

missaire de police) de la ville de....., nous trouvant près de la boutique du sieur....., marchand de comestibles, rue....., n°....., avons remarqué, exposés en vente au-devant de ladite boutique, plusieurs pièces de volaille et de gibier qui exhalaient une odeur très-prononcée de chair corrompue. Etant entré chez ledit sieur....., nous l'avons trouvé qui livrait à une fille de service des comestibles de même nature et qui nous ont paru être également corrompus.

Nous avons fait appeler le sieur....., artiste vétérinaire, demeurant en cette ville, qui, ayant procédé en notre présence et sur notre réquisition à l'examen desdits comestibles, nous a déclaré que (*désigner les comestibles*) étaient dans un degré de décomposition très-avancée, et qu'il était nécessaire d'en interdire la vente. En conséquence, nous avons déclaré saisis les comestibles corrompus ci-dessus désignés, et avons ordonné qu'ils seraient enfouis conformément à l'article 477 du Code pénal.

De tout ce que dessus, nous avons rédigé le présent procès-verbal qui sera appelé au tribunal de simple police, conformément à l'article 475, n° 14, du Code pénal.

Fait et clos à....., les jour, mois et an que dessus.

(*Signature.*)

N° 408.

COMPTABILITÉ *communale* (1). — *Etat des restes à payer de l'exercice clos.*

COMMUNE DE.....

ETAT *des restes à payer de l'exercice 1855, dressé en exécution de la circulaire du 10 avril 1835.*

NUMÉROS des art. du budget.	NATURE DES DÉPENSES.	MONTANT DES crédits alloués.	dépenses faites au 31 déc. 1855.	Sommes payées jusqu'au 31 mars 1856.	RESTES à PAYER.	OBSERVAT.
	CHAPITRE Ier. DÉPENSES ORDINAIRES.	fr. c.	fr. c.	fr. c.	fr. c.	
14	Entretien de la maison commune	100 »	80 »	45 »	35 »	
	CHAPITRE II. DÉPENSES EXTRAORDINAIRES.					
	CHAPITRE III. DÉPENSES SUPPLÉMENT. (2).					
	TOTAUX.......	100 »	80 »	45 »	35 »	

Arrêté à la somme de trente-cinq francs le présent état des restes à payer en 1856, par rappel de 1855, et certifié par le maire et le comptable de la commune de.....

Fait à....., le..... 18...

Le maire. *Le comptable.*

(1) Les règles de la comptabilité des communes sont applicables aux hospices et bureaux de bienfaisance. On reconnaîtra aisément les modifications que les modèles que nous donnons ici devront subir pour être appliqués à ces établissements. Voy. BUDGET, BUREAU DE BIENFAISANCE, HOSPICE.

(2) Les crédits ou portions de crédits déjà reportés qui n'auraient pas été payés à la clôture de l'exercice, ne peuvent figurer sur cet état. Ils sont annulés de droit. (*Circ. min. du 10 avril 1835.*)

N° 409.

COMPTABILITÉ *communale. — Etat de situation* (1) *que présente au conseil municipal de la commune d......, M. ....., receveur municipal, pour les recettes et dépenses faites par lui pendant l'exercice* 1855.

TITRE Ier. — RECETTES.

Numéros des articles du budget.	NATURE DES RECETTES.	SOMMES A RECOUVRER — d'après le budget primitif et les autorisations supplémentres.	SOMMES A RECOUVRER — fixation définitive d'après les titres justificatifs.	RECETTES EFFECTUÉES — pendant la 1re année de l'exercice 1855.	RECETTES EFFECTUÉES — pendant la 2e année de l'exerc. 1855. du 1er janv. au 31 mars 1856	TOTAUX.	RESTES A RECOUVRER.	OBSERVAT.
		fr. c.	fr. c.	fr. c.	fr. c.	fr. c.	fr. c.	
	CHAPITRE Ier. RECETTES ORDINAIRES.							
1	5 centimes additionnels ordinaires.....................	140 »	148 »	108 »	40 »	148 »	»	
2	Attributions sur patentes de l'année 1854............	25 »	28 »	28 »	»	23 »	»	
3	Fermages de biens communaux.......................	400 »	400 »	250 »	80 »	330 »	70 »	
	......							
	......							
	CHAPITRE II RECETTES EXTRAORDINAIRES							
4	Vente d'un terrain communal.	500 »	600 »	500 »	100 »	600 »	»	
	CHAPITRE III. RECETTES SUPPLÉMENTAIRES.							
	Section 1re. *Reports*							
5	Excédant de l'exercice précédent (1854), ci.... 424 fr.	»	»	»	»	»	»	Mémoire.
6	Fermages de biens communaux	60 »	60 »	60 »	»	60 »	»	
	Sect. 2e. *Recettes non prévues au budget primitif.*							
7	Vente de vieux arbres.......	40 »	40 »	40 »	»	40 »	»	
	TOTAUX des Recettes....	1165 »	1276 »	986 »	220 »	1206 »	70 »	

(1) Instruction du 10 avril 1835 et circulaire du 18 novembre 1845 du ministère de l'intérieur, et du 21 octobre 1847 du ministère des finances.

TITRE II. — DÉPENSES.

Numéros des articles du budget.	NATURE DES DÉPENSES.	DÉPENSES AUTORISÉES par le budget primitif.	DÉPENSES AUTORISÉES par le budget supplémentaire.	DROITS CONSTATÉS au 31 décembre 1855.	PAYEMENTS EFFECTUÉS en 1855 (1re année).	PAYEMENTS EFFECTUÉS en 1856, du 1er janv. au 31 mars	TOTAL.	RESTES A PAYER à reporter à l'exercice 1856.	RESTES ANNULÉS faute d'emploi au 31 déc. 1855.
	CHAPITRE Ier. DÉPENSES ORDINAIRES.	fr. c.	fr. c.	fr. c.	fr. c.	fr. c.	fr. c.	fr. c.	fr. c.
1	Traitement du secrétaire.....	100 »	»	100 »	75 »	25 »	100 »	»	»
2	Frais de bureau de la mairie.	120 »	»	110 »	80 »	30 »	110 »	»	10 »
3	Remises du receveur municipal	50 »	»	38 »	33 »	5 »	38 »	»	12 »
4	Salaire du garde champêtre..	120 »	»	120 »	90 »	30 »	120 »	»	»
5	Entret. de la maison commune	100 »	»	80 »	45 »	»	45 »	35 »	20 »
6	Dépenses imprévues.........	78 »	»	50 »	50 »	»	60 »	»	28 »
	CHAPITRE II. DÉPENSES EXTRAORDINAIRES								
7	Achat de bancs pour l'école..	75 »	15 »	90 »	90 »	»	90 »	»	»
	CHAPITRE III. DÉPENSES SUPPLÉMENTAIRES								
	Section 1re. *Reste à payer de l'exercice* 1854.								
8	Entret. de la maison commune	»	40 »	40 »	40 »	»	40 »	»	»
	Sect. 2. *Crédits non prévus.*								
9	Répar. aux murs du cimetière.	»	425 »	400 »	400 »	»	400 »	»	25 »
	TOTAUX des dépenses effect.	643 »	480 »	1028 »	903 »	90 »	993 »	35 »	95 »

RÉSULTAT DES OPÉRATIONS DE L'EXERCICE 1855.

PREUVE.	
Solde au 31 décembre.......	507 »
Ajouter les recettes faites pendant le 1er trimestre sur l'exercice 1855	220 »
	727 »
A déduire les dépenses du 1er trimestre sur 1853........	90 »
TOTAL égal au reliquat de l'exercice 1855........	637 »

	OPÉRATIONS effectuées en 1855.	OPÉRATIONS effectuées en 1856.	TOTAUX.
RECETTES...........	986 »	220 »	1206 »
DÉPENSES.........	903 »	90 »	993 »
Excédant des recettes..........	83 »	130 »	213 »
Excédant des dépenses.........	»	»	
Le reliquat définitif de l'exerc. 1854 porté ci-dessus pour mémoire étant de....................	424 »	»	424 »
Le reliquat définitif de l'exerc. 1855, égal au reliquat du compte d'administration du même exercice, s'élève à	507 »	130 »	637 »

Certifié le présent Etat de situation présenté pour les recettes et les dépenses de l'exercice 1855.

Fait à....., le 31 mars 1856.

Le Receveur.

N° 410.

COMPTABILITÉ *communale. — Compte administratif* (1) *que présente au conseil municipal le maire de la commune d.... pour l'exercice* 1855.

TITRE Ier. — RECETTES.

Numéros des articles du budget.	NATURE DES RECETTES.	SOMMES A RECOUVRER d'après le budget.	FIXATION DÉFINITIVE d'après les titres justificatifs.	RECETTES EFFECTUÉES pour l'exercice 1855.	RESTES A RECOUVRER.	OBSERVATIONS.
	CHAPITRE Ier. RECETTES ORDINAIRES.					
1	5 centimes additionnels ordinaires....	140 »	148 »	148 »	»	
2	Attributions sur les patentes de 1854...	25 »	28 »	28 »	»	
3	Fermages des biens communaux......	400 »	400 »	330 »	70 »	
	....					
	....					
	CHAPITRE II. RECETTES EXTRAORDINAIRES.					
4	Vente d'un terrain communal.........	500 »	600 »	600 »	»	
	....					
	....					
	CHAPITRE III. RECETTES SUPPLÉMENTAIRES.					
	Section 1re. *Reports.*					
5	Excédant de l'exercice précédent (1854)	424 »	424 »	424 »	»	
6	Fermages des biens communaux.......	60 »	60 »	60 »	»	
	Section 2e *Recettes non prévues au budget primitif.*					
7	Vente de vieux arbres...............	40 »	40 »	40 »	»	
	....					
	....					
	TOTAUX des recettes......	1589 »	1700 »	1630 »	70 »	

(1) Circulaire du 18 novembre 1845 du ministère de l'intérieur, et du 21 octobre 1847 du ministère des finances.

TITRE II. — DÉPENSES.

Numéros des articles du budget.	NATURE DES DÉPENSES.	DÉPENSES AUTORISÉES par le budget primitif.	DÉPENSES AUTORISÉES par le budget supplémentaire.	DROITS CONSTATÉS au 31 décembre 1855.	SOMMES DÉPENSÉES jusqu'au 31 mars 1856, époque de la clôture de l'ex. 1855.	RESTES A PAYER à reporter à l'exercice 1856.	RESTES ANNULÉS faute d'emploi.	OBSERVATIONS.
	CHAPITRE Ier. DÉPENSES ORDINAIRES.							
1	Traitement du secrétaire de la mairie.	100 »	»	100 »	100 »	»	»	
2	Frais de bureau de la mairie........	120 »	»	110 »	110 »	»	10 »	
3	Abonnement au *Moniteur des communes*........................	6 »	»	6 »	6 »	»	»	
4	Frais des registres de l'état civil....	10 »	»	9 »	9 »	»	1 »	
5	Impressions à la charge des communs	12 »	»	12 »	12 »	»	»	
6	Remises du receveur municipal......	50 »	»	38 »	38 »	»	12 »	
7	Salaire du garde champêtre.........	120 »	»	120 »	120 »	»	»	
8	Entretien de la maison commune....	100 »	»	80 »	45 »	35 »	20 »	
9	Dépenses imprévues.........	50 »	»	23 »	23 »	»	27 »	
	CHAPITRE II. DÉPENSES EXTRAORDINAIRES.							
10	Achat de bancs pour l'école	75 »	15 »	90 »	90 »	»	»	
	CHAPITRE III. DÉPENSES SUPPLÉMENTAIRES.							
	Sect. 1re. *Reste à payer de l'ex.* 1854.							
11	Entretien de la maison commune....	40 »	»	40 »	40 »	»	»	
	Section 2e. *Crédits non prévus au budget primitif.*							
12	Réparations aux murs du cimetière..	»	425 »	400 »	400 »	»	25 »	
	TOTAUX des dépenses.....	686 »	440 »	1028 »	993 »	35 »	95 »	

RÉSULTAT DU COMPTE DE L'EXERCICE 1855.

Recettes.. 1,630f »
Dépenses.. 993 »

Excédant........ { de recettes.............................. 637f »
{ de dépenses.............................

A reporter au budget supplémentaire de 1856.

Certifié le présent compte d'administration rendu pour les recettes et dépenses de l'exercice 1855 par nous maire de la commune de.....

Fait à....., le 4 avril 1856.

Le maire.

N° 411.

Comptabilité *communale. — Compte de gestion.*

Compte que présente au conseil de préfecture (ou à la Cour des comptes) M....., receveur de la commune d....., pour les recettes et dépenses faites pendant l'année 1855.

SITUATION DU COMPTABLE AU 31 DÉCEMBRE 1854.

Excédant des recettes au 31 décembre 1854 résultant du compte de l'année 1854, et représenté à cette époque par les valeurs matérielles qui ont été constatées par le procès-verbal de clôture des registres; lequel excédant sera reporté à la fin du présent compte pour établir la situation du comptable au 31 décembre 1855, ci .... 410 fr.

Ire PARTIE. — COMPTE FINAL DE L'EXERCICE 1854 CLOS AU 31 MARS 1855.

RECETTE.

Fait recette le comptable de la somme de *cent quinze francs* montant des recouvrements effectués par lui, en 1855, sur les divers produits appartenant à l'exercice 1854, ou sur les produits reportés sur cet exercice 1854, ci. 115 fr.

Lesquels recouvrements réunis à ceux effectués au compte du même exercice, pendant l'année 1854, et compris au compte de 1854 pour la somme de .... 391 »

complètent celle de .... 506 »

montant des recettes pour ledit exercice 1854, ainsi que l'indique le développement ci-après :

(Ces recouvrements sont justifiés par les pièces produites, tant avec le compte de l'année 1855 qu'avec le présent compte, conformément aux instructions, et détaillées dans les bordereaux qui les accompagnent.)

Numéros d'ordre.	Numéros des articles du budget.	DÉSIGNATION des CHAPITRES ET ARTICLES.	SOMMES A RECOUVRER		RECOUVREMENTS EFFECTUÉS			RESTES à recouvrer au 31 mars 1855, à reporter sur l'exerc. 1856.	OBSERVAT.
			d'après le budget et les autorisations supplémentaires.	Fixation définitive d'après les titres et actes justificatifs.	pendant l'année 1854, suivant le compte de la gestion.	en 1855, du 1er janvier au 31 mars d'après le présent compte.	TOTAUX.		
		CHAPITRE Ier. RECETTES ORDINAIRES.	fr c.	fr. c.	fr. c.	fr. c	fr. c	fr. c.	
1	1	5 cent. addit. ordinaires...	140 »	145 »	100 »	45 »	145 »	»	
2	2	Attributions sur patentes...	25 »	21 »	21 »	»	21 »	»	
3	3	Fermages de biens commun.	400 »	400 »	270 »	70 »	340 »	60 »	Ce solde a été reporté au budget suppl. de 1855.
		CHAPITRE II. RECETTES EXTRAORD.							
4	4	Vente de vieux matériaux ..	»	»	»	»	»	»	
		CHAPITRE III. RECETTES SUPPLÉMENT.							
		Excéd. de l'ex. 1853. 402 fr.	»	»	»	»	»	»	
		TOTAL général.......	570 »	566 »	391 »	115 »	506 »	60 »	

DÉPENSE.

Fait dépense le comptable de la somme de *quatre-vingt treize francs* montant des payements qu'il a effectués, en 1855, en acquit des mandats délivrés avec désignation spéciale,

Soit sur les crédits ouverts dans le budget de 1854,

Soit sur les crédits reportés de l'exercice 1853 sur l'exercice 1854, conformément à l'ordonnance du 1er mars 1835,

Soit sur les crédits supplémentaires alloués extraordinairement par des décisions régulières, ci .... F. 93 »

Lesquels payements, réunis à ceux effectués pendant l'année 1854, et compris au compte de 1854, pour la somme de .... F. 383 »

complétent celle de .... F. 476 »

montant des dépenses pour ledit exercice 1854, ainsi qu'il résulte du développement établi ci-après :

(Ces payements sont justifiés par les pièces produites, tant avec le compte de l'année 1854 qu'avec le présent compte, conformément aux instructions, et détaillées dans les bordereaux qui les accompagnent.)

Nos d'ordre.	Nos des art. du budget.	DÉSIGNATION des CHAPITRES ET ARTICLES.	CRÉDITS OUVERTS		PAYEMENTS EFFECTUÉS			CRÉDITS OU port. de crédits		EXCÉDANT DE DÉPENSES sur les crédits ouverts.	OBSERVATIONS.
			par le budget primitif.	par le budget supplémentaire.	pend. l'ann. 1854 suiv. le compte de la gest. 1854.	en 1855, du 1 janv. au 31 mars d'apr. le prés. Compte	TOTAUX.	réservés pr restes à payer. à rep. sur l'exerc. 1855.	annulés faute d'emploi au 31 décemb. 1854.		
		CHAP. 1er. DÉPENSES ORDINAIRES.									
4		Traitement du secrétaire de la mairie .	100 »	» »	75 »	25 »	100 »	» »	» »	» »	
5		Frais de bureau de la mairie.........	120 »	» »	80 »	30 »	110 »	» »	10 »	» »	
6		Abonnem. au *Moniteur des communes*.	6 »	» »	6 »	» »	6 »	» »	» »		
7		Frais de registre de l'état civil.......	10 »	» »	9 »	» »	9 »	» »	1 »	» »	
8		Impressions à la charge des communes.	12 »	» »	10 »	» »	10 »	» »	2 »		
9		Remises du receveur municipal.......	50 »	» »	32 »	8 »	40 »	» »	10 »		
10		Salaire du garde champêtre..........	120 »	» »	90 »	30 »	120 »	» »	» »		
11		Entretien de la maison commune......	100 »	» »	40 »	» »	40 »	40 »	20 »		
12		Dépenses imprévues.............. ...	50 »	» »	41 »	» »	41 »	» »	9 »		
		CHAP. II. DÉP. EXTRAORDINAIRES.									
		....									
		....									
		CHAP. III. DÉP. SUPPLÉMENTAIRES.									
		Sect. 1re. *Augment. des crédits prim.*									
		Sect. 2. *Rep. des restes à payer de* 1853.									
		Sect. 3. *Dép. non prévues au budg. prim.*									
		Non-val. dont le compt. demande déch.									
		Omissions ou erreurs au préj. du compt. dans le compte de 185									
		TOTAL GÉN. des dép. faites en 1854 et 1855, pour l'exercice 1854.........	568 »	» »	383 »	93 »	476 »	40 »	52 »	» »	
		TOTAUX pour Balance...	568 »		476 »			568 »			

RÉSULTAT DU COMPTE FINAL DE L'EXERCICE 1854.

PREUVE.

Solde au 31 décembre 1854.	410	»
Ajouter les recettes du 1er trimestre 1855, exercice 1854	115	»
TOTAL......	525	»
Déduire les dépenses du 1er trimestre 1855, exercice 1854	93	»
TOTAL égal au reliquat de l'exercice 1854..............	432	»

	OPÉRATIONS EFFECTUÉES en 1854.		OPÉRATIONS EFFECTUÉES en 1855.		TOTAUX.	
RECETTES.........	391	»	115	»	506	»
DÉPENSES.........	383	»	93	»	476	»
EXCÉDANT DE RECETTE...........					30	»
Le résultat définitif de l'exercice 1853, porté pour *mémoire* au compte ci-dessus, présente un excédent de.....					402	»
Le résultat définitif de l'exercice 1854, égal au résultat du compte d'administration du même exercice, est un excédant de........					432	»

IIe PARTIE. — COMPTE DE LA PREMIÈRE ANNÉE DE L'EXERCICE 1855

RECETTE.

Fait recette le comptable de la somme de *neuf cent quatre-vingt-six francs*, montant des recouvrements effectués par lui, pendant l'année 1855, tant sur les produits portés au budget de l'exercice 1855, et sur les produits reportés de l'exercice 1854, que sur les produits perçus eu vertu d'autorisations supplémentaires .... F. 986 »

Desquels recouvrements le développement est établi ci-après :

(Ces recouvrements sont justifiés par les extraits de chaque titre de recette, qui présentent les sommes dont le recouvrement doit être fait depuis ces titres, lesquels extraits produits avec le présent compte, conformément aux instructions, sont certifiés par qui de droit, et détaillés dans les bordereaux qui les accompagnent.)

Numéros d'ordre.	Nos des articles du budget.	DÉSIGNATION des CHAPITRES ET ARTICLES	SOMMES A RECOUVRER d'après le budget et les autorisations supplémentaires	SOMMES A RECOUVRER fixation définitive d'après les titres et actes justificatifs.	RECOUVREMENS effectués pendant l'année 1855, suivant le présent compte.	RESTES à recouvrer au 31 décembre 1855.	OBSERV.
			fr. c.	fr. c.	fr. c.	fr. c.	
		CHAPITRE Ier RECETTES ORDINAIRES					
13		5 Centimes additionnels ordinaires.	140 »	148 »	108 »	40 »	
14		Attributions sur patentes de l'année 1842	25 »	28 »	28 »	»	
15		Fermages de biens communaux.....	400 »	400 »	850 »	150 »	
		CHAPITRE II. RECETTES EXTRAORDINAIRES.					
16		Vente d'un terrain communal......	500 »	600 »	500 »	100 »	
		§ 1er. *Reports.*					
17		Excédant de l'exercice 1854...424 fr.	»	»	»	»	Mémoire.
		Reste à recouvrer du même exercice					
18		Fermages de biens ruraux..........	60 »	60 »	60 »	»	
		§ 2. RECETTES *non prévues au budget primitif.*					
19		Vente de vieux arbres............	40 »	40 »	40 »	»	
		TOTAUX.........	1165 »	1276 »	986 »	290 »	

DÉPENSE.

Fait dépense le comptable de la somme de neuf cent trois francs montant des payements qu'il a effectués pendant l'année 1855, en acquit des mandats délivrés, avec désignation spéciale,

Soit sur les crédits ouverts dans le *Budget de l'exercice* 1855,

Soit sur les crédits reportés de l'exercice 1854 sur l'exercice 1855, conformément à l'ordonnance du 1er mars 1835,

Soit sur les crédits supplémentaires alloués extraordinairement par des autorisations régulières, ci.................................. F. 903 »

Desquels payements le développement est établi ci-après.

(Ces payements sont justifiés par les pièces produites avec le présent compte, conformément aux instructions, et détaillées dans le bordereau qui les accompagne.)

Nos d'ordre.	Nos des art. du budget.	DÉSIGNATION des CHAPITRES ET ARTICLES.	CRÉDITS OUVERTS. par le budget primitif.	par le budget supplémentaire. (1)	PAYEMENTS EFFECTUÉS pend. l'ann. 1855. suiv. le présent compte.	RESTES au 31 décembre 1855.	EXCÉDANT DES DÉPENSES sur les crédits ouv.	OBSERVATIONS.
		CHAPITRE Ier.						
		DÉPENSES ORDINAIRES.						
20		Traitement du secrétaire de la mairie	100 »	» »	100 »	» »	» »	
21		Frais de bureau de la mairie.... .	120 »	» »	110 »	10 »	» »	
22		Abonnement au *Moniteur des communes*..........................	6 »	» »	6 »	» »	» »	
23		Frais de registre de l'état civil	10 »	» »	9 »	1 »	» »	
24		Impressions à la charge des communes	12 »	» »	12 »	» »	» »	
25		Remises du receveur municipal.....	50 »	» »	38 »	12 »	» »	
26		Salaire du garde champêtre	120 »	» »	120 »	» »	» »	
27		Entretien de la maison commune ...	100 »	» »	45 »	55 »	» »	
28		Dépenses imprévues	50 »	» »	23 »	27 »	» »	
		CHAPITRE II.						
29		DÉPENSES EXTRAORDINAIRES.						
		Achat de bancs pour l'école	75 »	» »	90 »	» »	15 »	
		CHAPITRE III.						
		DÉPENSES SUPPLÉMENTAIRES.						
30		Section 1re. *Augmentation des crédits primitifs.*						
31		Achat de bancs pour l'école........	» »	15 »	» »	» »	» »	Voir ci-dessus n° 29.
		Section 2. *Report des restes à payer.*						
32		Entretien de la maison commune....	» »	40 »	40 »	» »	» »	
		Section 3. *Crédits non prévus au budget.*						
		Réparations aux murs du cimetière..	» »	425 »	400 »	25 »	» »	
		TOTAUX GÉNÉRAUX...	643 »	480 »	993 »	130 »	15 »	
		TOTAUX pour balance......	1,123 »		1,123 »			

(1) Voir la circulaire du 21 octobre 1847, en ce qui concerne les *augmentations des crédits primitifs*, lesquels forment le § 1er du chapitre 3 additionnel ou budget supplémentaire.

IIIe PARTIE. — COMPTES DES RECETTES ET DÉPENSES

effectuées sur le fonds de retenues pour retraites ou pensions des employés d..... et pour les autres services exécutés *par le comptable* en dehors des budgets.

RECETTE.

Fait recette le comptable de la somme d....., montant des recouvrements effectués par lui pendant l'année 1855, pour les services exécutés en dehors des budgets, ainsi qu'il résulte du développement établi ci-après :

Ces recouvrements sont justifiés : 1° pour les *fonds de retraites*, par l'ampliation certifiée de la décision qui détermine les retenues à exercer, et par les avis de la caisse des dépôts et consignations, annonçant la recette de semestres des rentes ou les bénéfices obtenus par suite des ventes d'inscriptions de rentes; 2° pour les *autres services*, par les titres de recettes que prescrivent les instructions relatives à chaque service et qui sont détaillés dans les bordereaux, ci..... F. »

Nos d'or.	Nos des art.	DÉSIGNATION DES SERVICES.	RECOUVREMENTS effectués.		OBSERVAT.
		Retenues exercées sur les traitements des employés..			
		Semestres de rentes..............................			
		Bénéfices obtenus sur les ventes d'inscript^s de rentes.			
		......			
		......			
		TOTAL des recettes sur fonds de retraites..			
		Retenues sur le traitement de l'instituteur primaire pour la caisse d'épargne..........			
		Cautionnem^s versés par les adj^id^res de travaux, etc.			
		Intérêts liquidés pour ces cautionn^s placés au Trésor			
		......			
		......			
		TOTAL des recettes............			

DÉPENSE.

Fait dépense le comptable de la somme de....., montant des payements effectués par lui pendant l'année 1855, pour les services exécutés en dehors des budgets, ainsi qu'il résulte du développement établi ci-après.

Ces payements sont justifiés : 1° pour les *fonds de retraites*, par les états d'émargements ordonnancés et signés pour quittance par les employés retraités et par les avis de la caisse des dépôts et consignations, annonçant les pertes éprouvées par suite de la vente des inscriptions de rentes ; 2° pour les *autres services*, par les pièces que prescrivent les instructions relatives à chaque service, et qui sont détaillées dans des bordereaux, ci................. Fr. »

Nos d'or.	Nos des art.	DÉSIGNATION DES SERVICES.	PAYEMENTS effectués.		OBSERVAT.
		Payements de retraites ou pensions.......			
		Pertes éprouvées sur les ventes d'inscript. de rentes.			
		.... .			
		. ....			
		TOTAL des dépenses sur fonds de retraites..			
		Versement au receveur des finances du produit des retenues exercées sur le traitement de l'instituteur..			
		Remboursement des cautionnements versés par les adjudicataires de travaux, etc..................			
		Intérêts sur ces cautionnem. payés aux adjudicataires.			
		......			
		......			
		TOTAL des dépenses.			

RÉSULTAT DES OPÉRATIONS EFFECTUÉES

PENDANT L'ANNÉE 1855, ET SITUATION DU RECEVEUR AU 31 DÉCEMBRE 1855.

1° SERVICES COMPRIS DANS LES BUDGETS.	Recette.		Dépense	
Les RECETTES effectuées pendant l'année 1855 s'élèvent, savoir :				
Sur l'exercice 1854 (1re partie du compte), à..	115	»	»	»
Sur l'exercice 1855 (2e *idem*), à..	986	»	»	»
Les DÉPENSES acquittées pendant l'année 1855 s'élèvent, savoir :				
Sur l'exercice 1854 (1re partie du compte), à.....................	»	»	93	»
Sur l'exercice 1855 (2e *idem*), à..........	»	»	993	»
D'après le compte de la gestion 1854, dont le résultat est rapporté en tête du présent compte, le receveur se trouvait, au 31 décembre 1854, débiteur de 410 fr. pour excédant de recettes, ci..........................	410	»	»	»
TOTAL des recettes et des dépenses concernant les services compris dans les budgets........	1511	»	1086	»
Il en résulte que le comptable était, au 31 décembre 1855, débiteur envers la commune, pour les services compris dans les budgets, de la somme de...	425	»		

2° SERVICES EXÉCUTÉS EN DEHORS DES BUDGETS	Recette.		Dépense	
Les recettes effectuées sur ces services pendant l'année 1855, s'élèvent à..................................	»	»	»	»
Les dépenses effectuées sur ces services s'élèvent à	»	»	»	»
D'après le compte de la gestion 1854, le receveur se trouvait au 31 décembre 1854, débiteur de...............	»	»	»	»
TOTAUX....................	»	»	»	»
Il en résulte qu'au 31 décembre 1855, il était, sur les mêmes services, débiteur de...................... ci.				

	En définitive, le comptable était, à ladite époque, débiteur sur les divers services, de la somme de quatre cent vingt-cinq fr......				425	»
Situation et solde de caisse au 31 décem. 1855	Cette somme a été représentée à la même époque du 31 décem. 1855, ainsi que le constate le procès-verbal rapporté à l'appui du présent compte, par les valeurs ci-après, savoir :					
	Fonds disponibles en caisse.	appartenant à la commune........	195	»	195	»
		provenant de cautionn. d'adjudicat.	»	»		
		provenant d'autres services exécutés en dehors des budgets..........	»	»		
	Traites d'adjudicataires de coupes ordin. de bois en dépôt chez le receveur des finances et représentés par un récépissé de ce comptable..		»	»	»	»
	Traites d'adjudres de coupes extraordin., *idem*.		»	»		
	Fonds placés au Trésor.	appartenant à la commune........	200	»	200	»
		provenant d'adjudres de travaux...	»	»		
	Fonds placés à la caisse des dépôts et consignat^s.	déposés en numéraire............	»	»	»	»
		convertis en rentes sur l'État......	»	»		
	Avances à recouvrer.	pour frais de route de voyageurs indigents et de forçats libérés.. ..	»	»	30	»
		pour feuilles de passeport à l'intérieur	20	»		
		pour frais du livre des quitances timbrées.	10	»		
		pour frais judices en matière d'octroi	»	»		
		pour				
	SOMME ÉGALE.........				425	»

Cet excédant de recette au 31 décembre 1855, sera rapporté en tête du compte de la gestion de 1855, en conformité des instructions.

Le receveur, soussigné, AFFIRME VÉRITABLE, sous les peines de droit, le présent compte de la gestion 1855, qui sera présenté au conseil municipal dans la session du mois de mai 1856, et transmis au conseil de préfecture (*ou* à la cour des comptes) avant le 1er juillet 1856.

Le comptable AFFIRME en outre, et sous les mêmes peines, que les recettes et les dépenses portées dans ce compte, sont, sans exception, toutes celles qui ont été faites pour le service de la commune et qu'il n'en existe aucune autre à sa connaissance.

A le 1856. *Le Receveur.*

N° 412.

COMPTABILITÉ *communale. — Bordereau général des pièces remises à l'appui du compte de gestion.*

COMMUNE DE.....

M....., receveur municipal.

COMPTE DE 1855.

1° Copie du budget de l'exercice 1854;
2° Copie du chapitre additionnel à ce budget;
3° Ampliation de l'arrêté du préfet, portant approbation de ce budget;
4° Copie du budget de l'exercice 1855;
5° Copie du chapitre additionnel à ce budget;
6° Ampliation de l'arrêté du préfet, portant approbation de ce budget;
7° Ampliation de la délibération du conseil municipal sur le compte de la gestion 1855;
8° Copie certifiée du compte d'administration présenté par le maire au conseil municipal;
9° Copie certifiée du procès-verbal de situation de caisse au 31 décembre 1855;
10° Bordereau de situation offrant la division, entre chaque service, des valeurs qui représentent l'excédant total des recettes;
11° État de rapprochement des crédits primitifs du budget de l'exercice 1854, avec les crédits complémentaires et les imputations faites sur les fonds des dépenses imprévues;
12° Inventaire des pièces justificatives classées par chapitres et articles, accompagnées de bordereaux récapitulatifs par articles du compte, cotées et numérotées.

A....., le..... 18 .. *Le receveur municipal.*

N° 413.

COMPTABILITÉ *communale. — État de rapprochement (à joindre au compte de gestion) des crédits primitifs du budget de l'exercice* 1854, *avec les crédits complémentaires et les imputations faites sur les fonds des dépenses imprévues du même budget, pour servir à la justification des dépenses effectuées concurremment sur les mêmes crédits.*

Nos des articles du budget		NATURE de LA DÉPENSE.	CRÉDIT primitif.	CRÉDIT supplémentaire.	SOMME imputée sur les fonds des dépenses imprévues.	TOTAL.	OBSERVAT.
primitif.	supplémentaire.						

Présenté par le receveur soussigné, à l'appui de son compte de la gestion de l'année 1855. *Le receveur.*

N° 114.

Comptabilité *communale. — Certificat à délivrer par le maire pour le service communal.*

JUSTIFICATION DES RECETTES DE L'EXERCICE 18...

Bordereau des sommes dont le receveur municipal de la commune d.. .. a dû opérer le recouvrement pour l'exercice 18.., *en vertu des actes, titres et autorisations ci-après désignés;*

SAVOIR :

Location de fermes ou maisons........................		
— de biens ruraux..........................		
— des places aux halles, foires et marchés........		
Droits de pesages, mesurage et jaugeage...............		
— de pâturage sur les biens communaux...........		
Rentes sur l'État, suivant certificat de dépôt d'inscriptions délivré par le receveur général..................		
Rentes sur particuliers................................		
Produits des amendes de police, suivant mandats de M. le préfet ou de l'administration de l'enregistrement..		
Produit des expéditions des actes de l'état civil et autres..		
Produit des concessions dans le cimetière...............		
Subvention fournie par le département ou par l'Etat pour l'instruction primaire..............................		
.....		
.....		
.....		
.....		
Total...............		

Le maire de la commune d..... soussigné, certifie que les recouvrements à opérer par le receveur de ladite commune pour l'exercice 18.. s'élèvent à la somme de..... d'après les actes, titres et autorisations supplémentaires, le tout suivant le détail qui en est donné au bordereau ci-dessus. Il certifie en outre qu'il n'existe, à sa connaissance, aucun autre recouvrement à effectuer sur l'exercice 18...

A....., le..... 18...

Le maire.

No 415.

Comptabilité *communale. — Inventaire des pièces justificatives produites à l'appui du compte de la gestion* 1855.

Nos des articles du compte.	DÉSIGNATION des CHAPITRES ET ARTICLES du compte.	NOMBRE de pièces.	NUMÉROS des bordereaux qui accompagnent ces pièces.	DÉTAIL des PIÈCES JUSTIFICATIVES.
	1re PARTIE. Compte final de l'exercice 18 . — RECETTES.			

Arrêté le présent inventaire se totalisant par le nombre de..... pièces accompagnées de..... bordereaux sur lesquels elles sont détaillées par ordre de dates et de numéros.

A....., le..... 18...

Le receveur municipal.

No 416.

Comptabilité *communale. — Délibération du conseil municipal pour la clôture de l'exercice* 1855, *et le règlement définitif des recettes et dépenses dudit exercice.*

L'an mil huit cent cinquante-six, le....., les membres composant le conseil municipal de la commune d....., se sont réunis au lieu ordinaire de leurs séances.

Etaient présents MM..... :

Ouï le rapport de M. le maire;

Vu les diverses ordonnances et instructions ministérielles sur la comptabilité des communes, et notamment celles des 24 avril 1834 et 10 avril 1835;

Le conseil, après s'être fait représenter le budget de l'exercice 1855, et les autorisations supplémentaires qui s'y rattachent, les titres définitifs des créances à recouvrer, le détail des dépenses effectuées, et celui des mandats délivrés par M. le maire ordonnateur, le compte d'administration de l'exercice 1855, accompagné de l'état de situation du receveur, ainsi que de l'état des restes à payer reporté sur 1856;

Procédant au règlement définitif du budget de 1855, propose de fixer ainsi qu'il suit les recettes et les dépenses dudit exercice, savoir :

RECETTES.

Les recettes tant ordinaires qu'extraordinaires de l'exercice 1855, évaluées par le budget à *mille cinq cent quatre-vingt-neuf francs*, ont dû s'élever, d'après les titres définitifs des créances à recouvrer, à la somme de......... 1,700 fr. c.

De laquelle somme il convient de déduire celle de............ 70 »

Savoir :

Pour non-valeurs justifiées au compte du receveur..... » fr.

Pour restes à recouvrer, également justifiés, et qui seront portés en recette au prochain compte.................. 70

Pour restes à recouvrer non justifiés, à mettre à la charge du comptable qui en sera forcé en recette au prochain compte... »

Somme égale.......... 70 fr.

Au moyen de quoi la recette de 1855 demeure définitivement fixée à la somme de.................................. 1,630 fr. » c.

DÉPENSES.

Les dépenses créditées au budget de 1855 s'élèvent à........ 643 fr. » c.

Il faut y joindre celles qui ont été l'objet de crédits supplémentaires accordés dans le cours de l'exercice...................... 480 »

Total des dépenses présumées........ 1,123 fr. » c.

De cette somme il faut déduire celle de.................... 130 »

Savoir :

1° Crédits ou portions de crédits restés sans emploi comme excédant le montant réel des dépenses, ci....... 95 fr.

2° Dépenses faites, mais non ordonnancées avant le 15 mars 1856, et à reporter aux budgets suivants......... 35

3° Dépenses ordonnancées, mais non payées avant le 31 mars 1856, et à reporter au budget de 1856...... »

Somme égale.............. 130 fr.

Au moyen des déductions ci-dessus, les dépenses de l'exercice 1855 sont définitivement fixées à......................... 993 fr. » c.

Les recettes de toute nature étant de........................ 1,630 »

Les dépenses de.. 993 »

Il reste par conséquent pour excédant définitif la somme de.. 637 fr. » c.

laquelle sera portée au chapitre des recettes supplémentaires du budget de l'exercice 1856.

Toutes les opérations de l'exercice 1855 sont déclarées définitivement closes et les crédits annulés.

La présente délibération sera jointe, comme pièce justificative, au budget de 1855.

Délibéré à....., les jour, mois et an ci-dessus. Et ont signé.

Le secrétaire. *Les membres du conseil municipal.*

N° 417.

Comptabilité *communale. — Délibération du conseil municipal sur le compte administratif présenté par le maire.*

L'an mil huit cent....., le....., le conseil municipal de la commune de....., réuni en session ordinaire et appelé, en exécution de l'article 60 de la loi du 18 juillet 1837, à vérifier le compte d'administration présenté par M. le maire, il a été procédé à la nomination du président de l'assemblée, conformément à l'article 25 de la loi précitée. M.... ayant été élu au scrutin et à la majorité des suffrages, a de suite pris la présidence et invité le conseil à examiner le compte administratif de l'exercice 18.., ainsi que le compte moral dans lequel M. le maire a exposé les motifs des dépenses par lui mandatées, la manière dont elles ont été effectuées et l'utilité que la commune en a retirée.

Le conseil municipal, vérification faite dudit compte et des pièces qui y sont jointes, a reconnu que toutes les recettes de l'exercice ont été régulièrement effectuées et sont exactement rapportées; que toutes les dépenses ordonnancées sont renfermées dans les limites des crédits ouverts par le budget et les autorisations supplémentaires, et sont suffisamment motivées; il estime, en conséquence, qu'il y a lieu de l'approuver.

Ou bien : Le conseil a reconnu que les dépenses ont été, en général, régulièrement ordonnancées; mais qu'il y a lieu de faire les observations suivantes :

1° (Art. du chap.);

2° (Art.).

Le conseil estime néanmoins qu'il y a lieu d'approuver ledit compte.

Ou bien : Le conseil a reconnu que M. le maire s'est ingéré, contrairement aux lois et règlements, dans le maniement des deniers de la commune, en....., que ces opérations ne figurent aucunement dans le compte de gestion du receveur; il estime, en conséquence, qu'il y a lieu d'astreindre M. le maire à présenter, pour ces actes, un compte dans la forme de celui du receveur, et accompagné des pièces justificatives exigées par les instructions sur la comptabilité communale, lequel compte sera apuré par le conseil de préfecture, conformément à l'article 64 de la loi du 18 juillet 1837.

Expédition de la présente délibération, dûment certifiée, sera adressée immédiatement à M. le sous-préfet pour être transmise à l'autorité chargée de statuer sur ledit compte d'administration.

Fait à....., les jour, mois et an que dessus.

(Signatures.)

N° 418.

Comptabilité *communale. — Délibération du conseil municipal sur le compte de gestion présenté par le receveur municipal.*

L'an mil huit cent....., le....., le conseil municipal de la commune de.. ..;

Vu le compte rendu par le sieur....., percepteur-receveur municipal, de ses recettes et dépenses depuis le 1er janvier 1855 jusqu'au 31 décembre suivant, lequel comprend le compte final de l'exercice 1854, le compte provisoire de l'exercice 1855, et le compte des recettes et dépenses effectuées pour les divers services exécutés par le comptable en dehors du budget; ensemble les pièces justificatives rapportées à l'appui et le compte de l'année précédente jugé par le conseil de préfecture le.....;

Vu le budget des recettes et dépenses présumées de l'exercice 1854, arrêté par M. le préfet du département le.....;

Arrête ce qui suit :

Art. 1er. Les recettes ordinaires et extraordinaires du budget de l'exercice 1854 sont fixées à la somme de.............................. .. 566 fr. » c.

Et les dépenses ordinaires et extraordinaires à celle de....... 476 »

En conséquence, les crédits ou portions de crédits ouverts audit budget, et demeurés sans emploi, sont annulés.

2. Le compte en deniers de l'exercice 1854 doit être arrêté définitivement ainsi qu'il suit :

Excédant de recettes résultant du compte de l'exercice 1853	402 fr. » c.	908 fr. » c.
Recette faite en 1854	391 »	
Recette faite en 1855	115 »	
Dépense faite en 1854	383 »	476 »
Dépense faite en 1855	93 »	
Excédant de recette (porté au budget de 1855)		432 fr. » c.

3. Le compte provisoire, ou situation du percepteur-receveur municipal, sur l'exercice 1855, doit être réglé de la manière suivante :

Recette	986 fr. » c.
Dépense	993 »
Excédant de dépense (imputable sur l'excédant du compte de 1854)	7 fr. » c.

4. Le compte des recettes et des dépenses effectuées pour les divers services exécutés par le comptable en dehors du budget doit être arrêté comme suit :

Recette	» fr. » c.
Dépense	» »
Excédant de	» fr. » c.

Et statuant sur la situation du comptable au 31 décembre 1855, le conseil admet les recettes de la gestion 1855 (sur tous les exercices) pour la somme de .... 1,101 fr. » c.

Les dépenses pour celle de .... 1,086 »

Fixe l'excédant de la dépense à .... 15 fr. » c.

Et attendu que, par l'arrêté définitif du compte précédent, le comptable a été reconnu débiteur de .... 410 »

Partant, le comptable est déclaré débiteur de la somme de quatre cent vingt-cinq francs sur son compte de la gestion 1855. 425 fr. » c.

Il y a lieu d'enjoindre au comptable.....

Fait et délibéré à....., le..... 1856.

(*Signatures.*)

N° 419.

COMPTABILITÉ *communale. — Procès-verbal de clôture des livres et de vérification de la caisse du percepteur-receveur municipal, au* 31 *décembre de chaque année* (1).

Aujourd'hui, trente et un décembre mil huit cent....., nous, maire de la commune de....., assisté de M....., membre du conseil municipal de ladite commune, nous sommes rendu au bureau du sieur....., percepteur-receveur municipal de la réunion de....., à l'effet d'arrêter et de clore les registres relatifs aux divers services dont il est chargé, comme aussi de constater les recettes et les dépenses qu'il a effectuées jusqu'à ce jour inclusivement, et d'en comparer le résultat avec les fonds et les valeurs existant en caisse ou en portefeuille.

Nous avons d'abord invité le comptable à nous représenter les fonds et les valeurs qu'il a entre les mains, appartenant aux divers services qui lui sont confiés;

(1) « Les registres des recettes et dépenses des percepteurs-receveurs municipaux sont clos et arrêtés en leur présence, le 31 décembre de chaque année, par les maires des communes chefs-lieux de perception, assistés de l'un des membres du conseil municipal. Il en est dressé procès-verbal, lequel doit constater l'état des fonds existant dans la caisse, les valeurs en portefeuille et le montant des avances et créances qui restent à recouvrer. » (*Ordonn. des* 14 *septembre* 1822 *et* 23 *avril* 1823.)

à quoi ledit comptable ayant satisfait, nous avons procédé immédiatement à leur vérification et en avons dressé le bordereau ci-après :

1° *Numéraire en caisse.*		
Pièces d'or de 20 fr.........		
de 10 fr........		
de 5 fr.........		
Pièces d'argent. de 5 fr.........		
de 2 fr.........		
de 1 fr.........		
de » 50 cent...		
de » 20 cent...		
de		
Monnaie de cuivre et billon.		
TOTAL *à reporter*....		

Report.			
2° *Traites de coupes de bois.*			
Traites d'adjudicataires de coupes ordinaires............................			
Traites d'adjudicataires de coupes extraordinaires représentées par une déclaration du receveur des finances, chez lequel elles sont en dépôt.....			
Fonds placés ou avancés			
Solde des placements au trésor public..................			
Solde des placements à la caisse des dépôts et consignations pour fonds de retraite.....			
Avances pour frais de route aux voyageurs indigents et forçats libérés.............			
Idem pour feuilles de passeports à l'intérieur.........			
Idem pour quittances timbrées.			
TOTAL des valeurs . ..			

Ce bordereau de valeurs, s'élevant à une somme totale de....., a été reconnu par nous exact et sincère.

Nous avons ensuite demandé au comptable de nous déclarer toutes les comptabilités dont il est chargé concurremment, et de nous représenter tous les registres qu'il tient pour chacune de ses gestions.

Le sieur..... nous a déclaré qu'il réunissait aux fonctions de percepteur celles de receveur municipal des communes de....., et de receveur de l'hospice de....., et de suite il a mis sous nos yeux tous les registres relatifs aux comptabilités ci-dessus indiquées. Ayant procédé à l'examen desdits registres, nous avons reconnu qu'ils étaient tenus conformément aux instructions et avec la régularité prescrite, et le comptable nous ayant déclaré que toutes ses recettes, payements et versements avaient été exactement et intégralement inscrits auxdits registres, nous les avons fait additionner en notre présence, et de suite nous les avons arrêtés et clos.

Continuant notre opération, nous avons fait procéder immédiatement à la formation du bordereau de situation qui est joint au présent et qui présente pour chacun des services dont ce comptable est chargé, les recettes et les dépenses, ainsi que les excédants des opérations propres à chaque service, lesquels excédants sont justifiés par les valeurs dont le détail est donné ci-dessus.

De tout ce que dessus, nous avons dressé le présent procès-verbal, en quatre expéditions, dont une sera adressée par nous à M. le préfet (*ou* sous-préfet); la seconde a été remise au comptable pour lui servir de pièce justificative aux comptes qu'il rendra pour l'année 18.. ; la troisième est envoyée par le comptable au receveur des finances, et la quatrième a été retirée par nous, pour être déposée aux archives de la mairie. A chacune de ces quatre expéditions est jointe une copie du bordereau de situation établi au présent jour.

Fait à....., le trente et un décembre mil huit cent.....

Le maire. *Le comptable.* *Le conseiller municipal.*

N° 420.

COMPTABILITÉ *communale. — Délibération du conseil municipal relative à un sursis à accorder à un débiteur de la commune.*

L'an mil huit cent....., le....., le conseil municipal de la commune de..... réuni, etc. (Voy. DÉLIBÉRATION.)

Le maire a donné connaissance au conseil d'une lettre par laquelle M... receveur municipal, lui donne avis qu'il a fait procéder à une saisie-exécution des meubles du sieur....., débiteur de la somme de..... envers la commune; que, par le procès-verbal de cette saisie, en date du.....,la vente a été, conformément au Code de procédure civile, indiquée pour le....., et qu'à moins d'ordres contraires, il passera outre à la vente.

Après cette lecture, M. le maire a donné communication au conseil de la demande d'un sursis faite par le débiteur et a exposé qu'il appartient au conseil municipal de donner son avis sur ladite demande.

Le conseil, prenant en considération le montant de la dette et les ressources du débiteur, a été d'avis que le sursis devait (*ou* ne devait pas) être accordé.

Fait et délibéré à....., les jour et an que dessus. (*Signatures.*)

N° 421.

Comptabilité *communale. — Bordereau mensuel à remettre au maire par le receveur municipal.*

COMMUNE D... .

RÉCAPITULATION SOMMAIRE DES RECETTES ET DÉPENSES

effectuées pendant le mois de janvier 1856 par le receveur municipal et situation de la commune au 31 du même mois.

Excédant des recettes existant à la fin du mois précédent................				425	»
Recettes du mois d.............	sur l'exercice 1855....................	40	»	160	»
	sur l'exercice 1856.....................	120	»		
	....				
Ensemble..........................				585	»
Dépenses du mois d.............	sur l'exercice 1855.....................	85	»	185	»
	sur l'exercice 1856.....................	100	»		
	....				
Excédant des recettes à ce jour..				400	»
Cet excédant est représenté par les valeurs ci-après désignées, savoir :					
Traites d'adjudicataires de coupes ordinaires de bois.........		»	»		
Traites d'adjudicataires de coupes extraordinaires de bois.....			»		
Fonds placés.....	au Trésor public.................	300	»		
	à la Caisse des dépôts et consignations pour fonds de retraites *deposés en numéraire*.	»	»		
	Idem convertis en rentes sur l'État.......	»	»		
Fonds avancés....	pour frais de route des voyageurs indigents et forçats libérés.....................	»	»		
	pour feuilles de passeports...............	20	»		
	pour timbre de quittances du livre à souche timbré........................	10	»		
	....				
Ensemble................		330	»	330	»
Fonds disponibles en caisse..................				70	»
Les besoins du service n'obligeant de conserver en caisse que la somme de....					
Le receveur versera au receveur des finances, à titre de placements en compte courant au Trésor public, la somme de...........					
Ou il devient nécessaire de retirer sur les fonds placés au Trésor la somme de.					

Je, soussigné, receveur de la commune de....., certifie que les sommes portées sur ce bordereau sont le relevé des additions du livre des comptes d....., et que les autres renseignements qu'il contient sont exacts.

A....., le 31 janvier 1856.

N° 422.

Comptabilité *communale.* — *Bordereau trimestriel à fournir au maire par le receveur municipal.*

(Circulaire du 16 mars 1836.)

BORDEREAU DÉTAILLÉ DES RECETTES ET DÉPENSES

ou relevé des additions des comptes ouverts sur les livres de détail, arrêté au 31 *mars* 1856.

1° SITUATION DES COMPTES DES RECETTES.

N°s des comptes du livre de détail.	EXERCICE 1855. (2e année de cet exerc.)	SOMMES A RECOUVRER — d'après le budget.		SOMMES A RECOUVRER — Fixation définitive d'après les titres justificatifs.		SOMMES RECOUVRÉES — antérieurem^t au 1er trimestre 1856. (1)		SOMMES RECOUVRÉES — pendant le 1er trimest. 1856.		SOMMES RECOUVRÉES — TOTAUX au 31 mars 1856.		RESTES à recouvrer.		ÉCHÉANCES et durée des titres de percept. (2) — Durée des titres.	ÉCHÉANCES et durée des titres de percept. (2) — Échéance des titres.
	CHAPITRE 1er.														
1	5 centimes additionnels ordinaires.........	140	»	148	»	108	»	40	»	148	»	»	»		
2	Attribut^s sur patentes	25	»	28	»	28	»	»	»	28	»	»	»		
3	Fermages de biens communaux	400	»	400	»	250	»	80	»	330	»	70	»		
	CHAPITRE II.														
4	Vente d'un terrain....	500	»	600	»	500		100	»	600	»	»	»		
	CHAP. III (additionnel).														
5	Fermages de biens communaux (1854)	60	»	60	»	60	»	»	»	60	»	»	»		
6	Vente de vieux arbres..	40	»	40	»	40	»	»	»	40	»	»	»		
	TOTAUX p^r l'exer. 1855	1165	»	1276	»	986	»	220	»	1206	»	70	»		
	EXERCICE 1856. (1re année de cet exerc.)														
	CHAPITRE 1er.														
1	5 cent. addit. ordinaires	150	»	152	»	»	»	»	»	»	»	152	»		
2	Ferm. de biens comm.	400	»	400	»	»	»	250	»	250	»	150	»		
	CHAPITRE II.														
	CHAP. III (additionnel).														
3	Fermages de biens communaux (1855).....	»	»	70	»	»	»	»	»	»	»	70	»		
	TOTAUX p^r l'exer. 1856	550	»	622	»	»	»	250	»	250	»	372	»		

(1) Cette colonne comprend les recettes faites dans la 1re année comme dans la 2e année.

(2 Les deux colonnes relatives à la durée et aux échéances des titres de perception peuvent d'être remplies que sur le 1er bordereau de l'année

2e SITUATION DES COMPTES DES DÉPENSES.

Nos DES COMPTES du livre de détail.		SOMMES à dépenser.		SOMMES DÉPENSÉES antérieurement au 1er trimest. 1856.		pendant le 1er trimest. 1856.		TOTAUX au 31 mars 1856.		RESTES à dépenser.	
	EXERCICE 1855. (2e année de cet exercice.)										
	CHAPITRE Ier										
1	Traitement du secrétaire	100	»	75	»	25	»	100	»	»	»
2	Frais de bureau de la mairie	110	»	80	»	30	»	110	»	»	»
3	Remises du receveur municipal	38	»	33	»	5	»	38	»	»	»
4	Salaire du garde champêtre	120	»	90	»	30	»	120	»	»	»
5	Entretien de la maison commune	80	»	45	»	»	»	45	»	35	»
6	Dépenses imprévues	50	»	50	»	»	»	50	»	»	»
	CHAPITRE II.										
7	Achat de bancs pour l'école	90	»	90	»	»	»	90	»	»	»
	CHAPITRE III (additionnel).										
8	Entretien de la maison commune	40	»	40	»	»	»	40	»	»	»
9	Réparations aux murs du cimetière	400	»	400	»	»	»	400	»	»	»
	TOTAUX pour l'exercice 1855	1028	»	903	»	90	»	993	»	35	»
	EXERCICE 1856. (2e année de cet exercice.)										
	CHAPITRE Ier.										
1	Frais de bureau de la mairie	120	»	»	»	35	»	35	»	85	»
2	Remises du receveur municipal	50	»	»	»	»	»	»	»	50	»
3	Salaire du garde champêtre	120	»	»	»	30	»	30	»	90	»
4	Dépenses imprévues	100	»	»	»	»	»	»	»	100	»
	CHAPITRE II.										
	....										
	....										
	CHAPITRE III (additionnel).										
	(Néant, le budget supplémentaire n'étant pas encore formé.)										
	TOTAUX pour l'exercice 1856.	390	»	»	»	65	»	65	»	325	»

RÉCAPITULATION DES RECETTES ET DÉPENSES

effectuées pendant le premier trimestre 1856, et situation de la commune au 31 mars 1856.

EXCÉDANT des recettes existant à la fin du trimestre précédent.............			425	»
RECETTES du trimestre......... sur l'exercice 1855.....................	220	»		
sur l'exercice 1856.....................	250	»	470	»
....				
ENSEMBLE.......................			895	»
DÉPENSES du trimestre......... sur l'exercice 1855.....................	90	»		
sur l'exercice 1856.....................	65	»	155	»
....				
EXCÉDANT des recettes à ce jour..			740	»
Cet excédant est représenté par les valeurs ci-après désignées ; savoir :				
TRAITES d'adjudicataires de coupes ordinaires de bois..........	»	»		
— — de coupes extraordinaires de bois......	»	»		
FONDS placés..... au trésor public	500	»		
à la caisse des dépôts et consignations pour fonds de retraites déposés en numéraire.	»	»		
Idem, convertis en rentes sur l'État.......	»	»		
FONDS avancés.... pour frais de route des voyageurs indigents et forçats libérés.......	»	»		
pour feuilles de passe-ports..............	20	»		
pour prix de quittances timbrées.........	10	»		
....				
ENSEMBLE.............	530	»	530	»
FONDS disponibles en caisse.................................			210	»
Les besoins du service n'exigeant de conserver en caisse que la somme de.....			110	»
Le receveur municipal versera au receveur des finances, à titre de placements en compte courant au trésor public, la somme de........................			100	»

Je, soussigné, receveur municipal de la commune d....., certifie que les sommes portées sur ce bordereau sont le relevé des additions des comptes ouverts sur les livres de détail de ladite commune, et que les autres renseignements qu'il contient sont exacts (1).

A....., le 31 mars 1856. *(Signature.)*

Vu par le maire de la commune d.....,

A....., le..... 18... *(Signature.)*

(1) Le receveur municipal est tenu de remettre au maire, à l'expiration de chaque trimestre, un bordereau formé du relevé des livres de détail tenus pour chaque commune, et présentant, avec distinction d'exercice, la somme des recouvrements et des payements effectués sur chaque article du budget pendant le trimestre expiré, de manière à faire ressortir l'encaisse disponible. Au moyen de ce bordereau, et de la situation mensuelle (Mod. n° 421), il est facile au maire de régler sur l'état réel de la caisse, l'ordonnancement des dépenses pour le mois. (*Circ. du min. de l'int. du 16 mars 1836.*)

N° 423.

CONSEIL *municipal. — Tableau des conseillers municipaux, dressé par ordre de suffrages* (1).

Numéros d'ordre.	NOMS et PRÉNOMS.	PROFESSIONS ou qualités.	DATE de la naissance	DATE de l'élection	DATE de l'installation	NOMBRE de suffrages obtenus.	SIGNATURE de chaque conseiller	Observations.

N° 424.

CONTREBANDE. — *Procès-verbal constatant la saisie de poudre de chasse ou de guerre, de tabacs, de cartes à jouer ou de sel, colportés en fraude dans l'intérieur de l'empire.*

Nous....., maire de la commune de...... ayant été informé qu'un individu colportait dans la commune et cherchait à vendre de la poudre à feu, sans y être autorisé par l'administration des contributions indirectes, nous sommes mis immédiatement à sa recherche et l'avons trouvé sortant de la maison du sieur...., rue... n°..... Nous étant approché de lui, nous lui avons demandé son passeport, qu'il nous a exhibé et qui nous a fait connaître qu'il se nommait Philippe N...., âgé de..., marchand, demeurant à.... L'ayant sommé de nous montrer ce que contenait le sac dont il était porteur, il l'a ouvert et nous avons reconnu qu'il renfermait de la poudre de chasse, en dix paquets, chacun du poids d'un kilogramme environ et non revêtus des vignettes de l'administration. (Si ce sont des tabacs que l'on saisit, il faut désigner les espèces, autant que possible, indiquer s'ils sont en feuilles ou fabriqués, si ce sont des tabacs étrangers ou des tabacs *à prix réduit* dont la vente est interdite dans le département; enfin l'on doit faire observer qu'il n'a pas été représenté d'acquits-à-caution.)

Interpellé de nous déclarer d'où provenait cette poudre, s'il en avait d'autre, et où elle se trouvait déposée, il nous a dit que c'était là tout ce qu'il possédait, qu'il l'avait achetée d'un inconnu au marché de..... dans l'espoir de réaliser quelque bénéfice en la revendant en détail et qu'il ignorait qu'il fût défendu de colporter cette sorte de marchandise.

Attendu que le fait dont il s'agit constitue une contravention à l'article 5 du décret du 16 mars 1813, à la loi du 28 avril 1816, à l'article 1er de l'ordonnance du 17 novembre 1819 et à l'article 2 de la loi du 24 mai 1834, nous avons déclaré

(1) Si plusieurs conseillers municipaux ont obtenu le même nombre de suffrages, ils sont portés sur ce tableau par rang d'âge, en plaçant le plus âgé le premier.

Voy. DÉLIBÉRATIONS, ÉLECTIONS MUNICIPALES.

audit sieur Philippe N..... que nous saisissions la poudre par lui transportée en fraude, pour le dépôt en être fait dans les magasins de l'administration des contributions indirectes, conformément à la loi, et que nous dresserions contre lui le présent procès-verbal qui sera transmis à M. le procureur impérial pour recevoir telles suites qu'il appartiendra (1).

Fait et clos à....., les jour, mois et an que dessus.

(Signature.)

N° 425.

Contributions *directes. — Convocation des répartiteurs pour les mutations* (2).

Commune d.....

M...... commissaire répartiteur pour l'exercice 18.., est prévenu que M. le contrôleur des contributions directes se rendra dans la commune pour le travail des mutations le..... prochain. M. le répartiteur est, en conséquence, prié de se trouver ledit jour à la mairie pour procéder aux opérations.

A....., le..... 18...

Le maire.

N° 426.

Contributions *directes. — Annonce du jour de l'arrivée du contrôleur des contributions directes en tournée de mutations* (3).

Le maire de la commune de.... prévient ses administrés que le.... prochain, le contrôleur des contributions directes sera dans la commune, pour y recueillir les mutations survenues dans les propriétés : il engage les habitants qui auraient des observations à faire à se présenter à la mairie ledit jour.

A....., le..... 18...

Le maire.

N° 427.

Contributions *directes. — Délibération d'un conseil municipal relative au prélèvement sur le produit de l'octroi de la commune, de la totalité ou d'une partie de sa contribution personnelle et mobilière* (4).

L'an mil huit cent....., le...., le conseil municipal de la commune de...., étant réuni sous la présidence de M. le maire à l'effet de délibérer sur la question

---

(1) Ce procès-verbal doit être visé pour timbre et enregistré en débet.
« Tout individu qui, sans y être autorisé légalement, aura fabriqué ou distribué de la poudre, ou sera détenteur d'une quantité quelconque de poudre de guerre, ou de plus de deux kilogrammes de toute autre poudre, sera puni d'un emprisonnement de 1 à 2 ans, sans préjudice des autres peines portées par la loi. » (*Loi du 24 mai 1834, art. 2.*)

(2) « La commission de répartition est composée du maire, d'un adjoint, et de cinq citoyens, contribuables fonciers, nommés par le sous-préfet. » (*Loi du 3 frim. an* VII, *art.* 9; *Arr. du 19 floréal an* VIII, *art. 4.*) — « Les fonctions de répartiteur ne peuvent pas être refusées. Les répartiteurs ne peuvent délibérer qu'au nombre de cinq. » (*Loi du 3 frimaire an* VII, *art.* 23.)

(3) Aussitôt que les maires auront reçu l'affiche que doit leur envoyer le directeur des contributions directes pour leur indiquer le jour des mutations, leur premier soin devra être de faire publier le présent avis dans leur commune et de l'y faire afficher.

(4) Cette faculté a été accordée aux communes par l'article 20 de la loi du 21 avril 1832.

de savoir s'il convenait, dans l'intérêt de la commune, de prélever sur le produit de son octroi la totalité ou une partie de la contribution personnelle et mobilière due par les habitants, après s'être fait représenter le chiffre moyen des produits de l'octroi et avoir pris connaissance de la totalité de la contribution mise à la charge de la commune;

Prenant en considération (*énoncer ici les causes qui peuvent déterminer l'opinion du conseil municipal; par exemple, l'intérêt de l'industrie locale, des classes peu aisées de la population...., etc.*);

A été d'avis qu'il y avait lieu de prélever sur le produit de l'octroi la totalité *ou une certaine partie* de la contribution personnelle et mobilière à la charge de la commune.

(*Signatures.*)

N° 428.

Contributions *directes* (*Publication et mise en recouvrement des rôles des*) (1).

Le maire de la commune de....., vu l'arrêté de M. le préfet de....., du..... de ce mois;

Donne avis que les rôles des contributions foncière, personnelle-mobilière, des portes et fenêtres, et des patentes, pour l'exercice 18.., sont en recouvrement.

En conséquence, les contribuables sont invités à se présenter au bureau du percepteur de leur arrondissement respectif, pour acquitter les termes échus de ces contributions.

En exécution de l'article..... de l'arrêté précité, le délai de trois mois accordé par la loi aux contribuables pour la présentation de leurs demandes en décharge ou réduction par suite des rôles de l'exercice 18.., est fixé du.... présent mois, au..... prochain.

Toute réclamation qui serait produite après l'expiration de ce délai, qui est de rigueur, sera rejetée sans examen, quelque fondée qu'elle puisse être d'ailleurs.

Les patentables qui seront compris sur des rôles supplémentaires devront également présenter leur réclamations dans le délai de trois mois, à dater de la publication desdits rôles.

Les demandes en remises et modérations pour causes de pertes et accidents imprévus devront être présentées dans le délai d'un mois, après que les pertes ou accidents auront eu lieu.

Les demandes en décharge, réduction ou réparation d'omission de cotes, seront adressées au préfet.

Ces demandes, qui devront être rédigées à mi-marge et sur papier du timbre de 35 centimes, lorsque la cote excédera 30 francs, ne seront reçues qu'autant qu'on y aura joint l'avertissement ou bordereau que le percepteur aura fait parvenir aux contribuables, ainsi que la quittance du payement des termes échus de sa cotisation, sans pouvoir, sous prétexte de réclamation, différer le payement des termes qui viendront à échoir pendant les trois mois qui suivront la réclamation, dans lesquels elle devra être jugée définitivement.

Les pétitions ne pourront avoir pour objet qu'une seule nature de contribution. Le contribuable qui aurait à réclamer en même temps sur sa cotisation foncière et sur celle des portes et fenêtres, ou personnelle-mobilière, ou de patente, devra présenter séparément une pétition pour chaque contribution, et joindra un extrait du rôle qui lui sera délivré par le percepteur.

Conformément au paragraphe 3 de l'article 28 de la loi du 21 avril 1832,

(1) Le maire est tenu de faire publier le rôle des contributions directes aussitôt sa mise en recouvrement, le dimanche, à l'issue de la messe paroissiale. Cette publication, à moins de retard dans la confection des rôles, a lieu le 1er janvier de chaque année. Elle est faite au moyen d'un avis affiché, portant que ce rôle est mis en recouvrement, que les réclamations doivent être présentées dans les trois mois de la publication, et que, passé ce délai, elles ne seront plus admises.

les réclamations ayant pour objet une cotisation au rôle moindre de 30 francs ne seront pas assujetties au droit de timbre.

La formalité du timbre ne sera pas non plus exigée pour les demandes qui auraient pour objet des rectifications en matière cadastrale.

Fait à....., le..... 18...

Le maire.

N° 429.

CONTRIBUTIONS *directes. — Certificat de publication des rôles* (1).

Le maire de la commune de..... certifie que le rôle des contributions directes de cette commune pour 18.., a été publié, le 1er janvier 18.., à l'issue de la messe paroissiale, conformément à l'arrêté de M. le préfet du département, en date du..... dernier.

Fait à....., le..... 18...

Le maire.

N° 430.

CONVOIS *militaires. — Mandat de convois pour corps ou détachement, délivré par le maire* (2).

N° d'ordre du bordereau de place.	INDICATION de L'ARME.	NUMÉRO du régiment.	NUMÉRO du bataillon ou de l'escadron	NUMÉRO de la compagnie.	EFFECTIF DU CORPS ou détachement.	NUMÉRO du registre du signataire du mandat.

Le préposé aux convois militaires de la commune d...... est invité à fournir au..... ci-dessus, ... voiture à 4 colliers; ... voiture à 3 colliers; ... voiture à 2 colliers; ... voiture à 1 collier; ... chevaux de trait; ... chevaux de selle; ... chevaux de bât, pour le transport jusqu'à...... des bagages et des militaires infirmes à la suite.

Fait à....., le....., 18...

Le maire.

CERTIFICAT DE VU ARRIVER.

Nous, soussigné....., maire de la commune de......, certifions que la fourniture ordonnée par le mandat ci-contre nous a été représentée.....

A......, le......, 18...

Le maire.

(1) La publication du rôle des contributions directes est mentionnée à la suite du rôle, et le certificat en est adressé de suite par le maire au sous-préfet de l'arrondissement.

(2) Les maires ou leurs adjoints peuvent être dans le cas de délivrer des ordres de

N° 431.

CONVOIS *militaires. — Mandat de convoi pour les militaires marchant isolément.*

N° d'ordre du bordereau de place.	INDICATION de L'ARME	NUMÉRO du régiment.	NUMÉRO du bataillon ou de l'escadron	NUMÉRO de la compagnie.	NOM ET GRADE du militaire.	NUMÉRO du registre du signataire.

Le préposé aux convois militaires de la commune de... est invité à transporter, le....., jusqu'à...... l'individu ci-dessus dénommé pouvant aller indifféremment à cheval ou en voiture (*ou bien* ne pouvant supporter que la voiture, *ou bien* ne pouvant supporter que le cheval de selle).

Fait à......, le...... 18...

Le maire.

CERTIFICAT DE VU ARRIVER.

Nous soussigné......; maire de la commune de........ certifions que le mandat ci-contre a été exécuté.

A....., le...... 18...

Le maire.

N° 432.

CONVOIS *militaires. — Ordre de fourniture accidentelle.*

Réquisition du maire à un médecin pour la visite du militaire qui réclame un ordre de convoi.

M .... médecin *ou* chirurgien à..... est invité à visiter le nommé N .... *(mettre le grade)* au..... régiment d..... et à déclarer ci-dessous s'il ne peut faire route à pied, et quels sont les motifs qui l'en empêchent.

A....., le..... 18... *Le maire.*

Certificat de visite.

Je, soussigné, médecin ou chirurgien à...... déclare avoir visité le nommé

convois militaires : 1° à tout corps ou détachement de troupe partant d'une commune qui n'est pas gîte d'étape, et lorsqu'il n'y réside pas de sous-intendant militaire ou d'autre suppléant; 2° dans les places de garnison, ainsi que dans les communes frontières de la France, où il ne réside ni sous-intendant militaire ni aucun autre suppléant, mais seulement aux parties prenantes appartenant à la garnison ou à celles qui entreraient en France, ou enfin à celles qui passeraient d'un point de la frontière à un autre; 3° à tout sous-officier ou soldat qui tombe malade en route, dans une commune où il ne réside aucun autre suppléant que le maire. — Voy. *Dictionnaire municipal*, CONVOIS MILITAIRES.

N....., au..... régiment d....., et avoir reconnu qu'il était atteint de..... (*indiquer d'une manière détaillée les infirmités, blessures ou maladies du militaire*), ce qui l'empêche de faire route à pied et exige qu'il soit transporté en voiture (*ou* à cheval *ou* indifféremment en voiture ou à cheval).

A....., le..... 18...

(*Signature.*)

Ordre de fourniture

Le préposé du service des convois militaires de cette place est requis de fournir demain..... une voiture (*ou* une place à la voiture *ou* un cheval de selle) pour transporter jusqu'à..... premier gîte d'étape, le nommé..... (*désigner le grade*) à la...... compagnie du...... bataillon *ou* escadron du....., régiment de....., parti de..... pour se rendre à..... lieu de sa destination d'après la feuille de route qui lui a été délivrée par le sous-intendant militaire de..... le..... sous le nº..... ce militaire ayant été reconnu incapable de faire route à pied.

A....., le..... 18...

(*Cachet de la mairie.*)

Le maire.

Certificat de vu arriver.

Le maire de la commune de..... certifie que le militaire ci-dessus désigné est arrivé aujourd'hui à..... avec les moyens de transport accordés par l'ordre ci-dessus.

A....., le..... 18...

(*Cachet de la mairie.*)

Le maire.

Nº 433.

Correspondance (1). — *Lettre d'envoi de pièces au sous-préfet.*

Monsieur le sous-préfet,

J'ai l'honneur de vous transmettre une délibération du conseil municipal de la commune d..... relative à..... (ou bien, le *cahier des charges destiné à..... le procès-verbal d'adjudication d.....* ou bien encore, s'il s'agit de l'envoi de plusieurs pièces: *un dossier composé des pièces suivantes*: 1º une délibération..... (indiquer l'objet); 2º le devis des travaux; 3º etc., etc.)

Veuillez, je vous prie, Monsieur le sous-préfet, soumettre cette délibération (*ou ce cahier des charges*, etc.) à l'approbation de M. le préfet (ou bien *solliciter une décision sur cette affaire le plus tôt qu'il sera possible*).

Agréez, Monsieur le préfet, l'assurance de ma haute considération.

Le maire.

(*Signature.*)

(1) Sauf des cas extraordinaires fort rares, les maires doivent toujours correspondre avec leur chef immédiat, qui est le sous-préfet. Ils ne doivent traiter dans chaque lettre que d'une seule affaire. Les envois de pièces doivent être accompagnés d'une lettre portant désignation du nombre et de la nature de ces pièces.

N° 434.

Correspondance. — *Modèle d'adresse et de contre-seing pour envoi sous bandes croisées* (1).

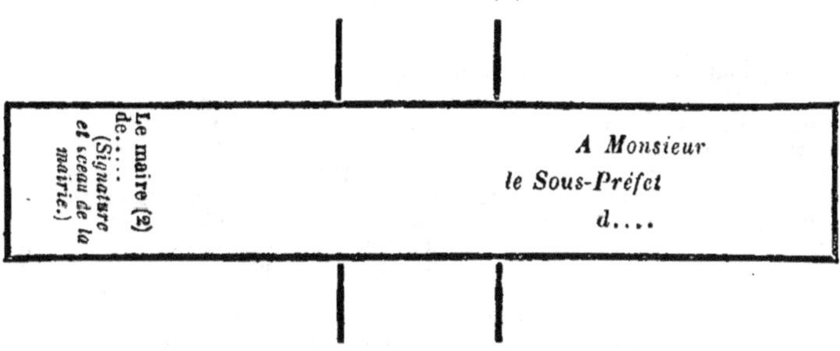

Le maire (2)
de....
(Signature
et sceau de la
mairie.)
A Monsieur
le Sous-Préfet
d....

N° 435.

Correspondance. — *Modèle d'adresse et du contre-seing à mettre sur une lettre pliée et cachetée* (2).

Lettre confidentielle.

A Monsieur
le Sous-Préfet
d.....

Fermée par nécessité.
Le maire d.....

N° 436.

Correspondance (*Registre de*).

NUMÉROS D'ORDRE.	TEXTE DE LA CORRESPONDANCE.

(1) La correspondance des maires, exclusivement relative au service de l'administration, est admise à circuler en franchise par la poste, mais elle doit être mise sous bandes croisées dont la largeur ne peut excéder le tiers de la surface des lettres et paquets. Voy. *Dictionnaire municipal*, Correspondance, *la désignation des fonctionnaires avec lesquels les maires peuvent correspondre en franchise.*

(2) Les lettres adressées au préfet ou au sous-préfet peuvent être pliées et cachetées lorsqu'elles n'excèdent pas le poids légal d'une lettre simple, 7 gr. 1/2. Le maire inscrit, dans ce cas, sur l'adresse, et d'une manière apparente, le mot : *Confidentielle.*

N° 437.

Coups *et blessures* (*Procès-verbal constatant des*) (1)

Aujourd'hui..... mil huit cent... nous maire (adjoint au maire *ou* commissaire de police) de la ville (ou de la commune) de.... à.... heures du.... faisant une tournée dans les rues de la ville pour veiller au maintien du bon ordre et de la tranquillité publique, et nous trouvant place *ou* rue de....., avons aperçu un rassemblement assez considérable, et nous étant approché, avons reconnu plusieurs jeunes gens de la commune qui se battaient entre eux. Malgré nos exhortations de cesser cette rixe, plusieurs coups ont été donnés en notre présence, notamment par le nommé V..... serrurier, travaillant chez le sieur G....., au nommé S..... qui a reçu à la tête une blessure dont le sang coulait en abondance; et par le nommé C..... qui a frappé du poing à plusieurs reprises, le nommé T..... etc. Nous ne parvînmes qu'avec beaucoup de peine à faire cesser cette lutte, à laquelle ont en outre pris part les nommés NN..... Etaient présents: 1° Louis B .... marchand épicier, rue..... n°..... et D..... employé, rue..... n°..... qui nous ont dit que cette lutte était la suite d'une querelle au jeu de billard, commencée chez le sieur V..... limonadier.

De ce que dessus nous avons dressé le présent procès-verbal, qui sera envoyé à M. le procureur impérial, pour y être donné telles suites qu'il appartiendra.

(*Signature.*)

N° 438.

Coups *et blessures excusables* (*Procès-verbal pour*) (2).

Aujourd'hui..... mil huit cent..... à huit heures du soir nous maire (*ou* commissaire de police) de la commune de..... ayant été prévenu qu'un individu, grièvement blessé d'un coup de feu, se trouvait couché sur le bord du chemin vicinal de..... à....., près de la maison du sieur...., et implorait du secours, nous sommes transporté immédiatement sur les lieux, accompagné du sieur..... chirurgien, requis par nous. Ayant effectivement trouvé au lieu indiqué l'individu dont la présence nous avait été signalée, et qui nous était inconnu, nous avons fait examiner sa blessure par M..... qui a reconnu que cet homme avait été atteint d'un coup de feu à la jambe droite et que la charge, quoique en petit plomb, avait été suffisante pour occasionner la fracture de..... Interpellé par nous sur les causes de l'accident dont il avait été victime, le blessé s'est obstiné à garder le silence, nous priant seulement de le faire transporter chez le sieur..... duquel il prétendait être connu. Nous allions obtempérer à sa réquisition

---

(1) « Sera puni de la reclusion tout individu qui, volontairement, aura fait des blessures ou porté des coups, s'il est résulté, de ces sortes de violences, une maladie ou incapacité de travail personnel pendant plus de vingt jours.— Si les coups portés ou les blessures faites volontairement, mais sans intention de donner la mort, l'ont pourtant occasionnée, le coupable sera puni des travaux forcés à temps. » (*Code pénal, art.* 309.)

« Lorsqu'il y aura eu préméditation ou guet-apens, la peine sera, si la mort s'en est suivie, celle des travaux forcés à perpétuité, et si la mort ne s'en est pas suivie, celle des travaux à temps. » (*Id., art.* 310.)

« Lorsque les blessures ou les coups n'auront occasionné aucune maladie ou incapacité de travail personnel de l'espèce mentionnée en l'article 309, le coupable sera puni d'un emprisonnement de 6 jours à 2 ans, et d'une amende de 16 fr. à 200 fr., ou de l'une de ces deux peines seulement.

« S'il y a eu préméditation ou guet-apens, l'emprisonnement sera de 2 à 5 ans, et l'amende de 50 à 500 francs. » (*Id., art.* 311.)

(2) « Le meurtre ainsi que les blessures et les coups sont excusables, s'ils ont été provoqués par des coups ou violences graves envers les personnes; s'ils ont eu lieu en repoussant, pendant le jour ou pendant la nuit, l'escalade ou l'effraction des clôtures, murs ou entrée d'une maison ou d'un appartement habité ou de leurs dépendances; ou si le fait a eu lieu en se défendant contre les auteurs de vols ou de pillages exécutés avec violence. » (*Code pénal, art.* 321, 322 *et* 329.)

lorsqu'est intervenu le sieur.... propriétaire de la maison près de laquelle nous nous trouvions, lequel nous a dit que, depuis quelque temps, des vols de fruits et de légumes se commettant, chaque nuit, dans son jardin, clos d'un mur peu élevé, il s'était mis ce soir même en embuscade, armé de son fusil, qu'il avait chargé de petit plomb, dans l'intention seulement d'effrayer les maraudeurs, s'il s'en présentait; qu'ayant aperçu un individu qui escaladait son mur de clôture, il n'avait pas douté que ce ne fût l'auteur des larcins qui se commettaient journellement sur sa propriété, et que, dans l'obscurité, il avait lâché la détente de son fusil sans viser et ne cherchant pas réellement à atteindre le délinquant; que, sans pouvoir reconnaître l'individu sur lequel il avait tiré, il pensait cependant que le blessé près duquel nous avions été appelé, était celui qui avait tenté de s'introduire dans son jardin par escalade, qu'il était désolé de le voir en cet état, mais qu'on ne pouvait en attribuer la cause qu'à l'imprudence et aux mauvais desseins de celui qui avait été victime.

Le blessé présent à cette déclaration, ne l'ayant pas contredite, malgré nos interpellations réitérées, nous avons induit de son silence qu'il reconnaissait la vérité des faits allégués par le sieur....., et nous l'avons fait transporter, conformément à sa demande, chez le sieur...... domicilié en la commune, où il a été reconnu pour être le nommé D..... journalier, demeurant au hameau de.....

Et de tout ce que dessus, nous avons dressé le présent procès-verbal qui sera transmis à M. le procureur impérial pour valoir ce que de droit.

Fait et clos à..... les jours, mois et an que dessus.

(Signature.)

N° 439.

Cours ***d'eau non navigables ni flottables (Procès-verbal de reconnaissance des)*** (1).

L'an mil huit cent..... le....., nous, maire de la commune de..... assisté de M. N..... membre du conseil municipal et de M. N..... agent voyer (*ou* géomètre), demeurant à...... après avoir procédé, conformément à l'arrêté de M. le préfet du....., à la reconnaissance des cours d'eau non navigables ni flottables qui traversent le territoire de notre commune, en avons dressé l'état de situation ci-après :

Rivière de.....

Cette rivière arrive dans la commune à..... en quittant le territoire de celle de...., et en sort à..... pour entrer dans celle de..... Son parcours sur la commune présente une longueur de..... mètres.

Elle sert à l'écoulement des eaux et à l'irrigation. Sa largeur doit être fixée à..... mètres, et sa profondeur à..... mètres.

Le curage doit être annuel et général, et être fait exclusivement par les riverains immédiats. Il convient de fixer au premier lundi du mois de..... l'ouverture des travaux, pour être terminés dans la semaine.

Les établissements existant sur ce ruisseau consistent dans le moulin dit. un barrage situé à.....

Ruisseau de.....

Ce ruisseau prend sa source dans les montagnes de..... sur le territoire

---

(1) Le décret du 25 mars 1852 a confié aux préfets la police des cours d'eau non navigables ni flottables. C'est à eux à autoriser tout établissement nouveau, à régulariser l'existence des établissements anciens non autorisés, à faire faire les curages, etc. Ils peuvent prescrire aux maires de faire une reconnaissance générale des cours d'eau de la commune, pour faciliter les mesures ultérieures à prendre dans l'intérêt de la commune et des propriétaires.

de la commune et se perd dans le...... à..... Son parcours est de..... mètres.

Il sert seulement à l'écoulement des eaux. Son curage ne doit commencer qu'au point où il prend un cours régulier, c'est-à-dire à partir de l'endroit où il est traversé par le ponceau de.....; ce qui réduit à..... mètres la longueur de la partie à repurger. Sa largeur doit être fixée à..... mètres, et sa profondeur à..... mètres.

Le curage, exclusivement à la charge des riverains, doit avoir lieu tous les deux ans, à l'époque qui sera fixée par le maire.

Canal de.....

Le canal de..... a été établi par une association syndicale. Il est dérivé de la rivière de..... à .... et se jette dans la même rivière aux limites de la commune. Sa longueur est de..... mètres, dont... . dans l'intérieur, et..... sur les limites qui séparent la commune de celle de.....

Les propriétés qui contribuent à l'entretien du canal, la proportion de leur contingent, la grandeur et la profondeur du canal et l'époque du curage, sont déterminés par l'acte constitutif de l'association, lequel a été fait à la date du..... et a été approuvé le..... par..... (1).

Torrent de.....

Ce torrent descend des montagnes de la commune, va se jeter dans la....., après avoir parcouru le territoire de la commune dans une longueur de..... Sa largeur ne peut se déterminer; sa profondeur sera de..... mètres. Le curage doit être annuel.

Ce torrent, constamment fourni d'eau, sert, sur quelques points, à l'arrosage. Son curage et son entretien ne doivent commencer qu'à partir de..... Les frais doivent être à la charge des riverains.

Une fabrique à....., appartenant à M....., est la seule usine mue par les eaux de ce torrent.

Le.....

Le..... est un petit canal d'arrosage dérivé de la..... et se perdant dans la même rivière, après avoir fait dans la commune un parcours de..... mètres.

Les propriétés riveraines et celles qui, placées en arrière, ont droit d'irrigation, contribuent à la dépense de curage et d'entretien dans la proportion qui sera déterminée par un syndicat.

Sa largeur doit être fixée à..... mètres, et sa profondeur à..... centimètres.

Le curage doit être général et annuel, et être fixé au.....

Il n'existe aucun établissement sur ce cours d'eau.

Fait à..... le..... mil huit cent..... (*Signatures.*)

N° 440.

Cours *d'eau non navigables ni flottables (Délibération du conseil municipal relative au curage des)* (2).

L'an mil huit cent..... le..... le conseil municipal de la commune de..... réuni, etc. (Voy. Délibération.)

---

(1) Si cet acte était dans le cas d'être modifié ou complété, le maire en ferait ici la proposition. Dans tous les cas, une copie devra en être annexée au projet de règlement.

(2) Le curage des cours d'eau non navigables ni flottables peut s'effectuer soit en vertu d'anciens règlements, soit en vertu d'usages locaux, soit enfin conformément à un nouveau règlement dressé en exécution de la loi du 14 floréal an XI. Aux termes du décret du 25 mars 1852, sur la décentralisation, les préfets rédigent les règlements relatifs au curage. A cet effet, ils font préparer un projet par un agent-voyer ou tout autre homme de l'art, le soumettent à une enquête, et, après délibération du conseil municipal ou des conseils municipaux des communes traversées par le cours d'eau, ils prennent un arrêté portant règlement d'administration publique.—Voy. Syndicat.

M. le maire a exposé qu'il est nécessaire de faire exécuter le plus tôt possible des travaux de repurgement à la rivière de..... afin de prévenir les débordements auxquels cette rivière est sujette et qui causent de graves préjudices aux propriétés qui l'avoisinent; il a invité en conséquence le conseil à donner son avis sur le temps le plus opportun et sur le meilleur système à adopter pour l'exécution de ces travaux;

Le conseil, considérant qu'il n'existe aucun usage ni règlement spécial qui puisse servir de guide dans les travaux dont il s'agit; après en avoir délibéré,

A été d'avis:

1° Que ledit cours d'eau devra, par les travaux à exécuter, recevoir une largeur de (*indiquer la largeur*), une profondeur de (*indiquer la profondeur*);

2° Que les époques de l'année auxquelles les travaux de repurgement pourront être le plus convenablement exécutés, soit en raison de la situation des eaux, soit en raison des travaux de la campagne, sont (*indiquer les époques*);

3° Que le système à adopter pour les travaux doit être préférablement (*indiquer les moyens que le conseil municipal croira les plus propres à assurer le bon état du cours d'eau*), les obstacles qui gênent le cours des eaux étant surtout (*signaler ces obstacles*).

Le conseil, ayant de plus examiné la question de savoir si les riverains proprement dits, ayant seuls intérêt aux travaux, devraient seuls aussi en supporter les charges,

A été d'avis: que les propriétaires des fonds situés en arrière doivent aussi trouver de grands avantages au bon état du cours d'eau; que, par conséquent, il sera juste de les comprendre dans ceux qui doivent contribuer aux frais, jusqu'à la distance de (*indiquer cette distance*);

Mais que tous n'ayant pas au repurgement le même dégré d'intérêt, ils pourraient être rangés en..... classes: la première comprenant les propriétaires de terrains situés à la distance de.....; la seconde, ceux situés entre cette première distance et celle de....., etc.

Ainsi délibéré les jours, mois et an que dessus.

(*Signatures.*)

N° 441.

Cours *d'eau non navigables ni flottables* (*Arrêté du maire pour le curage des*).

Nous, maire de la commune de.....

Vu la loi du 14 floréal an XI;

Vu l'article 11 de la loi du 18 juillet 1837;

Vu le règlement d'administration publique arrêté le....., pour le curage et l'entretien des petits cours d'eau de la commune,

Considérant que, l'époque à laquelle l'opération du curage doit être faite approchant, il importe de l'annoncer aux propriétaires intéressés et de leur rappeler leurs obligations à cet égard;

Avons arrêté ce qui suit:

Art. 1er. L'époque du curage des cours d'eau de la commune, l'étendue de l'opération et la dimension de leur lit, sont fixées comme il est indiqué au tableau qui suit:

DÉSIGNATION des COURS D'EAU.	ÉPOQUE DU CURAGE.	ÉTENDUE de L'OPÉRATION.	DIMENSION DU LIT	
			en largeur.	en profondeur.

2. Les propriétaires à la charge desquels le règlement d'administration

publique en vigueur dans la commune met les frais du curage de ces cours d'eau sont invités à faire exécuter les travaux dans les délais et conditions ci-dessus indiqués.

3. Le curage s'effectuera toujours en partant de la partie inférieure du cours d'eau.

4. Les propriétaires ou fermiers des moulins et usines sont tenus d'opérer à leurs frais le curage dans toute l'étendue du remous, et en aval jusqu'au point où le cours d'eau reprend son régime ordinaire.

5. Les riverains sont tenus de souffrir le jet et le dépôt momentané sur leurs berges des déblais du curage, et le passage des ouvriers employés au curage. Dans la partie où le cours d'eau suit un chemin, le dépôt sera effectué sur la rive opposée.

6. Les propriétaires qui, renonçant au droit qu'ils ont d'utiliser la vase et les déblais provenant du curage, voudront les sortir de leur propriété, devront les déposer dans l'endroit qui leur sera désigné par nous.

7. Immédiatement après le curage, les propriétaires riverains devront s'occuper de l'entretien des berges.

8. Il sera dressé procès-verbal contre les propriétaires qui n'auront pas fait opérer le curage aux époques fixées, ou ne l'auront fait qu'imparfaitement, et les travaux seront exécutés d'office, à leurs frais, par les soins de l'autorité municipale.

9. Les réclamations auxquelles pourront donner lieu les opérations du curage devront être adressées à M. le préfet pour être déférées au conseil de préfecture.

Art. 10. Les propriétaires intéressés à un cours d'eau qui désireront se constituer en syndicat, devront en faire immédiatement la déclaration à la mairie.

Fait à....., le..... 18...

Le maire.

N° 442.

Cours *d'eau (Procès verbal pour une contravention au règlement sur le curage des).*

L'an mil huit cent...., le...., nous, garde champêtre de la commune de...., dûment assermenté et revêtu de notre plaque, nous étant transporté le long de la rivière de...., nous avons remarqué et constaté que la rivière n'avait pas été curée vis-à-vis l'endroit où se trouve la propriété du sieur C. B...., qui s'est ainsi mis en contravention avec l'arrêté du maire en date du....: pourquoi et attendu ladite contravention, nous avons dressé le présent procès-verbal, pour être fait les poursuites nécessaires, et avons signé les jour, mois et an que dessus.

Suit *le procès-verbal d'affirmation.* Voy. Garde champêtre.

(Signature.)

N° 443.

Coutres *de charrue, autres instruments ou armes laissés dans les champs ou sur la voie publique (Procès-verbal pour).*

Aujourd'hui....., mil huit cent....., nous (*l'officier public*), passant par (*désigner l'endroit*), avons aperçu (*désigner l'arme, la machine ou l'instrument*) abandonné sur la voie publique. Nous avons aussitôt pris les informations nécessaires pour apprendre à qui appartenait cette arme, et ayant su que le sieur (*nom, prénoms, profession*) en était le propriétaire, nous nous sommes rendu près de lui, et sur notre interpellation, il nous a déclaré (*rapporter sa déclaration*). Sur quoi, et attendu que ledit sieur..... est en contravention à la loi, et qu'il y a lieu de le traduire au tribunal de simple police, à raison de ladite contravention, pour s'y voir condamner aux peines portées par les articles 471 et

472 du Code pénal (1), nous avons contre ledit sieur..... rédigé le présent procès-verbal, pour y être donné telles suites qu'il appartiendra.

(*Signature.*)

N° 444.

Couvertures *en chaume* (2) (*Arrêté concernant les*).

Nous, maire de la commune de....., vu les dispositions des articles 3 et 5 du titre XI de la loi du 16 août 1790;

L'article 9 du titre II de la loi du 28 septembre 1791; les articles 606 et 607 du Code du 3 brumaire an IV; l'article 161 du Code d'instruction criminelle, et l'arrêt rendu par la cour de cassation le 23 avril 1819;

Considérant qu'il est dans nos attributions de prévenir les accidents qui peuvent résulter de l'inobservation de certaines précautions, et en particulier d'empêcher les habitants de couvrir leurs habitations en chaume, ou en roseaux, ces matières étant trop facilement inflammables;

Que ce droit a été consacré en principe par l'arrêt de la cour de cassation cité plus haut, lequel a cassé un jugement du tribunal de police pour avoir renvoyé de l'action un individu qui avait, nonobstant les défenses à lui faites par le règlement municipal, couvert sa maison en roseaux,

Avons arrêté et arrêtons ce qui suit :

Art. 1er. Tout propriétaire de maisons ou bâtiments quelconques ne pourra dorénavant construire ou réparer ses couvertures en chaume, paille ou roseaux, et sera tenu de les couvrir en tuiles ou ardoises, à moins que les maisons ou bâtiments ne soient séparés par une distance d'au moins..... mètres de toute autre habitation.

2. Les procès-verbaux pour contraventions au présent seront dressés et les poursuites dirigées tant contre les propriétaires que contre les entrepreneurs et ouvriers qui auront participé aux constructions en chaume, contrairement à l'article précédent.

3. Le présent sera publié et affiché dans la commune.

Fait et arrêté à..... le.....18...

Le maire.

N° 445.

Couvertures *en chaume* (*Procès-verbal pour contravention à l'arrêté concernant les*).

L'an mil huit cent....., le....., nous, adjoint ou commissaire de police de la commune de....., informé que dans telle rue....., on couvrait un bâtiment en chaume, en contravention à un règlement municipal du....., nous sommes de suite transporté sur les lieux, accompagné de....., et ayant constaté le délit,

---

(1) « Seront punis d'amende, depuis 1 franc jusqu'à 5 francs inclusivement ceux qui auront laissé dans les rues, chemins, places, lieux publics, ou dans les champs, des coutres de charrue, pinces, barres, barreaux ou autres machines, ou instruments ou armes dont puissent abuser les voleurs ou autres malfaiteurs. » (*Code pénal, art.* 471, n° 7.)

« Seront, en outre, confisqués..... les coutres, les instruments et les armes mentionnés dans le n° 7 de l'article 471. » (*Id., art.* 472.)

« La peine d'emprisonnement contre toutes les personnes mentionnées en l'article 471, aura toujours lieu, en cas de récidive, pendant trois jours au plus. » (*Id., art.* 474.)

(2) Les maires peuvent, pour la sûreté publique, interdire les couvertures des bâtiments en paille, bardeaux et autres matières combustibles. Mais cette prohibition ne saurait être générale et absolue; elle ne peut s'appliquer qu'aux bâtiments situés dans l'enceinte des villes, bourgs ou villages, à ceux placés sur la voie publique ou qui ne seraient pas isolés.

nous avons fait appeler le sieur B....., propriétaire du bâtiment, et l'avons interpellé sur sa contravention; il nous a répondu ne pas avoir eu connaissance du règlement précité; et, nonobstant sa réponse, agissant conformément aux articles 138 du Code d'instruction criminelle, et 484 du Code pénal, nous avons déclaré audit sieur B..... que nous allions dresser procès-verbal contre lui. En foi de quoi nous avons dressé le présent pour valoir ce que de droit.

A..... le..... 18. .

(*Signature.*)

N° 446.

CRÈCHE (1) (*Statuts d'une Société de bienfaisance ayant pour but l'établissement d'une*).

Art. 1er. Une société de bienfaisance est établie dans la commune de..... entre les personnes charitables qui voudront bien concourir à fonder une crèche pour les petits enfants pauvres âgés de moins de deux ans, dont les mères travaillent hors de leur domicile et se conduisent bien.

2. La crèche sera dirigée par plusieurs dames charitables, dont une présidente, deux ou trois vice-présidentes et une trésorière; inspectée par des patronesses, dont le nombre est illimité, et visitée par deux ou trois médecins. Tous les fondateurs auront la faculté de l'inspecter aussi.

3. Les fondateurs ne contractent aucun engagement pécuniaire; ils donnent ce qu'ils veulent, et quand ils veulent. Toutes les dépenses de la crèche seront faites au comptant.

4. Les mères payeront une rétribution calculée de manière à couvrir autant que possible le salaire des berceuses. Le salaire des berceuses et la rétribution des mères sont fixés par le règlement, qui sera toujours affiché dans la crèche. La charité pourvoira aux autres frais.

5. La trésorière inscrit jour par jour, sur un registre, les recettes et les dépenses. Le secrétaire du comité des fondateurs est chargé du contrôle de la comptabilité.

6. Ce comité est composé d'un président honoraire, d'un président, d'un vice-président, d'un secrétaire et d'un vice-secrétaire. Les directrices et les médecins de la crèche en font partie de plein droit.

7. Il suffit de la présence de trois membres pour que la délibération du comité soit valable.

8. Les fondateurs sont convoqués en assemblée générale tous les trois mois.

9. Les délibérations de l'assemblée générale, ainsi que celles du comité, sont portées sur un registre et signées par le président, le secrétaire et la directrice trésorière.

10. Toutes réclamations doivent être adressées à mesdames les directrices, qui, au besoin, en réfèrent au comité.

11. En cas de cessation de fonctions de l'un de ses membres, le comité pourvoira provisoirement au remplacement, sauf approbation de l'assemblée générale.

12. Copie des statuts et du règlement sera envoyée à M. le préfet.

N° 447.

CRÈCHE. — *Règlement.*

Art. 1er. La crèche est ouverte depuis cinq heures et demie du matin jusqu'à huit heures et demie du soir. Elle est fermée le dimanche et les jours de fête.

(1) Les crèches sont des établissements créés par la charité, où, moyennant une faible rétribution, sont gardés les enfants encore au berceau des mères pauvres, travaillant hors de leur domicile et se conduisant bien. Les modèles de statuts et de règlements que nous donnons ici sont empruntés à un petit ouvrage sur les crèches, publié par M. Marbeau, à qui sont dues les deux premières crèches établies à Paris.

2. On n'y admet que les enfants au-dessous de deux ans, dont les mères sont pauvres, se conduisent bien et travaillent hors de leur domicile. Il faut en outre que l'enfant ne soit point malade, et qu'il ait été vacciné, ou qu'il le soit dans le plus bref délai.

L'acte de naissance et le certificat de vaccine sont déposés au secrétariat.

3. Chaque enfant est inscrit sur un registre le jour de son entrée. L'inscription énonce la date de sa naissance, la demeure et la profession des parents. Une case est réservée pour la sortie, une autre pour les observations. Dans cette dernière case, les médecins indiquent l'état sanitaire de l'enfant, à son entrée, pendant son séjour et à sa sortie.

4. La mère apporte son enfant emmaillotté proprement, vient exactement l'allaiter aux heures des repas, et le reprend chaque soir. Elle fournit le linge nécessaire pour la journée. Le linge est marqué du numéro de la case où on le place dans la lingerie. Ce numéro est le même que celui du berceau qu'occupe l'enfant.

5. L'enfant élevé au biberon doit recevoir de sa mère les mêmes soins. Quand l'enfant est sevré, la mère garnit son petit panier pour la journée.

6. La mère donne pour les berceuses vingt centimes par jour, et trente centimes seulement quand elle a deux enfants dans la crèche.

7. Les berceuses sont au choix et aux ordres de mesdames les directrices; elles doivent aux enfants tous leurs soins, comme s'ils étaient leurs propres enfants.

Elles se tiendront et tiendront les enfants et la crèche avec la plus grande propreté; maintiendront la température à quinze degrés centigrades, et laisseront agir sans cesse le ventilateur.

8. Tous les objets dont se compose le berceau demeureront exposés à l'air pendant la nuit. L'air de la crèche sera entièrement renouvelé tous les matins.

Le linge sali sera immédiatement passé à l'eau. La lingerie sera toujours aérée. La porte du côté de la crèche sera toujours fermée.

Il est défendu aux berceuses de laisser des personnes étrangères s'installer dans la crèche.

9. Leur salaire est fixé par le comité à 1 franc 25 centimes par jour, tout compris, et il leur est interdit de recevoir des mères aucun supplément, sous quelque forme que ce soit.

En cas de contravention, la berceuse est congédiée immédiatement et n'a droit à aucune indemnité.

10. La première berceuse répond du mobilier et des dégradations commises, sauf recours contre qui de droit. L'état du mobilier est reconnu par elle.

Le linge et tous les objets de la crèche sont marqués d'une croix †.

11. Mesdames les directrices, mesdames les inspectrices et MM. les médecins veilleront à ce qu'on donne aux enfants les soins et les aliments convenables à leur âge.

12. Un de MM. les médecins visite la crèche tous les jours, et consigne ses observations et prescriptions sur le registre d'inspection. Il y aura un second registre pour les visiteurs. Les médicaments sont fournis conformément au règlement du bureau de bienfaisance.

13. Toutes réclamations doivent être adressées à mesdames les directrices.

14. Le comité des fondateurs se réserve d'accorder, s'il y a lieu, des récompenses aux berceuses qui auront accompli leurs devoirs avec le plus de zèle et d'exactitude.

N° 448.

CULTE. — *Procès-verbal de plainte pour trouble apporté à l'exercice du culte* (1).

Aujourd'hui..... mil huit cent..... à..... heures du....., devant nous maire (adjoint *ou* commissaire de police) de la ville (*ou* commune) de....., s'est

---

(1) « Les troubles apportés publiquement à l'exercice d'un culte sont mis au rang des

présenté le sieur N..... demeurant à....., exerçant la profession de..... et remplissant en outre la charge de suisse (bedeau *ou* sacristain) dans l'église de....., lequel nous a dit :

(Rédiger la plainte, non dans les mêmes termes, s'ils sont incorrects, mais dans le sens exact et précis de la pensée du plaignant, et en ayant soin de désigner les témoins des faits dénoncés.)

Ledit sieur N..... ayant requis acte de sa plainte, nous avons rédigé, pour valoir ce que de droit, le présent procès-verbal, à la fin et sur chaque feuille duquel, le sieur N..... et nous, avons apposé notre signature après lecture faite.

(*Signatures.*)

N° 449.

CULTE. — *Autre procès-verbal, en cas d'arrestation du prévenu.*

Aujourd'hui..... mil huit cent..... à..... heures du....., devant nous, maire (adjoint *ou* commissaire de police) de la commune de..... a été amené par les sieurs A....., B....., C....., tous les trois domiciliés dans la présente commune, un particulier prévenu d'avoir troublé et interrompu l'exercice du culte dans l'église de....., en..... (Indiquer les faits qui ont motivé l'arrestation.)

Tous faits qui nous ont été attestés par lesdits sieurs A....., B..... et C ....., qui ont signé leur déposition.

(*Signatures.*)

Le prévenu, à l'interrogatoire duquel nous avons procédé immédiatement, a déclaré, sur nos interpellations, se nommer P....., être âgé de....., né à....., département de....., exercer la profession de..... et demeurer à..... Il nous a dit en outre..... (Rapporter les réponses et observations du prévenu.)

Les faits ci-dessus énoncés constituant un délit de police correctionnelle, prévu par l'article 261 (*ou* 262) du Code pénal (*ou* un crime prévu par l'article 263 du Code pénal), nous, maire (adjoint *ou* commissaire de police), avons fait conduire ledit P..... à la maison de dépôt, pour y être retenu sous la main de la justice en état de mandat d'amener, conformément à l'article 45 du Code d'instruction criminelle.

Et de tout ce que dessus nous avons dressé le présent procès-verbal, qui sera transmis au ministère public près le tribunal de l'arrondissement, pour y être donné telles suites que de droit.

Fait et clos à....., les jour, mois et an susdits.

(*Signature de l'officier de police.*)

---

délits punissables par voie de police correctionnelle. » (*Loi du* 19-22 *juillet* 1791.)

« Tout citoyen qui se permet des indécences dans les lieux consacrés à la religion doit être dénoncé et livré aux tribunaux. » (*Loi du* 19 *mars* 1793.)

« Ceux qui auront empêché, retardé ou interrompu les exercices du culte par des troubles ou désordres causés dans le temple ou autre lieu destiné ou servant actuellement à ces exercices, seront punis d'une amende de 16 francs à 300 francs, et d'un emprisonnement de six jours à trois mois. » (*Code pénal, art.* 261.)

« Toute personne qui aura, par paroles ou gestes, outragé les objets d'un culte dans les lieux destinés ou servant actuellement à son exercice, ou les ministres d'un culte dans leurs fonctions, sera puni d'une amende de 16 francs à 500 francs, et d'un emprisonnement de quinze jours à six mois. » (*Id., art.* 262.)

« Quiconque aura frappé le ministre d'un culte, dans ses fonctions, sera puni de la dégration civique. » (*Id., art.* 263.)

« L'action publique n'est pas subordonnée à la plainte du ministre outragé. » (*Arr. de cass. du* 14 *novembre* 1840.)

N° 450.

CULTE. — *Procès-verbal pour outrage envers un ministre du culte, dans l'exercice de ses fonctions.*

Aujourd'hui..... mil huit cent....., nous, maire (adjoint *ou* commissaire de police) de la ville d....., assistant à la procession de la Fête-Dieu pour veiller au maintien du bon ordre et assurer le libre exercice du culte, et nous trouvant dans la rue d....., avons remarqué le sieur N....., propriétaire, demeurant en cette ville, rue....., n°....., qui était dans une voiture attelée d'un cheval et se livrait à des gestes indécents vis-à-vis des personnes qui assistaient à la procession; nous l'avons vu plusieurs fois rompre les rangs de ces personnes en traversant la rue sans nécessité. M. l'abbé....., vicaire de la paroisse de..... s'étant approché de lui, l'a invité à se retirer ou du moins à se tenir à l'écart pendant le passage du Saint-Sacrement; mais le sieur N....., au lieu d'obtempérer à cette invitation faite en des termes mesurés, est entré dans une violente colère et a insulté grièvement M. l'abbé....., en l'apostrophant par ces mots : (Rapporter les insultes proférées.) Nous avons alors sommé, au nom de la loi, ledit N..... de cesser de troubler ainsi l'exercice du culte; il nous a répondu :.... (Consigner sa réponse.)

En conséquence, et attendu que les faits ci-dessus relatés constituent à la charge dudit N..... le délit prévu par les articles 261 et 262 du Code pénal, nous avons dressé le présent procès-verbal que nous allons transmettre immédiatement au ministère public près le tribunal de l'arrondissement, pour y être donné telles suites qu'il appartiendra.

Fait et clos à..... les jour mois et an susdits.

(Signature.)

N° 451.

CULTE. — *Procès-verbal constatant un outrage à la religion* (1).

Aujourd'hui..... mil huit cent..... à..... heures du....., nous, maire (adjoint *ou* commissaire de police) de la ville (*ou* commune) de..... passant en la rue..... de ladite ville, avons aperçu un individu autour duquel s'était formé un grand rassemblement; il pérorait au milieu de la foule, s'exprimant avec véhémence et s'emportant en invectives et en outrages, tant contre la religion que contre ses ministres; arrivé près de lui, nous avons entendu les propos suivants :..... (Rapporter les expressions outrageantes.) Près de lui se trouvaient les sieurs..... (indiquer les noms, prénoms, professions et domiciles des témoins), et d'autres personnes au nombre de..... environ.

Ce que nous avons entendu des discours du prévenu nous ayant paru constituer un outrage à la morale publique et religieuse, délit prévu et puni par l'article 8 de la loi du 17 mai 1819, nous nous sommes saisi de sa personne, et assisté des témoins ci-dessus nommés, nous l'avons conduit à l'hôtel de ville (*ou* au bureau de police), où étant, et sur nos interpellations, il a déclaré se nommer N....., être âgé de..... ans, exercer la profession de..... et demeurer à.....

Deux gendarmes de la brigade de....., requis par nous, étant arrivés, nous leur avons remis ledit N..... prévenu, avec ordre de le conduire à la maison de

(1) « Tout outrage à la morale publique et religieuse ou aux bonnes mœurs, par des discours, des cris, des menaces proférés dans les lieux ou réunions publics, est interdit, sous peine d'un emprisonnement d'un mois à un an, et d'une amende de 16 francs à 500 francs. » (*Loi du 17 mai 1819, art. 8*.)

dépôt, pour y être détenu sous les mains de la justice, conformément à l'article 45 du Code d'instruction criminelle.

Et de tout ce que dessus nous avons dressé le présent procès-verbal, que nous avons signé avec les témoins ci-dessus nommés, après lecture.

Fait et clos à....., les jour, mois et an susdits.

(*Signatures.*)

N° 452.

CURÉS *et desservants* (*Procès-verbal à dresser par le bureau de la fabrique pour constater les prises de possession ou installation des*) (1).

Aujourd'hui....., devant nous soussignés, membres du bureau des marguilliers de la paroisse d....., convoqués extraordinairement et réunis en séance, s'est présenté M. l'abbé N....., qui, après nous avoir annoncé sa nomination à la cure (*ou* succursale) d....., nous a exhibé sa commission, signée par Monseigneur l'évêque du diocèse d....., et scellée du sceau de l'évêché. (S'il s'agit d'une cure de première ou de seconde classe, on ajoutera : M. l'abbé N..... nous a aussi présenté l'ampliation de l'acte du Gouvernement en date du..... qui l'agrée en cette qualité.) Ayant reconnu que cette nomination est revêtue de toutes les formalités requises et que dès lors M. l'abbé N..... est légitimement envoyé pour exercer les fonctions ecclésiastiques dans cette paroisse, nous avons dressé le présent procès-verbal de prise de possession, et lui en avons délivré deux expéditions pour être transmises, l'une à Mgr. l'évêque de....., l'autre à M. le préfet du département.

(*Signature de l'ecclésiastique.*) (*Signatures des marguilliers.*)

N° 453.

DÉCÈS. — *Etat des actes de décès, à remettre par le maire au receveur de l'enregistrement, à l'expiration de chaque trimestre, en exécution de l'article* 55 *de la loi du* 22 *frimaire an VII.* (2).

Noms et prénoms des décédés.	Leur profession.	Leur âge.	Lieu de leur domicile	Dates des décès.	Indication de la commune où est né le décédé.	Son état de célibataire, veuf ou marié	Noms des père et mère du décédé, avec mention si l'un ou tous les deux sont décédés.	Nom et prénoms du survivant des époux, si le décédé était marié.	Noms, demeures et degré de parenté des héritiers.	Observations dans lesquelles on mentionnera si le décédé a laissé des biens meubles et immeubles.

(1) « Les curés et desservants jouissent du traitement attaché à leur titre, à dater du jour de leur prise de possession, constatée par le bureau des marguilliers. » (*Ord. du* 13 *mars* 1832, *art.* 1 *et* 2.)

« Expédition de chaque procès-verbal de prise de possession est aussitôt adressée à l'évêque diocésain et au préfet du département, pour servir à la formation des états de payement. » (*Id., art.* 3.)

(2) Les relevés des actes de décès seront transcrits à la suite l'un de l'autre dans l'ordre de leur date, à un intervalle de 28 millimètres entre chaque article.

N° 454.

DÉCORATION. — *Procès-verbal constatant le port illégal d'une décoration* (1).

Aujourd'hui..... mil huit cent..... nous..... commissaire de police de la ville de....., faisant une tournée dans ladite ville pour veiller au maintien de l'ordre et de la tranquillité publique, avons remarqué dans la rue un individu mal vêtu, portant à la boutonnière de sa redingote le ruban de la Légion d'honneur, et qui s'est successivement introduit chez plusieurs habitants pour y solliciter des secours. Après nous être assuré, par les renseignements par nous pris, de ce fait de mendicité avec introduction dans les maisons, nous nous sommes approché de cet individu alors qu'il sortait de chez le sieur R..... et l'avons invité à nous exhiber son passe-port, ce qu'il a fait à l'instant. La lecture de cette pièce nous a fait connaître que l'individu dont il s'agit se nomme P..... L....., ouvrier ébéniste, demeurant à..... Lui ayant demandé s'il avait le droit de porter le ruban de la Légion d'honneur, dont il était décoré, il nous a répondu que non, mais qu'il l'avait pris pour se procurer de plus abondantes aumônes, en se présentant dans les maisons comme ancien militaire décoré qui avait besoin de secours pour se rendre dans ses foyers.

En conséquence, et attendu que les faits ci-dessus relatés constituent, à la charge dudit L....., présomption des délits prévus et punis par les art. 259 et 276 du Code pénal, avons déclaré au prévenu que nous dresserions contre lui le présent procès-verbal qui sera adressé à M. le procureur impérial pour recevoir telles suites qu'il appartiendra.

Fait et clos à....., les jours, mois et an que dessus.

(*Signature.*)

N° 455.

DÉFRICHEMENT (2) (*Déclaration d'un propriétaire qui veut faire opérer un*).

Je, soussigné, Louis T..... habitant à..... déclare être dans l'intention de défricher une partie de bois taillis, ma propriété, située commune d....., canton d..... arrondissement d....., département d....., lequel, de la contenance de..... ares, situé en plaine et entouré de toutes parts de terres cultivées, est d'un produit presque nul, n'étant peuplé que d..... (*désigner la nature des bois*).

Je déclare en outre que le défrichement dont je demande l'autorisation ne saurait nuire en aucune manière au sol forestier.

Fait à....., le..... 18...

(*Signature.*)

---

(1) « Toute personne qui aura publiquement porté un costume ou une décoration qui ne lui appartiendra pas, sera punie d'un emprisonnement de six mois à deux ans. » (*Code pénal, art.* 259.)

L'article 259 du Code pénal, qui punit le port illégal d'une décoration, ne fait pas de distinction entre les ordres français et les ordres étrangers.

« Un Français ne peut ni porter en France ni même recevoir une décoration étrangère sans l'autorisation de l'empereur. Le prévenu de port illégal d'une décoration étrangère ne peut être excusé sous prétexte qu'il a réellement reçu cette distinction d'un souverain étranger, s'il ne justifie en même temps d'une autorisation qui lui a permis d'accepter la décoration. » (*Code pénal, art.* 259; *Décret du* 26 *août* 1811; *Ordonnances des* 26 *mars* 1816 *et* 16 *avril* 1824; *Arrêt de Cass. du* 15 *décembre* 1838.)

(2) D'après les dispositions du Code forestier, art. 219 à 225, prorogées jusqu'au 3 juillet 1856 par la loi du 7 juin 1853, aucun particulier ne peut arracher ni défricher ses bois qu'après en avoir fait préalablement la déclaration à la sous-préfecture, au moins six mois d'avance, durant lesquels l'administration pourra faire signifier au propriétaire son opposition au défrichement.

Cette déclaration, après son inscription au registre de la commune, est transmise en double expédition, par le maire au sous-préfet, qui, après l'avoir envoyée au visa de l'agent forestier, fait parvenir l'un des doubles à l'autorité locale, avec invitation de le remettre au déclarant.

N° 456.

DÉFRICHEMENT. — *Procès-verbal pour cause de défrichement sans autorisation.*

Aujourd'hui..... mil huit cent....., nous, garde champêtre de la commune d....., revêtu de nos insignes, traversant la forêt d... . bornée au (*désigner les points cardinaux par des propriétés*), appartenant au sieur G....., avons aperçu ledit sieur G..... travaillant à déraciner, au moyen d'une pioche, plusieurs plants d'arbres, essence d....., dont quelques uns étaient déjà entièrement renversés, et qui pouvaient représenter environ..... charretées ou charges de bois; le tout sur une surface de..... ares, dépendante de ladite forêt. Après nous être fait connaître et avoir dit au sieur G..... qu'il était en contravention en défrichant sans autorisation et usurpant une partie de forêt dans le but d'agrandir sa propriété, il nous a répondu : (*Transcrire ici la réponse*). Mais ce délit n'étant pas de nature à être excusé, nous avons signifié au délinquant que nous saisissions les bois et l'établissions séquestre, à la charge par lui d'en répondre et de n'en disposer que par mandement de justice: et l'avons engagé à nous accompagner, pour prendre connaissance du procès-verbal que nous allions rédiger contre lui et le signer, ce à quoi il s'est refusé.

De tout ce que dessus avons dressé le présent procès-verbal, pour servir et valoir ce que de raison.

Fait à....., les jour, mois et an que dessus. (*Signatures.*)

Suit *le procès-verbal d'affirmation*. Voy. GARDE CHAMPÊTRE.

N° 457.

DÉFRICHEMENT. — *Procès-verbal pour défrichement par écobuage.*

Aujourd'hui..... mil huit cent..... nous soussigné, Louis H....., garde forestier communal, résidant à....., assermenté conformément à la loi, étant en tournée dans la forêt de....., avons trouvé au canton d....., implanté en bois de..... (*indiquer les essences*), le sieur C....., habitant à..... qui avait déjà coupé..... arbres, essence de....., et de la dimension de....., à un mètre près de terre, et les avait entourés de bois et gazons, à l'effet de les détruire jusqu'aux racines en y mettant le feu, et dont (*indiquer le nombre*) étaient déjà à moitié consumés. Ayant reconnu en outre que les bois et branchages servant à cet usage provenaient de l'émondage des mêmes arbres, et que les gazons avaient été levés dans la forêt, sur une étendue d..... mètres, l'avons sommé de nous faire connaître s'il était autorisé au défrichement dont il s'agit, et aussi à brûler partie des bois en provenant; lui faisant observer qu'aux termes de l'ordonnance de 1669, titre XXIV, article 32, et de la loi du 28 septembre 1791, titre II, article 10, il était expressément défendu d'allumer du feu dans les forêts.

A quoi le sieur C..... a répondu : (*Transcrire sa réponse.*)

Mais ne pouvant admettre aucune excuse, nous l'avons sommé, de par la loi, d'éteindre de suite les feux allumés (*désigner le nombre*), à quoi il s'est refusé, persistant dans ses moyens d'opposition.

De tout ce que dessus lui avons déclaré procès-verbal, l'invitant à nous suivre pour assister à sa rédaction et le signer, à quoi il a obtempéré *ou* s'est refusé.

Fait à....., les jour, mois et an que dessus.

(*Signature*).

Suit *le procès-verbal d'affirmation*. Voy. GARDE CHAMPÊTRE.

N° 438.

Dégats *ou dommages dont la réparation est demandée* (*Procès-verbal pour*).
(*Timbre et enregistré.*)

L'an mil huit cent....., le....., par-devant nous, maire (*ou* adjoint) de la commune de....., s'est présenté le sieur O....., demeurant rue de....., n°....., et y tenant boutique de.....

Lequel nous a dit et déclaré qu'à l'instant une partie de la devanture de sa boutique vient d'être fortement endommagée par une voiture (*détailler les circonstances de l'accident*); que le comparant a arrêté la voiture, mais que le propriétaire *ou* conducteur se refuse à payer le dégât; pourquoi il requiert notre transport sur les lieux à l'effet de constater les faits. Ledit sieur O..... a requis acte de sa déclaration et a signé.

Sur quoi nous, maire (*ou* adjoint) avons donné acte audit sieur de sa déclaration et réquisition, et y faisant droit, nous sommes transporté avec lui en son domicile, où nous avons remarqué et constaté que (*préciser les dégâts*); lesquels dommages ledit sieur estime à la somme de....., et nous a dit avoir été faits par la voiture que nous voyions arrêtée devant sa porte.

Et à l'instant s'est présenté le sieur H....., marchand forain, habitant cette ville, rue....., n°....., propriétaire et conducteur de ladite voiture, lequel nous a déclaré qu'il se refusait au payement desdits dégâts.

Nous avons alors procédé à l'interrogatoire des sieurs A.... et M....., tous deux témoins de l'accident (*transcrire la déclaration des deux témoins*).

N'ayant pu parvenir à concilier les parties, nous avons fait évaluer le montant des réparations dudit dommage par les sieurs G....., menuisier en bâtiments demeurant rue....., n°....., et S....., maître maçon, demeurant rue....., n°.....; le premier choisi pour expert par le sieur O....., plaignant; le second, choisi pour expert par le sieur H....., auteur du dommage (*ou* mandé par nous d'office, sur le refus qu'a fait le sieur H..... de nommer un expert de son côté); lesquels experts, après avoir prêté en nos mains le serment de procéder et nous faire leur rapport en leur honneur et conscience, et avoir examiné l'état des choses, nous ont unanimement dit et déclaré (*détail du rapport des experts*), et qu'ils estiment la réparation totale du dommage à la somme de....., pour laquelle somme ils se chargeraient de la réparation; ont requis salaire que nous avons fixé à la somme de.....

Nous avons fait observer audit H....., auteur du dégât, qu'aux termes des articles 1382 et 1383 (1) du Code Napoléon, tout dommage fait à autrui doit être réparé par celui qui en est l'auteur, même par sa seule imprudence ou négligence; qu'en conséquence et attendu (*indiquer que des précautions auraient pu prévenir l'accident*), nous estimons qu'il est passible de la réparation du dommage dont il s'agit, sauf à lui à en déposer la valeur, au dire des experts, jusqu'à ce qu'il en ait été autrement ordonné par justice.

Et ledit sieur H..... persistant dans son refus de payer lesdites réparations, pour les motifs par lui ci-dessus énoncés, nous l'avons prévenu qu'il sera cité devant le tribunal de police municipale pour s'y voir condamner aux peines portées par les lois.

Attendu que ledit sieur présente une solvabilité suffisante, l'avons autorisé, du consentement du sieur O....., à emmener sa voiture, sous sa promesse de se représenter à la première réquisition, et sous la réserve expresse de tous les droits et actions dudit O.....

Ou : Sur quoi et attendu que ledit sieur H..... ne présente point de solvabilité suffisante, avons, sur les réquisitions dudit sieur O....., et pour la conservation de ses droits, fait conduire la voiture en fourrière chez le sieur W.....,

(1) « Tout fait quelconque de l'homme qui cause à autrui un dommage, oblige celui par la faute duquel il est arrivé à le réparer. — Chacun est responsable du dommage qu'il a causé, non-seulement par son fait, mais encore par sa négligence ou par son imprudence. » (*Code Napoléon, art.* 1382 *et* 1383.)

aubergiste en cette ville, rue....., n°....., pour y rester déposée jusqu'à ce que justice en ait autrement ordonné.

De tout ce que dessus avons rédigé le présent procès-verbal, et en ayant donné lecture aux sieurs G..... et S....., ils ont déclaré y reconnaître la vérité, chacun en ce qui le concerne; en a été requis acte par le sieur O......, qui lui a été délivré, et ont signé avec nous lesdits.....

Fait à....., les jour, mois et an que dessus. *(Signatures.)*

N° 459.

Dégradations *à un monument public* (1) *(Procès-verbal pour).*

L'an mil huit cent...., le...., à..... heure d....., nous, maire (adjoint au maire *ou* commissaire de police) de la commune de....., nous trouvant sur la place de....., avons aperçu un individu qui dégradait le monument qui décore cette place. Nous étant approché de l'individu, l'avons interrogé sur les motifs qui le portaient à se rendre coupable d'une action répréhensible et sévèrement punie par les lois; à quoi ayant refusé de répondre, nous l'avons sommé de nous faire connaître ses nom, prénoms, profession et demeure. Il a déclaré se nommer Louis T..., profession de....., demeurant à.....; sur quoi, et attendu qu'il s'agit d'un délit prévu par les lois du 14 fructidor an II (31 août 1794) et 8 brumaire an III, (29 octobre 1794), et par l'article 257 du Code pénal, nous avons fait conduire ledit Louis T..... à la maison de dépôt pour y être mis sous la main de la justice, en état de mandat d'amener, conformément à l'article 45 du Code d'instruction criminelle; avons en outre opéré la saisie des outils dont faisait usage le délinquant, lesquels consistent en....., et avons joint lesdits objets à notre procès-verbal, pour être remis à M. le procureur impérial.

Fait à....., les jour, mois et an que dessus. *(Signature.)*

N° 460.

Dégradations *à un bâtiment. — Procès-verbal dressé sur la plainte d'un particulier.*

(Sur papier timbré.)

L'an mil huit cent....., le....., à....., heure de...., devant nous....., maire (*ou* adjoint) de la commune d....., s'est présenté le sieur Louis D....., (*profession et demeure*), lequel nous a déclaré que des dégradations ont été faites à sa maison, rue....., n°....., par le sieur C...... son voisin, lesquelles dégradations consistent en..... (*détail de tous les faits, indication des témoins qui en ont connaissance*).

Desquels faits le comparant a cru devoir nous faire la présente déclaration, et attendu qu'il se réserve de se pourvoir contre le sieur C..... en réparations, dommages et intérêts, ainsi qu'il avisera, requiert que nous nous transportions sur les lieux, assisté de gens de l'art à ce connaissant, pour constater l'état des choses; nous déclarant ledit sieur D..... qu'il nomme pour son expert le sieur E..... (*profession et demeure de l'expert*), pour, avec celui nommé par le sieur C....., ou par nous nommé d'office pour lui, en cas d'absence, être fait visite contradictoire, et estimation des réparations à faire.

Lecture faite de ce que dessus audit sieur D....., il en a affirmé l'exactitude, y a persisté, en a requis acte que nous lui avons délivré, et a signé avec nous.

(1) « Quiconque aura détruit, abattu, mutilé ou dégradé des monuments, statues et autres objets destinés à l'utilité ou à la décoration publique, et élevés par l'autorité publique ou avec son autorisation, sera puni d'un emprisonnement d'un mois à deux ans, et d'une amende de 100 francs à 500 francs. » (*Code pénal, art.* 257.)

Sur quoi nous, maire *ou* adjoint d....., avons indiqué le jour d..... (*le plus bref délai*), pour être procédé à la visite dont il s'agit, en présence dudit sieur D....., qui est tenu de s'y trouver avec son expert, et à laquelle sera dûment appelé le sieur C.. .., à la requête dudit sieur D....., avec sommation de s'y trouver présent, et déclaration qu'il sera passé outre, tant en absence qu'en présence; de laquelle sommation il nous sera justifié en original; et avons, ainsi que le sieur D....., signé au présent.

Fait à....., le..... 18...

(*Signatures.*)

N° 461.

Dégradations *à un bâtiment. — Procès-verbal de descente sur les lieux.*

L'an mil huit cent...., le...., nous, maire *ou* adjoint de la commune d...., par suite de notre procès-verbal du..... (*voyez le modèle précédent*), nous sommes transporté dans la maison sise rue....., n°....., où nous avons trouvé le sieur D....., dénommé et qualifié audit procès-verbal, avec le sieur E....., son expert; et par le sieur D..... nous a été représenté l'original dûment enregistré de la sommation qu'il a fait faire au sieur C....., conformément à notre susdit procès-verbal du....., de se trouver en la maison où nous sommes, cejourd'hui, heure présente.

Après avoir attendu jusqu'à..... (*deux heures après celle indiquée par la sommation*) sans que ledit sieur C..... se soit présenté ni personne pour lui, avons donné défaut contre lui, et de suite avons nommé d'office, pour son expert, le sieur G..... (*profession et demeure*), que nous avons fait appeler et qui s'est rendu près de nous.

Les experts susnommés, s'étant réunis et ayant prêté en nos mains le serment prescrit par la loi, de procéder et de nous faire leur rapport en leur honneur et conscience, ont examiné....., et nous ont fait ce rapport, en conséquence duquel ils sont unanimement d'avis qu'il y a lieu, de la part du sieur C....., à payer au sieur D..... une indemnité de la somme de.....; et ont signé après lecture faite.

Ou : Ledit sieur C..... s'étant présenté, il nous a dit qu'il a choisi et nommé pour son expert le sieur H..... ici présent (*profession et demeure*).

Lesdits sieurs E..... et H....., experts susnommés, s'étant réunis, et après avoir prêté en nos mains le serment prescrit par la loi, ont examiné....., et nous ont fait le rapport que.....; en conséquence, ils sont unanimement d'avis qu'il y a lieu de la part du sieur C..... à payer au sieur D..... une indemnité de la somme de....., et ont signé.

(*Recevoir ensuite les observations, dires et réserves des parties intéressées sur le rapport des experts, etc., leur en donner acte, et les leur faire signer.*)

De tout ce que dessus avons rédigé le présent procès-verbal, auquel il a été vaqué jusqu'à..... heure d....., par.... vacation. Après lecture faite auxdits sieurs D..... et C....., ils ont déclaré y reconnaître vérité, chacun en ce qui le concerne : en a été requis acte par ledit sieur D....., que nous lui avons délivré. Et ont lesdits sieurs susnommés, signé avec nous.

Et attendu que le fait dont il s'agit est prévu par l'article 437 du Code pénal (1), disons qu'il y a lieu à poursuivre pour la vindicte publique par voie de police correctionnelle *ou* criminelle (*suivant la nature du fait*); et avons signé.

Fait à....., le..... 18...

(*Signature.*)

---

(1) « Quiconque aura volontairement détruit ou renversé, par quelque moyen que ce soit, en tout ou en partie, des édifices, des ponts, digues ou chaussées, ou autres constructions qu'il savait appartenir à autrui, sera puni de la reclusion, et d'une amende qui ne pourra excéder le quart des restitutions ou indemnités, ni être au-dessous de 100 francs. S'il y a eu homicide ou blessures, le coupable sera, dans le premier cas, puni de mort, et dans le second, puni de la peine des travaux forcés à temps. » (*Code pénal, art.* 437.)

« Seront punis d'amende, depuis 6 francs jusqu'à 10 francs inclusivement..... — Ceux qui auraient jeté des pierres ou d'autres corps durs, ou des immondices contre les maisons, édifices et clôtures d'autrui, ou dans les jardins ou enclos..... » (*Id., art.* 475, *n°* 8.)

N° 462.

DÉLIBÉRATIONS *du conseil municipal. — Billet de convocation pour les sessions ordinaires* (1).

MAIRIE D.....

M....., membre du conseil municipal, est prié d'assister à la séance de ce conseil, qui aura lieu le..... (*indiquer le jour et l'heure*), pour l'ouverture de la session ordinaire d.....

A. ..., le....., 18... *Le maire.*

(*Sceau de la mairie.*)

N° 463.

DÉLIBÉRATIONS *du conseil municipal. — Demande d'autorisation pour réunir le conseil en session extraordinaire* (2).

Monsieur le sous-préfet,

Je désirerais proposer (*ou* soumettre) au conseil municipal (*(indiquer ici l'objet*). La session ordinaire de..... étant trop éloignée et ayant besoin d'avoir de suite l'avis du conseil, je vous prie de vouloir bien m'autoriser à le réunir extraordinairement pour cet objet.

Veuillez agréer, monsieur le sous-préfet, l'hommage de ma haute considération.

Le maire de.....

N° 464.

DÉLIBÉRATIONS *du conseil municipal. — Billet de convocation pour une session extraordinaire* (3).

MAIRIE D.....

D'après l'autorisation (*ou* sur l'invitation) de M. le sous-préfet, le conseil municipal se réunira en session extraordinaire pour (*indiquer l'objet*).

M....., membre du conseil, est prié d'assister à cette réunion, qui aura lieu e..... (*indiquer le jour et l'heure*).

A..... le..... 18...

Le maire.

(*Sceau de la mairie.*)

---

(1) « La convocation se fait par écrit et à domicile. Quand le conseil municipal se réunit en session ordinaire, la convocation se fait trois jours au moins avant celui de la réunion. » (*Loi du 5 mai 1855, art.* 16.)

(2) « Le préfet ou le sous-préfet prescrit la convocation extraordinaire du conseil municipal, ou l'autorise sur la demande du maire toutes les fois que les intérêts de la commune l'exigent. » (*Id., art.* 15.)

(3) « Quand le conseil municipal est convoqué extraordinairement, la convocation se fait cinq jours au moins avant celui de la réunion. Elle contient l'indication des objets spéciaux et déterminés pour lesquels le conseil doit s'assembler. » (*Id., art.* 16.)

DÉL 355

N° 465.

DÉLIBÉRATIONS *du conseil municipal. — Procès-verbal d'une session ordinaire* (1).

L'an mil huit cent..... le... à..... heures du..... le conseil municipal de la commune d..... assemblé au lieu ordinaire de ses séances, sous la présidence de M....., maire *ou* adjoint, pour la tenue de la session ordinaire d..... et ensuite de la convocation faite par M. le maire le.....

Présents : MM.....

Absents : MM.....

Les conseillers présents formant la majorité des membres en exercice (2), il a été, conformément à l'art. 19 de la loi du 5 mai 1855, procédé immédiatement après l'ouverture de la session, à la nomination d'un secrétaire pris dans le sein du conseil. M..... ayant obtenu, au scrutin, la majorité des suffrages, a été désigné pour remplir ces fonctions qu'il a acceptées.

M. le maire a dit. ... *ou* a exposé..... (*Indiquer ici séparément les objets soumis à la délibération du conseil, et exprimer l'avis ou le vœu motivé qu'il a émis sur chacun d'eux.*)

Toutes les matières à soumettre à la délibération du conseil étant épuisées, le procès-verbal a été clos et signé par les membres présents, après lecture faite.

(*Signatures.*)

Lorsque les travaux de la session ne peuvent être terminés le même jour, le procès-verbal est arrêté, à la fin de chaque séance, ainsi qu'il suit :

M. le président ayant levé la séance, et fixé au jour suivant....., à..... heures du....., la 2e réunion du conseil pour continuation de la session, le procès-verbal a été arrêté et signé, par les membres présents, après lecture faite.

(*Signatures.*)

Le secrétaire ouvre le procès-verbal de la nouvelle séance de la manière suivante :

Et le..... à..... heures du....., le conseil municipal réuni de nouveau sous la présidence de M. le maire,

Présents : MM.....

Absents : MM.....

M. le maire a exposé, etc.

N° 466.

DÉLIBÉRATIONS *du conseil municipal. — Procès-verbal d'une session extraordinaire* (3).

L'an mil huit cent....., le..... le conseil municipal de la commune de.....,

---

(1) « Les conseils municipaux s'assemblent, en session ordinaire, quatre fois l'année : au commencement de février, mai, août et novembre. Chaque session peut durer dix jours. (*Loi du 5 mai 1855, art. 15.*)

« Dans les sessions ordinaires le conseil peut s'occuper de toutes les matières qui rentrent dans ses attributions. » (*Id., art. 16.*)

(2) « Le conseil municipal ne peut délibérer que lorsque la majorité des membres en exercice assiste à la séance. Lorsque, après deux convocations successives, à huit jours d'intervalle, et dûment constatées, les membres du conseil municipal ne se sont pas réunis en nombre suffisant, la délibération prise après la troisième convocation est valable, quel que soit le nombre des membres présents. » (*Id., art. 17.*)

(3) « Le préfet ou le sous-préfet prescrit la convocation extraordinaire du conseil mu-

convoqué extraordinairement en vertu de l'autorisation de M. le préfet (*ou* sous-préfet) en date du .... à l'effet de délibérer sur....., et réuni à la maison commune en la salle de ses séances, sous la présidence de M. le maire (*ou* de M..... adjoint);

Présents: MM..... formant la majorité des membres en exercice;

Absents : MM.....;

Il a été, en conformité de l'article 19 de la loi du 5 mai 1855, procédé immédiatement à l'élection au scrutin d'un secrétaire pris dans le sein du conseil. M.... ayant obtenu la majorité des suffrages, a été désigné pour remplir ces fonctions qu'il a acceptées.

M. le président a ouvert la séance et a dit *ou* a exposé, etc. (*Indiquer l'objet mis en délibération, et exprimer l'avis ou la décision motivée du conseil.*)

Lecture faite du présent procès-verbal, les membres présents l'ont signé, et M. le président a levé la séance.

Fait et délibéré à..... les jour, mois et an que dessus.

(*Signatures.*)

N° 467.

DÉLIBÉRATIONS *du conseil municipal. — Procès-verbal en cas où le vote au scrutin secret est demandé* (1).

L'an mil huit cent. ..., le..... le conseil municipal réuni, etc. (Voy. *les modèles précédents, nos 465 et 466.*)

M. le maire, après avoir ouvert la séance, a exposé..... et a proposé en conséquence au conseil de délibérer.....

La proposition de M. le maire ayant été mise en délibération, MM..... (*noms des trois membres qui demandent le scrutin secret*) ont demandé qu'il soit voté au scrutin secret, conformément au paragraphe 3 de l'article 18 de la loi du 5 mai 1855.

M. le maire, faisant droit à cette demande, a fait déposer sur le bureau la boîte destinée au scrutin, a fait voir qu'elle était complétement vide, et a invité les conseillers présents à exprimer leur vote en écrivant sur un des bulletins blancs préparés à cet effet, le mot *pour* en cas d'adoption de la proposition, et le mot *contre* en cas de rejet.

Les bulletins de vote ayant été remis fermés à M. le maire, et déposés au fur et à mesure dans la boîte du scrutin, et M. le maire ainsi que M. le secrétaire ayant eux-mêmes voté de la même manière, la boîte du scrutin a été ouverte, le nombre des bulletins s'est trouvé au nombre de..... égal à celui des votants; et le dépouillement fait par M. le maire a donné pour l'adoption de la proposition..... suffrages; —pour le rejet..... suffrages.

En conséquence, M. le maire a déclaré que la proposition était adoptée *ou* rejetée.

---

nicipal, ou l'autorise sur la demande du maire, toutes les fois que les intérêts de la commune l'exigent. — La convocation peut également avoir lieu pour un objet spécial et déterminé, sur la demande du tiers des membres du conseil municipal, adressée directement au préfet qui ne peut la refuser que par un arrêté motivé. Cet arrêté est notifié aux réclamants qui peuvent se pourvoir devant le ministre de l'intérieur.» (*Loi du 5 mai 1855 art. 15.*)

« En cas de réunion extraordinaire, le conseil ne peut s'occuper que des objets pour lesquels il a été spécialement convoqué.» (*Id., art. 16.*)

(1) Il est voté au scrutin secret toutes les fois que trois des membres présents le réclament. (*Loi du 5 mai 1855, art. 18.*)

DÉL 357

En cas de partage des voix, on terminera ainsi :

Le nombre des suffrages exprimés étant égal pour et contre la proposition, mais la voix du président étant prépondérante (1), M. le maire a déclaré, etc.

Fait et délibéré à..... les jour, mois et an que dessus.

(*Signatures.*)

N° 468.

DÉLIBÉRATIONS *du conseil municipal. — Procès-verbal en cas de renvoi, devant le préfet, d'une difficulté élevée dans le conseil municipal.*

L'an mil huit cent....., le. ... le conseil municipal réuni, etc. (Voy. les nos 465 et 466.)

M. le maire a représenté que la réunion du conseil a pour objet : (*Indiquer l'objet.*)

Une discussion à laquelle ont pris part MM..... s'étant élevée dans le conseil, sur..... (*indiquer la cause*), le conseil, à la majorité de..... voix, a arrêté que préalablement la question serait soumise à M. le préfet et que la délibération serait ajournée jusqu'après la decision de ce magistrat.

Fait à..... les jour, mois et an que dessus.

(*Signatures.*)

N° 469.

DÉLIBÉRATIONS *du conseil municipal* (*Registre des*) (2).

Le présent registre, destiné à l'inscription des délibérations du conseil municipal de la commune de....., contient..... feuillets, cotés et parafés par nous, sous-préfet de.....

A..... le..... 18...   *Le sous-préfet.*

N° D'ORDRE, DATE ET OBJET des délibérations.	TEXTE DES DÉLIBÉRATIONS.

N° 470.

DÉLIBÉRATIONS *du conseil municipal* (*Extrait du registre des*) (3).

Session ordinaire d..... (*ou bien* : SÉANCE EXTRAORDINAIRE AUTORISÉE PAR M. LE PRÉFET OU SOUS-PRÉFET D..... LE.....)

L'an mil huit cent....., le....., à..... heures d....., le conseil municipal

(1) « Le maire préside le conseil municipal et a voix prépondérante en cas de partage. — Les mêmes droits appartiennent à l'adjoint qui le remplace. » (*Loi du 5 mai 1855, art. 19.*)

(2) « Les délibérations sont inscrites, par ordre de date, sur un registre coté et parafé par le sous-préfet. » (*Loi du 5 mai 1855, art. 22.*)

(3) Les expéditions des délibérations sont certifiées par le maire et adressées au sous-préfet, qui les transmet au préfet.

Le procès-verbal d'une séance peut comprendre plusieurs délibérations. On doit transcrire, séparément, la délibération prise pour chaque objet, en reproduisant, pour

réuni au lieu ordinaire de ses séances sous la présidence de M....., maire ou adjoint,

Présents : MM.....

Absents : MM.....

(Copier ici l'exposé du maire et la délibération du conseil, tels qu'ils résultent du procès-verbal de la session ou de la séance.)

Ont signé au registre MM.....

Pour expédition conforme :

(Sceau de la mairie.) *Le maire de la commune de.....*

N° 471.

Déménagement *furtif* (*Procès-verbal à l'occasion d'un*).

(Sur papier timbré et enregistré.)

L'an mil huit cent....., le... . par-devant nous, maire (*ou* adjoint *ou* commissaire de police) de la commune de..... est comparu le sieur N....., propriétaire, demeurant à....., lequel nous a déclaré que le sieur S.... qui tient de lui à loyer un appartement dans sa maison, sise rue..... n°..... et pour la jouissance duquel il est débiteur de..... termes de loyer, échus au..... et montant ensemble à....., a quitté furtivement cette nuit ledit appartement, après en avoir enlevé les meubles, et en a emporté les clefs.

Ledit sieur N....., nous a invité à nous transporter avec lui dans ledit appartement, pour constater l'état dans lequel il se trouvait; et attendu que ledit appartement est fermé, ledit sieur N..... nous ayant exhibé une autorisation du juge de paix, à lui délivrée ce jour, à l'effet de faire ouvrir les portes par un serrurier, nous avons requis le sieur C....., serrurier, demeurant..... de nous accompagner avec les outils nécessaires pour procéder à l'ouverture des portes.

Arrivé sur les lieux et les portes de l'appartement ayant été ouvertes par ledit sieur C....., nous avons parcouru les..... pièces qui le composent, avec les sieur N....., propriétaire, et P..... et O....., témoins par nous requis, et les avons trouvées entièrement dégarnies de meubles; d'où l'on doit conclure qu'il y a déménagement furtif, ce que nous constatons par le présent.

Le sieur C....., serrurier, ayant réclamé le payement de la somme de..... pour son salaire, cette somme lui a été à l'instant comptée par le sieur N....., propriétaire.

Et de ce que dessus, nous avons dressé le présent procès-verbal, qui a été signé par nous, par le sieur N....., propriétaire, le sieur C....., serrurier, et et les sieurs P....., et O....., témoins, et remis au sieur N....., pour lui servir à exercer son recours contre le sieur S.....

Fait à..... les jour, mois et an que dessus.

(Signatures.)

N° 472.

Déménagement *furtif*. — *Certificat sur déclaration pour la décharge des contributions directes* (1).

Nous soussigné, maire (*ou* adjoint *ou* commissaire de police) de la commune de....., certifions que le sieur A....., propriétaire (*ou* principal loca-

chaque expédition, le préambule du procès-verbal, sauf la mention de la nomination du secrétaire, qui n'est pas indispensable.

Lorsque le maire envoie au sous-préfet les expéditions relatives à une session, chaque expédition doit être classée dans l'ordre du procès-verbal et accompagnée des pièces qui y sont relatives. Le maire y joint une lettre d'envoi mentionnant toutes ces pièces avec détail. (Voy. Correspondance, n° 433.)

(1) Les propriétaires ou principaux locataires sont garants des impositions dues par

taire) d'une maison sise à....., rue....., n°....., s'est présenté aujourd'hui à..... heure du..... par-devant nous, pour y faire la déclaration que le sieur B....., locataire dans ladite maison, est déménagé furtivement le..... ; lequel fait a été attesté véritable par le sieur D....., demeurant à....., et le sieur E....., demeurant à....., témoins dont la moralité nous est connue; lesquels ont signé leur attestation.

En foi de quoi nous avons délivré le présent certificat pour valoir ce que de raison.

Fait à..... le..... mil huit cent.....

(*Signature du déclarant.*) (*Signatures des témoins.*) *Le maire.*

N° 473.

Démission *de fonctions publiques* (*Formule de*) (1).

Je soussigné, Jacques M..... (*désigner la qualité et le lieu où s'exercent les fonctions*), déclare donner ma démission des fonctions que j'exerce en cette qualité, et auxquelles j'ai été nommé par décret du....., *ou* par arrêté de M. le préfet du.....

Fait à....., le..... 18... (*Signature.*)

N° 474.

Dénonciation (*Procès-verbal de*) (2).

Aujourd'hui....., mil huit cent....., devant nous, maire, adjoint (*ou* commissaire de police) de la commune d....., canton d....., arrondissement d....., département d....., à..... heures (*du matin ou du soir*), s'est présenté le sieur Charles G..... (*âge, profession et demeure*), lequel nous a requis de recevoir la déclaration suivante:

(*Énonciation des faits.*)

De laquelle dénonciation a été dressé le présent acte, dont chaque feuillet a

---

le locataire déménagé, s'ils n'ont pas fait constater dans les trois jours le déménagement furtif, par le commissaire de police, le juge de paix ou le maire. (*Arrêté du gouvernement du* 10 *prairial an* XI (30 *avril* 1803).

La même garantie a lieu dans le cas du déménagement du locataire avant l'expiration du bail ou du terme du loyer, et aussi à leur expiration, si un mois avant cette expiration ils n'en ont pas prévenu le percepteur, qui en donne certificat. (*Idem, du* 25 *fructidor an* X (12 *septembre* 1802.)

La garantie ci-dessus est toujours sauf le recours du propriétaire ou principal locataire.

Sur la réquisition du propriétaire ou principal locataire, le maire ou commissaire de police délivre sur papier timbré, un certificat du déménagement furtif.

(1) Toute démission n'est valable que lorsqu'elle a reçu la sanction de l'autorité compétente. Cette sanction peut être refusée ou seulement ajournée dans certains cas, surtout si la démission entrave une opération importante. Le démissionnaire est donc forcé de continuer ses fonctions jusqu'à ce que sa démission ait été légalement acceptée, conformément à l'article 1er de la loi du 14 décembre 1789.

Il résulte implicitement de l'article 2 de la loi du 5 mai 1855, que la démission des maires et adjoints des chefs-lieux de département, d'arrondissement et de canton, et des communes qui ont 3,000 habitants et au-dessus, ne peut être acceptée que par l'Empereur. Celle des maires des autres communes doit l'être par le préfet. La démission est adressée par lettre au sous-préfet.

(2) « Toute personne qui aura été témoin d'un attentat, soit contre la sûreté publique, soit contre la vie ou la propriété d'un individu, sera tenue d'en donner avis au procureur impérial, soit du lieu du crime ou délit, soit du lieu où le prévenu pourra être trouvé. » (*Code d'instruction criminelle, art.* 30.)

« Les dénonciations seront rédigées par les dénonciateurs, ou par leurs fondés de procuration spéciale, ou par le procureur impérial, s'il en est requis; elles seront

été signé par le sieur G....., et par nous, *ou* dont chaque feuillet a été signé par nous et non par le sieur G....., pour ne le savoir *ou* ne le vouloir.

En cas de flagrant délit, l'officier municipal termine ainsi : En conséquence, nous allons nous transporter sur les lieux, pour constater les faits à nous dénoncés, et prendre tous les renseignements nécessaires.

Fait à....., le..... 18...

(*L'officier municipal.*)

N° 475.

DÉPENSES *imprévues* (*Demande d'autorisation de prélèvement sur le crédit pour*) (1).

Monsieur le sous-préfet,

J'ai l'honneur de vous prier de vouloir bien m'autoriser à prélever sur le crédit ouvert à l'art..... du budget, pour dépenses imprévues, la somme de..... destinée à payer *ou* à acquitter, etc. (*Indiquer ici la nature de la dépense.*)

Agréez, monsieur le sous-préfet, l'assurance de ma haute considération.

(*Signature.*)

N° 476.

DÉPENSES *imprévues.—Avis à donner au sous-préfet en cas de prélèvement sans autorisation préalable.*

Monsieur le sous-préfet,

J'ai l'honneur de vous prévenir que j'ai prélevé, par mandat du....., sur le crédit ouvert à l'art..... du budget, pour dépenses imprévues, la somme de.... destinée à payer..... (*indiquer ici la nature de la dépense*), dépense qui ne pouvait souffrir aucun retard.

Agréez, monsieur le sous-préfet, etc.

(*Signature.*)

N° 477.

DÉSERTEUR. — *Procès-verbal d'arrestation.*

Aujourd'hui....., mil huit cent....., à..... heure du....., nous, Philippe

---

toujours signées par le procureur impérial à chaque feuillet, et par les dénonciateurs ou leurs fondés de pouvoir. — Si les dénonciateurs ou leurs fondés de pouvoir ne savent ou ne veulent pas signer, il en sera fait mention. — La procuration demeurera toujours annexée à la dénonciation, et le dénonciateur pourra toujours se faire délivrer, mais à ses frais, une copie de sa dénonciation. » (*Id., art.* 31.)

« Les maires, adjoints de maire et les commissaires de police recevront également les dénonciations. » (*Id., art.* 50.)

« Ne pourront être reçues..... les dépositions des dénonciateurs dont la dénonciation est récompensée pécuniairement par la loi. » (*Id., art.* 322.)

« Les dénonciateurs autres que ceux récompensés pécuniairement par la loi pourront être entendus en témoignage; mais le jury sera averti de leur qualité de dénonciateurs. » (*Id., art.* 323.)

(1) « Le crédit pour dépenses imprévues est employé par le maire avec l'approbation du préfet ou du sous-préfet. »

Dans les communes autres que le chef-lieu de département ou d'arrondissement, le maire peut employer le payement de ces crédits aux dépenses urgentes, sans approbation préalable, à la charge d'en informer immédiatement le sous-préfet et d'en rendre compte au conseil municipal dans la première séance ordinaire qui suit la dépense effectuée. (*Inst. ministérielle du 20 avril 1834.*)

G...., garde champêtre de la commune d....., canton d....., arrondissement d....., département d....., y résidant, dûment assermenté et revêtu de notre plaque, faisant notre tournée habituelle et nous trouvant sur le chemin d..... à....., au lieu dit....., avons aperçu sur ledit chemin un individu se dirigeant vers ...., lequel, aux vêtements qu'il portait et qui consistaient en (*désigner exactement les parties de l'habillement de l'individu arrêté, et mentionner s'il est porteur d'armes et leur espèce*), nous a paru être un militaire; nous étant approché dudit individu, nous l'avons interpellé sur ses noms, âge et profession avant d'être militaire; il nous a répondu se nommer Alfred D....., âgé de....., né à....., et avoir exercé la profession d....., avant d'être incorporé à la..... compagnie du..... bataillon *ou* escadron du..... régiment d'infanterie *ou* de cavalerie, en garnison à....., et a ajouté qu'il se rendait en permission *ou* en congé à....., lieu de la résidence de sa famille; nous l'avons alors sommé de nous exhiber sa feuille de route ainsi que son congé ou sa permission, à quoi il nous a répondu avoir perdu ses papiers en route, et n'avoir pu les retrouver malgré tous les soins qu'il avait employés à cette recherche. N'ayant point jugé cette raison suffisante, nous avons déclaré audit sieur D..... que nous le considérions provisoirement comme en état de désertion, et après avoir pris son signalement, nous lui avons déclaré que nous l'arrêtions, pour le conduire par-devant M. le maire de la commune, pour par ce dernier être statué ce qu'il appartiendra.

De tout quoi nous avons dressé le présent procès-verbal, que ledit sieur D... n'a pas voulu signer.

A....., le..... 18...

(*Signature.*)

N° 478.

Déserteur. — *Procès-verbal d'interrogatoire.*

Aujourd'hui....., mil huit cent....., à..... heure du....., par-devant nous, Alix P....., maire de la commune d...., canton d...., arrondissement d...., département d....., est comparu le sieur Philippe G....., garde champêtre de cette commune, y résidant, lequel nous a présenté un individu qu'il nous a dit avoir arrêté à....., ainsi qu'il résulte du procès-verbal dressé ce jour par ledit G....., et qu'il nous a remis à l'instant.

Procédant immédiatement à l'interrogatoire du sieur D....., nous lui avons demandé ses nom, prénoms, âge, qualité ou profession, le lieu de sa naissance, le lieu de sa résidence et celui de ses parents. Il nous a répondu se nommer Alfred D....., être âgé de..... ans, avoir exercé la profession d....., être né à....., canton d....., même arrondissement, où habitent ses parents, et où il a résidé jusqu'au....., époque à laquelle il a été appelé, par suite du recrutement, à faire partie du..... régiment d'infanterie *ou* cavalerie, ... bataillon *ou* escadron, ... compagnie, actuellement en garnison à.....

Nous avons ensuite demandé audit sieur D..... de nous exhiber sa feuille de route, ainsi que le congé ou la permission dont il devait être porteur, lui observant qu'il était inutile qu'il persistât dans la déclaration qu'il avait faite au garde champêtre, si elle n'était pas conforme à la vérité, puisqu'il n'en serait pas moins considéré comme prévenu de désertion, jusqu'à ce qu'il pût justifier légalement de l'autorisation qu'il prétend avoir perdue.

A cette interpellation, le prévenu a répondu qu'effectivement il avait quitté son corps sans autorisation le.....

Ou, sur cette interpellation, le prévenu a persisté dans son dire, sans pouvoir autrement justifier de la perte de ses papiers.

Nous avons alors demandé au sieur D..... par quels motifs il avait quitté son régiment; à quoi il nous a répondu.....

Lui ayant également demandé quelles armes, quels effets d'équipement appartenant au corps il avait emportés, il nous a répondu : (*Consigner ses réponses; si le prévenu a vendu des armes ou des effets, en indiquer l'espèce ainsi que le lieu où il les a vendues et la personne qui les a achetées.*)

Et comme il résulte évidemment de l'interpellation ci-dessus et du procès-verbal du sieur G....., garde champêtre, que le prévenu se trouve en état de désertion à l'intérieur, nous requérons qu'en conformité des lois, et notamment de celles des 24 brumaire an VI (14 novembre 1797) et 3 fructidor an VI (20 août 1798), ledit prévenu soit à l'instant mis entre les mains de la gendarmerie, pour être conduit par-devant M. le lieutenant-général commandant la..... division militaire, pour être pris à son égard telles mesures que de droit.

En foi de quoi nous avons dressé le présent procès-verbal que nous avons signé avec le sieur G....., garde champêtre, et ledit sieur D....., prévenu, *ou*, et non ledit D....., qui a déclaré ne le vouloir *ou* ne le savoir.

Fait à....., les jour, mois et an susdits.

(*Signature.*)

N° 479.

DÉSERTEUR (*Réquisitoire pour l'extraction de la maison de dépôt d'un*).

Le maire de la commune d..... requiert M. le commandant de la brigade de gendarmerie....., à la résidence d....., de faire extraire de la maison de dépôt de cette commune, et conduire par la gendarmerie, de brigade en brigade, par-devant M. le lieutenant général commandant la..... division militaire à....., le nommé Alfred D....., prévenu de désertion du..... régiment d'infanterie *ou* cavalerie, ... bataillon, ... compagnie; lequel a été arrêté en cette commune le..... de ce mois.

Fait à......, le..... 18...

Le maire.

Pièces jointes au présent réquisitoire :

1° Procès-verbal d'arrestation par le garde champêtre;
2° Procès-verbal d'interrogatoire du prévenu;
3° Etc., etc.

N° 480.

DÉSISTEMENT *d'une plainte ou dénonciation* (1) (*Procès-verbal de*).

L'an mil huit cent....., le....., à..... heure du....., devant nous, maire de la commune d....., s'est présenté volontairement le sieur L....., lequel nous a dit qu'il comparaît devant nous de son propre mouvement, pour nous donner, comme il nous donne par le présent, sont désistement formel de la plainte *ou* de la déclaration qu'il a faite par-devant nous le..... contre le sieur J..... relativement....., attendu que (*motifs du désistement*).

Déclarant qu'il entend ne donner aucune suite à ladite plainte *ou* déclaration, et renoncer expressément à exercer, en raison d'icelle, sous quelque rapport que ce soit, directement ni indirectement, aucune poursuite ni réclamation quelconque contre ledit sieur J....., ni contre tous autres.

Requiert en conséquence que ladite plainte *ou* déclaration soit biffée, tant sur

(1) Le désistement d'une dénonciation ou d'une plainte doit être donné dans les vingt-quatre heures par le dénonciateur ou le plaignant, et par devant l'officier municipal ou de police qui a reçu la dénonciation ou la plainte, laquelle se trouve, par l'effet du désistement, comme non avenue. Toutefois si la dénonciation ou plainte intéresse l'ordre public, l'officier municipal qui l'a reçue ne doit pas moins poursuivre d'office, s'il y a lieu. (*Loi du 3 brumaire an* IV (25 *octobre* 1795); *Code civil, art.* 2046.)

L'officier public doit, sur la réquisition du plaignant, biffer en sa présence la plainte ou dénonciation de laquelle il y a désistement, à moins qu'il n'y ait délit public à poursuivre d'office, auquel cas l'officier public en fait la réserve par une ordonnance au bas du procès-verbal de désistement.

la minute que sur tout registre où elle aurait pu être inscrite ou mentionnée, et qu'elle soit regardée comme nulle et non avenue.

Lecture faite de ce que dessus audit sieur L....., il en a affirmé la vérité, a déclaré y persister, en a requis acte, que nous lui avons délivré, et a signé avec nous.

Sur quoi, nous, maire susdit, disons que ledit sieur L..... est et demeure, comme partie civile, désintéressé dans la plainte *ou* déclaration dont s'agit, sans préjudice de l'action publique à exercer, s'il y a lieu, par le ministère public, conformément à l'article 2046 du Code Napoléon; et aussi (*si le désistement est donné postérieurement à vingt-quatre heures de la plainte*), sans préjudice des dommages-intérêts de l'accusé, s'il y a lieu, conformément à l'article 66 du Code d'instruction criminelle, et avons signé.

A....., le..... 18... *Le maire.*

N° 481.

Devins *et pronostiqueurs* (1). — *Procès-verbal contre un individu faisant métier de deviner, de pronostiquer ou d'expliquer les songes.*

Cejourd'hui....., mil huit cent..... à..... heure du....., par-devant nous, maire *ou* adjoint de la commune d....., s'est présenté le sieur Alfred J....., charpentier en cette commune, lequel nous a déclaré qu'étant à boire chez le sieur Nicolas V....., marchand de vin en ladite commune, un individu y était venu, et se donnant pour diseur de *bonne aventure*, escroquait par ce moyen l'argent des personnes crédules. A l'instant nous nous sommes, accompagné dudit sieur Alfred J....., transporté au domicile du sieur Nicolas V....., rue....., n°....., où étant arrivé nous avons trouvé un individu assis au milieu de plusieurs personnes, et leur disant la *bonne aventure*. L'ayant interrogé sur ses nom, prénoms, profession, lieu de naissance et domicile, il nous a répondu se nommer Joachim D....., *tireur de cartes*, être né à....., canton d....., arrondissement d....., département d....., et être domicilié audit lieu. Nous l'avons ensuite sommé de nous représenter ses papiers; il nous a déclaré n'en pas avoir.

Nous avons alors procédé à l'interrogatoire des personnes présentes. (*Consigner leur dire.*)

Ces dépositions ayant été par nous consignées en notre présent procès-verbal, nous avons, conformément à l'article 481 du Code pénal, saisi les objets servant au sieur D..... pour l'exercice de son métier, lesquels consistent en (*énumération des différents objets*), et seront annexés à notre présent procès-verbal pour servir à éclairer la justice sur la nature et la gravité du délit imputé au sieur D..... Avons en outre déclaré audit qu'il s'était rendu passible des peines portées par les articles 479, 480 et 481 du Code pénal; pour quoi nous allions dresser contre lui le présent procès-verbal, pour valoir ce que de droit.

Fait à..... les jour, mois et an que dessus.

(*L'officier public.*)

N° 482.

Digue (*Procès-verbal pour constater que des dégradations ont été faites à une*) (2).

L'an mil huit cent....., le....., à..... heures du....., nous, garde cham-

(1) L'article 139 (n° 7) du Code d'instruction criminelle attribue exclusivement aux juges de paix l'action contre les devins, pronostiqueurs et interprètes de songes.

L'article 479 (n° 7) du Code pénal prononce une amende de *onze* à *quinze* francs contre les devins; l'article 480 permet d'ajouter la peine de cinq jours d'emprisonnement au plus, selon les circonstances, contre les interprètes des songes; enfin l'article 481 ordonne en outre la saisie des instruments, ustensiles et costumes servant ou destinés à l'exercice du métier de devin, pronostiqueur et interprète de songes.

(2) L'article 437 du Code pénal prononce une peine de cinquante francs au moins

pêtre de la commune de....., dûment assermenté et revêtu de notre plaque, nous trouvant au lieu dit..... sur les bords de la rivière de....., avons aperçu un individu armé d'une pioche et d'une pelle, lequel était occupé à déraciner un tronc d'arbre existant sur le revers extérieur de la digue construite en cet endroit pour préserver les terres voisines des débordements de la rivière, et opérait ainsi un affouillement assez considérable pour compromettre la solidité de la digue.

Nous étant approché de lui, il nous a déclaré, sur nos interpellations, se nommer N..... (*nom, prénoms, profession et demeure*). Nous lui avons ensuite demandé s'il avait une autorisation pour faire ce travail; il nous a répondu qu'il n'avait pas cru en avoir besoin pour arracher un tronc d'arbre, ce qui, selon lui, ne pouvait point compromettre la solidité de la digue.

La raison alléguée par le sieur N..... ne nous ayant pas paru fondée, et attendu qu'il s'agit d'un délit prévu par l'article 437 du Code pénal, nous avons dressé le présent procès-verbal pour valoir ce que de droit.

Fait à....., les jour, mois et an que dessus. (*Signature.*)

Suit *le procès-verbal d'affirmation*. Voy. GARDE CHAMPÊTRE.

N° 483.

DIMANCHES *et fêtes* (*Arrêté de police municipale sur l'observation des*).

Le maire de la ville (*ou* commune) de.....

Vu les lois des 14-22 décembre 1789, article 50; 16-24 août 1790, titre XI, article 3; 19-22 juillet 1791, titre I, article 46; 18 germinal an x (8 avril 1802), article 48; 18 novembre 1814, 18 juillet 1837, article 11; et le Code pénal article 471, n° 15;

Considérant que l'interruption de certains travaux et la clôture des lieux publics, pendant l'office divin, les jours de dimanche et de fête, est d'ordre public; qu'elle importe au respect de la religion et au recueillement des fidèles;

Arrête :

Art. 1er. Les travaux ordinaires seront interrompus les dimanches et les jours de fêtes reconnues par la loi.

2. En conséquence, il est défendu, lesdits jours,

1° Aux marchands d'étaler et de vendre, les ais et volets ouverts;

2° Aux colporteurs et étalagistes de colporter et d'exposer en vente leurs marchandises dans les lieux et places publiques;

3° Aux artisans et ouvriers de travailler extérieurement et d'ouvrir leurs ateliers.

4° Aux charretiers et voituriers employés à des services locaux de faire des chargements dans les lieux publics de leur domicile.

3. Il est défendu aux cabaretiers, marchands de vin, débitants de boissons, traiteurs, limonadiers, maîtres de paume et de billard de tenir leurs maisons ouvertes et d'y donner à boire et à jouer lesdits jours pendant le temps de l'office.

4. Les contraventions au présent règlement, sauf les exceptions portées par les articles 7 et 8 de la loi du 18 novembre 1814 (1), seront constatées par des procès-verbaux et jugées par les tribunaux de simple police.

Fait à....., le..... 18... *Le maire de la commune de.....*

---

contre toute personne qui aura détruit, en tout ou en partie, des digues, ponts ou chaussées, indépendamment du quart des restitutions et indemnités à la partie lésée.

(1) Les défenses ne peuvent être applicables : 1° à tout ce qui tient au service de santé; 2° aux postes, messageries et voitures publiques; 3° aux voitures de commerce par terre et par eau, et aux voyageurs; 4° aux usines dont le service ne pourrait être interrompu sans dommage; 5° aux ventes usitées dans les foires et fêtes patronales, et au débit des menues marchandises dans les communes rurales hors le temps du service divin; aux chargements des navires marchands et autres bâtiments de commerce maritime. (*Décret du 18 novembre 1814, art. 7.*)

Sont également exceptés les meuniers et les ouvriers employés : 1° à la moisson et aux récoltes; 2° aux travaux urgents de l'agriculture; 3° aux constructions et réparations motivées par un péril imminent, à la charge, dans les deux derniers cas, d'en demander la permission à l'autorité municipale. (*Id., art. 8.*)

N° 484.

Disparition *d'un individu de son domicile* (*Procès-verbal constatant la*) (1).

L'an mil huit cent....., le....., à..... heure du....., par-devant nous, maire *ou* adjoint de la commune d....., s'est présenté le sieur Gautier G....., menuisier, demeurant en cette commune, lequel nous a déclaré que le sieur F....., boulanger, son parent *ou* ami, habitant la même maison que lui déclarant, a quitté son domicile le..... vers..... heures du....., et que depuis ce moment il n'a pas reparu chez lui, quoique par sa profession il dût rentrer le soir même, sans que sa femme sache à quoi attribuer cette absence prolongée, le sieur F..... ne présentant aucun signe d'aliénation mentale.

Ledit sieur G..... nous a dit en outre que lors de sa disparition le sieur F..... (*Signalement et costume de l'individu disparu.*)

De tout quoi le sieur G..... nous a fait la présente déclaration, aux fins de faciliter les recherches urgentes à faire dans l'intérêt de la famille du sieur F....., a affirmé la vérité de sa déposition, en a requis acte après lecture faite, et a signé ainsi que nous, les jour, mois et an que dessus.

(*Signatures.*)

N° 485.

Disparition *d'un individu de son domicile* (*Autre procès-verbal pour*).

L'an mil huit cent....., le..... du mois de....., à..... heure du....., par-devant nous, maire *ou* adjoint de la commune de....., s'est présenté le sieur Achille H....., cordonnier, habitant cette commune, lequel nous a dit et déclaré que le sieur André F....., charpentier, habitant la maison n°..., n'a donné nuls signes de vie depuis huit jours, et que, depuis cette époque, la porte de sa chambre est restée fermée sans que l'on sache s'il est mort chez lui ou s'il n'y est point rentré.

Aussitôt nous avons requis le sieur S....., serrurier, de nous accompagner, ainsi que les sieurs Benoît T..... et Charles D....., comme témoins, et nous étant transporté au domicile dudit F....., nous en avons fait ouvrir la porte et avons constaté que le sieur F..... n'y était point renfermé, et qu'une autre cause devait être attribuée à sa disparition; en conséquence, copie du présent a été transmise au juge de paix ainsi qu'au sous-préfet, pour éclairer la justice sur cet événement, le sieur F.... n'ayant dans la commune aucun parent.

Fait à....., le..... 18...

(*Signalement.....*) (*Signatures.*)

N° 486.

Domestiques (*Règlement concernant les*) (2).

Le maire de la ville (*ou* commune) d.....

Vu les lois du 24 août 1790, titre III, article 10; du 22 juillet 1791, titre I,

(1) Dès qu'une personne est disparue de son domicile, les parties intéressées ou même les voisins doivent en faire la déclaration à l'officier de police du lieu, en indiquant le nom, les prénoms, profession, signalement et domicile de la personne absente, et les circonstances de la disparition. S'il n'y a pas présomption que l'individu disparu soit mort dans son habitation, le maire ou le commissaire de police reçoit la déclaration qu'il transmet au juge de paix de l'arrondissement, pour les opérations civiles et conservatoires. Si la présomption existe, l'officier public, se transporte sur les lieux et fait ouvrir la porte de l'absent en présence de deux témoins avec lesquels il entre dans les lieux, et procède en leur présence. Il dresse procès-verbal du tout.

(2) Les domestiques sont assujettis, à Paris, à se procurer un livret de la même

article 46; du 22 germinal an XI (12 avril 1803) article 12; l'arrêté du 9 frimaire an XII (1er décembre 1803), et le Code pénal article 471, n° 15;

Considérant que des plaintes fréquentes nous ont été faites sur l'infidélité des domestiques et leurs habitudes d'insubordination, et qu'il importe de prévenir, par des mesures spéciales de police, les désordres que leur mauvaise conduite peut faire naître dans les familles,

Arrête, sauf l'approbation de M. le préfet, ce qui suit (1):

Art. 1er. Tous les individus de l'un et de l'autre sexe qui voudront se mettre en service dans cette ville, se feront inscrire à la mairie.

2. Chaque individu inscrit recevra un livret indiquant ses nom, prénoms, âge, lieu de naissance, profession, domicile, son signalement, s'il est célibataire, marié ou veuf, et l'indication du maître qu'il sert. — Cette indication sera renouvelée chaque fois qu'il changera de maître.

3. Le livret restera déposé entre les mains du maître, qui le remettra à la mairie, à la sortie du domestique de chez lui. Le livret sera remis, après avoir été visé par le maire, au domestique, si celui-ci cherche une autre condition dans la ville; au cas contraire, il restera déposé au bureau de police.

4. Les congés délivrés aux domestiques seront inscrits sur le livret par le maître. Il ne pourra être refusé de congé au domestique.

5. Il ne pourra être délivré de nouveau livret que sur la présentation de l'ancien.

6. Dorénavant, nulle personne ne devra recevoir un domestique sans livret (2).

7. Les domestiques en service ne pourront louer aucune chambre ou cabinet à l'insu de leurs maîtres.

8. Tout domestique qui changera de condition devra de suite en faire la déclaration au bureau de police.

9. Les domestiques sans place pendant plus d'un mois, et étrangers à la ville, sans moyens d'existence connus, devront sortir de la ville dans le délai qui leur sera assigné, à moins qu'ils n'obtiennent une autorisation pour y séjourner.

10. Les domestiques de la ville qui voudront cesser de servir devront en donner avis au bureau de police.

11. La durée des engagements est fixée à.....

Le domestique qui voudra quitter son maître avant la fin de l'engagement, sans une cause légitime, pourra être contraint à le finir.

12. Dans le cas de nouveaux engagements contractés pour l'entrée en service, les maîtres et les domestiques ont deux fois vingt-quatre heures pour se rétracter réciproquement.

13. La première quinzaine est considérée comme temps d'essai pour le maître comme pour le domestique.

14. En cas de contestation entre le maître et le domestique, s'il n'y a point de conventions écrites, le maître est cru sur affirmation.

15. Tout domestique doit respect et obéissance à son maître, et ne peut le quitter qu'après lui avoir fait part de ses motifs.

16. Sous aucun prétexte, les maîtres ne pourront maltraiter ni frapper leurs domestiques.

17. Il est défendu d'embaucher les domestiques pour leur faire quitter un service ou entrer dans un autre.

18. Les dispositions précédentes ne concernent pas les domestiques des com-

---

espèce que ceux des ouvriers. Un décret du 25 septembre 1813 étend cette mesure à toutes les villes d'une population de 50,000 habitants, et attribue aux maires de ces villes les fonctions qu'exerce à Paris le préfet de police, en vertu du décret du 3 octobre 1810 : les domestiques sont exempts de cette formalité dans toutes les autres villes, bourgs ou villages.

(1) D'après une circulaire du 3 juillet 1818, les arrêtés des maires concernant les domestiques doivent être aussi soumis à l'approbation de M. le ministre de l'intérieur.

(2) L'autorité municipale n'a pas le droit, dans les communes dont la population est inférieure à 50,000 habitants, de faire un règlement qui défende aux habitants de prendre pour domestiques des étrangers non porteurs de livrets ou de cartes de sûreté. (*Arrêt de cassation du 15 juillet 1830.*) Dans ces communes, un règlement qui prescrirait la formalité du livret ne serait donc obligatoire que pour les domestiques et ils seraient seuls passibles des peines portées par l'article 471, n° 16, du Code pénal, en cas de contravention.

munes rurales employés aux travaux de l'agriculture, ceux-ci étant soumis aux lois sur la police rurale.

19. Toute contravention au présent arrêté sera constatée par procès-verbal, et les contrevenants seront poursuivis conformément aux lois.

Fait et arrêté à....., le..... 18...

Le maire.

N° 487.

Domestique (*Livret de*).

Département d.....
Arrondissement d.....

Ville ou commune d.....

LIVRET DE DOMESTIQUE

délivré en exécution du règlement de police du..... de l'arrêté de M. le maire du.....

(*Au verso du premier feuillet et aux pages suivantes, seront imprimés les principaux articles des lois et arrêtés sur les livrets (loi du 22 germinal an XI, article 12; arrêté du 9 frimaire an XII), ainsi que ceux du règlement de police*).

(*Première page du livret.*)

Livret de domestique, délivré en exécution du règlement du....., par nous, maire de la ville *ou* commune d....., à Jean D..... (*profession et domicile*), célibataire *ou* marié (*dans ce dernier cas, le nom de sa femme; s'il est sans enfants ou combien il en a*), en service chez le sieur Adolphe M....., rentier, demeurant rue....., n°..... *ou* sans place.

Ledit livret contenant..... feuillets, a été coté et parafé sur chacun desdits feuillets par nous, maire susdit et soussigné.

A....., ce..... 18...

Le maire.

SIGNALEMENT.

Né à....., arrondissement d....., département d....., fils de Jacques D...., exerçant la profession d.... , *ou* décédé, et de Marie L....., exerçant la profession d..... *ou* décédée.

Agé de..... ans; taille de un mètre ..... centimètres; cheveux.....; sourcils....; front....; yeux....; nez....; bouche....; menton....; visage....; teint..... Marques particulières :

(*Indiquer s'il a ou non une chambre en ville.*)

Vu par nous, commissaire de police, et enregistré sous le n°.....

A....., ce..... 18...

(*Signature.*)

NOMS, DEMEURES, QUALITÉS ET CERTIFICATS DES MAITRES.	DATES	
	de l'entrée.	de la sortie.

N° 488.

Domestiques. — *Déclaration à faire par un domestique qui a perdu son livret* (1).

Aujourd'hui....., mil huit cent....., à..... heures du....., s'est présenté devant nous le sieur....., domestique sans place, demeurant rue....., n°....., quartier....., ainsi qu'il nous en a justifié;

Lequel nous a déclaré avoir perdu le livret qui lui fut délivré le....., sous le n°....., et nous a représenté un certificat de son dernier maître, M....., demeurant à....., arrondissement d....., département d....., à l'effet d'obtenir un duplicata dudit livret.

A l'appui de sa déclaration, se sont présentés comme témoins les sieurs (*noms et prénoms, demeures et qualités des témoins*), lesquels nous ont déclaré et affirmé parfaitement connaître le requérant pour un homme jouissant d'une bonne réputation, incapable d'avoir fait mauvais usage du livret qu'il nous déclare avoir perdu, et par conséquent d'en imposer aux autorités.

En foi de quoi nous avons délivré le présent audit sieur....., sur sa demande, ainsi qu'un nouveau livret pour duplicata du premier, et sous le n°....., auquel livret nous avons annexé le présent, pour le tout être enregistré au bureau de police, où ledit sieur est tenu de se présenter sans délai.

Et ont le comparant et les témoins susnommés signé avec nous.

(*Signatures.*)

N° 489.

Domestiques. — *Déclaration faite au maire par un domestique qui a des motifs légitimes de quitter ses maîtres, et auquel ceux-ci refusent de rendre le livret et de donner congé.*

Aujourd'hui....., mil huit cent....., est comparu par-devant nous, maire de la commune d....., le nommé Antoine Durand, domestique au service des époux D....., lequel nous a déclaré qu'il lui était impossible de continuer son service chez les époux susnommés, dont les exigences, *ou* injures, *ou* mauvais traitements, lui sont devenus insupportables; déclare en outre qu'étant dans l'intention de se placer ailleurs, il a voulu par la présente déclaration se conformer aux règlements, constater ses motifs et se soustraire à toute action en répétition de dommages et intérêts de la part des maîtres qu'il veut immédiatement quitter.

Sur la demande dudit Antoine Durand, nous lui avons octroyé acte de sa déclaration, ainsi que du refus qui lui est fait par les époux D..... de la remise de son livret et de son congé en bonne forme, à l'effet de quoi il fait toutes ses réserves de droit.

Ledit Antoine Durand nous a présenté comme témoins, les sieurs (*noms, prénoms, âges, professions et demeures des témoins*), lesquels confirment et déclarent avoir parfaitement connaissance des faits déposés par ledit plaignant, et ont signé avec nous.

De tout ce que dessus avons dressé le présent acte, que nous avons remis au comparant pour lui servir et valoir ce que de droit.

Fait à....., les jours, mois et an que dessus.

(*Signatures*

(1) Sur tout livret délivré par duplicata, et à la suite du signalement du requérant, sera inscrite la formule suivante :

« Délivré par duplicata sur la déclaration et demande dudit sieur..... »

L'officier de police signe.

Nº 490.

Domicile (1) — *Déclaration à faire lorsqu'on veut quitter une commune et transférer son domicile dans une autre.*

L'an mil huit cent....., le....., par-devant nous, maire de la commune d....., canton d....., arrondissement d....., département d....., s'est présenté le sieur Antoine J..... (*âge, qualité ou profession et demeure*), lequel nous a déclaré être dans l'intention de quitter son domicile actuel dans cette commune, et d'aller demeurer à....., département d....., arrondissement d....., canton d....., avec (*désigner les personnes de sa maison*); en conséquence, nous lui avons donné acte de sa déclaration, et lui avons délivré les passe-port et certificat qu'il nous a réclamés pour sa sûreté personnelle et celle des personnes qui l'accompagnent; et a ledit sieur J..... signé sur le registre avec nous, après lecture faite, *ou* a déclaré ne savoir signer.

Fait à la mairie d....., le..... 18...

Le requérant. *Le maire.*

Nº 491.

Domicile (*Déclaration à faire dans la commune où l'on veut fixer son*).

L'an mil huit cent....., le....., est comparu devant nous, maire de la commune d....., canton d....., arrondissement d....., département de....., le sieur Antoine J..... (*âge, qualité ou profession et demeure*), lequel nous a dit que, suivant la déclaration par lui faite à la mairie de....., canton d....., arrondissement de...., département de....., le.....,, et dont il nous a exhibé expédition en forme, il a renoncé au domicile qu'il avait audit lieu pour le fixer en cette commune. Examen fait des papiers dont il était porteur, nous lui avons donné acte de sa déclaration, et l'avons inscrit en sa présence, ainsi que les personnes de sa maison, à la suite du tableau des habitants de cette commune; et a ledit sieur signé avec nous après lecture faite.

Fait à...., le.....18...

Le déclarant. *Le maire.*

Nº 492.

Duel *suivi de blessures* (*Déclaration pour un*) (2).

L'an mil huit cent....., le....., par-devant nous, maire de la commune

(1) « Le changement de domicile s'opère par le fait d'une habitation réelle dans un autre lieu, joint à l'intention d'y fixer son principal établissement. » (*Code Napoléon, art.* 103.)

« La preuve de l'intention résulte d'une déclaration expresse faite, tant à la municipalité du lieu qu'on quittera, qu'à celle du lieu où on aura transféré son domicile. » (*Id. art.* 104.)

Quant au domicile politique, la déclaration de changement doit être faite au greffe du tribunal de première instance.

(2) Les blessures faites en duel, ou la mort donnée en duel donnent lieu à l'application des articles 59, 60, 295, 296 et 302 du Code pénal. (*Arr. de la Cour de Paris, des* 21 *et* 27 *mai* 1840.)

Lorsque les combattants en duel, après s'être fait des blessures, ont d'un commun accord et spontanément cessé le combat, il n'y a pas tentative de meurtre, mais seulement blessures faites volontairement et avec préméditation, ce qui ne constitue qu'un délit correctionnel. (*Arr. de la cour de Rouen du* 26 *nov.* 1838.)

d....., s'est présenté le sieur Louis A..... (*âge, profession et demeure*), lequel nous a déclaré :

Qu'il y a environ..... le sieur B....., son fils, *ou* son....., qui exerce la profession de..... et demeure dans notre commune, rue....., n°....., a eu une discussion assez vive avec le sieur C..... (*profession et demeure*), relativement à.....; que par suite ledit C..... a provoqué formellement en duel, et avec menaces, le sieur B....., qui a été forcé d'accepter le défi; qu'ils se sont battus le..... à (*l'espèce d'armes, indiquer le lieu du combat*), et que le sieur B..... a été grièvement blessé à (*indiquer l'endroit*); qu'il est en ce moment dans son lit, dangereusement malade des suites de sa blessure, ainsi que le comparant en justifie par un certificat qu'il nous représente et dépose, en date du....., délivré et signé par M....., médecin *ou* chirurgien, demeurant rue....., n°...

Que ledit sieur B..... étant naturellement d'un caractère doux et tranquille, il ne s'est battu en duel que par suite des provocations et menaces réitérées du sieur C....., ainsi que le comparant peut le prouver par le témoignage des sieurs (*noms, professions et demeures de deux témoins*).

Qu'il considérait comme ne devant pas rester impuni un individu provoquant un citoyen paisible, et le mettant en danger de perdre la vie, et qu'en conséquence le comparant a cru devoir nous faire la présente déclaration, pour y être donné, pour la vindicte publique, telle suite qu'il appartiendra; *ou bien*, se réservant, en sa qualité de père, *ou*..... dudit sieur B....., de se pourvoir devant les tribunaux compétents, contre le sieur C....., ainsi qu'il avisera.

Lecture faite de ce que dessus audit sieur A....., il a affirmé la vérité de sa déclaration, y a persisté, en a requis acte, que nous lui avons délivré, et a signé avec nous.

En continuant son procès-verbal, le maire entend les témoins, il se transporte chez le blessé, assisté d'un médecin, pour examiner l'état du malade et de ses blessures, et en fait rapport au procès-verbal ainsi que de la déclaration du blessé, et de tous renseignements recueillis sur les circonstances qui ont précédé, accompagné et suivi le duel.

Le procès-verbal se termine ainsi qu'il suit :

Sur quoi, nous, maire susdit et soussigné, vu l'édit du mois d'août 1699, concernant les duels; vu aussi la décision du ministre de la justice, du 13 prairial an IX (2 juin 1801), portant que les blessures faites en duel rentrent dans la classe de celles prévues par les lois pénales, et que doivent poursuivre les tribunaux, suivant la gravité des circonstances; vu enfin l'arrêt de la cour de cassation, du 8 avril 1819, intervenu sur une question de duel; et les arrêts de la cour d'appel de Paris des 21 et 27 mai 1840;

Disons que notre présent procès-verbal sera transmis à M. le procureur impérial, pour y être donné telles suites qu'il appartiendra; et avons signé.

Fait à....., le..... 18...

(*Signature.*)

N° 493.

DUEL. — *Procès-verbal constatant un duel suivi de mort ou de blessures, en présence de témoins* (1).

Aujourd'hui....., mil huit cent....., nous....., maire de ville d....., ayant appris par la rumeur publique qu'une querelle s'étant élevée entre le sieur A....., ancien capitaine au..... régiment de....., et le sieur B....., propriétaire en cette ville, ils étaient convenus de se rendre à....., pour s'y battre en duel; afin de les en empêcher, nous nous sommes dirigé immédiatement vers le lieu qui nous était désigné, et guidé par les renseignements que nous ont donnés

---

(1) Les témoins d'un duel sont punissables comme complices. (*Arr. de la cour de Paris des 21 et 27 mai 1840.*)

divers habitants, nous sommes parvenu près d'un petit bois taillis appartenant au sieur....., à environ trois cents pas du chemin public, d'où nous avons aperçu distinctement dans une clairière de ce bois les sieurs A..... et B..... désignés ci-dessus, se mesurant l'épée à la main. Les sieurs C..... et D....., officiers au..... régiment de....., en garnison à....., et les sieurs E..... et F....., tous les deux rentiers, domiciliés à....., étaient près des combattants et nous ont paru être là comme témoins. Avant que nous eussions pu interposer notre autorité pour faire cesser le combat, nous avons vu le sieur A..... chanceler et tomber sur le terrain. A l'instant, les sieurs B...., C...., D...., E.... et F.... nous apercevant, prirent la fuite, laissant le blessé entre les mains du sieur G....., docteur en médecine, que nous n'avions pas aperçu d'abord, parce qu'il se tenait à l'écart. Nous avons reconnu que le sieur A..... était atteint d'un coup d'épée au-dessous du sein droit. Le docteur G....., après avoir sondé la blessure, a déclaré qu'elle présentait de la gravité, mais qu'il espérait qu'elle ne serait point mortelle. L'état du sieur A..... ne nous permettant pas de l'interroger en ce moment, nous nous sommes borné à joindre nos soins à ceux du docteur G....., afin de faire transporter avec toutes les précautions convenables le blessé en son domicile.

Et attendu que les faits ci-dessus rapportés constituent contre les sieurs B....., C....., D....., E..... et F..... le crime prévu et puni par les articles 59, 60, 295, 296 et 302 du Code pénal, conformément aux arrêts de la cour d'appel de Paris des 21 et 27 mai 1840, nous avons rédigé contre lesdits le présent procès-verbal, qui sera transmis à M. le procureur impérial, pour recevoir telles suites qu'il appartiendra.

Fait à....., les jour, mois et an que dessus.

(Signature.)

N° 494.

EAUX *publiques. — Délibération portant règlement pour la distribution des eaux publiques aux habitants, moyennant redevance au profit de la caisse municipale.*

L'an mil huit cent....., le....., le conseil municipal de la commune d....., réuni, etc. *Voy.* DÉLIBÉRATIONS.

M. le maire a exposé que les travaux considérables faits pour l'alimentation des fontaines publiques ont grevé la commune d'une dette de....., et que pour l'indemniser de cette dépense, il conviendrait d'accorder aux habitants, qui le demanderont, des concessions d'eau moyennant une rétribution au profit de la caisse municipale. Il a proposé, en conséquence au conseil de délibérer sur le mode et les conditions de ces concessions.

Le conseil municipal,

Vu le procès-verbal d'expertise dressé le..... par M..... désigné par M. le sous-préfet, suivant arrêté du..... pour procéder à l'estimation du prix des eaux à concéder aux particuliers;

Vu les lois et les règlements qui régissent les eaux publiques;

Vu la loi du 18 juillet 1837;

Considérant que les eaux que possède la commune sont principalement consacrées à l'alimentation des fontaines publiques, etc.; mais qu'après avoir satisfait à ces services, la commune peut disposer de l'excédant de ces eaux pour consentir des abonnements particuliers, temporaires et à prix d'argent au profit de la caisse municipale,

Règle comme il suit les conditions de ces abonnements :

Art. 1er. Les abonnements aux eaux de la commune seront souscrits en forme de soumission à la suite du présent règlement. Ils seront de..... années, et les soumissions exprimeront la quantité d'eau à fournir, par an ou par jour.

2. Le mode de délivrance des eaux aura lieu d'après un des systèmes suivants :

1° Par écoulement déterminé, constant ou intermittent, régulier ou irrégulier, réglé par un robinet de jauge établi aux frais de l'abonné, et fermé par un cadenas, dont les agents du service des eaux auront seuls la clef; dans ce mode de livraison, les eaux seront reçues dans un réservoir à flotteur, dont la hauteur sera indiquée par un agent nommé par le maire;

2° Par attachement;

3° Par estimation et sans jaugeage.

Dans tous les cas, la soumission devra indiquer les usages auxquels les eaux seront consacrées : l'abonné ne pourra les employer à d'autres usages, ni consommer plus d'eau que le volume de son abonnement.

3. Les abonnés ne pourront renoncer à leur abonnement qu'en avertissant le maire, par écrit, trois mois à l'avance. Quelle que soit l'époque de l'avertissement, le prix de l'abonnement sera exigible pour les trois mois qui suivront sa réception au secrétariat.

4. L'abonnement ne sera pas résilié par le seul fait de la mutation de la propriété ou de l'établissement où les eaux seront fournies. Le titulaire ou ses héritiers seront responsables du prix de l'abonnement jusqu'à ce qu'ils aient accompli la formalité exigée par l'article précédent, sans préjudice du recours contre le successeur qui aura joui des eaux.

5. Les abonnés ne pourront réclamer aucune indemnité pour les interruptions momentanées du service résultant, soit des gelées, des sécheresses et des réparations des conduites, aqueducs et réservoirs, soit du chômage des machines d'exploitation ou de toute autre cause analogue, et notamment celles de force majeure; mais il leur sera tenu compte, en déduction du prix d'abonnement, de tout le temps d'interruption du service qui excéderait huit jours consécutifs, et qui serait causée par des travaux de l'administration.

6. Chaque propriété particulière devra avoir un embranchement séparé avec prise d'eau distincte sur la voie publique. Il ne pourra être fait exception à cette règle que quand deux maisons contiguës, appartenant au même propriétaire, seront mises en communication intérieurement, de manière à pouvoir être considérées comme n'en formant qu'une seule.

7. A l'origine de chaque embranchement sera placé sous la voie publique un robinet d'arrêt sous bouche à clef.

Les agents de l'administration auront seuls le droit de manœuvrer ce robinet, qui aura son carré conforme à celui des robinets de la commune.

Les abonnés pourront faire placer à l'intérieur de leur propriété un second robinet d'arrêt, à la condition que la clef sera différente de celle de la commune.

Il est expressément interdit aux abonnés, sous peine de résiliation immédiate, de faire usage des clefs des eaux de la commune, ou même de les conserver en dépôt.

8. Les travaux d'embranchement sur la conduite publique, jusques et y compris le robinet d'arrêt sous bouche à clef, seront exécutés et réparés aux frais des abonnés, sous la surveillance de l'architecte communal, par l'entrepreneur de l'entretien des conduites de la commune, au prix de son adjudication, et d'après le règlement dudit architecte.

Au delà dudit robinet, les abonnés pourront employer des ouvriers de leur choix, mais toujours sous la surveillance de l'architecte communal, en se conformant aux règlements de police. Ils pourront aussi s'adresser à l'entrepreneur de la commune, qui sera tenu de faire ces travaux aux prix de la série spéciale de son devis.

Les travaux de pavage et de trottoirs seront faits par les soins de l'architecte de la commune, aux frais des abonnés.

9. Les abonnés seront exclusivement responsables envers les tiers de tous les dommages auxquels l'établissement ou l'existence de leurs conduites pourraient donner lieu.

10. Lors de la mise en jouissance de chaque abonné, il sera dressé en double, contradictoirement, un plan des lieux avec une légende indiquant la nature, la disposition et le diamètre des conduites, ainsi que le nombre et l'emplacement des robinets et orifices d'écoulement.

La même légende fera connaître l'origine et la position de l'embranchement extérieur.

L'abonné ne pourra rien changer aux dispositions primitivement exécutées, à moins d'en avoir préalablement obtenu l'autorisation.

11. Il est formellement interdit à tout abonné d'embrancher ou de laisser embrancher sur sa conduite, soit à l'intérieur, soit à l'extérieur, aucune prise d'eau au profit d'un tiers, sans l'autorisation expresse de l'administration.

Il lui est également interdit, sauf le cas d'incendie, de disposer, ni gratuitement, ni à prix d'argent, ni à quelque titre que ce soit, en faveur d'un autre particulier, de la totalité ou d'une partie des eaux qui lui seront fournies, ni même du trop-plein de son réservoir. Il ne pourra non plus augmenter à son profit le volume de son abonnement.

Toute contravention aux dispositions du présent article entraînera l'obligation par l'abonné de payer à la commune, à titre de dommages-intérêts, une indemnité de.....

12. Les distributions d'eau pratiquées dans l'intérieur des propriétés particulières, seront constamment soumises à l'inspection de l'architecte et des autres agents de l'administration, sous peine de révocation des abonnements.

13. Il est expressément défendu aux abonnés et à leurs ayants droit, sous peine de résiliation immédiate, de rémunérer, sous quelque prétexte et sous quelque dénomination que ce puisse être, aucun agent ni ouvrier de l'administration.

14. Le prix des abonnements sera déterminé d'après le tarif suivant : fourniture journalière d'un hectolitre d'eau, par an.....

Il ne sera pas accordé d'abonnement au dessous de la somme de.....

15. Le prix de l'abonnement sera payé à la caisse du receveur municipal, par semestre et d'avance, dans le courant des mois de janvier et de juillet de chaque année.

Les abonnements au-dessous de..... pourront être payés par trimestre, mais toujours d'avance, dans les premiers mois de chaque trimestre.

L'abonné pourra payer d'avance le montant de son abonnement d'une année en un seul payement.

A défaut de payement régulier aux époques et de la manière ci-dessus indiquées, le service des eaux sera suspendu, et l'abonnement pourra être résilié.

16. Les frais de timbre et d'enregistrement des soumissions et des arrêtés d'abonnement seront supportés par les abonnés.

17. Les contraventions au présent règlement seront constatées par procès-verbaux, et poursuivies devant qui de droit conformément à la loi.

Fait et délibéré à....., les jour et an que dessus. (*Signatures.*)

N° 495.

Eaux *publiques.* — *Modèle de soumission à souscrire par les concessionnaires* (1).

Je soussigné....., demeurant à....., rue....., n°.....

Après avoir pris connaissance de l'arrêté réglementaire des abonnements aux eaux de..... en date du....., qui précède la présente soumission, demande qu'il me soit délivré par jour, à titre d'abonnement annuel, dans la maison dont je suis propriétaire, située à....., rue....., n°....., la quantité de..... hectolitres d'eau provenant de....., suivant le mode indiqué au paragraphe..... de l'article 2 dudit arrêté réglementaire.

Je déclare que ces eaux seront exclusivement employées aux besoins particuliers de..... personnes, chevaux, voitures, mètres carrés de jardin.

Ces eaux seront prises par un embranchement sur la conduite de la rue......

Je m'engage à payer annuellement, pour ladite fourniture, la somme de....., qui sera par moi versée à la caisse municipale, par semestre et d'avance.

Je m'engage en outre à me conformer à toutes les dispositions prescrites par ledit arrêté réglementaire, dont je déclare avoir pris connaissance.

Fait à....., le..... 18... (*Signature.*)

(1) Ce modèle et le précédent sont extraits des règlements de la ville de Paris. Ils peuvent être appliqués dans les villes où le service des eaux publiques est en régie, c'est-à-dire sous la direction de l'autorité municipale. Si le service devait être mis en adjudication publique, le conseil municipal aurait à délibérer sur les clauses et conditions à imposer à l'entrepreneur adjudicataire. (Voy. ci-après le modèle de cahier des charges, n° 496.)

N° 490.

Eaux *publiques.* — *Cahier des charges pour la mise en adjudication d'une entreprise de distribution d'eau à concéder à des particuliers* (1).

CLAUSES ET CONDITIONS A REMPLIR PAR L'ENTREPRENEUR ADJUDICATAIRE.

§ 1er. — *Travaux et fournitures pour l'exploitation de l'entreprise.*

Art. 1er. L'adjudicataire conduira à ses frais, risques et périls,, pendant..... années, dans la commune, l'eau nécessaire aux besoins de celle-ci et de de ses habitants, quelle que soit l'augmentation de la population, et la distribuera conformément aux demandes qui lui seront faites par écrit, soit dans les rues et places communales, soit à domicile ou dans les établissements publics, et sans pouvoir s'y refuser pour quelque cause et sous quelque prétexte que ce soit.

2. L'eau à distribuer sera prise dans la rivière de....., à..... (*indiquer l'endroit*) et dirigée dans la commune par une ou plusieurs machines de force suffisante pour que, pendant toute la durée de la concession accordée, le service soit parfaitement fait.

Les machines à établir ne pourront être d'une force inférieure à celle de 50 chevaux.

Le diamètre de la conduite d'ascension d'eau dans les réservoirs dont il sera parlé ci-après, ne pourra être moindre de 324 millimètres.

Les machines et conduites seront affectées exclusivement au service de la commune.

3. L'eau sera reçue dans des réservoirs d'approvisionnement qui seront placés au point le plus culminant de la commune, ou élevés de telle sorte qu'ils puissent servir à alimenter les réservoirs particuliers ayant une hauteur d'au moins 4 mètres du sol.

Les réservoirs d'approvisionnement seront constamment remplis au moins de 1,500 mètres cubes d'eau de réserve, à part le service journalier.

4. L'eau sera distribuée dans la commune, au moyen de tuyaux de conduite qui auront au moins 216 millimètres de diamètre dans les voies principales, et qui ne pourront avoir moins de 162 millimètres dans les autres voies. Ils seront en fonte de fer de bonne qualité.

L'adjudicataire fera placer ces tuyaux : 1° à un mètre au moins au-dessous du sol; 2° à 2 mètres au moins des habitations, dans les rues étroites, et à 4 mètres dans les autres rues.

5. Les travaux relatifs à la pose des tuyaux seront autorisés par le maire, qui prescrira en même temps toutes les mesures à prendre et à suivre pour qu'ils ne gênent ni la circulation publique, ni la canalisation des tuyaux à gaz (*s'il en existe*), ni la réparation du pavage.

6. Les travaux et fournitures de premier établissement de l'entreprise seront faits sous la surveillance de l'architecte communal dans un délai de..... mois à partir de l'approbation du procès-verbal de l'adjudication, et l'eau sera distribuée à la commune et aux habitants dans le même délai, sous peine de déchéance.

7. L'adjudicataire devra placer de nouvelles conduites du diamètre indiqué dans l'article 4, sous le sol des voies communales où il n'en existerait pas, toutes les fois que des demandes d'abonnement seront faites par les habitants en quantité d'au moins 250 litres d'eau par jour et par 15 mètres de tuyaux dans toute l'étendue de la rue, et que l'abonnement sera garanti pour une durée de trois ans au moins.

8. Les travaux de pavage et de repavage, les fouilles, la pose et l'entretien de tous les tuyaux en général et toutes les autres dépenses relatives au service de distribution d'eau seront à la charge de l'adjudicataire.

---

(1) Ce modèle pourra également servir à composer un traité de gré à gré, si l'entreprise ne pouvait être mise en adjudication publique.

Il fera exécuter aussi à ses frais, touchant ce qui concerne son service, les déplacements de tuyaux, le dépavage et le repavage et tous les travaux reconnus nécessaires en cas de changement de nivellement des voies communales ou de tous autres travaux d'utilité publique de quelque nature qu'ils soient.

Les travaux de dépavage et de repavage seront faits : 1° pour les voies communales, par l'entrepreneur de la commune chargé des travaux d'entretien du pavage des rues, aux clauses et conditions de son marché avec ladite commune ;

2° Pour les routes impériales, départementales et les chemins vicinaux de grande communication, par l'entrepreneur de l'administration supérieure.

Le remblai des fouilles devra être pilonné exactement par couches de 15 centimètres d'épaisseur, de manière à rendre le terrain solide pour le rétablissement immédiat d'un bon pavage.

Dans le cas où quelque indice ferait soupçonner une fuite d'eau, l'adjudicataire devra faire ouvrir, à ses frais, des tranchées pour vérifier l'état des conduites et procéder aux réparations nécessaires.

9. Si l'adjudicataire n'exécutait pas les réparations, les remblais et le repavage dans un délai de....., il y serait pourvu d'office par le maire, aux frais dudit adjudicataire, sans préjudice des dommages-intérêts qui pourraient lui être réclamés.

Les mémoires des travaux exécutés d'office seront réglés conformément à l'usage, et payés, ainsi que les frais de règlement, par l'adjudicataire sur une simple demande du maire, sauf son recours contre qui de droit, s'il y a lieu.

§ 2. — *Production des plans.*

10. L'adjudicataire fournira à la commune, en double expédition, à la fin des travaux de premier établissement, un plan général de la canalisation de son entreprise. Il fournira des plans partiels toutes les fois qu'il établira de nouvelles conduites.

Les plans indiqueront d'une manière exacte et précise les points et la profondeur où auront été placées les conduites.

§ 3. — *Avantages à assurer a la commune en échange de privilége accordé.*

11. L'adjudicataire sera tenu envers la commune aux concessions gratuites suivantes :

1° Il mettra à la disposition de la commune une quantité de..... litres d'eau par jour et pendant toute l'année, les temps de gelée exceptés, pour servir à l'assainissement et à l'arrosement des voies publiques (1).

Cette quantité de..... litres par jour, sera distribuée soit au moyen de..... poteaux, qui serviront à alimenter des tonneaux d'arrosement.

Soit au moyen de bouches dites sous-trottoirs, dont le nombre ne pourra être moindre de.....

Soit au moyen de bornes-fontaines, au nombre de..... (*ou par ces trois moyens concurremment*).

Les poteaux, bouches sous-trottoirs et bornes-fontaines seront fournis et posés avec tous leurs accessoires, aux frais de l'adjudicataire. Ils seront placés suivant les dispositions des conduites d'eau, aux endroits qui seront indiqués par le maire.

Le nombre des poteaux, bouches sous-trottoirs et des bornes-fontaines ci-dessus stipulé, sera augmenté de..... par chaque augmentation de..... habitants, constatée officiellement, au-dessus du chiffre de....., auquel s'élève la population actuelle.

La quantité d'eau sera également augmentée de..... litres par chaque augmentation de..... habitants en sus du chiffre de.....

S'il n'existait pas de trottoirs aux endroits désignés par le maire pour recevoir les bouches sous-trottoirs, l'adjudicataire fera les travaux nécessaires pour les

(1) L'usage est de donner aux communes 1,500 litres d'eau par jour et par 1,000 habitants.

placer avec raccordement de pentes de manière qu'elles ne fassent pas obstacle à la circulation.

Le modèle des bornes-fontaines sera choisi par le maire. Elles devront être disposées de manière à recevoir les tuyaux des pompes à incendie ; elles seront garnies d'un chapeau qui ne laissera écouler que la quantité d'eau déterminée pour le lavage des ruisseaux.

Le volume d'eau dont il est parlé ci-dessus sera réparti par le maire entre les tonneaux d'arrosement, les bouches sous-trottoirs et les bornes-fontaines, sans qu'il puisse être inférieur ni supérieur à la quantité déterminée.

Si cette quantité devait être excédée, la commune payera l'eau supplémentaire à raison de (15 fr.) par an les 250 litres qui seront distribués par jour.

La quantité d'eau mentionnée ci-dessus sera livrée dans un intervalle de.....

Les heures d'écoulement seront fixées par le maire, qui aura aussi le droit de changer ou de modifier l'emplacement des poteaux, des bouches sous-trottoirs et des bornes-fontaines, si des travaux publics l'exigent. Il pourra de même changer ou modifier la quantité et les heures d'écoulement de l'eau que les poteaux, les bouches sous-trottoirs et les bornes-fontaines devront débiter, après s'être concerté avec l'adjudicataire pour ne pas nuire au service des abonnés, autant que possible ;

2° L'adjudicataire fournira, pour les besoins de la mairie, des écoles, de la salle d'asile ou de tous autres établissements publics (s'il en existe), la quantité de..... litres d'eau par jour pendant toute l'année ;

3° Il fournira aussi au moyen d'un robinet, qu'il fera placer à ses frais à la mairie, ...litres d'eau par jour et pendant toute l'année, pour être distribués aux pauvres sous l'inspection du maire ou de son délégué ;

4° *Ajouter les autres fournitures, s'il y a lieu.*

Les prises d'eau, les tuyaux, les robinets et tous les accessoires nécessaires aux fournitures d'eau gratuites seront établis et entretenus pendant toute la durée de la concession par l'adjudicataire et à ses frais.

Les branchements sur les conduites principales pour le service des poteaux, des bouches sous-trottoirs, des bornes-fontaines et des établissements communaux, seront en plomb, d'un diamètre d'au moins 41 millimètres et d'une épaisseur de 5 millimètres ; ils seront fournis et entretenus au compte de l'adjudicataire.

Art. 12. L'eau livrée gratuitement à la commune ne pourra être employée qu'à sa destination spéciale. Il n'en sera fait aucune vente ni aucun abus.

§ 4. — *Vérification des quantités d'eau.*

Art. 13. L'adjudicataire ouvrira exactement les robinets de distribution d'eau aux heures fixées par le maire et fournira la quantité que celui-ci aura déterminée pour chaque poteau, bouche sous-trottoir et borne-fontaine.

Il se soumettra à toutes les demandes du maire tendant à la vérification du jaugeage de l'eau.

Pour faciliter cette vérification, il fera garnir les robinets d'un signe indicatif qui fera reconnaître s'ils fonctionnent dans les conditions voulues.

Ces robinets s'ouvriront et se fermeront au moyen d'une double-clef ; ils seront recouverts d'une trappe fermant avec serrure. L'une des clefs sera déposée à la mairie pour qu'il en soit fait usage, s'il y a lieu, par le maire ou ses délégués dans les cas d'incendie, et en présence de l'adjudicataire ou de ses agents, pour procéder à la vérification du jaugeage de l'eau.

§ 5. — *Cas d'incendie.*

Art. 14. — En cas d'incendie dans la commune, l'entrepreneur et ses abonnés mettront, de jour comme de nuit, sans pouvoir réclamer aucune indemnité, l'eau de leur réservoir à la disposition de l'autorité municipale.

L'entrepreneur fera, en outre, fonctionner gratuitement toutes ses machines, s'il était besoin d'augmenter le volume de l'eau.

Il fera couler aussi gratuitement, au moyen des poteaux d'arrosement, des bouches sous-trottoirs et des bornes-fontaines, l'eau qui serait reconnue nécessaire pour éteindre l'incendie.

Il sera tenu enfin de faire remplir, sans indemnité, après constatation, les réservoirs des abonnés dont l'eau aurait été épuisée pour servir à éteindre l'incendie.

Les abonnés ne pourront réclamer ou exercer aucun recours contre l'entrepreneur pour interruption dans le service de distribution d'eau par suite de ce sinistre.

§ 6. — *Contraventions. — Peines.*

Art. 15. Toute contravention relative soit aux heures d'ouverture et de fermeture des robinets, soit à la quantité d'eau à livrer à la commune, sera constatée par des procès-verbaux ; elle donnera lieu au payement des indemnités suivantes :

1° Pour chaque manque d'ouverture ou de fermeture de robinet aux heures déterminées par le maire.. » »

2° .... » »

3° Pour la quantité d'eau dont aurait été privée la commune sans motifs reconnus légitimes par le maire (1).. » »

4° .... » »

L'entrepreneur se soumettra au payement de ces indemnités par le seul fait de la contravention constatée, après un simple avis du maire, sans qu'il soit besoin de remplir aucune autre formalité.

Art. 16. Le service de distribution d'eau dans la commune, après qu'il aura été établi dans les délais prescrits par l'article 6 et conformément aux clauses et conditions imposées à l'entrepreneur, sera continué sans interruption pendant toute la durée de la concession, sauf les cas de réparations obligées, ou de force majeure.

Si l'interruption du service n'excède pas le temps nécessaire pour exécuter sans désemparer les réparations, l'entrepreneur ne sera tenu à aucune indemnité envers la commune.

Mais si les travaux de réparation étaient retardés par le fait de l'entrepreneur ou de ses agents au delà des délais voulus, il en serait dressé procès-verbal par le maire ; et l'entrepreneur sera tenu de payer à la commune une indemnité proportionnelle au prix de l'eau qui devait lui être fournie.

Dans le cas où l'interruption du service aurait lieu pendant quinze jours consécutifs pour toute autre cause que des réparations obligées ou des faits de force majeure, le présent marché pourra être résilié. Le cas échéant, il sera dressé, par le maire, procès-verbal des motifs d'interruption. Ce procès-verbal sera notifié à l'entrepreneur avec mise en demeure de reprendre et de continuer son service dans un délai de.....; et, si cette mise en demeure reste sans résultat, la commune sera libre de traiter avec qui bon lui semblera du privilége accordé. L'entrepreneur sera poursuivi devant qui de droit pour faire prononcer la résiliation de son marché et les dommages-intérêts dont il serait reconnu passible envers la commune; il fera enlever immédiatement ses tuyaux et, faute par lui d'exécuter cette dernière condition après sommation, il y sera pourvu d'office par la commune aux frais, risques et périls dudit entrepreneur.

§ 7. — *Cautionnement.*

Art. 17. Pour assurer la réalisation de ses engagements envers la commune, l'entrepreneur adjudicataire fournira un cautionnement provisoire de..... en numéraire qui sera déposé au Trésor public par les soins du receveur municipal avant toute exécution de travaux.

Ce cautionnement sera restitué à l'entrepreneur (soit par quart, soit par huitième), à mesure de l'avancement des travaux et fournitures de premier établissement, sur la proposition de l'architecte communal.

Le dernier quart du cautionnement sera converti en cautionnement définitif. Il ne sera restitué, s'il y a lieu, à l'entrepreneur qu'à l'expiration de son privilége.

---

(1) L'indemnité pour la non-fourniture d'eau due par l'entrepreneur est ordinairement basée sur le prix de la fourniture à faire en excédant de la redevance à la commune.

Il sera tenu compte à l'entrepreneur des intérêts de la somme déposée, à titre de cautionnement, au taux accordé par le Trésor public.

Le cautionnement définitif sera affecté par privilége à toutes les reprises, indemnités, amendes, dommages-intérêts, que la commune aurait à réclamer de l'entrepreneur, sans préjudice de recours contre lui ou ses ayants droit, si le cautionnement était insuffisant.

§ 8. — *Service des particuliers.*

Art. 18. L'entrepreneur adjudicataire ne pourra, sous aucun prétexte, refuser de souscrire des abonnements aux habitans de la commune.

Les branchements ou les tuyaux de distribution sur les conduites principales seront en plomb ; ils auront au moins 20 centimètres de diamètre sur 5 millimètres d'épaisseur.

Les travaux relatifs au percement de la conduite principale, la fourniture et la pose des tuyaux, celle des tampons et des robinets, leur pose et leur ajustage, les fouilles et les réparations des tranchées à l'extérieur des propriétés, le dépavage et le repavage, l'entretien de ces mêmes travaux, seront faits par l'entrepreneur au compte des abonnés. L'entrepreneur sera responsable de ces travaux, sauf son recours contre qui de droit.

Il sera loisible aux abonnés de traiter avec l'adjudicataire pour les travaux et fournitures de tuyaux, réservoir, etc., à faire dans l'intérieur de leurs propriétés Toutefois, les travaux et fournitures qui seraient confiés à un entrepreneur autre que l'adjudicataire, seront exécutés sous la surveillance de ce dernier.

§ 9. — *Prix de l'eau.*

19. L'eau sera fournie aux habitants, conformément aux prix suivants :

Pour un abonnnement	de	250	litres par jour.....	pour l'année...	(75 fr.)
id.	de	500	id.	id.	(140 »)
id.	de	750	id.	id.	(195 »)
id.	de	1000	id.	id.	(240 »)
id	de	1250	id.	id.	(275 »)
id.	de	1500	id.	id.	(300 »)
Pour les quantités	excédant	1500	litres par jour.....	id.	(50 »)

par chaque 250 litres.

L'entrepreneur aura la faculté de traiter à des prix inférieurs, mais les prix ci-dessus ne pourront être augmentés pendant tout le temps de sa concession.

20. La durée de chaque abonnement ne pourra être moindre d'un an.

Le prix de l'abonnement sera exigible par trimestre et d'avance.

A défaut de payement par un abonné après..... jours d'une simple mise en demeure, l'adjudicataire pourra suspendre la fourniture de l'eau, et, pour le cas où le service aurait été continué, l'adjudicataire sera en droit de se faire payer par l'abonné le prix de l'eau qui lui aurait été fournie en excédant du trimestre écoulé.

L'entrepreneur aura, dans tous les temps, le droit de faire vérifier la quantité d'eau prise par chaque abonné.

20. L'entrepreneur pourra faire établir des fontaines marchandes dans la commune pour la vente de l'eau aux porteurs d'eau et aux particuliers non abonnés.

Le prix de l'eau distribuée à ces fontaines ne pourra être supérieur à 10 c. l'hectolitre.

§ 10. — *Polices.*

21. Les polices ou traités que l'entrepreneur consentira aux abonnés seront en harmonie avec les clauses et conditions du présent cahier des charges.

La formule des polices d'abonnement devra être agréée préalablement par le maire. Une expédition sera annexée au procès-verbal d'adjudication. Cette formule ne pourra être changée ni modifiée sans le consentement du maire.

§ 11. — *Privilége accordé par la commune.*

22. En considération des avantages accordés à la commune par l'article 11 du présent cahier des charges, l'entrepreneur adjudicataire jouira, pendant..... années, consécutives, à partir de la date de l'approbation du procès-verbal de l'adjudication, du droit exclusif de placer, sous le sol des voies communales, des tuyaux de conduite pour distribuer l'eau de..... dans toute l'étendue du territoire de la commune.

§ 12. — *Réserves.*

23. Le privilége accordé n'empêchera pas la commune et les habitants de se pourvoir d'eau par tous les moyens qu'ils jugeront convenables pour leurs besoins personnels.

24. Si de nouvelles découvertes, tombées dans le domaine public, étaient mises en usage par l'entrepreneur adjudicataire en vue d'économie dans son exploitation, il sera tenu de modifier le tarif des prix fixés dans le présent cahier des charges, proportionnellement aux avantages qui devront résulter pour lui de l'application des nouveaux procédés.

25. L'adjudicataire ne pourra s'opposer aux essais que le maire croira devoir ordonner ou autoriser sur le territoire de la commune pour procurer de l'eau à la commune à meilleur compte, ni à l'établissement de conduites d'eau par la commune, si ces conduites sont reconnues nécessaires pour le service public.

§ 13. — *Cession de l'entreprise.*

26. L'entrepreneur adjudicataire ne pourra céder tout ou partie de son entreprise, sans le consentement du conseil municipal et sans l'autorisation de l'autorité supérieure.

Il restera responsable envers la commune pendant toute la durée de son privilége, et solidairement avec les nouveaux exploitants, de toutes les charges, clauses et conditions qui lui sont imposées par le présent cahier des charges.

27. A l'expiration de la concession, le matériel de l'entreprise sera livré en bon état à la commune, sans indemnité.

Ou bien : A l'expiration de la concession, la commune aura la faculté de prendre le matériel de l'entreprise à dire d'experts, et moyennant un rabais de..... pour cent, pour exploiter par elle-même, ou faire exploiter l'entreprise à son profit.

28. Les frais de timbre, d'enregistrement et autres, auxquels donnera lieu l'adjudication, seront supportés par l'adjudicataire.

Fait à....., le..... mil huit cent...

Le maire.

Pour les conditions de l'adjudication, l'affiche et le procès-verbal, Voy. Adjudication; Travaux et Fournitures.

N° 497.

ÉCHELLES, *cordes, etc., laissées pendant la nuit sur la voie publique* (*Procès-verbal pour*) (1).

Aujourd'hui....., mil huit cent....., à heures du....., nous..... maire (adjoint au maire *ou* commissaire de police) de la commune de....., revenant

(1) « Seront punis d'amende depuis un franc jusqu'à cinq francs inclusivement, ceux qui auront laissé dans les rues, chemins, places, lieux publics ou dans les champs des coutres de charrue, pinces, barres, barreaux ou autres machines, instruments ou armes dont peuvent abuser les voleurs ou malfaiteurs. » (*Code pénal, art.* 471, n° 7.)

d'une tournée en ladite ville pour la surveillance des auberges, cabarets et autres lieux assujettis aux règlements de police, et passant rue....., avons remarqué qu'on avait laissé devant la maison du sieur S....., nº..... de ladite rue, une échelle et des cordages dont auraient pu s'emparer les malfaiteurs pour escalader les maisons et commettre des soustractions. Ayant fait venir le sieur...., locataire de la maison, nous lui avons demandé à qui les objets appartenaient, et sur sa réponse qu'ils étaient au sieur S....., propriétaire, nous en avons requis la rentrée immédiate dans l'intérieur de la maison.

Et attendu que le fait de ce délaissement sur la voie publique constitue, de la part du sieur S....., contravention à l'article 471, nº 7, du Code pénal, punissable de peines de simple police, nous avons, de retour en notre bureau, rédigé le présent procès-verbal pour y être donné telles suites qu'il appartiendra.

Fait à....., les jour, mois et an que dessus.

(Signature.)

Nº 498.

Échenillage (*Arrêté du maire concernant l'*).

Nous, maire de la commune d....

Vu les dispositions de la loi du 26 ventôse an IV (1) (16 mars 1796),

Les arrêtés du gouvernement des 12 messidor an VIII et 3 brumaire an IX ;

L'article 471, nº 8, du Code pénal (2);

Avons arrêté et arrêtons ce qui suit :

Art. 1er. Conformément à la loi du 26 ventôse an IV, tous propriétaires, fermiers ou locataires de terrains situés dans l'étendue de la commune, sont tenus d'écheniller ou faire écheniller, tous les ans, du 1er au 20 février, les arbres, haies et buissons qui sont sur lesdits terrains, ainsi que ceux qui bordent les grandes routes et les chemins vicinaux.

2. On brûlera sur-le-champ les bourses et toiles provenant des arbres. Cette opération ne pourra s'effectuer qu'à une distance de 100 mètres des habitations, ainsi que de tout objet combustible.

3. Du 20 février au 1er mars, le garde champêtre visitera tous les fonds garnis d'arbres, haies ou buissons, pour s'assurer si l'échenillage a été fait exactement.

4. Provisoirement, en cas de négligence de la part desdits propriétaires ou fermiers, et en vertu de l'article 7 de la loi du 26 ventôse an IV, il sera procédé à l'échenillage par des ouvriers qui seront payés de leur salaire sur l'exécutoire des dépenses délivré par le juge de paix d'après les quittances des ouvriers contre les propriétaires ou fermiers, et sans que ce payement puisse les dispenser de l'amende.

Dans ce cas, le délit sera constaté par un procès-verbal, lequel sera adressé au juge de paix chargé de l'application de la peine.

5. Le présent arrêté sera publié et affiché dans la commune : l'adjoint, le commissaire de police et le garde champêtre sont chargés d'en assurer l'exécution.

Fait à la mairie....., le..... 18...

Le maire.

---

(1) L'article 1er de la loi du 26 ventôse an IV (16 mars 1796) oblige tous propriétaires ou fermiers à écheniller ou faire écheniller leur propre héritage ou celui d'autrui, sous peine d'une amende qui ne pourra être moindre de trois journées de travail, et dix au plus. — L'article 2 les oblige, sous les mêmes peines, de brûler sur-le-champ les bourses et toiles qui en seront tirées, et dans un lieu où il n'y aura aucun danger de feu. — L'article 3 charge les agents municipaux de veiller à l'exécution de l'échenillage. — L'article 6 prescrit l'échenillage avant le 20 février. — L'article 7 ordonne l'exécution de l'échenillage aux dépens du propriétaire qui l'aurait négligé.

(2) « Seront punis d'amende, depuis un franc jusqu'à cinq francs inclusivement....., — Ceux qui auront négligé d'écheniller dans les campagnes ou jardins où ce soin est prescrit par la loi ou les règlements. » (*Code pénal, art. 471, nº 8.*)

N° 499.

ÉCHENILLAGE (*Procès-verbal pour constater un délit en fait d'*).

L'an mil huit cent....., le....., à..... heure du....., nous, garde champêtre de la commune d....., dûment assermenté et revêtu de notre plaque, faisant la visite des fonds de ladite commune, pour nous assurer si l'échenillage avait été fait dans le temps prescrit par l'arrêté de M. le maire, en date du....., avons remarqué un jardin dont les arbres étaient couverts de bourses et toiles remplies de chenilles; ledit jardin donnant sur la rue....., n°....., et appartenant au sieur S.....

Nous nous sommes de suite présenté au domicile dudit sieur S....., même rue, n°....., où parlant à sa personne, nous lui avons fait sommation, par le présent, de faire écheniller les arbres de son jardin dans le délai de trois jours, et d'en faire brûler sur-le-champ les toiles et bourses dans un endroit isolé, le tout ainsi qu'il est prescrit par les articles 1er et 2 de la loi du 26 ventôse an IV; lui déclarant que faute de ce faire, il y sera pourvu à ses frais, conformément à l'article 7 de ladite loi, sans préjudice de l'amende prononcée par le n° 8 de l'article 471 du Code pénal; et afin que ledit sieur S..... n'en ignore, lui avons laissé copie du présent; et a ledit signé avec nous.

Fait à....., les jour, mois et an susdits.

(*Signature.*)

Suit *le Procès-verbal d'affirmation*. Voy. GARDE CHAMPÊTRE.

N° 500.

ÉCHOPPE (1). — *Procès-verbal pour ordonner la démolition d'une échoppe construite sur la voie publique.*

Aujourd'hui....., mil huit cent....., nous, commissaire de police de la ville d....., faisant notre tournée et passant rue....., avons remarqué une échoppe adossée au mur du jardin appartenant au sieur.....; la rue étant fort étroite en cet endroit, et ladite échoppe gênant la circulation, nous avons sommé, conformément au n° 4 de l'article 471 du Code pénal, le sieur Jean C....., propriétaire de ladite échoppe, de la démolir dans l'espace de vingt-quatre heures, lui déclarant que faute par lui de se conformer à notre injonction, il sera procédé d'office à ladite démolition. Pour quoi nous avons dressé contre ledit le présent procès-verbal pour valoir ce que de raison.

(*Signature.*)

N° 501.

ÉCLAIRAGE. — *Délibération approuvant le cahier des charges dressé pour la mise en adjudication d'une entreprise d'éclairage public.*

L'an mil huit cent....., le....., le conseil municipal de la commune d....., réuni, etc. (Voy. DÉLIBÉRATION.)

Le conseil municipal, vu le cahier des charges dressé par le maire et conte-

(1) Une des attributions du conseil municipal consiste à veiller à ce qu'il ne soit placé ni échoppes ni baraques dans des emplacements où elles pourraient nuire à la libre circulation. (*Loi des* 16-24 *août* 1790, *Titre* XI, *art.* 3, *n°* 1er.)

« Seront punis d'amende, depuis un franc jusqu'à cinq francs ceux qui auront embarrassé la voie publique, en déposant ou laissant, sans nécessité, des matériaux ou des choses quelconques qui empêchent ou diminuent la liberté et la sûreté du passage. » (*Code pénal, art.* 471, *n°* 4.)

nant les clauses et conditions à imposer à l'entrepreneur adjudicataire de l'éclairage public (à l'huile *ou* au gaz) de la commune.

(S'il y a traité amiable avec un entrepreneur breveté, on mettra, au lieu du visa qui précède :)

Vu le traité passé le....., entre le maire et le sieur....., entrepreneur (breveté), ayant pour objet l'éclairage public (au gaz *ou* à l'huile) dans la commune pendant..... années, aux conditions suivantes (*mentionner les conditions de prix et autres*).......

Vu le budget de l'exercice courant;

Ou Vu l'état de la situation de la caisse communale, dressé le....., par le receveur municipal; ledit état constatant qu'il existe des ressources disponibles pour subvenir à cette dépense;

Vu la loi du 18 juillet 1837;

Vu l'ordonnance du 14 novembre suivant et la circulaire de M. le ministre de l'intérieur du 9 juin 1838;

Considérant qu'il importe, pour la sûreté publique, d'éclairer les rues de la commune (*ou* d'augmenter l'éclairage, *ou bien encore* : de substituer l'éclairage au gaz à l'éclairage à l'huile), et que la dépense totale qui doit en résulter pour la commune est évaluée annuellement à.....

(S'il y a traité amiable, on ajoutera:)

Considérant que le sieur..... est breveté pour le système d'éclairage qu'il propose, et que les conditions du traité ci-dessus visé sont avantageuses pour la commune;

Considérant que les ressources communales permettent de subvenir à cette dépense sans affecter les autres services municipaux,

Délibère :

(Pour le cas d'adjudication :)

Les propositions du maire sont adoptées.

L'entreprise de l'éclairage public (à l'huile *ou* au gaz) sera mise en adjudication publique dans la forme prescrite par l'ordonnance du 14 novembre 1837, et en conformité des clauses et conditions contenues dans le cahier des charges dressé par le maire, qui est également adopté.

La dépense sera payée (*indiquer les ressources*).

(Pour le cas de traité amiable :)

Le traité passé le....., entre le maire et le sieur....., entrepreneur (breveté), pour l'éclairage (au gaz *ou* à l'huile), pendant..... années, des voies publiques de la commune, est adopté.

La dépense sera payée (*indiquer les ressources*).

Fait et délibéré à....., les jour et an que dessus. (*Signatures*,)

N° 502.

Éclairage. — *Cahier de charges d'éclairage au gaz* (1).

Ville *ou* Commune d.....

Art. 1er. L'adjudication pour l'éclairage des rues, places, lieux et établissements publics de la commune d....., pour ..... années consécutives, à partir du....., sera passée dans les formes ordinaires, avec publicité et concurrence, à (*indiquer l'endroit où l'adjudication aura lieu*), au profit de tout soumissionnaire qui offrira les prix les plus avantageux, et qui s'engagera à observer les clauses, charges et conditions ci-après énoncées.

(1) Ce modèle pourra également servir à composer un traité de gré à gré, si l'entreprise ne devait pas faire l'objet d'une adjudication publique.

§ 1er. — *Usine et pose des tuyaux.*

2. L'adjudicataire aura le droit exclusif, pendant ..... années, de placer sous le sol des rues, places et terrains dépendant de la voie publique communale, des tuyaux pour la circulation et la distribution du gaz. Ce droit ne pourra être cédé à qui que ce soit, en tout ou en partie, sans le consentement du conseil municipal approuvé par le préfet.

3. L'adjudicataire se procurera à ses frais les terrains nécessaires à la construction de l'usine, et il sera tenu de les clore de toutes parts.

Il se conformera, pour le choix de l'emplacement et la construction de l'usine, aux prescriptions des lois et règlements sur les établissements insalubres.

Il entretiendra constamment en bon état, dans son établissement, le nombre de gazomètres et de cornues nécessaires au service. Les appareils devront être établis de telle sorte que la production du gaz puisse s'y opérer sans aucune interruption.

4. Les tuyaux souterrains seront en fonte de bonne qualité, bien ajustés, conformément aux règles de l'art, ou en tôle bitumée, d'une force au moins égale à celle des tuyaux en fonte et offrant les mêmes garanties.

Ils seront placés dans les parties des rues et places indiquées par le maire, à 1 mètre au moins au-dessous du sol, et à 1 mètre 50 centimètres au moins des habitations, et non dans les aqueducs et égouts qui existent ou qui seraient établis; ils ne pourront traverser ces aqueducs et égouts qu'avec l'autorisation du maire.

Chaque tranchée pour la pose et la réparation des tuyaux aura au plus 1 mètre de largeur à la superficie du terrain; elle ne pourra être ouverte sur plus de ..... mètres de longueur à la fois, et la tranchée, la pose des tuyaux, le remblai et le rétablissement du pavé dans chaque section de ..... mètres, devront être exécutés dans le délai de ..... Le remblai sera pilonné exactement par couches de ..... d'épaisseur, de manière à rendre le terrain solide pour le rétablissement immédiat d'un bon pavage.

Lorsque la tranchée devra traverser une rue, elle ne sera d'abord ouverte que sur la moitié de la largeur de cette rue. Il ne pourra être commencé de dépavement et de fouille sur l'autre moitié qu'après que la première sera en état d'être livrée à la circulation. Toute tranchée non recomblée et pavée avant la chute du jour sera garnie par l'adjudicataire, et à ses frais, de barrières et de pots à feu en quantité suffisante pour prévenir tout accident.

Si, lors de l'ouverture des tranchées, l'adjudicataire découvre des aqueducs, tuyaux ou ouvrages quelconques, il devra immédiatement en prévenir le maire, et le mettre à même de vérifier l'état des lieux avant qu'aucun changement y soit apporté.

5. Dans le cas où, pour toute espèce de travaux d'utilité publique, il y aurait nécessité de changer la disposition des tuyaux à gaz, l'adjudicataire sera tenu de faire, relativement à la direction de ces tuyaux, dès qu'il en sera requis par le maire, tous les changements reconnus nécessaires, sans pouvoir prétendre à aucune indemnité, à raison des dépenses qui en résulteraient.

Lorsque les tuyaux se trouveront à une distance de ..... mètres d'une plantation ou d'une conduite d'eau, ils devront être enveloppés d'une couche de terre bien battue de ..... à ..... centimètres d'épaisseur.

Tous les tuyaux, en général, devront, avant leur emploi, être imprégnés extérieurement et par immersion, de bitume chaud.

6. Toutes les dépenses relatives à l'établissement des tuyaux souterrains, le rétablissement du pavé et tous les autres travaux, dans les parties où auront été exécutées des fouilles ou excavations, seront à la charge de l'adjudicataire. Il sera même obligé de relever et de rétablir à ses frais, dans l'année qui suivra l'exécution des travaux, les pavés qui seraient dégradés par le fait d'un mauvais travail ou d'un rétablissement incomplet.

Les dispositions du présent article s'appliqueront, pendant toute la durée de la concession, aux fouilles et excavations qui seraient pratiquées pour l'examen ou la réparation des tuyaux.

Faute par l'adjudicataire d'obtempérer aux réquisitions qui lui seront faites en exécution du présent article, le maire fera exécuter d'urgence les travaux aux frais dudit adjudicataire, après une mise en demeure administrative restée sans résultat.

Tous les travaux de pavage seront exécutés par un entrepreneur agréé par l'administration municipale, sous la direction de l'architecte de la commune. Ce dernier pourra exiger l'emploi, en tout ou en partie, de pavés neufs dont la fourniture restera à la charge de l'adjudicataire.

7. Au fur et à mesure de la pose des tuyaux sous le sol d'une rue, l'adjudicataire sera tenu de remettre au secrétariat de la mairie un plan de la canalisation de ladite rue, et, à la fin des travaux, il fournira également un plan d'ensemble de toute la canalisation. Ces plans indiqueront d'une manière exacte et précise les points et la profondeur où auront été placés les tuyaux.

Dans le cas où quelque indice ferait soupçonner une fuite de gaz, l'adjudicataire devra ouvrir ou réparer à ses frais les tranchées sur les points qui lui seront indiqués par le maire. Il fera procéder également à ses frais à la réparation immédiate des tuyaux.

§ 2. — *Appareils d'éclairage.*

8. L'adjudicataire établira, pour l'éclairage de la commune, les tuyaux de distribution, consoles, candélabres, tubes, robinets, becs et lanternes, et généralement tous les accessoires qui lui seront demandés par l'administration municipale.

Les lanternes, candélabres et consoles, destinés à l'éclairage public, seront placés aux endroits que déterminera le maire.

9. Les appareils seront peints aux frais de l'adjudicataire; cette peinture sera renouvelée également à ses frais toutes les fois que besoin sera. Ils seront numérotés au moyen d'une plaque dont le modèle sera choisi par le maire, et qui devra être fournie gratuitement par l'adjudicataire; les inscriptions de ces plaques seront toujours lisibles; les plaques en mauvais état seront immédiatement remplacées.

§ 3. — *Service de l'éclairage.*

10. L'éclairage sera fait par le gaz (extrait de la houille, etc.); l'adjudicataire ne pourra employer d'autre gaz sans le consentement formel et par écrit du maire et sans l'adhésion du conseil municipal.

11. Pour assurer le service d'éclairage, l'adjudicataire sera tenu d'avoir constamment en magasin un approvisionnement pour..... mois, au moins, des matières premières destinées à la fabrication du gaz. Cet approvisionnement sera vérifié toutes les fois que l'administration municipale l'exigera.

12. Il y aura (*trois*) séries de becs dits *éventails*.

La dimension de la flamme de la première série sera de (0m,057 *de largeur sur* 0,029 *de hauteur*); ce bec sera payé ..... centimes par heure.

La flamme des becs de la deuxième série devra présenter une largeur de (0m,067 *de largeur sur* 0,032 *de hauteur*); ce bec sera payé..... centimes par heure.

La flamme des becs de la troisième série devra présenter une largeur de (0m,94 *de largeur sur* 0,055 *de hauteur*); ce bec sera payé ..... centimes par heure (1).

Lorsque le gaz sera livré au compteur, il sera payé à raison de ..... centimes le mètre cube.

13. Le service de l'éclairage public est divisé en éclairage permanent et en éclairage variable.

Les becs du service permanent sont allumés toute l'année, du soir au matin, sans interruption.

Les becs variables sont ceux dont le service est interrompu pendant le clair de lune, soit que l'éclairage ne dure qu'une partie de la nuit, soit qu'il se prolonge pendant toute la durée de la nuit.

14. Les heures d'allumage et d'extinction des becs permanents et des becs variables seront déterminées par un tableau dressé au commencement de chaque année, de concert entre le maire et l'adjudicataire. Ce tableau sera affiché et imprimé, s'il est besoin, aux frais dudit adjudicataire.

(1) Ces dimensions de becs ont été adoptées par la ville de Paris.

En cas de brouillard, dégel ou autres circonstances imprévues, les heures d'éclairage pourront être avancées ou prolongées suivant qu'il sera nécessaire. L'adjudicataire se conformera, à cet égard, aux ordres du maire.

Le supplément d'éclairage sera payé à l'adjudicataire le même prix que pour le service ordinaire, et dans les proportions de sa durée.

15. Le service d'allumage sera fait en ... minutes au plus, c'est-à-dire qu'il pourra commencer ... minutes avant l'heure fixée par le tableau, et qu'il devra être terminé au plus tard ... minutes après cette heure.

L'adjudicataire fournira, à la fin de chaque mois, un état détaillé du service d'éclairage public du mois écoulé; cet état sera vérifié par le maire, et, lorsqu'il aura été reconnu exact, le payement en sera ordonné, sauf les retenues dont il sera parlé dans l'article 25 ci-après.

§ 4. — *Du personnel.*

16. L'adjudicataire fournira jusqu'à concurrence de ..... allumeurs au moins, et plus si le service de l'éclairage l'exige. Ces allumeurs seront mis, lorsqu'il sera besoin, à la disposition d'un agent communal pour l'inspection soit de jour, soit de nuit, du service de l'éclairage.

17. L'adjudicataire fera déposer à la mairie le matériel nécessaire pour le service des rondes d'inspection.

18. Le maire aura le droit d'ordonner le renvoi ou la mise à pied des allumeurs et de tous autres employés du service actif, toutes les fois que ces employés donneront lieu à des plaintes fondées.

§ 5. — *Des appareils supplementaires*

Art. 19. Dans le cas où la commune voudrait faire poser des appareils en plus grande quantité que ceux fournis gratuitement par l'adjudicataire, les frais des lanternes, candélabres et consoles demandés par la commune seront avancés par l'adjudicataire, et lui seront remboursés sur mémoires réglés, après délibération du conseil municipal, régulièrement approuvée.

20. L'adjudicataire placera les appareils supplémentaires, et mettra en service les nouveaux becs dans les endroits et dans le délai qui seront fixés par le maire.

§ 6. — *Entretien des appareils.*

21. L'adjudicataire, moyennant le prix de..... par appareil en place, entretiendra en bon état tout le matériel d'éclairage public. Il fera réparer immédiatement, à ses frais, les fuites qui se manifesteront dans les tuyaux, robinets et autres accessoires. Il fera remplacer aussi à ses frais, aussitôt après le premier avis qui lui en sera donné par le maire, les verres brisés, fêlés ou altérés, et tous les objets hors de service.

L'adjudicataire sera responsable, sauf les cas de force majeure dûment constatés, de tous les accidents et dégradations qui pourront arriver au matériel de l'éclairage public. Il sera également responsable des vols dont ce matériel pourrait être l'objet.

Les procès-verbaux qui seraient dressés à ce sujet par le maire serviront, s'il y a lieu, de titre à l'adjudicataire pour exercer son recours contre les auteurs ou fauteurs des dommages. La commune ne pourra jamais être recherchée à cet égard.

22. L'adjudicataire fera, chaque jour, nettoyer complétement les lanternes. Ce nettoiement devra toujours être terminé une heure au moins avant l'allumage. Il fera laver depuis le..... jusqu'au..... de chaque mois les candélabres dans toute leur hauteur.

23. Faute par l'adjudicatiare de se conformer aux dispositions des articles 20, 21 et 22, et aux réquisitions qui lui seront faites à ce sujet, il pourra y être pourvu d'office à ses frais par les soins du maire, le tout indépendamment des retenues fixées par l'article 25 ci-après.

§ 7. — *Retenues.*

24. L'adjudicataire s'engage à exécuter ponctuellement ses obligations sous peine de dommages-intérêts.

Dans les cas ci-après déterminés, les dommages-intérêts seront supportés par forme de retenue, et imputés sur les sommes revenant chaque mois (ou chaque trimestre) à l'adjudicataire, et, en cas d'insuffisance, sur le cautionnement dont il sera parlé à l'article 42.

25. Ces retenues sont fixées ainsi qu'il suit :

1° Pour chaque bec qui, dans le cas prévu par l'article 13, ne serait pas desservi, la retenue sera, pour la première nuit, égale au prix du service de ce bec pendant toute la nuit; elle sera double de ce prix pendant les autres nuits.

2° Pour chaque bec dont la flamme n'aurait pas la dimension prescrite, la retenue sera le double du prix du service de ce bec pendant toute la nuit (art. 12).

Cette retenue sera réduite de moitié lorsque la défectuosité des becs aura été rectifiée dans la première heure du service, et qu'il en aura été justifié.

3° Lorsque l'allumage n'aura été fait dans aucune des parties de la commune, aux heures prescrites par le tableau d'éclairage, et conformément à l'article 14, la retenue sera pour chaque demi-heure de retard de..... par bec.

4° Elle sera de..... par bec et par demi-heure, si le retard a lieu pour deux ou un plus grand nombre de becs établis à la suite les uns des autres.

5° Lorsque le retard apporté dans l'allumage n'aura lieu que pour des becs isolés, la retenue sera, pour chaque bec et chaque demi-heure, de.....

6° Les mêmes retenues auront lieu, et dans les mêmes proportions, pour chaque demi-heure d'extinction prématurée.

Cependant, elles seront réduites de moitié, toutes les fois que les becs éteints prématurément auront été rallumés et qu'il en aura été justifié.

7° Il sera fait une retenue de..... pour chaque allumeur qui n'aurait pas été mis à la disposition du maire, ainsi que le prescrit l'article 16.

8° Elle sera de..... pour chaque employé qui fera le service après que son exclusion aura été prononcée conformément à l'article 18.

9° L'adjudicataire supportera une retenue de..... par appareil et par chaque jour de retard non justifié, qui sera apporté dans la pose et la mise en service des appareils, après le délai qui aura été fixé pour le placement de ces appareils, conformément à l'article 20.

10° L'adjudicataire supportera une retenue de..... par jour, pour chaque appareil dans le tuyau duquel seront manifestées des fuites qui n'auront pas été réparées, après avertissement donné par le maire (art. 21, § 2).

11° La retenue sera également de..... par jour, pour chaque lanterne dont les verres cassés, fêlés ou altérés, ne seront pas remplacés après avertissement (art. 21, § 3 et 4).

12° *Idem*, pour chaque lanterne qui ne serait pas nettoyée aux heures fixées par l'article 22, § 1er.

13° *Idem*, pour chaque candélabre qui n'aurait pas été lavé aux époques fixées par l'article 22, § 2.

14° *Idem*, pour chaque plaque manquant ou en mauvais état, ou dont l'inscription sera illisible et incomplète (art. 9).

15° *Idem*, par chaque candélabre ou console dont la peinture ne sera pas renouvelée après avertissement du maire (art. 9).

16° Lorsque l'adjudicataire n'aura pas dans ses magasins l'approvisionnement déterminé par l'article 11, il supportera, par jour, une retenue de.....

17° Enfin, si l'adjudicataire ne se conforme pas aux dispositions de l'article 10, il lui sera fait une retenue de.....

26. Les retenues seront prononcées par le maire pour chaque contravention constatée, et avis en sera donné au receveur municipal.

§ 8. — *Eclairage des particuliers.*

27. L'adjudicataire sera tenu, dans les rues où il existera des conduites, de fournir le gaz à toutes les personnes qui auront contracté un abonnement de..... mois au moins, et qui se seront conformées aux dispositions des règlements concernant la pose des appareils

Les polices, en vertu desquelles seront souscrits les abonnements, devront être conformes à un modèle approuvé, au préalable, par le maire.

Les abonnements au bec pourront être faits pour tous les jours sans exception, ou en exceptant les dimanches et fêtes.

Aucun abonnement ne pourra être refusé; mais l'adjudicataire sera en droit d'exiger que le payement s'en fasse par mois et d'avance.

28. Le gaz sera fourni, soit au compteur, soit au bec et à l'heure, à la volonté des abonnés.

Les compteurs seront à la charge des abonnés; ils auront la faculté de les faire établir et entretenir soit par l'adjudicataire, soit par des fournisseurs de leur choix.

Le système des compteurs sera approuvé par le maire.

Ces instruments seront soumis, quant à leur exactitude et à la régularité de leur marche, à toutes les vérifications que le maire croira devoir prescrire, sans préjudice de celles que les abonnés ou l'adjudicataire voudraient faire effectuer par les voies de droit.

Les abonnés au compteur auront, pour leurs besoins personnels, la libre disposition du gaz qui aura passé par le compteur; ils pourront distribuer ce gaz comme bon leur semblera, soit à l'intérieur, soit à l'extérieur de leur domicile, sans que, dans le cas où le nombre de becs serait augmenté, il puisse en résulter aucune action contre l'adjudicataire à raison de la faiblesse de l'éclairage.

Les conduites à gaz, à l'extérieur comme à l'intérieur des maisons ou des établissements des abonnés, seront apparentes.

29. Le tarif de la vente du gaz aux particuliers, soit au compteur, soit au bec, est fixé pendant toute la durée de la concession faite à l'entrepreneur, conformément au tableau ci-après :

(Insérer ici le tarif.)

30. Les becs auxquels s'applique le tarif ci-dessus seront percés de..... trous, du diamètre de.....; la hauteur de la flamme sera de....., celle du verre de cheminée ne pourra excéder.....

La consommation de ces becs sera par heure de..... en moyenne par bec.

31. Le prix de tout autre bec que celui déterminé dans l'article qui précède, ou d'un éclairage qui aurait lieu à des heures autres que celles désignées au tableau, sera débattu, de gré à gré, entre l'adjudicataire et les particuliers.

32. Les abonnés ne pourront exiger d'éclairage, soit au compteur, soit au bec, que pendant le temps où les conduites de l'adjudicataire seront en charge pour le service; les conditions de livraisons de gaz qui devront avoir lieu en dehors de ce temps, seront réglées, de gré à gré, entre l'adjudicataire et les abonnés.

33. L'adjudicataire devra, pour tous les consommateurs qui le demanderont, convertir immédiatement les abonnements au bec en abonnements au compteur.

34. Les dispositions qui précèdent n'empêcheront pas les habitants et la commune de pourvoir à l'éclairage de leurs établissements, comme ils le jugeront convenable.

§ 9. — *Réserves de la commune.*

35. Si, pendant la durée de la concession, l'adjudicataire, par un motif quelconque, vient à cesser son exploitation ou est hors d'état de la continuer, le marché pourra être résilié, et la commune aura le droit de prendre immédiatement possession provisoire de l'usine, des tuyaux de conduite, des approvisionnements et de tout le matériel employé soit au service public, soit à l'éclairage des particuliers.

Dans le cas où la commune userait de cette faculté, en tout ou en partie, elle continuerait d'office cette exploitation aux frais, risques et périls de l'adjudicataire.

36. Si le cours des houilles venait à subir une diminution sensible, ou si une découverte nouvelle ou quelque procédé nouveau dans les moyens d'extraction opérait une baisse notable sur le prix de revient du gaz, les prix fixés dans le tarif mentionné dans le présent traité subiront une réduction proportionnelle, en tant que la découverte ou le procédé nouveau serait du domaine public; et même si la découverte était faite par l'adjudicataire et lui appartenait, la commune de-

vra en profiter de telle sorte qu'elle jouira, sur le prix de l'éclairage, d'une réduction proportionnée à l'avantage résultant de ladite découverte.

37. La commune se réserve le droit d'autoriser l'essai de tout nouveau système d'éclairage ou de toute autre nouvelle découverte d'éclairage, dans les endroits qui ne seraient pas canalisés par l'adjudicataire.

38. L'adjudicataire ne pourra céder son entreprise sans le consentement du conseil municipal et l'approbation de M. le préfet, et sans rester solidaire envers la commune pendant toute la durée de son marché.

La présente concession pourra lui être retirée, s'il ne se conforme pas aux dispositions du présent cahier des charges, et, dans ce cas, l'administration municipale prendra, dans l'intérêt du service public et particulier, telle mesure qu'elle jugera convenable.

39. A l'expiration de la concession, la commune pourra devenir propriétaire des tuyaux, robinets et autres accessoires qui existeront alors sous le sol des voies publiques.

Dans ce cas, le prix de ce matériel sera payé à l'adjudicataire, d'après les bases établies au tarif suivant, avec déduction de..... pour cent, sans que, dans aucun cas, cette opération puisse suspendre ou retarder la transmission de propriété et la prise de possession, à l'expiration de la durée de la concession.

TABLEAU DU PRIX DES CONDUITES DE GAZ (EN FONTE OU EN TÔLE BITUMÉE) ET DES AUTRES APPAREILS PLACÉS SOUS LES VOIES PUBLIQUES, FRAIS DE POSE COMPRIS.

1° *Conduites.*

DIAMÈTRE des conduites.	PRIX DU MÈTRE LINÉAIRE DE CONDUITE		OBSERVATIONS.
	en tôle et fonte.	en bitume.	

2° *Appareils dépendant des conduites.*

Siphons à cuves en fonte de tous les diamètres (*prix moyen*), compris raccord sur la conduite..

Regards en maçonnerie pour les valves.....................

Regards en maçonnerie pour les valves à l'entrée des conduites dans la commune..

Valves ou robinets (*à raison de.... le centimètre de diamètre*), ce qui, pour une valve sur tuyau de..... qui est à peu près la moyenne, ferait..

40. Ces prix seront payés à l'adjudicataire de la manière suivante : ....

....

§ 10. — *Obligations particulières de l'adjudicataire envers la commune.*

41. L'adjudicataire, en raison des avantages du droit exclusif que lui concède la commune pendant..... années, de poser des tuyaux sous le sol des voies communales, pour l'exploitation de son entreprise, consent à donner à celle-ci, et à placer et à entretenir gratuitement, savoir :

1°... lanternes,
... candélabres,
... consoles;

2° Le gaz nécessaire à leur alimentation.

Ces lanternes, candélabres ou consoles seront placés aux endroits qui seront indiqués par le maire.

§ 11. — *Cautionnement.*

42. Pour sûreté et garantie des engagements à prendre envers la commune, les soumissionnaires verseront entre les mains du receveur municipal, avant l'adjudication, un cautionnement provisoire de..... qui sera rendu immédiatement après l'adjudication aux soumissionnaires non déclarés adjudicataires.

Le cautionnement provisoire du soumissionnaire déclaré adjudicataire sera placé par le receveur municipal au Trésor public, au nom dudit adjudicataire, pour lui être restitué, s'il y a lieu, par quart (*ou par huitième*), suivant le degré d'avancement des travaux de son entreprise, constaté par l'architecte de la commune.

Le dernier quart du cautionnement sera converti en cautionnement définitif; il ne sera rendu, s'il y a lieu, à l'adjudicataire, qu'à l'expiration de la durée de son marché. Ce cautionnement sera affecté par privilége à toutes les reprises, indemnités, amendes, dommages-intérêts que la commune pourrait avoir à réclamer de l'entrepreneur, sans préjudice de recours contre lui ou ses ayants droit, si ledit cautionnement est insuffisant.

Il sera tenu compte à l'adjudicataire des intérêts de son cautionnement au taux accordé par le Trésor public.

§ 12. — *Frais.*

43. Les frais d'impressions, d'affiches, d'expéditions, de timbre et d'enregistrement résultant de l'adjudication, seront à la charge de l'adjudicataire. Ils seront payés comptant au moment de l'adjudication.

Expédition du présent cahier des charges et du procès-verbal d'adjudication sera remise au receveur municipal, après leur approbation par M. le préfet.

Fait à....., le..... 18...

(*Signatures.*)

N° 503.

ÉCLAIRAGE. — *Traité de gré à gré pour une entreprise d'éclairage à l'huile* (1).

Entre M....., agissant en sa qualité de maire de la commune de...... et au nom de celle-ci....., d'une part,

Et M......, entrepreneur d'éclairage (*breveté*), demeurant à......, d'autre part,

Il a été arrêté et convenu ce qui suit :

Le maire de la commune de..... concède, au nom de cette commune, sous toute réserve d'adhésion du conseil municipal et d'approbation de l'autorité supérieure, à M....., entrepreneur d'éclairage, le service, pendant..... années consécutives, de l'éclairage public à l'huile, évalué à environ..... par an, aux clauses et conditions suivantes :

§ 1er. — *Mode d'éclairage.*

Art. 1er. L'éclairage public est divisé en éclairage permanent et en éclairage variable.

L'éclairage permanent a lieu pendant toute l'année, depuis la fin du jour jusqu'aux heures désignées par le maire.

L'éclairage variable commence aux mêmes heures, et ne dure qu'une partie de la nuit; il sera subordonné aux phases de la lune et aux circonstances de

(1) Cette formule pourra servir à composer le cahier des charges en cas de mise en adjudication de l'entreprise. On trouvera, toutefois, ci-après, un modele de cahier des charges approprié aux besoins des communes dont l'entreprise ne présente pas une grande importance.

l'état atmosphérique, sans qu'il puisse en résulter, pour la commune, d'autres frais qu'une augmentation ou une diminution dans la dépense des heures d'éclairage.

§ 2. — *Matériel et service.*

2. Le service comprendra la fourniture, l'éclairage et l'entretien de..... lanternes, et plus, s'il est besoin, avec tous leurs accessoires, au prix de..... l'une, sauf règlement.

Ces lanternes seront placées aux endroits qui seront indiqués par le maire, et ne pourront être changées sans son consentement.

3. Au commencement de chaque année, un tableau dressé par le maire, et auquel l'entrepreneur sera tenu de se conformer, indiquera les heures d'allumage et d'extinction des lanternes. Ce tableau servira de base pour les payements à faire à l'entrepreneur.

4. Indépendamment des fournitures dont il est parlé dans l'article 2, l'entrepreneur tiendra en réserve, pendant toute la durée de sa concession, un nombre de..... lanternes, au moins, en bon état, pour remplacer celles qui auraient besoin d'être réparées, et pour remédier immédiatement aux accidents qui pourraient survenir dans le service.

5. L'entrepreneur sera tenu d'entretenir et de réparer à ses frais, pendant toute la durée de l'entreprise, tous les objets composant le matériel de l'éclairage à l'huile.

Si la commune possède déjà un matériel, on ajoutera :

« Il sera tenu aussi de réparer et d'entretenir à ses frais, pendant toute la durée de son marché, le matériel d'éclairage appartenant à la commune, et dont il sera dressé inventaire avant qu'il en prenne possession. »

L'entrepreneur maintiendra constamment en état de propreté les lanternes, leurs verres, cheminées et réflecteurs ; il remplacera, à ses frais, les verres cassés et fêlés qui seraient reconnus impropres au service.

6. Il sera tenu également d'établir l'éclairage dans les rues et places communales qui ne seraient pas éclairées, ou qui ne le seraient qu'imparfaitement, lorsqu'il en recevra l'ordre écrit du maire. Il en sera de même pour les rues qui seraient ouvertes pendant la durée de son marché. Dans ces cas, il fera placer aux endroits qui lui seront indiqués par le maire, de nouvelles lanternes, avec leurs poteaux, consoles, barres de fer, crochets, poulies, caissons, boîtes, cordages, etc., qui lui seront payées sur production de mémoires réglés, comme il est dit dans l'article 2.

7. Toutes les boîtes des réverbères seront numérotées d'une manière apparente, aux frais de l'adjudicataire, qui devra entretenir ces numéros en bon état.

8. Il renouvellera, une fois au moins chaque année, les cordages de descente des lanternes ; il les fera goudronner avec soin.

Les traversees seront renouvelées au moins tous les trois ans. Elles pourront être remplacées par des tringles en fil de fer recouvert d'un vernis imperméable.

9. Chaque année, de (*telle époque à telle époque*), toutes les lanternes seront peintes d'une forte couche à l'huile grasse. Il en sera de même des boîtes et de leurs canons.

10. L'huile à fournir par l'entrepreneur sera épurée et clarifiée ; elle devra brûler sans résidu, et de manière que la lumière soit toujours du plus vif éclat.

Les essais et vérifications des huiles auront lieu toutes les fois que le maire le réclamera. L'adjudicataire réformera immédiatement celles qui seraient reconnues être de mauvaise qualité, sans préjudice des retenues que la commune serait en droit de réclamer pour cette contravention.

Les mèches à employer pour l'éclairage seront de la meilleure qualité, en coton fin, tissu serré, fortes, d'un calibre de..... millimètres, et conformes à l'échantillon que l'entrepreneur déposera d'avance à la mairie.

11. A l'expiration de son marché, l'entrepreneur rendra en parfait état tout le matériel d'éclairage public à l'huile.

Ces objets seront reconnus et reçus par le maire ou son délégué, qui en donnera décharge, s'il y a lieu.

12. L'entrepreneur fournira à ses frais le nombre d'agents nécessaires au service, de manière que l'allumage puisse être fait en..... minutes, au plus, dans

toute la commune, et terminé au plus tard..... minutes après l'heure indiquée au tableau.

Les allumeurs feront chaque soir des tournées, pour rectifier ce qui serait manquant ou vicieux dans l'éclairage.

Ils seront mis à la disposition des agents communaux, pour l'inspection de l'éclairage, toutes les fois qu'elle sera ordonnée par le maire.

Le maire aura le droit d'exiger le renvoi des agents qui se conduiraient mal ou feraient un mauvais service. L'entrepreneur sera tenu d'y obtempérer.

13. Lorsque, par suite de brouillards, de dégels ou d'événements imprévus, l'éclairage devra éprouver telle extension que les circonstances rendront nécessaire, l'entrepreneur exécutera les ordres qui lui seront donnés à cet égard par le maire. Le supplément d'éclairage lui sera payé au même prix que l'éclairage ordinaire.

§ 3. — *Prix.*

14. Le prix de l'éclairage, y compris l'entretien des lanternes et accessoires, est fixé à..... centimes par bec et par heure.

Ou bien : « Le prix de l'éclairage des lanternes est fixé à..... centimes par bec et par heure.

Le prix de l'entretien de chaque lanterne et de ses accessoires est fixé à..... centimes par jour. »

Les propriétaires des rues privées (*s'il en existe*) auront la faculté de requérir de l'entrepreneur l'éclairage de ces rues, aux conditions faites à la commune, et l'entrepreneur sera tenu de se conformer à leur demande.

15. A la fin de chaque trimestre, l'entrepreneur fournira un état du service fait. Cet état sera vérifié et payé sur la justification, faite par lui, qu'il possède en magasin les combustibles nécessaires au service du trimestre suivant, et déduction faite des retenues que la commune aurait à exercer sur la somme due.

§ 4. — *Responsabilité. — Retenues*

16. L'entrepreneur sera responsable, sauf les cas de force majeure légalement constatés, de tous les accidents qui pourront arriver, soit aux lanternes, soit aux autres objets employés pour le service de l'éclairage.

Il sera passible des retenues suivantes, savoir (*indiquer chaque nature de contravention et la retenue à payer*).

17. Si, pour une cause quelconque résultant du fait dudit entrepreneur, le service de l'éclairage était interrompu en totalité ou en partie pendant.... jours consécutifs, le maire aura le droit de faire effectuer le service aux frais, risques et périls de l'entrepreneur, sans autre formalité qu'un simple avertissement administratif.

Dans le cas où l'entrepreneur cesserait tout à fait le service de l'éclairage public, ou n'aurait pas en magasin, et d'avance, les combustibles nécessaires à ce service, le présent marché pourra être résilié après mise en demeure administrative restée sans effet.

18. En cas d'extinction de tout ou partie de la lumière des lanternes avant l'heure indiquée au tableau, ou d'un retard dans l'allumage, il sera fait à l'entrepreneur une retenue de..... pour chaque bec dont le service n'aura pas été complètement fait.

L'entrepreneur sera également passible d'une retenue de..... pour chaque appareil qui sera reconnu ne pas être en bon état d'entretien.

Ces retenues seront prélevées à la fin de chaque trimestre sur la somme due à l'entrepreneur par la commune.

19. Les contraventions seront constatées par des procès-verbaux qui seront notifiées à l'entrepreneur dans les 24 heures.

§ 5. — *Cautionnement.*

20. L'entrepreneur, aussitôt après l'approbation du présent traité, versera entre les mains du receveur municipal, pour garantie de ses engagements envers

la commune, à titre de cautionnement, une somme de..... qui sera placée en son nom au Trésor public, et dont il lui sera servi intérêts au taux accordé par le Trésor.

Ce cautionnement ne lui sera restitué, s'il y a lieu, qu'à l'expiration de sa concession.

Il sera affecté, par privilége, à toutes les reprises, indemnités, amendes et dommages-intérêts que la commune aurait à réclamer de l'entrepreneur, sans préjudice de recours contre lui ou ses ayants droit, si ledit cautionnement était insuffisant.

§ 6. — *Cession de l'entreprise.*

21. L'entrepreneur ne pourra céder tout ou partie de son marché sans le consentement du conseil municipal et l'approbation de M. le préfet, et sans rester solidaire envers la commune, pendant toute la durée du présent traité.

§ 7. — *Réserves de la commune.*

22. La commune se réserve la faculté de substituer, si elle le juge convenable, à l'éclairage à l'huile, l'éclairage au gaz ou tout autre système d'éclairage.

Si cette substitution a lieu, l'entrepreneur ne pourra réclamer aucune indemnité à la commune.

En cas d'adoption d'un autre système d'éclairage, la commune pourra utiliser, sur d'autres points, son matériel d'éclairage à l'huile, ou l'abandonner à l'entrepreneur qui sera tenu de le prendre à dire d'experts.

23. Les frais d'acte, de timbre et d'enregistrement du présent traité seront à la charge de l'entrepreneur.

Fait double entre les parties, à..... le..... mil huit cent...

(*Signatures.*)

N° 504.

Éclairage. — *Cahier des charges pour l'adjudication d'une entreprise d'éclairage à l'huile.*

Art. 1er. Le service de l'éclairage de la ville de....., pendant..... années consécutives, qui commenceront le....., sera concédé par entreprise, adjugée au rabais sur soumissions, à celui dont l'offre sera la plus avantageuse pour l'entretien, par heure, de chaque bec de lumière. Les citoyens notoirement connus pour s'être livrés aux entreprises de ce genre, ou présentant une garantie suffisante pour l'exécution du marché, seront seuls admis à concourir.

2. L'éclairage de la ville d..... comprend toutes les rues, culs-de-sac, passages publics, carrefours, places, ports, marchés, quais et autres voies de communication comprises dans l'enceinte de la ville. Il se fait au moyen de..... réverbères formant..... becs de lumière; toutefois, ces nombres pourront être augmentés ou diminués par décision de l'autorité municipale, et d'après les ordres écrits de M. le maire. La dépense de premier établissement des nouveaux réverbères sera faite par la ville, mais leur entretien sera à la charge de l'entrepreneur.

3. L'éclairage doit durer du jour tombant au petit jour, et ce pendant l'année tout entière. Conséquemment, la durée de l'éclairage sera proportionnée à la longueur des nuits. Les heures d'allumage et d'extinction de tous les réverbères, chaque jour, seront fixées et indiquées dans un tableau qui sera arrêté par M. le maire, et remis à l'entrepreneur; les indications ci-après serviront de moyens termes pour la fixation des heures d'éclairage :

1° Dans les mois de novembre, décembre, janvier et février, l'éclairage commencera à cinq heures du soir, et durera treize heures, c'est-à-dire jusqu'à six heures du matin;

2° Dans les mois de mars, avril, septembre et octobre, l'éclairage commencera à sept heures et durera dix heures, c'est-à-dire jusqu'à cinq heures du matin;

3° Dans les mois de mai, juin, juillet et août, l'éclairage commencera à neuf heures et durera sept heures, c'est-à-dire jusqu'à quatre heures du matin.

La quantité d'huile jugée nécessaire pour l'alimentation de chaque bec de lumière, et que l'adjudicataire devra fournir chaque jour pendant la durée du bail, est fixée ainsi qu'il suit :

Pendant les quatre premiers mois désignés ci-dessus : un hectogramme deux décagrammes ;

Pendant les quatre seconds mois : un hectogramme ;

Pendant les quatre derniers mois : huit décagrammes.

4. Dans le laps de temps qui s'écoule du premier au dernier quartier de la lune, l'autorité municipale pourra prescrire, par mesure d'économie, qu'il ne soit fait qu'un demi-allumage, c'est-à-dire qu'il ne soit fait usage que d'un réverbère sur deux dans les rues et autres passages, et d'aucun sur les ports, quais, ponts et places publiques. L'adjudicataire devra se conformer aux prescriptions de M. le maire, et, au besoin, prendre ses ordres à cet égard.

5. L'adjudicataire se servira pour l'éclairage d'huile à quinquet épurée et de bonne qualité. Il devra avoir constamment pendant la durée du bail, une provision d'huile suffisante pour le service du semestre suivant. Cette huile sera vérifiée, reçue et déposée dans un magasin préparé exprès en la maison commune; la quantité nécessaire pour chaque nuit sera distribuée chaque jour aux éclaireurs, en présence de l'entrepreneur et d'un employé de l'administration municipale désigné par M. le maire.

6. Les mèches seront en coton filé, auront dix-neuf millimètres de largeur, et leur longueur sera suffisante pour atteindre le fond de la lampe.

7. L'adjudicataire fera nettoyer chaque jour, avant midi, les plaques et les verres de tous les réverbères, et garnir les lampes d'huile et de mèches, après les avoir vidées afin de les dégager des crasses engendrées par le charbonnage des mèches. L'huile qui proviendra de cette vidange sera recueillie dans un vase particulier et pourra être réemployée, après avoir été convenablement épurée.

8. Six heures après l'éclairage, toutes les mèches devront être visitées, mouchées, et les becs des lampes nettoyés. L'adjudicataire entretiendra à ses frais pour le service de l'éclairage un nombre suffisant d'hommes de peine; chacun d'eux ne pourra être chargé de plus de..... réverbères. Les noms et demeures de ces hommes devront être connus de M. le maire et des commissaires de police, et l'adjudicataire devra répudier de suite ceux qui lui seraient signalés par ces autorités comme ne s'acquittant pas avec exactitude du service dont ils seront chargés.

9. Tous les réverbères et toutes les pompes seront lessivés deux fois par an; le lessivage aura lieu dans les lunes de mars et de septembre. L'adjudicataire ne fera lessiver chaque jour que le nombre de réverbères qu'il pourra remettre en place pour l'éclairage du soir.

10. L'adjudicataire recevra de son prédécesseur, en bon état de service, tous les réverbères complets, cordes, crochets, anneaux, poulies en cuivre, consoles en fer, caisses en fer et en bois, serrures, clefs, et généralement tout le matériel de l'éclairage. La reconnaissance et la livraison des réverbères et de leurs accessoires seront faites le....., en présence de M. le maire, ou de son délégué, qui dressera, conjointement avec l'adjudicataire, un inventaire exact de tous les effets remis. Celui-ci deviendra dès lors responsable de ces effets jusqu'à l'expiration de son bail.

11. L'adjudicataire est chargé de l'entretien général des réverbères, ainsi que de tous leurs accessoires, ce qui comprend : 1° les réparations et le remplacement, au besoin, des cordes, crochets, anneaux, poulies en cuivre, consoles et caisses en fer et en bois, des serrures et de leurs clefs; 2° le remplacement en verres de bonne qualité de tous ceux des cages des réverbères qui seraient cassés ou fendus; 3° l'entretien en bon état des pompes, des doubles pompes, des paniers de fer-blanc, des languittes et des porte-mèches; 4° le remplacement des réverbères qui, pour des causes tenant à la maladresse et à l'imprévoyance des éclaireurs, seraient abattus, brisés ou simplement endommagés, sauf à l'adjudicataire son recours contre les auteurs de ces dégradations.

12. L'adjudicataire sera tenu d'allouer à un ouvrier dont le choix sera approuvé par le maire, une somme convenue de gré à gré pour l'entretien mentionné en l'article précédent.

13. L'adjudication aura lieu par voie de soumissions cachetées et suivant la

mode observé en pareil cas. La mise à prix est fixée à..... centimes par bec et par heure d'éclairage. Aucune société ne sera admise à enchérir. Il est défendu à l'adjudicataire de céder, sous-traiter ou diviser son marché. Par le seul fait de l'interposition d'une tierce personne, le maire pourra donner de suite un nouveau bail à la folle enchère et aux frais du premier adjudicataire.

14. L'adjudicataire sera payé du prix de son bail à la fin de chaque mois sur le certificat d'un commissaire de police, spécialement délégué par le maire afin de constater le nombre d'heures d'éclairage pour tous les becs mis en usage pendant le mois. Il sera retenu à l'adjudicataire, dans son décompte, pour chaque bec qui n'aurait été allumé qu'après ou se serait éteint avant les heures fixées, une somme de 25 centimes par chaque heure de retard ou d'insuffisance constatée par procès-verbal.

15. L'adjudicataire ne pourra, sous aucun prétexte, suspendre l'éclairage, à peine de cent francs d'amende au profit des pauvres. Dans ce cas, le maire y pourvoira sur-le-champ aux frais dudit adjudicataire.

16. L'adjudicataire fournira au moment de l'adjudication un cautionnement en immeubles de la valeur de dix mille francs, sur lequel le maire fera prendre inscription hypothécaire. Les frais de cette inscription et de l'acte de cautionnement, ainsi que ceux de timbre, affiches, enregistrement, expéditions du bail, seront à la charge de l'adjudicataire.

17. En cas de contestations sur le sens et l'exécution des charges, clauses et conditions ci-dessus stipulées, l'adjudicataire renonce expressément à toute action devant les tribunaux, et se soumet à être jugé administrativement par le conseil de préfecture.

18. L'adjudication ne sera définitive qu'après l'approbation par M. le préfet.

Fait à....., le... . 18... *Le maire.*

N° 505.

Éclairage. — *Procès-verbal d'adjudication* (1).

L'an mil huit cent....., le....., à..... heures du....., nous, maire de la vill d....., assisté de MM. L..... et H....., membres du conseil municipal, dé signés à l'effet des présentes, par délibération dudit conseil du....., nous som mes rendus à la mairie, en la salle ordinaire des adjudications, heure de..... pour faire l'ouverture des soumissions cachetées déposées ensuite des affiches apposées le..... et le....., aux lieux ordinaires et accoutumés, et dont un exemplaire restera annexé à la minute du présent procès-verbal, après avoir été visé et parafé par nous; lesdites affiches annonçant que ce jour....., mil huit cent....., heure d....., il serait procédé à l'adjudication au rabais, sur soumissions cachetées, de l'éclairage de la ville pendant la durée d.....

La mise à prix annoncée par l'affiche est fixée à la somme de..... centimes par heure et par bec d'éclairage, suivant l'article 13 du cahier des charges, approuvé le....., par M. le préfet du département.

Nous avons fait remettre sur le bureau les soumissions déposées au nombre de.. .., et qui ont été préalablement numérotées, suivant l'ordre de leur réception. Nous les avons ouvertes et nous en avons sur-le-champ dressé l'état ci-après, en suivant la progression des rabais : les avons ensuite cotées et parafées par première et dernière.

Nos d'ordre.	NOMS des soumissionnaires.	LEURS PROFESSIONS.	TAUX DU DEVIS.	MONTANT des soumissions.

Attendu que cette dernière soumission est la plus avantageuse, et que le sieur....,

---

(1) Le procès-verbal de l'adjudication doit être joint pour la première fois au budget

qui l'a souscrite, est reconnu réunir les qualités prescrites et présenter les garanties exigées, nous, maire d....., de l'avis de MM. les membres du conseil municipal, commissaires, avons déclaré ledit sieur..... adjudicataire de l'éclairage, pour la somme d....., résultant du rabais de..... par lui consenti, à la charge par ledit de se conformer aux clauses et conditions du devis et du cahier des charges, et de ne pouvoir céder son entreprise ni avoir de sous-traitants, sous peine de réadjudication à sa folle-enchère.

Et aussitôt a été introduit dans la salle des adjudications le sieur....., qui a accepté l'adjudication et s'est soumis à exécuter toutes les clauses et conditions du devis et du cahier des charges, desquels il a déclaré avoir pris pleine connaissance, et à l'instant, *ou* le même jour, ledit sieur..... nous a présenté pour sa caution le sieur....., propriétaire en cette ville, y demeurant, lequel, après nous avoir déclaré bien connaître les clauses et conditions relatées au cahier des charges, s'est volontairement porté caution du sieur....., adjudicataire, et s'est solidairement obligé avec lui, sans division de bien, à l'entière et pleine exécution des clauses et conditions de l'adjudication ci-dessus.

En conséquence, ledit sieur....., pour sûreté et garantie de son cautionnement, a affecté en hypothèque jusqu'à concurrence de la somme de....., conformément à l'article..... du cahier des charges de l'entreprise, les biens immeubles ci-après désignés, qu'il a déclaré lui appartenir, et qui consistent en (*faire la désignation des biens, et indiquer leur valeur locative*), lesquels immeubles il nous a déclarés francs et libres de toute hypothèque.

Nous, maire, après l'examen des titres produits par le sieur....., avons, de l'avis de MM. les membres de la commission susdésignée, accepté les biens immeubles affectés au présent cautionnement, sauf la vérification des inscriptions qui grèvent l'immeuble, et à prendre inscription et former tous actes conservatoires aux frais de l'adjudicataire et de sa caution, comme aussi à faire toutes poursuites contre eux, en cas de fausse déclaration.

Et ont lesdits sieurs....., signé avec nous après lecture faite.

Fait et clos à....., en la mairie, les jour, mois et an susdits.

(*Suivent les signatures.*)

N° 506.

ÉCLAIRAGE. — ***Procès-verbal constatant, de la part de l'entrepreneur, contravention au cahier des charges de l'adjudication.***

Aujourd'hui....., mil huit cent....., à..... heure du matin, nous....., commissaire de police de la ville de....., chargé spécialement par M. le maire de ladite ville, de surveiller l'exécution du règlement concernant le service de l'éclairage, avons remarqué, dans la rue....., à la hauteur de la maison portant le n°....., que le réverbère à quatre becs, marqué sur sa boîte de la lettre D, était éteint, tandis que d'après le tableau régulateur il devait durer jusqu'à cinq heures.

Pour quoi nous avons rédigé contre le sieur....., entrepreneur de l'éclairage de la ville de....., le présent procès-verbal pour valoir ce que de droit.

Fait à....., les jour, mois et an que dessus.

(*Signature.*)

---

de la commune, en énonçant avec soin la date de l'adjudication, et pour combien d'années elle est passée. Ces énonciations seront répétées chaque année, et indiqueront aussi avec précision la durée de l'éclairage dans le cours de l'année, le nombre de becs employés, le prix par bec et par heure d'éclairage.

N° 507.

Eclairage. — *Arrêté municipal concernant les conduites et appareils d'éclairage par le gaz dans l'intérieur des habitations* (1).

Nous, maire de la ville de......

Considérant que la mauvaise disposition des conduites et des appareils divers placés dans les localités éclairées par le gaz, et la négligence apportée dans les précautions que nécessite ce mode d'éclairage, occasionnent fréquemment des accidents graves et compromettent, en outre, d'une manière fâcheuse, la salubrité ;

Vu, 1° les nombreuses réclamations qui nous ont été adressées à cet égard ;

2° Le rapport de la commission spéciale que nous avions chargée d'examiner les mesures à prendre dans l'intérêt de la sûreté publique et de la salubrité ;

3° La loi des 16-24 août 1790 ;

Avons arrêté et arrêtons ce qui suit :

Art. 1er. Dans le délai d'un mois, à dater de la publication du présent arrêté, l'entrepreneur de l'éclairage par le gaz fera, à la mairie, la déclaration de tous les appareils d'éclairage alimentés par lui.

2. Les appareils comprenant les conduites, les robinets, les becs, etc., seront visités dans tous leurs détails par les agents de l'administration.

3. Ceux qui présenteraient des dangers pour la sûreté ou pour la salubrité, seront modifiés ou réparés dans un délai fixé.

4. Passé ce délai, si les réparations ou changements n'ont pas été faits ou ne sont pas suffisants, le branchement partant de la conduite longitudinale sera coupé et tamponné près de cette conduite, la tranchée comblée, et le pavé replacé aux frais de qui de droit.

5. A l'avenir, aucune localité ne pourra être éclairée par le gaz sans notre autorisation.

A cet effet, toute personne qui voudra faire placer chez elle des tuyaux de conduite et autres appareils pour l'éclairage au gaz devra préalablement nous en faire la déclaration.

6. L'autorisation d'éclairer ne sera donnée qu'après un arrêté qui fera connaître si les tuyaux de conduite et autres appareils sont établis conformément aux prescriptions du présent arrêté.

7. En conséquence, les tuyaux de conduite et autres appareils devront rester apparents dans tout leur développement, jusqu'à ce que les agents chargés des visites aient déclaré, par un bulletin délivré à cet effet, qu'on peut les recouvrir.

8. De son côté, l'entrepreneur fera, à la mairie, la déclaration de toutes les demandes d'éclairage, au fur et à mesure qu'elles lui seront adressées, et il ne devra fournir le gaz que sur la présentation qui lui sera faite de l'autorisation prescrite par l'article 5.

9. Les dispositions des articles 5, 6, 7 et 8 ci-dessus sont applicables aux déplacements, réparations, changements ou additions dont les conduites ou appareils seraient l'objet.

10. Aucun robinet de branchement particulier ne pourra être établi sous le sol de la voie publique, à moins d'une autorisation spéciale pour les cas exceptionnels ; les robinets devront toujours être placés dans les soubassements des maisons ou boutiques, ou dans l'épaisseur des murs.

11. Les robinets actuellement existant sous la voie publique seront supprimés aux frais de qui de droit, au fur et à mesure de la réfection des trottoirs ou du pavé.

12. Le robinet extérieur devra être caché par une porte en métal dont l'entrepreneur seul aura la clef.

(1) Cette formule reproduit les dispositions de l'ordonnance de police du 31 mai 1842 qui régit, pour la ville de Paris, la police de l'éclairage par le gaz.

13. Des doubles clefs du robinet extérieur et de la porte en tôle devront être déposés chez le commissaire de police.

14. Le robinet extérieur sera renfermé dans un coffre disposé de manière que le gaz qui s'y introduirait ne pût se répandre dans les lieux éclairés et dans les vides des devantures, et dût, au contraire, s'échapper forcément au dehors.

15. Indépendamment du robinet extérieur, lequel ne doit être manœuvré que par les agents de l'entrepreneur, il y en aura un autre placé à l'intérieur, à la disposition du consommateur ; ce robinet lui permettra de fermer la conduite et d'intercepter, en cas de besoin, toute communication entre ses appareils et la conduite longitudinale.

Ces deux robinets seront liés l'un à l'autre de telle sorte :

1° Que le robinet intérieur soit fermé forcément en même temps que le robinet extérieur ; 2° que le robinet intérieur ne puisse être ouvert tant que le robinet extérieur sera fermé ; 3° enfin, que le robinet intérieur ne soit indépendant du robinet extérieur que si on veut le fermer.

16. Les clefs de tous les robinets devront être disposées de manière à ne pouvoir être enlevées de leurs boisseaux, même par un violent effort.

17. Toute tranchée ouverte sur la face d'un mur pour y placer une conduite de gaz sera enduite en ciment hydraulique avant la pose de la conduite.

18. Avant de poser une conduite dans un enduit de plafond, la rainure destinée à la recevoir sera revêtue d'un demi-cylindre en métal, scellé avec soin, de manière à empêcher le gaz de pénétrer dans les cavités du plancher.

19. Si la conduite traverse, en quelque sens que ce soit, un mur, un pan de bois, une cloison, un placard, un plancher ou un vide quelconque, elle sera placée sur toute la longueur de ce parcours, dans un fourreau ouvert à ses deux extrémités, ou au moins à l'extrémité la plus élevée.

20. S'il n'est pas possible de prendre cette précaution, la conduite ne pourra être posée qu'en dehors desdits murs, pans de bois, placards, planchers, etc.

21. Les tuyaux de conduite et les fourreaux dont il est question dans les articles qui précèdent devront être en fer étiré ou forgé, en fonte, en plomb ou en cuivre et parfaitement ajustés.

22. Les parois du fourreau ne pourront être adhérentes au tuyau de branchement.

23. Les *montres* (c'est-à-dire les espaces fermés destinés à l'étalage des marchandises) dans lesquelles seront placés des becs d'éclairage devront toujours être ventilées avec soin.

24. Les becs brûlant à air libre sont interdits, sauf les exceptions autorisées par l'administration.

25. Les becs, lorsqu'ils ne seront pas munis d'une cheminée, devront être renfermés dans une lanterne, dans un manchon ou dans un globe.

26. Toutes les polices d'abonnement et les quittances d'éclairage délivrées par l'entrepreneur aux consommateurs porteront un avis indicatif de ce qu'ils devront faire en cas d'accident.

27. L'entrepreneur, au premier avis d'un accident, sera tenu d'envoyer immédiatement un agent sur les lieux.

28. Les consommateurs sont personnellement responsables, sauf leur recours contre qui il appartiendra, de l'exécution du présent arrêté concernant les appareils intérieurs.

29. Les contraventions aux dispositions du présent arrêté seront déférées au tribunal compétent, sans préjudice des mesures administratives auxquelles elles pourront donner lieu, notamment la suppression des branchements particuliers, lesquels, dans ce cas, ne pourront être rétablis que sur notre autorisation.

Fait à....., le..... 18... *Le maire.*

N° 508.

Eclairage. — *Avis relatif à l'éclairage par le gaz et aux précautions à prendre dans son emploi.*

Pour que l'emploi du gaz n'offre dans l'éclairage aucun inconvénient, il importe que les becs n'en laissent échapper aucune partie sans être brûlée.

On obtiendra ce résultat en maintenant la flamme à une hauteur modérée (huit centimètres au plus) et en la contenant dans une cheminée en verre de seize à vingt centimètres de hauteur.

Les lieux éclairés doivent être ventilés avec soin, même pendant l'interruption de l'éclairage, c'est-à-dire qu'il doit être pratiqué, dans la partie supérieure, quelques ouvertures par lesquelles le gaz puisse s'échapper au dehors, en cas de fuite ou de non-combustion.

Sans cette précaution, le gaz non brûlé s'accumule dans la pièce, et peut occasionner des asphyxies, des explosions et des incendies.

Les robinets doivent être graissés de temps à autre intérieurement, afin d'en faciliter le service et d'en éviter l'oxydation.

Pour l'*allumage*, il est essentiel d'ouvrir d'abord le robinet principal et de présenter la lumière successivement à l'orifice de chaque bec, au moment même de l'ouverture de son robinet, afin d'éviter tout écoulement de gaz non brûlé.

Pour l'*extinction*, il convient de fermer d'abord le robinet principal intérieur, et ensuite chacun des becs d'éclairage. Dans tous les lieux où les robinets extérieur et intérieur ne seraient pas encore liés entre eux, conformément aux prescriptions de l'article 15 de l'arrêté qui précède, le robinet intérieur doit être fermé au moment même de l'extinction, même après la fermeture du robinet extérieur, afin d'éviter tout écoulement de gaz non brûlé.

Dès qu'une odeur de gaz donne lieu de penser qu'il existe une fuite, il convient d'ouvrir les portes ou croisées pour établir un courant d'air, et de fermer le robinet intérieur.

Il est nécessaire d'en donner avis simultanément au constructeur de l'appareil et à l'entrepreneur qui fournit le gaz, afin que la fuite soit réparée immédiatement.

Le consommateur doit s'abstenir de rechercher lui-même la fuite avec du feu ou de la lumière.

Dans le cas où, soit par imprudence, soit accidentellement, une fuite de gaz aurait été enflammée, il conviendra, pour l'éteindre, de poser dessus un linge imbibé d'eau.

Le consommateur doit toujours s'abstenir de toucher au robinet extérieur et à la porte qui le ferme, ce robinet devant être manœuvré exclusivement par les agents de l'entrepreneur qui fournit le gaz.

Lorsqu'on exécute, dans les rues, des travaux d'égouts, de pavage, de trottoirs ou de pose de conduites d'eau, les consommateurs au devant desquels ces travaux s'exécutent feront bien de s'assurer que les branchements qui leur fournissent le gaz ne sont point endommagés ni déplacés par ces travaux, et, dans le cas contraire, d'en donner connaissane à l'entrepreneur d'éclairage et à l'administration.

Vu pour être annexé à notre arrêté en date du.......

Le maire.

N° 509.

Écrit *extorqué* (*Procès-verbal de plainte pour un*).

L'an mil huit cent....., le....., devant nous, maire de la commune d....., s'est présenté le sieur Joseph D..... (*âge, profession et demeure*), lequel nous a requis de recevoir la déclaration des faits ci-après, dont il entend rendre plainte contre le sieur B...... A quoi ayant été par nous procédé, il nous a dit et déclaré: (*Détail exact de tous les faits et circonstances, indication des témoins, s'il y en a, ainsi que des pièces écrites qui peuvent fournir des preuves, lesquelles pièces doivent être signées et parafées,* ne varietur, *par le plaignant et par celui qui rédige le procès-verbal.*)

Desquels faits le comparant rend plainte contre ledit sieur B....., protestant de nullité contre la signature qui lui a été extorquée, *ou* contre l'usage dudit écrit, dont ledit sieur B..... lui a extorqué la signature, *ou* la remise, se réservant de le poursuivre en son propre et privé nom, et de prendre contre lui, par-devant tout tribunal compétent, telles conclusions qu'il avisera, sans préjudice des peines qui seraient prononcées pour la vindicte publique.

Lecture faite de ce que dessus au sieur D....., il a affirmé la vérité de ses déclarations, y a persisté, en a requis acte que nous lui avons octroyé, et a signé avec nous.

De ce que dessus avons rédigé le présent procès-verbal, pour y être donné telles suites que de droit par voie de police correctionnelle, attendu qu'il s'agit d'un crime prévu par l'article 400 du Code pénal (1).

Fait à....., le..... 18...

(*Signature.*)

N° 510.

Écrits *imprimés.* — *Procès-verbal constatant la vente d'écrits imprimés, sans nom d'auteur ni d'imprimeur* (2).

Aujourd'hui..... mil huit cent....., à..... heures du....., nous soussigné, commissaire de police de la ville de....., passant dans la rue de....., avons remarqué un crieur public qui vendait des écrits sur lesquels ne se trouvaient point les noms, profession et demeure de l'auteur ni de l'imprimeur.

En conséquence, nous l'avons invité à nous suivre en notre bureau, où étant arrivé, il a déclaré se nommer J....., crieur public, dûment autorisé, ainsi qu'il nous en a justifié par le permis dont il était porteur. Interpellé par nous, sur les motifs qui l'avaient porté à vendre des écrits sans noms d'auteur ou d'imprimeur, il nous a dit que sachant très-peu lire, il n'avait pas remarqué l'absence de cette formalité. Cette allégation de sa part ne faisant pas disparaître la présomption du délit prévu et puni par les articles 283 et 284 du Code pénal, ainsi que par la loi du 16 février 1834, nous avons rédigé leprésent procès-verbal, qui sera adressé à M. le procureur impérial pour y être donné telles suites que de droit.

Fait et clos à....., les jour, mois et an que dessus.

(*Signatures.*)

N° 511.

Effets *militaires.* — *Procès-verbal constatant qu'un marchand revendeur a acheté des effets d'habillement ou d'équipement militaire* (3).

Aujourd'hui....., mil huit cent....., nous, commissaire de police de la ville de....., nous trouvant à..... heures du....., dans la rue....., avons aperçu dans la boutique du sieur T....., marchand fripier, plusieurs effets d'équipement militaire. Nous étant approché du sieur T....., qui se trouvait dans sa boutique, nous l'avons sommé de nous exhiber tous les effets militaires qui

---

(1) L'article 400 du Code pénal porte que quiconque aura extorqué par force, violence ou contrainte, la signature ou la remise d'un écrit, d'un acte, d'un titre, d'une pièce quelconque contenant ou opérant obligation, disposition ou décharge, sera puni de la peine des travaux forcés à temps.

(2) « Toute publication ou distribution d'ouvrages, écrits, avis, bulletins, affiches, journaux, feuilles périodiques ou autres imprimés, dans lesquels ne se trouvera pas l'indication vraie des noms, profession et demeure de l'auteur ou de l'imprimeur, sera, pour ce seul fait, punie d'un emprisonnement de six jours à six mois, contre toute personne qui aura sciemment contribué à la publication ou distribution. » (*Code pénal, art.* 283.)

« Cette disposition sera réduite à des peines de simple police : 1° à l'égard des crieurs, afficheurs, vendeurs ou distributeurs qui auront fait connaître la personne de laquelle ils tiennent l'écrit imprimé; 2° à l'égard de quiconque aura fait connaître l'imprimeur; 3° à l'égard même de l'imprimeur qui aura fait connaître l'auteur. » (*Code pénal, art.* 284.) Voy. Affiche et Colporteurs.

(3) « Il est défendu à tout soldat de vendre ses armes ou son équipement, et à toute

étaient en sa possession, et sur sa réponse qu'il n'en avait d'autres que ceux qui étaient sous nos yeux, nous avons examiné ceux-ci et avons reconnu que la plupart étaient des objets de réforme, à l'exception toutefois d'un habit bleu à parements rouges et d'un pantalon garance, les deux presque neufs et portant sur les boutons le nº du..... régiment d..... en garnison dans cette ville. Ayant demandé au sieur T..... d'où lui provenaient ces objets, il nous a répondu qu'il les avait achetés le présent jour d'un individu à lui inconnu moyennant la somme de..... En conséquence, nous avons déclaré audit sieur T..... que nous saisissions, pour servir de pièces à conviction, l'habit et le pantalon d'uniforme qui se trouvaient en sa possession et qui ne nous paraissaient pas avoir été réformés, lui observant qu'il ne devait pas ignorer que l'achat fait par lui d'effets d'équipement militaire était défendu et puni par la loi; nous lui avons déclaré en outre que nous dresserions contre lui le présent procès-verbal pour être transmis à M. le procureur impérial et recevoir telles suites qu'il appartiendra.

Fait à..... les jour, mois et an que dessus.

(*Signature.*)

Nº 512.

ÉGLISE. — *Règlement municipal pour la police des lieux voisins de l'église* (1).

Le maire de la ville (*ou* commune) d.....

Vu l'article 3, nº 3, de la loi du 16-21 août 1790; l'article 2, titre II, de la loi du 7 vendémiaire an IV (29 septembre 1795); et l'article 11 de la loi du 18 juillet 1837;

Considérant que l'autorité municipale est chargée d'assurer le libre exercice du culte, qu'elle a le droit en conséquence de défendre qu'il ne s'élève autour des églises du tumulte et des bruits de nature à troubler le recueillement des personnes qui se trouvent à l'intérieur, ou qui les empêcheraient d'entendre les instructions et les prières qui se disent en commun;

Arrête :

Art. 1er. Il est défendu de stationner, de jouer et de converser bruyamment, pendant la durée des offices, dans l'ancien cimetière, sur la place et dans les autres lieux qui avoisinent l'église paroissiale de.....

2. Il est défendu, en tout temps, de se réunir tumultueusement dans lesdits lieux, d'y faire entendre des cris ou des chants indécents, et d'obstruer en quelque manière que ce soit les abords de l'église.

3. Il est interdit aux marchands et colporteurs d'étaler leurs marchandises sur la place de l'église; aux ménétriers et bateleurs d'y établir des danses, jeux ou spectacles, même les jours de foires, de marchés et de solennités publiques.

4. Le marché de..... qui se tenait sur ladite place, sera transféré dans la rue de.....

---

personne de les acheter. Les armes et équipements achetés en contravention à la loi seront confisqués et portés aux arsenaux ou autres dépôts d'armes, pour être distribués aux troupes. Le vendeur sera renvoyé à la police correctionnelle, pour être puni de la peine d'emprisonnement. Les acheteurs, entremetteurs et complices desdits achats y seront pareillement renvoyés, pour être punis par une amende qui ne pourra excéder trois mille livres, outre la peine d'emprisonnement. » (*Décret du 28 mars 1793.*)

« Ceux qui achètent des effets militaires doivent être condamnés à la peine de l'emprisonnement, en vertu de la loi du 22 juillet 1791, et à l'amende, en vertu de la loi du 28 mars 1793. » (*Arrêt de cass. du 16 novembre 1821.*)

(1) Hors de l'édifice et de ses dépendances, par exemple au cimetière, sur une place ou sur un terrain contigu à l'église, ce n'est plus au curé à exercer la police ; ce droit appartient à l'autorité municipale. Le curé peut bien inviter les perturbateurs à se taire, à s'éloigner, mais il ne saurait les y contraindre de sa propre autorité. (*Circulaires ministérielles des 9 novembre 1833 et 20 juillet 1837.*)

5. Les contraventions au présent règlement seront constatées par des procès-verbaux et poursuivies conformément à la loi.

Fait à....., le..... 18...

Le maire de la ville ou *commune de*.....

(*Signature.*)

N° 513.

ÉGLISE. — *Délibération du conseil municipal portant demande d'un secours sur les fonds de l'Etat pour construction ou réparation d'église* (1).

L'an mil huit cent....., le....., le conseil municipal de la commune de..... réuni, etc. (Voy. DÉLIBÉRATION.)

Le conseil, vu : 1° une demande du conseil de fabrique tendant à ce qu'il soit pourvu par la commune à la réparation de la couverture et des vitraux de l'église paroissiale, lesquels ont été gravement endommagés par l'ouragan du.....; 2° l'arrêté de M. le préfet en date du....., ordonnant l'expertise de l'édifice et la formation d'un devis estimatif des réparations à y procurer; 3° le devis estimatif dressé en exécution dudit arrêté et évaluant la dépense à la somme de ..... francs; 4° le budget et l'état de situation financière de la commune;

Considérant que la demande de la fabrique est fondée, et que le défaut de ses ressources est suffisamment démontré,

A été d'avis : 1° d'affecter à la réparation de la couverture et des vitraux de l'église la somme de..... francs, formant la totalité des fonds disponibles de la caisse municipale; 2° de recourir à M. le ministre des cultes à l'effet d'obtenir, sur les fonds du budget de l'Etat, l'allocation d'un secours de.... francs pour suppléer à l'insuffisance des revenus de la commune.

Fait et délibéré à..... les jour, mois et an susdits.

(*Signatures.*)

N° 514.

ÉGLISE. — *Certificat à fournir pour toucher le montant des subventions relatives aux constructions ou réparations d'église* (2).

CERTIFICAT DU MAIRE, CONSTATANT L'ÉTAT DES TRAVAUX.

Nous, maire de la commune de...... à l'effet de pouvoir produire le certificat qui nous est nécessaire pour toucher le montant du secours accordé à ladite commune pour les réparations qui sont faites à son l'église, nous sommes transporté sur les lieux des travaux et y avons constaté qu'ils étaient totalement terminés (*ou en plein cours d'exécution*), et que pour lesquels tra-

(1) « Dans le cas où il est reconnu que les habitants d'une paroisse sont dans l'impuissance de subvenir aux réparations des édifices du culte, la commune peut se pourvoir auprès du ministre des cultes, afin d'obtenir un secours sur le crédit spécial ouvert au budget de l'Etat pour cette destination. » (*Décret du* 30 *décembre* 1809, *art.* 100.)

La demande de secours doit être adressée au préfet, appuyée des pièces désignées ci-après : 1° délibération du conseil de fabrique; 2° budget de la fabrique; 3° devis estimatif des réparations; 4° état de situation financière de la commune.

(2) La commune qui aura obtenu un secours ne pourra en toucher le montant qu'en produisant un certificat délivré par le maire, sous sa responsabilité personnelle, et constatant que les travaux sont terminés ou en plein cours d'exécution, et déjà avancés. Sur ce certificat, qui sera à double expédition, on indiquera la somme déjà payée à compte des travaux avec les fonds de la commune ou de la fabrique : le receveur municipal ou le trésorier certifiera cette indication.

vaux la commune (*ou la fabrique*) a déjà payé sur ses fonds la somme de.....
En foi de quoi nous avons délivré le présent.
A....., le..... 18...

Le maire.

Certifié véritable l'indication de la somme déjà payée.

Le receveur municipal ou *le trésorier de la fabrique.*

N° 515.

Élections. — *Liste électorale* (1).

Commune d....

N° D'ORDRE	NOMS ET PRÉNOMS.	DATE de la NAISSANCE.	QUALIFICATIONS	DEMEURE.	OBSERVAT.

N° 516.

Élections (*Révision des listes électorales. — Tableau de rectification de la liste électorale* (2).

Commune d.....

ADDITIONS.

N° D'ORDRE	NOMS ET PRÉNOMS.	DATE de la NAISSANCE.	QUALIFICATIONS	DEMEURE.	OBSERVAT.

(1) « La liste électorale est dressée, pour chaque commune, par le maire. » (*Décret org. du 2 fév. 1852, art. 13.*)

« Les listes électorales sont permanentes. Elles sont l'objet d'une révision annuelle. » (*Id., art. 18.*)

Pour les époques et les formes de cette révision, voy. *Dictionnaire municipal*, Élections.

La liste électorale, dûment arrêtée au 31 mars de chaque année, sert à toutes les élections qui ont lieu dans la commune, élections au corps législatif, élections des membres du conseil général et du conseil d'arrondissement, élections municipales. Elle est dressée par ordre alphabétique.

(2) « Le maire opère la révision de la liste électorale, en y ajoutant es citoyens qu'il reconnaît avoir acquis les qualités exigées par la loi, ceux qui acquerront les conditions d'âge et d'habitation avant le 1er avril, et ceux qui auraient été précédemment omis ; et en retranchant de la liste : 1° les individus decedés ; 2° ceux dont la radiation

RETRANCHEMENTS.

N° D'ORDRE de la LISTE GÉNÉRALE.	NOMS, PRÉNOMS, QUALIFICATION ET DEMEURE.	MOTIFS DES RETRANCHEMENTS.

N° 517.

ÉLECTIONS (*Révision des listes électorales*). — *Avis du dépôt du tableau de rectification au secrétariat de la commune* (1).

LISTE ÉLECTORALE. — RÉVISION DE 18...

Les habitants sont prévenus que le tableau contenant les additions et retranchements faits par le maire à la liste électorale de la commune, est déposé au secrétariat de la mairie, et sera communiqué à tout requérant jusqu'au 25 janvier courant, tous les jours, de..... heures du matin à..... heures du soir.

Pendant ce délai, les demandes en inscription ou en radiation seront reçues à la mairie pour être jugées conformément à la loi.

Fait à....., le..... 18...

Le maire.

N° 518.

ÉLECTIONS (*Révision des listes électorales*). — *Procès-verbal constatant le dépôt de la liste des électeurs et du tableau de rectification au secrétariat de la mairie* (2).

L'an mil huit cent....., le....., à..... heures du....., nous, maire de la commune d.....

Conformément à l'article 2 du décret réglementaire du 2 février 1852, et aux instructions relatives à son exécution, nous sommes transporté au secrétariat de la mairie et y avons déposé, pour être communiqués à tout requérant :

1° La liste générale des électeurs de la commune, arrêtée par nous le 31 mars dernier;

2° Le tableau de rectification de ladite liste, par nous dressé, le... de ce mois

---

a été ordonnée par l'autorité compétente; 3° ceux qui ont perdu les qualités requises par la loi; 4° ceux qu'il reconnaît avoir été indûment inscrits, quoique leur inscription n'ait point été attaquée.

« Il tient un registre de toutes ces décisions et y mentionne les motifs et les pièces à l'appui. » (*Décr. régl. du 2 février 1852, art. 1er.*)

(1) « Le jour même du dépôt du tableau de rectifications de la liste électorale au secrétariat de la mairie, avis doit en être donné par affiches aux lieux accoutumés. » (*Décr. régl. du 2 février 1852, art. 2.*)

(2) « Une copie du tableau de rectifications et du procès-verbal constatant l'accomplissement des formalités prescrites, est adressée au sous-préfet, qui l'adresse, dans les deux jours, avec ses observations, au préfet du département. » (*Décr. régl. du 2 février 1852, art. 3.*)

en exécution des articles 1 et 2 dudit décret, et comprenant les retranchements et les inscriptions nouvelles ;

Et immédiatement nous avons fait apposer dans la commune, aux lieux accoutumés, des affiches donnant avis de ce dépôt et faisant connaître que, pendant dix jours, à partir d'aujourd'hui (article 5 du décret), les demandes en inscription ou en radiation seront reçues à la mairie, pour être jugées conformément à la loi.

En foi de quoi nous avons dressé le présent procès-verbal en double expédition dont l'une restera dans les archives de la mairie et l'autre sera transmise, avec une copie du tableau de rectification (article 3 du décret), à M. le sous-préfet.

Fait à....., les jour, mois et an que dessus.

Le maire.

N° 519.

ÉLECTIONS (*Révision des listes électorales*). — *Registre des réclamations* (1).

COMMUNE D.....

DATES des RÉCLAMATIONS.	NOMS ET PRÉNOMS des RÉCLAMANTS.	NOMS ET PRÉNOMS des personnes qui font l'objet des réclamations.	NATURE DES RÉCLAMATIONS.		NATURE de la décision.	OBSERVATIONS.
			Inscriptions	Radiations.		

N° 520

ÉLECTIONS (*Révision des listes électorales*). — *Récépissé délivré par le maire pour chaque réclamation.*

Le maire de la commune d..... certifie que le sieur..... a déposé aujourd'hui, à la mairie, une réclamation tendant à obtenir son inscription sur la liste électorale.

Ou bien : l'inscription ou la radiation du sieur..... omis ou indûment inscrit.

Fait à....., le....., 18...

(Cachet de la mairie.) *(Signature.)*

N° 521.

ÉLECTIONS (*Révision des listes électorales*). — *Nomination de deux membres du conseil municipal pour assister le maire dans le jugement des réclamations* (2).

L'an mil huit cent....., le....., le conseil municipal de la commune .....

(1) « Il sera ouvert, dans chaque mairie, un registre sur lequel les réclamations seront inscrites par ordre de date. Le maire devra donner récépissé de chaque réclamation. » (*Décr. org. du 2 février 1852, art. 19*)

(2) « Les réclamations seront jugées par une commission composée du maire et de deux membres du conseil municipal désignés par le conseil. » (*Décr. org. du 2 février 1852, art. 20.*)

assemblé en vertu de l'autorisation de M. le préfet, en date du....., etc. (Voy. DÉLIBÉRATION.

M. le président a dit que, conformément aux dispositions de l'article 20 du décret organique du 2 février 1852, le conseil avait à nommer deux de ses membres pour assister le maire dans ses décisions sur les réclamations relatives à la révision de la liste électorale pour 18...

Le conseil municipal, prenant en considération la proposition de M. le président, a délégué pour former la commission dont il s'agit :

MM.....

Et ont les conseillers présents signé après lecture, à l'exception de MM.....

Fait à....., les jour, mois et an susdits.

(*Signatures.*)

N° 522.

ÉLECTIONS (*Révision des listes électorales*). — *Décision sur une demande en rectification.*

Nous, soussigné, maire de la commune d....., assisté de MM. ....., conseillers municipaux délégués;

Vu le décret organique et le décret réglementaire du 2 février 1852, concernant les listes électorales;

Vu la liste des électeurs de la commune et le tableau de rectifications publié le 15 janvier courant.....;

Vu la réclamation présentée le..... de ce mois, par laquelle le sieur M....., inscrit au n°..... de la liste, demande qu'aux prénoms d'*Alexis-Étienne*, qui sont indiqués sur la liste, soient substitués ceux de *Alexis-Auguste*, qui sont ses véritables prénoms;

Considérant que la demande du sieur M..... est justifiée par le registre de l'état civil qui a été consulté;

Ouï les conseillers municipaux délégués,

Arrêtons :

Les prénoms *Alexis-Etienne*, attribués au sieur M..... sur la liste publiée le 15 janvier dernier, seront remplacés par ceux de *Alexis-Auguste*.

Fait à....., le..... 18...

Les conseillers municipaux délégues. *Le maire.*

N° 523.

ÉLECTIONS (*Révision des listes électorales*). — *Décision qui rejette une demande en inscription sur la liste.*

Nous, soussigné, maire de la commune d....., assisté de MM. ....., conseillers municipaux délégués;

Vu le décret organique et le décret réglementaire du 2 février 1852, concernant les listes électorales;

Vu la liste des électeurs de la commune et le tableau de rectification publié le 15 janvier courant;

Vu la demande en inscription, présentée le..... de ce mois par le sieur Clément C..... (*profession, qualité, demeure*);

Considérant qu'il est de notoriété publique que le réclamant réside dans la commune depuis moins de six mois;

Ouï les conseillers municipaux délégués,

Arrêtons :

La demande du sieur Clément C..... (*qualité et demeure*) est rejetée.

La présente décision sera immédiatement notifiée au réclamant, qui demeure prévenu que dans le cas où il se croirait fondé à la contester, il peut en appeler devant M. le juge de paix du canton par simple déclaration au greffe, dans les cinq jours de la notification du présent arrêté.

Fait à....., le..... 18...

Les conseillers municipaux délégués. *Le maire.*

N° 524.

Élections (*Révision des listes électorales*). — *Décision qui admet une demande en inscription.*

Nous, soussigné, maire de la commune d....., assisté de MM....., conseillers municipaux délégués;

Vu le décret organique et le décret réglementaire du 2 février 1852 concernant les listes électorales;

Vu la liste des électeurs de la commune et le tableau de rectification publié le 15 janvier courant;

Vu la demande en inscription présentée le..... de ce mois, par le sieur Jules Roger, propriétaire, et son acte de naissance constatant qu'il a atteint sa vingt-unième année le.....;

Considérant que les droits du réclamant à l'inscription qu'il demande sont fondés;

Ouï les conseillers municipaux délégués,

Arrêtons :

Le sieur Roger (Jules), propriétaire, sera inscrit sur la liste des électeurs communaux.

Fait....., le..... 18...

Les conseillers municipaux délégués. *Le maire.*

N° 525.

Élections (*Révision des listes électorales*). — *Décision qui rejette une demande formée par un tiers pour la radiation d'un électeur.*

Nous, soussigné, maire de la commune de..... assisté de MM....., conseillers municipaux délégués;

Vu le décret organique et le décret réglementaire du 2 février 1852, concernant les listes électorales;

Vu la liste des électeurs de la commune et le tableau de rectification publié le 15 janvier courant;

Vu la demande présentée le..... de ce mois par le sieur H....., porté au n°...., de la liste électorale, à l'effet d'en faire rayer le nom de Charles M...., cultivateur, par le motif que ce dernier se livre habituellement à la mendicité;

Considérant que le décret organique du 2 février 1852, art. 15, § 9, ne frappe d'exclusion que les condamnés pour vagabondage et mendicité; qu'il est de notoriété publique que le nommé Charles M..... n'a jamais été condamné comme mendiant ou vagabond; qu'ainsi il a conservé ses droits à l'inscription sur la liste;

Ouï les conseillers municipaux délégués,

Arrêtons :

La demande formée par le sieur H....., est rejetée.

La présente décision sera immédiatement notifiée, etc. (*comme au n° 523*).

Fait à....., le.... 18...

Les conseillers municipaux délégués.

Le maire.

N° 526.

Élections (*Révision des listes électorales*). — ***Décision portant rejet d'une réclamation présentée hors des délais.***

Nous, soussigné, maire de la commune de....., assisté de MM....., conseillers municipaux délégués;

Vu le décret organique et le décret réglementaire du 2 février 1852 concernant les listes électorales;

Vu la liste des électeurs de la commune et le tableau de rectification publié le 15 janvier courant;

Vu la demande en inscription sur la liste, présentée le..... de ce mois par le sieur B.....

Considérant que le délai pour la présentation des réclamations est expiré depuis le 25 de ce mois;

Ouï les conseillers municipaux délégués,

Arrêtons :

La demande formée par le sieur B..... est rejetée.

La présente décision, etc. (*comme au n° 523*).

Fait à......, le..... 18...

Les conseillers municipaux délégués.

Le maire.

N° 527.

Élections (*Révision des listes électorales*). — *Notification d'un arrêté pris sur réclamation.*

Aujourd'hui....., mil huit cent....., je soussigné, garde champêtre, appariteur *ou* gendarme, agissant en exécution de l'article 21 du décret organique du 2 février 1852 sur les règles et les formes des listes électorales, et d'après la réquisition de M. le maire, ai représenté à M. Louis B..... (*profession et demeure*) que par arrêté du..... pris par M. le maire, assisté de la commission formée en exécution de l'article 20 du décret précité, sur la réclamation formée le....., il a été déclaré qu'il n'y avait pas lieu à l'inscrire sur la liste des électeurs de la commune, attendu, *ou* qu'il a été maintenu comme porté légalement, *ou* rayé comme indûment porté sur cette liste (*motifs de la décision*).

Lequel arrêté je lui ai notifié conformément à la loi, afin qu'il puisse se pourvoir comme il avisera devant M. le juge de paix du canton dans les cinq jours de la présente notification, pour tout délai, pour le faire réformer s'il y a lieu; parlant à M......, auquel j'ai laissé copie du présent.

Fait à....., le..... 18... (*Signature.*)

Cette notification sera faite en double: un exemplaire doit être laissé à la partie, le second doit être rendu au maire.

N° 528.

Elections (***Révision des listes électorales***). — ***Arrêté de clôture de la liste*** (1).

L'an mil huit cent....., le....., nous, maire de la commune d.....

Vu l'article 7, § 1er, du décret réglementaire du 2 février 1852, ainsi conçu :

« Le 31 mars de chaque année, le maire opère toutes les rectifications régu-

(1) « Le 31 mars de chaque année, le maire opère toutes les rectifications régulière-

« lièrement ordonnées, transmet au préfet le tableau de ces rectifications et « arrête définitivement la liste électorale de la commune. »

Vu les instructions relatives à l'exécution de ce décret;

Après avoir consulté la liste électorale close le 31 mars 18.., les tableaux de rectification de ladite liste dressés par nous le 15 janvier dernier et ceux également dressés par nous à la date de ce jour; lesdits tableaux comprenant les retranchements et les inscriptions nouvelles, opérés conformément à la loi;

Avons arrêté la liste électorale de la commune au nombre de..... électeurs, savoir :..... électeurs résidant sur le territoire de la commune, et..... électeurs militaires ou marins;

Et au moyen des éléments qui viennent d'être indiqués, nous avons dressé en un seul contexte la liste électorale, laquelle sera déposée au secrétariat de la commune, pour être communiquée à tout requérant, et servira jusqu'au 31 mars de l'année prochaine, sauf les radiations pour cause de décès ou de perte des droits civils et politiques.

Copie de cette liste sera adressée à M. le sous-préfet, avec les doubles des tableaux de rectification publiés à la date de ce jour et une expédition du présent arrêté.

Fait à....., les jour, mois et an que dessus. *Le maire.*

N° 529.

ELECTIONS. — *Lettre de convocation des électeurs* (1).

Monsieur,

Vous êtes prévenu que l'assemblée des électeurs de la commune est convoquée pour le..... à..... heures du...... en la salle principale de la mairie, à l'effet d'élire.....

Vous êtes invité, en qualité d'électeur de la.... section, à venir déposer votre vote.

Le scrutin sera ouvert depuis..... heures du matin, jusqu'à..... heures du soir.

A....., le..... 18... *Le maire.*

N° 530.

ÉLECTIONS. — *Liste d'appel et d'inscription des votants* (2).

COMMUNE d..........

Nombre d'électeurs inscrits: Nombre des votants :

N° D'ORDRE.	NOMS ET PRÉNOMS	DEMEURE.	AGE.	EMARGEMENT constatant le vote de chaque électeur.	OBSERVATIONS.

ment ordonnées, transmet au préfet le tableau de ces rectifications et arrête définitivement la liste électorale de la commune. » (*Décr. org. du 2 février 1852, art.* 7.)

« La liste électorale reste jusqu'au 31 mars de l'année suivante telle qu'elle a été arrêtée, sauf néanmoins les changements qui y auraient été ordonnés par décision du juge de paix, et sauf aussi la radiation des noms des électeurs décédés ou privés des droits civils et politiques par jugement ayant force de chose jugée. » (*Id., art.* 8.)

(1) Les électeurs sont convoqués par un arrêté du préfet. Cet arrêté doit être publié par le maire aussitôt qu'il l'a reçu.

L'envoi de cartes ou de lettres de convocation n'est point obligatoire; mais il peut être utile d'y recourir, surtout dans les communes dont les habitations sont éparses et lorsque les moyens ordinaires de publicité ne paraîtraient point suffisants.

(2) « Pendant toute la durée des opérations, une copie de la liste des électeurs, cer-

N° 531.

Élections. — *Feuille de dépouillement des votes.*

Population de la commune...................... habitants.
Electeurs inscrits..............................
Votants...

NOMS des CANDIDATS.	10	20	30	40	50	100	TOTAL des suffrages obtenus.
Bertrand....	IIII,IIII	IIII,IIII	IIII,IIII	IIII,IIII	IIII,IIII		
Robert.....	IIII,IIII	IIII,IIII	IIII,IIII	IIII,IIII	IIII,IIII		
Etc., etc....							

N° 532.

Elections *au corps législatif. — Procès-verbal des opérations de l'assemblée électorale.*

(e section.)

L'an mil huit cent...., le...., à.... heure.... d...., dans la salle d.... de la commune d.....

En exécution de l'arrêté de M. le préfet, par lequel les électeurs sont convoqués, à l'effet d'élire un député au corps législatif, conformément au décret organique du 2 février 1852;

Le bureau de l'assemblée électorale de la commune de..... (..e section), composé de M....., président, et de MM..... désignés, conformément à l'article 14 du décret réglementaire du 2 février 1852, pour remplir les fonctions d'assesseurs (*ou* scrutateurs), est entré en séance et a choisi pour secrétaire M..... électeur présent, qui a pris place immédiatement au bureau.

Le président a déposé sur la table autour de laquelle siége le bureau :

1° Un recueil des dispositions de la Constitution, des décrets organique et réglementaire du 2 février 1852 sur les élections des députés au corps législatif, et du décret du 29 mai 1857, qui fixe le nombre des députés à élire dans chaque département;

2° Le tableau des circonscriptions électorales du département;

3° La feuille d'inscription des votants;

4° La liste officielle des électeurs, close le 31 mars dernier, et le tableau de rectifications.

La boîte du scrutin a été aussi placée sur cette table, et, après avoir été ouverte et vérifiée pour s'assurer qu'elle ne renfermait aucun bulletin, a été fermée à deux serrures, dont les clefs ont été remises, l'une entre les mains de M. le président, l'autre entre celles du plus âgé de ses assesseurs, M.....

Les électeurs ayant été introduits dès le commencement de la séance, le président a donné lecture des articles de la Constitution et du décret organique du 2 février 1852 relatifs à l'éligibilité des députés, ainsi que des dispositions pénales rela-

---

tifiée par le maire, contenant les noms, domicile, qualification de chacun des inscrits, reste déposée sur la table autour de laquelle siége le bureau. Le vote de chaque électeur est constaté sur la liste en marge de son nom par la signature ou le parafe de l'un des membres du bureau. » (*Décr. régl. 2 février 1852, art. 17 et 23.*)

tives aux opérations électorales, et a placé en évidence sur le bureau l'extrait de la loi qui les contient.

Il a ensuite proclamé l'ouverture du scrutin.

A l'appel de son nom, chaque électeur a remis son bulletin fermé au président, qui s'est assuré que le pli ne contenait qu'un seul bulletin, et l'a déposé dans la boîte du scrutin : le vote a été constaté par la signature ou le parafe de l'un des membres du bureau, apposé, sur la liste, en marge du nom du votant.

L'appel étant terminé, il a été procédé au réappel de tous ceux qui n'avaient pas voté.

A six heures du soir, la boîte du scrutin a été scellée par le président et déposée dans une des salles de la mairie; des scellés ont été également apposés sur les ouvertures de cette salle.

Le lendemain....., à huit heures du matin, le président, les quatre assesseurs et le secrétaire, dénommés d'autre part, ont pris place au bureau.

La boîte du scrutin, dont les scellés ont été reconnus intacts, a été placée de nouveau sur la table du bureau, les scellés ont été levés et le scrutin a été ouvert. Pour faciliter l'opération, un nouvel appel a été fait, comprenant seulement les électeurs qui n'avaient pas voté la veille.

A quatre heures du soir, après avoir reçu les votes de tous les électeurs qui se sont présentés jusqu'à cette dernière heure, le réappel terminé, M. le président a déclaré la clôture définitive du scrutin, et il a été procédé immédiatement au dépouillement des votes, auquel les électeurs ont été admis à assister. Ce dépouillement a été fait de la manière suivante :

La boîte du scrutin a été ouverte; les bulletins qu'elle contenait, comptés par les membres du bureau, ont donné les résultats suivants :

Nombre de bulletins trouvés dans la boîte : (*En toutes lettres.*)

Nombre de votants constatés par les signatures ou parafes apposés par les assesseurs sur la feuille d'inscription des votants :....

Les bulletins ont été vérifiés sur..... tables disposées de telle sorte que les électeurs pussent circuler alentour.

Le bureau a désigné comme scrutateurs MM..... électeurs présents, sachant lire et écrire, lesquels se sont divisés par tables de quatre au moins. M. le président a réparti entre les diverses tables les bulletins à vérifier, et le bureau a surveillé l'opération du dépouillement (1).

A chaque table, l'un des scrutateurs a lu successivement les bulletins à haute voix et les a passés à un autre scrutateur. Les noms portés sur les bulletins ont été relevés par les deux autres scrutateurs sur des listes préparées à cet effet. Le travail terminé, les scrutateurs supplémentaires ont remis au bureau leurs feuilles de dépouillement et les bulletins contestés.

Les bulletins blancs, ceux ne contenant pas une désignation suffisante, ou dans lesquels les votants se sont fait connaître, ne sont pas entrés en compte dans le résultat du dépouillement, mais ils ont été conservés pour être annexés au présent procès-verbal. Leur nombre s'est élevé à.....

Le dépouillement terminé a donné les résultats suivants :

NOMS DES CITOYENS QUI ONT OBTENU DES SUFFRAGES (2).	NOMBRE DE SUFFRAGES OBTENUS	
	EN CHIFFRES.	en toutes lettres.

(1) Biffer ce passage, s'il n'a pas été désigné de scrutateurs supplémentaires, ce qui peut avoir lieu lorsqu'il y a moins de 300 votants.

(2) Avoir soin d'inscrire les candidats dans l'ordre décroissant des suffrages obtenus.

Le résultat du scrutin ayant été rendu public, les bulletins autres que ceux qui ont été déclarés nuls ou sur lesquels il s'est élevé des contestations que le bureau a décidées provisoirement, ont été brûlés en présence des électeurs. Les bulletins conservés pour être annexés au présent ont été parafés par le bureau.

Pendant toute la durée des opérations électorales, ont toujours été présents au bureau trois au moins des membres qui le composent.

Les opérations de l'assemblée étant terminées, le président a levé la séance, après avoir donné lecture du présent procès-verbal.

Lorsque le collége n'est pas divisé en sections, le procès-verbal se termine ici. S'il s'agit d'une assemblée de section, on ajoutera :

« ..... Qui sera porté par le président au bureau de la première section, pour le recensement général des votes. »

Fait double et clos à....., le..... 18...

Le secrétaire. *Le président.*

Les assesseurs.

Lorsque le collége est divisé en sections, le bureau de la première section procédera au recensement général des suffrages, comme il est dit ci-après :

Et le..... mil huit cent.. .., à...... heures du....., le bureau de la première section du collége électoral de la commune d....., composé comme il est dit ci-dessus, ayant reçu les procès-verbaux constatant les résultats des votes exprimés dans les assemblées des autres sections, a procédé, en présence des présidents de ces assemblées, au recensement général des suffrages.

Ce recensement a donné les résultats suivants :

NOMS DES CITOYENS QUI ONT OBTENU DES SUFFRAGES.	NOMBRE DE SUFFRAGES OBTENUS.

Le résultat du recensement a été immédiatement proclamé par le président du bureau central;

Et le secrétaire a clos le présent procès-verbal, auquel sont joints :

1° Les procès-verbaux des autres sections;

2° Les bulletins conservés, conformément aux articles 16 et 30 de la loi électorale,

Pour le tout être transmis à M. le sous-préfet de l'arrondissement.

Fait double à.... le....., 18...

Le secrétaire. *Le président.*

Les assesseurs.

N° 533.

ÉLECTIONS *au conseil général ou au conseil d'arrondissement. — Procès-verbal des opérations de l'assemblée électorale* (1).

(e SECTION.)

L'an mil huit cent....., le..... à..... heures du matin, dans la salle d.... de la commune d.....

En exécution de la loi du 7 juillet 1852, et de l'arrêté de M. le préfet en date

(1) On peut procéder simultanément à l'élection d'un membre du conseil général et à celle d'un membre du conseil d'arrondissement. Il est nécessaire cependant de dresser un procès-verbal pour chaque élection.

du..... par lequel les électeurs sont convoqués à l'effet d'élire les membres du conseil général et des conseils d'arrondissement,

Le bureau de l'assemblée électorale de la commune d..... (...e section), composé de M..... président, et de MM....., désignés, conformément à l'article 14 du décret réglementaire du 2 février 1852, pour remplir les fonctions d'assesseurs (ou scrutateurs), est entré en séance et a choisi pour secrétaire M..... électeur présent, qui a pris place immédiatement au bureau.

Le président a déposé sur la table autour de laquelle siége le bureau :

1° Une copie officielle de la liste des électeurs, contenant les noms, domicile et qualification de chacun des inscrits, au nombre de.....

2° Les feuilles destinées à l'inscription des votants.

La boîte du scrutin a été aussi placée sur cette table, et, après avoir été ouverte et vérifiée pour s'assurer qu'elle ne renfermait aucun bulletin, a été fermée à deux serrures, dont les clefs ont été remises, l'une entre les mains de M. le président, l'autre entre celles du plus âgé de ses assesseurs, M.....

Les électeurs ayant été introduits dès le commencement de la séance, le président a donné lecture des articles 1, 2, 3, 4, 5 de la loi du 7 juillet 1852, ainsi que des dispositions pénales relatives aux opérations électorales, et a placé en évidence sur le bureau l'extrait de la loi qui les contient.

Il a ensuite proclamé l'ouverture du scrutin.

A l'appel de son nom, chaque électeur a remis son bulletin fermé au président *(s'il s'agit de l'élection des membres du conseil général et* au plus âgé des assesseurs *s'il s'agit de l'élection des membres du conseil d'arrondissement)*, qui s'est assuré que le pli ne contenait qu'un seul bulletin, et l'a déposé dans la boîte du scrutin; le vote a été constaté par la signature ou le parafe de l'un des membres du bureau, apposé, sur la liste, en marge du nom du votant.

L'appel étant terminé, il a été procédé au réappel de tous ceux qui n'avaient pas voté.

Pour les communes dont le scrutin doit durer deux jours, c'est-à-dire celles qui ont plus de 2,500 âmes de population, la suspension du scrutin et sa réouverture seront mentionnées ainsi qu'il suit:

« A six heures du soir, la boîte du scrutin a été scellée par le président et déposée dans une des salles de la mairie; des scellés ont été également apposés sur les ouvertures de cette salle.

« Le lendemain...., à huit heures du matin, le président, les quatre assesseurs et le secrétaire, dénommés d'autre part, ont pris place au bureau.

« La boîte du scrutin, dont les scellés ont été reconnus intacts, a été placée de nouveau sur la table du bureau, les scellés ont été levés et le scrutin a été ouvert. Pour faciliter l'opération, un nouvel appel a été fait, comprenant seulement les électeurs qui n'avaient pas voté la veille. »

(Soit que le scrutin doive être fermé le même jour ou seulement le lendemain, on continuera ainsi :

A quatre heures du soir, après avoir reçu les votes de tous les électeurs qui se sont présentés jusqu'à cette dernière heure, le réappel terminé, M. le président a déclaré la clôture définitive du scrutin, et il a été procédé immédiatement au dépouillement des votes, auquel les électeurs ont été admis à assister. Ce dépouillement a été fait de la manière suivante :

La boîte du scrutin a été ouverte; les bulletins qu'elle contenait, comptés par les membres du bureau, ont donné les résultats suivants :

Nombre de bulletins trouvés dans la boîte.....

Nombre de votants constatés par les signatures ou parafes apposés par les assesseurs sur la feuille d'inscription des votants.....

Les bulletins ont été vérifiés sur..... tables disposées de telle sorte que les électeurs pussent circuler alentour.

Le bureau a désigné comme scrutateurs MM..... électeurs présents, sachant lire et écrire, lesquels se sont divisés par tables de quatre au moins. M. le président a réparti entre les diverses tables les bulletins à vérifier, et le bureau a surveillé l'opération du dépouillement.

A chaque table, l'un des scrutateurs a lu successivement les bulletins à haute voix et les a passés à un autre scrutateur. Les noms portés sur les bulletins ont été relevés par les deux autres scrutateurs sur des listes préparées à cet effet. Le travail terminé, les scrutateurs supplémentaires ont remis au bureau leurs feuilles de dépouillement et les bulletins contestés

Les bulletins blancs, ceux ne contenant pas une désignation suffisante, ou dans lesquels les votants se sont fait connaître, ne sont pas entrés en compte dans le résultat du dépouillement, mais ils ont été conservés pour être annexés au présent procès-verbal. Leur nombre s'est élevé à....,

Le dépouillement terminé a donné les résultats suivants :

NOMS DES CITOYENS QUI ONT OBTENU DES SUFFRAGES (1).	NOMBRE DE SUFFRAGES OBTENUS	
	en chiffres.	en toutes lettres.

Le résultat du scrutin ayant été rendu public, les bulletins, autres que ceux qui ont été déclarés nuls ou sur lesquels il s'est élevé des contestations que le bureau a décidées provisoirement, ont été brûlés en présence des électeurs. Les bulletins conservés pour être annexés au présent ont été parafés par le bureau.

Pendant toute la durée des opérations électorales, ont toujours été présents au bureau trois au moins des membres qui le composent.

Les opérations de l'assemblée étant terminées, le président a levé la séance, après avoir donné lecture du présent procès-verbal....

S'il s'agit d'une assemblée de section, on ajoutera :

.....« Qui sera porté par le président au bureau de la première section, pour le recensement général des votes. »

Lorsque le collége n'est pas divisé en sections, le procès-verbal se terminera ici en ces termes :

.....« Qui sera porté par deux membres du bureau, au bureau central siégeant au chef-lieu de canton, pour le recensement général des votes. »

Fait double et clos à....., le..... 18...

Le secrétaire. *Le président.*

Les assesseurs.

Lorsque le collége est divisé en sections, le bureau de la première section procédera au recensement général des suffrages comme il est dit ci-après :

Et le....., mil huit cent....., à....., heures du....., le bureau de la première section du collége électoral de la commune d..... composé comme il est dit ci-dessus, ayant reçu les procès-verbaux constatant les résultats des votes exprimés dans les assemblées des autres sections, a procédé, en présence des présidents de ces assemblées, au recensement général des suffrages.

Ce recensement a donné les résultats suivants :

NOMS DES CITOYENS QUI ONT OBTENU DES SUFFRAGES.	NOMBRE DE SUFFRAGES OBTENUS.

Le résultat du recensement a été immédiatement proclamé par le président du bureau central.

Et le secrétaire a clos le présent procès-verbal, auquel sont joints :

---

(1) Avoir soin d'inscrire les candidats dans l'ordre décroissant des suffrages obtenus.

1° Les procès-verbaux des autres sections;
2° Les bulletins conservés, conformément aux articles 16 et 30 de la loi électorale.
Pour le tout être porté par deux membres du bureau au bureau central siégeant au chef-lieu de canton, pour le recensement général des votes.

Fait double à....., le..... 18...

Le secretaire. *Le président.*

Les assesseurs.

N° 534.

ÉLECTIONS *municipales. — Avis de l'époque des élections et du nombre des conseillers à élire.*

Nous, maire de la commune de.....,
Vu l'arrêté de M. le préfet en date du....., portant convocation des électeurs pour le.....
Faisons savoir à tous les électeurs de la commune que ledit jour, heure d....., en la salle principale de la mairie, il sera procédé à l'élection des membres du conseil municipal, au nombre de.....
Dans le cas où la commune serait divisée en sections, ayant à élire chacune un certain nombre de conseillers, on ajoutera :

Savoir :

Par la 1re section, ... membres.
Par la 2e section, ... —

Fait à....., le..... 18...

Le maire.

N° 535.

ÉLECTIONS *municipales. — Bulletin de vote* (1).

1 M.....	9 M.....
2 M.....	10 M.....
3 M.....	11 M.....
4 M.....	12 M.....
5 M.....	13 M.....
6 M.....	14 M.....
7 M.....	15 M.....
8 M.....	16 M.....

(1) On vote par scrutin de liste. Chaque électeur doit écrire sur ce bulletin les noms des personnes qu'il veut nommer membres du conseil municipal, en nombre égal à celui que doit nommer l'assemblée dont il fait partie.

N° 536.

ÉLECTIONS *municipales. — Procès-verbal d'élection des membres du conseil municipal.*

L'an mil huit cent...., le....., à....., heures du matin, dans la salle d....., de la commune d....

En exécution de l'arrêté de M. le préfet, par lequel les électeurs sont convoqués, à l'effet d'élire les membres qui doivent composer le conseil municipal, conformément à la loi du 5 mai 1855,

Le bureau de l'assemblée électorale de la commune d..... (e section), composé de M....., président, et de MM....., désignés, conformément à l'art 31 de la même loi, pour remplir les fonctions de scrutateurs, est entré en séance et a choisi pour secrétaire M...... électeur présent, qui a pris place immédiatement au bureau.

Le président a déposé sur la table autour de laquelle siége le bureau : 1° une copie officielle de la liste des électeurs, contenant les noms, domicile et qualification de chacun des inscrits, au nombre de.....;

2° Les feuilles destinées à l'inscription des votants.

La boîte du scrutin a été aussi placée sur cette table, et, après avoir été ouverte et vérifiée pour s'assurer qu'elle ne renfermait aucun bulletin, a été fermée à deux serrures, dont les clefs ont été remises, l'une entre les mains de M. le président, l'autre entre celles du plus âgé des scrutateurs, M.....

Le président a rappelé les dispositions pénales relatives aux opérations électorales, et a placé en évidence sur le bureau l'extrait de la loi qui les contient.

Il a prévenu les électeurs que le nombre des conseillers municipaux à élire était de..... ; que l'élection devait avoir lieu au scrutin de liste ; que, par conséquent, chaque électeur devait inscrire sur son bulletin autant de noms qu'il y a de conseillers à élire, et que les noms inscrits en plus ne seraient pas comptés dans le recensement des suffrages.

Il a donné lecture des articles 9, 10 et 11 de la loi du 5 mai 1855 réglant les conditions d'éligibilité.

Il a ensuite proclamé l'ouverture du scrutin.

A l'appel de son nom, chaque électeur a remis son bulletin fermé au président, qui l'a déposé dans la boîte du scrutin ; le vote a été constaté par la signature ou le parafe de l'un des membres du bureau, apposé sur la liste en marge du nom du votant.

L'appel étant terminé, il a été procédé au réappel de tous ceux qui n'avaient pas voté.

Dans les communes où le scrutin doit durer deux jours, c'est-à-dire celles qui ont plus de 2,500 âmes de population, la suspension du scrutin et sa réouverture seront constatées ainsi qu'il suit :

« A..... heures du soir, le scrutin étant resté ouvert pendant plus de trois heures (article 39, § 2, de la loi du 5 mai 1855), la boîte du scrutin a été scellée par le président et déposée dans une des salles de la mairie ; des scellés ont été également apposés sur les ouvertures de cette salle.

« Le lendemain....., à..... heures du matin, le président, les quatre scrutateurs et le secrétaire dénommés d'autre part, ont pris place au bureau.

« La boîte du scrutin, dont les scellés ont été reconnus intacts, a été placée de nouveau sur la table du bureau, les scellés ont été levés et le scrutin a été ouvert. Pour faciliter l'opération, un nouvel appel a été fait, comprenant seulement les électeurs qui n'avaient pas voté la veille. »

Soit que le scrutin doive être fermé le même jour, ou seulement le lendemain, on continuera ainsi :

A..... heures du soir, le scrutin étant resté ouvert pendant plus de trois heures (article 39, § 2, de la loi du 5 mai 1855), après avoir reçu les votes de tous les électeurs qui se sont présentés jusqu'à cette dernière heure, le réappel terminé, M. le président a déclaré la clôture définitive du scrutin, et il a été procédé immédiatement au dépouillement des votes de la manière suivante.

La boîte du scrutin a été ouverte ; les bulletins qu'elle contenait, comptés par les membres du bureau, ont donné les résultats suivants :

Nombre de bulletins trouvés dans la boîte :.....
Nombre de votants constatés par les signatures ou parafes apposés par les assesseurs sur la feuille d'inscription des votants :

Les bulletins ont été vérifiés sur..... tables disposées de telle sorte que les électeurs pussent circuler alentour.

Le bureau a désigné comme scrutateurs MM....., électeurs présents, sachant lire et écrire, lesquels se sont divisés par tables de quatre au moins. M. le président a réparti entre les diverses tables les bulletins à vérifier, et le bureau a surveillé l'opération du dépouillement (1).

A chaque table, l'un des scrutateurs a lu successivement les bulletins à haute voix et les a passés à un autre scrutateur. Les noms portés sur les bulletins, à l'exception de ceux inscrits en plus du nombre de conseillers à élire, ont été relevés par les deux autres scrutateurs sur des listes préparées à cet effet.

Les bulletins blancs ou illisibles, ceux ne contenant pas une désignation suffisante ou qui contiennent une désignation ou qualification inconstitutionnelle, ou dans lesquels les votants se sont fait connaître, ne sont pas entrés en compte dans le résultat du dépouillement, mais ils ont été conservés pour être annexés au présent procès-verbal. Leur nombre s'est élevé à.....

Le dépouillement terminé a donné les résultats suivants :

NOMS DES CITOYENS QUI ONT OBTENU DES SUFFRAGES (2).	NOMBRE DE SUFFRAGES OBTENUS.

Si l'assemblée électorale avait été divisée, pour la facilité du vote, *en plusieurs sections, le résultat du dépouillement, arrêté et signé par le bureau de chaque section, pourrait être porté par le président au bureau de la première section, qui, en présence des présidents des autres sections, opérerait le recensement général des votes et en proclamerait le résultat.*

Et dans ce cas, le secrétaire de ce bureau continuerait ainsi son procès-verbal:

« Le..... mil huit cent ...., à....., heures du....., le bureau de la première section de l'assemblée électorale de la commune de....., composée comme il est dit ci-dessus, ayant reçu les procès-verbaux constatant les résultats des votes exprimés dans les assemblées des autres sections, a procédé, en présence des présidents de ces assemblées, au recensement général des suffrages.

« Ce recensement a donné les résultats suivants : »

Lorsque les sections ont à nommer un nombre déterminé de conseillers municipaux, le recensement se fait dans chaque section. Alors, comme dans le cas d'une seule assemblée, il n'y a rien à ajouter, et le procès-verbal se continuera ainsi qu'il suit :

La majorité absolue des suffrages étant acquise à MM..... qui, en outre, ont obtenu un nombre de suffrages égal au quart de celui des électeurs inscrits, ils ont été proclamés membres du conseil municipal.

Le nombre des citoyens ayant obtenu la majorité absolue des suffrages et un nombre de suffrages égal au quart de celui des électeurs inscrits, ne complétant pas celui des nominations à faire par l'assemblée, le président a fait annoncer qu'il serait procédé à un second tour de scrutin, le (3)....., à..... heures du (4).....

(1) Biffer ce passage, s'il n'a pas été désigné de scrutateurs supplémentaires, ce qui peut avoir lieu lorsqu'il y a moins de 300 votants.

(2) Avoir soin d'inscrire les candidats dans l'ordre décroissant des suffrages obtenus.

(3) On biffera ce passage, lorsqu'au premier tour de scrutin toutes les nominations auront été faites.

(4) Les deux tours de scrutin peuvent avoir lieu le même jour pour les communes

Les opérations de l'assemblée électorale de la commune d..... étant terminées, les bulletins de vote ont été brûlés; M....., secrétaire de ladite assemblée, a donné lecture du présent procès-verbal, et le président a demandé aux électeurs présents si quelques-uns d'entre eux avaient des réclamations à élever contre les opérations de l'assemblée.

Inscrire ici les réclamations qui seraient admises par le bureau.

Le président a annoncé en même temps que l'on avait, conformément à l'article 45 de la loi du 5 mai 1855, cinq jours pour déposer à la mairie les réclamations contre la validité des opérations de l'assemblée.

Le présent procès-verbal, dont une copie sera immédiatement envoyée à M. le sous-préfet, pour être transmise à M. le préfet, a été dressé et clos séance tenante, le....., à..... heures du...., et a été signé par M....., président de l'assemblée; MM....., scrutateurs; et M....., secrétaire.

(*Signatures.*)

DEUXIÈME SCRUTIN.

L'an mil huit cent....., le....., à..... heures du....., par suite de l'ajournement prononcé à la séance de....., les électeurs se sont réunis dans la salle ci-dessus désignée, à l'effet de procéder à l'élection de..... conseillers municipaux restant à nommer.

Le bureau était disposé comme à la précédente séance.

Le président, les scrutateurs et le secrétaire y ont pris les mêmes places.

Le président a rappelé qu'à ce second tour de scrutin la majorité relative suffisait pour être élu.

Il a été immédiatement procédé à un second scrutin par bulletin de liste, comme pour le premier.

Les mêmes formes ont été observées pour l'appel des électeurs et le dépôt des bulletins, la durée, la clôture et le dépouillement du scrutin. Ce second scrutin a présenté le résultat suivant :

NOMS DES CITOYENS QUI ONT OBTENU DES SUFFRAGES (1).	NOMBRE DE SUFFRAGES OBTENUS.

On procédera de même qu'au premier tour de scrutin, si l'assemblée électorale a été divisée en plusieurs sections, pour la facilité du vote.

MM..... ayant obtenu le plus de voix, ont été proclamés membres du conseil municipal.

Les opérations de l'assemblée électorale de la commune d..... étant terminées, les bulletins de vote, à l'exception de ceux réservés pour être annexés au présent, ont été brûlés; M....., secrétaire de ladite assemblée, a donné lecture du procès-verbal, et le président a demandé aux électeurs présents si quelques-uns d'entre eux avaient des réclamations à élever contre les opérations de l'assemblée.

Inscrire ici les réclamations, s'il y a lieu.

Le président a annoncé en même temps que l'on avait, conformément à l'article 45 de la loi du 5 mai 1855, cinq jours pour déposer à la mairie les réclamations contre la validité des opérations de l'assemblée.

Le présent procès-verbal, dont une copie sera immédiatement envoyée à M. le

---

d'une population inférieure à 2,500 habitants. S'il ne peut y être procédé le même jour, l'assemblée est convoquée pour le dimanche suivant.

(1) Dans les communes de plus de 2,500 habitants, le second tour de scrutin est nécessairement effectué le samedi et le dimanche suivants, jours pour lesquels il doit être annoncé.

sous-préfet, a été dressé et clos séance tenante, le....., à....., heures du....., et a été signé par M....., président de l'assemblée; MM....., scrutateurs; et M....., secrétaire.

(*Signatures.*)

N° 537.

Élections *municipales. — Procès-verbal d'installation du conseil municipal* (1).

L'an mil huit cent.........., le.........., M.........., nommé maire de la commune d........, par décret de l'Empereur *ou* par arrêté du préfet, en date du........, a convoqué et réuni les membres du conseil municipal.

La séance ayant été ouverte, M. le maire a déclaré que l'objet de la réunion était l'installation régulière du conseil municipal.

Il a donné aussitôt lecture de la lettre du préfet qui autorise la convocation du conseil municipal.

Il a fait ensuite l'appel nominal des conseillers municipaux nouvellement nommés, savoir : MM....., et chacun d'eux s'est levé et a prononcé le serment suivant :

JE JURE OBÉISSANCE A LA CONSTITUTION ET FIDÉLITÉ A L'EMPEREUR.

Ces formalités remplies, M. le maire a déclaré que le conseil municipal de la commune d........ était régulièrement installé et entrait dès à présent en fonctions, conformément à la loi.

Il a aussitôt après levé la séance.

Fait et clos le présent procès-verbal, qui a été signé par tous les membres du corps municipal présents, les jour et an que dessus.

(*Signatures.*)

N° 538.

Éleveurs *de chevaux. — Soumission à souscrire par le propriétaire qui reçoit du département une jument poulinière pour servir à l'amélioration de l'espèce chevaline.*

Je, soussigné, propriétaire, demeurant à......, reconnais avoir reçu aujourd'hui, des mains du sieur......... et au nom de M. le préfet du département, une jument poulinière de race........, appartenant au département, et qui m'est confiée pour servir spécialement à la reproduction, suivant les conditions ci-après, que je m'engage à remplir très-ponctuellement, sous peine de me voir retirer immédiatement cette jument, sans aucune indemnité quelconque et sans préjudice des poursuites judiciaires qui pourraient être exercées contre moi, s'il y avait lieu, savoir :

1° Cette jument sera spécialement employée par moi à la reproduction, jusqu'à ce qu'elle ait produit quatre fruits ;

2° Je la ferai saillir, chaque année, à partir de l'époque de la prochaine monte, par l'étalon impérial qu'aura désigné M. le chef du dépôt de......... et non autrement, sous quelque prétexte que ce puisse être, à la charge par le département de m'abandonner les produits ;

(1) Une expédition de ce procès-verbal est adressée au sous-préfet.
Il sera fait mention, au procès-verbal, des absents, qui seront admis à prêter serment le plus tôt possible, et installés dans les mêmes formes, le conseil municipal assemblé

3° Après avoir produit quatre fruits, cette jument deviendra également ma propriété privée, et je pourrai en disposer alors de la manière qui me paraîtra la plus avantageuse à mes intérêts;

4° Si elle est reconnue improductive, elle sera retirée par le département pour être échangée contre une autre, aussitôt qu'il sera possible;

5° Dans le cas où elle éprouverait des accidents quelconques avant l'époque où elle m'appartiendra, ils seront constatés de suite à ma diligence par un procès-verbal régulier, à la rédaction duquel j'appellerai M. le maire de la commune, et je pourvoirai à tous les frais qu'exigera son état ; je ferai parvenir une double minute de cette pièce à M. le préfet, le lendemain au plus tard de sa rédaction;

6° Jusqu'au moment où cette jument aura cessé d'appartenir au département, je m'engage à la laisser visiter par MM. les officiers des haras, ainsi que ses produits, aussi souvent qu'ils le jugeront convenable, de même que par tels délégués que M. le préfet jugera utile de charger de cette mission ;

Si les uns ou les autres jugeaient qu'elle n'est pas soignée convenablement, sous quelque rapport que ce puisse être, je me conformerais aux indications qu'ils me donneraient, sous peine du retrait de cette jument;

7° Je fournirai annuellement à M. le préfet une déclaration de ses produits suivant le mode adopté par l'administration des haras;

8° Je me soumets à la juridiction du conseil de préfecture, pour toutes les contestations qui s'élèveraient sur l'application des conditions de la présente soumission, sauf en ce qui pourrait concerner les dommages pécuniaires que l'administration croirait avoir à répéter contre moi, le cas échéant, lesquels seraient réglés par les tribunaux.

Fait double à......., le........ 18...

(*Signature.*)

(*Signalement de la jument.*)

N° 539.

ÉLEVEURS *de chevaux. — Certificat d'origine de produit issu d'un étalon appartenant à un particulier* (1).

Signalement de la jument, mère du produit.

Taille 1 m..... c. Robe... Tête... Jambes.... Marques particulières....

Je, soussigné (*nom du signataire*), demeurant à (*lieu et département du domicile du signataire*), certifie que la jument nommée..... et dont le signalement est ci-contre, née à (*nom du pays où la jument est née*), appartenant au sieur (*nom du propriétaire de la jument*), domicilié à (*lieu du domicile du propriétaire de la jument*), a été saillie à (*lieu où la monte s'est faite*), la première fois le (*époque de la première saillie*), la dernière fois le (*époque de la dernière saillie*), sous le n° (*du registre de la monte*), par l'étalon ci-après désigné, et dont je suis propriétaire.

SIGNALEMENT DE L'ÉTALON.

(*Nom de l'étalon*) de race (*race de l'étalon*), né en (*année de la naissance*),

(1) Les demandes à fin d'inscription devront être adressées au ministre du commerce, avec tous les renseignements et pièces justificatives à l'appui. — Pour établir les droits d'un étalon né en France à l'inscription (en exécution de l'ordonnance du 3 mars 1833), le propriétaire fournira à l'appui de sa demande un certificat qui constatera la saillie de la jument, mère du produit, par cet étalon, à la suite duquel certificat sera la déclaration signée du propriétaire de la jument, attestée par le maire de la commune, constatant la naissance de la production pour laquelle l'inscription est réclamée, et attestant en outre que cette production est bien celle dont il s'agit dans la déclaration du propriétaire de la jument; le tout avec les sigalements exacts du père, de la mère et du produit.

à (*nom du pays où l'étalon est né*), taille d'un mètre.... centimètres, robe..., tête...., jambes.....

(*Si c'est un étalon approuvé, on ajoutera :*)

« *Lequel étalon a été approuvé le.... suivant le certificat délivré par le ministre du commerce, sous le n°.....* »

En foi de quoi j'ai signé le présent certificat.

A..... le..... 18...

(*Signature.*)

Je, soussigné, propriétaire de la jument signalée ci-contre, certifie que le (*date de la naissance du poulain* ou *de la pouliche*), est né de cette jument et de l'étalon signalé au certificat ci-dessus, un poulain *ou* une pouliche de poil....., tête...., jambes.... (*ajouter aussi les marques particulières*).

A....., le....., 18...

(*Signature.*)

Vu par le maire de la commune d (*commune du propriétaire de la jument*), pour légalisation de la signature de M.... et attestation des faits énoncés dans la déclaration ci-dessus.

A......, le..... 18...

(*Cachet de la mairie.*) *Le maire.*

Vu pour légalisation de la signature de M......, maire de la commune d.....

A....., le..... 18...

Le sous-préfet de l'arrondissement.

N° 540.

ÉLEVEURS *de chevaux. — Certificat à exiger du propriétaire d'un cheval présenté pour les courses* (1).

Signalement du cheval ou *de la jument présentée.*

Nom....., né en (*année de la naissance*), taille de....., robe...., tête...., jambes..... Marques particulières.

---

(1) Tout propriétaire présentant ou faisant présenter en son nom un cheval pour les courses, est tenu de justifier de son origine; à cet effet il devra produire le ou les certificats nécessaires pour constater le lieu où le cheval est né; celui ou ceux où il a été élevé et nourri depuis sa naissance jusqu'au moment des courses, et la qualité française ou étrangère du père ou de la mère. Si le cheval est né ailleurs, et s'il a été élevé par d'autres que le propriétaire qui le présente, celui-ci fournira à l'appui de son certificat, et avec l'attestation du propriétaire chez lequel le cheval sera né, autant de certificats d'éducation qu'il y aura de personnes qui auront possédé et nourri le cheval depuis sa naissance jusqu'au moment où en il sera devenu propriétaire lui-même. — S'il provient d'un étalon ou d'une jument des établissements de haras, on joindra à ces premiers certificats celui du directeur de haras ou chef de dépôt qui le constatera. Ces certificats, qui contiendront en outre le signalement du cheval, et, autant que possible, le nom et le signalement, leur origine surtout, du père et de la mère, seront signés par le propriétaire, qui y déclarera qu'il répond personnellement des assertions qu'ils contiennent, et que le cheval lui appartient en propriété. Ils seront également signés de celui ou de ceux qui auront élevé le cheval, et de deux propriétaires de leur commune attestant la vérité et l'exactitude des faits y contenus; enfin ils devront être visés par les maires et sous-préfets du domicile des signataires.

Toute personne qui présentera un cheval ou jument pour la course, devra le faire conduire huit jours à l'avance dans l'endroit indiqué par le préfet du département où elle désirera le faire courir, et faire inscrire, sur un registre tenu à cet effet, son nom, celui du cheval ou de la jument qu'elle présente, avec son signalement, l'indication de la qualité française ou étrangère, et aussi, autant que possible, les noms du père et de la mère. (*Arrêté du min. de l'int. du 16 mars 1825.*)

Signalement du père.

(On donnera, autant que possible, le nom et le signalement du père; mais, dans tous les cas, on devra désigner son origine, c'est-à-dire le pays où il est né, et s'il est de pur sang ou non.)

Signalement de la mère.

(Même observation que pour celui du père.)

Je, soussigné (*nom du propriétaire du cheval*), demeurant à (*nom de la commune du domicile, celui de l'arrondissement et celui du département*), certifie que le cheval entier *ou* la jument dont le signalement est ci-contre, et que je présente pour les courses qui doivent avoir lieu cette année à (*lieu de la course*), m'appartient en propriété ; qu'il est né en (*année de la naissance*), à (*désignation du lieu, de l'arrondissement et du département où le cheval est né*), et qu'il y a été élevé et nourri depuis sa naissance jusqu'aujourd'hui.

Ou bien : et qu'il a été élevé à (*commune et département où l'éducation a eu lieu*) depuis cette époque jusqu'à l'âge de..... ; et ensuite à (*indiquer toujours avec le lieu celui du département*) depuis cet âge jusqu'aujourd'hui *ou* jusqu'à celui de....., etc. (*en indiquant successivement les différents lieux où le cheval aura été nourri*).

Je déclare garantir la vérité et l'exactitude des renseignements et assertions contenus dans le présent certificat et en répondre personnellement.

A...., le..... 18...

(*Signature.*)

Nous, soussignés, proprétaires domiciliés en la commune de..... (*commune du propriétaire du cheval*), attestons que nous avons une parfaite connaissance des faits et circonstances énoncés dans le certificat ci-dessus, et que ces faits et circonstances sont exacts et conformes à la vérité.

En foi de quoi nous avons signé.

A....., le..... 18...

(*Signatures.*)

Vu pour légalisation des signatures ci-dessus, *ou* d'autre part, et attestation que les signataires sont bien tels qu'ils se qualifient.

A....., le..... 18...

Le maire de la commune d... ....

Vu pour légalisation de la signature de M......., maire de la commune d.......

A....., le..... 18...

Le sous-préfet de l'arrondissement d......

N° 541.

ÉLEVEURS *de chevaux. — Certificat du propriétaire chez qui est né le cheval présenté pour les courses.*

Signalement du cheval ou *de la jument présentée.*

Nom......, né en (*année de la naissance*), taille de...., robe..., tête....., jambes..... Marques particulières.

Signalement du père.

(On donnera, autant que possible, le nom et le signalement du père; mais, dans tous les cas, on devra désigner son origine, c'est-à-dire le pays où il est né, et s'il est né de pur sang ou non.)

Signalement de la mère.

(Même observation que pour celui du père.)

Je, soussigné (*nom du signataire, avec l'indication du lieu et du département de son domicile*), certifie que le cheval *ou* la jument dont le signalement est ci-contre, est né en (*année de la naissance*), à (*nom du lieu et du département de la naissance*), dans ma propriété, et qu'il y a été élevé depuis cette époque jusqu'à l'âge de....., où je l'ai vendu au sieur......

J'atteste en outre que ce cheval *ou* cette jument est fils *ou* fille de (*dire ici le nom du père, et s'il est de pur sang ou non*), né (*nom du pays où le père est né*), et de (*dire ici le nom de la mère, et si elle est de pur sang ou non*), née (*nom du pays où la mère est née*).

A....., le..... 18...

(*Signature.*)

Nous, soussignés, propriétaires domiciliés en la commune d (*commune du signataire du certificat*), attestons que nous avons une parfaite connaissance des faits et circonstances énoncés dans le certificat ci-dessus, et que ces faits et circonstances sont exacts et conformes à la vérité.

En foi de quoi nous avons signé.

A......., le...... 18... (*Signatures.*)

Vu pour légalisation des signatures ci-dessus, et attestation que les signataires sont bien tels qu'ils se qualifient.

A......., le....... 18.......

Le maire de la commune d......

Vu pour légalisation de la signature de M......., maire de la commune de.......

A......., le....... 18...

Le sous-préfet de l'arrondissement d......

N° 542

Éleveurs *de chevaux. — Certificat du propriétaire qui a élevé le cheval présenté pour les courses.*

Signalement du cheval ou *de la jument présentée.*

Nom....., né en (*année de la naissance*), taille de....., robe...., tête...., jambes...... Marques particulières.

Je, soussigné (*nom du signataire, avec l'indication du lieu et du département de son domicile*), certifie que le cheval *ou* la jument dont le signalement est ci-contre m'a été vendu à l'âge de...... par le sieur (*nom et domicile du vendeur*); que je l'ai conservé et nourri chez moi depuis cet âge jusqu'à celui de...... que je l'ai vendu au sieur......

J'atteste en outre que, d'après les renseignements qui m'ont été fournis par le vendeur, ce cheval *ou* cette jument est fils *ou* fille de (*nom du père*), né (*nom du pays où le père est né*), et de (*nom de la mère*), née (*nom du pays où la mère est née*).

A......, le..... 18...

(*Signature.*)

Nous, soussignés, propriétaires domiciliés en la commune de..... (*commune du signataire du certificat*), attestons que nous avons une parfaite connaissance des faits et circonstances énoncés dans le certificat ci-dessus, et que ces faits et circonstances sont exacts et conformes à la vérité.

En foi de quoi nous avons signé.

A....., le..... 18... *(Signatures.)*

Vu pour légalisation des signatures ci-dessus, et attestation que les signataires sont bien tels qu'ils se qualifient.

A....., le..... 18... *Le maire de la commune de.....*

Vu pour légalisation de la signature de M....., maire de la commune d.. ..

A....., le..... 18... *Le sous-préfet de l'arrondissement.*

N° 543.

Empoisonnement. — *Procès-verbal constatant la découverte d'un crime d'empoisonnement.*

Aujourd'hui...., mil huit cent...., nous...., maire (*ou* commissaire de police) de la commune de...., ayant été informé par la clameur publique que le sieur C....., propriétaire en cette commune, est décédé hier à la suite de violentes douleurs d'entrailles accompagnées de vomissements, et que l'on présumait, en raison de sa mort presque subite, qu'il avait été empoisonné, nous sommes rendu au domicile dudit sieur C....., où nous avons appris que, pendant les jours qui ont précédé son décès, le sieur C..... paraissait jouir d'une bonne santé et ne se plaignait d'aucun mal ; qu'il s'est livré hier à ses occupations habituelles ; que ce n'est qu'à l'issue de son repas du soir qui lui a été préparé, en sa maison, par la fille Judith P....., sa domestique, qu'il se plaignit aux sieurs R..... et V....., ses voisins, de ressentir des douleurs aiguës dans l'estomac et dans les intestins; qu'il s'est couché, et que son mal ne faisant qu'empirer d'instants en instants, il est mort à..... heures du soir, après avoir éprouvé les plus vives douleurs. Il nous a été dit, en outre, par le sieur D....., cultivateur à....., qu'il y a quinze jours environ, le sieur C..... avait, en sa présence, acheté chez le sieur....., pharmacien à....., de l'arsenic dont il se proposait de faire une préparation contre les rats, etc......

(*On doit recueillir tous les renseignements qui peuvent éclairer la justice et les consigner au procès-verbal.*)

Attendu que, de ces diverses circonstances, il résulte présomption du crime d'empoisonnement, nous avons donné avis de cet événement à M. le procureur impérial pour qu'il eût à se rendre de suite sur les lieux ; avons préalablement refusé le permis d'inhumer ledit C....., et, pour prévenir la disparition des indices qui peuvent conduire à la découverte de la vérité, avons placé la fille Judith P..... sous la garde de deux gendarmes requis par nous et auxquels nous avons enjoint de veiller en même temps à ce que rien ne fût dérangé dans la maison jusqu'à l'arrivée de M. le procureur impérial.

Et de ce que dessus, nous avons dressé le présent procès-verbal, qui sera remis à M. le procureur impérial pour valoir ce que de raison.

Fait et clos à....., les jour, mois et an que dessus. (*Signature.*)

N° 544.

Empoisonnement *de bestiaux* (*Procès-verbal constatant un*) (1).

Aujourd'hui....., mil huit cent....., par-devant nous....., maire de la commune d....., s'est présenté le sieur B....., propriétaire, demeurant en ladite.

(1) « Quiconque aura empoisonné des chevaux ou autres bêtes de voiture, de monture ou de charge, des bestiaux à cornes, des moutons, chèvres ou porcs, ou des poissons

commune, lequel nous a dit qu'il venait de trouver son cheval mort, par suite de poison, dans le pré où il l'avait mis pacager, que ses soupçons se portaient sur le nommé Joseph S....., son ancien domestique, demeurant à....., qu'il avait congédié à la fin du mois dernier pour cause d'inconduite, et qui l'avait menacé, en sortant, de l'en faire repentir.

En conséquence de cette déclaration, nous nous sommes transporté, accompagné du sieur C....., artiste vétérinaire, requis par nous, sur le pré où gisait le cheval du sieur B....., et nous avons invité ledit sieur C..... à procéder à la recherche et à la constatation des causes de la mort de cet animal. Le sieur C....., après avoir obtempéré à notre invitation, nous a déclaré que la mort avait été causée par..... (*désigner la substance*), qui se trouvait en grande quantité dans l'estomac et les intestins du cheval, et que sans aucun doute cette circonstance devait être regardée comme le résultat de la malveillance.

Ayant pris ensuite des renseignements pour parvenir à la découverte de l'auteur de ce délit, nos recherches nous ont fait connaître que ledit Joseph S..... avait couché la nuit précédente chez le sieur D....., aubergiste, et avait été vu dans la matinée de ce jour traversant le pré où pacageait le cheval du sieur B....., qu'il s'était dirigé ensuite vers le village de.....

Ce fait à la charge dudit Joseph S..... de s'être introduit, sans motifs plausibles, dans le pré du sieur B..... et son départ immédiat de la commune, nous paraissant confirmer les soupçons du sieur B....., et établir contre ledit S..... présomption suffisante du délit prévu et puni par l'article 452 du Code pénal, nous avons de ce que dessus rédigé le présent procès-verbal, qui sera transmis à M. le procureur impérial pour recevoir telles suites qu'il appartiendra.

Fait et clos à..... les jour, mois et an susdits.

(*Signature.*)

N° 545.

Emprisonnement (*Formule de procès-verbal d'*) (1).

Aujourd'hui....., mil huit cent..... à....., heure du....., je soussigné, G....., gendarme à la résidence d....., à la requête de....., porteur de l'ordre exprès à l'effet des présentes dudit....., j'ai à P....., en son domicile et parlant à sa personne, signifié et laissé copie par extrait du jugement rendu contre lui au tribunal d....., qui l'a condamné à..... jours d'emprisonnement; et en conséquence, j'ai audit sieur P..... fait commandement, de par la loi et justice, de me suivre en la maison d'arrêt sise à.....; et ledit P..... y ayant obéi à l'instant, je l'ai mené en ladite maison, où je l'ai remis à C....., concierge, pour y être détenu conformément audit jugement, et le temps de l'emprisonnement déterminé par ledit jugement étant expiré, être de suite mis en liberté sans autre formalité; et m'a ledit C..... délivré, pour ma décharge, certificat de réception pour la personne de P.....; et de tout ce que dessus j'ai rédigé le présent procès-verbal, que j'ai signé,

A....., les jour, mois et an que dessus.

(*Signature.*)

---

dans des étangs, viviers ou réservoirs, sera puni d'un emprisonnement d'un an à cinq ans et d'une amende de 16 à 300 fr. Les coupables pourront être mis par l'arrêt ou par le jugement, sous la surveillance de la haute police pendant deux ans au moins et cinq ans au plus.» (*Code pénal, art.* 452.)

(1) Le Code établit deux catégories d'emprisonnement : 1° l'emprisonnement à temps dans un lieu de correction, pour délits correctionnels ; 2° l'emprisonnement pour contravention de police, et qui n'entraîne qu'une détention dont le maximum est de cinq jours; cette dernière espèce de peine est la seule qui rentre dans les attributions du maire et des adjoints.

N° 546.

Emprunts *communaux. — Délibération du conseil municipal relative à un emprunt* (1).

Aujourd'hui....., mil huit cent....., le conseil municipal étant réuni en session extraordinaire, sous la présidence de M. le maire, les plus imposés dûment convoqués en nombre égal à celui des membres en exercice,

M. le maire a fait connaître au conseil qu'il l'avait réuni pour qu'il eût à délibérer sur une demande en autorisation d'emprunt à l'effet de subvenir à la dépense occasionnée par..... *ou* devant résulter de..... (*énoncer avec précision l'objet de l'emprunt*).

M. le maire a ensuite fait connaître au conseil les différents modes d'emprunt auxquels on pouvait recourir (2), et les avantages ou les inconvénients que chacun pouvait présenter pour la commune; les conditions qu'il conviendrait d'assigner à l'emprunt suivant le mode adopté, et, enfin, les moyens de remboursement en capital et intérêts que la commune pouvait y affecter (3).

Le conseil municipal,

Considérant qu'il résulte de la situation financière de la commune qu'elle peut prélever sur ses économies annuelles la somme nécessaire au remboursement du capital et des intérêts de l'emprunt projeté; que ledit emprunt lui donnera les moyens de réaliser immédiatement (les travaux proposés *ou* l'acquisition projetée);

Délibère :

Il y a lieu d'autoriser la commune de..... à emprunter, soit avec publicité et concurrence, soit directement à la caisse des dépôts et consignations, à un taux d'intérêt qui ne pourra excéder..... pour cent, une somme de....., remboursable en capital et intérêts (*ou* par annuités de.....), en..... années, à partir de....., au moyen des revenus ordinaires communaux, pour servir (*indiquer la nature et le montant de la dépense*).

S'il s'agit d'un emprunt remboursable avec le produit d'une imposition extraordinaire, la délibération sera libellée ainsi qu'il suit :

Considérant que la commune fait usage des centimes spéciaux pour les dépenses de l'instruction primaire, les chemins vicinaux et le salaire des gardes champêtres, centimes qu'elle doit s'imposer en vertu des lois spéciales avant d'établir de nouveaux impôts; qu'elle ne peut se dispenser de recourir à l'emprunt projeté, et de créer des ressources pour subvenir à son remboursement;

Délibère :

Il y a lieu d'autoriser la commune de..... : 1° à emprunter, soit avec publicité et concurrence, soit directement à la caisse des dépôts et consignations, à un taux d'intérêt qui ne pourra excéder..... pour cent, une somme de....., remboursable en capital et intérêts (*ou* par annuités de.....) en..... années, à partir de 18.., pour servir à payer (*indiquer la nature et le montant de la dépense*); 2° à s'imposer extraordinairement pendant..... années, à partir de 18.., au principal de ses quatre contributions directes montant à..,... centimes par franc et par an, représentant environ....., et en totalité....., pour le produit de cette imposition être affecté au remboursement du capital et des intérêts dudit emprunt.

Fait et délibéré les jour, mois et an susdits. (*Signatures.*)

(1) Toute proposition d'emprunt au nom d'une commune doit être appuyée : 1° d'une délibération prise par le conseil municipal et les plus imposés, énonçant avec précision l'objet, le mode et les conditions de l'emprunt, ainsi que les moyens de remboursement en capital et intérêts que la commune peut y affecter; 2° d'une copie du budget et de l'exposé de la situation financière de la commune; 3° s'il s'agit de travaux de bâtiments, des projets régulièrement approuvés par le préfet ou soumis à l'approbation ministérielle, approbation qui doit être préalablement prononcée. Cette condition est de rigueur.

(2) Il peut être procédé de deux manières à la réalisation des emprunts communaux; à savoir, par adjudication avec publicité et concurrence, ou par traité de gré à gré avec la caisse des dépôts et consignations.

(3) Ainsi : les ressources ordinaires du budget, une imposition extraordinaire, l'éta-

N° 547.

Emprunts *communaux. — Tableau de l'amortissement d'un emprunt à mettre en adjudication publique.*

TABLEAU DE L'AMORTISSEMENT D'UN EMPRUNT DE ,
PROPOSÉ PAR LA COMMUNE D POUR

ANNÉES de LA DURÉE de L'EMPRUNT	PRODUIT des RESSOURCES destinées chaque année à son amortissement		TOTAL des RESSOURCES.	APPLICATION DU PRODUIT DES RESSOURCES affectées chaque année à l'amortissement.					OBSERVATIONS.
				PAYEMENT des intérêts à....... pour 0/0.			REMBOURSEMENT du capital emprunté.	TOTAL par année en capital et intérêts égal au produit des ressources annuelles	
	REVENUS ordinair.	CENTIMES additionnels.		Au	Au	TOTAL des intérêts.			

Dressé par le maire de la commune d....., en conformité des instructions ministérielles.

A....., le..... 18... *Le maire.*

N° 548.

Emprunts ***communaux. — Cahier des charges pour l'adjudication d'un emprunt.***

Art. 1er. La somme de..... fr., montant de l'emprunt, sera exclusivement employée à.....

2. Le produit de l'imposition extraordinaire de..... fr., dont le recouvrement est autorisé par la loi *ou* le décret du....., reste spécialement affecté au remboursement du capital de l'emprunt. Ledit remboursement sera effectué ainsi qu'il est dit en la délibération et en la loi *ou* le décret du......

Les intérêts annuels seront acquittés sur les fonds libres du budget de chaque exercice.

3. Le *maximum* de l'intérêt est de..... Toute soumission qui dépasserait cette limite sera rejetée.

L'adjudication aura lieu au rabais de ladite limite, en faveur de la soumission qui exigera l'intérêt le moins élevé.

4. L'adjudication de l'emprunt de..... fr., se versera en deux payements, qui s'effectueront ainsi qu'il suit : le premier payement de..... fr., aussitôt après l'homologation par M. le préfet; le deuxième payement de..... fr., un mois après le premier.

5. Les versements se feront dans la caisse du receveur municipal de....., qui en délivrera des récépissés, suivant les formes voulues.

Ces récépissés seront sur-le-champ échangés contre des coupons de..... fr. chacun, formant le montant desdits récépissés.

---

blissement de taxes additionnelles à l'octroi ou autres taxes municipales, le produit d'une coupe extraordinaire de bois, etc.

Les coupons de récépissés porteront un numéro de série, et seront extraits d'un registre à souche.

Les coupons de récépissés vaudront reconnaissance au profit des prêteurs, avec l'intérêt au taux fixé par l'adjudication, à partir du jour de chaque versement.

6. Les coupons de récépissés du receveur municipal seront immédiatement présentés au maire, pour être revêtus de son *visa*, et inscrits, suivant l'ordre de leurs numéros, dans un registre qui sera à cet effet ouvert à la mairie.

Ces coupons de récépissés serviront de titre aux prêteurs, pour en toucher les intérêts et le remboursement, aux époques et selon le mode qui sont déterminés par le présent cahier des charges.

Les coupons de récépissés sont indivisibles, tant pour le capital que pour l'intérêt.

7. Les porteurs de coupons de récépissés auront la faculté de les transférer à des tiers, et de demander que les transferts soient opérés par une déclaration, tant sur les coupons que sur le registre destiné à l'inscription des coupons de récépissés eux-mêmes ; les coupons seront valablement transférés par la signature des deux parties et le *visa* du maire.

Pour faciliter les transferts, le modèle des coupons de récépissés sera conçu de manière à présenter au *verso* un bordereau indiquant la quotité d'intérêts qui auront été payés chaque semestre, jusqu'au jour de la transmission desdits coupons.

8. Il sera tenu compte aux prêteurs de l'intérêt de leurs fonds sur le pied fixé par l'adjudication, à partir du jour de chaque versement.

Le payement de cet intérêt se fera par semestre échu, à la caisse du receveur municipal, sur mandats du maire, expédiés au nom des porteurs de coupons de récépissés inscrits, visés et tranférés comme il est dit aux articles 6 et 7.

9. Le premier remboursement aura lieu au....., à raison de..... fr., ou des..... coupons de la première série.

Le deuxième remboursement sera effectué en....., à raison de..... fr., ou des..... coupons de la deuxième série.

10. Les personnes qui désireront concourir à l'adjudication de l'emprunt de ..... fr., remettront leurs soumissions entre les mains du maire, au moment fixé pour leur ouverture.

11. Chaque soumission devra être sur papier timbré, datée, signée et cachetée. Elle sera conforme au modèle ci-après (voir n° 547).

Nul ne sera admis à soumissionner l'emprunt, s'il n'a préalablement versé à la caisse du receveur municipal d....., à titre de dépôt, la somme de..... fr., en numéraire.

Le récépissé de ce dépôt, délivré par le receveur municipal, devra être joint à chaque soumission. Toute soumission qui ne serait pas accompagnée de ce récépissé sera écartée.

Le dépôt de..... fr. servira de cautionnement à l'adjudicataire de l'emprunt, et l'intérêt lui en sera payé, à compter du jour de l'adjudication, sur le pied déterminé par cette adjudication.

Le dépôt fait par l'adjudicataire sera imputé sur le premier payement.

Le récépissé du dépôt fait par les soumissionnaires non adjudicataires leur sera rendu immédiatement après la clôture de l'adjudication.

12. Le maire assisté de deux conseillers municipaux délégués, en séance publique, et en présence même des soumissionnaires, procédera sur-le-champ à l'adjudication de l'emprunt.

13. Dans le cas où deux ou plusieurs soumissions présenteraient le même rabais dans le taux de l'intérêt, il sera ouvert un nouveau concours, mais seulement entre les signataires de ces soumissions. En conséquence, ils devront remettre de secondes soumissions cachetées, qui seront ouvertes par le maire en séance publique, le lendemain..... à midi.

Si les secondes soumissions offraient encore un rabais égal, le maire, en conseil composé comme il est dit en l'article 12, déterminerait quel est celui des concurrents qui doit avoir la préférence.

14. L'adjudication ne sera consentie qu'à un seul prêteur ou à une compagnie représentée par une personne ayant procuration.

15. On ne recevra pas les déclarations de command.

Il sera permis toutefois de soumissionner pour une personne absente, mais à la charge de joindre à la soumission la procuration enregistrée du commettant, et le récépissé du cautionnement de..... fr. exigé par l'article 11.

16. Dans le cas où le prêteur n'effectuerait pas ses versements aux échéances déterminées, il sera procédé à une réadjudication à sa folle-enchère. La différence résultant de la réadjudication dans le taux de l'intérêt, ainsi que les frais de cette réadjudication, demeureront à la charge du premier adjudicataire e' seront prélevés, soit sur son cautionnement, s'il n'avait pas complété son premier versement, soit sur les sommes qu'il aurait versées postérieurement à la caisse du receveur municipal.

17. Tous les frais de l'adjudication seront supportés par la commune.

18. L'adjudication ne sera définitive qu'après qu'elle aura reçu l'approbation de M. le préfet.

Fait en la mairie de....., le..... 18... *Le maire.*

N° 549.

EMPRUNTS *communaux. — Soumission à souscrire par les concurrents.*

(Sur papier timbré.)

Je, soussigné, Louis M....., propriétaire à....., agissant en mon propre et privé nom (*ou* au nom d....., dont je présente les pouvoirs), et après avoir pris connaissance des clauses et conditions insérées au cahier des charges dressé par M. le maire le....., m'engage à prêter à la commune d..... la somme de....., en numéraire effectif, montant de l'emprunt affecté à.....

Je m'engage à verser à la caisse municipale de..... le montant de la somme ci-dessus, conformément à l'article 4 du cahier des charges.

Je déclare en outre avoir versé à la caisse municipale, pour cautionnement, la somme de..... fr., dont le récépissé est joint à la présente soumission, laquelle est faite à la condition expresse qu'il me sera alloué un intérêt franc et sans retenue de..... pour cent, jusqu'à l'entier remboursement du capital.

Fait à....., le..... 18... *(Signature.)*

N° 550.

EMPRUNTS *communaux. — Procès-verbal d'adjudication.*

Aujourd'hui..... mil huit cent....., à..... heure du....., nous soussigné, maire de la commune d....., assisté de MM. C..... et M....., membres du conseil municipal et du receveur municipal, nous sommes rendu à la mairie, en la salle ordinaire des adjudications, pour faire l'ouverture des soumissions déposées à la mairie, en conséquence des affiches apposées le..... et le....., aux lieux ordinaires et accoutumés; lesdites affiches annonçant que ce jour....., mil huit cent....., à..... heure du....., il serait procédé à l'adjudication de l'emprunt autorisé par..... et affecté à....., lequel s'élève, ainsi qu'il a été dit ci-dessus, à la somme de.... francs.

Une seule soumission a été déposée par M. Louis M....., propriétaire à....., lequel s'engage par la susdite soumission à prêter la somme de..... francs en numéraire effectif à la commune, et à effectuer le versement de ladite somme ainsi qu'il est énoncé en l'article 4 du cahier des charges, moyennant un intérêt de..... du cent par an, sans retenue, jusqu'au remboursement du capital. A ladite soumission est annexé un récépissé du dépôt de..... fr., dont versement a été effectué ce jour en la caisse municipale par ledit sieur soumissionnaire.

Cette soumission ayant paru suffisamment avantageuse, et M. Louis M....., reconnu réunir les qualités prescrites, nous, maire de....., de l'avis de MM. les membres du conseil municipal, commissaires, avons déclaré ledit sieur Louis M.... adjudicataire dudit emprunt de..... francs.

Et aussitôt a été introduit dans la salle des adjudications M. Louis M....., qui a accepté l'adjudication et s'est soumis à exécuter toutes les clauses et conditions du devis et du cahier des charges, et a signé le procès-verbal avec MM....

Fait et clos à....., en la mairie, les jour, mois et an susdits.

(*Signatures.*)

No 551.

Emprunts *communaux. — Tableau de l'amortissement d'un emprunt demandé à la caisse des dépôts et consignations.*

ANNÉE de LA DURÉE de L'EMPRUNT	PRODUIT des RESSOURCES destinées chaque année à son amortissement			APPLICATION DU PRODUIT DES RESSOURCES affectées chaque année à l'amortissement.					OBSERVATIONS.
				PAYEMENT des intérêts à 4 1/2 pour 0/0.			REMBOURSEMENT du capital emprunté	TOTAL par année en capital et intérêts égal au produit des ressources annuelles	
	(1)		TOTAL.	au 31 mars	au 30 sept.	TOTAL			

Certifié conforme aux ressources dont la commune peut disposer.

A....., le..... 18..

Le maire.

No 552.

Emprunts *communaux. — Envoi du tableau des valeurs à souscrire en contre-valeur des sommes prêtées par la caisse des dépôts aux villes et communes* (2).

Le maire de la commune de..... a l'honneur d'adresser à M. le directeur général de la caisse des dépôts et consignations le tableau des valeurs à souscrire

(1) Faire autant de colonnes qu'il y aura de produits d'origines différentes, et indiquer chacune de ces origines de manière à faire connaître si l'emprunt doit être remboursé au moyen : 1° des revenus ordinaires communaux ; 2° de centimes additionnels ; 3° de droits d'octroi ou d'autres taxes municipales ; ou 4° enfin d'une coupe extraordinaire de bois communaux. (*Circ. du min. de l'intér. des* 16 *juillet, page* 4, *et* 12 *août* 1840, *pages* 4 *et* 9.)

(2) Aucun prêt demandé à la caisse des dépôts et consignations par les villes ou communes ne pourra être réalisé qu'après l'envoi à la caisse des dépôts, par MM. les maires, des obligations et des coupons souscrits conformément aux modèles nos 553 et 554 ci-après.

Avant de procéder à la confection de ces valeurs, et pour éviter toute erreur, MM. les maires devront adresser au directeur général de la caisse des dépôts, au moins un mois avant le jour qu'ils auront indiqué pour le versement au trésor des fonds demandés à cette caisse, un tableau dressé conformément au modèle, que nous donnons ici, destiné à faire connaître :

1° Le montant de chaque somme demandée et l'époque à laquelle la caisse des dépôts devra en faire les fonds ;

2° La date du remboursement de cette somme, en évitant d'indiquer un jour férié

pour un nouvel à-compte de..... francs, à verser sur l'emprunt contracté par ladite commune le.....

A....., le..... 18.. *Le maire.*

DURÉE DU PRÊT :	COMMUNE d	Emprunt autorisé F.
Intérêt à °/o	ARRONDISSEMENT d	Loi....... / Décret.... } du 18 .
e à-compte.	DÉPARTEMENT d	(*Indiquer ici les motifs de l'emprunt.*)

A verser au trésor public par la caisse des dépôts, le 18.....................................

Montant des à-compte déjà versés.....................

TOTAL..............................

Monsieur le maire transmettra :

1. Obligation de Fr. payable le.....
2. *Idem* de Fr. payable le.....
3. *Idem* de Fr. payable le.....
4. *Idem* de Fr. payable le.....

Coupons d'intérêts à souscrire.

	Montant des intérêts.	Rectifications opérées par la caisse.
1 sur F..... du..... au..... (.....jours).....		
2 sur F..... du..... au..... —		
3 sur F..... du..... au..... —		
TOTAL..................		

RÉCAPITULATION DES VALEURS COMPRISES DANS LE PRÉSENT TABLEAU.

ANNÉES DES ÉCHÉANCES des Valeurs.	MONTANT PAR ANNÉE des OBLIGATIONS.	MONTANT PAR ANNÉE des COUPONS D'INTÉRÊTS.	SOMMES à payer PAR ANNÉE.

Dressé par nous, soussigné, maire de la commune de.....,

A....., le..... 18... *Le maire.*

3o Les intérêts calculés pour l'an de 360 jours (chaque mois n'étant compté que pour 30 jours).

L'examen préalable de ce tableau par la caisse des dépôts a pour objet d'indiquer les rectifications à faire, s'il y a lieu, dans les calculs, et d'éviter le renvoi des valeurs qui pourraient contenir des erreurs, ce qui occasionnerait des retards dans le versement des sommes demandées.

N° 553.

Emprunts *communaux.* — *Obligations à souscrire en contre-valeur de sommes empruntées à la caisse des dépôts et consignations* (1).

Ville *ou* commune de.....

Obligation.

Emprunt de fr...... autorisé par la loi *ou* le décret *du*..... 18...

Montant de l'Obligation Fr.......

Bon pour la somme de (*en toutes lettres*), que la ville *ou* commune de....., conformément à la délibération de son conseil municipal du....., dûment approuvée le....., s'engage à payer le....., à Paris, où elle fait élection de domicile (*à..... ou chez.....*) à l'ordre de M. le caissier général de la caisse des dépôts et consignations, en remboursement de pareille somme qu'elle doit recevoir le....., à valoir sur celle de....., que la caisse des dépôts a consenti à prêter à ladite ville *ou* commune, autorisée par la loi *ou* le décret du..... 18.., à contracter un emprunt de..... pour.....

A....., le...... 18...

Vu par le maire : *Le receveur municipal.*

N° 554.

Emprunts *communaux.* — *Coupons à souscrire pour les intérêts des obligations* (2).

Ville *ou* commune de.....

coupons d'intérêts.

Emprunt de F..... autorisé par la loi *ou* le décret *du*..... 18...

Montant du Coupon F.......

Bon pour la somme de (*en toutes lettres*) que la ville *ou* commune de.....,

(1) En contre-valeur des fonds demandés par une ville ou par une commune, le receveur municipal, agissant au nom de la ville ou de la commune, devra souscrire pour le capital une ou plusieurs obligations conformes au modèle ci-dessus.

Ces obligations devront être sur *papier frappé du timbre proportionnel* exigé par la loi. Elles seront visées par le maire.

Elles seront revêtues du cachet de la mairie. Il serait préférable que les obligations fussent imprimées ou lithographiées, et, dans ce dernier cas, visées pour timbre. Les villes ou les communes devront faire élection de domicile chez une personne résidant à Paris, ou, à défaut, au ministère de l'intérieur.

Cette élection de domicile ne pourra pas être indiquée au trésor public.

(2) Pour le règlement des intérêts afférents à chaque à-compte demandé à la caisse des dépôts, le receveur municipal devra souscrire, au nom de la ville ou de la commune, des coupons échelonnés de six mois en six mois, aux échéances des 30 juin et 31 décembre de chaque année, et non des 1er *juillet* et 1er *janvier*. Ces coupons devront être conformes au modèle.

Les intérêts dus pour moins de trois mois seront réunis à ceux du semestre suivant, pour le premier coupon à souscrire, ou à ceux du semestre quand il s'agira du dernier coupon, et, à l'exception de ces deux cas, *aucun coupon ne devra comprendre plus de six mois d'intérêts.*

Ces coupons d'intérêts souscrits, comme les obligations, par le receveur municipal, devront être établis sur *papier frappé du timbre proportionnel* exigé par la loi, et revêtus du visa du maire et du cachet de la mairie. Il serait préférable qu'ils fussent imprimés ou lithographiés, et, dans ce cas, visés pour timbre.

Quand un à-compte demandé sera remboursable en plusieurs obligations, il ne sera souscrit néanmoins, pour simplifier le travail, *qu'une seule série de coupons d'intérêts*, embrassant sans interruption toute la durée du prêt de cet à-compte.

conformément à la délibération de son conseil municipal du....., dûment approuvée le....., s'engage à payer le....., à Paris, où elle fait élection de domicile (à..... ou chez.....) à l'ordre de M. le caissier général de la caisse des dépôts et consignations, pour les intérêts à.....°/° l'an, courus du..... au....., sur une somme de..... qu'elle doit recevoir le....., à valoir sur celle de..... que la caisse des dépôts a consenti à prêter à ladite ville *ou* commune, autorisée par la loi *ou* le décret du..... 18.., à contracter un emprunt de..... pour.....

A....., le..... 18...

Vu par le maire : *Le receveur municipal.*

N° 555.

Enfants. — *Déclaration pour un enfant égaré* (1).

L'an mil huit cent....., le....., devant nous, maire de la commune d....., s'est présenté le sieur Simon B...., maçon en cette commune, rue...., n°...., lequel nous a déclaré que le....., à..... heures du soir *ou* du matin, en *tel* lieu (*détailler toutes les circonstances de la disparition de l'enfant, son sexe, ses nom, prénoms, âge, taille, signalement exact, celui de ses vêtements, et autres signes de reconnaissance*).

Qu'il a fait infructueusement toutes les recherches possibles pour trouver son enfant; pour quoi il a cru devoir nous faire la présente déclaration, afin que l'administration ordonne toutes publications et recherches nécessaires, tant dans la commune que dans les communes voisines, pour que cet enfant puisse être rendu à sa famille par les personnes qui l'auraient recueilli.

De laquelle déclaration ledit sieur B....., nous a affirmé la vérité, après en avoir entendu la lecture, en a requis acte que nous lui avons délivré, et a signé avec nous. (*Signature.*)

N° 556.

Enfants. — *Plainte au sujet d'un enfant âgé de moins de sept ans, placé dans un hospice par la personne à qui il avait été confié* (2).

L'an mil huit cent....., le....., à..... heures d....., devant nous, maire de la commune d....., s'est présenté le sieur Etienne C....., lequel nous a dit qu'il y a..... ans, il avait confié en nourrice (*ou* en sevrage, *ou* en pension), son fils (*ou* sa fille), nommé....., alors âgé d..... ans, chez la femme N....., dont le mari est...., moyennant le prix de....., par mois : laquelle somme le déclarant a exactement payée chaque mois, ainsi qu'il en justifie par quittances; que ce matin il est allé chez ladite femme pour reprendre son enfant, aujourd'hui âgé de..... (*moins de sept ans*), mais que l'enfant ne s'est pas trouvé chez elle et qu'elle a refusé de lui dire où il était et de le lui représenter, se bornant à lui dire qu'il lui serait remis sous peu de jours; que lui, déclarant, après bien des recherches, a découvert et s'est assuré que son enfant avait été porté le..., par....., à l'hospice de....., où il a été reçu et est encore en ce moment.

Que voulant obtenir la remise de son enfant, il a cru devoir nous faire la déclaration des faits ci-dessus, dont il rend plainte, pour la vindicte publique, requé-

---

(1) Le maire fait publier dans la commune la disparition de l'enfant et fait procéder à de nouvelles recherches. Si elles sont infructueuses, il transmet au procureur impérial la déclaration du père de l'enfant, et en adresse une copie au sous-préfet, afin que, par la voie du Recueil des actes administratifs de la préfecture, avis de la disparition de l'enfant soit donné dans les autres communes du département.

(2) « Ceux qui auront porté à un hospice un enfant au-dessous de l'âge de sept ans accomplis, qui leur aurait été confié afin qu'ils en prissent soin, ou pour toute autre cause, seront punis d'un emprisonnement de six semaines à six mois, et d'une amende de seize francs à cinquante francs. — Toutefois, aucune peine ne sera prononcée, s'ils n'étaient pas tenus ou ne s'étaient pas obligés de pourvoir gratuitement à la nourriture et à l'entretien de l'enfant, et si personne n'y avait pourvu. » (*Code pénal, art.* 348.)

rant qu'il soit donné à sa déclaration telles suites que de droit, et que son enfant lui soit rendu ainsi que ses hardes et effets consistant en.....

Et, à l'appui de sa déclaration, il nous a présenté pour témoins les sieurs (*nom, prénoms, profession et demeure des deux témoins*), lesquels nous ont dit et affirmé qu'il est à leur connaissance que le sieur C..... avait confié un enfant aux soins de ladite femme....., il y a environ.....; qu'ils connaissent ledit sieur C..... pour un homme probe et honnête, de bonnes vie et mœurs, incapable d'en imposer à l'autorité, et comme ayant les facultés suffisantes pour nourrir et entretenir ses enfants.

Lecture faite de ce que dessus au sieur C..... et aux témoins susnommés, ils ont déclaré y reconnaître vérité, chacun en ce qui le concerne, y ont persisté et ont signé avec nous.

Et ledit jour, nous, maire de la commune d....., à..... heure d....., ayant fait appeler par-devant nous ladite femme N....., nous lui avons donné connaissance de la plainte portée contre elle par le sieur C....., et lui avons demandé pour quels motifs elle avait placé dans un hospice un enfant qui avait été confié à ses soins; elle nous a dit (*consigner exactement la réponse*), offrant au surplus de remettre au sieur C..... tous les effets appartenant à son enfant.

Nonobstant laquelle réponse, et attendu que ladite femme est prévenue d'un délit de police correctionnelle prévu par l'article 348 du Code pénal, en plaçant dans un hospice un enfant au-dessous de l'âge de sept ans, qui lui avait été confié, avons rédigé contre ladite femme..... le présent procès-verbal, pour y être donné correctionnellement telles suites que de droit, conformément à la loi; et attendu que ladite femme.... présente une solvabilité suffisante pour répondre des condamnations pécuniaires qui pourraient être prononcées contre elle, pour raison du fait dont s'agit, l'avons laissée libre, sous la soumission de se représenter à justice toutes les fois qu'elle en sera légalement requise, ce qu'elle a promis de faire, et a signé.

A l'égard de la remise de l'enfant au sieur C....., nous en référons à M. le préfet, à qui il appartient de donner des ordres à cet effet.

Et de tout ce que dessus nous avons rédigé le présent procès-verbal, qui sera transmis à M. le procureur impérial.

Fait à....., le..... 18...

(*Signatures.*)

N° 557.

Enfants. — *Certificat pour obtention d'un secours en faveur d'une fille-mère* (1).

Nous, soussigné, maire de la commune d..... arrondissement d....., certifions et attestons :

1° Que la fille..... profession de..... native de la commune d....., arrondissement de..... domiciliée à..... depuis le.... chez le sieur..... profession de..... est accouchée en notre commune, le..... d'un enfant naturel du sexe ..... qui a été inscrit sur les registres de l'état civil, sous les nom et prénoms de.....

2° Que cette fille est dans l'indigence la plus absolue, et incapable de nourrir son enfant, sans le secours du département; que c'est en vain qu'elle a cherché à se procurer les ressources nécessaires pour son entretien et celui de son enfant;

3° Que les père et mère de ladite fille, demeurant à..... sont également dans l'indigence.

Par ces motifs, nous sollicitons en faveur de la nommée.... un secours tem-

---

(1) Dans le but de diminuer le nombre des expositions d'enfants, des secours sont accordés, dans plusieurs départements, aux filles-mères qui sont dans le besoin, à la condition qu'elles garderont et élèveront elles-mêmes leurs enfants. Ces secours sont alloués sur les certificats des maires constatant l'état d'indigence des filles-mères qui les demandent.

poraire, afin de l'aider à élever son enfant, nous engageant à prévenir immédiatement l'administration dans le cas où la susnommée, se trouvant dans des circonstances moins malheureuses, pourrait, se passer du secours demandé

A....., le..... 18... *Le maire.*

N° 558.

ENFANTS *trouvés ou abandonnés. — Procès-verbal constatant la remise entre les mains du maire d'un enfant trouvé, et son placement provisoire chez un particulier* (1).

L'an mil huit cent....., le..... à..... heures du....., devant nous, maire de la commune de....., s'est présenté le sieur....., habitant de cette commune, lequel nous a présenté un enfant du sexe....., âgé d'environ..... ans, vêtu de....., qu'il nous a dit avoir trouvé aujourd'hui à..... heures du....., au lieu de.....

Sur quoi, nous, maire soussigné, avons accordé acte audit sieur..... de la remise de cet enfant, et avons mandé la femme N..... à qui nous avons confié l'enfant, en lui recommandant d'en prendre soin, jusqu'à ce qu'il ait été statué à son égard par M. le préfet.

Et de ce que dessus nous avons dressé le présent procès-verbal qui sera transmis immédiatement à M. le sous-préfet

Fait à..... les jour, mois et an que dessus.

Le maire.

N° 559

ENFANTS *trouvés ou abandonnés. — Procès-verbal pour constater la remise entre les mains du maire d'un enfant orphelin abandonné.*

Aujourd'hui..... mil huit cent....., par-devant nous..... maire de la commune de....., s'est présenté le sieur....., habitant de cette commune, lequel nous a présenté un enfant du sexe....., âgé de....., appartenant au nommé... décédé le..... (*ou* absent depuis.....), lequel enfant est resté sans parents ni fortune en la maison du comparant, qui nous a déclaré le remettre entre nos mains pour sa décharge. Le sieur..... nous a déclaré en outre, qu'il était à sa connaissance et à celle des sieurs N..... et N..... ses voisins, que l'enfant porte les nom et prénoms de.....

Sur quoi, nous avons donné acte audit sieur..... de la remise de cet enfant, que nous avons confié provisoirement au sieur..... (*ou* à la dame.....), lui recommandant d'en prendre soin jusqu'à ce qu'il ait été statué à son égard par M. le préfet, à qui nous allons en référer en lui transmettant immédiatement notre procès-verbal.

Fait à..... les jour, mois et an que dessus. *Le maire.*

---

(1) Tout enfant trouvé, abandonné ou perdu, doit être conduit ou porté de suite chez l'officier de police le plus voisin, qui dresse procès-verbal du fait, du lieu, du jour et de l'heure où l'enfant a été trouvé, de ses vêtements et signes de reconnaissance, de son âge apparent, de son sexe et de toutes les circonstances de l'événement racontées par l'enfant ou par la personne qui l'a trouvé.

Si l'enfant est nouveau-né, le procès-verbal est inscrit sur le registre de l'état civil. Voy. *Etat civil.*

Si quelque circonstance faisait présumer que l'abandon de l'enfant a été volontaire et criminel, le maire en référerait de suite au procureur impérial. Voy. *Abandon d'enfant.*

Dans tous les cas, le maire fait placer l'enfant à l'hospice de la localité, ou, à défaut d'hospice, il le confie à la garde et aux soins d'un particulier, jusqu'à ce qu'il ait reçu les ordres du préfet, à qui il envoie immédiatement son procès-verbal, par l'intermédiaire du sous-préfet.

N° 560.

Enfants *trouvés ou abandonnés. — Certificat à produire par une personne qui désire être chargée d'un enfant trouvé, en qualité de gardienne ou nourrice* (1).

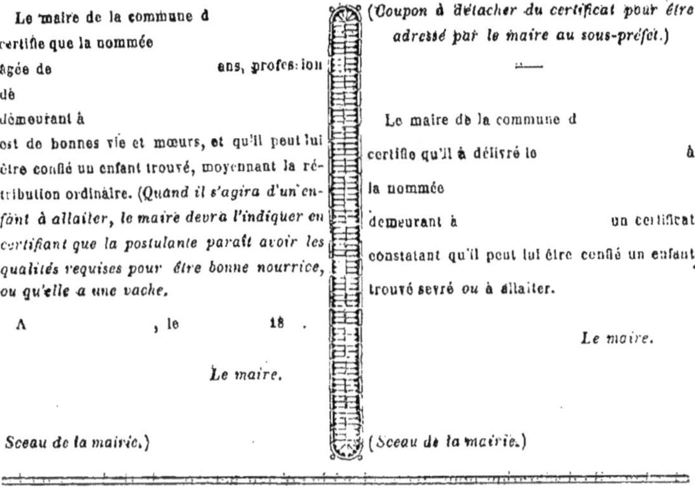

Le maire de la commune d
certifie que la nommée
âgée de ans, profession
de
demeurant à
est de bonnes vie et mœurs, et qu'il peut lui être confié un enfant trouvé, moyennant la rétribution ordinaire. (*Quand il s'agira d'un enfant à allaiter, le maire devra l'indiquer en certifiant que la postulante paraît avoir les qualités requises pour être bonne nourrice, ou qu'elle a une vache.*

A , le 18 .

Le maire.

Sceau de la mairie.)

(*Coupon à détacher du certificat pour être adressé par le maire au sous-préfet.*)

Le maire de la commune d
certifie qu'il a délivré le à
la nommée
demeurant à un certificat constatant qu'il peut lui être confié un enfant trouvé sevré *ou* à allaiter.

Le maire.

(*Sceau de la mairie.*)

N° 561.

Enfants *trouvés ou abandonnés. — Certificat d'existence d'un enfant trouvé ou abandonné, mis en nourrice* (2).

Le maire de la commune de..... certifie que Pierre N....., enfant trouvé, placé en nourrice chez la femme P....., habitant cette commune, par l'hospice de....., est existant, pour nous avoir été présenté aujourd'hui par la femme P....., conformément à l'article 13 du décret du 19 janvier 1811.

En foi de quoi nous avons délivré le présent pour servir et valoir ce que de droit.

A....., le..... mil huit cent.....

(*Sceau de la mairie.*) *Le maire.*

(1) MM. les maires détacheront et adresseront sans délai, aux sous-préfets, les coupons des certificats délivrés.

Il sera tenu registre de ces coupons, et les nourrices ou gardiennes seront averties à domicile du jour où elles devront se présenter à l'hospice, pour y recevoir un enfant.

Elles recevront une indemnité de voyage en représentant, avec ce certificat, l'avertissement qu'elles auront reçu.

(2) Le certificat qui doit être produit pour la réception des mois de nourrice, est exempté du timbre.

N° 562.

Enfants *trouvés ou abandonnés. — Certificat à délivrer, par le maire de sa résidence, à une personne qui veut reconnaître un enfant trouvé ou abandonné* (1).

L'an mil huit cent....., le....., devant nous, maire de la commune d....., s'est présenté le nommé N....., âgé de....., exerçant la profession de....., demeurant à....., lequel nous a déclaré vouloir reconnaître pour son fils *ou* sa fille l'enfant de l'hospice d....., exposé le..... et portant les noms de.....

En conséquence, nous, soussigné, certifions que le réclamant est de bonnes vie et mœurs; qu'il a les moyens d'élever son enfant, et qu'il y a lieu de le lui rendre.

Fait à la mairie d....., le..... 18...

(*Sceau de la mairie.*) *Le maire.*

N° 563.

Enfants *trouvés ou abandonnés. — Réclamation, après reconnaissance, pour la remise d'un enfant trouvé.*

L'an mil huit cent....., le...... devant nous, maire de la commune d....., s'est présenté N..... (*prénoms, nom, âge, profession et domicile*), lequel, par suite de la reconnaissance qu'il a faite, par déclaration en date du....., inscrite au registre des actes de naissance de cette commune, de l'enfant élevé jusqu'à ce jour par les soins de l'hospice d....., sous le nom de....., a réclamé la remise dudit enfant.

De laquelle déclaration nous avons signé le présent acte, que le déclarant *ou* la déclarante a signé avec nous, après lecture faite, pour être transmis à M. le préfet, à l'effet de faire statuer sur la remise d'enfant qui en fait l'objet.

(*Signatures du maire et du déclarant.*)

CERTIFICAT DU MAIRE.

Nous, maire de la commune d....., certifions que le sieur....., par qui est faite la déclaration ci-dessus, a *ou* n'a pas les moyens de rembourser les frais faits jusqu'à ce jour pour l'enfant qu'il réclame; en foi de quoi nous avons délivré le présent pour servir et valoir ce que de droit.

(*Sceau de la mairie.*) (*Signature du maire.*)

N° 564.

Enfants *trouvés ou abandonnés. — Certificat à délivrer aux nourrices ou autres personnes qui veulent se charger gratuitement d'un ou plusieurs enfants trouvés* (2).

Nous, soussigné, maire de la commune d....., certifions que (*nom et prénoms du déclarant*), qui a déclaré vouloir se charger *gratuitement,* conformément à

(1) Pour l'acte de reconnaissance de l'enfant., voy. *État civil.*
(2) Un des doubles de chaque acte de retrait gratuit devra être accompagné d'un certificat conforme à ce modèle.

l'arrêté de M. le préfet du....., de l'enfant..... appartenant à l'hospice d....., est de bonnes vie et mœurs, et qu'..... a les moyens nécessaires d'élever cet enfant.

En foi de quoi nous lui avons délivré le présent, qui restera annexé à l'acte de retrait.

Fait à....., le..... 18...

(Sceau de la mairie.) *Le maire.*

No 565.

Enfants *trouvés ou abandonnés. — Déclaration à faire par une personne qui demande à se charger gratuitement d'un enfant trouvé ou abandonné.*

L'an mil huit cent....., le..... devant nous, maire de la commune d....., s'est présenté (*désigner les nom, prénoms, âge, profession ou qualité de la personne déclarante*), lequel nous a déclaré être dans l'intention de se charger gratuitement de l'enfant de l'hospice d....., nommé..... et inscrit sous le no... du registre matricule.

Pour ne laisser au déclarant aucun doute sur la nature de l'engagement qu'il doit prendre, nous lui avons fait connaître que la remise de l'enfant qu'il réclame était subordonnée aux conditions ci-après :

Le déclarant doit s'engager :

1o A garder *gratuitement*, sans aucune *rétribution* ni *indemnité*, jusqu'à l'âge de vingt-un ans, l'enfant désigné ci-dessus ;

2o A le loger, nourrir, blanchir, entretenir et soigner convenablement, en santé comme en maladie ;

3o A le traiter avec douceur et humanité, à l'élever convenablement, à l'envoyer aux écoles publiques, à lui faire apprendre un métier ou à l'appliquer aux travaux de l'agriculture ;

4o A ne le renvoyer qu'en cas d'inconduite, après en avoir préalablement prévenu le préfet en lui fournissant la preuve de cette inconduite ;

5o A ne le remettre à aucune autre personne sans y avoir été préalablement autorisé par l'administration de l'hospice auquel il appartient ;

6o Enfin, à faire, dans le cas où cet enfant viendrait à s'évader, toutes les recherches nécessaires pour le retrouver, et à prévenir immédiatement la commission administrative de l'hospice et le maire de la commune.

De son côté, l'administration s'engage envers le déclarant à laisser l'enfant ci-dessus dénommé à sa disposition jusqu'à l'âge de vingt-un ans accomplis, sauf le cas d'engagement volontaire, d'appel à l'armée par suite du recrutement, de reconnaissance par les parents, ou enfin de mariage, sans que cet enfant puisse exiger de salaire jusqu'à sa majorité.

Ces conditions ayant été acceptées par le déclarant, dont la moralité nous est connue, et que nous savons avoir les moyens d'élever l'enfant dont il s'agit, nous avons signé avec lui le présent acte pour être transmis à M. le préfet.

Fait double à....., le..... 18...

Le déclarant. *Le maire.*

No 566.

Enquête *administrative* de commodo et incommodo.

Aujourd'hui (*date du mois*) mil huit cent....., à..... heures du....., en la mairie de.....

Nous, N....., maire de la commune d....., chargé par M. le préfet du département, *ou* le sous-préfet de cet arrondissement, suivant sa lettre du... de ce mois, de procéder, conformément aux dispositions de l'article 7 du décret du 15 octobre 1810, à une enquête *de commodo et incommodo* relativement à (*énoncer avec détails l'objet de l'enquête*); laquelle enquête a été annoncée huit jours à l'avance à son de caisse et par voie d'affiches placardées aux lieux accoutumés, afin que les intéressés ne puissent en ignorer, et que cette publicité autorise à compter le silence des absents comme un vote affirmatif;

Après avoir invité une dernière fois aujourd'hui, à son de caisse, les habitants de la commune à comparaître devant nous pour exprimer leur vœu sur le projet dont il s'agit;

Avons ouvert le présent procès-verbal, et, lecture faite aux personnes présentes du préambule ci-dessus, nous avons procédé à la réception des déclarations, lesquelles nous ont été faites individuellement et successivement ainsi qu'il suit :

1° Est comparu le sieur..... (*nom, prénoms, profession, domicile*), lequel nous a déclaré s'opposer à.. .., parce que..... (*énoncer ici tous les motifs de l'opposition, en employant, autant que possible, les termes propres au déclarant*), et a, avec nous, signé après lecture;

2° Est comparu le sieur....., lequel nous a déclaré ne point s'opposer au projet dont il s'agit, attendu que..... Lecture faite de ses déclarations, le comparant a dit y persister et ne pouvoir signer avec nous, pour ne le savoir.

3°.....

Personne ne s'étant plus présenté, et attendu que l'heure fixée pour la clôture de l'information est expirée, nous avons clos et arrêté le présent procès-verbal à..... heures de l'après-midi des jour, mois et an que dessus, et avons signé.

(*Signature.*)

N° 567.

ÉPICIER-DROGUISTE. — *Procès-verbal constatant qu'un épicier-droguiste vend des compositions ou préparations pharmaceutiques.*

L'an mil huit cent....., le....., nous....., maire de la commune d...., informé que le sieur J....., tenant un magasin d'épicerie et de droguerie en cette commune, rue....., n°....., se livrait à la vente de compositions et préparations pharmaceutiques, et avait notamment livré, le....., au sieur..... une préparation destinée à....., nous sommes transporté en son domicile, accompagné du sieur....., docteur en médecine, et du sieur....., pharmacien, tous les deux requis par nous à l'effet de procéder à une visite domiciliaire dans les magasins dudit sieur J..... Dans le cours de cette visite, nous avons trouvé dans..... (*indiquer le lieu ou le meuble*) divers bocaux contenant des drogues qui nous ont paru être composées. Lesdits sieurs....., invités par nous à faire l'examen de ces matières, nous ont déclaré que c'était une préparation pour....

En conséquence, nous avons déclaré au sieur J....., que le trouvant en contravention à l'article 33 de la loi du 21 germinal an XI (1), nous allions rédiger contre lui le présent procès-verbal, pour être transmis à M. le procureur impérial, et y être donné telles suites qu'il appartiendra.

Lecture faite de ce que dessus aux sieurs..... nous assistant, ils y ont reconnu vérité et ont signé avec nous.

A....., les jour, mois et an que dessus.

(*Signatures.*)

---

(1) «Les épiciers et droguistes ne peuvent vendre aucune composition ou préparation pharmaceutique, sous peine de 500 francs d'amende. Ils peuvent faire le commerce en gros des drogues simples, sans pouvoir néanmoins en débiter aucune au poids médicinal.» (*Loi du 21 germinal an XI, art. 33.*)

N° 568.

ÉPIDÉMIE. — *Arrêté municipal concernant les mesures de salubrité à observer pendant la durée d'une épidémie.*

Le maire de la commune de.....

Vu la loi du 24 août 1790, titre XI, qui, parmi les objets confiés à la vigilance et à l'autorité des corps municipaux, comprend les soins de prévenir, par les précautions convenables, les fléaux calamiteux, tels que les épidémies;

Vu la loi du 19 juillet 1791, article 46, qui donne au corps municipal le droit de faire des arrêtés sur les objets confiés à sa vigilance et à son autorité;

Considérant que, dans les circonstances actuelles, il importe de recourir aux moyens les plus prompts et les plus sûrs d'atténuer toutes les causes d'infection;

Considérant que les moyens les plus capables de prévenir et d'arrêter les effets de toute maladie épidémique et contagieuse sont de prescrire et de faire observer rigoureusement la propreté des habitations, cours, rues et places publiques; d'interdire l'amas de toute matière végétale ou animale en putréfaction près des habitations; de faire écouler les eaux stagnantes, et de surveiller l'assainissement des lieux où se trouvent agglomérés un grand nombre d'individus;

Arrête :

Art. 1er. Défenses sont faites et réitérées aux habitants de jeter par les fenêtres, dans les rues et les cours, tant de jour que de nuit, aucunes eaux propres ou sales, urines, matières fécales, gravois et ordures de quelque nature qu'elles puissent être.

2. Il est de nouveau fait défense à toutes personnes de laver du linge, du fil, des herbages aux fontaines publiques; d'y rincer des tonneaux, bennes et autres vases, comme aussi d'y mener boire des chevaux et bestiaux; en un mot, d'altérer de quelque manière que ce soit la limpidité et la pureté desdites fontaines.

3. Il est expressément défendu aux bouchers, charcutiers, tripiers, volaillers et autres, de déposer ou verser dans les cours et sur la voie publique les dépouilles, les excréments et le sang des animaux qu'ils tuent. Ces dépouilles, excréments et sang devront par eux être versés et déposés dans les tombereaux des balayeurs publics, au moment de leur passage.

4. Il est enjoint à tout propriétaire dont la maison serait dans un état de malpropreté et de dégradation constaté, de faire éparvérer ou blanchir à la chaux l'intérieur, les cour et escalier de ladite maison, et de faire établir et entretenir en bon état les tuyaux de descente pour conduire les eaux des éviers jusqu'à l'aire de la cour, en leur donnant de là la vidange nécessaire.

Le propriétaire sera tenu d'obtempérer à cette injonction dans le délai fixé par le maire.

5. Les habitants sont tenus de déposer en tas sur la voie publique, au-devant de leurs maisons, sans gêner le cours des eaux, les balayures provenant de l'intérieur des maisons.

6. Défenses sont faites à toute personne de faire des amas de fumiers dans les rues, places, quais et basses-cours.

Tout dépôt de fumier mis en tas pour être vendu ou conservé comme engrais, ne pourra être fait, hors la ville *ou* village, qu'à trois cents mètres au delà des dernières habitations, et à cinquante mètres au moins de tous chemins publics.

7. Les habitants sont tenus de balayer chaque jour la voie publique devant leurs habitations avant..... heures du matin.

Ils sont également tenus, chaque jour de chaleur et de temps sec, d'arroser deux fois la voie publique devant leurs habitations, savoir : à dix heures du matin et deux heures de l'après-midi.

8. Les propriétaires et habitants sont tenus de faire laver, trois fois par jour, les cours et gargouilles des maisons qu'ils occupent.

9. Des baquets allant être placés par les soins de l'administration municipale dans les promenades intérieures, places, carrefours et passages publics de la

ville, il est interdit d'uriner ailleurs que dans ces baquets du moment où ils seront en place. Sera poursuivi et puni suivant la rigueur des lois quiconque déplacera ou détruira ces baquets et autres ouvrages établis pour la salubrité publique.

10. Les contraventions aux dispositions du présent arrêté seront constatées par des procès-verbaux, et des mesures spéciales sont prises pour cela ; les contrevenants seront passibles des peines portées par les articles 471, n° 15, 474 et 475, n° 12, du Code pénal.

Fait à....., le..... 18...

Le maire.

N° 569.

ÉPIDÉMIE. — *Instruction sur les précautions à prendre durant l'épidémie du choléra-morbus* (1).

AVIS.

Le choléra étant ordinairement précédé de légers accidents qu'il suffit de dissiper pour arrêter le développement ultérieur de la maladie, le maire croit devoir publier l'instruction suivante, où sont indiqués les conseils hygiéniques appropriés aux circonstances actuelles.

PREMIÈRE PARTIE.

I. Le calme de l'esprit est toujours une des conditions les plus favorables à la santé, à plus forte raison pendant une épidémie.

II. Une alimentation modérée, saine, régulière et convenablement substantielle est un des préceptes d'hygiène qu'il est important d'observer.

Toute perturbation dans les habitudes de la vie, tout changement dans une alimentation dont on se trouve bien, est une innovation fâcheuse.

On ne saurait exclure de l'alimentation journalière aucun aliment d'une manière absolue ; mais on sait que les excès en vin ou en liqueurs alcooliques, la trop grande quantité de nourriture, sont autant de causes qui amènent le trouble dans la digestion.

Dans des temps ordinaires, on supporte sans de grands inconvénients ce surcroît d'alimentation et de boissons ; en temps de choléra, c'est une des causes les plus puissantes de son invasion.

Sans prétendre exclure de la vie habituelle aucune substance alimentaire, nous ferons cependant observer que la diarrhée étant le symptôme précurseur le plus ordinaire de l'invasion, il y a lieu d'user avec modération des aliments réputés relâchants.

Quelques légumes secs, comme les haricots et les pois, sont, pour certaines personnes, d'une digestion difficile quand on les prépare avec leur enveloppe. A l'état de purée, ils sont parfaitement sains et conviennent aux estomacs délicats.

En hiver, les personnes appelées par leurs occupations à sortir de bonne heure doivent éviter d'être à jeûn.

Il ne faut jamais se désaltérer que lorsqu'on n'est plus en sueur ; toute boisson froide, et surtout les boissons glacées, prise quand on a chaud, est dangereuse. En tout cas, il est préférable de prendre, au lieu d'eau pure, de l'eau additionnée d'eau-de-vie (deux cuillerées à bouche par litre d'eau) ou de vin.

Les eaux gazeuses préparées avec des poudres sont purgatives ; lorsque les sels restent dans les boissons, il ne faut pas en faire usage.

III. Il importe de se vêtir de manière à se préserver des impressions du froid ; il importe surtout d'éviter les transitions brusques de la température et le refroidissement subit, qui sont dangereux.

---

(1) Cette instruction a été publiée à Paris par M. le préfet de police, le 19 janvier 1849.

Les personnes sensibles au froid feront bien de porter de la laine sur la peau, ou au moins une ceinture de flanelle.

IV. Une des conditions importantes à observer durant les épidémies, c'est la salubrité des habitations. Il est donc nécessaire de mettre à exécution toutes les mesures qui ont été prescrites dans l'arrêté de police publié à ce sujet (1).

Nous nous bornerons à rappeler ici qu'il faut éviter l'encombrement des habitations, qu'il faut renouveler l'air des chambres, soit en ouvrant fréquemment les fenêtres, soit en entretenant du feu dans les cheminées ou dans les poêles.

En été, quelques personnes couchent les fenêtres ouvertes ; cette pratique est dangereuse en ce quelle expose aux variations de température si communes durant la nuit, sans qu'on puisse y porter remède, à cause de l'état de sommeil où l'on se trouve.

Quant à la température des habitations, elle doit être modérée.

V. Durant les épidémies en général, on doit, tout en continuant de vaquer à ses occupations habituelles, le faire cependant dans une certaine mesure; la fatigue corporelle, les travaux de cabinet trop prolongés, les veilles dans le travail, l'abus du plaisir, sont très-nuisibles. Sous ce rapport, la vie doit être réglée, uniforme et exempte de tout excès.

DEUXIÈME PARTIE.

Conduite à tenir, 1° à l'apparition des symptômes qui précèdent ordinairement le choléra ; 2° au début de la maladie elle-même.

Le choléra n'est pas contagieux ; on peut donc sans crainte prodiguer des soins aux personnes atteintes de cette maladie ; mais l'expérience a démontré que, dans toute maladie épidémique, l'encombrement des habitations est toujours une condition fâcheuse; il convient, en conséquence, de prendre les mesures les plus propres à l'éviter.

On peut affirmer qu'à quelques exceptions près, si brusque qu'en soit l'invasion, le choléra est cependant précédé de symptômes qui peuvent en faire craindre le développement.

Le plus commun de ces symptômes, c'est la diarrhée, et telle en est l'importance, qu'il suffit de la faire céder pour prévenir la maladie. *Il y aurait donc danger à la laisser persister.*

On arrête la diarrhée par des moyens très-simples ; ce sont les suivants :

Diminution ou abstinence complète d'aliments; usage de riz et de ses préparations ; administration de quarts de lavements émollients et calmants; infusion de thé ou toute autre infusion aromatique pour boisson.

Mais, quel que soit le peu d'intensité du dérangement intestinal, il est toujours nécessaire d'appeler un médecin.

DÉBUT DU CHOLÉRA.

La très-grande généralité des faits observés jusqu'à présent démontre que les chances de guérison sont d'autant plus grandes que les secours sont administrés à une époque plus rapprochée du début du choléra. Il est donc nécessaire de faire connaître les principaux symptômes qui annoncent l'invasion de cette maladie et d'indiquer les premiers secours qu'il faut donner dès leur apparition.

Le choléra s'annonce ordinairement par une lassitude profonde et subite, des nausées et des vomissements, des coliques, de la diarrhée avec garde-robes d'abord colorées, puis incolores et ressemblant à l'eau de riz, une altération très-marquée des traits du visage, le refroidissement du corps et de la langue, des crampes; enfin un état bleuâtre des lèvres et de la face.

Dès que ces symptômes ou un certain nombre d'entre eux viennent à se montrer, il faut appeler un médecin. En attendant son arrivée, on se hâtera de mettre en pratique les moyens suivants :

On excitera la peau et on y appellera la chaleur, en plaçant aux pieds du

(1) Voy. le modèle d'arrêté, n° 568, concernant les mesures de salubrité à observer pendant la durée d'une épidémie.

malade et entre les cuisses une bouteille d'eau chaude ; on étendra des sachets de cendre ou de sable chaud sur la poitrine et le long du dos.

On entourera le malade de plusieurs couvertures de laine et l'on promènera entre ces couvertures des fers chauffés ou une bassinoire, de manière à agir sur toute la surface du corps.

Pendant la préparation de ces moyens ou durant leur emploi, on frictionnera fortement et longtemps les membres avec le creux des mains, une bonne brosse douce, de la flanelle; on pourra arroser la flanelle d'eau-de-vie camphrée, d'eau-de-vie ou d'eau de Cologne; il est bon que ces frictions soient faites par deux personnes placées de chaque côté du malade, en ayant soin de ne pas le découvrir.

On fera boire une infusion chaude de tilleul, de thé ou de menthe additionnée de quelques gouttes d'eau-de-vie.

Si ces tisannes paraissaient augmenter les vomissements, on emploierait avec avantage l'eau gazeuse ou la glace par petits morceaux, et l'on promènerait des sinapismes sur les jambes et sur les cuisses.

Il sera utile, toutes les fois qu'on le pourra, de coucher le malade dans une pièce séparée, afin de le placer dans les conditions les plus favorables de la salubrité.

CONVALESCENCE.

La convalescence nécessite des précautions que le médecin devra faire connaître au malade. Toutefois, on ne saurait trop recommander aux convalescents l'observation rigoureuse des règles de préservation qui ont été exposées dans la première partie de cette instruction.

Il faut surtout qu'ils évitent le froid, l'humidité et les écarts de régime, car les personnes qui ont été atteintes du choléra sont exposées à des rechutes.

Nous croyons devoir terminer cette instruction, en déclarant formellement au public qu'il ne doit accorder aucune confiance aux prétendus moyens préservatifs et curatifs dont des charlatans cupides font vanter les propriétés par les journaux, ou qu'ils annoncent par des affiches. Si l'autorité était assez heureuse pour connaître un semblable moyen, elle ne manquerait pas de le publier et de le recommander.

N° 570.

ÉPIDÉMIE. — *Bon pour une fourniture de pain ou de viande à faire aux malades convalescents ou à leurs familles* (1).

Le sieur (*nom et prénoms*), boulanger *ou* boucher, demeurant à (*indiquer la commune*), fournira..... kilogrammes de pain blanc de première qualité *ou*..... kilogrammes de bœuf *ou* de veau, à distribuer, à titre de secours, pendant (*indiquer le nombre*) jours, aux malades épidémiques désignés ci-après :

Nos d'ordre.	NOMS ET PRÉNOMS des malades.	PROFESSIONS.	AGE.	QUANTITÉS DE PAIN ou de viande accordées à chaque malade.	OBSERVAT.
			Total pareil...		

Délivré par nous, médecin des épidémies de l'arrondissement.....

A....., le..... 18... (*Signature.*)

Vu et rendu exécutoire par nous, maire de la commune d.....

A....., le..... 18...

Le maire.

(*Sceau de la mairie.*)

(1) Dans un grand nombre de communes, l'autorité municipale fait distribuer, en

N° 571.

ÉPIDÉMIE. — *Mémoire pour fournitures de médicaments* (1).

MÉMOIRE DES MÉDICAMENTS fournis par le sieur......, pharmacien, demeurant à......, aux malades épidémiques de la commune de.....

DATE des fournitures.	NATURE des médicaments.	QUANTITÉS fournies.	PRIX par mesure ou quantité.	PRIX TOTAL de la fourniture.	OBSERVAT.
			Total...		

Délivré par nous, pharmacien soussigné.....

A....., le..... 18...

(Signature.)

Vu et certifié par nous, maire de la commune d.....

A....., le..... 18...

Le maire.

Vu par nous, médecin des épidémies de l'arrondissement d.....

A....., le..... 18...

(Signature.)

N° 572.

ÉPIDÉMIE. — *Mémoire pour fourniture de pain ou de viande.*

MÉMOIRE DES FOURNITURES de pain *ou* de viande faites aux malades épidémiques de....., par le sieur....., boulanger *ou* boucher, demeurant à..... (2).

Nos des bois.	DATES des bons.	DATE de la fourniture.	QUANTITÉS de pain ou de viande fournies.	PRIX par kilogramme.	PRIX TOTAL de la fourniture.	OBSERV.
				Total....		

Présenté par nous, soussigné.

A....., le..... 18...

(Signature.)

Vu et certifié par nous, maire de la commune d.....

A....., le..... 18...

Le maire.

(Sceau de la mairie.)

temps d'épidémie, des bons de pain, de viande ou de médicaments pour les malades convalescents ou leurs familles, lorsqu'elles sont privées de ressources. Nous donnons ici les modèles des différents actes au moyen desquels on peut mettre de la régularité dans ces distributions.

(1) Ce mémoire devra être appuyé de l'autorisation de fournir, donnée par le médecin des épidémies, et des ordonnances du médecin.

(2) Chaque mémoire devra être appuyé des bons.

N° 573.

Épidémie. — *État nominatif des indigents secourus.*

État nominatif des malades indigents qui ont reçu des secours en médicaments et en aliments, pendant le cours de l'épidémie qui a régné dans la commune de....., depuis..... jusqu'à.....

N°s d'ordre.	NOMS ET PRÉNOMS.	PROFESSIONS.	AGE.	NOMBRE DE JOURNÉES de maladie.	NOMBRE DE JOURNÉES de convalescence	OBSERV.

Dressé par nous, officier de santé, chargé de suivre, sous la direction et surveillance du médecin des épidémies, le traitement des malades de la commune d....

A....., le..... 18...

(Signature.)

Vu, vérifié et certifié par nous, maire de la commune d.....

A....., le..... 18...

Le maire.

Vu par nous, médecin des épidémies de l'arrondissement d.....

A....., le..... 18...

(Signature.)

N° 574.

Épizootie. — *Arrêté de police concernant les chevaux et autres animaux attaqués de maladies contagieuses* (1).

Nous, maire de la commune de.....

Vu : 1° l'arrêté du conseil d'État du 16 juillet 1784, dont les dispositions sont maintenues par l'article 484 du Code pénal ;

2° La loi des 16-24 août 1790 ;

(1) « Tout détenteur ou gardien d'animaux ou de bestiaux soupçonnés d'être infectés de maladies contagieuses, qui n'aura pas sur-le-champ averti le maire de la commune où il se trouve, et qui même, avant que le maire ait répondu à l'avertissement, ne les aura pas tenus renfermés, sera puni d'un emprisonnement de six jours à deux mois, et d'une amende de 16 francs à 200 francs. » (*Code pénal, art.* 459.)

« Seront également punis d'un emprisonnement de deux mois à six mois, et d'une amende de 100 francs à 500 francs, ceux qui, au mépris des défenses de l'administration, auront laissé leurs animaux ou bestiaux infectés communiquer avec d'autres. » (*Id., art.* 460.)

« Si de la communication mentionnée au précédent article, il est résulté une contagion parmi les autres animaux, ceux qui auront contrevenu aux défenses de l'autorité administrative seront punis d'un emprisonnement de deux ans à cinq ans, et d'une amende de 100 francs à 1,000 francs ; le tout sans préjudice des lois et règlements relatifs aux maladies épizootiques, et de l'application des peines y portées. » (*Id., art.* 461.)

3° La loi du 6 octobre 1791, titre I, section 4, art. 20, § 3;
4° L'arrêté du Gouvernement du 27 messidor an V;
5° Les articles 423, 459, 460 et 461 du Code pénal;
6° Le décret du 15 janvier 1813 et l'arrêté du ministre de l'intérieur en date du 11 septembre suivant;

Considérant qu'il importe de publier de nouveau les règlements relatifs aux animaux atteints de maladies contagieuses, et d'ajouter à ces règlements les dispositions que réclame la gravité de quelques cas de contagion observés dans la commune;

Avons arrêté et arrêtons ce qui suit :

Art. 1er. Il est défendu de vendre et d'exposer en vente dans les marchés et partout ailleurs, des chevaux ou d'autres animaux atteints ou présentant des symptômes de maladies contagieuses.

Il est également défendu d'employer les animaux infectés à un service public quelconque, de les laisser communiquer avec d'autres, et même de les conduire sur la voie publique.

2. Toute personne qui aurait en sa possession des chevaux ou d'autres animaux atteints ou présentant des symptômes de maladies contagieuses, est tenue d'en faire sur-le-champ sa déclaration à la mairie.

3. Il sera fait de fréquentes visites par un artiste vétérinaire que nous désignerons à cet effet, soit dans les marchés, ou sur tout autre point de la voie publique, soit dans les écuries des entrepreneurs de diligences et de messageries, des aubergistes, des voituriers, rouliers, maîtres de poste, loueurs de voitures, marchands de chevaux et autres établissements renfermant des animaux, à l'effet de rechercher les animaux atteints de maladies contagieuses.

Les propriétaires seront tenus d'être présents à ces visites.

4. Les animaux malades, si la maladie est jugée incurable, seront abattus en présence du vétérinaire ou de tout autre préposé de l'administration, qui nous en rendra compte.

5. S'il est reconnu que la maladie n'est pas incurable, l'animal sera placé dans une écurie isolée, de manière qu'elle ne puisse présenter de danger de contagion pour les animaux bien portants, et l'écurie ne devra contenir aucun autre cheval, ni animal quelconque.

6. L'animal en traitement ne pourra plus ni travailler, ni même être promené sur la voie publique ou dans tout autre lieu où il pourrait se trouver en contact avec des animaux sains. Il devra toujours être soumis aux visites du préposé de l'administration.

Lorsqu'il paraîtra guéri, le propriétaire en fera la déclaration à l'autorité qui, sur une nouvelle visite du vétérinaire commis par elle, donnera ou refusera l'autorisation de l'employer aux travaux ordinaires.

7. Les écuries et autres localités dans lesquelles auront séjourné des animaux atteints de maladies contagieuses, seront aérées et purifiées par les soins des hommes de l'art.

Ces écuries ne pourront être occupées par d'autres animaux qu'après qu'il aura été constaté, en présence d'un expert vétérinaire, que les causes de l'infection n'existent plus.

Ces dispositions sont applicables aux équipages, harnais, colliers et autres objets à l'usage habituel des animaux malades.

8. Il est défendu de coucher ou de faire coucher qui que ce soit dans les écuries où il se trouverait des animaux atteints de maladies contagieuses, ou des chevaux seulement suspectés de morve.

9. Les contraventions aux dispositions du présent arrêté seront constatées par des procès-verbaux qui nous seront adressés pour être transmis au tribunal compétent.

Fait à ...., le..... 18. .

Le maire.

N° 575.

ÉPIZOOTIE (1). — *Déclaration reçue par le maire pour des animaux atteints de maladie contagieuse.*

L'an mil huit cent....., le....., à.... heure du....., par-devant nous, maire de la commune d....., est comparu le sieur Joseph B....., fermier à la ferme dite....., lequel nous a dit que son troupeau de..... (*désigner l'espèce*), au nombre de....., est atteint de....., qu'il nous en fait la déclaration, conformément à la loi. De quoi il nous a requis acte que nous lui avons octroyé, et il a signé avec nous, les jour, mois et an que dessus.

Le maire.

N° 576.

ESCROQUERIE (*Plainte en*) (2).

Aujourd'hui....., mil huit cent....., par-devant nous, maire de la commune d....., est comparu le sieur Michel K....., cultivateur en cette commune, lequel nous a déclaré que le sieur Ambroise T....., marchand forain, demeurant à....., lui a, par *telles* manœuvres frauduleuses (*spécifier l'un des cas prévus par l'article 405 du Code pénal*), escroqué *ou* tenté d'escroquer *telle* somme *ou tels* objets.

Pour quoi il nous a rendu la présente plainte contre le sieur Ambroise T....., dont il nous a requis acte que nous lui avons octroyé, nous requérant qu'il y soit donné suite, tant pour la vindicte publique que pour la réparation des dommages qu'il éprouve, se rendant partie civile au procès dans lequel il interviendra et prendra telles conclusions qu'il avisera, et a signé avec nous, maire, après lecture faite.

Fait à....., les jour, mois et an que dessus.

(Signatures.)

N° 577.

ÉTABLISSEMENTS *de bienfaisance. — État des créances ou rentes constituées, appartenant à un hospice ou bureau de bienfaisance.*

DATE du dernier titre authentique	RENTE due annuellement.	ÉPOQUE de l'échéance de la rente.	ORIGINE de la créance.	NOMS et prénoms des débiteurs.	DEMEURE des débiteurs.	OBSERVAT.

Fait et certifié par le receveur de l'établissement.

A....., *le*...... 18....

Vu par nous, membres de la commission administrative *ou* du bureau de bienfaisance de.....

Le..... 18..

(Signatures.)

(1) Voy. ANIMAUX, modèles n°s 82 et 83.
(2) « Quiconque, soit en faisant usage de faux noms ou de fausses qualités, soit en

N° 578.

Établissements de bienfaisance. — *Procès-verbal de séance de la commission administrative d'un hospice ou d'un bureau de bienfaisance.*

L'an mil huit cent....., le....., la commission administrative de l'hospice *ou* du bureau de bienfaisance de....., assemblée à....., dans la salle ordinaire de ses séances, sous la présidence de M. le maire,

Etaient présents MM....., formant, avec M. le président, la majorité des membres de la commission;

M. le président, après avoir ouvert la séance, a exposé... (*Objet de la délibération*), et a proposé, en conséquence, à la commission de décider que..... (*Proposition du maire*).

La proposition ayant été mise en discussion a été adoptée *ou* rejetée à la majorité de... voix, *ou* à l'unanimité.

Ou bien : La proposition ayant été mise en discussion, il a été arrêté à la majorité de.... voix. (*Transcrire la décision telle qu'elle a été arrêtée par la majorité de la commission.*)

On consignera ainsi et successivement au procès-verbal les diverses délibérations prises dans la séance.

Aucun objet ne restant à mettre en délibération, le présent procès-verbal a été clos en séance, les jour et an susdits, et ont signé, après lecture faite, tous les membres présents.

(*Signatures.*)

N° 579.

Établissements *de bienfaisance. — Délibération du conseil municipal sur les comptes et budgets d'un hospice ou d'un bureau de bienfaisance.*

L'an mil huit cent....., le....., le conseil municipal de la commune de....., réuni, etc. (Voy. DÉLIBÉRATION.)

M. le maire a déposé sur le bureau : 1° le compte présenté par M....., ordonnateur des dépenses de l'hospice (ou bureau de bienfaisance), de..... pour l'exercice 18...; 2° le compte de gestion présenté par M....., receveur dudit hospice, pour l'année 18... ; 3° le budget proposé par la commission administrative, pour l'exercice 18..., lesquels comptes et budget sont accompagnés de toutes les pièces prescrites par les instructions. M. le maire a rappelé au conseil municipal qu'aux termes de l'article 21 de la loi du 18 juillet 1837 sur l'administration municipale, il lui appartient de donner son avis sur les comptes et budgets des établissements de la commune, et l'a invité, en conséquence, à procéder à l'examen de ceux qui lui sont présentés.

Le conseil municipal, vu lesdits comptes, budget et pièces à l'appui;

---

employant des manœuvres frauduleuses pour persuader l'existence de fausses entreprises, d'un pouvoir ou d'un crédit imaginaire, ou pour faire naître l'espérance ou la crainte d'un succès, d'un accident ou de tout autre événement chimérique, se sera fait remettre ou délivrer des fonds, des meubles ou des obligations, dispositions, billets, promesses, quittances ou décharges, et aura, par un de ces moyens, escroqué ou tenté d'escroquer la totalité ou partie de la fortune d'autrui, sera puni d'un emprisonnement d'un an au moins et de cinq ans au plus, et d'une amende de 50 francs au moins et de 3,000 francs au plus. — Le coupable pourra être, en outre, à compter du jour où il aura subi sa peine, interdit pendant cinq ans au moins et dix ans au plus, des droits mentionnés en l'article 42 du présent Code (*droit de vote et d'élection, d'éligibilité, d'être juré, etc.*); le tout sauf les peines plus graves, s'il y a crime de faux. (*Code pénal, art.* 405.)

Délibérant, en premier lieu, sur le compte de M....., ordonnateur des dépenses de l'établissement, — attendu que ce compte est régulier et que les dépenses ordonnancées sur l'exercice 18..., sont toutes renfermées dans les limites des crédits ouverts au budget ou par autorisations supplémentaires, — est d'avis qu'il y a lieu de l'approuver.

Délibérant ensuite sur le compte présenté par M...., receveur, pour sa gestion de 18..., — attendu que toutes les recettes et dépenses comprises à ce compte ont été faites régulièrement et sont justifiées par les pièces produites à l'appui, — est d'avis également qu'il y a lieu d'arrêter ledit compte, conformément aux résultats qu'il présente, et de fixer à la somme de..... l'excédant de recette à reporter au compte de la gestion suivante.

Délibérant, enfin, sur le budget proposé par la commission administrative pour l'exercice 18... : Considérant que tous les revenus présumés dudit exercice y sont inscrits, que les dépenses qui y sont portées sont, en général, nécessaires ou convenables et suffisamment motivées, à l'exception de celle formant l'article..... des dépenses ordinaires, dont le conseil n'approuve pas la proposition (*dire les motifs*), est d'avis qu'il y a lieu de refuser l'allocation de crédit demandée audit article, et d'approuver toutes les autres propositions comprises audit budget.

Le conseil municipal est d'avis, en outre, de continuer à l'établissement, pour l'exercice 18..., la subvention annuelle de..... francs nécessaire à l'acquit de ses charges; laquelle subvention figurera au chapitre des dépenses ordinaires du budget de la commune.

Fait et délibéré à....., les jour, mois et an que dessus.

(*Signatures.*)

N° 580.

Établissements *dangereux, insalubres ou incommodes* (*Arrêté concernant les*)

Nous, maire de la ville d....., vu les lois et ordonnances sur la salubrité publique, et particulièrement les lois des 14-22 décembre 1789, article 50; 16-24 août 1790, titre XI, article 3, nos 1 et 5; le décret du 15 octobre 1810; les ordonnances des 14 janvier 1815, 29 juillet 1818, 25 juin et 29 octobre 1823, 9 février 1825, 5 novembre 1826, 20 septembre 1828 et 31 mai 1833; les articles 471, nos 4, 5 et 15 du Code pénal; les articles 9 et 11 de la loi du 18 juillet 1837;

Considérant que le voisinage de certains ateliers et manufactures est dangereux pour la salubrité publique et nuit à la végétation, et que cet inconvénient doit fixer l'attention de l'autorité municipale;

Arrêtons ce qui suit :

Art. 1er. Il est expressément interdit de former, sans autorisation préalable, aucun établissement dangereux, insalubre ou incommode; les contrevenants seront poursuivis selon toute la rigueur des lois.

2. En conséquence, un tableau contenant une nomenclature générale et par ordre alphabétique desdits établissements, dressé conformément aux lois et règlements précités, sera apposé dans l'une des salles de la mairie, où il sera exposé en vue, afin de pouvoir être facilement consulté.

3. Toutes demandes en autorisation devront être accompagnées d'une notice descriptive de l'établissement à former, et surtout *d'un plan en double expédition* sur échelle métrique, indiquant avec précision la situation de l'établissement, la distance à laquelle il se trouve des maisons et terrains voisins, les emplacements pour les appareils, et enfin toutes les dispositions intérieures du local. (1).

---

(1) La demande à fin d'autorisation pour l'établissement de manufactures ou ateliers dangereux ou incommodes, est communiquée au maire de la commune dans laquelle doit être situé l'établissement. Ce fonctionnaire peut y former opposition au nom de la commune, et s'il s'agit des établissements des deux premières classes, il est procédé à une enquête *de commodo et incommodo*. Le maire indique à quelle distance des habitations l'établissement peut être placé.

4. Le demandeur se soumettra à l'enquête *de commodo et incommodo*, prescrite en pareil cas, et remplira toutes les formalités voulues par le décret du 15 octobre 1810 et par l'ordonnance du 14 janvier 1815.

5. Les propriétaires d'établissements insalubres formés antérieurement au présent règlement et qui, par conséquent, n'auraient pu se conformer à ses dispositions, sont invités à se mettre immédiatement en règle, pour obtenir de l'autorité supérieure la permission exigée.

A défaut par eux de remplir ces formalités dans les quinze jours qui suivront la notification du présent arrêté, toutes poursuites légales seront exercées contre eux.

6. Il ne pourra être fait aucun changement dans un établissement classé et autorisé, sans une autorisation nouvelle.

Tout établissement dans lequel on aura fait des changements à l'état des lieux désignés sur le plan joint à la demande et dans l'autorisation, pourra être fermé.

7. Indépendamment du mode de publicité donnée aux arrêtés municipaux, le présent sera notifié personnellement à chaque propriétaire d'établissement insalubre ou incommode.

Fait en la mairie de....., le..... 18...

Le maire.

N° 581.

Établissements *insalubres. — Procès-verbal pour un établissement insalubre formé sans permission.*

L'an mil huit cent....., le....., nous, maire (adjoint *ou* commissaire de police) de la commune d....., passant rue....., avons été frappé d'une odeur désagréable qui nous a paru provenir d'une maison située rue....., n°.....; nous y sommes entré et avons reconnu que ladite odeur provenait de (*désigner la nature de l'établissement*), lequel établissement est de la nature de ceux qui ne peuvent être formés sans une permission spéciale émanée de l'autorité compétente, conformément à l'ordonnance du 14 janvier 1815 et à l'article 1er du règlement du.....; pour quoi nous avons interpellé le sieur A....., tenant cet établissement, de nous justifier de l'autorisation qui a dû lui être accordée; ledit sieur A..... n'ayant pu nous présenter cette autorisation, nous lui avons enjoint de suspendre, dès cet instant, tous les travaux de son établissement, jusqu'à ce qu'il en ait été autrement ordonné, et sous telles peines qu'il appartiendra; et lui avons déclaré procès-verbal de sa contravention aux lois et règlements, notamment au décret du 15 octobre 1810 et à l'ordonnance du 14 janvier 1815, sauf audit à se pourvoir devant l'autorité compétente, pour obtenir, s'il y a lieu, une autorisation.

Et par ledit sieur A..... nous a été dit...... et a signé après lecture faite.

Nonobstant laquelle réponse nous avons rédigé le présent procès-verbal, pour être transmis à M. le sous-préfet et statué ce qu'il appartiendra, par voie de police administrative; et avons signé.

Fait à..... le..... 18...

(*Signature.*)

N° 582.

Établissements *dangereux, insalubres ou incommodes. — Modèle d'une demande d'autorisation.*

Je, soussigné (*nom, prénoms, profession et demeure du pétitionnaire*), ai l'honneur d'exposer à M. le préfet du département, que je suis dans l'intention de faire construire un four à chaux permanent dans un de mes héritages situé à....., commune d....., joignant du levant la grande route n°....., allant de..... à....., au midi le chemin de grande communication n°....., allant de..... à la forêt de....., dont mon héritage est éloigné d'un demi-kilomètre.

Je prie M. le préfet de vouloir bien m'autoriser à faire cette construction, après que les formalités exigées par la loi auront été accomplies.

Je joins, à l'appui de ma demande, un plan des lieux en triple expédition

(*Signature.*)

N° 583.

Établissements *dangereux, insalubres ou incommodes. — Enquête administrative* de commodo et incommodo, *ordonnée en suite d'une demande d'autorisation.*

L'an mil huit cent...., le...., à.... heure du...., dans la salle de...., nous (*nom, prénoms et qualité du commissaire enquêteur*), en qualité de commissaire enquêteur désigné par commission rogatoire de M. le sous-préfet de l'arrondissement de....., en date du....., à l'effet de procéder à l'enquête de *commodo et incommodo* relative à l'établissement projeté par le sieur. ... d'une fabrique (*désigner le genre de l'établissement, la nature des procédés qui doivent y être employés, en un mot, tout ce qui peut éclairer les déclarants*) dans (*désigner le local*), établissement rangé dans la deuxième classe des manufactures ou ateliers incommodes.

En suite de notre arrêté du....., indiquant à ces lieu et jour depuis..... heures du matin jusqu'à..... heures de l'après-midi, pour dernier délai, la comparution par-devant nous des habitants voisins du local destiné à l'établissement projeté, à l'effet de nous faire connaître le vœu qu'ils veulent émettre sur le projet dont il s'agit, tant sous le rapport de l'incommodité et du dommage personnel que pourrait leur causer ledit établissement, que sous celui des dangers ou des inconvénients quelconques qu'il pourrait présenter, soit pour la salubrité publique, soit pour toute autre considération ; lequel arrêté a été affiché et publié à son de caisse dans tous les lieux les plus apparents de cette commune, les deux derniers dimanches (*dates*) du courant, publié une dernière fois aujourd'hui, à l'issue de la messe et au son du tambour ; nous déclarons ouvert le procès-verbal d'information *de commodo et incommodo*, en marge duquel, en face de chaque déclaration ou déposition, nous indiquons par la lettre P (*pour*) les avis émis en faveur du projet, et par la lettre C (*contre*) ceux qui y seront contraires.

C. 1° Est comparu le sieur (*nom, prénoms, domicile et âge*), qui nous a déclaré s'opposer à l'établissement projeté par les motifs (*énoncer ici tous les motifs de l'opposition, en employant, autant que possible, les termes propres au déclarant*). Après lecture faite de la présente déclaration, le comparant a dit y persister et a signé, *ou* n'a signé pour ne le savoir, et avons signé.

P. 2° Est comparu le sieur (*nom, prénoms, etc.*), qui a déclaré ne point s'opposer à l'établissement projeté. (*Énoncer les motifs, etc.*)

Après lecture faite.... (*Le reste comme ci-dessus en procédant de même pour tous les déclarants*).

A..... heures après midi, nous, soussigné, avons fait de nouveau publier à son de caisse que les déclarations ne pourraient encore être reçues que pendant..... heures, et qu'en conséquence, les personnes qui avaient à en soumettre eussent à le faire dans ce délai.

Personne ne s'étant présenté (*ou s'il a été fait de nouvelles déclarations, les énoncer comme ci-dessus*), attendu que l'heure fixée pour la clôture de l'information est expirée, nous avons clos et arrêté le présent procès-verbal, duquel il résulte (*tant*) déclarations contre le projet, et (*tant*) en sa faveur, lesdits jour, mois et an que dessus, étant à..... heures de l'après-midi, et l'avons signé.

(*Signature.*)

N° 584.

Établissements *dangereux, insalubres ou incommodes. — Procès-verbal de publication et d'affiches relativement à l'enquête.*

Nous, soussigné, maire de la commune d....., certifions avoir publié et affiché dans les lieux affectés à la publication des actes de l'autorité publique, pendant deux dimanches consécutifs, les..... que le..... M....., commissaire enquêteur, nommé à l'effet de procéder à une enquête *de commodo et incommodo*, sur le projet d'établissement d'un four à chaux dans ladite commune, sur la propriété de M....., se rendrait sur les lieux le....., à l'effet de connaître les vœux des habitants sur la mise à exécution de ce projet.

En mairie, à....., le....., 18...

(Sceau de la mairie.) *Le maire.*

N° 585.

Établissements *dangereux, insalubres ou incommodes. — Avis particulier du maire sur la demande.*

Nous (*nom, prénoms*), maire de la commune d....., canton d....., arrondissement d....., département d....., déclarons que le projet d'établissement du sieur..... nous a paru tout à fait avantageux à la localité, et que sous ce rapport sa demande doit être accueillie favorablement.

(Sceau de la mairie.) *Le maire.*

N° 586.

Étalages *sur la voie publique* (*Règlement concernant les*) (1).

Nous....., maire de la commune de.....; vu les dispositions des lois des 14-22 décembre 1789, art. 50; 16-24 août 1790, titre XI, art. 5, n°s 1er et 3; 19-22 juillet 1791, titre Ier, art. 40, et celles des articles 470 et 471, n°s 4, 5 et 15 du Code pénal; et les articles 9, 10 et 11 de la loi du 18 juillet 1837;

Considérant que journellement la circulation se trouve gênée sur les points les plus fréquentés, par des marchands qui établissent leurs étalages sans permission, ou qui abusent de celles qui leur ont été accordées;

Considérant que de nombreuses plaintes ont été à ce sujet adressées à l'autorité municipale;

Considérant que, néanmoins la faculté d'étaler sur la voie publique doit être conservée à certaines personnes que leurs infirmités ou leur âge ont privées de tout autre moyen de pourvoir à leur existence;

Avons arrêté ce qui suit :

§ 1er. *Etalages mobiles.*

Art. 1er. Défense est faite à toute personne d'étaler des marchandises quel-

(1) Lorsque l'administration a reconnu que des étalages peuvent avoir lieu sans gêner la voie publique, elle a le droit, conformément à la loi du 11 frimaire an VII, art. 7, d'assujettir à un droit de location qu'on appelle *droit d'étalage*, la faculté accordée aux étalagistes de stationner dans les lieux qui leur sont assignés. Ce droit ne peut être établi qu'en vertu d'une délibération du conseil municipal, dûment approuvée. Voy. HALLES ET MARCHÉS, *Droits de places*.

conques sur la voie publique, ainsi que dans les promenades, marchés et foires, sans une permission de l'autorité municipale.

2. Pour obtenir une permission d'étalagiste, on remettra à la mairie une demande énonçant, 1° les nom, prénoms, âge, lieu de naissance et domicile du pétitionnaire ; 2° s'il est marié, veuf, père de famille ; 3° sa profession ; 4° la nature des objets qu'il se propose de vendre ; 5° l'emplacement qu'il désire occuper ainsi que le mode d'étalage dont il entend faire usage.

3. Les permissions accordées spécifieront les marchandises dont se composera l'étalage, et fixeront l'emplacement qu'il occupera.

Elles seront personnelles, et ne pourront par conséquent être prêtées, cédées, louées ni vendues.

4. En cas de maladie, ou pour toute autre cause plausible et agréée, l'étalagiste pourra, en justifiant toutefois de son état, se faire remplacer par une personne de son choix, après avoir obtenu du maire la permission nécessaire à cet effet.

5. Dans le cas où l'étalagiste laisserait sa place vacante pendant un mois sans en avoir prévenu le commissaire de police, il sera considéré comme y ayant renoncé.

6. Tout étalage autorisé devra être mobile et renfermé dans les limites prescrites dans la permission.

7. La permission délivrée ne sera valable que pendant un an, et sera soumise au *visa* du commissaire de police. Elle sera révocable en tout temps, soit temporairement, soit indéfiniment : en conséquence l'étalagiste devra se retirer et rendre la place libre à la première réquisition de l'autorité, sans être en droit de réclamer aucune indemnité en cas de révocation de sa permission.

8. Après la délivrance des permissions, et avant d'en faire usage, tous les marchands étalagistes, excepté les marchands de menus comestibles, qui sont seuls exemptés par la loi, devront se pourvoir de patentes ou d'un certificat d'exemption de l'administration des contributions directes, sous peine de voir leurs marchandises confisquées et séquestrées jusqu'à la représentation d'une patente.

Cette patente, ainsi que la permission, seront représentées à toute réquisition des commissaires et agents de police.

9. L'étalagiste placera en vue une plaque sur laquelle sera le numéro de sa permission.

10. Il ne pourra vendre que les marchandises indiquées dans sa permission.

11. Il nettoiera chaque jour sa place.

12. Sera révoquée de droit la permission de tout étalagiste qui emploierait l'emplacement qu'il aurait obtenu à un usage différent de celui pour lequel il aurait été autorisé à l'occuper.

§ II. *Etalages fixes.*

13. Les étalages ou montres de marchands en boutique fixe ne pourront être placés sans une autorisation du maire, accordée sur l'avis de l'architecte voyer.

14. La saillie en est fixée ainsi qu'il suit :.....

15. Il est défendu aux marchands en magasin ou boutique d'établir des tréteaux, tables, bancs et autres appareils au devant de leurs magasins, sur le pavé des rues et places.

16. Les contraventions aux dispositions ci-dessus seront constatées par des procès-verbaux, et punies conformément aux lois.

Fait en la mairie de....., le..... mil huit cent.....

Le maire.

N° 587.

ÉTALAGES *sur la voie publique. — Permission du maire.*

Nous, soussigné, maire de la commune d.....,

Vu la demande du sieur Jean B....,domicilié à..... depuis (*il faut au moins un an de domicile*), demeurant actuellement à.....;

Ensemble le certificat de bonnes vie et mœurs et l'avis du commissaire de police;

Vu (*s'il n'est pas indigent*) la patente à lui délivrée pour l'année ;

Permettons au sieur B..... d'avoir un étalage mobile à *tel* endroit, pour y vendre.....

A la charge, 1° de ne pas excéder quatre-vingts centimètres de longueur, sur soixante centimètres de largeur, et sans que ledit étalage puisse être permanent, mais disposé de manière à pouvoir être porté à col ;

2° De placer à son étalage, d'une manière apparente, une plaque indicative du numéro qui est en marge de la présente;

3° De ne point étaler les jours de fêtes et dimanches (*les marchands de menus comestibles sont exceptés*), et de se retirer les autres jours une heure après le coucher du soleil ;

4° De ne vendre que les objets désignés en la présente permission ;

5° D'occuper ladite place par lui-même, sa femme ou ses enfants, et de s'en retirer à la première réquisition de l'autorité ;

6° De ne céder sa place à qui que ce soit, et, lorsqu'il voudra cesser de l'occuper, de rapporter à la mairie la présente permission, laquelle sera aussitôt révoquée de droit, lorsque la place sera laissée vacante pendant un mois, à moins de maladie légalement constatée ;

7° De ne déposer aucune ordure sur la voie publique, et de balayer sa place avec soin, matin et soir ;

8° De ne point entraver la circulation, et de se conformer exactement, soit à la loi sur les patentes, en tant qu'elle lui est applicable, soit aux règlements de police, notamment à l'ordonnance du 8 novembre 1819, concernant les étalages mobiles sur la voie publique;

9° De faire viser la présente, dans le délai de trois jours, par le commissaire de police.

La présente permission ne sera valable que pour un an; en cas de raisons graves, elle sera révocable en tout temps.

Délivré à....., le..... 18...

Le maire.

Vu par nous, commissaire de police, à....., le..... 18...

N° 588.

Étalages *sur la voie publique. — Procès-verbal de saisie pour étalages faits en contravention au règlement de police.*

L'an mil huit cent....., le..... du mois d....., nous, commissaire de police de la ville d....., faisant notre tournée, accompagné d....., avons trouvé dans la rue..... (*indiquer la place*), un *ou* plusieurs étalages embarrassant la voie publique et sur lesquels étaient exposés en vente diverses marchandises, lesdits étalages tenus par des individus que nous avons déjà invités plusieurs fois à se retirer de ladite place; pour quoi nous les avons fait conduire en notre bureau avec leurs marchandises, où étant ils ont déclaré se nommer (*noms, prénoms, âge, profession et demeure de chaque étalagiste*).

Leurs marchandises se sont trouvées composées d..... (*description sommaire des marchandises appartenant à chaque étalagiste*).

Sur quoi nous, commissaire de police susdit, attendu que lesdits..... ont été volontairement désobéissants à nos injonctions réitérées, et (*s'il y a lieu*) contrevenants aux dispositions du règlement de police du....., concernant les étalages mobiles, qui défend..... *ou bien*, attendu que lesdits..... n'ont pu justifier d'une permission d'étalage sur la voie publique ; attendu aussi qu'ils sont prévenus, comme embarrassant la voie publique, d'une contravention prévue par le n° 4 de l'article 471 du Code pénal, avons rédigé le présent procès-verbal contre lesdits, pour être traduits au tribunal de simple police, conformément à l'article 138 du Code d'instruction criminelle, et être, par le tribunal, sur les conclusions du ministère public, prononcé telles condamnations qu'il appartiendra.

A l'égard des marchandises ci-dessus spécifiées, nous les avons fait transporter au bureau de police pour sûreté de l'amende et des frais.

Ou bien, attendu que le sieur J....., contrevenant, a consigné en nos mains la somme de dix francs pour sûreté de l'amende, laquelle somme sera par nous versée dans la caisse municipale, nous avons fait audit la remise de ses marchandises, et avons signé ainsi que ledit sieur....., nous accompagnant.

Fait à....., le....., 18...

(*Signatures.*)

N° 589.

ÉTANG. — ***Délibération du conseil municipal tendant au desséchement d'un étang nuisible*** (1).

Aujourd'hui..... mil huit cent....., le conseil municipal de la commune de..... assemblé..... (Voy. DÉLIBÉRATION.)

M. le maire a exposé que le but de la réunion était l'examen d'une question relative à l'étang de....., et tendant à la destruction de cet étang, dont les émanations nuisibles peuvent, au rapport de M....., docteur en médecine, résidant dans ladite commune, occasionner des épidémies ou épizooties, (*ou bien*) dont les eaux sont sujettes à inonder ou à envahir les fonds inférieurs.

Le conseil municipal, après en avoir délibéré, est d'avis qu'une demande sera adressée à M. le préfet pour le prier de vouloir bien ordonner le desséchement de l'étang de....., situé sur le domaine du sieur.....

Fait et délibéré à... les jour et an que dessus.

(*Signatures.*)

N° 590.

ÉTAT CIVIL. — ***Arrêté du maire portant délégation à un adjoint des fonctions d'officier de l'état civil*** (2).

Nous, maire de la ville *ou* commune de....., en vertu des pouvoirs qui nous sont conférés par l'article 2 du décret du 4 juin 1806, et l'article 14 de la loi du 18 juillet 1837, déléguons M. Jules N....., adjoint (*ou* l'un de nos adjoints) pour remplir en notre lieu et place (*ou* concurremment avec nous) les fonctions d'officier de l'état civil de cette commune.

Fait à....., le..... 18...

Le maire.

N° 591.

ÉTAT civil. — ***Intitulé d'un acte de l'état civil rédigé par un adjoint délégué*** (3).

L'an mil huit cent ....., le....., à..... heure du..... par-devant nous, adjoint au maire de la commune d....., département d....., remplissant les fonctions d'officier de l'état civil, par délégation du maire de ladite commune en date du....., etc.

(1) S'il est constaté par des gens de l'art que les eaux d'un étang peuvent occasionner des épidémies ou des épizooties, ou qu'elles sont sujettes à inonder ou envahir les fonds inférieurs, le préfet peut, sur la demande formelle des communes et l'avis des maires, en ordonner le desséchement. (*Loi du 11 septembre 1791.*)

(2) Le maire est seul, de droit, officier de l'état civil. Les fonctions n'en peuvent être exercées par un adjoint qu'en cas d'absence ou empêchement du maire, ou en vertu d'une délégation.

(3) Lorsqu'un adjoint remplit les fonctions d'officier de l'état civil par délégation, il doit en être fait mention dans l'acte.

N° 592.

ÉTAT *civil. — Intitulé d'un acte de l'état civil rédigé par un adjoint par empêchement ou en l'absence du maire* (1).

L'an mil huit cent....., le....., à..... heure du....., par-devant nous....., adjoint du maire de la commune d....., canton d....., arrondissement d....., département d....., remplissant les fonctions d'officier de l'état civil, par empêchement *ou* en l'absence du maire de la commune, etc.

N° 593.

ÉTAT *civil. — Intitulé d'un acte de l'état civil dressé par le premier conseiller municipal, en l'absence ou par empêchement des maire et adjoints* (2).

L'an mil huit cent....., le....., à..... heure du....., par-devant nous...., premier membre du conseil municipal de la commune d....., canton d....., arrondissement d....., département d....., remplissant les fonctions d'officier de l'état civil, par empêchement *ou* en l'absence des maire et adjoints de ladite commune, etc.

N° 594.

ÉTAT *civil. — Acte de naissance d'un enfant légitime, dressé sur la déclaration du père* (3).

L'an mil huit cent....., le....., à..... heure (4) de....., par-devant nous (*indiquer ici la qualité du fonctionnaire qui reçoit l'acte*) (5), officier de l'état civil de la commune d....., arrondissement d....., département d....., a comparu le sieur (*nom, prénoms, âge, profession et domicile du déclarant*) (6), lequel nous a présenté (7) un enfant du sexe *masculin*, qu'il nous a dit être né le..... (8), à..... heure du....., dans sa maison d'habitation ci-dessus désignée, de lui déclarant et de dame (*nom et prénoms de la mère*), sans profession, domiciliée dans la même commune, rue....., n°.....; et il a donné à cet enfant les prénoms de..... (9). Ces déclaration et présentation ont été faites

(1) L'adjoint qui rédige un acte de l'état civil en l'absence ou par empêchement du maire doit le mentionner dans l'acte même.

(2) En cas d'absence ou d'empêchement du maire et des adjoints, le maire est remplacé par un conseiller municipal désigné par le préfet, ou, à défaut de cette désignation, par le conseiller municipal le premier dans l'ordre du tableau. (*Loi du 5 mai 1855, art. 4.*)

(3) « La naissance de l'enfant sera déclarée par le père, ou à défaut du père, par.... » (*Code Napoléon, art. 56.*)

(4) « Les actes de l'état civil énonceront l'année, le jour et l'heure où il seront reçus. » (*Id., art. 34.*)

(5) Si c'est un adjoint ou un conseiller municipal, voir ci-dessus les modèles n°s 591, 592 et 593.

(6) « L'acte de naissance doit énoncer les nom, prénoms, profession et domicile du père. » (*Code Napoléon, art. 57.*)

(7) « L'enfant sera présenté à l'officier de l'état civil. » (*Id., art. 55.*)

(8) « L'acte de naissance énoncera le jour, l'heure et le lieu de la naissance. » (*Id., art. 57.*)

(9) Ils ne peuvent être choisis que dans le calendrier ou l'histoire ancienne. (*Loi du 11 germinal an XI.*)

en présence des sieurs (*nom, prénoms, âge, profession, domicile du premier témoin*) (1), et (*mêmes indications pour le second témoin*); et ont les père et témoins signé avec nous le présent acte, après qu'il leur en a été donné lecture. (*Si un des comparants ne peut ou ne sait signer, il en sera fait mention.*)

(*Signatures.*)

N° 595.

ÉTAT *civil. — Acte de naissance d'un enfant légitime, dressé sur la déclaration de l'accoucheur, de la sage-femme ou de la personne chez qui la femme est accouchée, le déclarant connaissant la mère de l'enfant* (2).

L'an mil huit cent....., le....., à..... heures du....., par-devant nous (*énoncer ici la qualité du fonctionnaire public, s'il est maire ou adjoint de maire, ou s'il les remplace*), officier de l'état civil de la commune d....., canton d....., arrondissement d....., département d....., est comparu N..... (*mettre les nom, prénoms, profession, domicile du déclarant*), lequel nous a déclaré que le....., à..... heure du....., est né un enfant du sexe masculin *ou* féminin, en la maison sise (*désigner la rue, la section, l'arrondissement dans lequel se trouve la maison*), qu'il nous présente et auquel il a déclaré donner les prénoms d....., lequel enfant est né de (*nom, prénoms, profession, demeure de la mère*), épouse *ou* veuve du sieur (*nom, prénoms, demeure, profession du mari*) : ladite déclaration faite en présence de (*nom, prénoms, âge, profession, domicile du premier témoin*) et de (*même formalité pour le second témoin*); et ont les déclarant et témoins signé avec nous le présent acte de naissance, après qu'il leur en a été fait lecture. (*Si un des comparants ne sait ou ne peut signer, il en sera fait mention.*)

(*Signatures.*)

N° 596.

ÉTAT *civil. — Acte de naissance d'un enfant légitime, dans le cas où l'enfant n'a pu être transporté à la mairie.*

L'an mil huit cent....., le....., à..... heure du....., par-devant nous (*nom, prénoms et qualité du fonctionnaire qui reçoit l'acte*), officier de l'état civil de la commune d....., arrondissement d....., département de....., a comparu (*nom, prénoms, âge, profession, domicile du comparant*), lequel nous a déclaré que le..... de ce mois, à..... heure du....., dans sa maison d'habitation, située rue....., n°....., en cette commune, sa femme, N..... (*nom et prénoms de la mère de l'enfant*), sans profession, âgée de....., domiciliée dans le même lieu, est accouchée d'un enfant du sexe....., auquel il a dit vouloir donner les prénoms de..... Et attendu que cet enfant est dans un état de maladie qui ne permet pas de le transporter devant nous sans danger pour sa vie, ainsi qu'il résulte du certificat qu'il nous a remis, délivré par M....., officier de santé, domicilié dans la présente commune, nous nous sommes rendu dans la maison du déclarant, où il nous a représenté le nouveau-né, que nous avons reconnu être du sexe.... Ces déclarations, transport et constatations ont été faits en présence des sieurs (*nom, prénoms, âge, domicile du premier témoin*), et (*mêmes indications pour le second témoin*); et ont les déclarant et témoins signé avec nous après lecture. (*Si un des comparants ne sait ou ne peut signer, il en sera fait mention.*)

(*Signatures.*)

(1) Il faut l'assistance de deux témoins (*Code Napoléon, art.* 56.)

(2) A défaut du père, la naissance doit être déclarée par l'accoucheur, la sage-femme ou l'officier de santé ou autres personnes qui ont assisté à l'accouchement, et si l'accouchement n'a pas eu lieu au domicile de la mère, par la personne chez qui elle est accouchée. (*Code Napoléon, art.* 56.)

N° 597.

État *civil.* — *Acte de naissance d'un enfant légitime déclaré par un fondé de procuration du père.*

L'an mil huit cent....., le....., à..... heure du....., par-devant nous (*nom, prénoms, qualité du fonctionnaire qui reçoit l'acte*), officier de l'état civil de la commune d....., canton d....., arrondissement d....., département d....., a comparu (*mettre les nom, prénoms, âge, profession et domicile du déclarant*), lequel en vertu de la procuration spéciale (1) et authentique du sieur (*mettre les nom, prénoms, profession, âge et domicile du père*), passée à....., par-devant....., notaire à....., enregistrée à....., le....., de lui parafée, et annexée au présent registre (2), nous a déclaré que le..... du mois de..... mil huit cent....., à..... heure du....., un enfant du sexe masculin *ou* féminin, qu'il nous présente, et auquel il a déclaré donner les prénoms d....., est né de (*nom, prénoms, profession, demeure de la mère*), épouse du sieur (*nom, prénoms, demeure, profession du mari*), en la maison située rue....., n°....., en cette commune, ladite déclaration faite en présence de (*nom, prénoms, âge, profession, domicile du premier témoin*), et de (*même formalité pour le second témoin*); et ont les déclarant et témoins signé avec nous le présent acte de naissance, après qu'il leur en a été fait lecture. (*Si un des comparants ne sait ou ne peut signer, en faire mention.*)

(*Signatures.*)

N° 598.

État *civil.* — *Acte de naissance d'un enfant jumeau* (3).

L'an mil huit cent....., le....., à..... heures du....., devant nous....., maire et officier de l'état civil de la commune d....., arrondissement d....., département d....., a comparu le sieur (*nom, prénoms, âge, profession et domicile du déclarant*), lequel nous a déclaré que (*hier* ou *cejourd'hui*), à..... heure du....., dans sa maison d'habitation en cette ville, rue d....., n°....., la dame son épouse, âgée de....., sans profession, domiciliée dans la présente ville, est accouchée d'un enfant du sexe....., qu'il nous a présenté et auquel il a donné les prénoms d.....; ajoutant qu'il est né jumeau et sorti le premier du sein de sa mère. Ces déclarations et cette présentation ont été faites en présence des sieurs..... et....., tous les deux domiciliés dans la présente ville; et nous en avons dressé le présent acte, dont nous avons donné lecture au déclarant et aux témoins, et que nous avons signé avec eux.

(*Signatures.*)

N° 599.

État *civil.* — *Acte de naissance d'un enfant naturel, dressé sur la déclaration de toute autre personne que le père ; le nom et l'état de la mère étant connus.*

L'an mil huit cent....., le....., à..... heure du..... par-devant nous (*nom,*

(1) La procuration doit être spéciale et authentique. (*Code Napoléon, art.* 36.)

(2) La procuration doit rester annexée au registre.

(3) L'acte de naissance de l'autre jumeau doit être absolument semblable à celui-ci, sauf l'indication de ses prénoms et l'énonciation de l'ordre dans lequel il est venu au monde. Cette énonciation sera ainsi conçue : « *Ajoutant qu'il est né jumeau et sorti le second du sein de sa mère.* »

S'il y avait eu un intervalle de temps un peu remarquable entre la naissance de l'un et de l'autre, on devrait le préciser en indiquant, dans chaque acte, l'heure et la fraction d'heure à laquelle chacun a vu le jour.

prénoms et qualité du fonctionnaire qui reçoit l'acte), officier de l'état civil de la commune d....., canton d....., département d....., est comparu..... (*nom, prénoms, âge, profession, demeure du déclarant*), lequel nous a déclaré que le....., à..... heure du....., la dame *ou* demoiselle (*nom, prénoms, profession, demeure de la mère*) est accouchée dans la maison (*désigner la maison*), d'un enfant du sexe masculin *ou* féminin (1), qu'il nous présente, et auquel il donne les nom et prénoms de.....; lesdites déclaration et présentation faites en présence de (*nom, prénoms, âge, profession, domicile du premier témoin*), et de (*même formalité pour le second témoin*); et ont les déclarant et témoins signé avec nous le présent acte après qu'il leur en a été fait lecture. (*Si un des comparants ne sait ou ne peut signer, il en sera fait mention.*)

(*Signatures.*)

N° 600.

ÉTAT *civil.* — *Acte de naissance d'un enfant naturel, le père ni la mère n'étant déclarés.*

L'an mil huit cent....., le....., à..... heures du....., par-devant nous (*nom, prénoms et qualité du fonctionnaire*), officier de l'état civil de la commune d....., arrondissement d....., département d....., a comparu (*nom, prénoms, âge, profession et domicile du comparant*), lequel nous a présenté un enfant du sexe masculin *ou* féminin, qu'il nous a dit être né de parents inconnus, le....., à..... heures du...., dans sa maison d'habitation, rue d....., n°....., et auquel il a donné les prénoms de...... Cette présentation et ces déclarations ont été faites en présence des sieurs (*nom, prénoms, âge, profession et domicile du premier témoin*) et (*même désignation pour le second témoin*); et ont les déclarant et témoins signé avec nous le présent acte après qu'il leur en a été donné lecture.

(*Signatures.*)

N° 601.

ÉTAT *civil.* — *Reconnaissance d'un enfant naturel faite par le père dans l'acte de naissance.*

L'an mil huit cent....., le....., à..... heures du....., par-devant nous (*nom, prénoms et qualité du fonctionnaire*), officier de l'état civil de la commune d....., canton d....., arrondissement d....., département d....., a comparu..... (*nom, prénoms, âge, profession, demeure du déclarant*), lequel nous a déclaré que le..... à..... heure du....., il est né un enfant du sexe masculin *ou* féminin, qu'il nous présente, et auquel il déclare donner les prénoms de....., se reconnaissant pour être le père de cet enfant et l'avoir eu de (*nom, prénoms, âge, demeure et profession de la mère. Si le père déclare les noms de la mère, il en sera fait mention comme ci-dessus; mais s'il les tait, on ne peut le forcer à les déclarer*), lequel enfant est né en la maison sise (*désigner la rue, le n°, la section, ou l'arrondissement*): les présentes déclaration et présentation faites en présence de (*nom, prénoms, âge, profession, domicile du premier témoin*), et de (*même formalité pour le second témoin*); et ont les père et témoins signé avec nous le présent acte de naissance, après qu'il leur en a été fait lecture. (*Si un des comparants ne sait ou ne peut signer, il en sera fait mention.*)

(*Signatures.*)

(1) Quand le père d'un enfant naturel ne se fait pas connaître lui-même ou par fondé de pouvoir, l'officier de l'état civil ne peut le désigner, sur la déclaration d'une autre personne.

N° 602.

État *civil. — Reconnaissance d'un enfant naturel faite par un fondé de procuration du père dans l'acte de naissance.*

L'an mil huit cent....., le....., à..... heure du.... par-devant nous (*nom, prénoms et qualité du fonctionnaire*), officier de l'état civil de la commune d....., canton d....., arrondissement d....., département d....., a comparu...... (*nom, prénoms, âge, profession et domicile du déclarant*), lequel, en vertu de la procuration spéciale et authentique du sieur....., passée à....., le..... du mois de..... an....., par-devant....., notaire à....., enregistrée, à....., le.....,de lui parafée et annexée au présent registre, nous a déclaré que le....., à..... heures du....., il est né en la maison (*désigner la maison, la rue, le n°, la section ou l'arrondissement*), un enfant naturel du sexe masculin *ou* féminin, né de....., (*nom et prénoms de la mère*) et dudit sieur... qui s'en reconnait le père; lequel enfant le déclarant nous présente, et auquel il donne les nom et prénoms de.....: lesdites déclaration et présentation faites en présence de (*nom, prénoms, âge, profession, domicile du premier témoin*), et de (*même formalité pour le second témoin*); et ont les déclarant et témoins signé avec nous le présent acte, après que lecture leur en a été faite.

(*Signatures.*)

N° 603.

État *civil. — Déclaration faite au sujet d'un enfant trouvé* (1). *Procès-verbal* (2).

L'an mil huit cent....., le....., à..... heure du....., par-devant nous (*nom, prénoms et qualité du fonctionnaire*), officier de l'état civil de la commune d....., canton d....., arrondissement d....., département d.....

A comparu N..... (*nom, prénoms, âge, demeure, profession du déclarant*), lequel nous a déclaré que le....., à..... heure du......, étant seul *ou* en compagnie de (*désigner les noms, prénoms, demeure et profession de ceux qui étaient présents*), il a trouvé dans la rue, *ou* au lieu de (*désigner avec exactitude la rue, la place, ou le lieu où a été trouvé l'enfant*) un enfant tel qu'il nous le présente, emmailloté *ou* vêtu des (*détailler les vêtements*) et de linge marqué des lettres..... *ou* des chiffres..... Après avoir visité l'enfant, nous avons reconnu qu'il était du sexe....., qu'il paraissait âgé de (*désigner l'âge apparent, vérifier si l'enfant a quelques marques sur le corps, ou s'il se trouve dans ses vêtements quelque écrit ou marque destinés à le faire reconnaître; dans ce cas, désigner ce qu'on y a trouvé, ou exprimer qu'on n'y a rien trouvé*); de suite nous avons inscrit l'enfant sous les nom et prénoms de (3)....., et avons ordonné qu'il fût remis à (4)....., lesdites déclaration et présentation, faites en présence de (*noms, prénoms, âge, profession et domicile de deux témoins*); et ont lesdits déclarant et témoins signé avec nous le présent acte, après qu'il leur en a été donné lecture.

(*Signatures.*)

---

(1) Toute personne qui trouve un enfant nouveau-né est tenue de le remettre à l'officier de l'état civil, ainsi que les vêtements et autres effets trouvés avec l'enfant, et de déclarer toutes les circonstances de temps et de lieu où il aura été trouvé, sous peine de six jours à six mois de prison, et de 16 à 300 francs d'amende. (*Code Napoléon, art.* 58, *Code pénal, art,* 347.)

(2) L'officier de l'état civil dresse un procès-verbal détaillé qui énonce l'âge apparent de l'enfant, son sexe, les noms qui lui sont donnés, et l'autorité à laquelle il sera remis. (*Code Napoléon, art.* 58.)

(3) Les nom et prénoms sont donnés par le maire, ou par les administrateurs de l'hospice, si l'enfant est présenté par eux. (*Circulaire du ministre de l'intérieur du* 30 *juin* 1812.)

(4) L'enfant est remis à l'autorité civile (*Code Napoléon, art.* 58), puis envoyé à l'hospice destiné à cet objet, à moins que quelque personne d'une moralité connue n'offre de s'en charger. (Voy. Enfants trouvés.)

N° 604.

ÉTAT *civil.— Reconnaissance d'un enfant faite par le père ou la mère, après l'acte de naissance* (1).

L'an mil huit cent......, le....., à..... heures du....., par-devant nous (*énoncer ici la qualité du fonctionnaire public, s'il est maire ou adjoint du maire, ou s'il les remplace*), officier de l'état civil de la commune d....., canton d....., arrondissement d....., département d.....

Est comparu N..... (*nom, prénoms, âge, profession, domicile*), lequel nous a déclaré qu'il *ou* elle se reconnaît père *ou* mère d'un enfant du sexe.... qui nous a été présenté le.... et que nous avons inscrit sur les registres de l'état civil, sous les noms de....., lequel il *ou* elle a eu avec N..... (*nom, prénoms, âge, profession, demeure. Le déclarant est libre de ne pas désigner la personne avec laquelle il a eu l'enfant*); ladite déclaration faite en présence de (*nom, prénoms, âge, profession, domicile du premier témoin*) et de (*même formalité pour le second témoin*); et ont les déclarant et témoins signé avec nous le présent acte, après qu'il leur en a été fait lecture. (*Si un des comparants ne sait ou ne peut signer, il en sera fait mention.*)

(*Signatures.*)

N° 605.

ÉTAT *civil. — Reconnaissance d'enfant, faite par le père et la mère conjointement.*

L'an mil huit cent....., le..... à..... heures du....., par-devant nous (*énoncer la qualité du fonctionnaire public, s'il est maire, ou adjoint du maire, ou s'il les remplace*), officier de l'état civil de la commune d....., canton d....., arrondissement d....., département d.....

Sont comparus N..... (*nom, prénoms, âge profession et domicile*), et la nommée (*nom, prénoms, âge, profession et domicile*), lesquels ont déclaré qu'ils se reconnaissent père et mère d'un enfant du sexe....., qui nous a été présenté le....., et que nous avons inscrit sur les registres de l'état civil, sous les noms de....., lequel enfant est né d'eux le....., mil huit cent....., en la maison située en cette commune, rue..... n°..... ladite déclaration faite en présence de (*nom, prénoms, profession et domicile du premier témoin*), et de (*même formalité pour le second témoin*); et ont les père, mère et témoins, signé avec nous le présent acte, après qu'il leur en a été fait lecture. (*Si un des comparants ne sait ou ne peut signer, il en sera fait mention.*)

(*Signatures.*)

N° 606.

ÉTAT *civil. — Reconnaissance, par le père et la mère, d'un enfant dont la naissance n'avait pas été constatée.*

L'an mil huit cent....., le....., à..... heures du....., devant nous...... maire et officier de l'état civil de la commune de....., arrondissement d....., département de....., ont comparu..... âgé de..... (*profession*), et....., âgée de..... (*profession*), domiciliés dans la présente commune; lesquels nous ont dit que, le.... mil huit cent...., à. .. heures du..., dans le hameau de...., dépendant de cette commune, ladite (*la déclarante*), est accouchée d'un enfant du

(1) « L'acte de reconnaissance d'un enfant est inscrit sur les registres, à sa date; il en est fait mention en marge de l'acte de naissance, s'il en existe un. » (*Code Napoléon, art.* 62.)

sexe....,dont la naissance n'a pas été inscrite, et qui a été placé en nourrice chez la nommée...., dans la commune de....; ledit (*le déclarant*) a de plus déclaré expressément, en présence et du consentement de ladite....., qu'il se reconnaît le père de cet enfant, auquel ils ont dit vouloir donner les prénoms de..... Ces déclarations ont été faites en présence de......... âgé de........ (*profession*), et de....., âgé de..... (*profession*), tous les deux domiciliés dans la présente commune; et nous en avons dressé le présent acte, dont nous avons donné lecture aux déclarants et aux témoins, et que nous avons signé avec eux.

(*Signatures.*)

N° 607.

ÉTAT *civil. — Reconnaissance par le père seul d'un enfant déposé dans un hospice.*

L'an mil huit cent....., le....., à..... heures du....., devant nous..... maire et officier de l'état civil de la commune de........., arrondissement de........., département de........, a comparu le sieur (*nom, prénoms, âge, profession et domicile du comparant*), lequel nous a dit que le......, mil huit cent....., au lieu de....., dans la maison d'habitation de....., la demoiselle (*nom et prénoms*), alors âgée de..... ans, sans profession, domiciliée au même lieu de....., est accouchée d'un enfant du sexe *masculin* qui fut transporté et déposé au tour de l'hospice de la présente ville, dans la nuit du..... du mois de..... mil huit cent.....; qu'il était enveloppé dans des langes marqués des *lettres R. M., et qu'à son cou était suspendu un collier, ou un médaillon de.....*, sur lequel étaient gravées les lettres R. M.; que le procès-verbal d'exposition de cet enfant a été transcrit sur les registres de la présente commune, à la date du..... du même mois de..... et que l'enfant y a été désigné sous les prénoms de.....; le comparant a déclaré qu'il reconnaissait être le père de cet enfant, et a demandé acte de sa reconnaissance. Ces déclarations ont été faites en présence des sieurs.... et.....; et nous en avons dressé le présent acte, dont nous avons donné lecture au déclarant et aux témoins, et que nous avons signé avec eux.

(*Signatures.*)

N° 608.

ÉTAT *civil. — Reconnaissance d'un enfant avant sa naissance.*

L'an mil huit cent....., le....., à..... heures du....., devant nous....., maire et officier de l'état civil de la commune de....., arrondissement de....., département de....., a comparu le sieur....., âgé de..... (*profession*), domicilié dans la présente commune, accompagné de la demoiselle......., âgée de....., sans profession, domiciliée pareillement dans la présente commune, lequel, en présence et du consentement de ladite demoiselle....., a déclaré qu'il reconnait être le père de l'enfant dont elle est enceinte en ce moment, consentant à ce qu'à sa naissance cet enfant soit inscrit comme né de lui et de ladite..... Cette déclaration a été faite en présence des sieurs...., âgé de..... (*profession*), père du déclarant, et....., âgé de..... (*profession*), tous deux domiciliés dans la présente commune; et nous en avons dressé le présent acte, dont nous avons donné lecture aux comparants et aux témoins, et que nous avons signé avec eux.

(*Signatures.*)

N° 609.

ÉTAT *civil. — Reconnaissance après la mort de l'enfant.*

L'an mil huit cent....., le....., à heures du....., devant nous....., maire et officier de l'état civil de la commune de....., arrondissement de....., département de....., a comparu le sieur....., âgé de..... (*profession*), domicilié à....., lequel nous a déclaré se reconnaître le père d'un enfant du sexe..... né le....., mil huit cent....., à...... heures du....., de la demoiselle......, alors âgée de....., sans profession, domiciliée à....., département de......, et inscrit sur les registre de l'état civil de la présente commune, à la date du..., du mois de....., sous les prénoms de....., et comme né de ladite demoiselle ....., et d'un père inconnu; ajoutant que cet enfant est mort à....., le....., mil huit cent....., ainsi qu'il résulte de son acte de décès, inscrit sur les registres de la mairie de....., à la date du..... du même mois de..... Ces déclarations ont été faites en présence des sieurs....., âgé de..... (*profession*), domicilié dans la présente commune, et....., âgé de..... (*profession*), domicilié à.....; et nous en avons dressé le présent acte, dont nous avons donné lecture au déclarant et aux témoins, et que nous avons signé avec eux.

(*Signatures.*)

N° 610.

ÉTAT *civil. — Transcription d'une reconnaissance faite devant notaire.*

L'an mil huit cent....., le....., à..... heures du....., devant nous....., maire et officier de l'état civil de la ville de....., département de...., a comparu la demoiselle..... âgée de..... (*profession*), domiciliée dans la présente ville, rue......, n°......, laquelle nous a remis une expédition de l'acte reçu le....., dernier, par Me....., notaire à....., département de....., enregistré, par lequel le sieur....., âgé de..... (*profession*), domicilié audit lieu de....., s'est reconnu père d'un enfant du sexe....., dont la déclarante est accouchée le..... mil huit cent....., et qui a été inscrit à la date du..... suivant, sur les registres de l'état civil de la présente commune, sous les prénoms de....., comme né d'elle déclarante et d'un père inconnu; nous requérant de procéder à la transcription de cet acte de reconnaissance. Nous, officier de l'état civil, faisant droit à cette réquisition, avons transcrit ledit acte, dont la teneur suit :

(*On copie ici en entier l'expédition de l'acte.*)

De cette transcription et de la réquisition qui nous a été faite, nous avons dressé le présent acte, dont nous avons donné lecture à la comparante, et que nous avons signé avec elle.

(*Signatures.*)

N° 611.

ÉTAT *civil. — Transcription d'un acte d'adoption* (1).

L'an mil huit cent....., le....., à..... heures du....., devant nous....., maire et officier de l'état civil de la commune de....., arrondissement de....., département de....., a comparu le sieur Siméon F....., sans profession, domicilié dans la présente commune, lequel nous a remis : 1° une expédition de l'acte passé le..... mil huit cent....., devant le juge de paix du présent canton, par lequel le sieur Louis D....., âgé de....., ancien négociant, domicilié dans la présente commune, a déclaré adopter Siméon F....., comparant, et le sieur F..... a déclaré accepter cette adoption; 2° une expédition de l'arrêt rendu le..... dernier, par la cour impériale de....., portant confirmation du jugement rendu le....., par le tribunal de première instance de l'arrondissement de..... et déclarant qu'il y a lieu à cette adoption; et il nous a requis d'en faire l'inscription, conformément à l'article 359 du Code Napoléon.

(1) Les actes d'adoption sont reçus par les juges de paix et confirmés par les tribunaux et cours impériales; dans les trois mois qui suivent l'arrêt d'homologation rendu par la cour impériale, l'une ou l'autre des parties requiert l'officier de l'état civil du domicile de l'adoptant d'inscrire l'adoption sur ses registres. Cette inscription n'a lieu que sur le vu d'une expédition en forme de l'arrêt de la cour royale. (*Code Napoléon, art.* 353 *et suiv.*)

Faisant droit à cette réquisition, nous avons immédiatement procédé à l'inscription des actes susénoncés, dont la teneur suit :

(*Ici l'on copie en entier l'acte d'adoption et l'arrêt confirmatif et l'on termine ainsi :*)

Et de cette transcription et de la réquisition qui nous a été faite, nous avons dressé le présent acte, dont nous avons donné lecture au comparant et que nous avons signé avec lui.

(*Signatures.*)

N° 612.

ÉTAT *civil. — Formule de la mention à faire d'une adoption sur le registre des naissances.*

Par acte inscrit sur le registre des actes de naissance de cette commune, à la date du....., N....., dénommé dans l'acte ci-contre, a été adopté par B..... Le nom de B..... doit, en conséquence, être ajouté à l'avenir à celui de N....., conformément à l'article 347 du Code Napoléon.

(*Signature de l'officier de l'état civil.*)

N° 613.

ÉTAT *civil.— Intitulé de la transcription d'un acte de naissance en mer* (1).

L'an mil huit cent....., le....., nous (*nom, prénoms et qualité du fonctionnaire*), officier de l'état civil de la commune d....., canton d....., arrondissement d....., département d....., avons reçu du ministre de la marine *ou* du préposé à l'inscription maritime à la résidence d..... une expédition de l'acte de naissance transcrit ci-après, conformément aux dispositions de l'article 60 du Code Napoléon.

(*Trancription littérale de l'acte.*)

Certifié la transcription ci-dessus.

(*Signatures.*)

N° 614.

ÉTAT *civil. — Acte de publication de mariage entre majeurs* (2).

L'an mil huit cent....., le..... dimanche d....., nous (*qualité du fonctionnaire*), officier de l'état civil de la commune de....., canton d....., arrondissement de....., département de....., après nous être transporté devant la principale porte d'entrée de la maison commune, à l'heure de....., avons annoncé et publié pour la première fois (*si c'est la seconde publication,* pour la seconde publication), qu'il y a promesse de mariage entre (*nom, prénoms, âge, lieu de naissance, profession, domicile*), majeur, fils de (*nom, prénoms,*

(1) Lorsqu'il naît un enfant en mer, l'acte de naissance est dressé par l'officier d'administration ou le capitaine, selon les cas : expédition en est envoyée du premier port où le vaisseau aborde, par l'intermédiaire du ministre de la marine et du port de débarquement, par le préposé à l'inscription maritime, à l'officier de l'état civil du domicile du père, ou de la mère si le père est inconnu ; cette expédition est inscrite sur les doubles registres. (*Code Napoléon, art.* 60 *et* 61.)

(2) Avant la célébration du mariage, l'officier de l'état civil doit faire deux publications deux jours de dimanche consécutifs, à la porte de la maison commune. (*Code Napoléon, art.* 63.)

profession et domicile du père), et de (*même formalité pour la mère*) (*s'il est veuf ou divorcé, il sera fait mention de son précédent mariage*), et demoiselle (*nom, prénoms, âge, lieu de naissance, profession et demeure*), fille majeure, née de (*noms, prénoms, profession et domicile des père et mère*); laquelle publication, lue à haute et intelligible voix, a été de suite affichée par extrait à la porte de la maison commune. De quoi nous avons dressé le présent acte.

(*Signature.*)

N° 615.

ÉTAT *civil. — Acte de publication pour des mineurs assistés de leurs père et mère ou de l'un d'eux* (1).

L'an mil huit cent....., le..... dimanche....., nous (*qualité du fonctionnaire*), officier de l'état civil de la commune de....., canton d....., arrondissement d....., département d....., après nous être transporté devant la principale porte d'entrée de la maison commune, à l'heure de....., avons annoncé et publié pour la première fois (*si c'est la seconde publication*, pour la seconde publication), qu'il y a promesse de mariage entre (*nom, prénoms, âge, lieu de naissance, profession, domicile*), mineur, assisté de (*nom, prénoms, domicile, profession*), son père, et de (*même formalité*) sa mère (*s'il n'y a que le père présent, il ne sera fait mention que de lui; si le père était décédé, l'officier de l'état civil se fera représenter l'acte de décès, et en fera mention; si le père et la mère sont décédés, et que l'aïeul ou l'aïeule soient encore vivants, il sera fait mention du consentement de ceux-ci; il en sera de même si les époux ne sont assistés que par des tuteurs*); et demoiselle (*nom, prénoms, âge, lieu de naissance, profession, domicile*), fille de (*mêmes formalités que pour les parents du futur époux*) : laquelle publication, lue à haute et intelligible voix, a été de suite affichée par extrait à la porte de la maison commune. De quoi avons dressé acte.

(*Signature.*)

N° 616.

ETAT *civil. — Extrait de l'acte de publication de mariage* (2).

Il y a promesse de mariage entre (*nom, prénoms, âge, lieu de naissance, profession et domicile des père et mère du futur époux*), majeur ou mineur, fils de (*nom, prénoms, profession et domicile des père et mère du futur époux*), et (*nom, prénoms, âge, lieu de naissance, profession et domicile de la future épouse*), majeure ou mineure, fille de (*noms, prénoms, profession et domicile des père et mère de la future épouse*).

N° 617.

ÉTAT *civil. — Certificat attestant que les publications ont été faites et qu'il n'y a point eu d'opposition* (3).

Nous soussigné (*nom et prénoms de l'officier de l'état civil*), maire ou adjoint de la commune d....., canton d....., arrondissement d....., département

(1) Si les futurs époux ne sont pas majeurs, l'officier de l'état civil ne devra procéder aux publications qu'après s'être assuré qu'ils ont l'assentiment de leurs parents.

(2) Extrait de l'acte de publication reste affiché à la porte de la maison commune pendant la semaine d'intervalle entre les deux publications. (*Code Napoléon, art.* 64.)

(3) Si les publications ont été faites dans plusieurs communes, les parties remettront un certificat délivré par l'officier de l'état civil de chacune d'elles, constatant qu'il n'existe pas d'opposition. (*Id., art.* 69.)

d....., certifions que le dimanche...., à..... heure du....., nous avons fait devant la porte de la maison commune, la première publication du mariage projeté entre (*noms, prénoms, âge, profession et domicile des parties*) ; que pareille publication a été faite par nous dans les mêmes formes pour la seconde fois, le..... dimanche du même mois, à..... heure....., et qu'il n'est survenu aucune opposition audit mariage. En foi de quoi nous avons délivré le présent certificat à....., le.....

(*Sceau de la mairie.*)

(*Signature.*)

N° 618.

ÉTAT *civil.* — *Visa à apposer au bas des actes de signification d'opposition à un mariage* (1).

Vu, par nous, soussigné (*nom et prénoms*), maire *ou* adjoint de la commune d....., canton d....., arrondissement d....., département d....., en conformité de l'article 66 du Code Napoléon, le présent acte d'opposition dont la copie m'a été signifiée à....., ce.....

(*Signature.*)

N° 619.

ÉTAT *civil.* — *Mention d'opposition à inscrire sur le registre des publications.*

Par acte de....., huissier près le tribunal de première instance de l'arrondissement de....., département de....., en date du..... mil huit cent....., le sieur..... (*profession*), domicilié audit lieu de....., a formé opposition au mariage de....., son fils (*profession*), domicilié dans la même ville, avec la demoiselle..... (*profession*), domiciliée à.....

Certifié et mentionné par nous....., maire et officier de l'état civil de la commune de....., ledit jour..... mil huit cent.....

Le maire.

N° 620.

ÉTAT *civil.* — *Mention de mainlevée de l'opposition à inscrire en marge de la mention de l'opposition.*

Par jugement du tribunal de première instance de l'arrondissement de....., en date du.... mil huit cent...., confirmé par arrêt de la cour impériale de la même ville, en date du....., de la même année, il a été donné mainlevée de l'opposition formée, le..... précédent, par le sieur..... (*profession*), domicilié à....., au mariage de....., son fils (*profession*), domicilié dans la même ville, avec la demoiselle..... (*profession*), domiciliée à.....

Certifié et mentionné par nous....., maire et officier de l'état civil de la commune de....., le..... mil huit cent.....

Le maire.

---

(1) Les actes d'opposition sont signifiés à l'officier de l'état civil qui met son visa sur l'original. (Code Napoléon, *art.* 66.)

N° 621.

ÉTAT *civil. — Certificat de publication dans le cas où il y a eu opposition et mainlevée.*

Nous....., maire et officier de l'état civil de la commune de....., arrondissement d....., département d....., certifions que les deux publications du mariage entre le sieur..... (*profession*), domicilié à....., département de....., majeur, fils légitime de..... (*profession*) et de....., domiciliés à..... ; et la demoiselle......, sans profession (*majeure* ou *mineure*), fille légitime de..... (*profession*) et de....., domiciliés audit lieu de....., ont été faites et affichées devant la porte de la maison commune de....., le dimanche..... mil huit cent....., à..... heures du matin, et le dimanche....., à..... heures du matin. Certifions, en outre, qu'opposition a été formée à ce mariage au nom du père et de la mère de la future, par acte de....., huissier près le tribunal civil de l'arrondissement de....., en date du....., et que la mainlevée de cette opposition a été donnée par les opposants, dans un acte reçu par Me....., notaire à....., le.....

Fait à....., le..... 18...

Le maire.

N° 622.

ÉTAT *civil. — Acte de mariage entre majeurs, assistés de leurs pères et mères* (1).

L'an mil huit cent ......, le....., à..... heures du....., devant nous....., maire et officier de l'état civil de la commune de....., arrondissement de....., département de...., et dans la maison commune dudit lieu, ont comparu le sieur Hypolite R..... (*profession*) domicilié à....., dans le présent arrondissement, majeur, âgé de..... ans révolus, né le..... mil huit cent....., dans ladite commune de...., fils légitime de Nicolas R.... (*profession*) et de Louise G...., domiciliés dans ladite commune de..... ; et la demoiselle Hortense S....., sans profession, domiciliée dans la présente commune, fille légitime de Félix S..... (*profession*) et de marie C....., domiciliés dans la présente commune, ainsi qu'il résulte de son acte de naissance, inscrit sur les registres, dont l'original a été mis sous nos yeux. Lesdits comparants, procédant avec l'assistance de leurs pères et mères susnommés, ici présents et expressément consentants, nous ont requis de procéder à la célébration de leur mariage, dont les publications ont été faites, savoir : dans la commune de....., les dimanches..... et..... de la présente année, et dans la présente commune, les dimanches....., ainsi qu'il résulte du registre des publications, dont l'original a été mis sous nos yeux. A l'appui de leur réquisition, les parties ont produit : 1° l'expédition de l'acte de naissance du futur, à la date du..... mil huit cent..... ; 2° le certificat de publication et de non-opposition, délivré par le maire de la commune de....., sous la date du..... du présent mois. Les futurs époux, ainsi que les personnes ici présentes pour autoriser le mariage, interpellés par nous, en exécution de la loi du dix juillet mil huit cent cinquanet, nous ont déclaré qu'il n'a point été fait de contrat de mariage. Aucune opposition ne nous ayant été signifiée, nous, officier de l'état civil, avons donné lecture aux parties des pièces ci-dessus mentionnées, et des dispositions du Code Napoléon, au chapitre six du titre du Mariage, sur les

(1) Les formules nos 622 à 629 renferment des exemples pour tous les cas qui peuvent se présenter dans la rédaction des actes de mariage; l'officier de l'état civil pourra facilement prendre sur ces formules les diverses énonciations qui se rapporteront à l'acte qu'il aura à rédiger, selon la position des époux.

droits et les devoirs respectifs des époux; après quoi, nous avons demandé au futur époux et à la future épouse s'ils voulaient se prendre pour mari et pour femme. Chacun d'eux ayant répondu séparément et affirmativement, nous avons prononcé au nom de la loi que Hypolite R..... et Hortense S..... sont unis par le mariage. Le tout a été fait publiquement et en présence des sieurs..... (*noms, prénoms, âge, profession, domicile des quatre témoins; énoncer aussi s'ils sont parents ou non des parties*), et nous en avons dressé le présent acte, dont nous avons donné lecture aux parties et aux témoins, et que nous avons signé avec eux, à l'exception de la dame R....., mère de l'époux, qui a déclaré ne savoir signer, de ce par nous requise.

(*Signatures.*)

N° 623.

État *civil. — Acte de mariage avec dispense d'âge ; le futur procédant avec le consentement de sa mère, à défaut du père ; la future, mineure, procédant avec le consentement du conseil de famille.*

L'an mil huit cent...., le...., à.. . heures du...., devant nous...., maire et officier de l'état civil de la commune de....., arrondissement de....., département de....., en la salle de la mairie de cette commune, ont comparu le sieur ..... (*profession*), domicilié dans la présente ville, mineur, âgé de dix-sept ans révolus, né à....., le..... mil huit cent....., fils légitime de feu le sieur ..... (*profession*), domicilié à....., et de survivante dame....., âgée de....., sans profession, domiciliée dans la présente commune, assisté de ladite dame veuve....., sa mère, ici présente et expressément consentante; et la demoiselle ....., sans profession, domiciliée dans la présente commune, mineure, âgée de *seize ans et trois mois*, née à....., le....., mil huit cent....., fille légitime de défunts sieur..... (*profession*) et dame....., en leur vivant domiciliés à....., procédant avec le consentement du conseil de famille, constaté par la délibération de ce conseil, en date du..... dernier; lesquels comparants nous ont requis de procéder à la célébration de leur mariage, dont les publications ont été faites devant la porte de notre maison commune, les dimanches....., ..., ainsi qu'il est constaté par les actes inscrits sur le registre des publications de la présente commune. A l'appui de leur réquisition, les comparants nous ont remis: 1° l'acte de naissance du futur, sous la date du..... mil huit cent.....; 2° l'acte de décès de son père, sous la date du..... mil huit cent.....; 3° expédition délivrée par le greffier du tribunal de première instance de l'arrondissement de....., du décret, en date du..... dernier, portant dispense d'âge en faveur du futur époux; 4° l'acte de naissance de la future, sous la date du..... mil huit cent.....; 5° l'acte de décès de son père, en date du..... mil huit cent.....; 6° l'acte de décès de sa mère, sous la date du..... mil huit cent.....; le décès de ses aïeuls et aïeules, tant paternels que maternels, est constaté dans la délibération du conseil de famille susénoncée; 7° expédition de ladite délibération, sous la date du..... dernier. Les futurs époux, ainsi que les personnes ici présentes pour autoriser le mariage, interpellés par nous, en exécution de la loi du dix juillet mil huit cent cinquante, nous ont déclaré qu'il a été fait un contrat de mariage reçu par Me....., notaire à....., le....., ainsi qu'il résulte du certificat par lui délivré le même jour et à nous présenté sur notre demande. Aucune opposition à ce mariage ne nous ayant été signifiée, nous, officier de l'état civil, faisant droit à la réquisition des parties, leur avons donné lecture de toutes les pièces ci-dessus mentionnées, et des dispositions du Code Napoléon, au chapitre six du titre du Mariage, sur les devoirs et les droits respectifs des époux; après quoi, nous avons demandé au futur époux et à la future épouse s'il voulaient se prendre pour mari et pour femme. Chacun d'eux ayant répondu séparément et affirmativement, nous avons prononcé, au nom de la loi, que..... et..... sont unis par le mariage. Le tout a été fait publiquement et en présence des sieurs..... (*noms, prénoms, âge, profession et domicile des quatre témoins*), tous les quatre domiciliés dans la présente commune, et nous en avons immédiatement dressé le présent acte, dont nous avons donné lecture aux parties et aux témoins, et que nous avons signé avec eux.

(*Signatures.*)

N° 624.

État *civil. — Acte de mariage entre majeurs, après opposition et actes respectueux du futur à son père et à sa mère, et de la future à sa mère, son père étant décédé.*

L'an mil huit cent....., le....., à..... heures du....., par-devant nous....., maire et officier de l'état civil de la commune de....., arrondissement de....., département de....., et en la mairie de cette commune, ont comparu le sieur Alexandre J..... (*profession*), domicilié à....., arrondissement de.... , département de....., majeur, âgé de..... ans révolus, né audit lieu de....., le..... mil huit cent....., fils légitime de....., âgé d'environ..... ans (*profession*), et de....., âgée d'environ..... ans, sans profession, domiciliés à.....; et la demoiselle Marie L....., sans profession, domiciliée dans la présente commune, née à....., arrondissement de....., département de....., le..... mil huit cent....., majeure, âgée de..... révolus, fille légitime de défunt..... (*profession*), en son vivant domicilié à......, et de....., veuve..... (*profession*), âgée d'environ..... ans, domiciliée à.....; lesquels comparants, procédant comme majeurs et libres dans l'exercice de leurs droits, à la suite des actes respectueux ci-après énoncés, nous ont requis de procéder à la célébration de leur mariage. Les publications ont été faites, savoir : à....., les dimanches..... et..... de la présente année; et dans la présente commune les dimanches..... et..... du même mois de..... Trois actes respectueux ont été signifiés à la requête du futur époux, à son père et à sa mère, par le ministère de Me....., notaire à....., le....., le..... et le..... Un acte respectueux a été pareillement signifié à la requête de la future à sa mère, par le ministère de MMes ..... et....., notaires à....., le..... du mois de..... dernier. Opposition à ce mariage ayant été signifiée à l'officier de l'état civil de la commune de....., le..... dernier, à la requête du sieur....., père du futur, la mainlevée de cette opposition a été donnée par jugement du tribunal de ...., en date du....., et ce jugement a été confirmé par arrêt de la cour impériale de....., en date du..... A l'appui de leur réquisition, les parties ont produit : 1° l'acte de naissance du futur, sous la date du.....; 2° le certificat des publications faites dans la commune de....., sous la date du.....; 3° les actes respectueux signifiés au père et à la mère du futur, sous les dates ci-dessus indiquées; 4° expédition du jugement du tribunal de....., en date du....., et de l'arrêt de la cour impériale de....., en date du..... suivant, qui donne mainlevée de l'opposition formée par le père du futur; 5° l'acte de naissance de la future, sous la date du.....; 6° l'acte de décès du sieur....., son père, sous la date du.....; 7° l'acte respectueux signifié à la mère de la future, le.....; 8° le certificat des publications faites à....., sous la date du..... Les publications faites dans la présente commune sont constatées par les actes inscrits sur nos registres, dont la minute a été mise sous nos yeux. Les futurs époux interpellés par nous, en exécution de la loi du dix juillet mil huit cent cinquante, nous ont déclaré qu'il n'a point été fait de contrat de mariage. Aucune autre opposition n'ayant été signifiée, nous, officier de l'état civil, faisant droit à la réquisition des parties, leur avons donné lecture de toutes les pièces ci-dessus mentionnées, et des dispositions du Code Napoléon, au chapitre six du titre du Mariage, sur les droits et les devoirs respectifs des époux; après quoi, nous avons demandé au futur époux et à la future épouse s'ils voulaient se prendre pour mari et pour femme. Chacun d'eux ayant répondu séparément et affirmativement, nous avons prononcé, au nom de la loi, que Alexandre J..... et Marie L..... sont unis par le mariage. Tout ce que dessus a été fait publiquement et en présence des sieurs..... (*nom, prénoms, âge, profession et domicile de chacun des quatre témoins; on doit énoncer aussi s'ils sont parents ou non des parties*); et nous en avons immédiatement dressé le présent acte, dont nous avons donné lecture aux parties et aux témoins, et que nous avons signé avec eux.

(*Signatures.*)

N° 625.

ÉTAT *civil. — Acte de mariage avec dispense de seconde publication, le futur, militaire, procédant avec le consentement d'un procureur-fondé de son père; la future assistée d'un aïeul.*

L'an mil huit cent....., le....., à..... heures du....., par-devant nous....., maire et officier de l'état civil de la commune de....., arrondissement de....., département de....., et dans la maison commune dudit lieu, ont comparu le sieur Ernest B....., lieutenant au..... régiment d....., en garnison à....., département de....., domicilié avant son entrée au service à....., arrondissement de....., département de....., majeur, âgé de..... ans révolus, né audit lieu de....., le..... mil huit cent....., fils légitime de....., propriétaire, âgé d'environ..... ans, domicilié à....., et de défunte....., procédant avec l'assistance et le consentement du sieur....., âgé de....., rentier, domicilié dans la présente commune, procureur-fondé spécial du sieur....., père du futur, aux fins dudit consentement, ainsi qu'il résulte de la procuration reçue par Me....., notaire à....., le....., enregistrée à....., le....., procédant encore avec l'autorisation de M. le ministre secrétaire d'Etat au département de la guerre, donnée sous la date du.....; et la demoiselle Victorine T....., sans profession, domiciliée dans la présente commune, majeure, âgée de..... ans révolus, née dans la même commune, le..... mil huit cent....., fille légitime de défunts....., négociant, et de....., son épouse, en leur vivant domiciliés à....., procédant avec l'assistance du sieur....., âgé de....., propriétaire, domicilié en la présente commune, son aïeul maternel, ici présent et expressément consentant; lesquels comparants nous ont requis de procéder à la célébration de leur mariage, dont il a été fait une seule publication avec les formalités prescrites par la loi, savoir : dans la présente commune le dimanche..... courant, ainsi qu'il résulte du registre de publication mis sous nos yeux, et dans les communes de..... et de..... le dimanche..... du même mois. Les parties contractantes ont été dispensées de la seconde publication par arrêté de M. le procureur impérial près le tribunal de première instance de l'arrondissement de..... en date du.... A l'appui de leur réquisition, elles ont produit : 1° leurs actes de naissance sous les dates des..... et.....; 2° le certificat de la publication faite à..... en date du.....; 3° le certificat de la publication faite à..... en date du.....; 4° expédition, délivrée par le greffier du tribunal de première instance de....., de l'arrêté susénoncé, portant dispense de la seconde publication; 5° la procuration reçue en brevet, à la date ci-dessus énoncée, par Me S....., notaire à....., portant pouvoir par le père du futur au sieur..... de consentir au mariage, dans laquelle procuration il est énoncé que la mère du futur est décédée; 6° l'autorisation ministérielle délivrée au futur à l'effet du présent mariage, sous la date du.....; 7° l'acte de décès de...., père de la future, sous la date du....; 8° l'acte de décès de....., femme....., sa mère, sous la date du..... Les futurs époux, ainsi que la personne ici présente pour autoriser le mariage, interpellés par nous, en exécution de la loi du dix juillet mil huit cent cinquante, nous ont déclaré qu'il a été fait un contrat de mariage, reçu par Me....., notaire à....., le....., ainsi qu'il résulte du certificat par lui délivré le même jour, et à nous présenté sur notre demande. Aucune opposition à ce mariage n'ayant été signifiée, nous, officier de l'état civil, faisant droit à la réquisition des parties, leur avons donné lecture de toutes les pièces ci-dessus énoncées, et des dispositions du Code Napoléon, au chapitre six du titre du Mariage, sur les droits et les devoirs respectifs des époux; après quoi, nous avons demandé au futur époux et à la future épouse s'ils voulaient se prendre pour mari et pour femme. Chacun d'eux ayant répondu séparément et affirmativement, nous avons prononcé, au nom de la loi, que Ernest B..... et Victorine T..... sont unis par le mariage. Le tout a été fait publiquement et en présence des sieurs..... (*noms, prénoms, âge et profession des quatre témoins*), non parents des époux, et tous les quatre domiciliés dans la présente commune, et nous en avons immédiatement dressé le présent acte, dont nous avons donné lecture aux parties et aux témoins, et que nous avons signé avec eux.

(*Signatures.*)

N° 626.

ÉTAT *civil. — Acte de mariage entre majeurs, le futur n'ayant pu produire son acte de naissance, ni les actes de décès de ses ascendants ; la future, assistée d'un aïeul et d'une aïeule, n'ayant pu produire les actes de décès de son père et de sa mère.*

L'an mil huit cent...., le...., à..... heures du...., par-devant nous...., maire et officier de l'état civil de la commune de...., arrondissement de...., département de....., et dans la maison commune dudit lieu, ont comparu le sieur.... (*profession*), domicilié dans cette même commune, majeur, âgé de....., né à...., département de....., le..... mil huit cent....., fils légitime de défunts..... et....., en leur vivant domiciliés à....., procédant comme libre dans l'exercice de ses droits, ses père, mère, aïeuls et aïeules étant tous décédés; et la demoiselle....., sans profession, domiciliée dans la présente commune, majeure, âgée de....., née dans la présente commune, le....., mil huit cent....., fille légitime de défunts..... et....., en leur vivant domiciliés dans la présente commune, procédant avec l'assistance du sieur..... (*profession*), âgé de....., son aïeul maternel, et de la dame....., femme dudit....., âgée de....., son aïeule maternelle, l'un et l'autre domiciliés à....., ici présents et expressément consentants, le père et la mère de la future étant décédés, ainsi que lesdits (*noms des aïeuls assistant*) nous l'ont attesté, conformément à l'avis du conseil d'Etat, du quatre thermidor an XIII; lesquels comparants nous ont requis de procéder à la célébration de leur mariage, dont les publications ont été faites dans la présente commune, les dimanches..... et..... courant; ainsi qu'il résulte du registre des publications qui a été mis sous nos yeux. A l'appui de cette réquisition les parties ont produit : 1° expédition de l'acte de notoriété, délivré le..... de la présente année, par le juge de paix du canton de....., pour suppléer à l'acte de naissance du futur, et du jugement d'homologation rendu le..... dernier par le tribunal civil de l'arrondissement de.....; 2° l'acte de naissance de la future, sous la date du..... mil huit cent.....; 3° le futur n'ayant pu produire les actes de décès de son père et de sa mère, ni ceux de ses aïeuls et aïeules, faute de connaître leur dernier domicile, nous a déclaré avec serment, conformément à l'avis du conseil d'Etat du quatre thermidor an XIII, que le lieu du décès et celui du dernier domicile de ses ascendants lui sont inconnus. Cette déclaration a été certifiée par les quatre témoins ci-après désignés, lesquels ont affirmé, aussi avec serment, que, quoiqu'ils connaissent les futurs époux et sachent que leurs ascendants sont décédés, ils ignorent le lieu de leur décès et celui de leur dernier domicile. Les futurs époux, ainsi que les personnes ici présentes pour autoriser le mariage, interpellés par nous, en exécution de la loi du dix juillet mil huit cent cinquante, nous ont déclaré qu'il n'a point été fait de contrat de mariage. Aucune opposition à ce mariage ne nous ayant été signifiée, nous, officier de l'état civil, faisant droit à la réquisition des parties, leur avons donné lecture des pièces ci-dessus énoncées et des dispositions du Code Napoléon, au chapitre six du titre du Mariage, sur les droits et les devoirs respectifs des époux; après quoi nous avons demandé au futur époux et à la future épouse s'ils voulaient se prendre pour mari et pour femme. Chacun d'eux ayant répondu séparément et affirmativement, nous avons prononcé, au nom de la loi, que..... et..... sont unis par le mariage. Tout ce que dessus a été fait publiquement et en présence des sieurs (*noms, prénoms, âge, profession et domicile des quatre témoins*), et nous en avons dressé le présent acte, dont nous avons donné lecture aux comparants et aux témoins, et que nous avons signé avec eux, à l'exception des....., qui ont déclaré ne savoir signer, de ce par nous requis.

(*Signatures.*)

N° 627.

ÉTAT *civil. — Acte de mariage avec dispense de parenté, le futur étant veuf, procédant avec le consentement de sa mère, donné dans un acte séparé; la future, mineure, assistée de son père et de sa mère.*

L'an mil huit cent....., le....., à..... heures du....., devant nous....., maire et officier de l'état civil de la commune de....., arrondissement de....., département de....., et dans la maison commune dudit lieu, ont comparu le sieur....., (*profession*), domicilié dans la présente commune, majeur, âgé de..., né à......, le....., fils légitime de défunt..... (*profession*), en son vivant domicilié à....., et de survivante..... (*profession*), âgée de...., domiciliée à....; veuve de....., décédé à....., le.... mil huit cent.... .; procédant avec le consentement de ladite veuve....., sa mère, ainsi qu'il résulte d'un acte reçu par Me....., notaire à....., le..... dernier, enregistré; et la demoiselle..... (*profession*), belle-sœur du futur, domiciliée aussi dans la présente commune, mineure, âgée de....., née à...., le..... mil huit cent....., fille légitime de....., âgée de..... (*profession*), et de....., sans profession, âgée de....., domiciliés également à....., l'un et l'autre ici présents et expressément consentants; lesquels comparants nous ont requis de procéder à la célébration de leur mariage, dont les publications ont été faites dans la présente commune les dimanches....., ainsi qu'il résulte du registre des publications qui a été mis sous nos yeux. A l'appui de leur réquisition, les parties nous ont remis : 1° l'acte de naissance du futur, sous la date du..... mil huit cent.....; 2° l'acte de décès de son père, sous la date du..... mil huit cent.....; 3° l'expédition de l'acte reçu le..... dernier, par Me....., notaire à....., portant consentement de la mère du futur; 4° l'acte de décès de....., première femme du futur, sous la date du..... mil huit cent....; 5° l'acte de naissance de la future, sous la date du..... mil huit cent.....; 6° expédition délivrée par le greffier du tribunal civil de l'arrondissement de....., du décret impérial en date du....., portant dispense de parenté en faveur des futurs époux. Les futurs époux, ainsi que les personnes présentes pour autoriser le mariage, interpellés par nous, en exécution de la loi du dix juillet mil huit cent cinquante, nous ont déclaré qu'il a été fait un contrat de mariage, reçu par Me...., notaire à....., le..... mil huit cent....., ainsi qu'il résulte du certificat par lui délivré le même jour, et à nous présenté sur notre demande. Aucune opposition à ce mariage ne nous ayant été signifiée, nous, officier de l'état civil, avons donné lecture aux parties des pièces ci-dessus énoncées, et des dispositions du Code Napoléon, au chapitre six du titre du Mariage, sur les droits et les devoirs respectifs des époux; après quoi, nous avons demandé au futur époux et à la future épouse s'ils voulaient se prendre pour mari et pour femme. Chacun d'eux ayant répondu séparément et affirmativement, nous avons prononcé, au nom de la loi, que.... et.... sont unis par le Mariage. Le tout a été fait publiquement et en présence des sieurs..... (*noms, prénoms, âge, profession et domicile des quatre témoins*); et nous en avons dressé immédiatement le présent acte, dont nous avons donné lecture aux comparants et aux témoins, et que nous avons signé avec eux.

(*Signatures.*)

N° 628.

ÉTAT *civil.— Acte de mariage contracté dans une maison particulière, avec légitimation d'enfant naturel, le futur n'ayant aucun de ses ascendants, la future assistée de son père seul, la mère étant décédée.*

L'an mil huit cent....., le....., à..... heures du....., nous....., maire et officier de l'état civil de la ville de....., département de....., vu le certificat délivré le..... par le sieur....., docteur en médecine, constatant que le sieur ....., qui se propose de contracter mariage, ne pourrait, sans un grave danger, se transporter ni être transporté à la mairie, nous sommes rendu dans le domicile dudit sieur....., rue....., n°..., où étant, et dans un appartement au.... étage de ladite maison, les portes ouvertes et le public admis, ont été présents devant nous ledit sieur..... (*profession*), domicilié dans la présente commune, majeur, âgé de....., né à....., le..... mil huit cent....., fils légitime de défunts..... (*profession*) et.... , en leur vivant domiciliés à....., procédant comme libre dans l'exercice de ses droits, ses aïeuls et aïeules étant également décédés; et la demoiselle..... (*profession*), domiciliée dans la présente commune, majeure, âgée de....., née dans le même lieu, le..... mil huit cent....., fille légitime de..... (*profession*), âgé de....., domicilié dans la présente commune, et de défunte.....; ladite..... procédant avec l'assistance de son père, ici présent et expressément consentant; lesquels comparants nous ont requis de procéder à la célébration de leur mariage, dont les publications ont été faites dans la présente commune, les dimanches..... du présent mois de...., ainsi qu'il résulte du registre des publications qui a été mis sous nos yeux. Les comparants nous ont en même temps déclaré qu'ils reconnaissent et veulent légitimer un enfant du sexe....., né d'eux le...., mil huit cent....., à....., et qui a été inscrit sur le registre des naisances de la mairie de ladite ville de....., à la date du..... mil huit cent....., sous les prénoms de....., et comme né de parents inconnus. A l'appui de ces réquisitions et déclarations, il nous ont remis: 1° l'acte de naissance du futur, sous la date dudit jour..... mil huit cent... .; 2° l'acte de décès de son père, sous la date du..... mil huit cent....., duquel acte résulte aussi la preuve du décès antérieur de l'aïeul et de l'aïeule paternels du futur; 3° l'acte de décès de sa mère, sous la date du..... mil huit cent.....; 4° l'acte de décès de son aïeul maternel, sous la date du..... mil huit cent.....; 5° l'acte de décès de son aïeule maternelle, sous la date du.... mil huit cent....; 6° l'acte de naissance de la future, sous la date dudit jour.... mil huit cent....; 7° l'acte de naissance de....., enfant naturel légitimé, sous la date dudit jour.... mil huit cent..... Les futurs époux, ainsi que la personne ici présente, pour autoriser le mariage, interpellés par nous, en exécution de la loi du dix juillet mil huit cent cinquante, nous ont déclaré qu'il n'a point été fait de contrat de mariage. Aucune opposition à ce mariage ne nous ayant été signifiée, nous avons donné lecture aux parties de toutes les pièces ci-dessus énoncées, et des dispositions du Code Napoléon, au chapitre six du titre du Mariage, sur les droits et les devoirs respectifs des époux; après quoi, nous avons demandé au futur époux et à la future épouse s'ils voulaient se prendre pour mari et pour femme. Chacun d'eux ayant répondu séparément et affirmativement, nous avons prononcé, au nom de la loi, que..... et..... sont unis par le mariage. Le tout a été fait publiquement et en présence des sieurs..... (*noms, prénoms, âge, profession et domicile des quatre témoins*), domiciliés dans la présente commune.....; et nous en avons immédiatement dressé le présent acte, dont nous avons donné lecture aux comparants et aux témoins, et que nous avons signé avec eux.

(*Signatures.*)

N° 629.

ÉTAT *civil. — Acte de mariage entre enfants naturels mineurs, le futur procédant avec le consentement d'un tuteur* ad hoc, *la future assistée de sa mère, le père étant inconnu.*

L'an mil huit cent....., le....., à..... heures du....., devant nous....., maire et officier de l'état civil de la ville de....., département de....., et dans la maison commune de ladite ville, ont comparu le sieur..... (*profession*), domicilié dans ladite ville de....., mineur, âgé de....., né dans la même ville, le ..... mil huit cent....., fils naturel de parents inconnus, assisté du sieur..... (*profession*), âgé de....., domicilié à....., tuteur nommé spécialement aux fins du consentement à donner au présent mariage, par délibération d'un conseil de famille, tenu dans la même ville, le..... dernier; lequel sieur (*le tuteur*), ici présent, a expressément déclaré donner ce consentement; et la demoiselle..... (*profession*), domiciliée à....., arrondissement de....., mineure, âgée de....., née audit lieu de....., le..... mil huit cent....., fille naturelle de la demoiselle..... (*profession*), âgée de....., domiciliée également à....., et d'un père inconnu; assistée de ladite....., sa mère, ici présente et expressément consentante; lesquels comparants nous ont requis de procéder à la célébration de leur mariage, dont les publications ont été faites, savoir : dans la présente ville, les dimanches....., ainsi qu'il résulte du registre des publications qui a été mis sous nos yeux, et dans la commune de....., les dimanches..... du même mois. A l'appui de leur réquisition, les parties nous ont remis : 1° l'acte de naissance du futur, sous la date du..... mil huit cent.....; 2° expédition de la délibération du conseil de famille du futur, sous la date ci-dessus indiquée, portant nomination dudit sieur..... en qualité de tuteur *ad hoc;* 3° l'acte de naissance de la future, sous la date dudit jour..... mil huit cent.....; 4° le certificat, délivré le..... du présent mois, par le maire de la commune de....., constatant que les publications ont été faites dans cette commune aux jours ci-dessus indiqués, et qu'il ne lui a été signifié aucune opposition. Les futurs époux, ainsi que les personnes ici présentes pour autoriser le mariage, interpellés par nous, en exécution de la loi du dix juillet mil huit cent cinquante, nous ont déclaré qu'il n'a point été fait de contrat de mariage. Aucune opposition ne nous ayant été signifiée à nous-même, nous avons donné lecture aux parties des pièces ci-dessus énoncées, et des dispositions du Code Napoléon, au chapitre six du titre du Mariage, sur les droits et les devoirs respectifs des époux; après quoi, nous avons demandé au futur époux et à la future épouse, s'il voulaient se prendre pour mari et pour femme. Chacun d'eux ayant répondu séparément et affirmativement, nous avons prononcé, au nom de la loi, que..... et..... sont unis par le mariage. Le tout a été fait publiquement et en présence des sieurs..... (*noms, prénoms, âge, profession et domicile des quatre témoins*), et nous en avons immédiatement dressé le présent acte, dont nous avons donné lecture aux comparants et aux témoins, et que nous avons signé avec eux.

(*Signatures.*)

N° 630.

ÉTAT *civil.* — *Certificat à remettre à l'officier de l'état civil avant la célébration du mariage, lorsqu'il existe un contrat* (1).

Aujourd'hui..... (*date en toutes lettres*), le contrat de mariage de M..... (*nom, prénoms, qualités et demeure*), et de mademoiselle.... (*nom, prénoms, qualités et demeure*), a été passé devant moi....., notaire à....., soussigné, qui en ai la minute;

Et je leur ai délivré, conformément à la loi, le présent certificat pour être remis, ainsi qu'ils en sont avertis, à l'officier de l'état civil, avant la célébration de leur mariage.

(*Signature.*)

N° 631.

ÉTAT *civil.* — *Certificat de mariage pour la célébration des cérémonies religieuses* (2).

Nous (*nom et prénoms*), maire de la commune de....., canton de....., arrondissement de....., département de....., certifions que (*nom, prénoms, âge,*

(1) En exécution de la loi du 10 juillet 1850, tout notaire qui reçoit un contrat de mariage doit délivrer aux parties un certificat pour être produit à l'officier de l'état civil.

(2) Les ministres du culte ne peuvent procéder à la bénédiction religieuse du mariage qu'autant qu'il leur est justifié, par certificat de l'officier de l'état civil, de l'accomplissement du mariage civil. (*Loi du 18 germinal an* X.)

profession et domicile de l'époux), et (*nom, prénoms, âge, profession et domicile de l'épouse*), ont contracté mariage par-devant nous le..... En foi de quoi nous avons délivré le présent certificat.

Fait à....., le....., 18...

(*Sceau de la mairie.*) (*Le maire.*)

N° 632.

ÉTAT *civil.* — *Transcription d'un acte de mariage passé à l'étranger.*

L'an mil huit cent....., le....., à..... heures du....., devant nous....., maire et officier de l'état civil de la commune de....., arrondissement de....., département de....., a comparu le sieur..... (*indiquer la profession*), âgé de.... , domicilié dans cette commune, résidant depuis plusieurs années à....., royaume de....., et de retour dans son domicile depuis le..... dernier, lequel nous a requis de procéder à la transcription de l'acte constatant son mariage avec la dame....., reçu par les autorités de la ville de....., le..... mil huit cent....., et dont il nous a remis une expédition légalisée par l'ambassadeur de France à....., et visée à Paris par le ministre des affaires étrangères. Nous, officier de l'état civil, faisant droit à cette requisition, avons immédiatement transcrit ledit acte dont la teneur suit :

(*On copie ici en entier l'acte et la légalisation dont il est revêtu.*)

Et de cette transcription nous avons dressé le présent acte, dont nous avons donné lecture au comparant et que nous avons signé avec lui.

(*Signatures.*)

N° 633.

ÉTAT *civil.* — *Acte de décès.*

L'an mil huit cent....., le....., à..... heures du....., devant nous....., maire et officier de l'état civil de la commune de....., arrondissement de....., département de....., ont comparu le sieur..... , âgé de..... ans (*profession*), et le sieur....., âgé de..... (*profession*), l'un et l'autre domiciliés à..... et voisins du décédé ci-dessous désigné, lesquels nous ont déclaré que le....., à..... heures du....., le sieur..... (*profession*), né et domicilié dans la même commune, âgé de..... ans, célibataire, fils légitime de défunts..... et....., est décédé dans sa maison d'habitation, rue....., n°..... Nous, officier de l'état civil, après nous être assuré du décès, en avons dressé le présent acte, dont nous avons donné lecture aux déclarants et que nous avons signé avec eux.

(*Signatures.*)

N° 634.

ÉTAT *civil.* — *Acte de décès d'une personne dont l'origine et la filiation n'étaient pas connues.*

L'an mil huit cent....., le....., à..... heures du....., devant nous....., maire et officier de l'état civil de la ville de....., département de....., ont comparu le sieur....., sans profession, âgé de....., propriétaire de la maison rue..., n°..., en cette ville, et le sieur..., domestique dans la même maison, âgé de....., tous les deux domiciliés dans la présente ville, lesquels nous ont déclaré que cejourd'hui, à..... heures du....., dans la maison d'habitation dudit sieur....., rue....., est décédée..... (*profession*), âgée d'environ..... ans, veuve de....., domiciliée en cette ville, originaire, à ce que l'on croit, du département de...., sa filiation n'étant pas connue. Nous, officier de l'état civil, après nous être assuré du décès, en avons dressé le présent acte, dont nous avons donné lecture aux déclarants, et que nous avons signé avec eux.

(*Signatures.*)

No 635.

État *civil. — Acte de décès d'un inconnu dans un hospice.*

L'an mil huit cent....., le....., à..... heures du....., devant nous....., maire et officier de l'état civil de la ville de....., département de....., ont comparu les sieurs....., infirmier à l'hospice civil de la présente ville, âgé de...., et....., employé dans le même hospice, âgé de....., tous les deux domiciliés dans la présente commune, lesquels nous ont dit que ce matin, à..... heures, est décédé dans ledit hospice un individu inconnu, du sexe....., paraissant âgé d'environ....., taille d'un mètre..... centimètres (*donner le signalement et indiquer les circonstances de son entrée à l'hospice*). Il n'a été trouvé sur lui aucun papier de nature à faire connaître son nom et son domicile. Nous, officier de l'état civil, vu l'avis à nous transmis par le directeur dudit hospice, et, après nous être assuré du décès, en avons dressé le présent acte, dont nous avons donné lecture aux déclarants, et que nous avons signé avec eux.

(*Signatures.*)

No 636.

État *civil. — Acte de décès d'un individu mort dans une prison* (1).

L'an mil huit cent....., le....., à..... heures du....., devant nous....., maire et officier de l'état civil de la ville de....., ont comparu les sieurs..... (*profession*), âgé de....., et....., âgé de....., concierge de la maison d'arrêt de ladite ville, lesquels nous ont déclaré que ce....., à..... heures, dans la présente ville, est mort le sieur..... (*profession*), âgé d'environ....., né et domicilié à....., arrondissement de....., époux de....., sans profession, âgée d'environ....., fils légitime de défunts..... (*profession*), et..... Nous, officier de l'état civil, après nous être assuré du décès, en avons dressé le présent acte, dont nous avons donné lecture aux déclarants et que nous avons signé avec eux.

(*Signatures.*)

No 637.

État *civil. — Acte concernant un enfant mort-né, ou dont la naissance n'avait pas été enregistrée.*

L'an mil huit cent....., le....., à..... heures du....., devant nous....., maire et officier de l'état civil de la commune de....., arrondissement de.....,

(1) Cet exemple suffit pour montrer comment doivent être rédigés les actes dans les divers autres cas où le genre de mort et ses circonstances ne doivent pas être mentionnés. Ainsi, dans le cas d'*exécution à mort*, et dans ceux de *mort violente* constatée par procès-verbal d'un officier de police, les actes seraient purs et simples, comme celui-ci.

département de....., ont comparu les sieurs..... (*profession*), âgé de.....,
et..... (*profession*), âgé de....., domiciliés dans la présente commune, lesquels nous ont présenté un enfant sans vie, du sexe....., déclarant qu'il est..... dudit sieur....., l'un des comparans, et de la dame....., son épouse, âgée de....., sans profession, et qu'il est sorti du sein de sa mère le jour d....., à..... heures du..... Desquelles présentation et déclaration nous avons dressé le présent acte, dont nous avons donné lecture aux comparants, et que nous avons signé avec eux.

(*Signatures.*)

N° 638.

ÉTAT *civil. — Transcription d'un acte de décès reçu dans une autre commune et envoyé à l'officier de l'état civil du domicile* (1).

L'an mil huit cent....., le....., à..... heures du....., nous....., maire et officier de l'état civil de la commune de....., arrondissement de....., département de....., avons procédé à la transcription de l'acte de décès dont la teneur suit, qui nous a été transmis par M. le maire de la commune de....., arrondissement de....., département de....., et qui nous est parvenu aujourd'hui à..... du.....

(*Suit la copie entière de l'acte, des signatures et des légalisations dont il est revêtu.*)

Et de cette transcription nous avons dressé le présent acte, que nous avons signé.

Le maire.

N° 639.

ÉTAT *civil.* (*Transcription d'un jugement de rectification d'un acte de l'*) (2).

L'an mil huit cent....., le....., nous (*nom, prénoms et qualités du fonctionnaire*), faisant les fonctions d'officier de l'état civil de la commune de....., canton de....., arrondissement de....., département de....., en vertu d'un jugement en date du....., rendu par le tribunal de première instance de....., *ou* d'un arrêt de la cour impériale de....., portant rectification de....., à nous signifié par exploit du....., du sieur N....., huissier à..... (*ou* remis par telle personne), nous avons procédé immédiatement à la transcription dudit jugement *ou* arrêt dont la teneur suit :

(*Copier ici le jugement.*)

Certifié conforme à la copie dudit jugement contenue audit exploit de l'huissier, *ou* à l'expédition à nous remise, laquelle nous avons annexée au registre, les jour, mois et an que dessus.

(*Signature.*)

---

(1) S'il s'agissait d'un acte reçu en mer, à l'étranger, aux armées ou dans les lazarets, l'acte de transcription devrait toujours être conforme à ce modèle; il n'y aurait à changer que l'indication de l'acte et du fonctionnaire qui l'a transmis.

(2) Les jugements de rectification seront inscrits sur les registres par l'officier de l'état civil, aussitôt qu'ils lui auront été remis, et mention en sera faite en marge de l'acte réformé.

N° 640.

État *civil.* — *Mention à mettre en marge de l'acte rectifié en vertu d'un jugement.*

Par jugement rendu le....., mil huit cent....., par le tribunal civil de l'arrondissement de....., transcrit sur le registre de ladite année, à la date du....., il a été ordonné que, dans l'acte de..... (*indiquer la nature de l'acte*) inscrit ci-contre, le sieur.... devait être désigné sous les prénoms de....., au lieu de l'être sous ceux de....., que cet acte lui attribue.

(*Cette mention est signée par l'officier de l'état civil.*)

N° 641.

État *civil.* — *Procès-verbal de clôture des registres de l'état civil* (1).

Le présent registre contenant..... (2) actes de ..... (3) a été clos et arrêté par nous, soussigné (*nom, prénoms du fonctionnaire*), maire *ou* adjoint de la commune de....., canton d....., arrondissement de....., département de....., faisant les fonctions d'officier de l'état civil de ladite commune, cejourd'hui trente-un décembre....., à..... heures du soir.

(*Signature.*)

N° 642.

État *civil.* — *Procès-verbal de clôture d'un registre à déposer au greffe du tribunal, en vertu de jugement ou d'ordonnance* (4).

Nous....., maire, officier de l'état civil de la commune de....., vu l'arrêt de la cour de..... (*ou* le jugement du tribunal de..... *ou* l'ordonnance du juge d'instruction du tribunal de.....), en date du....., qui ordonne que le registre des naissances (publications, mariages *ou* décès) de cette commune, pour la présente année, sera apporté devers le greffe de ladite cour *ou* tribunal, avons clos et arrêté le présent registre, contenant..... actes.

A....., le..... 18...

(*Signature.*)

Nota. Les registres, ouverts en remplacement de ceux dont on s'est dessaisi, doivent porter, à la suite de leur titre, l'énonciation de la cause pour laquelle ils ont été commencés dans le courant de l'année. La formule peut être ainsi conçue : *Nouveau registre des... pour la suite de l'année* 18... *ouvert aujourd'hui... en exécution du jugement du tribunal de... qui ordonne que le registre courant sera apporté à son greffe.*

(1) « A la fin de chaque année l'officier de l'état civil arrête et clôt les registres. » (*Code Napoléon, art.* 43.)
(2) Enoncer le nombre des actes compris au registre.
(3) Indiquer la nature des actes.
(4) Il peut arriver qu'une cour ou un tribunal ordonne qu'un ou plusieurs registres soient déposés au greffe pour l'instruction d'une procédure civile ou criminelle. Dans ce cas, le maire doit se munir de nouveaux registres, et clore et arrêter chacun de ceux dont il se dessaisit.

N° 643.

État *civil (Tables annuelles des registres de l')* (1).

NUMÉROS d'ordre DES ACTES.	NOMS ET PRÉNOMS.	DATE ET AGE.	FOLIO du REGISTRE.

Certifié par nous (*nom et prénoms du fonctionnaire*), maire *ou* adjoint remplissant les fonctions d'officier de l'état civil de la commune de.....

Le..... janvier mil huit cent.....

(*Signature.*)

N° 644.

État *civil. — Extrait des registres.*

EXTRAIT DU REGISTRE DES NAISSANCES (publications, mariages *ou* décès) de la commune d..... pour l'année 18...

(*Suit la copie entière de l'acte et des annotations ou corrections inscrites à la marge.*)

Certifié le présent extrait conforme au registre, par nous, maire et officier de l'état civil de la commune de.....

Ou..... par nous, adjoint au maire, remplissant les fonctions d'officier de l'état civil de la commune de....., par suite de la délégation du maire, contenue dans l'arrêté du.....

Ou..... par nous, membre du conseil municipal de la commune de....., remplissant les fonctions d'officier de l'état civil, en l'absence, *ou* en remplacement *ou* à défaut du maire et des adjoints.

(*Signature.*)

N° 645.

Exhumation *dans un cimetière* (2). *Permission du maire.*

Nous, soussigné, maire de la commune de.....;

Vu la demande du sieur E....., tendant à être autorisé à faire exhumer du cimetière..... le corps de....., déposé dans ledit cimetière, à l'effet de le

(1) Chaque année, dans le mois de janvier, l'officier de l'état civil doit dresser des tables alphabétiques des actes contenus dans ses registres. (*Décret du* 20 *juillet* 1807, *art.* 1er *et* 2.)

Elles doivent être sur papier timbré, certifiées par le maire (*id., art.* 4) et dressées en trois expéditions, dont une est annexée au registre conservé dans la commune, et les deux autres envoyées au greffe du tribunal avec le double du registre. (*Id., art.* 1er *et* 2.)

Il doit être fait non pas une seule table, mais trois tables distinctes, même quand on n'aurait tenu qu'un seul registre pour tous les actes, l'une pour les naissances, reconnaissances et adoptions, l'autre pour les mariages, et la troisième pour les décès. (*Id., art.* 10.)

Pour chaque acte de mariage, il faut porter deux noms à la table, celui de l'époux et celui de l'épouse. Pour chacun des actes de naissance et de décès, il suffit d'un seul, celui de l'enfant né ou de la personne décédée.

(2) Les autorités locales sont spécialement chargées de maintenir l'exécution des lois et règlements qui prohibent les exhumations non autorisées, et d'empêcher qu'il ne se commette dans les lieux de sépulture aucun désordre, ou qu'on s'y permette aucun acte contraire au respect dû à la mémoire des morts. (*Décret du* 23 *prairial an* XII, *art.* 17.)

transporter dans le tombeau qu'il a fait construire dans (*telle autre partie du cimetière*);

Autorisons ledit sieur E..... à faire procéder à l'exhumation dudit corps et à le transférer, suivant sa demande, à la charge par lui de prendre les précautions nécessaires sous le rapport de la salubrité; le tout en présence du commissaire de police, lequel dressera procès-verbal de l'exhumation et de la réinhumation, et nous le transmettra.

Délivré à....., le..... 18...

Le maire.

N° 646.

Exhumation (*Procès-verbal d'*).

(*Timbré et enregistré.*)

L'an mil huit cent......, le......, nous, commissaire de police de la ville de.....;

Vu la permission délivrée le...., par M. le maire, portant autorisation au sieur E..... de procéder à l'exhumation du corps de....., déposé dans ledit cimetière de....., à la charge d'user de toutes les précautions nécessaires,

Nous sommes transporté audit cimetière, accompagné du sieur E....., demeurant à....., et (*s'il y a lieu*) du sieur N...., chirurgien *ou* médecin, où étant, nous avons requis le sieur C...., gardien dudit cimetière, auquel nous avons donné connaissance du motif de notre visite, de nous conduire au lieu où repose le corps dont s'agit. (*Indiquer l'endroit autant que possible.*)

Le sieur C.... ayant satisfait à notre réquisition, nous avons fait exhumer le corps de sa fosse. (*Indiquer ici le détail de l'opération, suivant ses différents motifs et circonstances, constater la réinhumation, soit dans la même fosse, soit dans une autre : dans ce dernier cas, indiquer l'endroit de la nouvelle fosse et ses dimensions, qui doivent être d'un mètre et demi de profondeur, deux mètres de longueur, sur soixante-six centimètres de largeur, ainsi que les dimensions de la portion de terrain destinée à recevoir un monument funèbre, s'il y a lieu.*)

De tout ce que dessus, nous avons rédigé le présent procès-verbal, que lesdits sieurs susnommés ont signé avec nous.

Fait à...., le.... 18...

(*Signatures.*)

N° 647.

Expropriation *pour cause d'utilité publique* (*Délibération du conseil municipal au sujet d'une acquisition par voie d'*).

L'an mil huit cent...., le...., le conseil municipal de la commune de...., réuni au lieu ordinaire de ses séances, sous la présidence de M....., etc. Voy. Délibération.

Le conseil, ainsi constitué, le maire lui a exposé que depuis longtemps la commune jouit, à titre de bail à loyer, d'un bâtiment servant de maison commune et de prétoire pour la justice de paix;

Que depuis longtemps aussi, le conseil municipal avait conçu le projet de construire un bâtiment pour cette double destination ;

Qu'aujourd'hui le bâtiment dont elle jouit est dans un état qui menace ruine et qu'une partie doit être démolie comme sujette à reculement par suite du plan général d'alignement ;

Que, sur l'invitation du conseil, il avait cherché une maison qui pût convenir à cet usage, et qu'il n'en avait point trouvé qui convînt mieux que celle du sieur ....., qui se trouve placée (*désigner l'endroit*) ;

Qu'il s'était adressé au propriétaire à l'effet de connaître ses intentions pour les communiquer au conseil; mais que ce propriétaire lui avait répondu qu'il n'était pas disposé à vendre sa maison, et qu'il ne la céderait qu'autant qu'il y serait contraint et forcé.

Après quelques explications émises, M. le maire a présenté au conseil un projet où il fait connaître le but de l'entreprise, le tracé des travaux, les dispositions principales des ouvrages et l'appréciation sommaire des dépenses.

Le conseil ayant écouté avec attention l'exposé du magistrat et examiné le projet déposé sur le bureau, a été d'avis d'autoriser M. le maire à se conformer aux prescriptions de la loi du 3 mai 1841, à l'effet de contraindre le sieur..... à céder, moyennant l'indemnité qui sera réglée, sa maison située à....., comme étant la seule qui pût convenir pour l'établissement d'une maison commune et d'un prétoire pour la justice de paix.

Il sera pourvu au payement du prix de cette acquisition au moyen des fonds libres communaux existant en caisse.

Ou bien au moyen des ressources mentionnées ci-après : 1°.....; 2°.....

Fait et délibéré les jour, mois et an que dessus.

(*Signatures.*)

N° 648.

Expropriation *pour cause d'utilité publique. — Avertissement concernant le dépôt à la mairie du plan des propriétés comprises dans le projet* (1).

AVIS.

Le maire de la commune de..... donne avis que, en conformité de l'article 6 de la loi du 3 mai 1841, le plan parcellaire des terrains nécessaires pour..... (*indiquer la nature des travaux*), sur le territoire de cette commune, est déposé à la mairie, où tous les intéressés peuvent venir en prendre communication pendant huit jours, à dater d'aujourd'hui, et faire ou présenter leurs observations, qui seront inscrites et annexées au registre à ce destiné.

A....., le..... 18...

Le maire.

N° 649.

Expropriation *pour cause d'utilité publique. — Certificat des publications et affiches annonçant le dépôt du plan à la mairie.*

Nous, maire de la commune de....., arrondissement d....., département de....., certifions qu'il a été par nos soins publié et affiché dans ladite com-

---

(1) « Les ingénieurs ou autres gens de l'art, chargés de l'exécution des travaux, lèvent, pour la partie qui s'étend sur chaque commune, le plan parcellaire des terrains ou édifices dont la cession leur paraît nécessaire.» (*Loi du 3 mai 1841, art. 4.*)

« Le plan desdites propriétés particulières, indicatif des noms de chaque propriétaire, tels qu'ils sont inscrits sur la matrice des rôles, reste déposé, pendant huit

mune, le....., un avertissement faisant connaître aux habitants que le plan des propriétés comprises dans le projet de..... (*indiquer le projet dont il s'agit*) était déposé à la mairie et qu'il y resterait déposé pendant huit jours, à partir de celui de la publication de l'avertissement, pour que chacun pût en prendre connaissance et nous adresser telles observations qu'il jugerait convenable.

A....., le..... 18...

Le maire.

No 650.

Expropriation *pour cause d'utilité publique. — Procès-verbal contenant les réclamations des parties intéressées* (1).

Nous, soussigné, maire de la commune de....., canton de....., arrondissement de....., département de....., en exécution de l'article 7 de la loi du 3 mai 1841, et après l'accomplissement des formalités prescrites par les articles 5 et 6 de ladite loi, avons ouvert le..... à..... heures....., à la mairie de cette commune, le présent procès-verbal destiné à recevoir les déclarations et réclamations auxquelles pourra donner lieu l'expropriation pour cause d'utilité publique de..... (*indiquer les propriétés*).

Se sont présentés, savoir :

Le sieur.... , qui nous a déclaré (*mettre ici la déclaration*), *ou* qui nous a adressé la réclamation suivante (*mettre ici la réclamation*), *ou* qui nous a remis la note ci-annexée (*indiquer dans quel ordre ou sous quelle désignation la note se trouve annexée au procès-verbal*).

Après avoir donné lecture de ce qui précède audit sieur....., l'avons requis de signer, ce qu'il a fait, *ou* ce qu'il a déclaré ne savoir faire.

(*Le procès-verbal devra être continué de la même manière pour chaque personne comparante, et il ne sera clos qu'à l'expiration de la huitaine.*)

Et attendu que le délai de huit jours fixé par l'article 5 est expiré, nous avons clos cejourd'hui..... mil huit cent....., à..... heures du....., le présent procès-verbal, et y avons annexé les déclarations qui nous ont été soumises par écrit, après les avoir cotées et parafées, au nombre de.....

Fait à....., les jour mois et an susdits.

Le maire.

No 651

Expropriation *pour cause d'utilité publique communale. — Avis du conseil municipal sur les réclamations présentées par les propriétaires désignés* (2).

Aujourd'hui....., mil huit cent....., le conseil municipal de la commune de....., étant réuni extraordinairement en vertu de l'ordonnance de M. le préfet

---

jours, à la mairie de la commune où les propriétés sont situées, afin que chacun puisse en prendre connaissance.» (*Loi du 3 mai 1841, art. 5.*)

Le délai fixé à l'article précédent ne court qu'à dater de l'avertissement qui est donné collectivement aux parties intéressées de prendre communication du plan déposé à la mairie.

« Cet avertissement est publié à son de trompe ou de caisse dans la commune, et affiché tant à la principale porte de l'église du lieu qu'à celle de la maison commune.» (*Id., art. 6.*)

(1) « Le maire mentionne sur un procès-verbal qu'il ouvre à cet effet, et que les parties qui comparaissent sont requises de signer, les déclarations et réclamations qui lui ont été faites verbalement, et y annexe celles qui lui sont transmises par écrit.» (*Id., art. 7.*)

(2) Quand l'expropriation est demandée par une commune, et dans un intérêt purement communal, le procès-verbal, prescrit par l'article 7 de la loi du 3 mai 1841, est transmis, avec l'avis du conseil municipal, par le maire au sous-préfet. (*Id., art. 12.*)

en date du....., M. le maire lui a soumis le procès-verbal des réclamations par lui dressé, en vertu de l'article 7 de la loi du 3 mai 1841, pour recevoir les réclamations des propriétaires dont les terrains ou édifices se trouvent compris au plan des travaux à faire pour.....

Le conseil municipal, après avoir pris connaissance des réclamations présentées par les propriétaires intéressés et en avoir délibéré, a émis l'avis suivant :

1° Réclamation du sieur....., ayant pour objet..... (*Mettre ici l'avis motivé du conseil municipal, soit qu'il pense qu'il n'y ait aucun égard à avoir aux réclamations présentées, soit qu'il les admette, au contraire, en tout ou en partie, et qu'il soit d'avis que le projet primitif soit modifié en conséquence.*)

2°.....

Fait et délibéré à....., les jour, mois et an que dessus.

(*Signatures.*)

N° 652.

Expropriation *pour cause d'utilité publique. — Avis concernant le dépôt à la mairie du procès-verbal d'expertise contenant les offres de l'administration.*

Le maire de la commune de..... fait savoir aux habitants de ladite commune que le procès-verbal contenant les offres de l'administration concernant les propriétés comprises dans le projet (*indiquer le projet dont il s'agit*), est déposé à la mairie.

Ce procès-verbal restera déposé pendant huit jours, à partir de ce jour, à la mairie, afin que chacun puisse en prendre communication et faire à cet égard telles observations qu'il jugera convenables, et qui seront par nous recueillies.

Fait à....., le..... 18...

Le maire.

N° 653.

Expropriation *pour cause d'utilité publique. — Certificat constatant l'affiche et la publication du jugement d'expropriation.*

Le maire de la commune de...... certifie que le jugement rendu par le tribunal civil de l'arrondissement d....., le....., prononçant l'expropriation des immeubles qui y sont désignés, a été publié et affiché selon les moyens usités dans la commune, le....., conformément aux articles 6 et 15 de la loi du 3 mai 1841, et qu'un extrait a été inséré dans les journaux du département.

A....., le..... 18...

(*Sceau.*) *Le maire.*

N° 654.

Expropriation *pour cause d'utilité publique. — Certificat constatant la notification du jugement aux intéressés* (1).

Le maire de la commune de..... certifie qu'un extrait d'un jugement rendu par le tribunal civil de l'arrondissement d....., le....., prononçant l'expro-

(1) Dans le cas où les propriétaires expropriés n'auraient pas élu de domicile double, copie sera laissée au maire et au fermier, locataire, gardien ou régisseur de la propriété.

priation des immeubles qui y sont désignés, a été remis et notifié aux domiciles élus conformément à l'article 15 de la loi du 3 mai 1841, aujourd'hui,

1° Au sieur..... en parlant à.....
2° Au sieur..... Id.
3° Au sieur..... Id.

(*Sceau.*) *Le maire.*

N° 655.

EXPROPRIATION *pour cause d'utilité publique. — Délibération du conseil municipal relative à l'aliénation à l'amiable d'une propriété communale comprise dans le plan d'expropriation* (1).

Aujourd'hui...., mil huit cent...., le conseil municipal de la commune de....., réuni, etc. (Voy. DÉLIBÉRATION.)

M. le maire a fait connaître que le but de la réunion était de délibérer sur les offres faites concernant l'aliénation à l'amiable de (*indiquer le bien dont il s'agit*), appartenant à la commune et compris dans le plan parcellaire tracé par suite de travaux d'utilité publique à exécuter sur le terrain de la commune.

Le conseil, après avoir pris connaissance du plan, pensant qu'une aliénation à l'amiable garantit suffisamment les intérêts de la commune, tout en évitant la procédure d'expropriation, autorise M. le maire à traiter amiablement pour le bien dont il s'agit.

(*Signatures.*)

N° 656.

EXPROPRIATION *pour cause d'utilité publique. — Avis relatif aux terrains non employés et à revendre.*

Le maire de la commune de..... fait savoir aux habitants de la commune que, à partir de ce jour, le plan des terrains compris dans le projet de....., qui, n'ayant pas été employés, sont à revendre, est déposé à la mairie, où il restera pendant huit jours, afin que chacun puisse en prendre communication, ainsi que du cahier des charges qui y est annexé, et faire à cet égard telles observations qu'il jugera convenables et qui seront par nous recueillies.

Fait à....., le..... 18...

Le maire.

N° 657.

FABRIQUES *des églises.—Procès-verbal constatant des élections au conseil et au bureau de la fabrique* (2).

L'an mil huit cent...., le...., dimanche de Quasimodo,

Le conseil de fabrique de l'église paroissiale de....; dûment convoqué au prône de la messe paroissiale du dimanche précédent, s'est réuni au presbytère en session ordinaire, sous la présidence de M.....,

---

(1) Les maires peuvent aliéner amiablement les biens des communes, s'ils y sont autorisés par délibération du conseil municipal approuvée par le préfet en conseil de préfecture. (*Loi du 3 mai 1841, art.* 13.)

(2) Les fabriques des églises ont été organisées par le décret du 30 décembre 1809. Chaque fabrique est composée d'un conseil et d'un bureau des Marguilliers. (*Décret du 30 décembre 1809, art.* 2.)

Dans les paroisses où la population est de cinq mille âmes ou au-dessus, le conseil est composé de neuf conseillers de fabrique; dans toutes les autres paroisses, il doit l'être de cinq; ils sont pris parmi les notables; ils doivent être catholiques et domiciliés dans la paroisse. (*Id., art.* 3.)

De plus, sont de droit membres du conseil :

1° Le curé ou desservant, qui y a la première place, et peut s'y faire remplacer par un de ses vicaires;

Etaient présents MM.....

(*Après avoir inscrit les diverses délibérations prises par le conseil, on procédera aux élections, et le procès-verbal sera continué ainsi qu'il suit :*)

M. le président a rappelé au conseil qu'il y a lieu de procéder à diverses nominations, savoir : à la nomination de trois fabriciens, en remplacement de MM. C....., A..... et B...... lesquels sont en fonctions depuis le dimanche de Quasimodo de l'année 18..., c'est-à-dire depuis six années ; 2° à la nomination annuelle du président et du secrétaire du conseil ; 3° à la nomination d'un marguillier, en remplacement de M......, membre du bureau, lequel exerce cette charge depuis le dimanche de Quasimodo de l'année 18..., c'est-à-dire depuis trois ans.

A l'instant MM. C....., A..... et B..... se sont retirés.

M. le président a dit qu'on allait procéder d'abord à l'élection de trois fabriciens, et il a remis à chacun des membres un bulletin ouvert, en l'invitant à y inscrire trois noms. Chaque membre a écrit lui-même ou fait écrire son vote, et a remis son bulletin fermé à M. le président, qui l'a déposé dans la boîte destinée à cet usage.

M. le président s'étant enquis si tous les membres avaient voté, la boîte a été ouverte et les bulletins comptés ; ils se sont trouvés au nombre de *quatre*, nombre égal à celui des votants ; la majorité a été ainsi fixée à *trois* voix.

M. le président a pris successivement chaque bulletin, l'a déplié et en a fait lecture à haute voix ; M. le secrétaire a tenu note des votes, et il résulte du recensement que M. B..... a obtenu *quatre* suffrages, M. C..... *trois* suffrages, M. F..... *deux* suffrages, et M. E..... *un* suffrage.

En conséquence, MM. D..... et C..... ayant obtenu la majorité nécessaire, M. le président les a proclamés membres du conseil de fabrique.

Et il a annoncé qu'aucun autre candidat n'ayant obtenu la même majorité, on allait procéder à un nouveau tour de scrutin pour l'élection du troisième fabricien à nommer, en prévenant qu'on ne doit écrire qu'un nom sur chaque bulletin.

M. le président ayant remis, reçu, compté et dépouillé les bulletins de la même manière que dans l'opération précédente, il est résulté du recensement que M. D..... a obtenu *deux* suffrages, et M. N..... *deux* suffrages.

Le partage des voix ayant été ainsi constaté, M. le président a déclaré qu'il avait voté pour M. D....., et, sa voix devant être prépondérante, il a proclamé M. D..... membre du conseil de fabrique.

Il a été ensuite procédé, et toujours dans les mêmes formes que ci-dessus, à

2° Le maire de la commune du chef-lieu de la cure ou succursale ; il peut s'y faire remplacer par l'un de ses adjoints : si le maire n'est pas catholique, il doit se substituer un adjoint qui le soit, ou, à défaut, un membre du conseil municipal catholique. Le maire est placé à la gauche, et le curé ou desservant à la droite du président. (*Décret du* 30 *décembre* 1809, *art.* 4.)

Dans les villes où il y a plusieurs paroisses ou succursales, le maire est de droit membre du conseil de chaque fabrique ; il peut s'y faire remplacer comme il est dit dans l'article précédent. (*Id.*, *art.* 5.)

Dans les paroisses ou succursales dans lesquelles le conseil de fabrique est composé de neuf membres, non compris les membres de droit, cinq des conseillers sont, pour la première fois, à la nomination de l'évêque, et quatre à celle du préfet ; dans celles où il n'est composé que de cinq membres, l'évêque en nomme trois, et le préfet deux. (*Id.*, *art.* 6.)

Le conseil se renouvelle par moitié tous les trois ans. (*Id.*, *art.* 7.)

Les conseillers qui doivent remplacer les membres sortants sont élus par les membres restants. Les membres sortants peuvent être réélus. (*Id.*, *art.* 8.)

Les élections ordinaires sont faites, tous les trois ans, dans la séance du dimanche de Quasimodo. (*Ord. du* 12 *janvier* 1825, *art.* 2.)

Si, un mois après l'époque indiquée, le conseil de famille n'a pas procédé aux élections, l'évêque diocésain nomme lui-même. (*Id.*, *art.* 4.)

Le conseil nomme au scrutin son secrétaire et son président ; ils sont renouvelés le dimanche de Quasimodo de chaque année, et peuvent être réélus. (*Id.*, *art.* 9.)

Au dimanche de Quasimodo de chaque année, l'un des marguilliers cesse d'être membre du bureau, et est remplacé. (*Id.*, *art.* 15.)

C'est toujours le marguillier le plus ancien en exercice qui doit sortir. (*Id.*, *art.* 17.)

Lorsque l'élection n'est pas faite à l'époque fixée, il y est pourvu par l'évêque. (*Id.*, *art.* 18.)

trois scrutins successifs : le premier, pour la nomination du président du conseil ; le second, pour la nomination du secrétaire; et le troisième, pour la nomination d'un marguillier en remplacement de M.....

Il est résulté du dépouillement des votes :

Que, pour la nomination aux fonctions de président, M. A..... a obtenu *quatre* suffrages ;

Que, pour la nomination aux fonctions de secrétaire du conseil, M. B..... a obtenu *trois* suffrages ;

Que, pour la nomination aux fonctions de marguillier, M. C..... a obtenu *deux* suffrages, et M. D..... *deux* suffrages.

En conséquence, M. le président a proclamé M. A....., président, et M. B....., secrétaire du conseil ; et, ayant déclaré que, dans le dernier scrutin, il avait voté pour M. C....., il a proclamé ledit M. C. marguillier.

Le résultat des élections ainsi constaté, et aucune réclamation n'étant élevée, M. le président a ordonné que les bulletins fussent brûlés en présence du conseil, ce qui a été exécuté.

Aucun objet ne restant à mettre en délibération, le présent procès-verbal a été arrêté en séance, le dimanche..... mil huit cent....., et ont signé, après lecture faite, tous les membres du conseil présents.

(*Signatures*).

N° 658.

Fabriques *des Églises. — Procès-verbal d'élection en remplacement d'un membre du conseil* (1).

L'an mil huit cent......, le......, le conseil de fabrique de l'église de... ., dûment convoqué, etc. (*Le préambule comme au modèle précédent.*)

M. le président a rappelé au conseil qu'il y a lieu de procéder à l'élection d'un fabricien, en remplacement de M....., qui est décédé le..... (*ou* qui a quitté la paroisse le....., *ou bien* qui a donné sa démission le.....), et il a remis à chacun des membres un bulletin ouvert, en lui faisant observer qu'on ne doit y écrire qu'un seul nom. Chaque membre a écrit lui-même ou fait écrire son vote, et a remis son bulletin fermé à M. le président, qui l'a déposé dans la boîte destinée à cet usage.

M. le président s'étant enquis si tous les membres avaient voté, la boîte a été ouverte et les bulletins comptés ; ils se sont trouvés au nombre de *six*, nombre égal à celui des votants : la majorité a été fixée à *quatre* voix.

Chaque bulletin a été ouvert successivement ; M. le secrétaire a tenu note des votes et il est résulté du recensement que M. B..... a obtenu *quatre* suffrages, et M. N..... *deux* suffrages.

En conséquence, M. B..... ayant obtenu la majorité nécessaire, M. le président l'a proclamé membre du conseil de fabrique, et a fait observer que cette nomination n'était faite que pour le temps d'exercice qui restait à M....., fabricien remplacé.

Aucune réclamation n'étant élevée contre cette élection, M. le président a ordonné que les bulletins fussent brûlés en présence du conseil, ce qui a été exécuté.

Toutes les matières à soumettre à la délibération étant épuisées, le procès-verbal a été clos et, après lecture faite, les membres ont signé.

(*Signatures.*)

(1) Dans le cas de vacance par mort ou démission, l'élection en remplacement doit être faite dans la première séance ordinaire du conseil de fabrique, qui suit la vacance.

Les nouveaux fabriciens ne sont élus que pour le temps d'exercice qui resterait à ceux qu'ils sont destinés à remplacer. (*Ord. du* 12 *janvier* 1825, *art.* 3.)

Si, un mois après l'époque ci-dessus fixée, le conseil de fabrique n'a pas procédé à l'élection, l'évêque diocésain peut nommer lui-même. (*Id., art.* 4.)

N° 659.

Fabriques *des Églises. — Budget de la fabrique.*

État des dépenses jugées nécessaires pour la célébration du culte dans l'église d... pendant l'année 18.., présenté au bureau de fabrique de ladite église par nous, curé soussigné, conformément à l'article 45 du décret du 30 décembre 1809.

Nos d'ordre.	DÉSIGNATION des DÉPENSES.	MONTANT DES DÉPENSES			OBSERVATIONS de la fabrique.	OBSERVATIONS de Mgr l'évêque.
		jugées nécessaires par M. le curé	votées par la fabrique	admises par Mgr l'évêque.		
	CHAPITRE Ier. OBJETS DE CONSOMMATION.					
1	Pains d'autel pour les prêtres et les fidèles........					
2	Vin pour le Saint-Sacrifice..					
3	Cire ; ...kilog. à. .fr. l'un..					
4	Huile pour la lampe du Saint-Sacrement...kil. à f. l'un...					
5	Encens : ...kil. à fr. l'un...					
6	Sel, veilleuses, charbon, etc.					
7	Bois pour le chauffage de la sacristie................					
	....					
	....					
	TOTAL.......					
	CHAPITRE II. ENTRETIEN DU MOBILIER.					
1	Blanchissage et raccommodage de linge...............					
2	Réparations aux vases sacrés et ornements.............					
	....					
	....					
	RÉCAPITULATION.					
	....					
	....					
	TOTAL général des dépenses de la célébration du culte.					

Proposé par nous, curé soussigné, le présent état de dépenses, montant à la somme de.....

A....., le..... 18...

(*Signature.*)

TITRE Ier. — RECETTES DE LA FABRIQUE.

Nos des articles.	DÉSIGNATION des RECETTES.	MONTANT DES SOMMES. proposées par le bureau.	réglées par le conseil.	admises par Mgr l'évêque.	OBSERVATIONS de la fabrique.	OBSERVATIONS de Mgr l'évêque.
	CHAPITRE Ier. RECETTES ORDINAIRES.					
	Prodt des biens-fonds.... non chargés de fondations..					
	chargés de fondations.....					
	— des rentes. non chargées de fondations					
	chargées de fondations ..					
	— des rentes sur l'État..... inscript. 5 % consolidés					
	— de la concession de places dans l'église..........					
	— de la concession des bancs.					
	— de la location des chaises					
	— des quêtes pour les frais du culte.................					
	— des troncs placés dans l'église pr les frais du culte.					
	— des oblations en usage dans la paroisse........					
	— des droits de la fabrique dans les services religieux et frais d'inhumation....					
	— des droits sur la sonnerie.					
	— de la cire donnée à la fabrique (recette en nature)					
	— des fruits spontanés du cimetière............					
	....					
	....					
	....					
	TOTAL des recettes ordin..					
	CHAPITRE II. RECETTES EXTRAORDINAIRES.					
	Excédant présumé du compte de l'exercice précédent.....					
	....					
	....					
	TOTAL des recettes extraord.					
	RÉCAPITULATION.					
	Recettes ordinaires........					
	Recettes extraordinaires....					
	TOTAL général des recettes.					

TITRE II. — DÉPENSES DE LA FABRIQUE.

Nos des articles.	DÉSIGNATION des DÉPENSES.	MONTANT DES SOMMES proposées par le bureau.	votées par le conseil.	allouées par Mgr. l'évêque.	OBSERVATIONS de la fabrique.	OBSERVAT. de Mgr. l'évêque.
	CHAPITRE Ier. DÉPENSES ORDINAIRES.					
	Frais de la célébration du culte (dont le détail est en tête du budget)........					
	Supplément de traitement et indemnité de logement accordés à M........					
	Traitement de ... vicaires....					
	Honoraires des prédicateurs..					
	Traitement des officiers et employés de l'église. Chantres......					
	Serpent........					
	Sacristain.......					
	Clerc..........					
	Enfants de chœur					
	Organiste.......					
	Suisse.........					
	Bedeau.........					
	Sonneur........					
	.....					
	.....					
	Acquit des fondations. Obits et autres services religieux..					
	Distributions d'aumônes........					
	Contributions assises sur les biens..................					
	Rentes foncières ou autres...					
	Réparations locatives de l'église......					
	de la sacristie...					
	du presbytère...					
	du cimetière....					
	Frais annuels d'administration					
	Sixième du produit des chaises pour les prêtres âgés ou infirmes..................					
	Consommation de la cire donnée à la fabrique (dépense en nature)..............					
	......					
	......					
	Dépenses imprévues.........					
	TOTAL des dépenses ordinaires.............					
	RECETTES ordinaires et extraordinaires.......					
	DIFFÉRENCE (en excédant...					
	(en déficit.....					

TITRE II (*suite*). — DÉPENSES DE LA FABRIQUE.

Nos des articles.	DÉSIGNATION des DÉPENSES.	MONTANT DES SOMMES proposées par le bureau.	votées par le conseil.	allouées par Mgr. l'évêque.	OBSERVATIONS de la fabrique.	OBSERVAT. de Mgr. l'évêque.
	CHAPITRE II. DÉPENSES EXTRAORDINAIRES.					
	Solde de la dette de la fabrique					
	Ou A-compte sur la dette de la fabrique..................					
	Achat de meubles...........					
	— d'ornements..........					
	Décoration et embellissement de l'église................					
	Réparations autres que locatives....................					
	TOTAL des dépenses extraordinaires........					
	RÉCAPITULATION.					
	Dépenses ordinaires					
	Dépenses extraordinaires.....					
	TOTAL général des dépenses					
	RÉCAPITULATION GÉNÉRALE.					
	Report de la différence d'autre part......... { en excédant. / en déficit ...					
	Dépenses extraordinaires.....					
	RÉSULTAT général........ { en excédant. / en déficit...					

Vu et réglé par nous, membres du conseil de la fabrique, la recette du présent budget à la somme de.....

Et la dépense à celle de.....

A....., le..... 18...

(*Signatures.*)

Nous, évêque d.....

Vu le présent budget, réglé par le conseil de fabrique dans sa séance du ....

Approuvons ledit budget et en arrêtons :

Les dépenses ordinaires à la somme de.....

Les dépenses extraordinaires à celle de.....

A....., le..... 18...

(*Signature.*)

N° 660.

Fabriques *des églises.* — *Compte du trésorier.*

Compte rendu au conseil de fabrique de Saint..., par M..., marguillier-trésorier de ladite fabrique, en vertu de l'article 82 du décret du 30 décembre 1809, pour les recettes et dépenses qu'il a faites en cette qualité pendant l'année 18.....

Premier article du compte.

Reliquat du compte de l'exercice 18............. » fr. » c.

TITRE Ier. — Recettes.

ARTICLES du compte.	DÉSIGNATION DES RECETTES.	MONTANT DES RECETTES			OBSERVATIONS du conseil de fabrique.
		effectuées ou à effectuer et dont le trésorier est comptable.	effectuées.	à effectuer.	

TITRE II. — Dépenses.

ARTICLES du compte.	DÉSIGNATION DES DÉPENSES.	MONTANT DES DÉPENSES EFFECTUÉES			OBSERVATIONS du conseil de fabrique.
		payées ou à payer.	payées.	à payer.	

RÉCAPITULATION.

Reliquat de l'exercice 18 , formant le 1er article du présent compte..........	»	»
Recettes effectuées.. { ordinaires ....; extraordinaires..................................	»	»
TOTAL..........	»	»
Dépenses acquittées.. { ordinaires ....; extraordinaires..................................	»	»
Reliquat du présent compte de l'exercice 18.. à reporter comme premier article au compte suivant..	»	»
Reste à recouvrer..................................	»	»
Reste à payer..................................	»	»

Le trésorier soussigné affirme véritable le présent compte des recettes et des dépenses de 18.., lequel sera communiqué au bureau des marguilliers et soumis à l'examen du conseil, conformément à l'article 85 du décret du 30 décembre 1809.

A....., le..... 18...

(*Signature.*)

Vu par nous, membres du bureau des marguilliers soussignés, le présent compte appuyé des pièces justificatives, pour le tout être soumis à l'examen du conseil, dans la séance du dimanche de Quasimodo.

A....., le..... 18...

(*Signatures.*)

N° 661.

Fabriques *des églises. — Apurement du compte du trésorier par le conseil de fabrique.*

L'an mil huit cent....., le..... le conseil de fabrique de l'église de..... dûment convoqué etc. (*Le préambule comme au modèle n° 659.*)

Le conseil, vu l'article 85 du décret du 30 décembre 1809;

Vu le compte présenté par M....., marguillier-trésorier, pour l'exercice 18.., le budget de cet exercice, l'état des revenus fixes de la fabrique, celui du produit des quêtes et des troncs, celui du produit des bancs, et celui des recouvrements restant à effectuer à l'expiration de l'année 18.., le journal du trésorier et son livre des comptes, les bordereaux de situation des recouvrements et payements à la fin de chaque trimestre, et les pièces justificatives des payements;

Ouï le rapport du bureau des marguilliers;

Statuant sur ledit compte de l'année 18..;

Admet la recette pour la somme totale de....., savoir :

Recette ordinaire	»» fr. »» c.	»» fr. »» c.
Recette extraordinaire............	»» »»	

Alloue la dépense pour la somme totale de..., savoir :

Dépense ordinaire	»» fr. »» c.	»» fr. »» c.
Dépense extraordinaire..........	»» »»	

Arrête l'excédant de la recette (ou de la dépense) à....	»»	»»
Et attendu que, par l'arrêté définitif du compte de 18.., le reliquat de ce compte a été fixé à la somme de.......	»»	»»
Fixe le reliquat définitif du compte de 18.., à la somme de......., qui sera rapportée comme premier article au compte de 18.., ci	»»	»»

Le conseil admet en non-valeurs la somme de..... pour....., et enjoint au comptable de faire rentrer : 1° la somme de..... due par....., 2°.....

Fait et délibéré à..... les jour, mois et an que dessus.

(*Signatures.*)

N° 662.

Fabriques *des églises. — Délibération du conseil municipal sur les compte et budget de la fabrique* (1).

L'an mil huit cent..... le....., le conseil municipal de la commune d....., réuni, etc. (Voy Délibération.)

M. le maire a déposé sur le bureau :

1° Le compte de la fabrique de l'église paroissiale d....., rendu par le trésorier pour l'année 18.., avec les pièces justificatives des recettes et dépenses effectuées;

2° Le budget voté par le conseil de ladite fabrique pour l'année 18.., et présentant en résultat un déficit de..... que la commune est appelée à combler.

M. le maire a invité le conseil à donner son avis sur ces deux pièces, et à déterminer en même temps le montant de la subvention qui sera accordée à la fabrique pour l'année 18...

Le conseil municipal, vu le compte de M. le trésorier et les pièces à l'appui, attendu que toutes les recettes et dépenses qui y sont inscrites ont été régulièrement faites, approuve, dans son ensemble, ledit compte de l'année 18...

(1) Le conseil municipal est appelé à donner son avis sur les budgets et les comptes des fabriques lorsque celles-ci reçoivent des secours sur les fonds communaux. (*Loi du 18 juillet 1837, art. 21.*)

En ce qui concerne le budget de 18..., le conseil, considérant qu'il a été établi d'après les mêmes bases que ceux des années précédentes, et que toutes les dépenses sont suffisamment motivées, estime qu'il y a lieu de l'approuver, et vote, au profit de la fabrique pour ladite année 18.., une allocation sur les fonds communaux de la somme de... (1).

Fait et délibéré à..., les jour, mois et an que dessus.

(*Signatures.*)

N° 663.

Fabriques *des églises. — Avis du conseil municipal sur un projet d'acquisition délibéré par le conseil de fabrique.*

L'an mil huit cent....., le... ., le conseil municipal de la commune d..... réuni, etc. (Voy. **Délibération.**)

M. le maire a déposé sur le bureau : 1° une délibération du conseil de fabrique de l'église d....., au sujet de l'acquisition d'un immeuble situé à....., que M....., propriétaire, demeurant à....., offre de vendre à cet établissement; 2° le procès-verbal d'estimation dudit immeuble; 3° une copie du budget de la fabrique, et a invité le conseil à émettre son avis sur ce projet d'acquisition, conformément à l'article 21, § 5, de la loi du 18 juillet 1837.

Le conseil, vu les pièces ci-dessus désignées; considérant que les fonds que la fabrique destine à l'acquisition d.... ne sont pas nécessaires à l'acquit de ses charges ordinaires et que l'acquisition projetée offre un moyen avantageux de placement pour ses fonds disponibles; estime qu'il y a lieu d'accorder à la fabrique l'autorisation de passer l'acte de ladite acquisition.

Fait et délibéré à....., les jour, mois et an que dessus.

(*Signatures.*)

N° 664.

Fausses *clefs* (2). — *Arrêté du maire concernant les marchands de clefs et serrures.*

Le maire de la commune de.....

Vu les dispositions des articles 384, 398 et 399 du Code pénal concernant les personnes qui usent de fausses clefs;

Considérant qu'il rentre dans nos attributions de veiller à ce que les clefs soient fabriquées et vendues dans les endroits à ce destinés et sur lesquels la surveillance peut facilement s'exercer;

Avons arrêté ce qui suit :

Art. 1er. Il est défendu à toute personne d'exposer en vente et débiter aucune clef neuve ou vieille, séparément de sa serrure, à peine d'amende. Les clefs ainsi trouvées seront saisies et confisquées.

2. Défenses sont également faites aux ferrailleurs, à tous ouvriers et autres personnes, de travailler, forger ou limer des clefs et des serrures hors des boutiques et ateliers à ce publiquement destinés, à peine de prison.

---

(1) Voy. au mot **Église**, n° 513, un modèle de délibération du conseil municipal, sur une demande de secours, formée par la fabrique, pour réparations aux édifices du culte.

(2) « Sont qualifiés *fausses clefs*, tous crochets, rossignols, passe-partout, clefs imitées, contrefaites, altérées, ou qui n'ont pas été destinées par le propriétaire, locataire, aubergiste ou logeur, aux serrures, cadenas, ou aux fermetures quelconques auxquelles le coupable les aura employées. » (*Code pénal, art.* 398.)

« Quiconque aura contrefait ou altéré des clefs sera condamné à un emprisonnement de trois mois à deux ans, et à une amende de 25 fr. à 150 fr. Si le coupable est un serrurier de profession, il sera puni de la reclusion. » (*Id., art.* 399.)

3. Les propriétaires et principaux locataires doivent faire déclaration à la mairie des personnes qui travailleraient auxdits ouvrages.
4. Le commissaire de police est spécialement chargé de veiller à l'exécution du présent arrêté, qui sera affiché partout où besoin sera.

Fait à....., le..... 18...

Le maire.

N° 665.

Fausses *clefs. — Procès-verbal pour débit clandestin de clefs.*

Aujourd'hui..... mil huit cent...., nous, commissaire de police de la commune d....., passant rue....., avons trouvé un individu qui exposait en vente de vieilles clefs sans leurs serrures, ce qui est une contravention à l'article 1er de l'arrêté de police du.....; lequel individu, par nous interpellé, nous a dit se nommer Pierre-François S....., âgé de..... ans, exerçant la profession de....., et domicilié à.....; que les objets par lui mis en vente proviennent de.....

En conséquence, nous, maire de la commune de....., avons déclaré audit sieur..... procès-verbal de sa contravention à un règlement légalement rendu, pour être donné audit procès-verbal, par voie de police correctionnelle, telles suites qu'il appartiendra;

Avons en outre saisi lesdites clefs, au nombre de....., en avons formé un paquet auquel nous avons attaché une étiquette indicative signée de nous et dudit sieur....., pour servir de pièce de conviction et être joint au présent procès-verbal.

A l'égard dudit sieur...., attendu qu'il nous a donné des renseignements satisfaisants sur sa moralité et sur ses moyens d'existence, nous l'avons laissé libre, à la charge de se représenter à toute réquisition.

Et a ledit sieur.... signé avec nous après lecture faite.

A...., le.... 18...

(Signatures.)

N° 666.

Fausses *clefs.—Procès-verbal constatant la fabrication clandestine de clefs.*

L'an mil huit cent....., le....., nous, maire de la commune de....., informé que, dans une chambre dépendante d'une maison sise rue......, n°....., un individu travaillait, forgeait ou limait des clefs ou des serrures, et ce, hors des boutiques et ateliers à ce publiquement destinés, ce qui constitue une contravention à l'article 2 du règlement du....., nous nous sommes transporté, accompagné de...., en ladite maison, où, dans une chambre au.... étage, nous avons trouvé en effet un individu occupé à travailler à des clefs et à des serrures tant vieilles que neuves, et nombre de clefs et serrures étaient dans ladite chambre; ayant interpellé le susdit individu sur ses noms, âge et profession, il nous a répondu.....

Sur quoi, nous, maire, avons déclaré audit sieur..... procès-verbal de sa contravention au règlement précité, pour être donné audit procès-verbal, par voie de police municipale, telles suites que de droit;

Avons en outre saisi lesdites clefs et serrures, au nombre de....., en avons formé un paquet auquel nous avons attaché une étiquette indicative signée de nous et dudit sieur....., pour servir de pièce de conviction et être joint au présent procès-verbal.

A l'égard du sieur....., attendu qu'il ne nous a pas donné de renseignements satisfaisants sur sa moralité et ses moyens d'existence, nous lui avons enjoint de nous suivre en la maison commune, pour ses papiers y être examinés et vérifiés, et, s'il y a lieu, sa personne être consignée à la chambre de dépôt, sous la main de la justice, en état de mandat d'amener, conformément à l'article 45 du Code d'instruction criminelle.

En foi de quoi nous avons dressé le présent procès-verbal, que nous avons signé avec le sieur....., les jour, mois et an que dessus.

(*Signatures.*)

N° 667.

Fausse *monnaie* (1) (*Procès-verbal pour émission de*).

L'an mil huit cent....., le....., devant nous, commissaire de police de la ville de....., a été amené par..... un individu prévenu d'avoir présenté en payement *ou* à échanger une *ou* plusieurs pièces de....., paraissant fausses ou altérées; lequel individu a déclaré se nommer Adolphe V.... (*Age, lieu de naissance, profession et demeure.*)

Et à l'instant s'est présenté le sieur A...., lequel nous a dit... (*Déclaration exacte et détaillée des faits; indication des noms et demeures des témoins, s'il y en a; dépôt de la pièce arguée de faux entre les mains du commissaire de police.*)

Desquels faits le comparant a cru devoir nous faire la présente déclaration pour la vindicte publique, à l'effet qu'il y soit donné telles suites qu'il appartiendra, en a affirmé la vérité après lecture faite, y a persisté, en a requis acte, que nous lui avons délivré, et a signé avec nous.

S'il y a des témoins présents, leur déclaration est reçue ainsi qu'il suit, hors de la présence du prévenu :

Nous avons de suite reçu les déclarations des témoins présents, savoir :

1° Le sieur Lucien B..... (*âge, profession et demeure*), lequel, après avoir prêté serment de dire la vérité et toute la vérité, nous a dit et déclaré.....

Ledit sieur B..... a affirmé la vérité de sa déclaration après lecture faite, et a signé.

(*Ainsi des autres témoins.*)

Nous avons ensuite fait éprouver la *ou* les pièces de monnaie par le sieur P....., bijoutier *ou* horloger *ou* orfèvre patenté, demeurant rue....., n°....., par nous requis à cet effet; lequel ayant prêté en nos mains le serment de procéder et nous faire son rapport en son honneur et conscience, a examiné la *ou* les pièces de monnaie dont s'agit, et nous a déclaré qu'elles étaient..... *ou* que la seule pièce de....., première représentée, était fausse ou altérée, ainsi qu'il l'a reconnu par....., et a signé après lecture faite.

Ayant de suite représenté ladite pièce de monnaie audit sieur V.... susnommé, qui en était porteur et l'avait présentée à la circulation, il nous a dit et déclaré la bien reconnaître pour celle qu'il a présentée en payement *ou* à échanger au sieur A...., ici présent, cejourd'hui, vers..... heures du matin *ou* du soir; nous avons enveloppé ladite pièce dans un morceau de papier blanc, que nous avons scellé de notre sceau, et qui a été signé dudit sieur A..... et de nous.

---

(1) L'article 132 du Code pénal punit de la peine des travaux forcés à perpétuité quiconque aura fabriqué ou participé à la fabrication et à l'émission des fausses pièces de monnaie d'or et d'argent. — En cas de fabrication ou d'émission de fausses pièces de monnaie, de billon ou de cuivre, la peine se réduit aux travaux forcés à temps. (*Code pénal, art.* 813.)—La fabrication ou l'émission, en France, de fausse monnaie étrangère, est punie des travaux forcés à temps. (*Id., art.* 134.) — Les peines ci-dessus ne s'appliquent pas à ceux qui, ayant reçu pour bonnes des pièces de monnaie contrefaites ou altérées, les ont remises en circulation. Cependant, celui qui aurait sciemment remis de telles pièces en circulation, sera puni d'une amende, triple au moins et sextuple au plus de la somme représentée par les pièces qu'il aura rendues à la circulation, sans que cette amende puisse, en aucun cas, être inférieure à 16 fr. (*Id., art.* 135.)

Une des conditions constitutives du crime d'émission de fausse monnaie, c'est que la monnaie contrefaite ou altérée ait cours légal en France ou dans les colonies. Cette condition doit être formellement reconnue et constatée, pour que la cour d'assises puisse appliquer la peine du crime d'émission de fausse monnaie. (*Arr. de cass. du* 10 *août* 1839.)

Ledit sieur V..... nous a aussi déclaré (*comment et par qui la pièce est entre ses mains, etc., lui faire exhiber les papiers dont il est porteur et les lui faire déposer sur le bureau; lui faire dire s'il est connu, quelles personnes répondraient de lui et de sa moralité*), et a affirmé la vérité de ses déclarations après lecture faite, y a persisté et a signé avec nous.

Il faut étudier avec soin si les réponses du prévenu portent le caractère de la vérité, et si l'on peut croire aux renseignements par lui donnés sur sa moralité.

S'il paraît constant que le prévenu ignorait que la pièce était fausse ou altérée, et qu'il l'a reçue comme de bon aloi; s'il ne se trouve porteur d'aucune autre pièce de monnaie suspecte; s'il est domicilié; s'il a ses papiers en règle et offre de bons répondants, le procès-verbal se termine ainsi :

Sur quoi nous, commissaire de police susdit, avons saisi et annexé au présent la pièce de monnaie d..... arguée de faux. Et attendu qu'elle est la seule de cette nature dont ledit sieur V..... se soit trouvé porteur; qu'il paraît constant qu'il l'a reçue de bonne foi, la croyant d'un titre et d'une valeur légale, et qu'il l'a présentée dans la même confiance à la circulation, sans avoir eu l'intention de tromper personne, cas auquel ne s'applique aucune peine, aux termes de l'article 135 du Code pénal; attendu aussi les bons renseignements qu'il nous a fournis sur sa moralité, et qu'il est domicilié, nous l'avons provisoirement renvoyé libre, sous sa soumission de se représenter à la justice s'il en est requis, et a signé avec nous.

Si le prévenu a été trouvé porteur d'autres pièces de monnaie également fausses ou altérées; si ses réponses ont été embarrassées; si enfin il s'élève des soupçons fondés contre lui, le commissaire de police donne avis de suite très-succinctement au procureur impérial de l'opération dont s'agit; et il continue ainsi :

Ayant fait fouiller ledit sieur V....., il s'est trouvé sur lui (*désigner les pièces fausses, l'argent comptant ayant cours et les autres objets*), tous lesquels objets nous avons provisoirement séquestrés pour être annexés à notre présent procès-verbal; les avons mis en paquet avec une étiquette ainsi conçue : *Objets appartenant au sieur....., suivant notre procès-verbal de cejourd'hui.....*, laquelle étiquette a été signée dudit sieur V..... et de nous.

Attendu qu'il résulte de ce que dessus présomption du crime de faux contre le sieur V....., nous avons déclaré audit sieur V..... que nous nous assurions à l'instant même de sa personne, à l'effet de quoi nous avons envoyé quérir la force armée, et l'avons, sous leur responsabilité, mis entre les mains des gendarmes qui se sont rendus près de nous.

De suite, et en vertu des articles 36, 37, 38 et 50 du Code d'instruction criminelle, nous nous sommes transporté avec ledit V....., et assisté de la force armée, en son domicile par lui indiqué, rue....., nº....., à l'effet d'y faire exacte perquisition de tous papiers, correspondance, instruments et ustensiles pouvant avoir rapport au fait dont s'agit.

Arrivé dans ladite maison, et monté au..... étage, dans un....., que ledit V..... nous a déclaré être son domicile, *ou* le domicile du sieur D....., chez lequel il loge, nous avons fait exacte perquisition en présence dudit V..... et des sieurs H..... et J....., présents, et il ne s'est rien trouvé qui fût relatif à l'objet de nos recherches, *ou bien :* avons trouvé dans... (*Désigner en détail tous les objets, écrits, instruments, ustensiles présumés propres à fabriquer ou altérer des monnaies; les papiers, correspondance, etc.; représenter chaque objet au prévenu, lui faire dire d'où il le tient, à quoi il est propre, etc., et lui faire signer ses réponses.*)

Tous lesquels objets nous avons séquestrés, réunis et placés dans un....., que nous avons ficelé et scellé de notre sceau, et y avons attaché une étiquette indicative du contenu, et signée dudit V..... et de nous, pour le tout être joint à notre présent procès-verbal.

Ce fait, nous sommes rentré en notre bureau, avec ledit V....., prévenu, accompagné comme il est dit ci-dessus, et avons procédé de nouveau à son interrogatoire, ainsi qu'il suit : (*Demander s'il a un autre domicile, un atelier; où ils sont situés; s'il vit seul ou avec quelque femme; quelle quantité de pièces fausses il a émises, depuis quel temps, et autres questions que les circonstances peuvent suggérer, en consignant soigneusement les réponses et les lui faisant signer.*)

Sur quoi nous, commissaire de police susdit, attendu qu'il y a prévention du crime de falsification *ou* d'altération de la monnaie de l'État, *ou* de fabrication, *ou* émission de fausse monnaie contre ledit, crime prévu par les articles 132 et suivants du Code pénal, nous avons fait conduire de suite, sous bonne et sûre garde, ledit V..... à la maison de dépôt, pour y être retenu, sous la main de la justice, en état de mandat d'amener, conformément à l'article 45 du Code d'instruction criminelle; et sera notre procès-verbal transmis sans délai à M. le procureur impérial, ensemble toutes les pièces et objets y mentionnés, et avons signé, ainsi que les personnes susnommées, nous assistant.

Fait à....., le..... 18...

(*Signatures.*)

N° 668.

Faux. — *Procès-verbal pour constater un faux en écritures de commerce.*

L'an mil huit cent....., le....., à..... heures du....., par-devant nous....., maire (*ou* commissaire de police) de la commune de....., est comparu le sieur B....., négociant, demeurant en ladite ville, lequel nous a déclaré que, le présent jour, un billet à ordre signé de son nom au profit d'un sieur N..... lui a été présenté par le sieur C....., banquier, également domicilié en ladite ville, que ce billet n'a point été souscrit par lui réellement, que sa signature est contrefaite; que l'individu au profit duquel ce prétendu billet aurait été signé lui est inconnu, qu'il n'a aucune relation commerciale ni rapports particuliers avec une personne de ce nom, et qu'il nous requiert de constater les faits dont il nous rend plainte, afin que le faussaire soit recherché et puni selon la rigueur des lois.

Après avoir donné acte au sieur B..... de sa déclaration, nous avons mandé près de nous le sieur C....., banquier, avec invitation de nous communiquer le billet dont il est porteur. Ledit sieur C..... ayant obtempéré à notre invitation, nous avons examiné la pièce arguée de faux et nous avons reconnu que ce billet, quoique formé sur un papier portant la vignette de la maison B....., portait une fausse signature, ce dont il est facile de se convaincre par la confrontation de la signature habituelle du sieur B..... avec celle dont il s'agit.

En conséquence, nous avons déclaré au sieur C..... que nous saisissions comme pièce à conviction, et pour être transmis à M. le procureur impérial, l'effet par lui présenté, sauf à lui donner acte de la remise qu'il nous en a faite, pour sa décharge à l'égard du correspondant qui le lui a transmis. Nous avons ensuite demandé au sieur B..... si cette circonstance que le billet est établi sur papier portant le chiffre de sa maison, et qui a dû être dérobé dans ses bureaux, ne lui suggérait aucun soupçon dont il pût nous faire part, afin de mettre la justice sur la trace du coupable, ledit sieur B..... nous a répondu..... (*Consigner exactement sa réponse.*)

Et de tout ce que dessus nous avons dressé le présent procès-verbal, pour être transmis à M. le procureur impérial avec le titre entaché de faux, et ont lesdits..... signé avec nous après lecture.

Fait à....., les jour, mois et an que dessus.

(*Signatures.*)

N° 669.

Faux. — *Procès-verbal pour constater l'émission d'un faux billet de banque et l'arrestation du prévenu.*

Aujourd'hui....., mil huit cent....., nous, commissaire de police de la ville de....., ayant été averti par le sieur L....., changeur, demeurant en cette ville, rue....., n°....., qu'un inconnu se trouvait en son domicile et sollicitait l'échange en numéraire d'un billet de la banque de France que l'on présumait être faux, nous sommes rendu immédiatement chez ledit sieur L....., qui nous a présenté ledit billet, et nous a affirmé qu'il y avait contrefaçon évidente, que divers signes, particuliers aux billets émanant réellement de la banque de France, ne se trouvent pas dans celui présenté, et qu'à ses yeux le crime de faux ne saurait être douteux. L'individu qui venait de remettre ce billet au sieur L..... le pressa vivement, en notre présence, de le lui rendre s'il ne consentait pas à lui donner en échange de la monnaie d'or ou d'argent, soutenant que le billet était bon et valable. Les soupçons du sieur L..... nous ayant paru fondés, nous avons sommé l'individu présent de nous exhiber son passe-port, ce qu'il a fait à l'instant. Cette pièce nous a fait connaître qu'il se nomme N....., est âgé de....., et demeure à....., où il exerce la profession de..... Interpellé par nous de nous dire de qui il tenait le billet argué de faux, il nous a répondu.....

En conséquence, et attendu que les faits ci-dessus énoncés constituent prévention du crime prévu par l'article 139 du Code pénal, nous avons déclaré audit N..... que nous l'arrêtions au nom de la loi, et de suite l'avons remis aux mains des sieurs....., gendarmes de la brigade de....., par nous requis à cet effet, avec ordre de le conduire à M. le procureur impérial de l'arrondissement; et de tout ce que dessus nous avons dressé le présent procès-verbal, qui sera remis par les gendarmes susnommés à M. le procureur impérial, avec le billet argué de faux dont le prévenu était porteur.

Fait à....., les jour, mois et an que dessus.

(*Signature.*)

N° 670.

Faux. — ***Procès-verbal constatant l'arrestation d'un individu voyageant avec un passe-port falsifié*** (1).

Aujourd'hui....., mil huit cent....., nous....., commissaire de police de la ville de....., faisant une tournée dans ladite ville pour veiller au maintien du bon ordre et de la tranquillité publique, et nous trouvant à l'entrée du faubourg de....., avons vu venir à nous un individu qui nous a paru étranger à la localité. Nous étant approché de lui, nous l'avons invité à nous exhiber son passe-port, ce qu'il a fait sans difficulté. Examen fait de cette pièce, nous avons reconnu que, originairement véritable, elle avait été falsifiée; que, dans les chiffres de sa date, on a substitué un 5 à un 4, et que, dans le nom de l'individu à qui elle a été délivrée, plusieurs lettres ont été enlevées au grattoir et remplacées par celles nécessaires pour former le nom de....., qui paraît être celui du porteur. Ces présomptions de falsification nous ayant déterminé à procéder à l'arrestation de l'individu qui était nanti de ce passe-port, nous lui avons déclaré qu'au nom de la loi nous le mettions en état d'arrestation, et de suite nous l'avons fait entrer au poste le plus voisin, pour y rester jusqu'à ce que nous l'ayons remis entre les mains de la gendarmerie, chargée de le conduire devant M. le procureur impérial près le tribunal civil de l'arrondissement.

De ce que dessus nous avons dressé le présent procès-verbal, qui sera transmis par nous à M. le procureur impérial avec le passe-port falsifié.

Fait et clos à....., les jour, mois et an que dessus.

(*Signature.*)

---

(1) Quiconque fabriquera un faux passe-port, ou falsifiera un passe-port, originairement véritable, ou fera usage d'un passe-port fabriqué ou falsifié, sera puni d'un emprisonement d'une année au moins et de cinq ans au plus. (*Code Napoléon, art.* 153.)

N° 671.

FENÊTRES (*Arrêté concernant les objets déposés sur les*) (1).

Le maire de la ville de.....

Vu les lois des 14-22 décembre 1789, article 50; 16-24 août 1790, titre XI, article 3, n° 1er; 19-22 juillet 1791, titre Ier, article 15 et 46; l'article 471 du Code pénal, et les articles 9, 10 et 11 de la loi du 18 juillet 1837;

Considérant les inconvénients que présente l'exposition sur les fenêtres de vases, pots à fleurs et autres objets qui, par leur chute, peuvent blesser les passants;

Considérant que l'on jette souvent par les fenêtres des immondices et eaux corrompues dont les exhalaisons nuisent à la salubrité publique;

Avons arrêté et arrêtons ce qui suit :

Art. 1er. Défenses sont faites à tous propriétaires et locataires de déposer et de laisser déposer, sous aucun prétexte, sur les fenêtres, les toits, entablements, gouttières, terrasses, murs et autres lieux élevés des maisons, des caisses, pots à fleurs, vases et autres objets pouvant nuire par leur chute. On ne peut déposer ces objets que dans l'intérieur des balcons et sur les appuis des croisées garnis de barres de fer treillagées pour prévenir la chute desdits objets, le tout avec autorisation.

2. Tous préaux ou jardinets formés sur les toits ou sur les murs de face sont formellement défendus.

3. Le commissaire de police constatera les contraventions et fera supprimer à l'instant les objets exposés en contravention.

4. Ceux qui, en arrosant des fleurs, laissent couler de l'eau sur la voie publique, sont également passibles des peines de simple police.

5. Les dispositions ci-dessus s'appliquent également à l'intérieur des cours des maisons, à l'effet de quoi les agents de police doivent y entrer de temps en temps pour constater lesdites contraventions.

6. Il est défendu de jeter par les fenêtres de l'eau, de l'urine, des immondices, ordures et autres objets nuisibles.

7. Indépendamment de l'amende, les contrevenants sont passibles des dommages-intérêts.

8. Les propriétaires, principaux locataires et locataires sont responsables des dommages causés par leurs enfants et domestiques.

Les propriétaires le sont également à l'égard de leurs locataires.

9. Les contrevenants au présent règlement seront poursuivis et punis conformément aux lois.

Fait à....., le..... 18...

Le maire.

N° 672.

FENÊTRES (2) (*Procès-verbal pour objets exposés sur les*).

L'an mil huit cent....., le....., nous, commissaire de police de la ville d....., passant rue....., avons remarqué que sur des fenêtres du..... étage de la

(1) Les dispositions de ce règlement sont extraites des ordonnances du préfet de police de Paris, des 1er avril 1818 et 18 mars 1819, et peuvent servir de guide pour les arrêtés qu'on voudrait prendre ailleurs sur le même objet.

(2) D'après les lois du 16-24 août 1790 (*titre* XI, *art.* 3), et du 19-22 juillet 1791 (*titre* Ier, *art.* 15), les maires et commissaires de police sont chargés de veiller à ce qu'il ne soit exposé sur les fenêtres, ni vases, ni caisses, ni pots à fleurs, en un mot aucun objet qui, par sa chute, puisse occasionner des accidents sur la voie publique. Les contraventions aux articles ci-dessus sont punies d'amende, depuis 1 franc jusqu'à 5 francs. (*Code pénal, art.* 471.)

maison n°..... donnant sur la rue....., il existait des vases et des caisses de fleurs (*ou autres objets*), qui, n'étant point retenus par des balcons ou par des barres de fer treillagées, pouvaient par leur chute occasionner de fâcheux accidents.

Nous étant assuré que ledit local était occupé par le sieur L....., mécanicien, nous nous y sommes transporté et avons enjoint audit sieur L.... de rentrer lesdits objets, avec défense de les replacer ultérieurement sur la fenêtre, sauf à les faire retenir par des balcons, ou par des ceintures en fer scellées dans le mur. De suite lesdits objets ont été retirés.

Et attendu qu'il y a contravention à l'article 3, titre XI, de la loi du 16-24 août 1790, et à l'article 15 du titre Ier de la loi du 22 juillet 1791, contravention punie par l'article 471 du Code pénal, attendu aussi que ledit sieur L..... a déjà été prévenu plusieurs fois par nous de ne rien exposer sur ses croisées qui puisse tomber sur la voie publique, disons que, conformément à l'article 138 du Code d'instruction criminelle, ledit sieur L..... sera traduit au tribunal de police municipale, pour, sur les conclusions du ministère public, être statué ce qu'il appartiendra, et avons signé.

Fait à....., le..... 18...

(*Signature.*)

N° 673.

Fenêtres (*Procès-verbal pour objets jetés par les*).

L'an mil huit cent....., le....., nous, commissaire de police de la ville de....., avons remarqué un particulier qui, d'une des fenêtres de la maison sise rue....., n°....., et située au..... étage, du côté de....., ou au-dessus de..... jetait dans la rue de l'eau *ou* de l'urine, *ou* autres immondices, contrairement à l'article..... du règlement municipal du.....; et nous étant assuré que le local duquel dépend ladite fenêtre est occupé par le sieur G....., nous avons rédigé le présent procès-verbal contre ledit sieur G....., comme prévenu d'une contravention de simple police, prévue par le n° 6 de l'article 471 du Code pénal; disons, en conséquence, que, conformément à l'article 138 du Code d'instruction criminelle, ledit sieur G..... sera traduit au tribunal de simple police, pour, par ce tribunal, être statué ce qu'il appartiendra, et avons signé.

Fait à....., le..... 18..

(*Signature.*)

Si une personne a été blessee par l'effet de la chute ou du jet de l'objet exposé ou jeté par la croisée, le fait est constaté par la déclaration ou plainte de la personne, les déclarations des témoins, et le rapport du médecin ou chirurgien; si l'auteur du délit n'est pas connu, le commissaire de police prend des renseignements, et lorsqu'il est connu, il termine son procès-verbal ainsi qu'il suit :

Sur quoi et attendu que la blessure dudit sieur S....., provient du défaut de précaution de la part du sieur G....., délit de police correctionnelle prévu par l'article 320 du Code pénal, qui prononce dans l'espèce six jours à deux mois d'emprisonnement et une amende de 16 à 100 francs, avons, contre ledit sieur G..... rédigé le présent procès-verbal, pour y être donné correctionnellement telles suites que de droit, et avons signé.

Fait à....., les jour, mois et an susdits.

(*Signature.*)

N° 674.

Fête *patronale* (*Arrêté du maire concernant les mesures de police à observer pendant la durée de la*).

Nous, maire de la commune de.....,

Vu la loi du 16-24 août 1790 et l'article 471, n° 15, du Code pénal;

Considérant que les lois susdésignées chargent l'autorité municipale de maintenir le bon ordre dans les fêtes publiques, et de prendre les précautions convenables pour prévenir les accidents;

Avons arrêté et arrêtons :

Art. 1er. La Saint....., fête patronale du lieu, tombant le..... prochain, la veille de ce jour tous les habitants, sans exception, balaieront ou feront balayer le devant de leurs maisons et enlèveront toutes les ordures et immondices qui pourraient s'y trouver.

2. Les marchands de menue mercerie, de quincaillerie, de bimbeloterie, jouets d'enfants, de gâteaux, les débitants de vin, bière, cidre, eaux-de-vie et autres liqueurs sur la voie publique, les saltimbanques, bateleurs, baladins, faiseurs de tours, chanteurs publics et autres individus de professions analogues, devront, avant de s'y établir, se munir d'une autorisation du maire.

3. Défenses sont faites d'établir des jeux de hasard ou petites loteries sur la voie publique ou dans les maisons particulières.

4. Les danses publiques se tiendront (*désignation de l'endroit*); elles ne pourront se prolonger après..... heures du soir.

5. Les voitures et les personnes à cheval traversant la ville ne pourront aller qu'au pas.

6. Il ne pourra être tiré pendant la fête, en quelque endroit que ce soit, aucuns pétards, fusées, boîtes et pièces d'artifice quelconques sans une permission du maire.

7. Les cafés et cabarets pourront rester ouverts jusqu'à.....

8. En cas de querelles, rixes, batteries ou de tout autre tumulte, les auteurs du trouble seront arrêtés par la gendarmerie, pour être statué à leur égard ce qu'il appartiendra.

9. Les contraventions au présent règlement seront constatées par des procès-verbaux, et les contrevenants poursuivis par-devant l'autorité compétente.

10. Le présent arrêté sera publié et affiché aux lieux et dans les formes ordinaires, après avoir reçu l'approbation de M. le préfet.

Arrêté à....., le..... 18...

Le maire.

N° 675.

Fête *publique* (1) (*Arrêté du maire à l'occasion d'une*).

Nous maire de la ville d.....

Vu la lettre de M. le préfet du..... par laquelle il nous fait connaître que la fête de... sera célébrée dans toutes les communes le....

Vu la loi du 16-24 août 1790, et l'article 471, n° 15, du Code pénal;

Considérant que l'autorité municipale est chargée de maintenir le bon ordre dans les fêtes publiques, et de prendre les mesures convenables pour prévenir les accidents;

Arrêtons ce qui suit :

Art. 1er. Le..... de ce mois, jour où l'on doit célébrer la fête de....., aucune voiture ne pourra circuler ni stationner, à compter de..... heures du matin jusqu'à..... heures du soir, dans les rues et sur les places ci-après.....

2. Sont seules exceptées des dispositions de l'article précédent, les voitures des personnes qui se rendront à la mairie, à la préfecture, les courriers de la poste et les diligences.

3. Les voitures des fonctionnaires publics arriveront à la mairie par la rue de....., elles s'arrêteront..... et sortiront par..... Il est défendu aux cochers de quitter les rênes de leurs chevaux.

---

(1) Deux arrêts de la cour de cassation, l'un du 26 novembre 1819, et l'autre du 17 janvier 1820, portent que les maires à l'occasion des fêtes publiques peuvent par des arrêtés, prescrire aux habitants des mesures ayant pour objet le bon ordre et la sûreté; mais il n'entre pas dans leurs attributions d'ordonner aux habitants de pavoiser leurs croisées de drapeaux, ni d'illuminer. Il ne peut être fait, à cet égard, qu'une simple invitation, et celui qui ne s'y conformerait pas n'encourrait aucune peine de police.

4. Il est défendu de monter sur les parapets des ponts et des quais, sur les toits et les auvents des maisons.

5. Défense expresse est faite aux étalagistes, marchands forains, limonadiers, marchands de vin et de comestibles et saltimbanques, de stationner le..... sur les emplacements où auront lieu les jeux et divertissements publics, sans en avoir obtenu de nous la permission par écrit.

6. Il est expressément interdit, sous les peines portées par la loi du 21 mai 1836, aux marchands forains et étalagistes, de tenir des loteries ou jeux de hasard, pour débiter ou vendre leurs marchandises.

7. Les contraventions seront constatées par des procès-verbaux, et les contrevenants poursuivis, conformément aux lois, par-devant les tribunaux compétents.

8. Le présent arrêté sera imprimé et affiché partout où besoin sera.

Fait à....., le..... 18...

Le maire.

No 676.

Fêtes *et dimanches (Procès-verbal pour inobservation des).*

L'an mil huit cent....., le..... dimanche du mois d...., à... heure du...., *ou bien*, le....., jour de la fête....., qui est une fête religieuse et chômée.

Nous *(qualité du fonctionnaire public)*, étant en surveillance accompagné d....., pour le maintien des dispositions de la loi du 18 novembre 1814, concernant la célébration des fêtes et dimanches, et passant dans la rue....., avons remarqué *(énoncer le fait)*, ce qui est une contravention à l'article..... de la loi précitée; pourquoi avons déclaré le présent procès-verbal de contravention audit sieur....., lequel nous a dit....., contre laquelle réponse nous avons fait toutes réserves et protestations de droit; et attendu qu'il s'agit d'une contravention de simple police, aux termes de l'article 5 de la loi précitée, disons que ledit sieur..... sera, conformément à l'article 138 du Code d'instruction criminelle, traduit au tribunal de police municipale, pour, sur les conclusions du ministère public, être par ledit tribunal statué ce que de droit, et avons signé, ainsi que le sieur....., nous assistant.

A....., les jour, mois et an susdits.

(Signatures.)

No 677.

Feu *allumé sur la voie publique (Procès-verbal pour un)* (1).

Aujourd'hui....., mil huit cent....., nous, maire *ou* adjoint de la commune d...., informé qu'un feu avait été allumé sur la voie publique, et qu'il était entretenu par plusieurs individus, nous sommes aussitôt transporté sur les lieux, où nous avons constaté que le feu avait été allumé *(indiquer ici exactement l'endroit)*; qu'il était alimenté, au moyen de bois *ou* de paille, par plusieurs individus, parmi lesquels nous avons reconnu les sieurs P..... et E....; nous avons sommé les individus présents d'éteindre ce feu à l'instant même, après leur avoir fait remarquer qu'ils s'étaient mis en contravention aux lois et règlements en allumant du feu à moins de cent mètres d'une maison *ou* d'un bois; ayant fait éteindre le feu, nous avons dressé contre lesdits le présent procès-verbal, auquel il sera donné telles suites qu'il appartiendra.

Fait à....., le 18...

(Signature.)

---

(1) Toute espèce de feu sur la voie publique, dans les champs, et surtout près des bois et forêts, doit être prohibée et sévèrement poursuivie par les autorités administratives et municipales. (*Loi du 16-24 août 1790, titre XI, art.* 3; *loi du 28 septembre, 6 octobre 1791, titre XI, art.* 10, *et Code pénal, art.* 458.)

N° 678.

Flagrant *délit* (*Procès-verbal dressé par un maire en cas de*).

Aujourd'hui....., à....., heures, devant nous, maire de la commune d....., officier de police judiciaire, auxiliaire de M. le procureur impérial, s'est présenté le sieur (*nom, prénoms, âge, profession et demeure*), lequel nous a déclaré que, dans la matinée de ce jour, pendant son absence momentanée, un vol avec effraction avait été commis en son domicile, rue....., n°.....

(*Mettre ici le dire du comparant avec toutes les circonstances par lui indiquées.*)

Cette plainte reçue, nous, maire soussigné, assisté de M....., notre adjoint, (*ou de M....., conseiller municipal, ou des sieurs....., cultivateurs, domiciliés en cette commune*), et accompagné de N....., garde champêtre, nous sommes immédiatement transporté avec le sieur...... dans son domicile, où étant arrivé, nous avons constaté ce qui suit :

(*Faire ici l'état des lieux, y indiquer la distribution de la maison, la position des différents meubles et objets, et généralement toutes les traces, empreintes et indications quelconques propres à éclairer la justice.*)

Ensuite, toujours accompagné du même, nous nous sommes transporté chez le sieur..... Il était absent de son domicile; nous l'avons envoyé chercher par le garde champêtre, et, lorsqu'il est arrivé, nous lui avons fait part de l'objet de notre transport (*indiquer ici si l'inculpé a paru interdit ou non*), puis il a protesté de son innocence, et nous a ouvert sans difficulté la porte de sa maison.

En y entrant, nous avons défendu à toutes les personnes présentes de sortir de l'enceinte des bâtiments avant la fin de notre opération. Nous avons fait, dans la maison, les recherches les plus minutieuses, sans y rien découvrir qui fût relatif au vol commis chez le sieur..... ; cependant, ayant demandé au sieur (*l'inculpé*) de nous conduire dans un grenier (*ou tout autre endroit ne faisant pas partie de la maison*), et voyant qu'il hésitait à nous satisfaire, nous avons pénétré dans ledit grenier qui n'était pas fermé à clef, et nous avons procédé immédiatement à une perquisition minutieuse des objets qui se trouvaient alors dans cet endroit, parmi lesquels objets nous avons remarqué. (*Indiquer ici les objets qui paraissent provenir du vol, et ceux qui, par leur nature, sembleraient avoir servi à consommer le crime*).

Ayant trouvé dans ce réduit un meuble fermé, nous avons enjoint au sieur..... de nous en faire l'ouverture ; à quoi il nous a répondu qu'il n'avait pas la clef et qu'au surplus il n'y avait point d'argent chez lui.

Sur cette réponse, nous l'avons fait fouiller minutieusement par notre garde champêtre, pour découvrir tant cette clef que les objets provenant du vol qui nous occupe.

Cette fouille n'ayant produit aucun résultat, nous avons requis le sieur....., serrurier (*ou forgeron*) en cette commune, d'ouvrir le coffre dont il a été parlé; le sieur..... ayant déféré immédiatement à notre réquisition, nous avons trouvé dans ce coffre. (*Indiquer ici tous les objets trouvés dans ce meuble, s'il s'y trouve des effets provenant du vol ou qui auraient servi à la consommation dudit vol; dans ce dernier cas, le maire ordonnera la garde à vue de l'inculpé, et vérifiera pendant ce temps si les objets soupçonnés avoir servi à l'exécution du crime sont véritablement ceux dont la découverte vient d'être faite. Il opérera ensuite la saisie des objets provenant du vol, ainsi qu'il suit :*)

Nous avons alors prononcé la saisie des objets trouvés pour servir de pièces de conviction, nous avons placé ces objets dans un linge (*ou toute autre chose*) fourni par le sieur.....; nous avons lié ce linge avec une ficelle dont nous avons réuni les bouts avec de la cire, sur laquelle nous avons appliqué le sceau de la mairie. Nous avons aussi placé sur ce paquet une bande de papier indicative de son contenu, et nous avons signé cette bande avec les personnes présentes, à l'exception du sieur....., qui a déclaré ne le savoir.

Nous avons ensuite, par procès-verbal séparé, reçu les déclarations des personnes qui nous ont été signalées comme ayant connaissance du fait, objet de nos recherches.

Enfin nous avons, en la présence de notre adjoint *(ou du sieur...., conseiller municipal, ou des sieurs....., qui nous asistaient)*, procédé à l'interrogatoire de l'inculpé ainsi qu'il suit :

(Suivent les réponses de l'inculpé aux demandes à lui adressées.)

Et attendu que de ce qui précède il résulte contre le nommé....., les indices les plus graves d'avoir commis le crime qui lui est imputé, et vu les articles 40, 49 et 50 du Code d'instruction criminelle, nous avons ordonné que cet inculpé serait conduit devant M. le procureur impérial, pour que ce magistrat statue, à son égard, ce qu'il appartiendra.

A cet effet, nous avons adressé un réquisitoire à M. le commandant de la gendarmerie de....., et nous avons ordonné, en attendant son arrivée, que le sieur..... serait provisoirement gardé à vue, dans son domicile, par le garde champêtre et les sieurs....., gardes nationaux, par nous requis à cet effet.

Fait et clos à....., le..... à... heures du...

Le maire.

N° 679.

FLAGRANT *délit (Déclarations des témoins, en cas de).*

L'an mil huit cent....., le....., à..... heures.... du.....

Nous, maire de la commune de....., avons, pour faire suite à notre procès-verbal en date de ce jour, dressé à l'occasion du vol commis chez le sieur....., reçu les déclarations des personnes plus bas nommées, lesquelles ont déposé séparément, et hors de la présence de l'inculpé, ainsi qu'il suit :

1° Le sieur *(nom, prénoms, âge, profession et demeure)* déclare :

(Mettre ici la déclaration de ce témoin.)

Lecture faite de sa déclaration au sieur....., il a déclaré ne savoir signer, et nous l'avons signée avec notre adjoint, faisant fonctions de greffier.

2° La femme *(nom, prénoms, profession et demeure)* déclare :

(Insérer ici la déclaration de ce témoin.)

Lecture faite à la dame..... de sa déclaration, elle l'a signée avec nous et notre adjoint.

(Et ainsi des autres témoins.)

Lecture faite, le présent procès-verbal a été signé par nous et toutes les personnes y dénommées, à l'exception du sieur....., qui a déclaré ne le savoir.

(Signatures.)

N° 680.

FLAGRANT *délit (Réquisitoire à un serrurier pour ouvrir une maison ou des meubles en cas de)* (1).

Le maire de la commune de....., procédant en cas de flagrant délit, requiert le sieur....., serrurier en cette commune, de se transporter avec les instruments de sa profession à....., pour ouvrir les portes, meubles, etc., qui lui seront désignés par le soussigné.

Fait à le..... mil huit cent.....

(Sceau de la mairie.) *Le maire.*

(1) En cas d'urgence, tout ouvrier peut être requis par le maire, et il est tenu d'obéir.

N° 681.

Flagrant *délit* (*Taxe à un serrurier requis pour ouverture de portes, meubles, etc., en cas de*).

Taxé au sieur....., pour l'exécution du réquisitoire qui lui a été adressé, et l'ouverture de..... portes, ... armoires, ... malles, etc., la somme de (*en toutes lettres*), qui lui sera payée par M. le receveur de l'enregistrement de (*indiquer ici le bureau d'enregistrement le plus voisin de la localité*).

Le sieur..... a signé *ou* a déclaré ne savoir signer.

Fait à....., le..... mil huit cent...

(*Sceau de la mairie.*) *Le maire.*

N° 682.

Flagrant *délit* (*Procès-verbal pour refus d'un ouvrier ou de toute autre personne de déférer aux réquisitions du maire, en cas de*).

L'an mil huit cent....., le.....

Nous, maire de la commune de....., rapportons qu'aujourd'hui même, à..... heures du....., au lieu de....., en cette commune où nous procédions, en cas de flagrant délit, nous avons requis le sieur..... de nous assister dans nos opérations, et à cet effet de (*indiquer ici le travail que la personne requise était tenue de faire*); ledit sieur.... s'est retiré sans déférer à nos réquisitions *ou bien* a négligé de nous prêter l'assistance ou le secours par nous requis, quoiqu'il fût pleinement en son pouvoir de le faire.

De ce refus ou de cette négligence, qui constitue la contravention prévue par l'article 475, n° 12, du Code pénal, nous avons dressé le présent procès-verbal, qui sera adressé à M. le juge de paix du canton pour recevoir telles suites qu'il appartiendra.

Fait à....., les jour, mois et an que dessus.

Le maire.

N° 683.

Flagrant *délit* (*Réquisitoire à un voiturier pour transporter un prévenu ou des pièces de conviction, en cas de*).

Nous, maire de la commune de.....

Vu notre réquisitoire en date de jour....., *ou* la réquisition de M. le (*indiquer la qualité du magistrat*) près la cour *ou* le tribunal de...... *ou* de M. le juge de paix de....., portant que le nommé.... (*relater ici textuellement la nature de la prévention et le but de la translation, tels qu'ils sont indiqués dans la réquisition*).

Vu le certificat du médecin attestant que cet individu est dans l'impossibilité de faire la route à pied ;

Requérons le préposé du service des convois militaires à....., *ou* le sieur...., voiturier en cette commune, de fournir une voiture à un collier, ou un cheval de selle, pour transférer le susnommé de cette commune à.....

A....., le..... 18..

Le maire.

N° 684.

Flagrant *délit* (*Taxe à un voiturier pour le transport d'un prévenu ou de pièces de conviction, en cas de*) (1).

Taxé au sieur....., voiturier à....., en vertu des articles 6 et 9 du règlement du 18 juin 1811, la somme de..... pour avoir transporté le prévenu et les objets (*ou les objets seulement lorsqu'il n'y a pas de prévenu à transférer*) désignés dans la réquisition que nous lui avons adressée le....., laquelle somme lui sera payée par le receveur de l'enregistrement du bureau de (*désigner le bureau d'enregistrement le plus voisin de la commune*).

Ledit sieur..... a signé *ou* a déclaré ne savoir signer.

Fait à....., le.... 18...

(*Sceau de la mairie.*) *Le maire.*

N° 685.

Foins *et regains.* — *Délibération du conseil municipal relative à la vente d'une coupe de foin et de regain.*

L'an mil huit cent....., le....., le conseil municipal de la commune d....., réuni, etc. (Voy. Délibération.)

M. le maire a exposé que la commune a en propriété une pièce de terre en nature de pré, sise à....., de la contenance de.....; qu'il est d'usage de vendre annuellement les fruits de ce terrain, tant en foin qu'en regain, par adjudication publique aux enchères; que cette vente ne peut être faite qu'ensuite d'une autorisation spéciale du conseil municipal, et qu'il y a lieu de délibérer sur la mise en adjudication de la récolte de 18...;

Le conseil municipal,

Considérant les avantages que retire la commune de la vente proposée,

Arrête :

M. le maire est autorisé à mettre en adjudication publique, le plus tôt possible, la récolte du foin et du regain à lever en 18.. sur le terrain communal appelé le....., sur la mise à prix fixée à la somme de..... L'adjudicataire devra se conformer à l'usage des lieux pour la coupe, soit du foin, soit du regain; il versera le prix de vente à la caisse municipale, le.....; tous les frais d'adjudication seront, en outre, à sa charge. MM....., membres du conseil municipal, sont délégués pour assister à l'adjudication.

Fait et délibéré à....., les jour, mois et an que dessus.

(*Signatures.*)

N° 686.

Foins *et regains* (*Adjudication d'une coupe de*).

Adjudication de la récolte sur pied du foin et du regain existant sur la propriété communale dite....., sise en cette commune, au lieu dit.....

Cahier des charges ou *conditions de l'adjudication.*

Art. 1er. La vente est faite sans aucune garantie de quantité ni de contenance.

2. L'adjudicataire sera tenu de faire la coupe, soit du foin, soit du regain, au temps prescrit par l'usage des lieux, de manière à ce que le terrain soit

(1) Cette taxe se rédige au bas du réquisitoire; on y joint à l'appui le certificat du médecin constatant la nécessité du transport du prévenu en voiture. Quant à la somme à allouer au voiturier, c'est celle d'une journée de voiture à un collier, dans la commune, conducteur compris. Si la distance de la commune au chef-lieu d'arrondissement était telle que le voiturier ne pût aller et revenir dans le même jour, le maire allouerait le prix de deux journées.

rendu libre au plus tard le..... pour le foin, et le..... pour le regain (1).

3. L'adjudication aura lieu, au plus offrant et dernier enchérisseur, après l'extinction de deux feux sans enchère.

4. La mise à prix est fixée à..... fr.

5. Les frais de coupe sont à la charge de l'adjudicataire.

6. Le prix de vente sera versé dans la caisse municipale, immédiatement après l'adjudication (2).

7. Les frais d'affiches, de criées, enregistrement, timbre, expédition, et tous autres auxquels la présente adjudication pourra donner lieu, seront à la charge de l'adjudicataire.

Affiche.

(Sur papier de couleur timbré.)

MAIRIE D.....

ADJUDICATION de la récolte sur pied du foin et du regain existant sur la propriété communale dite.....

On fait savoir que le..... prochain, à..... heures du....., il sera, par-devant le maire de la ville *ou* commune d....., en la salle de la mairie, procédé à l'adjudication, au plus offrant et dernier enchérisseur, et à l'extinction des feux, de la récolte sur pied du foin et du regain provenant de la propriété communale dite....., sise en cette commune, *ou* en la commune d....., au lieu dit....., contenant environ..... hectares..... ares..... centiares.

On peut prendre connaissance, au secrétariat de la mairie, des clauses et conditions de l'adjudication, tous les jours non fériés, de *telle* heure à *telle* heure.

Fait à la mairie de....., le..... 18..

Le maire.

Procès-verbal d'adjudication.

L'an mil huit cent....., à heures du....., nous..... maire de la commune de....., nous sommes rendu en la salle de la mairie, accompagné de MM....., commissaires délégués par le conseil municipal et membres dudit conseil, et de M....., receveur municipal, pour, en conséquence et par suite des affiches que nous avons fait apposer aux lieux accoutumés et aux époques voulues, procéder à l'adjudication, au plus offrant et dernier enchérisseur, de la récolte sur pied du foin et du regain provenant de la propriété communale..... dite....., sise en cette commune, *ou* en la commune de..... au lieu dit..... contenant environ..... hectares..... ares..... centiares.

Lecture faite des clauses et conditions de l'adjudication, et attendu qu'il s'est trouvé un nombre suffisant d'enchérisseurs, nous avons annoncé qu'il allait être procédé à la réception des enchères sur la mise à prix fixée à (*huit cents francs*).

Il a été allumé un premier feu, pendant la durée duquel le sieur A..... a offert *huit cent cinq francs* (3), le sieur B..... *huit cent dix francs*, ledit sieur A..... *huit cent cinquante francs*.

---

(1) On peut accorder à l'adjudicataire la faculté de mettre le foin en meules sur l'emplacement où il aura été récolté, en lui fixant un délai pour le faire enlever.

(2) S'il est accordé à l'adjudicataire un délai pour le payement, on l'oblige alors à donner caution, ce qui fait l'objet d'un article ainsi conçu : « L'adjudicataire sera « tenu de fournir caution bonne et solvable, qui s'engagera solidairement avec lui en « renonçant au bénéfice de discussion. »

Si l'adjudicataire est un propriétaire, il peut se cautionner lui-même.

Les biens offerts en cautionnement doivent être quittes et francs de toute hypothèque, ou au moins, malgré les hypothèques dont ils pourraient être grevés, ils doivent présenter encore une valeur égale au montant du cautionnement demandé.

(3) La loi du 3-18 novembre 1790, sur la forme et le mode de publication des adjudications par *enchères*, porte, article 16 : « Quant aux enchères, il n'en sera admis « que de cinq livres, lorsque l'objet sera de plus de cent livres; de vingt-cinq livres, « au-dessus de mille livres, enfin de cent livres, lorsque l'objet dépassera dix mille « livres. »

Il a été allumé un second feu pendant lequel le sieur M..... a offert *neuf cents francs.*

Il a été allumé un troisième feu, pendant lequel il a été offert par le sieur B..... *mille francs*; et a, ledit sieur B....., signé. (*Signature de l'enchérisseur.*)

Deux autres feux ayant été allumés successivement, et s'étant éteints sans enchères, nous avons adjugé au sieur B..... (*ses prénoms, profession et demeure*) la coupe de foin et de regain ci-dessus désignée, moyennant le prix et somme de *mille francs*, et à la charge par lui d'exécuter les clauses et conditions de l'adjudication; et le sieur B..... nous a présenté pour caution le sieur G....., demeurant à....., qui s'est engagé solidairement avec lui, en renonçant au bénéfice de discussion, et qui a offert, en garantie du prix de l'adjudication, une maison à lui appartenant, sise à....., du prix de *cinq mille francs; ou* (*pour éviter la caution*) et à l'instant ledit sieur B..... ayant déclaré être dans l'intention de se cautionner lui-même, a offert, pour sûreté de ses engagements, *tel immeuble* à lui appartenant, sis à....., du prix de *quatre mille francs* : nous avons trouvé cette garantie suffisante et nous l'avons acceptée, de l'avis de MM. les membres de la commission; et ledit sieur B..... a signé avec nous et lesdits sieurs commissaires après lecture faite (1).

Fait et clos à....., les jour, mois et an susdits. (*Signatures.*)

N° 687.

FOIRES *et marchés. — Délibération du conseil municipal sollicitant l'établissement d'une foire* (2).

L'an mil huit cent....., le.....

Le conseil municipal de la commune d..... réuni, etc. (Voy. DÉLIBÉRATION.)

M. le maire a exposé : (*Déduire ici les motifs qui déterminent la demande de création d'une foire ou d'un marché.*)

Le conseil municipal, après en avoir délibéré, déclare se ranger de l'avis de M. le maire, et l'invite à faire toutes les démarches nécessaires auprès de l'autorité supérieure, pour qu'il soit donné à ce projet telle suite que de droit.

Fait et délibéré à....., les jour, mois et an que dessus.

(*Signatures.*)

N° 688.

FOIRES *et marchés. — Tableau des foires existant dans un rayon de deux myriamètres environ de la commune qui demande l'établissement d'une foire* (3).

NOMS des communes.	DISTANCE (*en chiffres*).	NOMBRE des foires (*en lettres*).	ÉPOQUE et durée de chaque foire.	MARCHANDISES et denrées qu'il est d'usage d'y mettre en vente.	OBSTACLES ou facilités des communications avec la commune qui demande.	IMPORTANCE relative de chaque foire.	OBSERVATIONS.

(1) Si l'adjudicataire ne se cautionne pas lui-même, sa caution signe le procès-verbal qui se termine en ces termes : « Et ledit sieur B.... a signé avec nous, ainsi que le sieur G.... caution, et lesdits sieurs commissaires, après lecture faite.

« Fait et clos, etc. »

(2) La délibération du conseil municipal demandant l'établissement d'un marché ou d'une foire, est communiquée par le sous-préfet aux conseils municipaux de toutes les communes situées dans un rayon de deux myriamètres environ de la commune réclamante. Ces conseils municipaux transmettent ensuite leur avis au sous-préfet, sur l'établissement projeté. (*Circ. du 28 septembre 1838.*)

Voy. *Dictionnaire municipal*, FOIRES ET MARCHÉS.

(3) Aux termes des articles 6 et 41 de la loi du 10 mai 1838, le conseil général et le

N° 689.

Foires *et marchés. — Délibération du conseil municipal d'une commune limitrophe de celle qui demande la création d'une foire.*

L'an mil huit cent....., le....., le conseil municipal de la commune d..... réuni, etc. (Voy. Délibération.)

M. le maire a exposé, que par sa délibération en date du..... le conseil municipal de la commune d..... a demandé la création d'une foire, dont la tenue devrait avoir lieu le..... de chaque année.

Que par sa dépêche du..... M. le préfet du département a invité le conseil municipal à donner son avis sur cet établissement.

Qu'il priait en conséquence le conseil de vouloir bien examiner ce projet, et faire connaître par une délibération l'avis qu'il voudrait émettre sur cette proposition.

Le conseil, après avoir examiné le projet de la commune d..... et reconnu la nécessité de la création d'une nouvelle foire dans cette localité, déclare donner son adhésion à ce projet.

Fait et délibéré à....., les jour, mois et an que dessus.

(Signatures.)

N° 690.

Foires *et marchés (Délibération du conseil municipal pour l'établissement des droits à percevoir sur les bestiaux conduits aux)* (1).

L'an mil huit cent....., le....., le conseil municipal de la commune d..... réuni, etc. (Voy. Délibération.)

Le conseil ainsi réuni, M. le président lui a exposé que la commune avait des charges très-lourdes à supporter, notamment celles qui résultent de.....; que les ressources ordinaires étaient insuffisantes pour satisfaire à ces charges, et que, chaque année, on était forcé de recourir à des impositions extraordinaires;

Qu'à l'exemple de *telles* communes, il proposait au conseil de percevoir, d'après un tarif approuvé par l'autorité compétente, un droit de location de place, les jours de foire ou marché, sur les bestiaux amenés et exposés sur le champ de foire pour être vendus.

Ce projet étant conçu dans l'intérêt de la commune, le conseil municipal déclare l'approuver, et autoriser en conséquence M. le maire à faire toutes les démarches nécessaires pour qu'il soit mis le plus tôt possible à exécution.

Le conseil, sur la proposition de M. le maire, délègue MM....., deux de ses membres, qui, de concert avec ce magistrat, arrêteront les bases du tarif et le soumettront à la révision du conseil dans sa prochaine session.

Fait et délibéré à....., les jour, mois et an que dessus.

(Signatures.)

---

conseil d'arrondissement sont appelés à donner leur avis sur l'*établissement, la suppression ou le changement des foires et marchés.* — Le tableau dont nous donnons ici le modèle a pour but d'éclairer les conseils consultés.

(1) Cette délibération et le tarif des prix à percevoir sont soumis à l'approbation du préfet.

N° 691.

Foires *et marchés* (*Tarif des droits de location de places sur les bestiaux conduits aux*) (1).

DÉSIGNATION DE L'ESPÈCE DE DÉTAIL.	ESPACE de terrain occupé ou censé occupé.	DROIT de location par mètre.	TOTAL des droits à payer.	OBSERV.
Pour chaque bœuf, vache ou taureau...	4 mètres.	2 c. 1/2	10 c.	
— une vache et son veau..........	5 —	2 1/2	10 1/2	
— chaque cheval	4 —	2 1/2	10	
— une jument et son suivant.......	5 —	2 1/2	10 1/2	
— chaque mule ou mulet...........	4 —	2 1/2	10	
— chaque âne ou ânesse...........	2 —	2 1/2	5	
— une ânesse et son ânon.........	3 —	2 1/2	5 1/2	
— chaque porc..................	2 —	2 1/2	5	
— chaque mouton................	2 —	2 1/2	5	
— chaque chèvre................	2 —	2 1/2	5	
— chaque porche et ses petits.......	2 —	2 1/2	5	
— chaque veau de lait.............	2 —	2 1/2	5	

Fait et arrêté en mairie par les membres du conseil municipal, soussignés.

A....., le..... 18...

(*Signatures.*)

Pour l'adjudication des droits de place, voy. Halles et Marchés.

N° 692.

Foires *et marchés* (*Arrêté municipal concernant les mesures d'ordre et de police à observer sur les*).

Nous, maire de la commune de..... :

Vu les lois des 14 décembre 1789, art. 50; 16-24 août 1790, titre XI, art. 3, nos 1, 2 et 3; 19-22 juillet 1791, titre 1er, art. 46; les articles 471, nos 4 et 15; 477, no 1; 478, 479, nos 5 et 6; 480, nos 2 et 3 du Code pénal ;

Considérant qu'il est de notre devoir de prévenir par de sages mesures les accidents qui pourraient résulter de l'affluence considérable d'hommes et d'animaux qui doit avoir lieu en cette commune à l'occasion de la foire du....., et d'assurer protection et sécurité à toutes les personnes qui s'y présenteront ;

Avons arrêté et arrêtons ce qui suit :

Art. 1er. La foire aura lieu, suivant l'usage, le....., de six heures du matin à six heures du soir. La clôture de la foire sera annoncée à son de caisse.

2. La foire aux marchandises se tiendra sur la place de..... et dans les rues....., à partir de..... jusqu'à.....

La vente des bestiaux ne pourra avoir lieu que sur le champ de foire.

3. Les marchands qui viendront à la foire devront, en arrivant, représenter et

(1) Le prix du mètre carré doit rester le même pour tous les animaux mis en vente. L'intérêt de la prospérité de la foire conseille de ne pas trop exagérer les droits, dont la trop grande élévation pourrait finir par éloigner les marchands au détriment de la localité.

déposer leurs passe-ports à la mairie ; ils recevront, en échange, une carte de sûreté qu'ils garderont pendant toute la durée de leur séjour ; ils exhiberont une patente et acquitteront, à la caisse du receveur municipal, le droit de place dont la perception est autorisée suivant le tarif.

4. La distribution des baraques aux marchands se fera, sans aucune préférence, à mesure qu'ils arriveront ; seulement, ceux qui auraient une grande quantité de marchandises pourront choisir un plus grand emplacement.

5. Les voitures des marchands forains servant à la vente seront rangées sur une seule ligne, rue.....

6. Les carioles, pataches, cabriolets et autres voitures qui ne servent pas à la vente et ne pourront être remisées dans les auberges, devront être rangées dans la rue de....., à un pas les unes des autres, et de manière à ne pas gêner la circulation des personnes à pied, et à permettre l'attelage des chevaux sans déranger les voitures voisines.

7. Pendant la durée de la foire, la circulation des voitures sera interdite sur tous les emplacements désignés en l'article 2.

8. Les voitures qui se rendront au marché au blé entreront par la rue..... et ne pourront sortir que par celle de.....

9. Il est défendu aux voituriers et cultivateurs de quitter leurs chevaux sans les avoir attachés ou confiés à la garde de quelqu'un.

10. Il est défendu d'exposer en vente des comestibles gâtés, corrompus ou nuisibles ; ces comestibles seront saisis et détruits, le tout conformément aux articles 475, n° 14 et 477, n° 4, du Code pénal.

11. Il est défendu de faire usage de balances, de poids et de mesures qui n'auraient pas été vérifiés.

Il est enjoint aux marchands de placer leurs balances et leurs poids en évidence.

12. On ne pourra établir dans l'intérieur de la foire aucun étalage de viandes préparées, menus comestibles ou débits de vins ou de liqueurs.

13. Les faiseurs de tours, escamoteurs, saltimbanques, chanteurs publics, marchands de médicaments, musiciens ambulants seront tenus de se munir d'une permission, qui leur sera remise sur la présentation par eux de l'autorisation dont ils doivent être porteurs.

Ils se conformeront en tous points à notre arrêté du....., qui sera affiché de nouveau.

14. Les jeux de hasard sont expressément défendus.

15. Au cas où quelques contestations s'élèveraient sur l'origine des marchandises exposées en vente, et si la possession n'en pouvait être justifiée, les marchands sont prévenus qu'il y aura lieu, à leur égard, à la revendication autorisée par l'article 2279 (1) du Code Napoléon, indépendamment des dommages-intérêts.

16. Il est défendu de continuer les ventes après la clôture de la foire, soit sur l'emplacement de la foire, soit sur tout autre point de la voie publique.

17. Il est également défendu aux marchands de se réunir, pour continuer leurs ventes et constituer des marchés illicites, dans des auberges, cours de maisons particulières et autres lieux clos ou non, soit pendant le temps de la foire, soit avant ou après.

Il est défendu aux aubergistes et à tous autres de se prêter à de telles réunions et ventes, ou de les tolérer.

18. Les contraventions au présent règlement seront constatées par des procès-verbaux, et les contrevenants seront poursuivis par-devant les tribunaux compétents.

Fait et arrêté à....., le... . 18... *Le maire.*

---

(1) En fait de meubles, la possession vaut titre. — Néanmoins celui qui a perdu ou auquel a été volé une chose, peut la revendiquer pendant trois ans, à compter du jour de la perte ou du vol, contre celui dans les mains duquel il la trouve, sauf à celui-ci son recours contre celui duquel il la tient. (*Code Napoléon, art.* 2279.)

N° 693.

Foires *et marchés. — Arrêté municipal concernant la police d'un marché aux bestiaux.*

Nous, maire de la commune de.....,

Vu la loi du 16-24 août 1790, titre XI, art. 3, §§ 3, et 6; la loi du 18 juillet 1837, art. 11; le Code pénal, art. 484;

Considérant qu'il importe, dans l'intérêt de l'ordre et de la bonne tenue de la foire du....., de réglementer le placement des bestiaux, de manière à prévenir les difficultés qui pourraient s'élever à ce sujet entre les marchands,

Arrêtons ce qui suit :

Art. 1er. La foire de..... sera ouverte, pour la réception des bestiaux, à six heures du matin, du 1er avril au 30 septembre, et à sept heures, du 1er octobre au 31 mars.

2. Dans la demi-heure qui précédera l'ouverture du marché, les marchands feront au préposé à la recette du droit de place la déclaration des bestiaux qu'ils ont à introduire. Ils acquitteront les droits dus pour ces bestiaux, conformément au tarif approuvé par M. le préfet, le....., et il leur sera délivré de ce payement une quittance énonciative du nombre et de l'espèce des bestiaux par eux déclarés.

3. Le sort déterminera l'ordre dans lequel chaque marchand porteur de quittance choisira la place destinée aux bestiaux par lui déclarés.

4. Le tirage au sort se fera en présence du commissaire de police, qui énoncera le résultat sur chaque quittance.

5. Le placement des bœufs aura lieu de manière que chaque travée en contienne au moins.....

6. Il est expressément défendu de placer des bœufs en dehors des travées.

7. Toute place restée vacante après l'ouverture de la vente sera donnée au marchand qui la réclamera; si plusieurs marchands la réclament, le sort prononcera entre eux.

9. Les bœufs et les vaches seront attachés un à un aux lisses en fer. Les taureaux continueront à être attachés par de doubles longes aux anneaux scellés dans les murs des bergeries.

10. Les voitures servant au transport des veaux et autres bestiaux seront retirées après leur déchargement. Il est défendu de les laisser stationner sur aucun point du marché.

11. Tous les bestiaux vendus devront être immédiatement marqués d'achat et retirés du marché.

L'enlèvement des veaux ne pourra être différé que jusqu'à l'arrivée des voitures destinées à leur transport.

12. L'entrée du marché est interdite aux saltimbanques, aux chanteurs publics, aux crieurs d'écrits et aux colporteurs de marchandises.

13. Les contraventions au présent arrêté seront constatées par des procès-verbaux ou rapports, et punies conformément aux lois.

Fait à....., le..... 18... *Le maire.*

N° 694.

Fontaines *publiques* (*Arrêté concernant la police des*).

Nous, maire de la commune de.....,

Vu les lois des 14 décembre 1789, art. 50; 16-24 août 1790, titre XI, art. 5, n° 1er; 19-22 juillet 1791, titre Ier, art. 46; le Code pénal, art. 257 (1) et 471, n° 15; le Code Napoléon, art. 1384;

(1) Quiconque aura détruit, abattu, mutilé ou dégradé des monuments, statues ou autres objets destinés à l'utilité ou à la décoration publique, et élevés par l'autorité publique ou avec son autorisation, sera puni d'un emprisonnement d'un mois à deux ans, et d'une amende de 100 à 500 fr. (*Code pénal, art.* 257.)

Considérant que, dans l'intérêt de la sûreté publique et de la libre circulation, il importe de prendre des mesures pour prévenir l'encombrement et les embarras aux abords des fontaines et des bornes-fontaines ;

Qu'il importe d'assurer, par des précautions convenables, la salubrité des eaux des fontaines publiques, et d'empêcher que l'eau des bornes-fontaines, qui doit être employée à l'assainissement de la ville, ne soit détournée de sa destination,

Avons arrêté et arrêtons ce qui suit :

Art. 1er. Les stationnements de voitures et de chevaux, les dépôts de baquets, vases et objets semblables, sont formellement interdits aux abords des fontaines publiques et des bornes-fontaines.

2. Il est défendu de laver du linge, des légumes ou tout autre objet dans les bassins et aux abords des fontaines publiques et des bornes-fontaines, et d'y abreuver des chevaux ou autres animaux.

3. Il est défendu d'apposer des placards sur les fontaines publiques, ainsi que sur les bornes-fontaines.

Tout dépôt d'immondices ou d'ordures dans les bassins ou aux abords desdites fontaines et bornes-fontaines est interdit.

4. Tout individu qui aura dégradé les fontaines ou bornes-fontaines, de quelque manière que ce soit, ou qui aura fait usage, pour les ouvrir, de fausses clefs, sera poursuivi conformément aux dispositions du Code pénal.

5. Il est défendu de détourner l'eau des bornes-fontaines ou d'en arrêter le cours, par quelque moyen que ce soit.

Il est aussi défendu d'en prendre pour la vendre ou pour l'employer à des usages industriels.

Le puisage pour les besoins personnels ou domestiques est seul toléré.

6. Dans les temps de fortes gelées, les fontaines publiques seront arrêtées, pour éviter les accidents que l'écoulement et la congélation de l'eau sur la voie publique pourraient occasionner.

7. Lorsque l'engorgement ou la rupture des tuyaux de conduite des eaux nécessitera leur nettoiement ou leur réparation, l'autorité fera publier un jour d'avance un avis indiquant le temps nécessaire au nettoiement ou à la réparation.

8. Les contraventions au présent règlement seront constatées par des procès-verbaux, et les délinquants poursuivis par-devant le tribunal de simple police.

Fait à....., le..... 18...

Le maire.

No 695.

FONTAINES *publiques* (*Procès-verbal pour immondices jetées dans les*).

L'an mil huit cent....., le....., à..... heures du....., nous, commissaire de police de la ville de....., informé que, dans le bassin *ou* cuve de la fontaine publique située....., on venait de trouver des immondices susceptibles de salir et corrompre l'eau dudit bassin, nous sommes de suite transporté près de cette fontaine et avons constaté que *(constater les faits)*.

Ayant pris des informations afin de découvrir les auteurs du fait dont il s'agit, il nous a été dit par les sieurs..... *(noms, profession et demeure des témoins)*, qu'ils ont vu *tel* jour, à *telle* heure, un individu qu'ils connaissent pour le sieur Jean B....., demeurant rue....., no....., venir à ladite fontaine, et y jeter dans le bassin..... ; et ont signé leur déclaration, après lecture faite, et en avoir affirmé la vérité.

De suite nous avons fait retirer du bassin de ladite fontaine les immondices qui y avaient été jetées, et avons contre ledit sieur B....., rédigé le présent procès-verbal de contravention à l'arrêté de police du....., pour, ledit....., être traduit au tribunal de simple police, et, par ce tribunal, être prononcé telles condamnations qu'il appartiendra.

Fait à....., les jour, mois et an que dessus.

(Signatures.)

N° 696.

Fontaines *publiques* (*Procès-verbal pour lavage de linge dans les*).

L'an mil huit cent....., le....., à..... heures du....., nous, commissaire de police de la ville *ou* commune de....., passant près de la fontaine située ......, avons aperçu deux femmes qui y lavaient du linge, et ayant près d'elles plusieurs baquets, sur la voie publique, ce qui gênait les abords de la fontaine. Ces femmes, sur notre interpellation, nous ont dit se nommer, l'une Elisabeth P..., demeurant rue....., n°..., l'autre Annette T...., demeurant même rue, n°... Nous leur avons fait remarquer qu'en lavant du linge dans une fontaine publique, elles s'étaient mises en contravention à l'arrêté de M. le maire en date du....., et les avons sommées de se retirer, ce qu'elles ont fait à l'instant.

Et, attendu la contravention, nous avons dressé contre lesdites P... et T...., le présent procès-verbal, qui sera déféré au tribunal de simple police, pour y être donné telles suites qu'il appartiendra.....

Fait à....., les jour, mois et an que dessus.

(*Signature.*)

N° 697.

Fontaines *publiques. — Procès-verbal pour constater que des chevaux ou autres animaux ont été abreuvés à une fontaine publique.*

L'an mil huit cent....., le..... à..... heures du....., nous, commissaire de police de la ville de....., passant près de la fontaine.. ...., avons remarqué un individu qui y faisait boire des chevaux, qu'il avait dételés d'un carrosse *ou* cabriolet, *ou* d'une charrette stationnant sur la voie publique près de ladite fontaine et sur la plaque de laquelle était inscrit (*contenu de la plaque*).

Ayant interpellé ledit individu de nous déclarer ses nom, prénoms, profession et demeure, et ceux du propriétaire desdits chevaux et voiture, il nous a dit....

Sur quoi nous lui avons déclaré procès-verbal de sa contravention à l'article..... du règlement du.....; lui avons fait défenses expresses de récidiver: et attendu sa contravention à un règlement de police légalement rendu, disons qu'il sera traduit devant le tribunal de police municipale pour s'y voir condamner à telles peines que de droit

Fait à....., le..... 18...

Le commissaire de police.

N° 698.

Fontaines *publiques. — Adjudication du bail de l'entretien des fontaines, abreuvoirs et lavoirs publics.*

CAHIER DES CHARGES.

Art. 1er. L'entretien des fontaines, abreuvoirs et lavoirs publics de la commune de....., savoir : (*désigner ici les fontaines, abreuvoirs et lavoirs dont l'entretien fait l'objet de l'adjudication*), sera concédé en adjudication publique par bail au rabais et à l'extinction de deux feux sans rabais, pour le temps et espace de trois années consécutives qui commenceront le..... et finiront le....., sur la mise à prix fixée à..... pour rétribution annuelle.

2. L'adjudicataire sera tenu de nettoyer, au moins une fois par semaine, les bassins des fontaines, des lavoirs et des abreuvoirs ci-dessus désignés, ainsi que les rigoles et canaux d'écoulement; de curer et réparer les réservoirs des fontaines toutes les fois qu'il en sera besoin; de veiller à la conservation des sources, enfin de faire toutes les réparations de simple entretien nécessaires pour

tenir constamment en état de propreté et de suffisante alimentation les fontaines, lavoirs et abreuvoirs de la commune. Il devra, en outre, en cas d'engorgement ou de pertes dans les tuyaux de conduite des eaux, les lever immédiatement, les réparer ou les remplacer, s'il y a lieu et à ses frais, exécuter ces travaux dans le plus court délai possible, et rétablir de suite le pavé des rues et des places publiques où des tranchées auraient été ouvertes à l'effet des travaux dont il est cas.

3. L'adjudicataire sera tenu de prévenir, dans les sécheresses, l'attérissement des fontaines, lavoirs et abreuvoirs, par tous les moyens en son pouvoir, et, dans les gelées, de casser et enlever les glaces qui obstrueraient les bassins ou qui en empêcheraient le libre accès aux habitants; il devra même, dans les fortes gelées, arrêter les fontaines en déversant les eaux dans les déchargeoirs, pour éviter les accidents que l'écoulement et la congélation des eaux sur la voie publique pourraient occasionner.

4. A défaut par l'adjudicataire d'exécuter sans retard les divers travaux ci-dessus mentionnés, il y sera pourvu, à ses frais, par l'autorité locale après une simple sommation faite dans les formes administratives, et signifiée par l'appariteur ou le garde champêtre.

5. L'adjudicataire devra veiller, concurremment avec les agents de police et le garde champêtre, à ce qu'il ne soit commis aucune contravention au règlement municipal concernant la police des fontaines, lavoirs et abreuvoirs de la commune, et faire constater par témoins, pour en appeler au tribunal de simple police, celles qui viendraient à sa connaissance.

6. Il sera tenu d'avertir immédiatement l'autorité municipale des accidents qui arriveraient aux établissements de l'entretien desquels il sera chargé, et des grosses réparations qu'il y aurait urgence d'y procurer, les grosses réparations et les travaux extraordinaires restant à la charge de la commune.

7. Il sera payé du prix de son adjudication pour chacune des années du bail, par quart, à la fin de chaque trimestre, sur mandat du maire, à la caisse du receveur municipal.

8. Il fournira au moment même de l'adjudication bonne et valable caution, laquelle sera agréée par le maire et le receveur municipal, et s'engagera solidairement à la parfaite exécution des présentes conditions.

9. Les frais d'affiches, criées, timbre, enregistrement, expéditions et tous frais quelconques de l'adjudication seront à la charge de l'adjudicataire et payés par lui à première réquisition.

10. L'adjudication ne sera valable et définitive qu'après avoir été approuvée par M. le préfet et à dater de cette approbation.

Fait à..... le.... mil huit cent.....

Le maire.

Approuvé : à....., le..... 18...

Le préfet.

PROCÈS-VERBAL D'ADJUDICATION.

L'an mil huit cent....., le......, à..... heures du....., nous....., maire de la commune de....., nous sommes rendu en la salle de la mairie de ladite commune, où se sont rencontrés également les sieurs N... et N..., membres du conseil municipal délégués par délibération du..... et M...... receveur communal, à l'effet de procéder, en conséquence et par suite des affiches que nous avons fait apposer aux lieux accoutumés et aux époques voulues, à l'adjudication par bail au rabais et à l'extinction des feux, de l'entretien des fontaines, abreuvoirs et lavoirs publics, pendant le laps de trois années consécutives, ainsi qu'il est dit au cahier des charges approuvé par M. le préfet, le....,

Lecture faite à haute et intelligible voix du cahier des charges de l'entreprise, nous avons annoncé qu'il allait être procédé à la réception des rabais dont chacun devra être au moins de..... francs, la mise à prix étant fixée à.....; nous avons rappelé, en outre, que l'adjudication sera donnée après extinction de deux feux francs sans rabais, à celui des concurrents qui aura fait l'offre la plus avantageuse.

Un premier feu ayant été allumé, pendant sa durée le sieur B..... a déclaré vouloir se rendre adjudicataire pour la somme de.....; M. C..... pour celle de....., et le sieur D..... pour celle de.....

Deux autres feux ayant été allumés successivement, ayant brûlé et s'étant éteints sans qu'il fût fait d'autres rabais, nous avons déclaré ledit sieur D..... adjudicataire du bail pour trois années consécutives qui commenceront le..., de l'entretien des fontaines, lavoirs et abreuvoirs de la commune, et ce pour et moyennant la somme de..... qui lui sera payée annuellement, comme il est dit au cahier des charges.

Et à l'instant ledit sieur D......, nous a présenté, comme caution, M......, qui s'est engagé solidairement avec lui, en renonçant au bénéfice de discussion, à l'entière et parfaite exécution des clauses et conditions de la présente adjudication.

Et ont signé avec nous, M......, adjudicataire, M..... caution, ainsi que MM......., conseillers municipaux assistants, et M..... receveur municipal.

Fait et clos à....., les jour, mois et an que dessus.

(*Signatures.*)

N° 699.

Fossés. — *Procès-verbal constatant qu'un fossé servant de clôture à une propriété rurale a été comblé* (1).

Aujourd'hui...... mil huit cent......, à...... heures du..... nous (*nom et prénoms*), garde champêtre de la commune de....., dûment assermenté et portant le signe caractéristique de nos fonctions, faisant notre tournée ordinaire, avons remarqué qu'une partie du fossé qui borde le chemin de..... et la propriété du sieur (*nom, profession, demeure*), située au quartier de..... était comblée et qu'une charrette l'avait ainsi traversé. Un instant après, nous avons vu la charrette du sieur (*nom, profession, demeure*), attelée d'un cheval, et conduite par le nommé.. .., qui repassait sur ledit fossé, à la partie où il avait été comblé. Ne doutant pas que ce charretier ne fût l'auteur du comblement, nous l'avons interpellé à ce sujet, il a répondu.....

De tout quoi, nous avons dressé le présent procès-verbal, qui a été clos à.... heure du....., pour servir et valoir à ce que de droit, et avons signé.

(*Signature.*)

Suit *le procès-verbal d'affirmation.* Voy. Garde champêtre.

N° 700.

Fossoyeurs. — *Arrêté du maire pour la nomination d'un fossoyeur.*

Le maire de la ville (*ou* commune) de.....

Vu l'article 16 du décret du 23 prairial an XII (12 juin 1804), qui place sous la surveillance spéciale de l'autorité municipale la police des cimetières et lieux de sépulture;

Vu les articles 11 et 12 de la loi du 18 juillet 1837, attribuant au maire le droit de prendre des arrêtés sur tous les objets confiés par les lois à sa vigilance et à son autorité, et de nommer aux emplois pour lesquels la loi ne fixe pas un mode spécial de nomination;

Arrête :

Art. 1er. Le sieur N..... est nommé fossoyeur au cimetière de.....

2. Il percevra, pour chaque fosse, savoir :

Pour les personnes au-dessus de l'âge de 12 ans.............. 2 fr.
Pour les enfants au-dessous de cet âge........................ 1

Il ne sera rien perçu pour les indigents.

L'indigence du décédé sera constatée par un certificat du maire. Le défaut de production de certificat au moment même de l'inhumation, ne sera jamais un

(1) « Quiconque aura, en tout ou en partie, comblé des fossés, sera puni d'un emprisonnement qui ne pourra être au-dessous d'un mois ni excéder une année, et d'une amende égale au quart des restitutions et des dommages-intérêts qui, dans aucun cas, ne pourra être au-dessous de 50 fr. » (*Code pénal, art.* 456.

obstacle à ce qu'elle ait lieu immédiatement. S'il y a contestation, il en sera référé au maire.

3. Chaque fosse sera distante des fosses voisines, de trois à quatre décimètres sur les côtés, et de trois à cinq décimètres à la tête et aux pieds. Elle aura un mètre et demi à deux mètres de profondeur, et sera après l'inhumation remplie de terre bien foulée. (Décret du 23 prairial an XII, art. 4 et 5.)

4. En aucun cas, les fosses ne pourront être rouvertes pour de nouvelles sépultures avant cinq années révolues. (Même décret, art. 17.) En conséquence, toutes les inhumations d'une année seront faites, autant que possible, dans la même partie du cimetière, et elles seront indiquées de manière que l'on puisse toujours reconnaître l'époque à laquelle elles appartiennent.

5. Il est défendu au fossoyeur, à peine de destitution, de faire ou permettre qu'il soit fait, sous quelque prétexte que ce soit, aucune exhumation ni aucun enlèvement ou déplacement de cadavres ou d'ossements, autres que ceux ordonnés par la police judiciaire, ou autorisés, à la requête des particuliers, par l'autorité municipale.

6. En cas d'exhumation autorisée, le salaire du fossoyeur sera de 8 fr.; il ne pourra rien exiger au delà de cette somme, même pour la réinhumation, si elle a lieu dans le cimetière.

7. Il est défendu au fossoyeur, sous peine d'être considéré et traité comme coupable de vol et de violation de tombeaux, d'enlever les draps, linceuls et tous autres objets quelconques déposés dans les cercueils.

8. Il lui est défendu de percevoir aucune somme au-dessus de la taxe fixée par le présent arrêté, et de rien demander aux familles des décédés à titre d'émoluments ou de gratification, pour offres de service ou à quelque autre titre que ce soit.

9. Il lui est également interdit de s'immiscer directement ou indirectement, par intermédiaire ou prête-noms, dans l'entreprise et construction des monuments funèbres, dans la fourniture et vente des pierres tumulaires, grilles, entourages, croix et tous autres signes funéraires, comme aussi de permettre, sous quelque prétexte et pour le compte de qui que ce soit, aucun étalage ou dépôt de ces objets sur le cimetière et ses dépendances.

10. Un exemplaire du présent arrêté sera placé sur un poteau à l'entrée du cimetière.

Fait à...... le...... 18 .. *Le maire.*

N° 701.

Fou *furieux* (*Procès-verbal d'arrestation d'un*).

Aujourd'hui..... mil huit cent....., à..... heures du....., nous, commissaire de police de la commune de..... étant en tournée dans la commune, avons rencontré à (*désigner le lieu*), un individu fou furieux, étranger à la commune (*ou :* que nous avons reconnu être le nommé....., de cette commune, appartenant à la famille de.....); nous l'avons aussitôt arrêté et l'avons conduit devant M. le maire. D'après les informations recueillies dans le voisinage, nous avons appris des sieurs....., que ce fou avait commis (*indiquer le crime, délit, ravages, et le montant du dommage, s'il y en a*).

En foi de quoi, nous avons dressé le présent procès-verbal, pour servir et valoir à ce que de droit.

A..... les jour, mois et an que dessus. (*Signature.*)

N° 702.

Fou *furieux* (*Procès-verbal de plainte concernant la divagation d'un*) (1).

Aujourd'hui..... mil huit cent....., par-devant nous, maire de la commune

(1) Il est défendu, sous les peines portées par la loi du 19-22 juillet 1791, et par le Code pénal, articles 475, n° 7, et 479, n° 2, de laisser vaguer les fous furieux; les parents sont responsables.

de....., ont comparu les sieurs....., qui nous ont déclaré avoir rencontré, sur la place publique de....., le nommé....., fils de....., âgé de..... ans et atteint de folie, qui, sans provocation, venait de frapper l'enfant de..... et poursuivait celui de..... (*ou tout autre fait*). Les renseignements par nous recueillis nous ont fait connaître que (*nom du père de l'aliéné*) laisse habituellement divaguer son fils, qui se livre souvent à des violences contre les personnes qu'il rencontre, et que, malgré les plaintes des habitants, il ne prend aucunes mesures pour les empêcher. Nous lui avons déjà adressé des observations qui sont demeurées sans résultat.

Les faits ci-dessus rapportés constituant contre ledit..... père, propriétaire en ladite commune, la contravention prévue et punie par l'article 475, nº 7, du Code pénal, nous avons rédigé le présent procès-verbal pour qu'il y soit donné telle suite que de droit, et ont les comparants signé avec nous.

Fait à....., les jour, mois et an susdits.

(*Signatures.*)

Nº 703.

Fourrages (*Arrêté municipal concernant les marchands de*) (1).

Nous, maire de la commune d.....;

Vu les dispositions de la loi des 16-24 août 1790, titre XI, art. 3, § 4 et 5; ensemble la loi du 14 décembre 1789, article 50, § 6;

La loi des 19-22 juillet 1791, article 46, § 2;

La loi du 18 juillet 1837, article 11;

Les articles 423 et 484 du Code pénal;

Considérant qu'il importe de prévenir, en ce qui concerne la vente des fourrages, des marchés clandestins, dont l'effet est de dénaturer le poids, la qualité de ces fourrages ainsi que le prix que doivent payer les consommateurs;

Que la sûreté publique, sous le rapport des incendies, n'est pas moins intéressée que la consommation, à ce qu'il n'existe pas, sur un point de la commune, de grands dépôts de fourrages;

Qu'il importe également d'empêcher que des voitures chargées de fourrages et amenées dans la commune pour la vente, stationnent sur la voie publique, et gênent la circulation.

Avons arrêté ce qui suit :

Art. 1er. Il est défendu de vendre et d'acheter des fourrages sur les routes, dans les auberges, dans les rues, et partout ailleurs que dans le marché de....

2. Les bottes de foin exposées en vente audit marché, doivent peser en tout temps, ... kilogrammes.

Il est défendu d'introduire dans les bottes des fourrages de mauvaise qualité, brisés, mouillés, autres enfin que ceux qui forment l'enveloppe des bottes.

3. Les bottes qui n'auraient pas le poids requis ou qui contiendraient des fourrages de mauvaise qualité, seront saisies et déposées dans..... jusqu'à ce qu'il ait été statué par la justice; il en sera dressé procès-verbal par le commissaire de police qui nous le transmettra.

4. Il ne pourra être formé dans la commune aucun magasin de détaillant de fourrages, sans une permission spéciale qui ne sera délivrée qu'après visite et examen des lieux.

La permission ne sera accordée qu'autant qu'il aura été reconnu que les lieux ne présentent aucun danger d'incendie.

(1) D'après un arrêt de la cour de cassation, du 12 novembre 1830, il est interdit aux grainiers et marchands de fourrages, ainsi qu'aux cultivateurs, d'acheter et vendre des fourrages ailleurs qu'aux marchés désignés par les arrêtés des préfets et maires. Ainsi, toute vente faite dans un autre endroit que le marché, même chez le propriétaire, est une contravention à l'arrêté, et rend le délinquant passible de peines de police municipale.

5. Il est défendu d'entrer dans les magasins de fourrages avec du feu ou des lumières non renfermées dans des lanternes closes.

6. Il est défendu de former des magasins de fourrages dans les boutiques, ou dans les parties de bâtiments servant à l'habitation. Ceux qui existeraient en ce moment seront supprimés.

7. Il est défendu d'établir des meules de fourrages à moins de cent mètres des bâtiments d'habitation ou d'exploitation.

Il est également défendu d'allumer du feu dans les champs à moins de cent mètres des meules de foins, pailles, etc.

8. Les contraventions seront constatées par des procès-verbaux et déférées aux tribunaux, pour être statué ce qu'il appartiendra.

Fait à....., le..... 18...

Le maire.

N° 704.

Fourrages. — ***Procès-verbal constatant que des fourrages ont été vendus ailleurs qu'au marché désigné à cet effet.***

Aujourd'hui....., mil huit cent..... à..... heure du....., nous, maire *ou* adjoint de la commune d....., passant dans la rue d....., avons aperçu une charrette chargée de foin qui embarrassait la voie publique, et avons remarqué que son conducteur était en marché avec un particulier pour la vente de son chargement. Nous étant approché, nous avons sommé le conducteur de nous déclarer ses nom, prénoms et domicile; il nous a répondu se nommer Pierre-David L....., demeurant à..... Interrogé sur les nom, prénoms et domicile du propriétaire du chargement, il nous a répondu.....

Sur quoi nous avons fait observer au sieur L..... qu'il s'est mis en contravention à l'arrêté de M. le maire en date du....., qui a désigné pour la vente du fourrage la place de....., et que pour sa contravention il allait être poursuivi conformément à l'article 471, nº 4, du Code pénal, et nous lui avons, en conséquence, déclaré procès-verbal, ainsi qu'audit sieur....., propriétaire de la voiture, et en tant que de besoin au sieur....., propriétaire du fourrage.

En foi de quoi nous avons dressé le présent procès-verbal, les jour, mois et an que dessus..

(Signature.)

N° 705.

Fourrages. — ***Procès-verbal de saisie de fourrage pour vente à faux poids*** (1).

Aujourd'hui....., mil huit cent....., nous, commissaire de police de la commune d....., étant en inspection sur le marché aux fourrages et ayant fait peser les bottes de foin qui remplissaient la voiture du sieur H....., nous avons trouvé..... bottes d'un poids inférieur à celui prescrit par l'arrêté de M. le maire du..... *(indiquer le poids des bottes), ou bien* tellement détériorées que l'usage pouvait en devenir pernicieux pour les bestiaux. Après nous être enquis au con-

(1) La loi du 7 vendémiaire an IV (29 septembre 1795) accorde aux maires le droit d'inspecter les bottes de foin et de paille apportées dans les marchés; de dresser procès-verbal des contraventions au poids et à la qualité des bottes de fourrage, suivant les règlements de police ou les usages du lieu, et au besoin de les mettre en séquestre.

ducteur de ses nom, prénoms et demeure, ainsi que de ceux du propriétaire du fourrage, nous avons saisi et fait conduire en fourrière à....., la voiture et son contenu, pour être statué à cet égard par le tribunal de police correctionnelle. De ce que dessus nous avons dressé le présent procès-verbal, les jours, mois et an susdits.

(*Signature.*)

N° 706.

FOURRAGES. — *Procès-verbal pour coupe de fourrages en délit* (1).

Aujourd'hui..... mil huit cent....., à...... heure du....., nous (*nom et prénoms*), garde champêtre de la commune de....., dûment assermenté et portant le signe caractéristique de nos fonctions, faisant notre tournée ordinaire, avons aperçu le sieur (*nom, profession, demeure*), qui coupait du fourrage sur la lisière de la prairie du sieur (*nom, profession, demeure*), située au quartier de..... Ledit sieur..... n'ayant pu, sur notre demande, justifier d'une permission du propriétaire, nous lui avons déclaré qu'il était en contravention aux articles 449 et 450 du Code pénal, et qu'il serait poursuivi pour ce délit.

De tout quoi nous avons dressé le présent procès-verbal, clos à..... heure du....., pour servir et valoir à ce que de droit, et avons signé.

Suit le procès-verbal. — Voy. GARDE CHAMPÊTRE.

N° 707.

FOURRIÈRE. — *Arrêté municipal relatif à la mise en fourrière des animaux, voitures et autres objets, saisis ou abandonnés sur la voie publique* (2).

Nous, maire de la commune de.....;

Vu les lois des 22 décembre 1789, art. 50; 16-24 août 1790, titre XI, art. 3, nos 1er, 3 et 6; 19-22 juillet 1791, titre Ier, art. 46; le décret impérial du 18 juin 1811; le Code pénal, art. 471, nos 4 et 15, 475, no 4;

Considérant qu'il est utile et convenable d'assigner un endroit pour la mise en fourrière des animaux, voitures et autres objets saisis ou abandonnés sur la voie publique;

Avons arrêté et arrêtons ce qui suit :

Art. 1er. La fourrière est établie rue....., no....., chez le sieur Léonard B....., aubergiste.

2. Tous les animaux, voitures et autres objets saisis ou abandonnés, seront envoyés à la fourrière, par l'officier de police qui aura dressé le procès-verbal.

---

(1) Les articles 449 et 450 du Code pénal punissent les individus qui auront coupé des grains ou des fourrages qu'ils savaient appartenir à autrui.

(2) Les animaux et tous objets périssables, pour quelque cause qu'ils aient été saisis, ne pourront rester en fourrière ou sous le séquestre plus de huit jours. — Après ce délai, la mainlevée provisoire pourra en être accordée. — S'ils ne doivent ou ne peuvent être restitués, ils seront mis en vente, et les frais de fourrière seront prélevés sur le produit de la vente, par privilége et préférence à tous autres. (*Décret impérial du 18 juin 1811, art. 39.*)

La mainlevée provisoire des animaux saisis et des objets périssables mis en séquestre, sera ordonnée par le juge de paix ou par le juge d'instruction, moyennant caution et le payement des frais de fourrière et de séquestre. — Si lesdits objets doivent être vendus, la vente sera ordonnée par les mêmes magistrats. — Cette vente sera faite à l'enchère au marché le plus voisin, à la diligence de l'administration de l'enregistrement. — Le jour de la vente sera indiqué par affiches vingt-quatre heures à l'avance, à moins que la modicité de l'objet ne détermine le magistrat à en ordonner la vente sans formalités, ce qu'il exprimera dans son ordonnance. — Le produit de la vente sera versé dans la caisse de l'administration de l'enregistrement pour en être disposé ainsi qu'il sera ordonné par le jugement définitif. (*Id., art. 40.*)

3. Les animaux déposés en fourrière seront visités dans les vingt-quatre heures par l'expert vétérinaire nommé par nous.

4. Il s'assurera si les animaux sont nourris et soignés convenablement, et veillera à ce que les harnais et autres objets déposés ne puissent se détériorer.

5. Les animaux et autres objets déposés ne seront rendus au propriétaire que sur l'autorisation de l'officier de police qui les aura consignés. Les frais de garde et de nourriture seront préalablement acquittés par le propriétaire.

6. En cas de non-réclamation, et au bout de huit jours pour les animaux et objets périssables, et de six mois pour les objets non périssables, les animaux et objets seront vendus à l'enchère sur le marché ; le produit de la vente, tous frais déduits, sera versé à la caisse du receveur de l'enregistrement et des domaines.

7. La ration des animaux pour vingt-quatre heures de séjour, est :

Pour un cheval, douze litres d'avoine, une botte de foin, deux bottes de paille ;

Pour un mulet, un décalitre d'avoine, une botte de foin, une de paille ;

Pour un âne, une demi-botte de luzerne, une botte de paille, un décalitre de son ;

Pour un bœuf ou une vache, douze litres de son, une botte de luzerne ;

Pour une chèvre ou un mouton, six litres de son, une demi-botte de luzerne ;

Pour un porc, cinq décalitres de son.

8. Il sera payé pour frais de fourrière, par jour, pour les fournitures ci-dessus, savoir :

	fr.	c.
Pour un cheval..................	2	50
Pour un mulet..................	2	»
Pour un âne....................	1	50
Pour un bœuf ou une vache.....	1	25
Pour une chèvre ou un mouton...	»	60
Pour un porc....................	2	»
Pour la garde d'une voiture......	»	25

9. Les gardiens de la fourrière seront responsables par corps, comme dépositaires de justice, des animaux et autres objets confiés à leur garde.

10. Le présent règlement sera affiché aux lieux accoutumés.

Fait et arrêté à..... les jour, mois et an que dessus.

Le maire.

N° 708.

FOURRIÈRE (*Procès-verbal pour bestiaux abandonnés et mis en*) (1).

Aujourd'hui....., mil huit cent....., à .... heure du matin *ou* du soir,

Nous, maire *ou* garde champêtre de la commune de ...., informé par le sieur....., domicilié à....., en cette commune, que des bestiaux qu'il a trouvés pâturant au lieu dit le.... y paraissaient abandonnés, nous y sommes immédiatement transporté, et avons trouvé, en effet, en contravention, les bestiaux à nous signalés, savoir : (*Consigner ici le nombre, l'espèce et le signalement des animaux trouvés en délit.*)

Et attendu que les bestiaux ci-dessus sont dépourvus de conducteur, et ne sont point réclamés par leur propriétaire, disons qu'ils seront conduits et déposés provisoirement à la fourrière, établie chez le sieur..... en cette commune, en vertu de l'arrêté de M. le maire en date du......

(*Signature.*)

---

(1) Lorsque le propriétaire des bestiaux se fait connaître, les animaux lui sont rendus, les frais de fourrière préalablement acquittés.

Le modèle de procès-verbal ci-dessus doit être suivi dans le cas où des bestiaux, des voitures, etc., auraient été abandonnés, à la suite d'un accident ou d'un vol dont les auteurs auraient pris la fuite. Le maire ferait alors mention de l'accident ou du vol qui aurait précédé l'abandon des bestiaux.

N° 709.

Fourrière (*Réquisitoire au gardien de la*) (1).

Nous, maire de la commune de.....

Vu notre procès-verbal, *ou* le procès-verbal du sieur....., garde champêtre, en date de ce jour, constatant la saisie d'animaux ou d'objets à mettre en fourrière ;

Requérons le sieur....., gardien de la fourrière de cette commune, ou le sieur....., aubergiste, de recevoir, garder, ou nourrir et soigner jusqu'à nouvel ordre (*énoncer ici exactement le nombre, l'espèce et le signalement des animaux saisis*).

Lesdits animaux ou objets seront, par le sieur....., représentés à toute réquisition de justice.

Fait à....., en mairie, le..... 18...

Le maire.

N° 710.

Fourrière (*Requête du maire au juge de paix pour être autorisé à faire vendre des objets périssables mis en*) (2).

A monsieur le juge de paix du canton d.....

Le maire de la commune d..... a l'honneur d'exposer qu'en vertu de son procès-verbal, *ou bien* du procès-verbal du sieur..... garde champêtre de la commune, en date du....., il a été saisi et mis en fourrière (*détailler ici, par nombre et espèces, les objets périssables saisis*);

Que tous ces objets étant essentiellement périssables, il est urgent d'en ordonner la vente et sans formalités, attendu la modicité de leur valeur;

Pour quoi et vu l'article 40 du décret du 18 juin 1811, le soussigné requiert M. le juge de paix d'ordonner que la vente desdits objets aura lieu, sans formalités, le....., sur le marché d..... *ou bien* sur la place de la commune (*si cette commune est importante*).

Fait à....., le..... 18...

Le maire.

N° 711.

Fours *et cheminées* (*Arrêté concernant la visite des*) (3).

Le maire de la commune de.....

Vu les lois des 16-24 août 1790, titre XI, art. 3, n° 5; 28 septembre-6 octobre 1791, titre II, art. 9; 18 juillet 1837, art. 10 et 11;

Le Code pénal, art. 471, n° 1;

---

(1) La taxe du gardien de la fourrière est libellée par le juge taxateur au bas de ce réquisitoire.

(2) Le juge de paix met son ordonnance au pied de la requête, et le maire donne avis du tout au receveur de l'enregistrement le plus voisin, qui doit procéder à la vente.

(3) L'article 3, n° 5, titre XI de la loi du 16-24 août 1790, place dans les attributions municipales le soin de prévenir par des précautions convenables les accidents et fléaux calamiteux, tels qu'incendies, épidémies, etc. — L'article 9 du titre II de la loi du 28 septembre 1791 porte que les officiers municipaux seront tenus de faire, au moins une fois par an, la visite des fours et cheminées de toutes maisons et de tous bâtiments éloignés de moins de cent toises d'autres habitations, et que ces visites seront préalablement annoncées huit jours d'avance. — L'article 471, n° 1, punit d'une amende de 1 à 5 francs ceux qui auront négligé d'entretenir, réparer ou nettoyer les fours, cheminées ou usines où l'on fait usage du feu.

Considérant que la plupart des incendies sont occasionnés par le mauvais état des fours et cheminées, et le peu de soin qu'on met à les faire ramoner;

Arrête :

Art. 1er. Chaque année, il sera par nous, notre adjoint ou le commissaire de police, assisté d'un entrepreneur de bâtiments ou d'un maçon et d'un ramoneur, procédé à la visite des fours, cheminées et usines dans toute la commune, à l'effet de constater l'état desdits fours et cheminées.

2. Procès-verbal sera dressé contre tous les habitants dont les fours et cheminées n'auront pas été trouvés en bon état de réparation et nettoyés, et les contrevenants au présent règlement seront cités au tribunal de police municipale pour être condamnés aux peines prononcées par les lois.

3. Ladite visite aura lieu le..... du mois de.... *(au moins huit jours après la publication du présent arrêté)*.

Fait en la mairie de...., le..... 18...

Le maire.

No 712.

Fours *et cheminées* (*Procès-verbal de visite des*).

L'an mil huit cent....., le....., à..... heures du....., nous, adjoint (*ou* commissaire de police) de la commune de....., en exécution de l'arrêté de M. le maire, en date du....., et par suite de l'avis publié le..... de ce mois, portant que la visite des fours et cheminées des maisons de cette commune aura lieu du..... au..... de ce mois; étant assisté du sieur R....., chargé de la surveillance du ramonage dans cette commune (*s'il n'y a pas de surveillant du ramonage, on dira :* assisté du sieur R....., ramoneur *ou* maître maçon), lequel étant lui-même accompagné d'un ou deux petits ramoneurs, nous sommes présenté successivement chez les divers habitants de la commune, et leur ayant fait connaître les motifs qui nous amenaient chez eux, il a été procédé, par le sieur R.. .. et ses aides, à la visite des fours et cheminées qui se trouvaient dans chaque maison. Cette visite a donné lieu aux observations suivantes :

Chez le sieur B....., rue....., no..., il a été reconnu que la cheminée de *telle* pièce était en mauvais état, que le tuyau présentait des lézardes *ou* crevasses sur plusieurs points, ce qui pouvait donner des craintes d'incendie; nous avons requis ledit sieur B..... de faire réparer cette cheminée dans le délai de ....., avec injonction de cesser d'y faire du feu jusqu'à son entière réparation, lui déclarant que, faute de ce faire, il y sera contraint par toutes les voies de droit, et qu'il sera rendu responsable de tous dommages qui proviendraient de sa négligence (1).

Chez le sieur....., etc.

Notre visite terminée, nous avons clos le présent procès-verbal, que le sieur R..... a signé avec nous.

(*Signatures.*)

No 713.

Fruits *et légumes* (*Arrêté du maire concernant le commerce des*) (2).

Le maire de la ville *ou* commune de.....,

Vu les lois des 16-24 août 1790, titre XI, et 22 juillet 1791; les articles 471, 475, 479 et 484 du Code pénal;

Considérant combien il importe, pour l'intérêt général des consommateurs, de

---

(1) A l'expiration du délai accordé, l'officier de police retourne chez la personne à laquelle une injonction a été faite, pour s'assurer qu'elle s'y est conformée. Dans le cas contraire, il dresse procès-verbal de son refus et la fait traduire au tribunal de simple police, conformément à l'article 471, no 1, du Code pénal. Voy. RAMONAGE.

(2) Ce modèle d'arrêté est imité des règlements de police, en vigueur à Paris, con-

tenir la main à ce que les marchés journaliers soient constamment approvisionnés en objets de première nécessité et d'empêcher que rien de ce qui doit y être amené n'en soit détourné ;

Arrête :

Art. 1er. La place connue sous le nom de..... et les rues..... demeurent spécialement affectées à l'exposition en vente des fruits, légumes, pommes de terre, herbages, fleurs en bottes et plantes usuelles.

2. Ces emplacements se divisent en trois parties principales : la première partie destinée à la vente en gros des fruits, légumes, pommes de terre, herbages et plantes usuelles, et au commerce des fleurs, comprend les rues de.....

La seconde partie, destinée à la vente en détail des fruits, légumes, herbages, plantes usuelles et pommes de terre, comprend la place de.....

La troisième partie, réservée à la vente en détail des légumes et herbages, comprend la rue.....

3. L'emplacement destiné à la vente en gros des fruits, légumes, pommes de terre, herbages et plantes usuelles, est divisé en plusieurs parties.

Chaque partie est affectée à la vente des denrées de même nature, et les marchands sont tenus de s'y placer dans l'ordre indiqué par l'inspecteur du marché.

Aussitôt après le déchargement des voitures, elles doivent être conduites sur les emplacements affectés à leur stationnement.

§ 1er. — *De la vente en gros.*

4. La vente en gros des fruits, légumes, pommes de terre, herbages et plantes usuelles aura lieu, comme par le passé, les lundi, mercredi et samedi de chaque semaine.

Le marché sera ouvert à quatre heures du matin, du 1er avril au 1er octobre, et à cinq heures pendant le reste de l'année.

L'ouverture du marché sera annoncée au son de la cloche.

Une heure après l'ouverture, la cloche sera sonnée une seconde fois.

5. La vente en gros cessera à dix heures du matin, du 1er octobre au 1er avril, et à neuf heures pendant le reste de l'année.

La fermeture sera annoncée au son de la cloche.

6. Pendant la première heure du marché, les préposés de la mairie feront la vérification des denrées exposées en vente.

7. Pendant le même intervalle de temps, les denrées à destinations particulières de commerce, bien constatées, devront être enlevées, et celles exposées en vente seront examinées par les acheteurs.

8. Les marchandises achetées ne pourront être enlevées que quand le prix en aura été convenu entre le vendeur et l'acheteur, et qu'après le second coup de cloche.

9. Les vendeurs et acheteurs sont libres de faire enlever par qui bon leur semble, les marchandises achetées.

10. Les marchands forains ne peuvent conduire leurs denrées et marchandises que sur les marchés affectés par le présent arrêté pour en faire la vente.

11. Il est défendu aux marchands forains d'en vendre ou de recevoir des arrhes sur les routes, dans les rues, dans les auberges, dans les cafés et partout ailleurs, sous peine de confiscation et d'amende.

12. Il est défendu d'aller au-devant des voitures pour acheter ou pour arrher aucune espèce de denrées.

13. Il est défendu de se jeter sur les marchandises avant ou après leur déchargement sur les carreaux.

14. Il est défendu aux marchands forains d'emmagasiner dans la ville les denrées qu'ils auront amenées, et à toutes personnes de les recevoir en dépôt ou magasin.

15. Les marchands forains ne pourront vendre que par eux-mêmes ou par des personnes de leur famille, les denrées qu'ils amèneront sur les marchés.

---

cernant le commerce des fruits et légumes. Il sera facile d'en extraire les dispositions qui seraient applicables à chaque localité, et de suppléer à son insuffisance sur les points qui n'y auraient pas été prévus.

16. Il est défendu d'apporter au marché et de vendre des fruits et des légumes pourris, défectueux ou de mauvaise qualité.

17. Il est défendu de mettre au fond des paniers, des fruits d'une espèce et d'une qualité inférieures à celles des fruits qui sont au-dessus, comme aussi de mettre dans les paniers d'autres bouchons que ceux qui sont nécessaires à la conservation des fruits.

18. Les marchands forains sont tenus de se retirer des carreaux immédiatement après la vente et l'enlèvement de leurs denrées, et, pour le plus tard, aux heures désignées en l'article 5 pour la fermeture de la vente en gros.

19. Les marchandises non vendues seront mises en resserre pour être représentées et mises en vente au marché suivant, sous les peines portées en l'article 11 du présent arrêté.

20. Le courtage et le regrat sont prohibés sur les carreaux. En conséquence, il est défendu d'acheter des marchandises en gros, pour les revendre, soit en gros, soit en détail, sur les carreaux affectés à la vente en gros.

21. Il est défendu aux forts et gens de peine des marchés, de percevoir aucuns salaires pour des frais de déchargement qui n'auraient point été effectués.

§ 2. — *De la vente en détail.*

22. La vente en détail des fruits, légumes, pommes de terre, herbages et plantes usuelles aura lieu tous les jours, depuis le lever jusqu'au coucher du soleil.

23. Il est défendu aux détaillants de vendre ailleurs qu'aux places qui leur sont assignées.

24. Nul ne peut s'installer sur les carreaux pour la vente en détail des denrées sans une permission émanée de la mairie.

25. Aucun détaillant ne pourra, sous aucun prétexte, réunir deux places, lors même qu'il en payerait la location, faire plusieurs commerces et avoir plusieurs boutiques dans la ville.

26. Les détaillants ne pourront faire aucune association avec les marchands forains pour la vente de leurs denrées.

27. Il est défendu aux détaillants de faire venir des denrées à leur destination sur le carreau.

28. Tout détaillant sera tenu d'acheter par lui-même.

29. Ceux qui voudront obtenir des places sur le carreau devront produire un certificat du commissaire de police de leur quartier, attestant leur bonne conduite et leur résidence dans la commune depuis un an.

30. Les détaillants seront obligés de mettre au-devant de leurs étalages un écriteau portant leurs noms et les numéros de leurs places, à peine de perdre leurs places.

31. Toute place qui sera deux jours de suite ou trois sur dix sans être occupée en personne par le détaillant qui l'aura obtenue, sera réputée vacante, lors même que la location en aurait été payée, et il en sera disposé immédiatement, à moins que le détaillant ne justifie d'un empêchement légitime.

32. Il ne pourra être placé de parasols, tables, tréteaux et autres étalages quelconques, que par les marchands et détaillants, ou sur la demande expresse qu'ils en feront aux particuliers qui sont dans l'usage d'en louer.

33. Les marchands et détaillants ne pourront établir d'étalages à demeure hors des abris. Ils devront enlever chaque jour tout ce qui aura servi à leurs étalages.

34. Il ne pourra être attaché à fer, fiches et clous, aucun étalage, toiles ni bannes aux abris des marchés.

35. Les contraventions seront constatées par des procès-verbaux qui nous seront adressés.

36. Il sera pris contre les contrevenants aux dispositions ci-dessus, telles mesures de police administrative qu'il appartiendra, sans préjudice des poursuites à exercer contre eux devant les tribunaux.

Fait à....., le..... 18..

Le maire.

N° 714.

Fruits *et légumes. — Procès-verbal pour constater la mise en vente de fruits ou légumes gâtés ou corrompus* (1).

L'an mil huit cent....., le....., à heures du....., nous....., commissaire de police de la commune de....., étant en tournée de surveillance au marché de....., avons remarqué exposés en vente par le sieur..... des fruits *ou* légumes (*désigner l'espèce*) gâtés, *ou* qui n'étaient pas en maturité.

Nous avons déclaré audit sieur..... que l'exposition en vente de fruits ou légumes gâtés et corrompus, ou nuisibles à la santé, le constituait en état de contravention à l'article 475, n° 14, du Code pénal. En conséquence, nous avons saisi et fait enlever les fruits et légumes dont il s'agit, pour être détruits, conformément à la loi, et nous avons dressé contre ledit sieur..... le présent procès-verbal qui sera déféré au tribunal de simple police pour y être donné telles suites qu'il appartiendra.

Fait à....., les jour, mois et an que dessus.

(*Signature.*)

N° 715.

Fruits *et légumes. — Procès-verbal pour fraude dans une vente de fruits.*

Aujourd'hui..... mil huit cent....., par-devant nous, commissaire de police de la commune de....., s'est présenté le sieur Jules R..... (*profession et demeure*), lequel nous a dit qu'il venait d'acheter du particulier ici présent, ... paniers de....., moyennant le prix de..... qu'il lui a payé comptant; mais qu'ayant examiné ces paniers, qu'il nous représente, il les a trouvés garnis au fond d'un plus grande quantité de foin *ou* de paille *ou* de feuilles, que celle nécessaire à la conservation des fruits; *ou bien :* contenant sous les premiers fruits d'autres fruits d'une qualité bien inférieure *ou* d'une espèce différente, ainsi que nous le voyons, ce qui est une tromperie; et a ledit R..... signé après lecture faite.

Interpellé par nous, le marchand de fruits nous a dit qu'il se nomme T..... (*profession et demeure*), qu'il reconnaît bien les paniers à lui présentés, pour les avoir vendus, il y a peu d'instants, au sieur R..... ici présent, qui les lui a payés la somme de....., et que..... (*consigner ses observations et moyens de défense*), et a signé après lecture faite.

Nonobstant cette déclaration, et attendu que ledit T..... par le fait dont il s'agit, s'est mis en contravention à l'article 475, n° 14, du Code pénal, et à l'arrêté de M. le maire, en date du....., nous avons rédigé le présent procès-verbal, pour y être donné telles suites qu'il appartiendra.

A l'égard des paniers, nous les avons confisqués conformément à l'article 423 du Code pénal, et fait déposer à la maison commune.

Fait à....., les jour, mois et an que dessus.

(*Signatures.*)

---

(1) La loi des 16-24 août 1790 confère aux maires et adjoints le droit de prohiber la vente des fruits gâtés et corrompus, exposés dans les marchés et lieux publics, sous peine d'amende et de confiscation. — La loi du 19-22 juillet 1791, article 20, et l'article 475, n° 14, du Code pénal, portent que ceux qui exposent en vente des fruits et légumes gâtés, corrompus et nuisibles, doivent être cités devant le tribunal de simple police, et condamnés à l'amende, même à l'emprisonnement, avec confiscation et destruction des marchandises.

N° 716.

Fruits ruraux. — *Procès-verbal pour passage sur un terrain chargé de grains en tuyaux ou autres fruits mûrs* (1).

Aujourd'hui..... mil huit cent....., à..... heure du..... nous (*nom et prénoms*), garde champêtre de la commune de....., dûment assermenté et portant le signe caractéristique de nos fonctions, faisant notre tournée ordinaire, avons aperçu le sieur (*nom, profession, demeure*), qui traversait une pièce de terre chargée de blé en tuyaux, située au quartier de....., et appartenant au sieur (*nom, profession et demeure*). Nous l'avons aussitôt sommé de sortir de ce champ, en lui déclarant qu'il était en contravention à la loi et que nous allions verbaliser contre lui.

De tout quoi, nous avons dressé le présent procès-verbal, que nous avons clos à..... heure du....., pour valoir ce que de droit.

(*Signature.*)

Suit le procès-verbal d'affirmation. Voy. Garde champêtre.

N° 717.

Fumiers. — *Arrêté concernant les dépôts de fumiers et immondices dans les communes rurales.*

Le maire de la commune de.....;

Vu la loi des 16-24 août 1790, titre XI, art. 3 ; 19-22 juillet 1791, titre I, art. 46; 18 juillet 1837, art. 11 ; le Code pénal, art. 471, n° 15 ;

Considérant qu'il est habituellement formé dans les campagnes, à proximité des habitations, des dépôts de fumiers, boues et immondices, qui répandent des exhalaisons infectes;

Qu'il importe de préserver les habitations, les routes et chemins publics de l'influence insalubre que peuvent produire de telles exhalaisons, sans nuire aux avantages que les cultivateurs retirent de l'emploi de ces engrais ;

Arrête :

Art. 1er. Il est interdit de faire aucuns dépôts de fumiers, boues et immondices, dans l'intérieur des cours, jardins ou autres enclos contigus aux habitations, ainsi que sur des emplacements qui seraient à une distance moindre de cent mètres de toute habitation, et de cinquante mètres des chemins publics.

2. Les habitants qui ne possèdent pas de terrains à la distance requise pour ces sortes de dépôts, auront la faculté de les former sur le terrain communal, situé à..... où des emplacements leur seront assignés par l'autorité municipale.

3. Ceux qui transportent des fumiers, litières et autres objets quelconques qui seraient de nature à salir la voie publique ou à incommoder les passants, devront charger leur voiture de manière que rien ne s'en échappe et ne puisse se répandre sur le sol pendant le transport.

Le nettoiement des rues ou parties des rues salies par suite de contraventions au présent article, sera opéré d'office et aux frais des contrevenants.

4. Les contraventions seront constatées et poursuivies devant les tribunaux compétents, conformément aux lois et règlements.

Fait à....., le..... 18...

Le maire.

(1) L'article 475, n° 9, du Code pénal, punit d'une amende de 6 à 10 francs inclusivement, ceux qui n'étant propriétaires, usufruitiers, ni jouissant d'un terrain ou d'un droit de passage, y sont entrés et y ont passé dans le temps où ce terrain était chargé de grains en tuyaux, de raisins ou autres fruits mûrs, ou voisins de la maturité.

N° 718.

FUMIERS. — *Procès-verbal pour constater qu'un amas de fumier a été fait près d'une maison d'habitation.*

Aujourd'hui....., mil huit cent....., nous, maire *ou* adjoint de la commune d....., passant rue d....., avons remarqué devant la maison n°....., un individu que nous avons reconnu être le sieur G....., propriétaire de ladite maison, qui s'occupait à charrier du fumier provenant de son écurie *ou* étable, et à le placer devant sa maison. Nous étant approché dudit sieur G....., nous lui avons fait observer qu'il se mettait en contravention au règlement du....., en embarrassant la voie publique, et portant l'infection dans le quartier; nous lui avons enjoint d'enlever immédiatement son fumier sous peine de s'y voir contraint par toutes voies de droit, et lui avons déclaré que faute par lui de se conformer à notre injonction, il sera procédé d'office audit enlèvement. De tout quoi, nous avons dressé le présent procès-verbal, que nous avons signé les jour, mois et an que dessus.

(*Signature.*)

N° 719.

FUMIERS. — *Procès-verbal pour constater que du fumier a été conduit dans les rues sans les précautions nécessaires.*

L'an mil huit cent....., le....., nous, commissaire de police de la ville d....., passant rue....., avons rencontré une charrette chargée de fumier, dont la charge excédait les ridelles, sans que le fumier fût recouvert ni retenu par une banne de toile ou aucun autre objet, ainsi que cela doit se pratiquer; faute de quoi le fumier tombait de la charrette et salissait la voie publique, sans que le conducteur prît soin de la nettoyer, contravention prévue par le n° 3 de l'article 471 du Code pénal.

Sur nos interpellations, ledit conducteur nous a dit se nommer (*nom, prénoms, âge, profession et demeure; nom et demeure du propriétaire de la charrette*), et a signé après lecture faite.

Nonobstant laquelle réponse, attendu que la contravention est constante, nous avons rédigé le présent procès-verbal contre ledit sieur....., et subsidiairement contre le sieur....., propriétaire de la charrette, comme responsable aux termes de la loi, pour lesdits être traduits au tribunal de simple police.

Fait à....., le..... 18...

(*Signature.*)

N° 720.

FUMIERS. — *Procès-verbal pour vol de fumier ou autre engrais* (1).

Aujourd'hui..... mil huit cent....., à..... heures du....., nous (*nom et prénoms*), garde champêtre de la commune de..... dûment assermenté et portant le signe caractéristique de nos fonctions, faisant notre tournée ordinaire, avons aperçu le sieur (*nom, profession, demeure*), qui enlevait dans une hotte des engrais entassés sur la propriété du sieur (*nom, profession, demeure*), située au quartier de.....; nous l'avons sommé de remettre cet engrais sur le tas, à quoi il a obéi, et lui avons déclaré qu'il était en contravention à la loi, et qu'il

(1) L'article 33 de la loi sur la police rurale porte des peines contre celui qui enlève des engrais, soit pour se les approprier, soit pour nuire à un agriculteur.

serait poursuivi conformément aux dispositions de l'article 33 de la loi de 1791 sur la police rurale.

De tout quoi nous avons dressé le présent procès-verbal, qui a été clôturé à..... heure du....., pour servir et valoir à ce que de droit, et avons signé.

(*Signature.*)

Suit le procès-verbal d'affirmation. — Voy. Garde champêtre.

N° 721.

Garde *nationale.* — *Liste de recensement* (1).

NUMÉROS D'ORDRE.	NOMS ET PRÉNOMS.	NAISSANCE.		DOMICILE.		FONCTIONS, EMPLOIS ou professions.	MOTIFS D'EXEMPTION, D'INCOMPATIBILITÉ, de dispenses, d'exclusion.	RENSEIGNEMENTS, OBSERVATIONS.
		Date.	Lieu.	Lieu (dans les villes la rue et le n°).	Date de l'établissement du domicile dans la commune.			

N° 722.

Garde *nationale.* — *Contrôle matricule* (2).

(Modèle n° 2, annexé à l'instruction du 25 février 1852.)

COMMUNE DE.....

NUMÉRO D'ORDRE.	CORPS DANS LEQUEL LE GARDE NATIONAL EST CLASSÉ.			NOM ET PRÉNOMS.	DATE de la naissance ou âge.	PROFESSION.	DEMEURE. (Dans les villes, la rue et le numéro).	MUTATIONS.
	Armes spéciales	Infanterie.						
		Bataillon.	Compagnie.					

(1) Des recensements doivent être effectués : 1° toutes les fois qu'il s'agit de réorganiser la garde nationale, soit dans l'étendue de la commune, soit dans la circonscription d'une ou plusieurs compagnies; 2° lors de la révision annuelle des contrôles.

Il est, à cet effet, établi des listes de recensement, réunissant les éléments des contrôles de la garde nationale. C'est une mesure préparatoire purement administrative qui doit s'exécuter sous la direction du maire et du conseil de recensement par les agents à ce préposés. (*Instr. du ministre de l'int. du* 15 *septembre* 1851.)

(2) Les conseils de recensement jugeront, d'après le nombre des gardes nationaux si un contrôle sous forme de registre, et sur lequel les gardes nationaux seraient inscrits dans un ordre alphabétique, suffira pendant quelques années aux nouvelles inscriptions et à la mention des mutations. (*Circul. du* 25 *février* 1852.)

www.ingramcontent.com/pod-product-compliance
Lightning Source LLC
Chambersburg PA
CBHW070713280326
41926CB00087B/1801

* 9 7 8 2 0 1 9 2 0 8 2 1 9 *